刑 法 总 论

主编

陈立　陈晓明

撰稿人及撰写章次
（以姓名笔画为序）

陈　立　前言　第一章　第二章　第三章　第四章　第五章

陈晓明　第十五章

李晓龙　第十六章　第十七章　第十八章　第十九章

周东平　第十一章　第十二章　第十三章　第十四章

郑金火　第六章　第七章　第八章　第九章　第十章

丛书总序

　　处在社会转型期的国家的法律总是处于不断地变化之中,这种变化所造成的后果之一就是法律的不断修改纂订。因为,与处于不断变化之中的现实生活和法律所调整的对象相比,立法者的认识能力、表达能力和立法技术总是有限的,"谁在起草法律时就能够避免与某个无法估计的、已生效的法规相抵触? 谁又可能预见全部的构成事实,它们藏身于无尽多变的生活海洋中,何曾有一次被全部冲上沙滩?"①因此,为了保持与社会生活的适应性,法律就需要不断地修改,以便更好地发挥其规制社会生活的目的。自 1996 年对《刑事诉讼法》、1997 年对《刑法》进行了全面的集中修订后,全国人大根据社会形势的发展变化和司法实践的迫切要求,针对带有普遍性的、突出的而又亟须解决的实际问题,以修正案、决定、立法解释等方式陆续对修订后的《刑法》、《刑事诉讼法》进行了若干次的修改纂订。最高人民法院、最高人民检察院亦不失时机地对刑事审判中遇到的重大、疑难问题频频做出司法解释。

　　伴随着刑事立法的演进和司法实践的发展,刑事法学理论也在不断地发展和进步。每一次立法的变动都是一次理论繁荣的契机,刑事法条的修改废立为刑事法学研究提供了足够的诠释空间和生长点,新的理论学说的不断涌现,各种观点见解的彼此交锋,逐渐分化离析出彼此的适域与界限,从而搭建

---

　　① ［德］拉德布鲁赫:《法学导论》,米健译,中国大百科全书出版社 1997 年版,第 106 页。

起完美精致的理论大厦,推动了刑事法学研究的繁荣与进步。

刑事立法的变化、刑事司法解释的发展、刑事法学理论的更新决定了本系列丛书的编撰。本系列丛书基于刑事法学一体化的理念,以整体刑事法为研究对象。丛书分为十种:《刑法总论》、《刑法分论》、《财产、经济犯罪专论》、《刑法疑难案例评析》、《外国刑法专论》、《刑事诉讼法学》、《外国刑事诉讼法专论》、《刑事证据法专论》、《刑事诉讼疑难案例评析》、《经济犯罪理论与实务》、《刑事疑难案例研析》。丛书由中国刑法学会理事、福建省刑法专业委员会主任、厦门大学法学院教授陈立担任总主编。厦门大学出版社施高翔同志为责任编辑。在编撰时我们坚持做到:

一方面力图吸纳最新的理论发展和学术成果,使本书始终关注当前的学术动态和理论前沿,具有强烈的学术性而不至于是翻炒冷饭。因为,法学教育并非简单的使法科学生习知法律,而是要进行法理的熏陶和训练。特别是刑事法学作为实用性很强的科学,必须阐述刑事法法理,只有掌握了刑事法法理,才能掌握刑事法的分析工具,将体系中的知识系统化,否则,法律的运用只能停留在半瓶醋的水平上,总是由偶然因素和专断所左右。①

另一方面力图反映最新的立法成果和司法经验,将新近颁布的立法解释、司法解释以及权威性的判例在本书中加以体现,使本丛书始终紧扣法律实践,具有鲜明的应用性而不至于是空谈理论。因为刑事法学也应该进行应用研究,学术并非存在于真空之中,刑事法学产生和发展的动力源于社会的需要,近代法学的发展过程已经证明法学作为一门知识的形成是与实践性的法律职业活动分不开的。

丛书的编撰是一项艰巨、复杂的工作,我们必定要殚精竭虑、精益求精。但正如世界上不存在绝对完美的事物一样,丛书中的缺讹失漏亦在所难免,我们祈望各位专家、读者批评指正。

陈　立

2006 年 9 月

---

① ［德］弗兰茨·冯·李斯特:《德国刑法教科书》,徐久生译,法律出版社 2000 年版,第 2 页。

第七版前言

　　《刑法总论》是厦门大学法学院刑事法学系列教材之一。数年来,厦门大学法学院从事刑法教学与科研的各位老师为本书的写作,献计献策,集思广益,并进行大量的调查研究,总结刑法总论的教学实践经验,通过反复讨论和修改,我们编写出这部教材。我们力争把最新的研究成果奉献出来,使本书的内容充实、饱满、完整。

　　本书的特点:一是强调应用性。刑法学属于应用性较强的门类,因此,我们十分注重其应用性。本书坚持理论联系实际的原则,注重对有关刑法总则新的立法、司法解释以及权威性判例进行阐释,注重对刑法总则在实践中的重点、难点、疑点问题进行剖析,使本书具有鲜明的应用性而不致空谈理论。二是注意吸纳新的研究成果。近几年陆续通过八个刑法修正案,刑法学的研究者们密切关注各修正案在司法实践中的运作状况,及时针对司法中出现的新情况、新问题进行分析与研究,发表了大量有针对性、有建设性的理论著述,这些重要的研究成果无疑对刑法学的进一步完善和刑法学研究的进一步深化具有重要的参考价值。本书十分注重吸收进入 21 世纪以来刑法学的最新研究成果,从而极大丰富本书的内容,使本书具有明显的前瞻性。三是重点问题重点研究。作为教科书对该学科的基本内容理应都有所涉及,但作为研究性教材,则不必面面俱到、平均用墨,而应主辅结合,突出重点。本书在这方面作了一些努力。本书侧重对刑法的基本原则、刑法的空间效力、犯罪构成理论、排除犯罪性行为、犯罪未完成形态、共同犯罪以及刑罚的基本理论等重大问题进行了比较深入细致的阐述。而对其他问题则做概要性的介绍和归纳，以期读者通过对重点问题的深度理解而举一反三，对本书仅作概述的其他问题能够触类旁通。这样既能开启学思又能节省篇幅。

《刑法总论》自2000年首版以来迄今已经是第七版。此次再版，主要是参照全国人大常委会通过的《刑法修正案（六）》、《刑法修正案（七）》、特别是《刑法修正案（八）》和近2年来的刑事立法与司法解释，对本书的一些阐述进行修订。此次修改的重要部分是对《刑法修正案（八）》有关刑法总则部分，尤其是刑罚论部分的修订进行必要的补充论述。同时也勘正了若干疑讹之处，使本书的论述抵达刑法理论与实践的最前沿，使本书的观点更加鲜明，更加完善。

当然，我们的编写仍然难免会有疏漏，甚至错误，诚望专家和读者批评指正。

陈　立

2011 年 4 月 16 日

目　录

第1章 □□□
导论

一、刑法学的概念与研究对象

刑法学是指以刑法为研究对象的学科,即研究犯罪与刑事责任关系的一般规律并对刑事立法和司法实践进行理论概括的学科。刑法学是社会科学的一个分支,是法律科学的重要组成部分。刑法学自身的发展,使其原来广泛而庞杂的内容结构发生了分解与变化。刑法学中的许多问题,由于其对象的特殊性,在研究方法与内容上与其他学科结合以后,形成了不少新的分支学科和边缘学科。

刑法学可以分为狭义刑法学与广义刑法学。

1.狭义刑法学。以刑法本身为研究对象。可以分为以下几类:(1)理论刑法学,主要研究刑法的理论基础和一般原理与原则。(2)规范刑法学,或叫注释刑法学,主要对现行刑事法律的立法精神、规范含义进行分析、解释或概括。这是刑法学最基础的,也是社会效果最直接的研究。(3)历史刑法学,即从历史的角度对历代刑法的本质、特点及其发展、演变进行研究。这种研究除作为法律文明史有其自身的价值外,对现行刑事立法也有一定的借鉴作用。(4)比较刑法学,即对当代世界各国的刑事立法进行分析、比较研究,对一个国家不同时期的刑事法律也可以进行纵的比较研究。这种研究对于现行立法及司法实践也有一定的参考价值。(5)总体刑法学,指将刑法置于一国法律体系之中,从刑法与其他部门法关系的角度进行研究。这种研究有助于理解刑法在法律体系中的地位及其作用,对于阐明违法与犯罪、刑罚与其他制裁方式的区别与联系及其综合作用的社会效果均有一定的意义。对立法及司法实践也有重要的作用。

2.广义刑法学。除狭义刑法学研究的内容外,还包括其他由传统刑法学衍生的独立学科和边缘学科的研究。主要有:(1)国际刑法学,研究国际性犯罪、跨国犯罪及其追诉,刑事司法互助和国内立法中的刑事管辖权等问题。(2)犯罪学,研究犯罪的原因、发展、变化的规律及其预防方法等。(3)监狱法学(狱政学),研究罪犯的教育、改造、管理及其待遇等问题。(4)刑罚执行学(行刑学),研究对已决罪犯在执行其所受处罚时的原则、方式以及执行中发生的法律问题等。(5)刑事政策学,研究犯罪的社会控制及矫正的一般原理、原则及其措施等。(6)犯罪社会学,从社会学的角度对犯罪现象进行研究,以探讨犯罪的社会因素及其对犯罪人的影响,从而找出预防和改造罪犯的具体方案。

尽管刑法学有狭义刑法学、广义刑法学之分,尽管刑法学已由简到繁,由浅入深,由综合学科派生出一些分支学科,形成本学科部门体系,但从我国现阶段各法学院(法律系)所开设的"刑法学"这门课程及各类刑法学教科书来看,基本上都是将刑法学这门课程的研究对象限定在理论刑法学与规范刑法学的范围之内。

规范刑法学(或称注释刑法学)以解释现行刑法为主要任务,理论刑法学以研究刑法的理论基础和一般原理与原则为主要任务。不难看出,两者密切联系。离开刑法理论的规范刑法学,因为没有理论基础,容易出现就事论事的解释,难以使刑法学深入发展。离开规范刑法学的刑法理论,因为没有涉及刑法的具体规定,容易出现空泛的议论,易作无病呻吟之语,难以适用于司法实践。因此,只有以刑法理论为基础解释现行刑法的学科,才算是真正的刑法学。

具体言之,我国现阶段刑法学的研究对象是:(1)刑法本身,如刑法的概念、性质、特征、机能、原则、适用范围等等;(2)刑法规范本身,即刑法对于犯罪与刑事责任的总体规定与具体规定,包括犯罪概念、构成要件、各种犯罪形态、排除犯罪性行为及定罪原则与方法;(3)刑事责任尤其是刑罚的本质、功能、目的、种类、适用原则与方法;(4)各种具体犯罪的概念、特征、认定与刑事责任;(5)有关刑法的立法与司法解释、执行刑法的实践经验与问题,以及刑法的适用规律。

二、刑法学与相关学科的关系

刑法学因其研究对象的特殊性和范围的特定性而成为一门独立的法律学科。在法学研究领域中,许多学科虽然相对独立,但又有密切的联系,被称为相关法律学科。刑法学的相关法律学科,是指对研究犯罪及其刑罚的一般规律以及刑事立法、刑事司法具有直接联系的法律学科。主要有:宪法学、犯罪学、刑事诉讼法学、刑事证据学、侦查学、刑事政策学、监狱学、法医学。

1.刑法学与宪法学的关系。宪法是国家的根本大法,在国家法律体系中具有最高的法律效力,是制定其他法的法律基础,属于"母法"。宪法学是研究宪法的本质及其产生和发展规律的法律学科。刑法属于"子法",其制定根据是宪法,并服从于宪法的一般原则,任何规定不得与宪法相抵触,否则无效。宪法学与刑法学的关系主要依存于宪法与刑法的联系:(1)宪法规定我国的社会制度和国家制度的基本原则,而刑法则规定何为犯罪以及处以何种刑罚,因此,刑法是保障国家的根本政治、经济制度不受破坏和宪法赋予公民的权利得以实现的重要法律手段;宪法的许多一般性规定,必须转化为具有强制执行力的刑事法律规范才能实现。(2)宪法具有最高法律效力,其法律地位高于刑法,宪法的重要原则是制定刑法的依据。刑法的内容必须符合宪法的规定,其规定和解释不能与宪法相抵触,否则无效。刑法与宪法的上述关系决定了刑法学的研究应当遵循和贯彻宪法学的一般原理与原则,宪法学对刑法学的研究具有重要指导意义。

2.刑法学与犯罪学的关系。犯罪学是研究犯罪产生的原因和预防犯罪的学科。广义上的刑法学包含犯罪学,有的刑法学教材中有专章对犯罪的原因及其规律的论述。这里指规范刑法学与犯罪学的关系。两者既有对研究对象侧重点的不同和对某一专题研究角度的差异,也有研究范畴的交叉和互补。其关系主要表现为:(1)研究对象的侧重点不同。刑法学是对犯罪和刑罚的规律、刑事立法和司法实践进行理论概括的科学,它主要研究犯罪的构成条件及如何适用刑罚;犯罪学作为社会学的一个分支,主要是研究作为一种社会现象的犯罪原因、预防和发生等。研究对象之间的侧重点的不同,决定了刑法学和犯罪学是两个相互独立但又具有紧密联系的学科。(2)对某些专题进行研究的侧重点不同。刑法不惩罚犯意,更不把犯罪动机作为刑法学研究的重点;犯罪学为探索犯罪产生的原因,不仅把犯罪动机作为研究的主要内容之一,还要研究形成犯罪动机的诸因素。犯罪学对犯罪的研究,较刑法学向前延伸了一步。(3)刑法学只研究某一危害社会的行为是否构成犯罪,构成什么罪和如何正确对犯罪分子适用刑罚,对已被判刑正在服刑期间的劳改罪犯,不作研究;而犯罪学为减少、防止犯罪的发生,对国家的劳改政策、罪犯改造成效也要作深入地探讨。犯罪学对刑罚的研究,又较刑法学向后延伸了一步。(4)刑法学重点研究的犯罪构成和量刑,成为犯罪学据以研究的前提。犯罪学所要研究的社会危害行为,必须是刑法上认定已经构成犯罪的行为,否则,就不是犯罪学研究的对象。因此,犯罪学研究的内容,一般要受刑法学犯罪概念的制约,要研究我国的犯罪原因和犯罪预防,必须在划清罪与非罪的基础上,才能作出既符合刑法规定,又符合实际的研究和分析,揭示在社会主义条件下,犯罪产生的原因及其预防,减少以至逐步消除的客观规律。同时,犯罪学对罪犯改造成效的研究,也必须建立在刑法学所研究的正确量刑的基础上。

3.刑法学与刑事诉讼法学的关系。刑事诉讼法学是以刑事诉讼的法律程序及其实施过程作为研究对象的科学。刑事诉讼法是实施刑法的必要条件和保证,与刑法学联系最为密切。刑事诉讼法是国家制定和认可的关于追究和惩罚犯罪的活动程序的法律规范的总和,属程序法。它和作为实体法的刑法之间的关系,实际上也就是刑事诉讼这一国家司法活动的内容与形式、任务与方法的统一。它们是密切联系、相互依存、不可分割的。这也是由刑事法律关系本质决定的。对于国家司法机关追究和惩罚犯罪的活动来说,刑法和刑事诉讼法缺一不可。没有刑法,定罪没有标准,量刑也没有尺度,诉讼活动就失去了目的和意义,诉讼程序也就成为没有实际内容的空洞形式,因而也就失去存在的价值。但是,只有刑法没有刑事诉讼法也不行。刑法只有通过一定的诉讼程序才能实施。不按照一定的诉讼程序去揭露犯罪、证实犯罪、查获犯罪人,刑法就没有具体适用的对象,定罪量刑就无从谈起,刑法的任务便无法实现。古今中外,任何统治阶级在制定刑法的同时,都必然制定与其刑法的内容相适应的诉讼程序,以保证刑法的实施。刑法与刑事诉讼法这种内容与形式、任务与方法的辩证统一关系,使得刑法学与刑事诉讼法学的研究相互联系、相互渗透、密不可分。

4.刑法学与刑事证据学的关系。刑事证据学是研究如何发现、收集、保全、审查判断和使用证据证实犯罪事实及犯罪人等问题的法律学科。它与刑法学的关系是:(1)手段和目的之间的关系。刑事证据学研究的主要内容之一,是如何收集和运用证据来准确地查明有无犯罪事实,证实犯罪人,证实罪行社会危害性的大小,为正确地认定有无犯罪事实、犯罪的性质及准确适用刑罚提供事实根据;刑法学则是在此基础上研究是否构成犯罪以及处以何种刑罚。(2)刑事证据学是刑法学研究的基础技术理论学科之一。刑法学中许多重大理论问题的解决,例如犯罪构成、因果关系和量刑原则等,都与证据理论有着密切的关系。

5.刑法学与刑事侦查学的关系。刑事侦查学是研究犯罪的侦查策略和侦破技术的法律科学。是刑法学研究的基础技术理论学科之一。它又称犯罪侦察学,也曾称为犯罪对策学。它以刑法、刑事诉讼法为依据,是法学中的一个分支学科,是法学体系的一个组成部分。但也有人认为,侦查学广泛涉及物理学、化学、生理学等自然科学方面的知识和技术,是介于法学与自然科学之间的边缘科学。

侦查学与刑法学研究同犯罪作斗争的角度各不相同,研究对象有别,但又关系密切。侦查学在制定和运用侦查策略和方法时,必须以某种行为构成犯罪为前提。如果某种行为根本不构成犯罪,那就谈不上立案侦查了。侦查学研究揭露犯罪和证实犯罪的方法,必须以刑法为依据,不能脱离刑法的有关规定。侦查人员必须熟知刑法的有关规定,划清罪与非罪的界限,明确各种犯罪的构成要件、刑罚种类和适用方法,才能对各种犯罪正确地开展侦查活动,及时准确地揭露和证实犯罪,保证无罪者不受刑事追究。另外,刑法所规定的目的和任务也需要通过一系列侦查活动来实现。没有强有力的刑事侦查工作,犯罪事实就不可能被查清,犯罪分子就不可能被查获,当然也就不可能运用刑法对罪犯进行定罪量刑。因此,为了有效地同犯罪作斗争,还需要有揭露犯罪和证实犯罪的侦查方法。侦查方法,就是在犯罪事实发生之时或发生之后,遵照刑法、刑事诉讼法的规定,依靠群众,迅速及时地调查研究,采取必要措施,运用侦查技术手段去发现、收取各种犯罪痕迹和人证、物证,然后根据案件的具体特点,组织力量,查明案情,收集证据,及时破案。侦查学所制定的侦查策略和方法是实现刑法任务的重要手段。具备一定的侦查学基本知识,对于刑法学的研究,特别是犯罪构成理论及分则中各具体犯罪的构成认定等大有裨益。

6.刑法学与刑事政策学的关系。刑事政策学是指根据一定时期某一类或某几类犯罪危害社会的实际情况,研究正确运用刑事法律来惩治和预防犯罪的对策的科学。刑事政策一词来源于德语 Krminal Politik,最早由德国刑法学家安谢尔·费尔巴哈于1803年首先使用。国外学者对刑事政策有广义及狭义两种解释。广义的刑事政策,是指国家或社会团体,以预防和镇压犯罪为目的所采取的一切手段和方法。通常包括刑事立法政策、刑事司法政策和刑事社会政策。狭义的刑事政策,是指国家以预防和镇压犯罪为目的,运用刑罚以及具有与刑罚类似作用的诸种手段,对犯罪人和具有犯罪危险性的人,所采取的刑事措施。

我国刑法学一般认为,刑事政策是统治阶级运用刑事法律武器同犯罪作斗争而规定的,关于刑事领域方面的指导方针、依据准则和对策措施。刑事政策是国家总政策中的一个重要部门政策。历史上重大刑罚制度的改革,与刑事政策思想、理论的兴起、发达有着密切的关系。在我国,一般重大的刑事政策均由党中央制定,地方各级党组织也可结合本地实际,制定适合地方需要的刑事政策,但不能与党中央的刑事政策相抵触。司法机关是刑事政策的贯彻者和实施者。刑事政策对司法机关的司法活动、司法效果具有重要的指导和评价功能,对刑法的正确制定、实施方向以及各种形势下刑法功能的发挥,同样具有重要的指导和评价功能。刑事政策作为党的政策的组成部分,不能与刑事法律相抵触,更不能以刑事政策代替刑事法律的实施。被实践检验行之有效并逐步成熟的刑事政策,可以经国家立法机关通过上升为法律,具有国家意志性和强制性。

刑事政策的基本内容,从我国的司法实际来看,有三个基本方面:(1)审时度势地确定在刑事法律规定的范围内对某一类或某几类刑事犯罪的宽严处罚方针;(2)确定开展全国性或地区性、行业性的集中打击刑事犯罪的活动;(3)提出对刑事犯罪开展综合治理的对策。国外的刑法学家一般认为,刑法学与刑事政策学,两者均以犯罪与刑罚为其研究对象,但又有所不同:首先,刑法学将犯罪与刑罚之间的关系,依据成文法,作为法律规范加以规定和注释,其主要任务是阐明现行刑法的意义及内容,以利于刑事司法任务的完成。而刑事政策学,则将犯罪与刑罚问题及其相互间的关系,主要从因果论及目的政策论的立场加以研究,以阐明什么样的犯罪行为由什么人所实施,用什么方法能最有效地防止犯罪,现行刑罚制度的效果如何,等等。其次,刑法学的研究范围限于成文法上所规定的法律关系,而刑事政策学则不但不受法律规范的约束,反而立于与传统法律相对立的自由地位。凡是成文法上的规定,只要认为不合目的,都可自由加以批评,并建议制定更合理、更有效的立法及对策。因此,刑事政策学是站在指导修正现行刑法将来立法的地位来研究问题。

在我国,一般认为刑事政策属于政策的一种,对刑事立法和司法起着指导作用。熟悉刑事政策学有助于更深刻地理解刑法学的原则、精神以及一国刑法产生的社会背景、历史背景。刑法学研究的深入程度也直接影响着刑事政策学的研究水平和质量。

7.刑法学与监狱法学的关系。监狱法学是研究监狱法的产生、内容及其发展规律的科学,是关于监狱法司法实践的理论总结以及劳动改造有关立法问题的学科。是法学的一个分支学科。其主要内容有:监狱法学的研究对象和范围;监狱法的概念、本质、特征;监狱法的主体、任务、指导思想和基本原则,服刑罪犯的特点和改造规律;改造罪犯的方针、政策和方法;劳改生产的任务、性质、特点等等。刑法学与监狱法学有着密切的联系。刑法第46条规定:"被判处有期徒刑、无期徒刑的犯罪分子,在监狱或者其他执行场所执行;凡有劳动能力的都应当参加劳动,实行教育和改造。"刑罚的执行必须以刑法的规定为依据,但刑法一般并不规定如何对罪犯执行刑罚。实行劳动改造的内容一般由监狱法来规定。如果只有刑法而无监狱法,刑罚就得不到很好的执行,对罪犯适用刑罚的目的也就无法达到。从对罪犯执行刑罚的角度看,监狱法即是刑罚执行法。刑法与监狱法互相衔接、紧密相连。从对罪犯进行劳动改造的角度看,如何依照法律,确定正确的劳改工作方针,综合运用改造罪犯的各种手段,把罪犯改造成为新人,则是监狱法的特有内容,体现了监狱法与刑法的区别。另一方面,对罪犯实施有效的劳动改造,又是实现刑罚特殊预防目的的关键环节。所以监狱法学的研究和阐释,必须以刑法学所阐明的基本原理为依据;而刑法学的深入研究,特别是其中刑罚论的深入研究,也可以吸收监狱法学的研究成果,以丰富研究内容。

8.刑法学与法医学的关系。法医学是应用医学、生物学、化学及其他自然科学的理论和技术,研究和解决司法活动中需要进行专门技术鉴定的尸体、活体和证物的一门边缘科学。它所提供的具有科学性的司法鉴定结论,对于司法实践中认定犯罪事实存在与否、犯罪危害性的大小以及司法机关正确定罪量刑具有重要作用。法医学属于刑法学研究的外围和基础技术理论学科之一,对于研究刑法学中有关人体伤害的犯罪构成理论,具有十分重要的辅助意义。例如,现在司法实践中运用的《人体重伤鉴定标准》和《人体轻伤鉴定标准》(最高人民法院、最高人民检察院、公安部、司法部颁布),就是司法机关正确认定犯罪侵害的活体损伤程度的主要依据。具备基本的法医学知识,是有效地进行刑法学研究的一个重要条件。

三、刑法学的体系与研究方法

体系是指由若干有关事物相互联系、相互制约而构成的一个整体。刑法学的体系与刑法学的研究对象有密切的联系,如果说刑法学研究对象是指刑法学包括哪些内容的话,那么刑法学体系实际就是对刑法学的内容加以排列组合而形成的结构形式。我国刑法学的体系是以我国刑法为研究对象建立起来的。刑法学体系不可能脱离刑法的体系,但是,应当明确刑法学体系与刑法体系的关系,两者既有密切联系,又有不同。刑法学体系既不能脱离刑法,又不是刑法条文的简单注释,而是按照理论的内在联系,确立科学的结构。目前所确立的我国刑法学体系,还不能说已经很完善,可以成为一个普遍公认的模式。相信随着刑事立法的发展和刑法学研究的深入,崭新的具有中国特色的刑法学科学体系,会得到不断的充实与完善。

本书分为刑法总论和刑法分论上下两编。上编实际包括三部分:一是刑法论,即刑法的概念、特征、机能、基本原则、效力范围等;二是犯罪论,即犯罪概念、犯罪构成、犯罪形态等;三是刑罚论,即刑罚概念、目的、种类及刑罚的具体运用等。下编实际上就是根据我国刑法分则的规定,论述十大类各种具体犯罪的概念、特征、认定及其处罚。

研究刑法学应注意下面这几种方法:

(一)运用分析比较的方法

分析,就是对刑法条文和刑法规范进行具体的解释和说明,来探明法律条文的内涵和外延,探求立法者的立法意图。分析的方法,可以是从阶级分析的角度,也可以是从一般分析的角度来研究刑法学。前者认为,刑法同国家一样是阶级矛盾不可调和的产物,不同的阶级和不同社会制度下的刑法,体现的是不同阶级的意志,代表着不同阶级的利益。运用阶级分析的方法,使我们能抓住问题的实质,以正确理解刑法;后者认为,无论法律条文本身规定的多么具体,同复杂多样的实际生活相比,也总是带有概括性,所以要正确地理解和实施刑法,就需要对刑事法律条文进行阐述和解释。我国刑法学的研究在很大程度上仍是对现行刑法所作的阐述和解释,用注释的方法研究刑法学虽然是必要的,但刑法学不能永远停留在注释的水平上。

在分析的基础上,还应进行比较,有比较才有鉴别,有鉴别才能有发展。任何学科在研究中都使用比较的方法,刑法学也不例外。这种比较,可以是对不同社会制度、不同法系的国家的刑法体系、制度、立法原则、刑法的思想、学说进行比较,也可以就某一具体的问题、具体的制度来进行比较,如共同犯罪人的分类、死刑问题、累犯制度、数罪并罚制度等。通过比较不仅可以开阔我们的视野,而且可以评判优劣、利弊,吸取其中的精华和一切于我有用的科学成果,以促进我国刑法学理论的发展。对刑法进行比较研究时,要注意应立足于本国的现实,而且不能脱离不同国家、不同制度和不同历史条件下各自的经济、政治、文化背景进行孤立的比较研究。

(二)运用理论联系实际的方法

理论联系实际的方法是研究一切社会科学的方法,也是研究刑法学的基本方法。刑法学是一门理论性和应用性都很强的学科,理论来源于实践,又推动和指导实践的发展。研究刑法学理论,应结合我国社会主义市场经济和民主与法治建设的实际情况,了解我国社会情况的过去、现在和未来,为社会主义市场经济保驾护航。运用理论联系实际的方法,还应紧密结合刑事立法和司法实践,对新的历史条件下出现的新情况、新问题从理论上加以论证,提出必要的建议,以促进刑事立法和司法的完善。

（三）运用历史方法

历史的方法,指通过研究刑法的历史沿革来揭示刑法思想和刑法制度的产生、发展和演变规律。不同历史时期,不同社会制度下的刑法,都带有它那个时代的影子,刑法本身的发展也是一个不断扬弃的过程。对我国各个历史时期的刑法思想、刑事立法、刑法制度的产生、发展和演变情况进行纵向考察,将一些具体的问题也置于一定的历史范围内研究,既着眼于现实,又考虑到过去和未来,正确评判是非得失,从中总结有益的经验,吸取其中有益的东西,这对我国刑法学的发展与繁荣,对我们了解刑法的发展规律都有积极的意义。

研究刑法学的方法,是一个很大的研究课题。这里只能简单地提出值得特别强调的几个方面。

四、我国新刑法的修订与发展和完善

（一）现行刑法的修订

我国第一部刑法,即《中华人民共和国刑法》是在 1979 年 7 月 1 日第五届全国人民代表大会第二次会议上通过,1980 年 1 月 1 日起实施的。刑法实施 17 年来,在打击犯罪,保护人民,维护国家的统一安全,维护社会治安秩序,维护人民民主专政的政权和社会主义制度,保障社会主义建设事业的顺利进行,发挥了重要的、积极的作用。然而,由于受制定该部刑法当时的政治、经济、文化及社会治安形势的限制,加上立法时间的仓促,使得这部刑法在观念上比较保守,在内容上失于粗疏,以至于在很短的时间内便显露出与社会现实生活的诸多不适应。特别是中国实行改革开放政策以后,社会生活的各个领域更是发生了天翻地覆的变化,1979 年刑法滞后于社会形势的情状亦日趋严重。为发挥刑法的社会调整功能,国家最高立法机关先后又颁行了 24 部单行刑事法规,并在百余部经济、民事、行政、军事、文化教育、环境卫生、社会保障等方面的法律中附设了一系列刑事条款,对 1979 年刑法进行了较大幅度的修改补充,以适应社会形势之急需。然而,由于立法思想的不统一,立法方式的紊乱,也导致了刑法规范之间的大量冲突和矛盾,大大影响了刑法基本功能的发挥。为更好地适应中国改革开放的需要,进一步完善中国的刑法法制,中国立法机关自 1982 年便提出要研究修订刑法,研究和修订刑法历时 15 年,新的《中华人民共和国刑法》终于于 1997 年 3 月 14 日在第八届全国人民代表大会第五次会议上获得通过,同日予以公布,并自 1997 年 10 月 1 日起施行。

经 1997 年修订的我国新刑法,是一部崭新的、统一的、比较完备的具有重大改革和多方面发展的刑法。新刑法总则、分则共 452 条,较 1979 年刑法的

192 条增加了 260 条。其中总则 101 条,比原刑法总则的 89 条增加了 12 条;分则 350 条,从原刑法分则的 103 条增加到 247 条。这次刑法修订的内容很多,概括起来,有以下几个方面。

1.明确规定了刑法的基本原则

1979 年刑法未明确规定刑法的基本原则,因此,长期以来,就该问题引起刑法学界的广泛争议。特别是 1979 年刑法还规定有类推制度,因此罪刑法定原则是否是我国刑法的基本原则之一,历来也有争议。这次修订,在刑法第 3 条、第 4 条、第 5 条中明确规定了罪刑法定原则、适用刑法平等原则和罪刑相适应原则。明确规定这三项基本原则,对加强社会主义法制建设,实现依法治国,反对特权,防止罪刑失当,保护公民合法权益具有重大意义。

2.对刑法总则分则有关条文进行了必要的修订

这次修订,是在全面、系统研究的基础上经过充分论证进行的,因此,对原刑法中不适应新情况的或规定太笼统的,都加以修改补充。例如,在总则中,扩大了我国公民在领域外犯罪适用我国刑法的范围;确立了普遍管辖原则;修改了未成年人犯罪的刑事责任的规定;规定了精神病人减轻刑事责任的制度;增设单位犯罪的规定;明确并放宽了正当防卫与防卫过当的界限以及防卫权的行使;对共同犯罪、刑罚种类、确定减轻处罚、累犯以及自首、缓刑、减刑、假释制度等,都进行了修改和完善。分则中,除将 1981 年以来立法机关制定的单行刑事法律的罪刑作了必要的修改、调整,纳入刑法外,主要对刑法分则章节从原来的八章增至十章,并对原反革命罪罪名和具体条文作了修改和必要的调整。除此之外,还对原刑法条文规定比较笼统、界限不太清、执法随意性比较大的三个“口袋罪”,即投机倒把罪、流氓罪、玩忽职守罪作了具体规定。对其他比较原则的条文,也作了必要的修改予以具体化。

3.针对新的情况、新的问题和同犯罪作斗争的实际需要,对刑法进行了必要的补充

其补充,除在总则中增加规定刑法的三项基本原则和单位犯罪的处罚原则等外,主要是在分则中新增加了许多新罪名。如增加规定了组织、领导、参加恐怖组织罪,组织、领导、参加黑社会性质组织罪,入境发展黑社会组织罪,扰乱法庭秩序罪,聚众哄抢罪,侵占罪,非法行医罪,医疗事故罪,强迫职工劳动罪,证券犯罪,洗钱罪,侵犯商业秘密罪,虚假广告罪,非法侵入计算机信息系统罪,破坏计算机信息系统罪,扰乱无线电通讯管理秩序罪等等。

4.对一些罪的法定刑进行了必要的调整

随着我国社会政治、经济形势和国际形势的发展,有些犯罪的社会危害性

增大,有些则相对下降,必须对法定刑作适当的调整。为此,新刑法对罪与罪之间法定刑作了综合平衡。如对国家机关工作人员的玩忽职守和滥用职权等犯罪的最高法定刑则由 5 年上升至 7 年或者 10 年;过失致人死亡的犯罪,则由原来的最高法定刑 15 年下降为 7 年。

(二)现行刑法的发展和完善

任何国家的刑法的制定都是受当时的政治、经济、文化及社会治安背景影响的,刑法的修订不可能是一劳永逸的。随着社会的发展,一些新型的犯罪、新的情况会不断涌现出来,刑法的滞后性也就相应的会表露出来。刑法制度必须与时俱进,不断的发展和完善,使之能与社会的发展相适应、相和谐。

自 1997 年刑法实施以来,最高立法机关的常设机构——全国人大常委会已经对现行刑法先后做出九次修订,有九个单行法律文件(一个补充规定和八个修正案)。1998 年 12 月 29 日《关于惩治骗购外汇、逃汇和非法买卖外汇犯罪的决定》的主要内容是修改了刑法第 190 条,增加了"骗购外汇罪"。1999 年 12 月 25 日《刑法修正案(一)》的主要内容是对刑法分则第三章第三节"妨害对公司、企业的管理秩序罪"和第四节"破坏金融管理秩序罪"进行修正。2001 年 8 月 31 日《刑法修正案(二)》是对刑法第 342 条"非法占用耕地罪"的修正,将其修订为"非法占用农用地罪",即刑法保护的对象由原来的耕地扩大至耕地、林地等农用地。2001 年 12 月 29 日《刑法修正案(三)》是以修改和规定恐怖性犯罪行为为主要内容的:增加了"资助恐怖活动罪","投放虚假危险物质罪"和"编造、故意传播虚假恐怖信息罪"这三个新罪名,扩大了刑法第 191 条洗钱罪的对象,使之包括"恐怖犯罪活动所得及其产生的收益"。2002 年 12 月 28 日《刑法修正案(四)》修订的主要内容包括:将刑法第 145 条的生产、销售不符合标准的医疗器械罪的犯罪形态由原来的结果犯修改为危险犯,明确了走私废物罪的构成要件以及法定刑幅度,增加了"雇用童工从事危重劳动罪"和"执行判决、裁判失职罪"以及"执行判决、裁定滥用职权罪"。2005 年 2 月 28 日《刑法修正案(五)》修正的主要内容包括:关于信用卡犯罪,增加了刑法第 177 条之一,即增设了"妨害信用卡管理罪"和"窃取、收买、非法提供信用卡信息罪",同时修改了刑法第 196 条关于信用卡诈骗罪第一项的行为类型,使其包括"使用以虚假的身份证证明骗领的信用卡的"情形。此外,在刑法第 369 条增加了一款,即增加了"过失损坏武器装备、军事设施、军用通信罪"这个新罪名。接下来的 2006 年 6 月 29 日《刑法修正案(六)》、2009 年 2 月 28 日《刑法修正案(七)》以及 2011 年 2 月 25 日《刑法修正案(八)》对现行刑法修正的范围更大。分述如下:

《刑法修正案（六）》扩大了重大安全生产事故罪犯罪主体范围，并提高法定最高刑：将重大安全生产事故罪犯罪主体由"企业事业单位"的人员扩大到凡是有严重违法行为，造成重大伤亡事故或者其他严重后果的人员；将这一犯罪中情节特别恶劣的，最高刑由7年有期徒刑提高到15年有期徒刑。在刑法关于洗钱罪的上游犯罪中，增加了贪污贿赂犯罪、破坏金融管理秩序犯罪和金融诈骗犯罪。将商业贿赂犯罪（包括非国家工作人员受贿罪和对非国家工作人员行贿罪）的主体和对象扩大到公司、企业以外的其他单位的工作人员。将开设赌场犯罪情节严重的，最高刑期提高到10年。增加了"枉法仲裁罪"作为刑法第399条之一的规定。

有关金融犯罪方面，《刑法修正案（六）》从五个方面完善了有关破坏金融管理秩序犯罪的规定：增加了《刑法》第175条之一，即"骗取贷款诈骗、票据承兑、金融票证罪"；对操纵证券、期货市场罪作出与新修订的证券法相衔接的表述，主要是删除了原条文中"获取不正当利益或者转嫁风险"的要件，同时取消了单位犯罪中主管人员和其他直接责任人员独立的法定刑，使之与自然人犯本罪适用相同的法定刑；针对实践中存在的有些金融机构挪用客户资金的行为并不是其工作人员个人的行为，而是由单位决定实施的情形，以及负责经营、管理社会保障基金、住房公积金等公众资金的单位，还有保险公司、保险资产管理公司、证券投资基金管理公司，也存在违反国家规定运用资金的行为，这些行为严重影响了公众资金的安全和社会稳定，据此增加了《刑法》第185条之一的规定，设立了"背信运用受托财产罪"和"违规运用资金罪"这两个纯单位犯罪的规定；针对司法实践中关于如何认定"违法发放贷款罪"和"违规出具金融票证罪"的行为所造成的损失，较为困难。据此，将上述两条规定中的"造成重大损失"，分别修改为"数额巨大"或"情节严重"；修订了《刑法》第187条的构成要件，严格规定只要是金融机构吸收客户资金不入账，数额巨大或者造成重大损失的，就应当追究刑事责任，使该罪名简化为"吸收客户资金不入账罪"。

在妨害对公司、企业的管理秩序方面，《刑法修正案（六）》修订了《刑法》第161条的规定，进一步明确了规定公司不按规定披露信息的刑事责任，规定依法负有信息披露义务的公司、企业向股东和社会公众提供虚假的或者隐瞒重要事实的财务会计报告，或者对依法应当披露的其他重要信息不按照规定披露，严重损害股东或者其他人利益的，对其直接负责的主管人员和其他直接责任人员，追究刑事责任，罪名为"违规披露、不披露重要信息罪"；并增加了《刑法》第162条之二的规定，设立了"虚假破产罪"。《刑法修正案（六）》还增加了

《刑法》第 262 条之一的规定,对以暴力、胁迫手段组织残疾人或者不满 14 周岁未成年人乞讨的行为,设立了"组织残疾人、儿童乞讨罪"。

《刑法修正案(七)》,则对刑法中涉及破坏社会主义市场经济秩序犯罪、侵犯公民权利犯罪、妨害社会管理秩序犯罪、危害国防利益犯罪、贪污贿赂犯罪的一些条文作了更大幅度的修改,并增加了一些新的犯罪。概述如下:

1. 修改了《刑法》第 151 条第 3 款的规定,以概括式的罪状表述:"走私珍稀植物及其制品等国家禁止进出口的其他货物、物品的,处五年以下有期徒刑或者拘役,并处或者单处罚金;情节严重的,处五年以上有期徒刑,并处罚金。"这样,就将走私刑法第 153 条第 1、2、3 款具体列举以外的其他所有国家禁止进出口的货物、物品的行为都包括进来了。由此设立了"走私国家禁止进出口的货物、物品罪"的概括性罪名。

2. 修改了第 180 条,增加了利用未公开信息交易罪的刑法规定。将刑法第 180 条第 1 款修改为:"证券、期货交易内幕信息的知情人员或者非法获取证券、期货交易内幕信息的人员,在涉及证券的发行,证券、期货交易或者其他对证券、期货交易价格有重大影响的信息尚未公开前,买入或者卖出该证券,或者从事与该内幕信息有关的期货交易,或者泄露该信息,或者明示、暗示他人从事上述交易活动,情节严重的,处五年以下有期徒刑或者拘役,并处或者单处违法所得一倍以上五倍以下罚金;情节特别严重的,处五年以上十年以下有期徒刑,并处违法所得一倍以上五倍以下罚金。"同时,为严厉惩治老鼠仓犯罪,在第 180 条中增加 1 款作为第 4 款:"证券交易所、期货交易所、证券公司、期货经纪公司、基金管理公司、商业银行、保险公司等金融机构的从业人员以及有关监管部门或者行业协会的工作人员,利用因职务便利获取的内幕信息以外的其他未公开的信息,违反规定,从事与该信息相关的证券、期货交易活动,或者明示、暗示他人从事相关交易活动,情节严重的,依照第一款的规定处罚。"

3. 对《刑法》第 201 条作了重大修改。(1)将罪名由"偷税罪"改为"逃税罪"。"偷税"代之以"逃避缴纳税款",恢复本来之义。(2)对逃税的手段不再作具体列举,而采用概括性的表述,"纳税人采取欺骗、隐瞒手段进行虚假纳税申报或者不申报",以适应实践中逃避缴纳税款可能出现的各种复杂情况。(3)对构成"逃避缴纳税款数额较大、数额巨大"的具体数额标准没再作规定。经济生活中,逃税的情况十分复杂,同样的逃税数额在不同时期对社会的危害程度也不同,法律对数额不作具体规定,由司法机关根据实际作司法解释并适时调整更为合适。(4)对逃税罪的初犯规定了不予追究刑事责任的特别条款,这是对《刑法》201条的最重大修改。对逃避缴纳税款达到规定的数额、比例，已经构成犯罪的初犯，满足以下三个条件可不予追究刑事责任：一是在税务机关依法下达追缴通知后，补缴应纳税款；二是缴纳滞纳金；三是已受到税务机关行政处罚。"已受行政处罚的"不单是指逃税人已经收到了税务机关的行政处罚（主要是行政罚款）决定书，是否已积极缴纳了罚款，是判断逃税人有无悔改之意的重要判断标准。（5）对达到逃税罪的数额、比例标准不免除刑事责任的情形也作了规定，即"五年内曾因逃避缴纳税款受到过刑事处罚或者被税务机关给予二次处罚的除外"，体现了对有逃税行为屡教不改的人从严处理的立法思想。因逃避缴纳税款被税务机关给予二次以上行政处罚的人又逃税的，还必须符合第1款规定的数额、比例标准，才能追究刑事责任。

4.增加了组织、领导传销活动罪。在《刑法》第224条后增加第224条之一的规定："组织、领导以推销商品、提供服务等经营活动为名，要求参加者以缴纳费用或者购买商品、服务等方式获得加入资格，并按照一定顺序组成层级，直接或者间接以发展人员的数量作为计酬或者返利依据，引诱、胁迫参加者继续发展他人参加，骗取财物，扰乱经济社会秩序的传销活动的，处五年以下有期徒刑或者拘役，并处罚金；情节严重的，处五年以上有期徒刑，并处罚金。"

5.增加了打击"地下钱庄"的刑法规定。将《刑法》第225条第3项修改为："未经国家有关主管部门批准，非法经营证券、期货、保险业务的，或者非法从事资金支付结算业务的。"在原来本条第3项中增加了"或者非法从事资金支付结算业务的"规定。

6.修改了绑架罪，将起点刑降低到五年有期徒刑。即对绑架罪刑罚增加了一档："情节较轻的，处五年以上十年以下有期徒刑，并处罚金。"这样体现了宽严相济的刑事政策。

7.增加了"出售、非法提供公民个人信息罪"和"非法获取公民个人信息罪"。即在《刑法》第253条后增加1条，作为第253条之一，其中第1款规定："国家机关或者金融、电信、交通、教育、医疗等单位的工作人员，违反国家规定，将本单位在履行职责或者提供服务过程中获得的公民个人信息，出售或者非法提供给他人，情节严重的，处三年以下有期徒刑或者拘役，并处或者单处罚金。"在第253条之一第2款规定："窃取或者以其他方法非法获取上述信息，情节严重的，依照前款规定处罚。"鉴于单位在出售或者非法提供、或者非法获取公民个人信息方面的问题也比较严重，在第253条之一第3款规定："单位犯前两款罪的，对单位判处罚金，并对其直接负责的主管人员和其他直接责任人员,依照各该条的规定处罚。"

8.增加了"组织未成年人进行违法犯罪活动罪"。即在《刑法》第 262 条之一后又增加 1 条,作为第 262 条之二:"组织未成年人进行盗窃、诈骗、抢夺、敲诈勒索等违反治安管理活动的,处三年以下有期徒刑或者拘役,并处罚金;情节严重的,处三年以上七年以下有期徒刑,并处罚金。"

9.增加了"非法获取计算机信息系统数据、非法控制计算机信息系统罪"和"提供非法侵入、控制计算机信息系统专用程序、工具罪"。即在《刑法》第 285 条中增加第 2 款规定和第 3 款规定:"违反国家规定,侵入前款规定以外的计算机信息系统或者采用其他技术手段,获取该计算机信息系统中存储、处理或者传输的数据,或者对该计算机信息系统实施非法控制,情节严重的,处三年以下有期徒刑或者拘役,并处或者单处罚金,情节特别严重的,处三年以上七年以下有期徒刑,并处罚金。""提供专门用于侵入、非法控制计算机信息系统的程序、工具,或者明知他人实施侵入、非法控制计算机信息系统违法犯罪行为而为其提供程序、工具,情节严重的,依照前款的规定处罚。"

10.对《刑法》第 312 条的"掩饰、隐瞒犯罪所得、犯罪所得收益罪"增加了单位犯罪的规定。

11.将《刑法》第 337 条的"逃避动植物检疫罪"修改为"妨害动植物防疫、检疫罪"。对刑法原条文作了两处修改:一是将"违反进出境动植物检疫法的规定"修改为"违反有关动植物防疫、检疫的国家规定",使该条的适用范围由过去只适用于"进出境动植物检疫"扩大到"境内"所有动植物防疫、检疫。二是对追究刑事责任增加了"有引起重大动植物疫情危险,情节严重的"的情形。

12.对《刑法》第 375 条作了以下修改:(1)考虑到军车号牌与军服的作用不同,将买卖军车号牌与非法买卖军服分别规定,并增加了"伪造、盗窃、非法提供、使用"等针对军车号牌的犯罪行为。(2)考虑到利用军车号牌与军服进行违法犯罪可能造成的危害后果不同,对"伪造、盗窃、买卖或者非法提供、使用"军车号牌的犯罪行为,规定了比非法生产、买卖军服较重的刑罚,最高刑到十年有期徒刑。

13.增加了"利用影响力受贿罪"。即在《刑法》第 388 条之后增加一条作为第 388 条之一:"国家工作人员的近亲属或者其他与该国家工作人员关系密切的人,通过该国家工作人员职务上的行为,或者利用该国家工作人员职权或者地位形成的便利条件,通过其他国家工作人员职务上的行为,为请托人谋取不正当利益,索取请托人财物或者收受请托人财物,数额较大或者有其他较重情节的,处三年以下有期徒刑或者拘役,并处罚金;数额巨大或者有其他严重情节的,处三年以上七年以下有期徒刑,并处罚金;数额特别巨大或者有其他特别严重情节的,处七年以上有期徒刑,并处罚金或者没收财产。""离职的国家工作人员或者其近亲属以及其他与其关系密切的人,利用该离职的国家工作人员原职权或者地位形成的便利条件实施前款行为的,依照前款的规定定罪处罚。"

14.修改了第 395 条"巨额财产来源不明罪",将最高刑由 5 年有期徒刑提高到 10 年。将《刑法》第 395 条第 1 款修改为:"国家工作人员的财产、支出明显超过合法收入,差额巨大的,可以责令该国家工作人员说明来源,不能说明其来源的,差额部分以非法所得论,处五年以下有期徒刑或者拘役;差额特别巨大的,处五年以上十年以下有期徒刑。财产的差额部分予以追缴。"

2011 年 2 月 25 日,十一届全国人大常委会第十九次会议表决通过的《刑法修正案(八)》。是现行刑法颁布以来,历次修订动作最大的,修订内容包括总则与分则共 50 条,于 2011 年 5 月 1 日起生效。修订的具体内容简述如下:

1.适当减少了死刑的罪名。体现在取消了近年来较少适用或基本未适用过的 13 个经济性非暴力犯罪的死刑。具体是:走私文物罪,走私贵重金属罪,走私珍贵动物、珍贵动物制品罪,走私普通货物、物品罪,票据诈骗罪,金融凭证诈骗罪,信用证诈骗罪,虚开增值税专用发票、用于骗取出口退税、抵扣税款发票罪,伪造、出售伪造的增值税专用发票罪,盗窃罪,传授犯罪方法罪,盗掘古文化遗址、古墓葬罪,盗掘古人类化石、古脊椎动物化石罪。此次取消的 13 个死刑罪名,占刑法死刑罪名总数的 19.1%。

2.限制对被判处死刑缓期执行犯罪分子的减刑。根据刑法罪刑相适应的原则,应当严格限制对某些判处死缓的罪行严重的罪犯的减刑,延长其实际服刑期。据此,对《刑法》第 50 条的规定作出修改,将其中"十五年以上二十年以下有期徒刑"的减刑幅度修改限定为"二年期满以后,减为二十五年有期徒刑"。对其中累犯以及因故意杀人、强奸、抢劫、绑架、放火、爆炸、投放危险物质或者有组织的暴力性犯罪被判处死刑缓期执行的犯罪分子,人民法院根据犯罪情节等情况,可以同时决定对其限制减刑。

3.完善假释规定,加强对被假释犯罪分子的监督管理。提高了被判处无期徒刑犯罪分子的假释门槛,修改为,"被判处有期徒刑的犯罪分子,执行原判刑期二分之一以上,被判处无期徒刑的犯罪分子,实际执行十三年以上,如果认真遵守监规,接受教育改造,确有悔改表现,没有再犯罪的危险的,可以假释。如果有特殊情况,经最高人民法院核准,可以不受上述执行刑期的限制。"还完善了假释适用的条件,"对犯罪分子决定假释时,应当考虑其假释后对所居住社区的影响"。

4.适当延长有期徒刑数罪并罚的刑期。根据《刑法》第 69 条的规定,判决宣告以前一人犯数罪,需要并罚的,并罚后有期徒刑最高不能超过 20 年。上述规定总体上是适当的,但实践中有一些犯罪分子一人犯有较多罪行,被判处有期徒刑的总和刑期较高,例如,一个人实施了盗窃、诈骗行为之后没有被发现,他意犹未尽,还在光天化日之下抢劫银行,于是被捕后,经过审判,盗窃罪被判处 15 年有期徒刑,诈骗罪被判处 15 年有期徒刑,因抢劫罪被判处 15 年有期徒刑总和刑期高达 45 年,如果只判处最高 20 年有期徒刑,难以体现罪刑相适应的刑法原则,应当适当提高这种情况下数罪并罚时有期徒刑的上限,把 69 条修改为:"判决宣告以前一人犯数罪的,除判处死刑和无期徒刑的以外,应当在总和刑期以下、数刑中最高刑期以上,酌情决定执行的刑期,但是管制最高不能超过三年,拘役最高不能超过一年,有期徒刑总和刑期不满三十五年的,最高不能超过二十年,总和刑期在三十五年以上的,最高不能超过二十五年。"

5.完善有关黑社会性质组织犯罪的法律规定。近年来,随着经济社会的发展,黑社会性质组织犯罪出现了一些新的情况,为维护社会治安秩序,保障人民利益,有必要进一步加大对黑社会性质组织犯罪的惩处,对与黑社会性质组织犯罪及其可能涉及的相关犯罪作以下修改:

第一,明确黑社会性质组织犯罪的特征,加大惩处力度。《刑法》第 249 条对黑社会性质组织犯罪作了规定。2002 年全国人大常委会《关于〈中华人民共和国刑法〉第二百九十四条第一款的解释》,对"黑社会性质的组织"的特征作了明确界定,为打击黑社会性质组织犯罪提供了法律依据。将全国人大常委会法律解释的内容纳入该条,对黑社会性质组织的特征在法律上作出明确规定;同时,增加规定财产刑,对这类犯罪除处以自由刑外,还可以并处罚金、没收财产。将《刑法》第 294 条修改为:"组织、领导黑社会性质的组织的,处七年以上有期徒刑,并处没收财产;积极参加的,处三年以上七年以下有期徒刑,可以并处罚金或者没收财产;其他参加的,处三年以下有期徒刑、拘役、管制或者剥夺政治权利,可以并处罚金。境外的黑社会组织的人员到中华人民共和国境内发展组织成员的,处三年以上十年以下有期徒刑。国家机关工作人员包庇黑社会性质的组织,或者纵容黑社会性质的组织进行违法犯罪活动的,处五年以下有期徒刑;情节严重的,处五年以上有期徒刑。犯前三款罪又有其他犯罪行为的,依照数罪并罚的规定处罚。黑社会性质的组织应当同时具备以下特征:(1)形成较稳定的犯罪组织,人数较多,有明确的组织者、领导者,骨干成员基本固定;(2)有组织地通过违法犯罪活动或者其他手段获取经济利益,具有一定的经济实力,以支持该组织的活动;(3)以暴力、威胁或者其他手段,有组织地多次进行违法犯罪活动,为非作恶,欺压、残害群众;(4)通过实施违法犯罪活动,或者利用国家工作人员的包庇或者纵容,称霸一方,在一定区域或者行业内,形成非法控制或者重大影响,严重破坏经济、社会生活秩序。"

第二,调整敲诈勒索罪的入罪门槛,完善法定刑。《刑法》第274条规定,敲诈勒索公私财物,数额较大的,处三年以下有期徒刑、拘役或者管制;数额巨大或者有其他严重情节的,处三年以上十年以下有期徒刑。敲诈勒索是黑社会性质组织经常采取的犯罪形式,将敲诈勒索罪的构成条件由"数额较大"修改为"数额较大或者多次敲诈勒索";将敲诈勒索罪的法定最高刑由十年有期徒刑提高到十五年有期徒刑;并增加罚金刑。将《刑法》第274条修改为:"敲诈勒索公私财物,数额较大或者多次敲诈勒索的,处三年以下有期徒刑、拘役或者管制,并处或者单处罚金;数额巨大或者有其他严重情节的,处三年以上十年以下有期徒刑,并处罚金;数额特别巨大或者有其他特别严重情节的,处十年以上有期徒刑,并处罚金。"

第三,完善强迫交易罪的规定,加大惩处力度。《刑法》第226条规定了强迫交易罪。以暴力或者暴力威胁等手段非法攫取经济利益,是当前黑社会性质组织犯罪的一种重要犯罪形式,严重侵害公民合法权益,破坏经济社会秩序。对该条规定作出修改:一是将以暴力、威胁手段强迫他人参与或者退出投标、拍卖,强迫他人转让或者收购公司、企业的股份、债券或者其他资产,强迫他人进入、退出特定的经营领域行为具体列举增加规定为犯罪。二是将法定最高刑由三年有期徒刑提高到七年有期徒刑。将《刑法》第226条修改为:"以暴力、威胁手段,实施下列行为之一,情节严重的,处三年以下有期徒刑或者拘役,并处或者单处罚金;情节特别严重的,处三年以上七年以下有期徒刑,并处罚金:(1)强买强卖商品的;(2)强迫他人提供或者接受服务的;(3)强迫他人参与或者退出投标、拍卖的;(4)强迫他人转让或者收购公司、企业的股份、债券或者其他资产的;(5)强迫他人参与或者退出特定的经营活动的。"

第四,完善寻衅滋事罪的规定,从严惩处首要分子。《刑法》第293条规定了寻衅滋事罪,规定处以五年以下有期徒刑、拘役或者管制。由于现实生活中一些犯罪分子时常纠集他人,横行乡里,严重扰乱社会治安秩序,扰乱人民群众的正常生活。由于这类滋扰群众行为的个案难以构成重罪,即使被追究刑事责任,也关不了多长时间,抓了放,放了抓,社会不得安宁,群众没有安全感。据此,在该条中增加规定:纠集他人多次实施寻衅滋事行为,严重破坏社会秩序的,处五年以上十年以下有期徒刑,可以并处罚金。将《刑法》第293条修改为:"有下列寻衅滋事行为之一,破坏社会秩序的,处五年以下有期徒刑、拘役或者管制:(1)随意殴打他人,情节恶劣的;(2)追逐、拦截、辱骂、恐吓他人,情节恶劣的;(3)强拿硬要或者任意损毁、占用公私财物,情节严重的;(4)在公共场所起哄闹事,造成公共场所秩序严重混乱的。纠集他人多次实施前款行为,严重破坏社会秩序的,处五年以上十年以下有期徒刑,可以并处罚金。"

6.扩大特殊累犯的范围,加大对恐怖活动犯罪、黑社会性质组织犯罪的惩处力度。增加规定对实施恐怖活动犯罪、黑社会性质组织犯罪的犯罪分子,在刑罚执行完毕或者赦免以后,在任何时候再犯的,也都以累犯论处。

7.修改《刑法》第153条关于走私普通货物、物品罪的犯罪构成条件,取消偷逃应缴税额的具体数额规定,抽象为"数额较大"、"数额巨大"和"数额特别巨大",以便司法实践部门根据具体经济情形掌握入罪和加重处罚的门槛,并将一年内曾因走私被给予二次行政处罚后又走私的"蚂蚁搬家"式的走私行为规定为犯罪。

8.增加规定虚开普通发票和持有伪造的发票的犯罪,以进一步维护经济秩序。

9.修改《刑法》第343条非法采矿罪的犯罪构成条件,增强该罪的可操作性,以进一步加大对矿产资源的保护。

10.完善对未成年人和老年人犯罪从宽处理的规定。一是对犯罪时不满18周岁的人不作为累犯。二是对不满18周岁的人和已满75周岁的人犯罪,只要符合缓刑条件的,应当予以缓刑。三是已满75周岁的人故意犯罪的,可以从轻或者减轻处罚,过失犯罪的,应当从轻或者减轻处罚。四是对已满75周岁的人,不适用死刑,但以特别残忍手段致人死亡的除外。五是对未满18周岁的人犯罪被判处五年有期徒刑以下刑罚的,免除其前科报告义务。

11.进一步明确缓刑适用的条件。对《刑法》第72条作出修改:对于被判处拘役、三年以下有期徒刑的犯罪分子,根据犯罪分子的犯罪情节和悔罪表现,人民法院认为犯罪分子没有再犯罪的危险,对其缓刑后能够进行有效监督的,可以宣告缓刑。同时,对《刑法》第74条补充修改为,对累犯和犯罪集团的首要分子不得适用缓刑。

12.完善管制刑及缓刑、假释的执行方式。在《刑法》第38条增加一款作为第2款:"判处管制,可以根据犯罪情况,同时禁止犯罪分子在执行期间从事特定活动,进入特定区域、场所,接触特定的人。"同时,针对实践中对管制、缓刑、假释的监管不力情况,在刑法中规定,对管制、缓刑、假释等犯罪分子实行社区矫正。

13.进一步落实坦白从宽的刑事政策。为进一步落实坦白从宽的刑事政策,在《刑法》第67条中增加一款作为第3款:"犯罪嫌疑人虽不具有前两款规定的自首情节,但是如实供述自己罪行的,可以从轻处罚;因其如实供述自己罪行,避免特别严重后果发生的,可以减轻处罚。"

14.对一些社会危害严重,人民群众反响强烈,原来由行政管理手段或者民事手段调整的违法行为,规定为犯罪。主要是醉酒驾车、飙车等危险驾驶的犯罪,不支付劳动报酬的犯罪,非法买卖人体器官的犯罪等。

15.加大对弱势群体的保护和对某些犯罪的惩处力度。针对当前出现的新的情况,并与我国已加入的国际公约的要求相衔接,修改《刑法》第244条规定的强迫劳动罪,将法定最高刑由三年有期徒刑提高到十年,将为强迫劳动的个人或者单位招募、运送人员的行为规定为犯罪;修改《刑法》第358条,明确规定为组织卖淫的人招募、运送人员的,按照协助组织卖淫罪追究刑事责任。

16.为加强刑法对广大人民群众生命健康的保护,加大对生产、销售假药罪、生产、销售不符合安全标准食品罪、生产、销售有毒有害食品罪和重大环境污染事故罪的惩处力度。将《刑法》第141条第1款修改为:"生产、销售假药的,处三年以下有期徒刑或者拘役(即将本罪原来的具体危险犯改为行为犯),并处罚金;对人体健康造成严重危害或者有其他严重情节的,处三年以上十年以下有期徒刑,并处罚金;致人死亡或者有其他特别严重情节的,处十年以上有期徒刑、无期徒刑或者死刑,并处罚金或者没收财产。"将刑法第143条修改为:"生产、销售不符合食品安全标准的食品,足以造成严重食物中毒事故或者其他严重食源性疾病的,处三年以下有期徒刑或者拘役,并处罚金;对人体健康造成严重危害或者有其他严重情节的,处三年以上七年以下有期徒刑,并处罚金;后果特别严重的,处七年以上有期徒刑或者无期徒刑,并处罚金或者没收财产。"(即将本罪的重心从食品卫生问题,转移到食品安全的问题)。调整了第144条生产、销售有毒有害食品罪、第338条重大环境污染事故罪的刑罚规定和犯罪的构成条件,降低入罪门槛,增强可操作性,并对相关人员进行责任追究。

17.降低了叛逃罪的入罪门槛。规定国家机关工作人员在履行公务期间,擅离岗位,叛逃境外或者在境外叛逃的,就构成叛逃罪,不再要求同时具有危害国家安全的行为。

18.调整了盗窃罪的规定。将《刑法》第264条修改为:盗窃公私财物,数额较大的,或者多次盗窃、入户盗窃、携带凶器盗窃、扒窃的,处三年以下有期徒刑、拘役或者管制,并处罚金;数额巨大或者有其他严重情节的,处三年以上十年以下有期徒刑,并处罚金;数额特别巨大或者有其他特别严重情节的,处十年以上有期徒刑或者无期徒刑,并处罚金或者没收财产。即增加了处罚盗窃罪的行为方式规定,删除了原有的两种法定最高刑情节,废除了盗窃罪的死刑规定。

　　在刑事立法解释方面:刑事立法解释同样是由最高立法机关的常设机构——全国人大常委会作出的法律解释,同刑法具有同等的法律效力。自1997年刑法实施以来,已经通过了9个立法解释:包括对《刑法》第93条第2款"其他依照法律从事公务的人员"内容的解释;对《刑法》第228条、第342条、第410条等涉及土地犯罪中的有关"违反土地管理法规"含义的解释;对第294条第1款"黑社会性质组织"的解释;对第313条中的"人民法院的判决、裁定"的解释;对第384条"挪用公款归个人使用"的解释;对刑法分则第九章渎职罪主体的解释;对刑法中有关信用卡规定的解释;对刑法中有关文物的规定适用于具有科学价值的古脊椎动物化石、古人类化石的解释;对刑法中有关出口退税、抵扣税款的其他发票规定的解释等 。①

　　上述立法机关对刑法的补充规定,特别是先后通过的八个刑法修正案以及有关的刑法立法解释,对现行刑法的发展和完善作出了重要贡献。

---

　　①　与刑法适用问题有关的司法解释数量,自1997年刑法实施以来,最高司法机关所作的有关刑事司法解释已有210多个。司法解释在司法实践中也具有法律效力,对于刑法条文起了细化、明确的作用。典型的如对刑法罪名、刑法时间效力、自首、立功、死刑复核、减刑、假释、盗窃罪、交通肇事罪、抢劫罪、挪用公款罪、商业贿赂犯罪、毒品犯罪、赌博犯罪、信用卡犯罪、集资诈骗犯罪、侵犯知识产权犯罪等的司法解释。

第2章

刑法概说

第一节

刑法的概念与分类

一、刑法的概念

从法律形式上考察,刑法是规定犯罪及其法律后果的法律规范的总称,即规定哪些行为构成犯罪行为,对这些犯罪行为应如何科处刑罚或处分的法律。这可以说是刑法的形式定义。

中国主流刑法学还要求在刑法的定义中提示其阶级本质,即通常所说的实质定义。故通说是将刑法的形式定义与实质定义相结合。整体而言,刑法就是掌握国家政权的统治阶级为了维护其阶级利益和统治秩序,以国家名义颁布的,规定犯罪及其法律后果的法律规范的总称。

当然,我们在强调刑法的阶级本质的同时,也应认识到刑法具有的社会性和文化共同性。所谓具有社会性,是指刑法在主要反映掌握国家政权的统治阶级的意志的同时,又在一定范围内,一定程度上反映了社会各阶级的某些共同利益和要求,具有共同意志性。如各国刑法普遍规定惩治杀人、伤害、强奸、放火、抢劫、盗窃等类型犯罪;国际社会各国通过公约形式共同签订协议惩治种族灭绝、劫持航空器、贩毒、海盗等国际犯罪,也都程度不同地反映了统治阶级和其他阶级(包括被统治阶级)的共同利益和要求,关于刑法的文化共同性,主要是指在广义上法律观点及与其相适应的法律也属于社会文化范畴,统称为法律文化。法律文化是人类共同文化财富,并不是哪一个人、哪一个阶级所独有的。不同历史时期,不同国家,在法律形式、法律体系、法律语言方面相互影响、吸收和继承。刑法也不例外。诸如刑法的立法模式、体例、犯罪类型、有关的范畴,譬如故意、过失、作为、不作为、预备、未遂、中止、共犯、竞合犯等等都存在一定程度的沿革和相互渗透。这些都体现了刑法文化的共同性。

二、刑法的分类

刑法有广义刑法和狭义刑法之分。广义刑法是指一切规定犯罪及其法律后果的法律规范的总称。包括:具有统一体例的刑法(典)、针对某一种或几种犯罪特别规定的单行刑法和非刑事法律中的刑法条款(又称附属刑法规范)。狭义刑法仅指具有统一体例的刑法(典)。

由于刑事立法技术不可能也不必要将所有刑法条款毫无遗漏地规定在一部完整的刑法典中。又称刑法典的不完整性和开放性。因此大陆法系多数国家的刑事立法例都是将犯罪成立的一般共通要件以及刑罚适用的一般原则、制度、方法(总则)和各种主要犯罪类型及其具体的法定刑(分则)系统编纂为一部具有严谨体例的刑法典,作为刑法规范的主要法律。而对社会发展过程中随时出现的、必须动用刑罚的特定行为,就制定单行刑法,以补刑法典之不足。另外,对于由民法、商法、行政法、经济法等部门法规范的领域中的重大违法行为必科处刑罚的,则仍分别规定于各有关法律之中。这些单行刑法和分散规定于非刑事法律中的刑法条款,原则上也适用刑法典所规定的一般规则。我国刑事立法亦采用这种立法例。刑法第 101 条规定:"本法总则适用于其他有刑罚规定的法律,但是其他法律有特别规定的除外。"虽然 1997 年刑法已将诸多(23 个)单行刑法和 130 多个附属刑法规范纳入新刑法典,但这种统一法的局面只能是暂时的,随着新的犯罪类型的出现,立法部门必然还得制定新的单行刑法或附属刑法规范。1998 年 12 月 29 日九届人大常委会第六次会议通过的《关于惩治骗购外汇、逃汇和非法买卖外汇犯罪的决定》便是其例。

刑法就其适用范围不同,可分为普通刑法与特别刑法。普通刑法指在法律无其他特别规定时,其效力及于一国领域内任何地区任何个人的一般刑法(或称原则刑法)。这类刑事法律规范具有普遍适用的性质,通常不局限于某一类主体,也没有特殊的时间、地点限制,是国家刑法的基本构成部分。

特别刑法作为普通刑法的对称,指国家为了适应某种特殊需要而颁布的效力仅及于特定人、特定时间、特定地点或特定条件的刑事法律。可以具体分为时间的特别刑法,如战时特别法;地域的特别刑法,如特定地区的戒严法;对人的特别刑法,如军事刑法。其共同特征是在适用范围上有特殊的限制。我国目前尚无典型意义上的特别刑法。港、澳特别行政区刑法是否可称为特别刑法,可以研究。港、澳刑法并非由中央政府制定,只是沿用而已,且特别行政区享有终审权。根据"一国两制"精神,似不宜称之为特别刑法。刑法分则第十章规定的"军人违反职责罪"本应属特别刑法,但已被纳入刑法典,且适用刑法总则的一般规定,亦难视为特别刑法。有一种观点认为适用于特别事项(犯罪)的刑法亦属特别刑法。若此,则所有单行刑法都可以说是适用于特别事项(犯罪),而皆可归入特别刑法范畴。对此可进一步研究。

第二节
刑法的特征

刑法是国家的基本法律之一,与其他部门法相比,刑法具有某些显著的特征。主要表现在以下几个方面。

一、刑法调整对象的不特定性

一般而论,每一部门法所调整的对象是特定的。例如民法调整的是一定范围内的财产关系以及部分与财产有关的人身关系;行政法调整国家行政机关实现国家行政管理活动中所发生的行政法律关系;婚姻法则调整以两性为基础,以血缘为纽带的婚姻家庭关系,等等。刑法规定的是犯罪行为及其法律效果。犯罪行为实质上就是性质严重的违法(违反各类法规)行为。其可能涉及的社会关系相当广泛,包括国家安全、公共安全、经济秩序、人身权利、民主权利、财产权利、婚姻家庭关系、社会管理秩序、国防利益、军事利益、国家机关的正常活动等方面。因此,刑法调整的对象就不可能局限在某一特定的社会关系方面。任何一种社会关系,只要受到犯罪行为的侵犯,刑法都会介入,都要干预。因此,刑法所调整的对象是不特定的,取决于该社会关系是否受到犯罪行为的侵犯。仅以调整对象为标准,无法把刑法与其他部门法区别开来。刑法调整范围的这种特性,也反映了刑法具有一定附属性。刑法的理解与执行有赖于对其他部门法的把握。例如不熟悉婚姻类法规,就不能很好地理解和执行刑法有关重婚罪的规定;不熟悉公司法、金融法、海关法的有关内容,就不能很好地理解和执行刑法有关公司犯罪、金融犯罪、走私犯罪的规定。刑法与其他部门法的规定之间、犯罪与一般违法行为之间,呈现着质量互变的特点,犯罪往往以违反其他部门法为前提,这在经济犯罪方面表现得尤为突出。认识刑法的这种附属性,对于正确认识刑法的功能,分清违法与犯罪的界限,具有十分重要的意义。

二、刑法的最后手段性

前述刑法调整对象的不特定性,并不意味着刑法调整的范围涵盖了社会生活的各个方面,也不能说,其调整的范围一定要比具有特定调整对象的部门法更广泛。虽然刑法调整的对象涉及社会生活的各个方面,但它在每个方面的具体调整范围则是极为有限的,只有在发生了严重的违法行为的场合,刑法才会发生作用。从某种意义上说,刑法只是作为其他法律关系的最后调整手段存在的。只有当其他部门法不能充分保护某种合法权益时,才动用刑法。比如,对公民财产权利的保护,民法、劳动法、继承法等很多部门法都有规定,而且在通常情况下主要也是通过上述法律来进行保护的。只有以特殊的行为方式(如盗窃、抢夺、抢劫等)严重侵犯财产权利时,才适用刑法调整。从这个意义上讲,刑法是其他部门法的保护法,是作为其他部门法第二道防线而存在的。若以刑法以外的部门法(第　道防线)能有效调整时,则不动用刑法调整。赋予违法行为刑罚的法律效果必须慎重,不能动辄用刑、滥施刑罚。(刑)法密于凝脂并非法制社会的追求,相反的,倒应提倡刑法谦抑原则,以体现刑法的最后手段性。

三、刑法具有最严厉的强制性

任何法律都有强制性,任何侵犯法律所保护的社会关系的行为人,都必须承担相应的法律后果,受到国家强制力的干预。例如一般部门法对一般违法行为也适用强制方法,包括赔偿损失、警告、罚款、拘留等等。但这些强制手段都不及刑法的强制手段严厉。刑罚是刑法的主要强制手段,是所有法律规定的强制手段中最为严厉的手段。因为刑罚不仅可以剥夺犯罪分子的人身自由、财产权利,甚至可以剥夺其生命。这种严厉程度是其他任何法律制裁所不能达到的。

刑法的严厉强制性还表现在刑事法律关系的建立具有强行性。民事的或经济的等等法律关系的建立,当事人有很大的自主权和任意性,即使发生了法律纠纷,当事人在很大程度上也有自己处分的权利。而刑事法律关系则不然。除少数自诉案件外,大多数情况下,只要行为人实施了犯罪行为,刑事法律关系即自行建立。国家(通过司法机关)就有依法对其进行刑事追诉的权利与义务(即刑事起诉法定主义),而行为人也产生了承认犯罪事实与接受国家审判、处罚的义务。这一法律关系的建立不以当事人甚至被害人的意志为转移。即犯罪人与被害人之间不能自行协商处理案件。

最后,还应指出,由于刑法是规定犯罪及其法律效果的法律,这就使其规定的内容与其他部门法也有显著的不同。其他部门法以规定合法行为成立的要件为主要内容,虽也规定违法行为类型,但处于辅助地位。而刑法则以规定各类犯罪行为成立要件为主要内容,只在个别情况下,为避免某些形似犯罪、实为合法的行为与犯罪相混淆,才规定这类合法行为(如正当防卫、紧急避险)的构成条件。

第 三 节
刑法的机能

刑法的机能即指刑法的作用,这是从客观上对刑法的评价。若立法者从主观上有意识地要求刑法达到一定目的,完成一定的任务,则刑法的机能或作用便转化为刑法的目的或刑法的任务。我国刑法第 1 条和第 2 条有关刑法的目的和任务的规定,即明确表明立法者制定刑法的主观出发点。这种规定在国外刑事立法例尚属罕见。

我们可以从不同的角度提出刑法的不同机能:从法的阶级本质考虑,可认为刑法具有维护阶级统治的机能;若着眼于刑法所规定的刑罚的本质,则可认为刑法具有报复机能和教育机能等。刑罚以其惩罚性为本质特征,刑法规定用刑罚惩罚犯罪人,这是它的报复机能。刑罚的执行以教育改造犯罪人为目的,刑法的颁行也给全社会成员树立了一条总的是非标准,告诫人们不要犯罪,这是刑法的教育机能。

总之,对刑法的机能可以从多种不同的角度来认识。但通说认为刑法具有下面三个机能。

一、刑法的规制机能

指刑法具有规范人们行为的机能。包括评价机能与导向机能两个方面。(1)评价机能:指刑法具有告诉人们如何评价各种行为的机能。刑法总是以法律的形式确定犯罪与刑罚的关系,一定的犯罪总是伴之以一定的刑罚。国家通过刑罚这一制裁措施,表示对犯罪行为的谴责,宣布犯罪是受社会反对的行为,从而体现出对犯罪这种无价值行为的否定评价。因此,人们能够根据刑法的规定,评价各种行为是否违反刑法,是否有害于社会。(2)导向机能:指刑法具有引导人们实施合法行为,不实施非法行为的机能。国家通过立法的形式确定一定的罪刑关系,同时也是向全体公民提供了一条是非标准,告知人们什么样的行为是刑法所禁止的。要求公民的意志不与国家保护合法权益的意志相悖,不可为实现个人利益而侵犯他人或社会利益,即不能产生犯罪意念。当然,刑法对人们行为的引导不是从正面进行,而是从反面进行的。即如果谁实施了违反刑法的行为,就要承担刑事责任。而刑事责任是一种对犯罪人极为不利的消极后果,这就告诉人们,不要实施违反刑法的行为,不要侵犯国家所要保护的合法权益。

二、刑法的保护机能

指刑法具有保护合法权益不受犯罪侵犯的机能。刑法属于保护性规范,它是国家为了保护一切合法权益不受犯罪侵害而颁行的。刑法通过制裁侵害合法权益的犯罪行为而达到使合法权益不受犯罪侵害之目的。我国刑法第2条规定的刑法的任务明确表达了刑法的保护机能。即"用刑罚同一切犯罪行为作斗争,以保卫国家安全,保卫人民民主专政的政权和社会主义制度,保护国有财产和劳动群众集体所有的财产,保护公民私人所有的财产,保护公民的人身权利、民主权利和其他权利,维护社会秩序、经济秩序,保障社会主义建设事业的顺利进行"。可见我国刑法要保护的对象主要有四个方面,即国家安全,社会主义的经济基础,公民的人身权利、民主权利和其他权利,维护社会秩序和经济秩序。总之,即保护一切合法权益。

三、刑法的保障机能

指刑法具有限制国家刑罚权的发动,保障无罪的人不受刑事追究以及犯罪的人不受法外制裁的机能。刑法规定,认定犯罪必须符合犯罪构成要件,无罪不罚。即使被认定有罪也必须按刑法规定的法定刑科处刑罚,反对法外用刑。从无罪不罚的角度出发,任何人,只要未实施犯罪,便不受刑罚。因此,刑法给一切守法公民提供了不受刑事追究的法律保障。另一方面,从对犯罪人也只能根据刑法规定的法定刑给予处罚,不得超出刑法规定的范围科处刑罚来看,刑法也为犯罪人不受法外刑的惩罚提供了法律保障。总之,刑法的保障机能是着重对公民和犯罪者个人的人身、财产、生命(宪法上规定的公民基本权利)的保障。因此有称刑法为公民的大宪章(权利保障宣言书)和犯罪人的大宪章,乃是着眼于刑法的保障机能而言的。

我国现行刑法以罪刑法定为基本原则,对犯罪概念、犯罪构成要件及量刑制度、各类犯罪的法定刑等都有明确的规定。为保障无罪的人不受刑事追究,有罪的人不受法外刑提供了有力的法律保障。对我国刑法的保障机能,以往的理论较少论及,我们认为不能轻视,此乃罪刑法定原则精义之所在。

刑法的上述三种机能相互联系、相互协调,不可割裂、不可偏废。

第**3**章

刑法的基本原则

第 一 节

刑法的基本原则概述

　　刑法的基本原则,指贯穿于整个刑法的立法、解释和运用中必须严格遵守的具有全局性、根本性的原则。是刑法理论中一个带有根本性和普遍指导性的问题。它和刑法中解决某一具体问题所采用的具体原则,如解决溯及力问题的从旧兼从轻原则、数罪并罚的限制加重原则等,具有重大区别。确立和坚持正确的刑法基本原则,对于准确理解我国刑法的基本精神,正确适用刑法,以及对于指导刑法的修改、补充和完善,都具有十分重要的意义。我国旧刑法对于刑法的基本原则没有作出明确的规定,刑法理论界对于这一问题存有不同见解。各种刑法论著基于不同的观点提出刑法的基本原则达十多条,例如:国家主权原则、法制原则(法律面前人人平等原则)、民主原则、罪刑法定原则(罪刑基本法定原则、罪刑法定和依法类推原则)、罪刑相适应原则(罪刑基本相适应原则)、刑罪的轻重必须依法适时的原则、个人负责原则(罪及个人、不株连无辜的原则,有罪原则,罪责自负、反对株连的原则)、社会主义人道主义原则(革命人道主义原则)、惩罚与教育相结合原则(改造罪犯成为新人原则、惩办与宽大相结合原则、惩罚与改造结合原则)、区分两类不同性质的矛盾原则(严格区分不同性质犯罪的原则)、主观与客观相一致的原则(主客观相一致的刑事责任原则、主观罪过和客观危害相一致的原则)。另外,还有人提出了刑罚公正原则、刑事法制的统一原则、刑法面前人人平等原则、刑事责任的不可避免性原则、刑罚人道主义原则等。①

关于确定刑法基本原则的标准,近年来,多数刑法学者提出,我国刑法的基本原则,必须同时具备三个条件:第一,它必须是刑法本身所固有的并在适用刑法时严格遵守的原则;第二,它必须是贯穿刑法始终的,具有全局性、根本性意义的原则;第三,这些原则的总和,作为一个整体,必须正确地全面地反映出我国刑法最基本的性质和正确地体现我国刑法的基本精神。

新刑法明确规定了刑法的三个基本原则,这就是罪刑法定原则、刑法面前人人平等原则、罪刑相适应原则。问题是,除了这三个原则之外,还有没有其他基本原则? 如上述其他原则是否为刑法的基本原则? 如果认为刑法的基本原则是刑法明文规定的,故没有被明文规定下来的原则就不是刑法的基本原则,则上述其他原则不是刑法的基本原则。如果认为刑法只是明文规定了一些需要特别强调的基本原则,其他一些原则由于已经完整地体现在刑法规定中,毋须再作规定,则上述其他原则也可能是刑法的基本原则,只要其符合基本原则的标准。

对此,我们认为这是一个在理论上有待继续研究的问题。但由于新刑法明确规定了罪刑法定原则、刑法面前人人平等原则与罪刑相适应原则,我们在本章中将着重论述这三个基本原则。

第二节
罪刑法定原则

一、意义与沿革

罪刑法定原则相对于罪刑擅断主义是资产阶级刑法的基本原则。它在刑法上的地位,犹如所有权神圣不可侵犯原则和契约自由原则在民法上的地位一样。但民法上的这些原则,随着时代的变迁,思想的进步,已有所改变,如契约自由原则的变化。而罪刑法定原则,在刑法上的地位,似仍非常坚固,许多国家的刑事立法依然把它作为最重要的基本原则来规定,把它看做是天经地义的,不能稍有违反。尽管罪刑法定原则的内容和含义随着时代的发展,也有

---

① 参见高铭暄主编:《新中国刑法科学简史》,中国人民公安大学出版社 1993 年版,第 300 页。

所变化,但基本的精神和原则并未动摇。

罪刑法定原则的概念,较为通俗的表述是:什么样的行为构成什么样的罪,应处以什么样的刑罚,都必须根据明文规定的法律来论断。它最初的精确表述是由德国刑法学家费尔巴哈在其《刑法教科书》(1801 年)中用拉丁法谚提出来的,即所谓"法无规定不为罪,法无规定不处罚"(Nullum crimen sine lege;Nulla poena sine lege),或者"法无规定不为罪,不处罚"(Nullum crimen,nulla poena sine lege)。① 欧洲大陆法系国家普遍以"法无规定不为罪,不处罚"这一命题来表述。而在英美法系国家,则通常以"法的正当程序"来表述。

根据罪刑法定原则,一种行为,在社会上无论受到什么样的谴责和非难,只要法律没有明文规定,就不能定罪判刑。罪刑法定原则即绝对法律主义,其最基本的法治意义在于防止刑罚权的擅用和抑制刑罚权的滥用,以保障人的基本权利和自由。一般认为,这是罪刑法定原则最基本的法治作用。

罪刑法定原则的思想沿革始于普通法系"正当程序"(due process)观念的确立。其最早渊源可追溯到 1215 年英王约翰签署的《大宪章》(Magna Charta),其中第 39 条规定:"任何自由人,如未经其同级贵族依法裁判,或经国法判决,皆不得被逮捕、监禁、没收财产、剥夺法律保护权、流放或加以任何其他损害。"② 这一规定实际上从程序和实体两方面对王权作了某些限制,奠定了"正当程序"的法的基本思想。英国 1628 年的《权利请愿书》(Petition of Right)和 1688 年的《人身保护令》(Bill of Rights)都沿袭这种思想。到 18 世纪,这种正当程序的法治思想传到美国,产生了 1774 年的 12 殖民地代表会议的宣言和 1776 年的弗吉尼亚州的权利宣言。1787 年美利坚合众国宪法有"不准制定任何事后法",即不准制定有溯及力的法律的规定。各州亦有同样的规定。1791 年的宪法修正案第 5 条规定"未经正当法律手续不得剥夺任何人的生命、自由或财产"。③ 这样,盛行不成文法的英美国家首先通过法的正当程序观念的确立,奉行了罪刑法定原则。但严格地说,这些规定只是罪刑法

───────────────

① 拉丁文中有这样的法律格言。查士丁尼皇帝于 6 世纪时汇集编纂的罗马法史料(学说汇纂)(Digestae)就有"除非法律或其他权威有明确的处罚规定,否则不得判处刑罚"的规定,但这并不意味着在古罗马法中就存在或实行罪刑法定原则。罪刑法定原则乃近代自由思想的产物。

② 董文虎、刘武萍编著:《世界人权约法总览》四川人民出版社 1990 年版,第 23 页。

③ 董文虎、刘武萍编著:《世界人权约法总览》,四川人民出版社 1990 年版,第 285 页。

定原则的萌芽状态,还没有重大的影响,对于这个原则,具有直接明确的规定,影响遍及世界者,则为1789年的法国人权宣言。

人权宣言是法国大革命的产物,而法国大革命是人类史上争自由、争平等的最有力的一次革命,因此它关于罪刑法定原则的规定,影响也最为普遍。宣言第8条规定:"法律只应规定确实需要和显然不可少的刑罚,而且除非根据在犯法前已经制定和公布的且系依法施行的法律以外,不得处罚任何人。"①这一宣言是在1776年弗吉尼亚人权宣言的启示下提出来的。它是旨在限制政府权力,保护个人权利而确立的罪刑法定原则的基本表现形式。它也体现在1791年的法国宪法中,并通过1810年的法国刑法典第4条"没有在犯罪行为时以明文规定的刑罚的法律,对任何人不得处以违警罪、轻罪和重罪"的规定加以条文化,成为罪刑法定原则的直接法源。1813年的比利时刑法典,1851年的普鲁士刑法典都有同样的明文规定。此后,在刑法典中对罪刑法定原则加以明文、专条的规定在欧洲诸国被广泛采用。1870年德国刑法典第2条第1项和德国现行刑法第1条均有"某一行为的可罚性,唯有在其实施行为前已有明文规定的法律,始得科处刑罚"的规定。1930年意大利刑法典第1条有"某一行为的可罚性,如无明文规定的法律,则不得对该行为定罪判刑"的规定。1937年瑞士刑法典第1条有"某一行为,唯有法律明文规定其应受处罚时,始得论罪科刑"的规定。

日本于1882年颁行的旧刑法,正式采取了罪刑法定原则,其第2条有"无论何种行为,法无明文规定者不罚"的规定。1899年仿效普鲁士宪法第8条制定的日本宪法第23条有"日本臣民,不依法律规定,不受逮捕、监禁、审讯和处罚"的规定。1957年制定的宪法第31条,有"任何人,非依适当的法律手续不得剥夺其生命或自由,以及科处其他刑罚"的规定,第39条头段有"任何人的行为,在其实施时是循法的或经认为是无罪的,不得追究刑事责任"的"禁止适用事后法"的规定。迄今为止,日本便是根据现行宪法第31条、第39条的明文规定以及根据现行刑法的所谓"不言而喻"的解释,而极力维护罪刑法定原则的形式。

中国封建末期,也接受了西方的罪刑法定原则的洗礼。通过日本刑法学者冈田朝太郎将罪刑法定原则引进中国。在清末暂行新刑律中有"法律无正条者,不问何种行为不为罪"的明文规定。此后在国民党的1928年刑法和

---

① 董文虎、刘武萍编著:《世界人权约法总览》,四川人民出版社1990年版,第296页。

1935 年刑法(现行台湾刑法)的第 1 条中也得到体现。

值得一提的是,罪刑法定原则在其发展过程中,也曾被否定,如前苏联 1926 年刑法第 16 条规定允许适用类推。又如纳粹德国时期有所谓"任何人,如其行为依法律应处罚者,或依刑事法律基本原则和人民的健全正义感应受处罚者,应判处刑罚。如其行为无特定的刑事法律可以直接适用者,应依基本原则最适合于该行为的法律处罚之"的规定。

第二次世界大战后,由于法西斯的崩溃,人民民主力量的日益壮大,罪刑法定原则又重新受到尊重。1948 年联合国大会公布的《世界人权宣言》第 11 条第 2 款规定:"任何人的任何行为或不行为,在其发生时依国家法或国际法均不构成刑事罪者,不得判为犯有刑事罪。刑罚不得重于犯罪时适用的法律规定。"[①]至此,罪刑法定原则得到国际社会的公认。

我国 1979 年刑法没有规定罪刑法定原则,相反却规定了与罪刑法定原则相悖的类推制度。尽管这种类推制度有着非常严格的限制;尽管 1979 年刑法及其后颁行的有关单行刑法对犯罪概念、构成以及法定刑都有较明确的规定。但无论如何,尚不能说当时中国实行了罪刑法定原则,更何况,1979 年刑法之后的单行刑法中还存在一些不合罪刑法定原则要求之处(如在刑法溯及力方面个别单行刑法规定了从新原则)。有鉴于此,在多数学者的一再呼唤、主张之下,1997 年 3 月修订的刑法典,从完善我国刑事法治、保障人权的需要出发,明文规定了罪刑法定原则,并废止类推制度及一切不合罪刑法定原则的规定。这是我国刑法民主化的一个重要标志。修订后的刑法第 3 条规定:"法律明文规定为犯罪行为的,依照法律定罪处刑;法律没有明文规定为犯罪行为的,不得定罪处刑。"这一原则的内涵和要求在新刑法中得到了较为全面、系统的体现。

二、罪刑法定原则的理论基础

罪刑法定原则从历史渊薮来说,是以启蒙思想家的自然法理论、三权分立思想和刑事古典学派的心理强制说为理论基础的。自然法理论强调"天赋人权"、"社会契约",主张用制定法来限制国家刑罚权对个人权利的过度干预。但这种理论无法获得实证。三权分立思想要求由立法机关制定刑法,由司法机关适用刑法。主张法官只作为是"发出条文语言声音的嘴"(孟德斯鸠语),

---

① 董文虎、刘武萍编著:《世界人权约法总览》,四川人民出版社 1990 年版,第 962 页。

这并不符合各国的法治现状,也不能说明罪刑法定原则的现状(尤其普通法系)。而心理强制说认为,人们总是为了追求快乐,避免不快以此来权衡利弊而行动的。如果事先对犯罪的效果规定了刑罚,人们就会把由于不能实施犯罪而产生的小小的不快与因犯罪会受到刑罚而产生的大大不快加以合理的计算,为了避免大不快而去抑制小不快,由此而不去犯罪。所以在法律上事先把犯罪与刑罚的关系加以明确规定,从而促使人们作出趋利避害的选择。这种理论貌似合理,却不能说明社会犯罪现状,尤其是累犯的行为,因此在20世纪初就遇到刑事实证学派无情的批判和嘲笑。尽管作为罪刑法定原则的本源理论基础都经不起推敲,但罪刑法定原则却根深蒂固、不可动摇。表明其存在更深层次的理论基础。

现代西方学者一般认为,民主主义与人权保障是罪刑法定原则的理论基础。民主主义思想认为,对于什么行为是犯罪,对犯罪应处以何种刑罚,应由人民自己决定。而人民的决定是由人民选举自己的代表组成立法机关,由立法机关制定法律得到实现的。人权保障思想认为,为了保障人权,不致阻碍人民的自由行为,不致使人民的行为产生不安感,就要使人民事先能够预测自己行为的性质与后果。因此,对什么行为是犯罪,对犯罪应给予什么处罚,必须在事前明确规定。由此可见,当前已把罪刑法定原则与民主、自由、人权保障等观念联系在一起。国外有学者认为,想用单一理论来说明罪刑法定原则的内容、目的是不可能的。相反,追求这种单一理论,则有可能导致罪刑法定原则严重脱离实际。因此,国外许多学者都满足于多元化理论的解释,以便不同政治立场和不同学术观点的人各得其所,各取所需。

三、罪刑法定原则的要求(派生原则)

罪刑法定原则的基本内涵是"法无明文规定不为罪,法无明文规定不处罚"。为了保障这一基本内容在刑事司法实践中得到贯彻,必须有一系列具体的要求。这些要求,又称罪刑法定原则的派生原则。这些派生要求的意义、内容、范围,不同学说之间的认识是不一致的,当然,这些要求也不是绝对的、不变的,而是受不同时代各种社会结构的影响,由以保障个人权利和自由为目的的罪刑法定原则精神决定的。以下分别述之。

(1)从刑法的渊源上排斥习惯法。在罪刑法定原则产生前的中世纪,刑法的表现形式即其渊源多种多样。不但成文法,而且国王的命令、法官的判例等都可以作为刑法的渊源。这种情况的存在,往往导致以令废法,以例代法,使成文法名存实亡。而要做到罪刑法定,使犯罪与刑罚都有明文规定,便必须改变这种状况。这就要求把习惯法、命令、判例等排除在刑法的渊源之外,使正式的法律成为刑法的唯一表现形式。但一般学者认为,在具体适用刑法规范上,常常离不开习惯上的理解或者社会一般人的通常观念。如对猥亵这一法律概念的把握必须以社会观念为基础;对于不作为犯有无作为义务,也必须根据习惯、情理、社会观念等予以决定;对于故意与过失内容的理解也是如此。但是,若因此使习惯法正当化,便混淆了刑法渊源问题和刑法的解释问题。质言之,排斥习惯法应在刑法的渊源问题上把握。

(2)禁止类推解释。所谓类推解释中的"类推",通常是指在两个事实具有类同性的基础上,用一种正确的事实来推论另一事实也是正确的解释。例如,我也是人,他也是人,因此,他能办的事对我来讲也不是不能办的,这就是类推。刑法解释中所说的类推解释,是对法律上没有给予规定的事实与法律给予规定的事实,根据其类同性质,来适用法律的情况。这种类推适用法条,完全超出该法条预想的范围。[①] 其实质便是在刑法没有明文规定的情况下适用刑罚。而罪刑法定原则的基本内涵却是法律无明文规定的一切行为都不能被作为犯罪给予处罚。这样,类推解释便与罪刑法定原则直接矛盾。要贯彻罪刑法定原则,必须禁止类推解释。但也有一种理论认为,从保障人权为目的的法治原则出发只应禁止对被告人不利的类推解释,而不应禁止有利被告人的类推解释。如在对违法阻却事由内容的解释方面。认为这是符合罪刑法定原则的基本精神的,可聊备一说。

(3)刑法不溯及既往。即禁止根据行为后的法律作出对行为人不利的刑事判决。按照刑法不溯及既往的原则,如果行为时的旧法与审判时的新法在有关规定上相矛盾,便只能适用行为时的旧法,而不能适用审判时的新法。这一原则直接来源于罪刑法定原则。因为在实行罪刑法定的前提下,人们只能以当时的法律规定为行为规范。如果对行为人不适用当时的法律,便意味着否定了当时的法律,从而也就否定了当时法律中所贯彻的"法无规定便无犯罪"的罪刑法定原则。[②] 对于这个原则提出的补充是,如果行为时法比审判时

---

① 类推解释与扩张解释不可混同,前者所用的推理方法,并不受立法本意的约束,而后者则根据法律的本来含义,阐明其意义。因此,前者多超出条文意义可能的范围,而后者仍局限于条文意义可能的范围。两者差别虽少,但差之毫厘,失之千里。一般认为适用扩张解释并不违反罪刑法定原则。

② 一个溯及既往的法律,的确像一只怪物,变幻莫测。其不仅"令民常怀恐惧",还使刑法丧失指导人们进行行为选择的功能。对于适用事后法的谬误,在于其对历史意义的社会价值的否定,以今日之是,评价昨日之非,是违反历史唯物主义的理论观点的。

法处罚重,或行为时法认为是犯罪,而审判时法不认为是犯罪,则适用审判时法的规定。这是基于"有利被告人原则",其根据亦是从罪刑法定原则的保障机能引申出来的。

(4)禁止不定期刑。所谓"不定期刑",是指法官在判决时不宣告应服刑的期间,而是根据罪犯行刑的具体表现再行决定。这种不定期刑的观念乃源于刑事实证学派的社会防卫理论。但是,根据罪刑法定原则,各种犯罪处以何种刑罚必须明确、具体,否则便会给擅断留下余地。不定期刑分为两种:一种叫绝对不定期刑,即刑期完全不确定;另一种叫相对不定期刑,即刑期只规定一定的期限,加以相对的限定。由于前者过于明显与罪刑法定原则相抵触,不可能被接受。但后者则有被接受的趋势。现在一般认为,刑罚的目的是为了教育改造犯罪人,使之"复归社会",如果宣告确定的刑期,很难准确地预测能否适合犯罪人改造的实际情况,因此应在法定刑的范围内,只确定最长或最短的刑期,例如判处 5 年至 10 年的监禁,然后根据犯罪人的实际改造效果,由执行机关(监狱等改造机关)具体掌握决定释放的时间。目前,有些国家刑法在自由刑的设置上便是这样规定的。

还值得提及的是,除上述四项要求(派生原则)之外,现代外国刑法理论与实践还提出二项新的要求(原则)。其一是刑法的明确性原则。即要求刑法对犯罪构成及刑罚的规定必须具体、明确。这里的明确性主要强调刑法条文意义要明确,不能含糊其辞。为此得出"不明确即无效"的口号。应该说,我国新刑法为刑法条文的明确性作出了重大的努力。如对于大量新增加的犯罪,尽量使用叙明罪状,使犯罪构成要素具体化。在犯罪的处罚规定上,注重量刑情节的具体化。如有关抢劫罪严重情节的细化规定,大大增强了刑法规范的可操作性。但还应该看到,新刑法尚留有诸多"情节严重"、"后果严重"等有关定罪量刑情节的不够明确的规定,离明确性原则尚有一定差距。当然,一部刑法要达到确定无疑的明确性,同样面临人类智慧的局限。怎样设计有关的定义,使它们既非模糊又非循环?词语本身具有不同的含义,有些词义十分丰富,有些词看起来是这个意思而实际上是另一个意思。法律的规范受到词语多义的牵累。我们无法苛求法律规范的含义像数学定律般简明、清晰。由于词语表达上的困难等缘故,不论怎样都不可能设计出一部滴水不漏、计算机般精确的刑法典,倘能如此,实际上就可以用计算机来取代法官的作用了。因此,应认识到刑法明确性的要求是存在一定限度的。

其二是刑法内容适当原则。这一原则被认为是源于美国宪法的正当程序条款,要求刑事立法的实质内容具有"合宪性",如果刑法规定内容欠缺"合宪性"就认为是违反正当程序,看做是违宪。国外司法实践认为在现代的司法制度下,刑法规定的内容是否正确、适当,法院也能起到审查的作用。对刑罚处罚的必要性、妥当性、罪刑的均衡性等,这些属于一般刑罚法规内容是否正当的问题也应当看成是罪刑法定原则所要加以限定的。因此认为,不问法律内容正确与否的罪刑法定原则,虽然能够限制法院的恣意裁判来保障公民的自由,但是不能限制立法者的任意来保障公民的自由,因此只有在"无正当的法律,便无犯罪也无刑罚"的意义上才符合现代罪刑法定原则保障人权的实质要求。这是对传统的"恶法亦法"理论的挑战。这一原则实在是扩大了司法权,使之干预立法,审查法律内容是否违宪。这可以说是发端于美国的司法审查权,从某种程度上侵犯了"三权分立"原则。现在有不少外国刑法学著作中强调适用刑法要本着"整个法治精神"和"社会通念",要使刑法的适用符合自然法的要求等等也反映了这种理论的影响。对这一新的派生原则或要求,我们尚需进一步研究,以确立其是否可纳入罪刑法定原则的含义之内。

从我国情况来看,要真正实现罪刑法定原则,要求适当改变观念。要认识到坚持罪刑法定原则是依法治国的重要一环,是社会主义民主与法治的时代性进步;要认识到坚持罪刑法定原则带来的利益远远大于其可能带来的弊害(如暂时放纵了法无明文规定禁止的危害行为),要认识到社会价值的选择有时必须支付一定的代价。总之,罪刑法定原则是依法治国思想在刑法领域的具体体现。中国现在正处于强化"依法治国"观念时期,罪刑法定原则更具有其存在的理由和价值。因此,罪刑法定原则这份人类社会共同的思想财产将为中国社会的法治发挥其应有的作用。

第 三 节
罪刑相适应原则

一、意义与理论沿革

罪行相适应的基本含义是:刑罚的轻重应与犯罪的轻重相适应。罪重的量刑要重,罪轻的量刑要轻,各个法律条文之间对犯罪量刑要统一平衡,不能罪重的量刑比罪轻的轻,也不能罪轻的量刑比罪重的重。[①] 我国刑法第 5 条规定的罪刑相适应原则是这样表述的:"刑罚的轻重,应当与犯罪分子所犯罪行和承担的刑事责任相适应。"[②]

罪刑相适应原则的思想理论渊源也是启蒙思想家和刑事古典学派在刑罚理论上的主张。洛克、孟德斯鸠等人都极力倡导这种思想。孟德斯鸠更认为只有罪刑相适应才能达到一般预防之目的。他认为若对轻罪处重罚,就没有力量阻止人们选择重罪。如抢劫处死刑,抢劫杀人也处死刑,犯罪人必然选择抢劫杀人,因为杀人还可灭口。

刑事古典学派的鼻祖贝卡里亚在 1764 年的《论犯罪与刑罚》一书中,更明确论证了"刑罚与犯罪相对称"原则,他说"如果对两种不同程度地侵犯社会的犯罪处以同等刑罚,那么人们就找不到更有力的手段去制止实施能带来较大好处的较大犯罪"。[③] 因此,他提出应当建立一个由一系列犯罪行为构成的阶梯……从高到低排列,与这个由犯罪行为构成的阶梯相对应的是一个由最强到最弱的刑罚阶梯。

刑事古典学派提出的该原则是为反对中世纪的刑罚专横、残酷,要求在罪刑关系上实现公平、正义和保障人权。从该原则提出时的本来意义上说,即从刑事古典学派观点来分析,罪刑相适应原则中所指的"罪"是指客观的犯罪行为,也就是犯罪对社会的危害,故所谓刑罚与犯罪相适应实质就是刑罚的强度与犯罪的社会危害性大小相适应。古典学派可以说是客观主义,或行为主义。对犯罪注重的是行为和客观的社会危害性(源于反对中世纪惩罚思想犯罪)。

但到了 19 世纪末,产生了新的刑法学派即刑事实证学派,包括刑事人类学派和刑事社会学派。前者从遗传学、人类学的角度来研究犯罪问题;后者则从社会学、社会心理学的角度来研究犯罪问题。其代表人物包括龙勃罗梭、菲利、加罗法洛、李斯特等人,他们注重对犯罪人本质及犯罪原因的研究。因此更注重犯罪人本身。提出"应受刑罚处罚的不是行为,而是行为人"的口号,反对古典学派的行为中心论;反对以离开行为人的犯罪行为本身为标准,来科以

---

① 参见王汉斌 1997 年 3 月 6 日在第八届全国人民代表大会第五次会议上《关于中华人民共和国刑法(修订草案)的说明》。

② 我国刑法明文规定罪刑相适应原则,可以说是我国刑法的一大特色。国外刑法对罪刑相适应原则仅将其作为一种理论观念,用于指导刑事立法,却不明文规定在刑法典中。

③ 贝卡里亚著:《论犯罪与刑罚》,中国大百科全书出版社 1993 年版,第 67 页。

统一的刑罚。他们认为,行为充其量只不过是行为人的反社会性、危险性的表现(征表),因此,刑罚处罚的对象不是行为,而是行为人的反社会性和危险性(或称主观恶性和人身危险性)。李斯特说"刑罚的对象不是行为,而是由行为所证明的行为人的犯罪情操、行为人对法秩序的态度以及行为者的全部心理特征"。由于主观恶性和人身危险性因人而异,具体的犯罪行为只是其征表的一部分,故与犯罪人的刑罚的对应是个别化的。即按照犯罪人的个别情况科以与之相应的不同刑罚。也就是说,外部的犯罪行为可能一样,客观危害后果也可能一样,但征表的是不同的犯罪人格,故处罚应有所区别,所以称刑罚个别化。

从这个意义上说,实证学派实际上是否定了原来意义的罪刑相适应原则,如果硬要说这也是一种罪刑相适应,那只能说是与犯罪人的主观恶性和人身危险性相适应,或者说与再犯可能性相适应。[①]

不管怎么说,实证学派的观点虽没有能完全取代古典学派的观点,但在现当代的刑罚制度中还是得到了一定程度的反映。如现当代各国刑法有关缓刑、假释、赦免制度的规定,有关犯罪人主观恶性的量刑情节规定,如累犯从重、自首坦白从宽的规定;有关限制责任年龄、限制责任能力及各种考虑行为人主观恶性和人身危险性大小的酌定情节(如行为目的、动机、手段、前科等)的规定都反映了实证学派的刑罚观念。

二、我国刑法罪刑相适应原则的含义

根据刑法第 5 条的规定,罪刑相适应原则包括两方面内容。一是刑罚的轻重,应当与犯罪分子所犯罪行相适应;二是刑罚的轻重,应当与犯罪分子所承担的刑事责任相适应。以下分别述之。

(一)刑罚的轻重与犯罪分子所犯罪行相适应

所谓犯罪分子所犯罪行,是指犯罪分子已实施的犯罪(包括预备行为、未遂行为和中止行为在内),从犯罪构成理论来说,就是犯罪分子实施的符合刑法规定的犯罪构成的行为,即犯罪构成事实。犯罪构成事实是一个由主体、客体、主观方面和客观方面等要件组成的具有特定性质和特定社会危害性的有机整体。它是犯罪的质的规定性。不同的犯罪行为具有不同的社会危害程

[①]　我国刑法学者何秉松教授极力反对将刑事实证学派的这种刑罚理论也归入罪刑相适应的一种表现。参见何秉松:《试论新刑法的罪刑相当原则》,载《政法论坛》1997 年第 6 期。

度。如危害国家安全的犯罪重于一般刑事犯罪,故意杀人罪重于故意伤害罪等等。刑法分则首先针对具有不同社会危害性的犯罪规定与之相对应的轻重有别的法定刑,这就使得司法机关可以根据犯罪的性质、罪行的轻重适用与之相适应的法定刑。

(二)刑罚轻重与犯罪分子承担的刑事责任相适应

本来,刑事责任的根据就是犯罪人实施的犯罪行为。罪行重则刑事责任重,罪行轻则刑事责任轻。但是,刑事责任毕竟是由犯罪分子承担的责任,因此在决定刑事责任轻重时,除了以犯罪行为(即犯罪构成事实的性质和危害性程度)为根据外,还要结合责任者的其他情况判断其刑事责任①的轻重。所谓其他情况是指不属于犯罪构成事实本身而在量刑时又必须考虑的情况。主要体现为行为人的主观恶性和人身危险性,如关于未成年人、限制责任能力人、累犯、自首、立功等有关行为人自身情况的法定或酌定从轻、减轻或从重情节。另外,尚包括在共同犯罪与单位犯罪中责任的分担。

由此可见,刑法第 5 条规定的罪刑相适应原则不仅是刑罚轻重与犯罪行为的客观社会危害性相适应,而且也是刑罚轻重与犯罪人主观恶性和人身危险性相适应。即主客观相统一。换言之,亦是古典意义上的罪刑相适应与现代意义上的刑罚个别化的统一。

从刑法条文来看,可以说,刑法分则所规定的各种犯罪及其相应的法定刑,组成了各种犯罪与各种刑罚相适应的对应关系。刑法总则关于根据犯罪分子和犯罪行为的不同情况决定其刑事责任和刑罚轻重的原则性规定,则对分则规定的罪与刑对应关系加以调节,从而形成完整的罪—责—刑相适应的均衡关系。但从这种均衡关系中应当看到,罪刑相适应是主要的、基本的;而责刑相适应关系则是在罪刑相适应的基础上具体解决行为人的个人责任问题,具有从属性和补充性的意义。

三、关于罪刑相适应的论说

罪刑相适应当然不是原始意义上的"同态复仇",如以血还血、以眼还眼、

---

① 关于刑事责任的概念,刑法理论界迄今仍存在着多种歧义。但对刑法第 5 条中所指刑事责任一语可以明确的是,它不是指归责中的"无责任则无刑罚"的犯罪论意义上的责任,也不是指一定的刑罚或刑事处罚,而是指犯罪构成事实之外的表明行为人人身危险性程度的事实或情节。这种意义上的刑事责任,能够说明责任的轻重,但不能说明罪行的轻重。

以牙还牙。也不是康德所提倡的"等量报应刑"观念。这在实际上也是无法实现的。如对杀人犯可以处死刑(这为同态),对财产犯剥夺其财产或处苦役(这也可视为同态),但对其他如强奸、绑架、走私、伪造证件等犯罪,从人类社会现有的刑罚设置来看,是难以达到同态性地处罚。

对此,黑格尔提到等值(质)报应刑的问题,试图使之具有可行性。即追求价值的等同。所谓价值等同,不是外在的种的等同,更不是以眼还眼、以牙还牙的同态报复,而是指在种类上完全不同的物的内在等同性。例如,从外在的种的形态看,一方面窃盗和强盗,他方面罚金和徒刑等等之间存在着显著的不等同,"可是从他们的价值即侵害这种它们的普遍性质看来,彼此之间是可以比较的。寻求刑罚和犯罪接近于这种价值上的比较(等同)是属于理智范围内的事"。[1] 可以说,同态复仇的等量报应有如商品交换中的"以物易物",而等值报应则有如商品交换中出现了"货币"替代物。通过"货币"进行换算,这就可以把某种犯罪行为换算为几年的徒刑等等。

当然,即使是古典学派所提的"相适应"也不是"相等"。而是要求刑罚的痛苦要超过(大于)犯罪所带来的好处。即如边沁所说:作为恐惧物的刑罚必须超过作为诱惑物的罪行。但究竟超过多少,在贝卡里亚看来,认为只要有超过即可,再超过则不再是一种正义的刑罚,故强调"恰好超过",认为"一切额外的东西都是擅权,而不是公正"[2],这与贝氏反对严酷刑罚有关,以保护人民不受专横、无度刑罚的侵害。其立论在于社会契约论(让渡刑罚权不是为了反对自己,而是为了保护自己),古典学派多如此主张,如边沁也说"如果刑罚之恶超过罪行之恶,立法者就是制造更大的痛苦而不是防止痛苦,是以较大之恶的代价来消除较小之恶"。[3] 当然,边沁的立论是法律的功利主义,认为所有法律的一般目的是促进社会的全部快乐,即最大多数人的最大幸福。

但如何找到罪与刑之间相适应的比例?如何计算?可以说,确实如实证学派所言,实属不可能之事。谁也不能提出一种公式处理,何种犯罪应处何种刑罚。科学和实践都无法回答怎样的刑期对一个抢劫犯、强奸犯才是相适应的。这是一道迄今无法解开的刑罚算术。[4]

---

① 黑格尔著:《法哲学原理》,商务印书馆 1961 年版,第 106 页。

② 贝卡里亚著:《论犯罪与刑罚》,中国大百科全书出版社 1993 年版,第 9 页。

③ 边沁著:《立法理论——刑法典原理》,中国人民公安大学出版社 1993 年版,第 81 页。

④ 参见陈立:《刑事实证学派评述》,《比较法研究》1990 年第 4 期。

应当说罪刑相适应只是一种原则,一种理念,抽象地表达了犯罪与刑罚的均衡关系,其中对犯罪和刑罚的质和量以及它们的均衡关系所作的价值判断,都是抽象的。例如,对罪的排列,可根据罪过和危害组合考虑排列;刑罚则按现行可以使用的刑罚严厉性排列。我们能做到的只能是在一部刑法典里的重罪重罚,轻罪轻罚。即宏观上的对应,微观上精确的对应则是不可能的,也是目前人类智力无法企及的。①

当代西方的法律经济分析学尝试以经济学的效益与成本关系推出罪刑相适应关系的模式。但也仅停留于一种理论解释,如何落实到立法,尚欠缺必要的立法技术演示。②

第四节
刑法面前人人平等原则

刑法面前人人平等原则是法律面前人人平等原则在刑法中的体现。其基本含义为:就犯罪人而言,任何人犯罪,都应受到法律的追究,任何人不得享有超越法律规定的特权;就司法者而言,对于一切犯罪行为,不论犯罪人的社会地位、家庭出身、职业状况、财产状况、政治面貌、才能业绩如何,都一律平等地适用刑法,在定罪量刑时不应有所区别,一视同仁,依法惩处。

其具体内容包含三个方面:(1)定罪平等,即不能因地位身份不同而定罪有所不同。在封建社会尚有"王子犯法,与庶民同罪"之说,在我们社会主义社会更应消灭特权,不能以官票、党票抵罪或减罪。(2)量刑平等。即相同的罪,除法定的从重、从轻或者减轻情节外,应当处以相同之刑。(3)行刑平等。即在刑罚执行上,也应受到相同的处遇,不因身份、地位而有所特殊。这点在实践中往往最容易出现不平等。当然有些是由于劳改场所条件不同、监狱条件不同所致。有些还因为因犯被分配工作的不同而造成不同的待遇等等。如地区差别,劳改企业之不同,劳动技术不同。但应指出的是,目前在有些地方尚

---

① 微观上看,排列犯罪的等级是极其困难的。故意杀人比盗窃 10 万元财产来得严重,但是否比没有致人死亡却实施三次暴力强奸更为严重呢?也许比较受贿、盗窃、非法拘禁、伪证等犯罪之间孰轻孰重要更为困难。

② 有兴趣者可参看《法和经济学》一书。作者:[美]罗伯特·考特,托马斯·尤伦,上海人民出版社 1995 年版。

存在一些腐败、不正之风的问题,如通过关系、熟人、钱财的疏通,可得到好的待遇。这种社会腐败现象短时间内很难完全消除。

罪刑平等原则并不否认差别的存在,其强调的是"相同情况相同对待"(treat like cases alike),"不同情况不同对待"(treat different cases differently)。因此,对于某些具有特定身份的人,由于这种身份对行为的社会危害性及其程度存在的影响,因而就会出现对某些人在量刑上从重或者从轻的区别对待,例如国家机关工作人员职务犯罪从重处罚[①],未成年人犯罪从轻处罚,这些因身份差别而出现的处罚轻重上的区分都是平等的。此外,由于犯罪情节的差别,也会出现对同一种犯罪在量刑上有轻重之分,例如累犯从重,自首从宽,这也不是对平等原则的否定。更应该指出,刑法所规定的平等原则主要是指"司法上,即适用法律上的平等"。故依法办案,即是平等的表现。当然,司法平等是以立法平等为前提的,如果没有立法上的平等,也就不可能具有实际意义的司法上的平等。立法若不平等,则为"恶法"。"恶法"虽仍为法,但绝不能持久。对此要有足够的认识。

[①]　如刑法第243条有关诬告陷害罪第2款规定,国家机关工作人员犯此罪从重处罚。又如刑法第245条有关非法搜查罪第2款规定,司法工作人员滥用职权,犯此罪,从重处罚。

第4章 □□□
刑法的效力范围

第一节
刑法的空间效力

一、刑法空间效力的概念与有关原则

刑法的空间效力,是指刑法在哪些地方,对哪些人适用,也就是刑法对地域的效力和对人的效力的总称。对此问题,世界各国刑事立法和刑法理论提出过各种主张和学说,概述如下:

1.属地原则,又称领土原则。即主张凡是发生在本国领域内的犯罪,不论犯罪人的国籍如何,都适用本国刑法。此原则是以领域作为适用本国刑法的关联点。

2.属人原则,又称国籍原则。即主张凡是本国人犯罪,不论发生在本国领域内还是在本国领域外,都适用本国刑法。此原则是以国籍作为适用本国刑法的关联点。

3.保护原则,又称被害人国籍原则。即主张凡侵害本国国家或公民利益的犯罪,不论犯罪人是本国人还是外国人,也不论犯罪地在本国领域内还是本国领域外,都适用本国刑法。此原则是以被害人作为适用本国刑法的关联点。

4.普遍原则,又称世界原则。即主张不论犯罪人是本国人还是外国人,不论犯罪地是否在本国领域,也不论是否侵犯了本国国家或公民的利益,逮捕地国家都有责任依照本国刑法加以处罚。用格劳秀斯的话来说,就是"或引渡或起诉"原则。此原则是以世界共同利益作为适用本国刑法的关联点。

上述这些原则都有其正确性和局限性。比如属地原则,直接维护了领土主权,但遇到本国人或外国人在本国领域外侵害本国国家或公民利益的犯罪,

就无法适用本国刑法。属人原则,就对本国公民适用本国刑法而言,无可非议,但若外国人在本国领域内犯罪,竟不能适用本国刑法,这显然有悖于国家主权原则。保护原则,在维护本国利益方面可谓周密,然如犯罪人是外国人,犯罪地又在国外,这就涉及国与国之间的关系和刑事法律的冲突问题,因此,彻底实行这个原则是很困难的。普遍原则,在尊重国家主权和遵从国际法的当今世界,更受到严格限制,其适用范围主要是针对某些国际犯罪(如恐怖犯罪、种族灭绝罪、海盗罪、贩卖奴隶罪)而由国际条约加以规定的,并不可能对所有犯罪都实行普遍管辖权。可见对属地、属人、保护和普遍原则都不能只取其一,而排斥其他。因此,现代世界各国刑法多采折衷原则,即以属地原则为基础,以其他原则为补充的原则。这就是说,凡是在本国领域内犯罪的,不论本国人和外国人,都适用本国刑法;本国人和外国人在本国领域外犯罪的,在一定条件下,也适用本国刑法。我国刑法有关空间效力的规定大体也是采取这种折衷原则的。

二、我国刑法有关属地原则的规定

我国刑法第 6 条第 1 款规定:"凡在中华人民共和国领域内犯罪的,除法律有特别规定的以外,都适用本法。"这一条款的内容被视为是对属地原则的最基本的规定。对此要掌握以下几个要点:

1.“领域”的含义。所谓领域包括领陆、领水、领空。领陆包括边界以内的陆地领土和岛屿(理论上可认为垂直至地心)。领水包括领海和内水(我国领海宽度为 12 海里)。领空是领陆和领水的上空(理论上认为只及空气空间,不包括外层空间,其分界线尚难精确确定)。

2.关于在我国的船舶、航空器和驻外使领馆内的犯罪适用问题。根据刑法第 6 条第 2 款的规定,“凡在中华人民共和国船舶或者航空器内犯罪的,也适用本法”。如果船舶或航空器停泊或航行于我国领域内或公海及公海上空,适用我国刑法当属无可争议。前者为属地原则所包含,后者可引申专属管辖原则[①]而适用我国刑法。如果我国船舶或航空器停留或航行于外国领域时,要适用我国刑法则应依据国际法与该外国先解决刑事管辖权问题,才能够适

---

① 目前刑法界多数论著是引申“拟制领土”概念来说明此问题,实际上并不符合当前的国际法理论与实践。“拟制领土”一说乃陈旧的过时的理论观念,且不能自圆其说。若有“拟制领土”必然伴有“拟制领土”的“拟制领海”,如航行于公海的一国船舶的周围海域,将被称为“拟制领海”。

用我国刑法。根据当前的国际法实践,任何在他国领域内的船舶或航空器都不得视为旗籍国或登记国的领土,充其量只能享有国际法规定的"豁免权"(如军舰、军用飞机)。

至于在驻外使领馆可否适用我国刑法,条文并无明文规定。理论上的见解则其说不一。不少论著认为"我国的驻外使领馆也视为是在我国的领域内,在其内发生的任何犯罪都应适用我国刑法"。[①] 但也有论者认为"我国驻外使领馆不是我国领域"[②]认为"把我国大使馆、领事馆视为我国领域是不正确的。因为它既缺乏国内法的根据,也缺乏国际法的根据"。[③] 对此,我们认为,一国不妨可主张其驻外使领馆内的犯罪可适用本国刑法。以便在驻在国不行使或同意放弃其刑事管辖权时,得以实施管辖并适用本国刑法。但似不宜直接宣称其驻外使领馆为其本国领域,拥有排他的绝对刑事管辖权。[④] 应该将刑法的适用问题与刑事管辖权问题加以区别,不可混同(详见本节第四目)。

3.关于"犯罪地"的确定。按照属地原则,一国刑法适用的前提是行为人

---

① 参见肖扬主编:《中国新刑法学》,中国人民公安大学出版社 1998 年 2 月版,第 37 页;赵秉志《新刑法教程》,中国人民大学出版社 1997 年 9 月版,第 70 页。

② 陈忠林:《关于我国刑法属地原则的理解、适用及立法完完善》,载《现代法学》1998 年第 5 期。

③ 于齐生:《关于我国刑法空间效力的几个问题》,载《中国法学》1994 年第 3 期。

④ 历史上对驻外使领馆的管辖问题曾有过"治外法权说",但该学说已遭到国际法学者的普遍批判。国际法实践也不再承认外交代表的馆舍可以视为派遣国的领土或领土的延伸。根据《维也纳外交关系公约》(该公约 1961 年生效,我国于 1975 年加入),虽然使馆馆舍不可侵犯,外交代表和其他享有外交特权和豁免人员对接受国的刑事管辖享有豁免权,但也不意味着在使馆馆舍内的一切犯罪和罪犯,都不受接受国的刑事管辖。因为并非使馆内的任何人员都享有刑事豁免权,更不用说其他合法或非法进入使馆馆舍的人员了。这些不享有刑事豁免权的人员在使馆馆舍内实施的犯罪都必须受接受国的刑事管辖。而所谓使馆馆舍不受侵犯,是指接受国官员非经使馆馆长许可不得进入使馆馆舍,馆舍的设备和财产不受侵害,但并不意味着使馆享有外交庇护权。且根据公约,使馆馆舍亦不得充作与履行职务不相符合的用途。如果接受国当局追捕的刑事罪犯藏匿在使馆内,使馆应将其交给接受国当局或者允许接受国当局进入馆舍将其逮捕。如果外国人进入馆舍内犯罪,也应将罪犯交给地方当局。

至于领事特权和豁免,根据《维也纳领事关系公约》(该公约 1963 年生效,我国 1979 年加入)只规定领事办公处不可侵犯(不是整个领事馆),而且关于领事的刑事管辖豁免问题,只规定,领事官员除犯有严重罪行,不得逮捕、拘押或监禁。这就意味着如果领事官员犯了严重罪行,接受国也可以对之逮捕和审判。因此,更不能认为领事馆内的一切犯罪和罪犯,都不受接受国的刑事管辖。

在本国领域内犯了罪。但如何认定在一国领域内犯罪即犯罪地的标准问题，各国刑事立法例与刑法理论曾有不同主张：其一，行为地主义，即认为犯罪人实施犯罪行为的地方是犯罪地；其二，结果地主义，即认为只有犯罪结果发生的地方才是犯罪地；其三，行为地兼结果地主义，也称"行为与结果择一说"，即不论犯罪行为或者结果，只要其中一项发生在本国境内，就适用本国刑法。我国刑法第 6 条第 3 款规定："犯罪的行为或者结果有一项发生在中华人民共和国领域内的，就认为是在中华人民共和国领域内犯罪。"显见是采行为地兼结果地主义。应该说，犯罪行为与结果多数发生在同一地域内，但二者分离的情况也不乏其例，如隔地犯。根据我国刑法的上述规定，可以视为发生在我国领域内的犯罪包括三种情况：（1）犯罪行为和犯罪结果全部都发生在我国境内；（2）只是犯罪行为发生在我国境内；（3）只是犯罪结果发生在我国境内。值得注意的是，这里的"犯罪行为"也应包括"部分"行为。所谓部分行为应包括自预备到犯罪完成间任一阶段的行为①，而且也包括共同犯罪的部分行为（如共犯中的教唆行为、帮助行为）。对数行为作为一罪处理的连续犯、牵连犯等，只要有一行为发生在我国境内，就应按全部犯罪发生在我国境内来处理。对于"过境犯罪"（如从泰国邮寄毒品经我国到俄罗斯），也应视为部分行为发生于我国境内。至于"犯罪结果"应理解为"具体的物质结果"，而不包括无形结果，否则便难以使其和行为加以分离，也就无所谓结果地与行为地之区别了。当然将"犯罪结果"理解为"具体的物质结果"并不要求必须是"实际上造成了结果"。它可以包括未完成的犯罪行为可能实现的结果（如在国外向我国境内的人开枪而未射中）。因此，在未遂犯场合，行为人希望结果发生之地、可能发生结果之地都是犯罪结果地②。

4.关于不适用本法的"法律有特别规定的"几种情况。

首先要弄清所谓"本法"的含义。"本法"可以有两种理解，一是指狭义的《中华人民共和国刑法》（即刑法典），二是指广义的刑法（包括刑法典及其他单行刑法和附属刑法）。对"本法"含义的不同理解导致了对"法律有特别规定的"范围认定的歧义。我们赞同第一种理解，这也是目前多数论者的主张，据

---

① 国外刑法学者有认为所谓"部分"行为必须是部分符合刑法分则规定的构成要件的行为，这乃源于大陆法系国家的实行行为为构成要件行为的传统理论。

② 德国刑法典第 9 条(1)规定："犯罪结果发生地，或犯罪人希望结果发生之地，皆为犯罪地。"

此,"法律有特别规定的"有以下四种情况①：

(1)关于享有外交特权和豁免权的外国人在我国领域内犯罪的刑事责任的特别规定。根据刑法第11条规定,对其刑事责任通过外交途径解决。②

(2)关于刑法第90条"民族自治地方不能全部适用本法规定的,可以由自治区或者省的人民代表大会根据当地民族的政治、经济、文化的特点和本法规定的基本原则,制定变通或者补充的规定,报请全国人民代表大会常务委员会批准施行"的规定。

应该注意的是,民族自治地方制定的变通或者补充的规定相对于刑法典而言只可能是一小部分(迄今为止,尚未出现这种变通或者补充规定),而且这些变通或者补充规定也不能与刑法典的基本原则相冲突,因此刑法典在总体上还是适用于民族自治地方的。

(3)刑法施行后国家立法机关制定的刑事法规有特别规定的。新刑法于1997年10月1日施行,随着社会的发展和刑事立法的不断完备,对已经出现的和可能出现的单行刑法和附属刑法规范,一旦出现法规竞合的情况,按照"特别法优于普通法"原则,不适用刑法典,而适用特别刑法的规定。

(4)对香港、澳门特别行政区所作的例外规定。尽管我国已恢复对香港、澳门行使主权,但根据《香港特别行政区基本法》与《澳门特别行政区基本法》的规定,特别行政区享有行政管理权、立法权、独立的司法权和终审权,特别行政区的原有法律制度保持不变,全国性的法律,除基本法附件已列的几项外,不在特别行政区实施,《中华人民共和国刑法》对香港、澳门没有适用效力。另外,台湾虽为中华人民共和国不可分割的组成部分,但由于意识形态与政权的对峙,《中华人民共和国刑法》亦无法适用于台湾地区,这属于对刑法属地原则的一种事实限制。

---

① 若采第二种理解,即将"本法"理解为广义的刑法,则"法律有特别规定的"仅为下述第(1)和第(4)两种情况。而第(2)和第(3)的特别规定,皆可纳入广义刑法之中,原属适用本法的范围。

② 有一种观点认为,既然刑法在第11条对此作出专门规定,这种情况仍属适用本法的范围。但我们认为刑法第11条规定的是不适用的例外,若认为援引该条不适用本法也是一种"适用本法",则所有根据刑法第6条第1款所规定的不适用本法的"法律有特别规定的"情况,统统也可称为"适用本法"。显属玩弄二律背反的逻辑游戏。应该说有关享有外交特权和豁免权的外国人的刑事责任问题的详细、具体规定是在1986年9月5日通过的《中华人民共和国外交特权与豁免条例》中体现的,该条例即相对于刑法典的特别规定。应属不适用狭义刑法之一种情况。

二、我国刑法有关其他空间效力原则的规定

属地原则是我国刑法有关空间效力的最基本原则,但如果遇到发生在国外的犯罪而我国又认为有必要在条件具备时适用我国刑法审理,则是属地原则所不能解决的,必须采取其他一些原则。以下分别就我国有关适用这些原则的规定略加说明。

(一)属人原则

属人原则要解决的是本国人在本国领域外犯罪的刑法适用问题。若是本国人在本国领域内犯罪,以属地原则就可解决刑法适用问题。一般认为本国公民在本国领域外,也受本国法律保护,同时他们也应该遵守本国法律,这是由国家与公民之间本来的道义关系决定的。但是在本国领域外的公民,由于他们所处的社会环境和接受的法制教育与本国不同,因此在刑法适用上又应与国内公民有所区别。考虑到这种实际情况和特点,我国刑法作了两方面的规定:其一,刑法第 7 条第 1 款规定:"中华人民共和国公民在中华人民共和国领域外犯本法规定之罪的,适用本法,但是按本法规定的最高刑为 3 年以下有期徒刑的,可以不予追究。"据此,我国公民在我国领域外犯罪的,无论按照当地法律是否认为是犯罪①,无论罪行是何种罪行及罪行轻重,也无论其犯罪行为侵犯的是哪国利益或哪国公民的利益,原则上都适用我国刑法。只是按照我国刑法的规定,其所犯之罪的法定最高刑为 3 年以下有期徒刑的(如重婚罪、过失致人重伤罪、侵犯通信自由罪……),才可以不予追究。所谓"可以不予追究",不是绝对不追究,而是保留追究的可能性。其二,刑法第 7 条第 2 款规定:"中华人民共和国国家工作人员和军人在中华人民共和国领域外犯本法规定之罪的,适用本法。"国家工作人员和军人在我国领域外犯罪,由于身份的特殊性,必然会给国家的形象和声誉带来极为恶劣的影响,严重损害国家利益,具有更大的社会危害性;而且国家工作人员和军人在国外犯罪,一般发生于履行公务期间(如出国访问、考察期间),其性质殊为恶劣,更应适用我国刑

---

① 许多国家刑法在适用属人原则时坚持"双重犯罪"的构成要求,即要求按照行为地法律也认为是犯罪的才适用本国刑法。我国 1979 年刑法也是这样规定的。但 1997 年刑法删除了这个限定。有学者认为,这不但不利于我国公民在我国领域外的行动自由,而且表现出对外国法制的不尊重,是一种不科学、不明智的做法。参见侯国云:《新刑法疑难问题解析与适用》,中国检察出版社 1998 年 2 月版,第 59 页。但我们认为,新刑法删除这一限定,意在强调我国公民首先应遵守我国法律,其次才是其逗留地国家的法律。

法。因此刑法对这两类人员在国外的犯罪采取了有别于普通公民的"一律适用原则"。

（二）保护原则

保护原则要解决的是外国人在本国领域外侵犯本国利益或公民利益的犯罪的刑法适用问题。若是本国人在本国领域外侵犯本国利益或公民利益的犯罪，以属人原则就可解决刑法适用问题。保护原则是基于刑罚保护社会的目的，一方面是保护国家的安全和利益，另一方面是保护本国公民的合法权益（后者又称被害人国籍原则）。我国刑法第 8 条规定"外国人在中华人民共和国领域外对中华人民共和国国家或者公民犯罪，而按本法规定的最低刑为三年以上有期徒刑的，可以适用本法；但是按照犯罪地的法律不受处罚的除外"。据此，在我国适用保护原则必须同时具备三个条件：一是所犯之罪必须侵犯了我国国家或者公民的利益，二是所犯之罪按我国刑法规定的最低刑为 3 年以上有期徒刑，三是所犯之罪按照犯罪地的法律也应受处罚（即双重犯罪原则）。适用保护原则固然有其合理性，但在行使时事实上是受到许多限制的。犯罪行为既不发生在我国领域内，犯罪人又不具有我国的国籍，要通过外交途径引渡也会遇到一定的困难（如所在国以本国公民不引渡为由拒绝引渡合作）。而我们又不可能直接到他国领域逮捕犯罪人，这可是严重侵犯他国主权的行为（国际法实践曾有过这样的案例，都一致遭到谴责[①]）。但是在法律上作出这样的规定，又是必要的。这不仅表明了我国的立场，有利于维护国家的主权、保护公民的利益，而且在条件具备时，比如该犯罪的外国人进入我国领域内时，便为对其依照我国刑法追究刑事责任提供了法律上的依据

（三）普遍原则

普遍原则要解决的是对我国缔结或参加的国际公约所规定的国际犯罪行使管辖权的刑法适用问题。在近几十年中，随着恐怖爆炸、劫持航空器、制造贩卖毒品、劫持人质、侵害外交代表等国际犯罪的增多，为了加强国际合作，对付不断加剧的国际犯罪活动，国际上先后签订了一系列公约。如 1970 年 12 月 16 日的《关于制止非法劫持航空器的公约》（简称《海牙公约》）、1971 年 9 月 23 日的《关于制止危害民用航空安全的非法行为的公约》（简称《蒙特利尔公约》）、1973 年 12 月 14 日的《关于防止和惩处侵害应受国际保护人员包括外交代表的罪行的公约》以及《联合国海洋法公约》有关海盗犯罪的规定等。这些公约规定，各缔约国与参加国应将公约上所列举的非法行为规定为国内

---

① 参见柳炳华著：《国际法》，中国政法大学出版社 1996 年版，第 277 页。

法上的罪行,并采取必要措施,对这些犯罪行使刑事管辖权,而不论罪犯是否本国人,罪行是否发生在本国内。这也就相当于对这类罪行确立了普遍管辖原则(有些是规定"或引渡或起诉原则",这一原则从本质上看也是普遍管辖原则的一种方式,它赋予缔约国对一些国际犯罪进行管辖的选择权)。上述公约我国均已批准或加入,且对有关管辖方面的条款并无提出保留,由此便承担了对犯有公约规定的罪行的罪犯实施管辖的义务。在实施管辖之后,自然只能适用我国刑法。因此,刑法第9条明确规定:"对于中华人民共和国缔结或者参加的国际公约所规定的罪行,中华人民共和国在所承担条约义务的范围内行使刑事管辖权的,适用本法。"

根据国际公约及我国的刑法实践,适用普遍原则必须符合下列条件:第一,犯罪必须是危害人类共同利益的国际犯罪;第二,我国是有关公约的缔约国或参加国;第三,我国刑法也规定该行为是犯罪;[1]第四,罪犯出现在我国领域内;第五,罪犯尚未在其他国家因该罪行受到惩处(若该罪犯已因该罪行受过惩处,不应对其重复追究。也就是说,对适用普遍原则管辖的罪犯应该遵守"一事不再理"原则)。

三、刑法的适用与刑事管辖权之关系及相关问题

刑法的适用与刑事管辖权本是不同性质的两个问题。[2] 刑事管辖权除通过国际条约得予扩张外,原则上限于一国有限的、事实上的统治区域;而刑法的适用,理论上可包含在统治区域外犯罪的适用。但从尊重国家主权原则出发以及关于"公法无域外效力"的传统国际法观念,一国若要对统治区域外的犯罪适用本国刑法,必须受制于犯罪人所在国当局对该犯罪人的引渡。[3] 当前主要通过国与国之间的引渡协议或司法协助协议解决。[4] 一国是否接受他国的引渡请求,由被请求国政府基于主权自行决定,而且在引渡犯罪人问题上,近、现代各国都有一些例外规定,如政治犯罪不引渡,本国人不引渡,死刑

---

① 如关于劫持航空器罪,原刑法无此罪名,使得我国在加入反劫机之公约后,对此类犯罪的惩处出现适用刑法时的某些障碍,后经 1992 年的《补充规定》得到弥补。新刑法则明确规定了该罪名。

② 有许多论著常常将这两个问题不加区分,混为一谈。

③ 在刑法领域,不像在民商法领域,不可能存在外国法院适用本国刑法的情况,这也是"公法无域外效力"原则的体现。

④ 我国现有的引渡条约都是双边的,如中泰之间、中俄之间、中白俄之间都签订了引渡条约。

犯不引渡等规定。

可见,一国要对有关犯罪真正适用本国刑法,其前提是对该犯罪人拥有管辖权且事实上控制了该犯罪人。若虽有管辖权,但事实上没控制该犯罪人当然也谈不上适用本国刑法的问题。值得注意的是,刑事管辖权也可能发生冲突,这也需要有关国家之间通过协商解决。

关于双重审理问题。由于刑事管辖冲突,特别是属人原则与保护原则的适用,往往发生双重审理,即一个罪犯经过外国法院审判处刑之后,回到本国,只要未超过追诉期限,仍得接受本国法院的裁判。这样,对同一罪行就有可能受到两次审理和处罚,一次是外国法院的审理和处罚,另一次是本国法院的审理和处罚。这就涉及对外国法院的判决是否承认的问题。对此,世界各国基本上有三种做法:(1)不承认外国法院的刑事判决,即对于在外国犯罪的公民,无论是否受到外国法院的审理和处罚,当其返回本国后,一律重新审理并依法追究刑事责任。(2)实际上承认外国法院的刑事判决。即对于已受到外国法院审理和处罚的在外国犯罪的公民,当其返回本国后,不再重新审理和处罚。(3)对于已受到外国法院审理和处罚的在外国犯罪的公民,当其返回本国后,把在外国法院已受过刑事处罚的情况作为重新审理时减轻或免除处罚的一个情节。我国刑法采用的就是第三种方法。刑法第10条规定:"凡在中华人民共和国领域外犯罪,依照本法应当负刑事责任的,虽然经过外国审判,仍然可以依照本法处理;但是在外国已经受过刑罚处罚的,可以免除或者减轻处罚。"这样处理是比较合理的。因为,根据国际法上的主权原则,一个国家不得在其他国家领土上实施主权行为,而承认外国法院刑事判决对本国的效力,实际上就等于协助该外国在本国实施主权行为,这是一种有损国家主权的行为。所以,当今世界上,许多国家的司法机关,包括英国、美国等,都拒绝承认外国刑法对本国的效力。我国刑法规定对外国刑事判决原则上不予承认,完全符合国际上的国家主权原则的精神。至于说,这是否有违"一事不再理"原则,学说上一般认为,所谓"一事不再理"原则,是指同一个司法管辖权,对同一个事实,不能进行两次审理。而由于不承认外国刑事判决所造成的双重审理,实际上是由两个不同的刑事司法管辖权所产生的,并不源于同一个刑事司法管辖权。对于本国来说,追究该犯罪人的刑事责任仍然是第一次。当然,我国刑法虽然原则上不承认外国法院的刑事判决,但也把犯罪人在外国所受到的刑事处罚作为一种事实因素予以考虑,并作为量刑时可以免除或者减轻处罚的法定情节之一。即已注意到了事实上所存在的双重审理问题,体现了刑罚人道主义精神。

第二节
刑法的时间效力

刑法的时间效力,是指刑法生效、失效的时间以及它是否适用于生效以前发生的行为,即是否有溯及既往的效力。

一、刑法的生效时间

刑法的生效时间是指刑法从什么时候开始发生法律效力。从各国的立法例来看,主要有两种方式:一是自颁布之日起生效。我国在修订刑法以前所颁布的许多单行刑事法律大都采取这种生效方式。如1988年的《关于惩治贪污罪贿赂罪的补充规定》、1990年的《关于禁毒的决定》等,都规定本规定(或决定)"自公布之日起施行"。二是公布后,经过一定期限再施行。绝大多数国家制定刑法典都采用这种做法。我国的两部刑法典和一些单行刑事法律就采用这种生效方式。我国第一部刑法典是1979年7月6日公布,自1980年1月1日起生效。新刑法典于1997年3月14日通过并公布,1997年10月1日起生效实施。采用这种方式往往是因为新公布的法律内容较复杂,涉及面广,从公布到实施间隔一段时间,一方面是为了让司法机关为适用新的法律作好充分的准备,另一方面也便于向广大干部和群众进行宣传教育,提高法制观念,以便遵守。

二、刑法的失效时间

刑法的失效时间,是指刑法效力的终止时间。它通常是由立法机关或国家最高权力机关作出决定并予以宣布的。从世界各国的立法来看,刑法效力的终止时间有不同的方式,如新法生效后,旧法即认为效力终止,或由另一新的法律宣布旧法失效,或被立法机关宣布废止,或由于旧法的有效期届满,等等。我国刑法的失效时间,有两种方式:(1)由立法机关明确宣布失效。如新修订的刑法在第452条明确规定,凡列入本法附件一的全国人大常委会制定的一些单行刑事法律,由于已经纳入了新的刑法或者已不适用,自刑法施行之日起,予以废止(这些单行刑事法律包括《中华人民共和国惩治军人违反职责罪暂行条例》、《关于惩治走私罪的补充规定》、《关于惩治侵犯著作权的犯罪的

决定》等 15 项)。(2)自然失效。由于新法代替了旧法,旧法自然失效;或者由于立法时一些特殊的条件已经消失,旧法自然失效。我国在第一部刑法颁布实施后的十几年的时间里,制定了大量的单行刑事法律,对原刑法的一些内容进行了修改和补充,这些单行刑事法律虽未指明要排除原刑法中的相关内容,但先前的法律中与之相抵触的内容应当被视为无效。

三、刑法的溯及力

刑法的溯及力,是指刑法生效后,对于其生效以前未经审判或者判决尚未确定的行为是否适用的问题。如果适用,就是有溯及力;如果不适用,就是没有溯及力。对此,各国采用不同的原则,学者们也有不同的见解。概括起来大致包括以下几种:(1)从旧原则。即新法对其生效前的行为一律没有溯及力,完全适用旧法。(2)从新原则。即新法对于其生效前未经审判或判决尚未确定的行为一律适用,新法具有溯及力。(3)从新兼从轻原则。即新法原则上具有溯及力,但旧法(行为时法)不认为是犯罪或者处刑较轻时,则按照旧法处理。(4)从旧兼从轻原则。即新法原则上不具有溯及力,但新法不认为是犯罪或者处刑较轻时,则按新法处理。

上述关于刑法溯及力的诸原则中,从旧兼从轻原则既符合罪刑法定原则的要求,又适应实际需要,因而为绝大多数国家所采用。我国刑法关于溯及力问题亦采用了这一原则。

我国刑法典第 12 条第 1 款规定:"中华人民共和国成立以后本法施行以前的行为,如果当时的法律不认为是犯罪的,适用当时的法律;如果当时的法律认为是犯罪的,依照本法总则第五章第八节的规定应当追诉的,按照当时的法律追究刑事责任,但是如果本法不认为是犯罪或者处刑较轻的,适用本法。"根据这一规定,对于 1949 年 10 月 1 日中华人民共和国成立至 1997 年 10 月 1 日新刑法典生效前这段时间内发生的行为,应按以下不同情况分别处理:

第一,当时的法律不认为是犯罪,而新刑法典认为是犯罪的,适用当时的法律,即新刑法典没有溯及力。对于这种情况,不能以新刑法典规定为犯罪为由而追究行为人的刑事责任。

第二,当时的法律认为是犯罪,但新刑法典不认为是犯罪的,只要这种行为未经审判或者判决尚未确定,就应当适用新刑法典,即新刑法典具有溯及力。

第三,当时的法律和新刑法典都认为是犯罪,并且按照新刑法总则第五章第八节的规定应当追诉的,原则上按当时的法律追究刑事责任,即新刑法典不具有溯及力。这就是从旧兼从轻原则所指的从旧原则。但是，如果当时的法律处刑比新刑法典重，则应适用新刑法典，新刑法典具有溯及力。这便是从轻原则的体现。

上述情况可化简为下表：

	行为时法（旧法）	裁判时法（新法）
1	构成犯罪	不构成犯罪 *
2	处罚重	处罚轻 *
3	不构成犯罪 *	构成犯罪
4	处罚轻 *	处罚重
5	新、旧法有关该罪构成与处罚一样	

若在溯及力问题上采取从旧兼从轻原则，则应适用 * 号。其实际结果与采从新兼从轻原则是一样的，仅在第 5 种情况，即新、旧法不变时，才会发生适用新、旧条文的不同。前者采旧法，后者采新法。

关于法定刑轻重的比较，包括以下几种情况：

（1）刑种比较。如死刑重于自由刑、无期重于有期、徒刑重于拘役、拘役重于管制等等。

（2）法定最高刑比较、法定最低刑比较、附加刑比较。

（3）情节比较、数额比较。如盗窃、贪污、受贿的定罪数额，根据司法解释和立法条文，新法明显高于旧法。

（4）以每一档次的法定刑幅度进行比较。有时新、旧法若整体比较，则新法比旧法处罚轻；但若就其中档次比较，则可能旧法比新法处罚轻。适用时，应按每一具体档次进行比较。如故意伤害罪之例。①

关于跨法犯的问题。即行为开始于新法生效之前，而结束于生效之后。一般认为以行为终了时有效之法认定（刑法第 89 条规定计算时效从犯罪行为终了之日起计算）。这种情况一般发生在继续犯、连续犯的情况下。但即成犯

---

① 故意伤害罪，原刑法规定了三个法定刑幅度：1. "三年以下有期徒刑或者拘役"；2. "三年以上七年以下有期徒刑"；3. "七年以上有期徒刑、无期徒刑或者死刑"。新刑法也规定三个法定刑幅度：1. "三年以下有期徒刑、拘役或者管制"；2. "三年以上十年以下有期徒刑"；3. "十年以上有期徒刑、无期徒刑或者死刑"。如果整个比较，则新刑法处刑较轻；如果比较各自幅度，则第一幅度新刑法处刑轻，而第二、三幅度旧刑法处刑较轻。

也可能发生这种情况,如跨钟点。如行为人于 1997 年 9 月 30 日 23 时 30 分对某女青年实施抢劫,遭到反抗,行为一直延续至 1997 年 10 月 1 日零时 50 分方终了(抢劫行为实施完毕)则按新法认定。[①] 但若从罪刑法定原则的适用行为时有明文规定的法律,似应以行为开始时之法律认定,而不是行为终了时法律。因为,我们一般推定行为人在行为开始时认知当时有效之法律,并以此法律为背景选择其行为。一旦行为开始实施,很难设想行为人会边实施行为,边了解法律的变化,而调整其行为。不过如果新法并非一颁布即有效,而是有一段时间(如新刑法 1997 年 3 月 14 日公布,1997 年 10 月 1 日生效)才生效,则可推定行为人在行为开始时已经了解新法的内容,并以此为背景选择行为,因此,不妨适用新法。当然,这里所说的行为人对法律的认知,都是一种推定,一种拟制,而不要求行为人具有真正的认知。

裁判时包括一审、二审、死刑复核程序。若被告人在一审判决后没有上诉,而在上诉有效期(判决后 10 日内),新法生效,则应按新法作出有利被告的处理;如果已过上诉期限(如判决后 10 日后),新法才生效,则不必变更。当然,如果被告人上诉,则应按新法作出有利被告的审理。值得注意的是,虽在一审时,新法已公布,但未生效,仍应按旧法审理,而不能先考虑上诉后可能适用新法,而径直采用新法审理。即不能直接适用虽已公布但未生效的法律。

关于刑法第 12 条第 2 款规定:"本法施行以前,依照当时的法律已经作出生效判决,继续有效。"对此,一般认为,即指原有生效判决,不论其刑是否执行完毕,在新法施行以后,都继续有效,不得以新法之规定,变更原判的罪名和刑罚的执行。也就是说,原有生效判决不受新法任何变化的影响,均维持不变。故对适用审判监督程序提起的再审也只能适用旧法,不能适用新法。

这样解释虽符合条文原意,也维护了判决的既判力。但社会效果欠佳,对某些因新法已不认为犯罪或不处罚的行为人,若仍按旧法执行,于情于理有失平衡,也难对其起到惩罚教育作用。不能使其真心服刑改造,只能令其痛感早犯之憾。因此,有不少国家和地区的刑法均明文规定,行为后法律变更为不处罚或不为罪的,原判刑罚可免予执行或停止执行。如意大利、法国、韩国、澳门、台湾刑法皆有类似规定。我们认为,对此问题可进一步研究。至少对新法不再认为犯罪或不再处罚的行为,尽管已依旧法确定判决,但应在具体执行上作变通处理,以达到免除执行之实际效果,如通过特赦令免其刑。而对新法处

[①] 德国刑法典第二条(2)规定,刑罚在行为时有变更的,适用行为终了时有效之法律。

罚较轻的,则可通过减刑、假释以使之平衡,或免除其余刑的执行。但对刑罚已经执行完毕的,则不再做任何翻案处理,均应维持不变。

在适用从旧兼从轻原则时,依刑法第 12 条规定似乎仅限于是否构成犯罪和处罚的轻重问题,而实际上新旧法的区别还可能出现在有关犯罪构成要素的区别(如限制责任能力)、行为合法化的区别(如正当防卫的条件)、量刑情节、量刑制度、刑罚执行制度、时效等的规定上。对此,我们认为也同样要适用从旧兼从轻原则,以有利被告为其基点。最高人民法院于 1997 年 9 月 25 日公布的《关于适用时间效力规定若干问题的解释》基本上也体现了这样的精神。

第一条 对于行为人 1997 年 9 月 30 日以前实施的犯罪行为,在人民检察院、公安机关、国家安全机关立案侦查或者在人民法院受理案件以后,行为人逃避侦查或者审判,超过追诉期限或者被害人在追诉期限内提出控告,人民法院、人民检察院、公安机关应当立案而不予立案,超过追诉期限的,是否追究行为人的刑事责任,适用修订前的刑法第 77 条的规定。

第二条 犯罪分子 1997 年 9 月 30 日以前犯罪,不具有法定减轻处罚情节,但是根据案件的具体情况需要在法定刑以下判处刑罚的,适用修订前的刑法第 59 条第 2 款的规定。

第三条 前罪判处的刑罚已经执行完毕或者赦免,在 1997 年 9 月 30 日以前又犯应当判处有期徒刑以上刑罚之罪,是否构成累犯,适用修订前的刑法第 61 条的规定;1997 年 10 月 1 日以后又犯应当判处有期徒刑以上刑罚之罪的,是否构成累犯,适用刑法第 65 条的规定。

第四条 1997 年 9 月 30 日以前被采取强制措施的犯罪嫌疑人、被告人或者 1997 年 9 月 30 日以前犯罪,1997 年 10 月 1 日以后仍在服刑的罪犯,如实供述司法机关还未掌握的本人其他罪行的,适用刑法第 67 条第 2 款的规定。

第五条 1997 年 9 月 30 日以前犯罪的犯罪分子,有揭发他人犯罪行为,或者提供重要线索,从而得以侦破其他案件等立功表现的,适用刑法第 68 条的规定。

第六条 1997 年 9 月 30 日以前犯罪被宣告缓刑的犯罪分子,在 1997 年 10 月 1 日以后的缓刑考验期间又犯新罪、被发现漏罪或者违反法律、行政法规或者国务院公安部门有关缓刑的监督管理规定,情节严重的,适用刑法第 77 条的规定,撤销缓刑。

第七条 1997 年 9 月 30 日以前犯罪,1997 年 10 月 1 日以后仍在服刑的犯罪分子,因特殊情况,需要不受执行刑期限制假释的,适用刑法第 81 条第 1 款的规定,报经最高人民法院核准。

第八条 1997 年 9 月 30 日以前犯罪,1997 年 10 月 1 日以后仍在服刑的累犯以及因杀人、爆炸、抢劫、强奸、绑架等暴力性犯罪被判处十年以上有期徒刑、无期徒刑的犯罪分子,适用修订前的刑法第 73 条的规定,可以假释。

第九条 1997 年 9 月 30 日以前被假释的犯罪分子,在 1997 年 10 月 1 日以后的假释考验期内,又犯新罪、被发现漏罪或者违反法律、行政法规或者国务院公安部门有关假释的监督管理规定的,适用刑法第 86 条的规定,撤销假释。

第十条 按照审判监督程序重新审判的案件,适用行为时的法律。

第**5**章 □□□
犯罪概念

第 一 节
犯罪概念简述

犯罪是一种人的行为。何种人的行为可被界定为犯罪。在刑法理论上，通常可从形式层面与实质层面加以探讨。

一、形式的犯罪定义

从法律形式上观察犯罪，犯罪是刑法明文规定应予刑事处罚的不法行为。也就是说，不法行为只有经由刑法规定而赋予刑罚的法律效果，才能被视为犯罪。从这个意义上说，是先有刑法，后有犯罪这个概念。虽然从犯罪学、犯罪发生学的角度也许认为是先有"犯罪"①这种不法行为，才引起社会的不安、不可容忍，而要求加以禁止，才有刑法的犯罪规定。但若坚持罪刑法定原则的犯罪概念，则应源于刑法的规定，而不能从刑法之外寻找犯罪定义。即所谓"无刑法就无犯罪，也无刑罚"的原义。某些不法行为，即使已对社会构成危害，社会群体已无法容忍，但只要一个国家正式的刑事实体法并未设有处罚该不法行为的刑法条款，则该不法行为仍非刑法上的犯罪。

形式的犯罪定义明确限定国家刑罚权的界限，使刑法具有保障功能，刑事司法机关从事犯罪的追诉与审判工作，都要以刑法的规定作为其法律依据，因

---

① 这里的犯罪是加引号的。从词源学上，它实际上是不能称为犯罪的，而只能是某种危害行为或别的什么称呼。关于到底是先有犯罪，后有刑法，还是先有刑法后有犯罪的问题，似乎是一个先有鸡，还是先有蛋的问题。但从罪刑法定原则所得出的解释，只能是先有刑法后有犯罪。

此形式的犯罪定义是适用于刑事司法的犯罪定义。坚持罪刑法定原则的近、现代各国刑法在刑法典中都只规定犯罪的形式定义，譬如1810年的《法国刑法典》第1条规定："法律以违警罪所处罚之犯罪，称违警罪。法律以惩治所处罚之犯罪，称轻罪。法律以身体刑或名誉刑所处罚之犯罪，称重罪。"[①]1937年的《瑞士刑法典》第1条规定："凡是用刑罚威胁所确实禁止的行为"是犯罪。英美刑法理论给犯罪下的也是形式上的定义，如认为："犯罪是一种可以提起刑事诉讼程度并导致刑罚的违法行为。"这种犯罪的形式定义与刑法的形式定义都只是从法律层面来解释犯罪与刑法的内涵，而且存在循环论证的情况。如称犯罪乃刑法规定应予处罚的行为，称刑法乃规定犯罪与刑罚的法律。互为论证。却没有说明，为什么要对某些行为规定为犯罪，一个行为应当具有怎样的内容，才能使国家对它的惩罚成为合理。也就是说，刑法处罚的犯罪行为，在本质上究竟应具备什么条件，而能与其他不法行为相区别。这就是犯罪实质定义所要解决的问题。

二、犯罪的实质定义

对犯罪进行实质定义，在历史发展上要远远早于对犯罪的形式定义，后者基本上是罪刑法定时代才出现的产物。几乎在刑法产生的同时，就有了对犯罪进行超规范的"本质"解释现象，因为任何刑罚权的行使都需要其合理性的根据。我们在19世纪末和20世纪初的法律文献里，都可能找到对犯罪进行的政治的、社会的、道德的、宗教的乃至生理学上、人类学上的"实质性"评价。各种试图描绘犯罪实质形象的努力，都可归结为为形形色色的犯罪寻找"最小公分母"，即寻找一个隐藏在刑事制裁措施背后的，可适用于所有犯罪的"常

---

① 法国1994年3月1日生效的新刑法已删除此条规定。这在一定程度上反映了当代外国刑法对这种定义性条款丧失了兴趣。

项"。但迄今为止,各种各样的犯罪的实质定义没有一个经得起反复推敲。[①]任何概念,只要不能科学地概括法律规定的所有犯罪,就不是犯罪的实质概念,就不具有"最小公分母"的性质。

如果认为并不是所有的犯罪事实上都具有某一特点,或者说犯罪的本质不能适用于所有的具体犯罪事实,那么可能会得出这样的结论,即犯罪的实质是不可描述的。正是这种不能从实质上说明所有犯罪的概念,在现实中往往成为一种伦理(或道义)性的实质概念:即它解释的并不是犯罪的"实然",而是犯罪的"应然"(即犯罪"应该"具有,但并不一定完全为立法者所承认的特性)。

在司法实践中,显然不能以这种伦理或道义意义的实质概念作为认定犯罪的标准(因为它没有抽象出所有犯罪所共同具有的,并能区别罪与非罪界限的共同特征),因此,它就只能在刑事政策方面发挥作用。这种概念可能对刑事立法者具有一定的参考作用,即让立法者以实质概念为基础来选择、决定可被规定为犯罪的行为。对现行刑法规定的犯罪,根据实质概念随时进行调整,犯罪化或非犯罪化。当然,这是以存在理性的立法者为前提的。这种作用甚至也是微乎其微的,在各方面的压力下,现实中的刑事立法呈无限膨胀与扩张之势,试图以绝对必要和维护社会生活的"最基本的"条件为标准来限制刑罚权的发动并不现实。如此观之,本来是为说明实然的犯罪的犯罪实质概念,最终逃脱不了只能为应然的犯罪划定界限的命运。

其实,即使从道义的角度(即作为立法的标准),犯罪的实质概念也很难成立,因为它们都是以内容极不确定的价值判断为基础的。

关于犯罪实质概念的最新发展是在德国刑法界试图以启蒙时期思想家所提出的"社会危害性"这一概念为基础重新定位(启蒙思想家的社会危害性是指侵犯人们在签订社会契约前就存在的自然权利,它们认为只能以此社会危害性为制裁对象,以限制国家的刑罚权),将其界定为那些阻碍或妨碍现代社

[①] 意大利刑法学家龙勃罗梭认为有一种所谓"犯罪性质"(criminality),据其早期研究乃是一种人类学的现象,可通过隔代遗传"在现代人"再现,又称"返祖现象"。参见陈立:《龙勃罗梭犯罪学思想评述》,载《犯罪学引论》,警官教育出版社 1992 年版。另一意大利刑法学家加罗伐洛认为"犯罪是违反社会的怜悯和诚实的道德情感的行为"。德国刑法学家李斯特认为,犯罪的本质在于"对社会共同法益的侵害"。马克思说:"犯罪——是孤立的个人反对统治关系的斗争。"恩格斯说:"蔑视社会秩序最明显最极端的表现就是犯罪。"龙氏的研究,后期已改变。加氏的概念无法解释过失犯罪问题。李氏的概念无法清楚说明何为社会共同利益。马克思、恩格斯关于犯罪的论述实际上是一个政治性而不是规范性的定义。

会制度有效运转的现象。但是,这个概念,同样不能为立法者提供一个明确的划分罪与非罪的标准。

第二节
我国刑法的犯罪概念

我国刑法的犯罪概念具体规定在刑法第13条。被认为是实质定义和形式定义的统一。

刑法第13条规定:"一切危害国家主权、领土完整和安全,分裂国家、颠覆人民民主专政的政权和推翻社会主义制度,破坏社会秩序和经济秩序,侵犯国有财产或者劳动群众集体所有的财产,侵犯公民私人所有的财产,侵犯公民的人身权利、民主权利和其他权利,以及其他危害社会的行为,依照法律应当受刑罚处罚的,都是犯罪,但是情节显著轻微危害不大的,不认为是犯罪。"

根据该定义,一般认为我国刑法的犯罪概念具有三个特征。

第一,犯罪是具有严重社会危害性的行为。

条文中具体列举了犯罪社会危害性的种种表现。实际上是概括地指出其侵害的几类客体,从国家主权直到公民的人身权利、民主权利和其他权利。使我们对犯罪的社会危害性本质有比较具体的了解。而且,根据该条的但书规定:"情节显著轻微、危害不大的,不认为是犯罪。"表明,只有严重的社会危害性才是犯罪的本质特征。即危害性要达到相当严重的程度,才属于犯罪行为。

至于从刑事政策或刑事立法上如何把握这个"严重社会危害性",则主要考虑以下因素:

1.行为侵犯客体的重要性。如国家安全、公共安全;如公民的生命、健康和性不可侵犯权利等。

2.行为造成的后果。如行为给或可能给国家和人民利益造成的严重损失(所谓"结果无价值"),如经济、财产犯罪的数额,伤害的程度等。

3.行为的手段、态样。如暴力行为。特别的侵害形式。如刑法对财产的保护只限于抢劫、抢夺、盗窃、诈骗、侵占、敲诈勒索等行为。这些行为本身具有"自体恶"的性质,因此,其后果不一定比民事违法行为严重。民事违约可能给对方当事人造成上百万元的损失,但也不因此而成为犯罪。这种区别就在于行为手段、态样的不同。这还可进一步说明为何贪污罪的定罪数额高于盗窃、诈骗、抢夺,即在于行为态样"自体恶"程度的不同。刑法对某些特定危害行为类型的禁止,表明这类行为具有比较严重的违背伦理性,理论上称为"行为无价值"。这种行为无价值往往与行为人的主观因素,如对法秩序的态度以及行为人的人格相联系,因此,有学者认为其反映的实际上是"人格无价值"。

必须指出的是考察社会危害性还要注意以下几点:

1. 要用历史、发展的观点看问题。社会危害性是一个历史范畴,社会条件变化,可能导致某一行为是否具有社会危害性的评判结果亦发生变化。某一行为在过去具有社会危害性,现在却不具有,甚至有利国家和人民,反之亦然。如非法经营的范围可能随市场经济的发展而变化,又如安乐死的社会危害性也正经历一种观念变化关头。目前仍认为有社会危害性,但随着观念的转变,尤其是在安乐死程序得以完善后,在不远的将来,也可能不认为这种行为具有社会危害性了(有些国家,如荷兰已合法化)。

2. 要有全面的观点。社会危害性是由多种因素决定的。衡量社会危害性的大小,不能只看一种因素,如具体危害结果,而要全面综合各种主客观情况。不仅要看到有形的、物质性的危害,还要看到无形的有关社会政治、社会心理的危害。如贪赃不枉法,贪的是境外奸商的财物,后又被没收上交国库,是否有危害性?应看到其无形危害的一面。另如堕胎行为,对孕妇、胎儿皆有危害,但从整个国情来看,又被认为是有必要的,计划生育乃基本国策。

3. 要透过现象抓住事物的本质。例如正当防卫、紧急避险、依法执行职务的行为(执行死刑有如故意杀人,法院没收财产有如抢劫,强制拆除违章建筑有如故意毁坏财物),[①]虽然也会对他人的人身、财产造成一定的损害,但这类行为从本质上看与社会的主体意志是相一致的,属于排除社会危害性的行为,而不认为是犯罪。

第二,犯罪是触犯刑律的行为,即具有刑事违法性。

行为的社会危害性表现在法律上就是刑事违法性。我国刑法根据各种行为的社会危害性程度,包括考虑到行为人主观方面的情况,有选择地宣布某些行为是犯罪而加以规定,这样就使犯罪不仅具有社会危害性的特征,而且具有刑事违法性的特征。只有为刑法所禁止,并且具备刑法所规定的构成犯罪条件的行为,才能构成犯罪。仅有某种程度的社会危害性而没有违反刑法规范

---

① 有些国家或地区除在刑法中对正当防卫、紧急避险行为明文规定不罚外,对依照法令的行为,执行命令的行为,业务上的正当防卫也作出明确规定,以免理解上的障碍。我国刑法对后者的行为没有明文规定,其基点在于其"不言而喻"的合法性。但若从"法治"的角度出发,似乎规定比不规定合理。

的行为,便不构成犯罪。由于刑法所特有的严厉性,它所规定的构成犯罪的行为,只能是那些对社会危害比较严重的,不适于用其他法律调整的行为(刑法谦抑原则的体现)。

这里所说的刑事违法性,指的是广义刑法,即不单指违反《中华人民共和国刑法》,而且应当包括其他单行刑事法律,及非刑事法律中的刑法条款。

虽然从根本上看,严重的社会危害性是确定犯罪的依据,但在刑事司法中,是否违反刑法规范,往往是衡量罪与非罪的标准。这也是法治的要求。强调犯罪的刑事违法性特征,是在刑事司法工作中坚持法治原则的表现。这就是说,司法人员只能依照刑法的规定来确定实施某种危害社会行为的人为有罪。脱离刑法的规定,借口某人某种行为具有社会危害性而任意定罪和追究刑事责任,就是破坏法治的行为。可见,把握刑事违法性乃是区分罪与非罪、准确定性的关键。

第三,犯罪是应当受刑事处罚的行为,即具有应受惩罚性。

应受刑事处罚,是犯罪行为的又一基本特征。任何违法行为,都要承担相应的法律后果。如民事违法行为要受民事强制处分,如损害赔偿、返还原物等;行政违法行为,要受行政处分,如警告、记过、撤职等等。对于违反刑法的犯罪行为来说,则要承担刑事处罚的法律后果。刑事处罚是犯罪的必然后果。而且只有对犯罪行为才能判处刑罚,对无罪人不论判处何种刑罚,都是对公民权利的严重侵犯。

应该注意的是,犯罪行为应受刑事处罚同实际上是否被刑事处罚是两个意思。行为虽已构成犯罪,本应受刑事处罚,但因未被揭露出来或者未被发现,实际上逃脱了刑事处罚。从犯罪的发生到实际受到刑事处罚,有一个刑事诉讼的过程,一些犯罪由于较隐蔽或被害人不愿、不敢揭露,不能被刑事司法机关发现,从而成为犯罪黑数。这种犯罪黑数是难免的。其次,即使犯罪行为已被发现,本应受刑事处罚,但因行为人具有某种免除处罚的情节(如自首、立功、犯罪中止等)或犯罪情节轻微等,而被免除处罚,实际上也没有受到刑事处罚。但这与犯罪应受刑事处罚这个特征并不矛盾。犯罪应受刑事处罚是泛指一切犯罪都要受到刑事处罚,体现的是对犯罪的否定评价。至于实际上是否受到刑事处罚自应以犯罪事实被发现,犯罪人被抓获为前提。而犯罪人若被免除处罚,也是因其存在免除处罚情节。免除处罚是以应受刑事处罚为前提的。如果说犯罪本来就不应受刑事处罚,也就谈不上免除处罚的问题。

我国刑法的犯罪概念是对犯罪的宏观的、总体的界定。在中国现行的法治背景下,它具有指导立法和司法的意义。多数国家的法律一般不在部门法中规定这种指导性的条文。他们认为部门法的条文应是条条可用、皆具操作性，而非宣言式、口号式的条款。认为指导性的条款可由法学理论、教科书去阐述。因此，我国有些学者也认为我国刑法中的犯罪概念无大裨益。既然定罪应根据犯罪构成，应引述具体的条款，这种抽象的犯罪概念在实务中是不可能被直接用做判决的依据。特别是犯罪概念中的所谓"社会危害性"的评价，本身又是一个弹性十足的范畴，在实践中只能对罪刑法定原则起反作用，导致破坏法治的结果。如有学者指出：社会危害性的标准用于区分经济犯罪中罪与非罪的根本依据是看行为是否具有社会危害性；而在经济领域中，认定社会危害性的关键在于该经济活动是否有利于生产力的发展；认定是否有利于生产力的发展要以长远的发展、而不是短期的发展为根据。这样，就导致在定罪问题上不是规范的，而是涉及整体宏观经济问题的把握，即使把全国第一流的经济学家调任法院担任审判员，恐怕也无法断然下结论，某个行为在几十年乃至更长的时间后将对中国的经济发展具体产生什么影响或什么结果。这是一个经济学本身也不可能完全解决的问题，它如何能成为区分罪与非罪的标准？[①]

上述问题确实是一个实际的问题，它说明不能笼统以犯罪概念作为裁判的依据。但目前，在中国刑事司法实践中仍有一些案例是以犯罪概念直接作为判决依据的（如汉中地区中级人民法院的"蒲连升应垂危病人亲属王明成的要求为病人注射药物促其死亡案"）。[②]再加上我国刑法对一些合法化行为无明文规定，亦只能以犯罪概念作为排除其犯罪性的依据。另外，对一些形式上符合犯罪构成但情节显著轻微、危害不大、不认为是犯罪的，也只能以犯罪概念的"但书"为据排除其犯罪性。例：甲欲杀乙，告之丙，言事成给 50 000 元。丙假意允诺，将实情告之乙，让乙远走他乡。丙某夜用猪血涂身，到甲处谎称已除掉乙。要甲承诺 50 000 元酬金。甲信以为真，将 50 000 元交付丙。丙的行为确实符合诈骗罪的构成要件，但显属情节显著轻微、危害不大，不宜以犯罪认定。此时只能引用刑法犯罪概念的"但书"规定以排除其犯罪性，这种直接以犯罪概念为判决依据的情形不宜太多。而且应该随着刑法分则具体条文的完善，使之消失。

①　参见李海东：《刑法原理入门》，法律出版社 1998 年版，第 8 页。
②　参见《人民法院案例选》（1992—1996 年合订本），人民法院出版社 1997 年版，第 291 页。

第**6**章 □□□
犯罪构成概说

第 一 节
犯罪构成理论的历史沿革

犯罪构成理论在犯罪论体系乃至整个刑法学的理论体系中都占有核心地位。但是,在理论上,由于对"犯罪构成"这一概念的多义性理解,以致刑法学中一直存在着形式多样、内容复杂的各种不同体系、不同流派、不同主张的犯罪构成理论。可以说,犯罪构成的理论,是刑法学中最重要而又最有争议、最系统而又最为复杂的理论。

犯罪构成作为一种刑法理论,有个产生、发展的历史过程。因此,我们现在谈论"犯罪构成",首先必须认识、了解其理论、学说的历史沿革。同时,实际上,各国刑法都有自己关于"成立犯罪必须具备什么条件"即犯罪构成的理论,这些理论,依国家的性质、历史背景、文化传统、法律体系等等的不同而有所差别。

一、大陆法系的犯罪构成学说

现代资本主义社会的犯罪构成理论在大陆法系国家首先产生和发展,后逐步影响和渗透于英美法系国家。在大陆法系国家的刑法理论界,对犯罪构成理论进行开拓性探索的,当推德国刑法理论界的贝林格(Beling)、迈兹格(Mezger)、麦耶尔(M. E. Mayer)、墨拉哈(Maurach)等。此外,日本学者小野清一郎、福田平等人,也对犯罪构成理论的完善作出了重要贡献。

现代学者当中有的认为,关于犯罪构成要件这一概念的发展,可以追溯到13世纪意大利的某些历史文献,如 Constare de delicti(犯罪的确证,它是中世纪意大利的纠问式诉讼程序中使用的一个概念)、Corpus delicti(犯罪事实)等。这些概念后来传到德国,影响了 Tatbestand(犯罪构成)这一术语的形成。1676 年,德国刑法学者克拉因(Klein,又译为"克莱茵")首先把 Corpus delicti 译成德语 Tatbestand,即犯罪构成,但当时仍然只有诉讼法上的意义。

19 世纪初,德国著名的刑事古典学派学者冯·费尔巴哈(A. V. Feuerbach, 1775—1833)明确地把犯罪构成作为刑法上的概念来使用。费尔巴哈是用拉丁语法谚"法无规定不为罪,法无规定不处罚"和"法无规定者不为罪,亦不处罚"来表述罪刑法定主义原则的创造者。从这一原则出发,费尔巴哈把刑法分则上关于犯罪成立的条件称为犯罪构成。他说:"犯罪构成乃是违法的(从法律上看)行为中所包含的各个行为的或事实的诸要件的总和。"他强调指出:"只有存在客观构成要件的场合,才可以被惩罚。"这一思想在他主持制定的 1813 年的《巴伐利亚刑法典》中得到具体体现。该法典第 27 条规定:"当违法行为包括依法属于某罪概念的全部要件时,就认为它是犯罪。"在这一规定中,强调犯罪的违法性,并将这种违法性与构成要件结合起来,对于犯罪构成理论的形成和发展产生了深远的影响。[1]

费尔巴哈的同代人斯求别尔(Stübel,又译为"施就贝尔")也提出和论述了犯罪构成的问题。他在 1805 年出版的《论犯罪构成》一书中说:"犯罪构成就是那些应判处法律所规定的刑罚的一切情况的总和。"这个概念,是从刑罚出发,把构成要件作为判处刑罚的条件来确定的。它反映出当时刑法理论的特点,因为那个时代的刑法理论,一般都是从论述刑罚的本质及其正当性出发的。

在费尔巴哈和斯求别尔之后,研究犯罪构成理论的学者还有贝尔纳、梅尔凯尔、亚菲特、弗兰克、弗洛德特尔等人。当时,关于犯罪构成理论的研究主要集中在犯罪构成的概念、一般构成要件与特别构成要件的区别、主观的构成要件与客观的构成要件的区别等问题上。流行的看法是,构成要件是指成立犯罪的各种条件的总和,一般构成要件是指犯罪成立的一般条件,如行为、违法性、故意、过失等等;特别构成要件是指刑法分则中各种犯罪所特有的条件;主观的构成要件,主要是指故意、过失、责任能力等成立犯罪的主观条件;客观的构成要件,是指行为、结果等成立犯罪的客观的、外部的条件。

现代资产阶级犯罪构成理论是在 20 世纪初期开始建立的。它的创始者和奠基者是德国的贝林格(Beling),后经麦耶尔(M. E. Mayer)、迈兹格(Mezger)等人的发展,逐步完成,犯罪构成从犯罪概念中分离出来,形成了独立的理论体系。

---

[1] 参见樊凤林、曹子丹主编:《犯罪构成论》,法律出版社 1987 年版,第 370 页;并参见杨兴培:《犯罪构成原论》,中国检察出版社 2004 年版,第 3 页。

贝林格对犯罪构成理论的最大贡献,就是把刑法分则的特殊构成要件概念化、理论化,把它提升为刑法总则的犯罪概念的中心,使它与违法性、责任等问题联系起来,共同组成犯罪概念,并通过构成要件概念化命名将全部刑法分则与刑法总则有机地结合起来,建立起一个统一的犯罪论体系。1906年,贝林格在其《犯罪论》一书中,以"构成要件"概念为基础,即以形式的构成要件作为理论的出发点,构造了新的犯罪论体系,"构成要件"概念在理论上始从犯罪概念中分离出来,由此形成了现代意义上的犯罪论体系之雏形。从这个意义上讲,贝林格可谓是根据犯罪构成理论建立起犯罪论体系的第一人。贝林格把犯罪概念规定为:"犯罪是符合构成要件的、违法的、有责任的、并对此有适合的处罚规定和满足处罚条件的行为。"据此,他认为,任何犯罪的成立都必须具备以下六个条件:(1)犯罪必须首先是行为;(2)行为符合构成要件;(3)行为是违法的;(4)行为是有责的;(5)行为有适合处罚的规定;(6)行为具备处罚的条件。

1915年,德国的麦耶尔发表了他的名著《刑法总论》,全面地阐述了他的犯罪构成要件理论。他的观点与贝林格基本相同,大体上沿袭了贝林格的"构成要件该当性、违法性、有责性"三阶层犯罪论体系之见解,但是作了某些重要的、大胆的修改,使贝林格的理论体系得到进一步完善和合理化,从而使贝林格的犯罪构成理论在德国成为支配刑法学的一般理论。麦耶尔的修正观点主要有两方面:一是把犯罪概念修改为"犯罪就是符合构成要件、违法而归责的事件"。因此,犯罪成立的条件就是:(1)构成要件符合性;(2)违法性;(3)归责性。二是原则上认为构成要件是纯客观的、记述性的、没有价值判断的东西,但是他又承认在法律规定的构成要件里,有规范要素和主观要素。他还主张,构成要件与违法性有密切关系,构成要件符合性与违法性虽然不是同一的,但它却是违法性的最重要的认识根据。

20世纪20年代,在批判贝林格的构成要件论的基础上,新构成要件论逐步发展起来了。倡导新构成要件论的有萨瓦、钦摩尔、伯姑拉、迈兹格等人。其中,迈兹格的著述最多,也最有代表性。迈兹格继麦耶尔之后,对于犯罪构成理论予以更深入的研究。他于1926年发表的《刑法构成要件的意义》一文中,首次将"不法"引入构成要件概念之中。迈兹格强调指出,对各种违法、有责的行为直接判处刑罚的时代已经过去。以罪刑法定主义为基础的刑法要求,只有刑法规定的"特别的、符合构成要件的、类型的违法"行为,才应受惩罚。关于构成要件,他认为有广义和狭义的区别。广义的构成要件,是指成立犯罪的一切条件,即可罚行为的总体,因此,应把责任、违法性等一切成立犯罪的条件都包括在内。"这种构成要件的概念,意味着构成要件就是整个犯罪本身",而我们通常使用的构成要件的概念,是专指狭义的构成要件。这是特定种类的犯罪的要素,"它被详细地规定在每个法规条文里"。

关于构成要件的内容,迈兹格同贝林格一样,认为故意与过失不属于构成要件,而属于责任的范畴。责任是一个严格区别于构成要件的完全独立的概念。因此,一般说来,构成要件只包括行为及其造成的侵害法益的结果,行为与结果之间的因果关系等客观的违法要素。但是,他不同意贝林格把构成要件理解为纯客观的、不包含任何主观因素的东西。他认为,某些作为违法性评价对象的主观因素,也属于构成要件的内容,是属于构成要件的主观违法因素。承认犯罪构成包含主观违法因素,这是新构成要件论区别于贝林格的构成要件论的又一重要特点。

由于迈兹格把构成要件与违法性一体化,他的犯罪概念和犯罪论体系也就相应地发生变化。他认为:"犯罪是构成要件的违法的、应归责的、刑法明文规定处罚的行为。"因此,犯罪成立的条件是:(1)行为;(2)违法(或构成要件的违法);(3)责任(包括责任能力、责任年龄、故意和过失等);(4)刑法明文规定应受处罚的行为。这样一来,犯罪论体系就由贝林格和麦耶尔的构成要件——违法——责任的体系,变成行为—违法(构成要件的违法)—责任的体系。这就是以迈兹格为代表的新构成要件论的体系。

20世纪20—30年代,"目的行为论"在大陆法系刑法学界异军突起,犯罪构成理论也被纳入"目的行为论"的范畴而加以发展。他们把从行为的目的性与刑法的目的角度把握犯罪行为的结构而提出的犯罪构成理论,称为"目的犯罪论"。第二次世界大战后的50—60年代,德国威尔采尔(H. Welzel)、墨拉哈(Maurauh)、韦伯(H. von Weber)、唐纳(A. Graf zu Dhna)等人,将这一理论推向进一步完善的地步。而在东方,则由日本的小野清一郎、木村龟二、平场安治、福田平等人,将其继承和发扬。

墨拉哈等人在继承贝林格、迈兹格犯罪构成理论的基础上,摈弃了其中的不合理部分,并将犯罪构成理论纳入"目的行为论"的轨道,使之与现代刑法理论相结合。墨拉哈认为:构成要件是刑事法律规定的类型化的违法行为,其违法性不仅在于其侵害了法益,而且在于行为本身具有违背法律秩序的意思,这些违背法律秩序的意思包括犯罪目的、故意、危险倾向等因素。因此,构成要件的内容应当包括行为要素和结果要素两个方面。行为要素,就是目的意思和意思活动;结果要素,就是犯罪对法益的侵害。构成要件就是这种包括意思、行为和结果的复合概念。犯罪的故意和过失属于主观方面的构成要件,而不是责任要素。主观方面的构成要件以故意为主,以过失为例外。可见,墨拉哈将故意和过失纳入犯罪构成的主观要件方面,并且在理论上将目的行为和法益侵害结果相结合,使犯罪构成理论更加完善。然而,由于"目的行为论"本身的缺陷,在解释过失犯的构成要件方面很难自圆其说,这是墨拉哈犯罪构成理论的不足之处。

日本的小野清一郎对犯罪构成理论进行系统的研究,并形成了自己的理论体系。他认为,犯罪构成要件"是指将违法并有道义责任的行为予以类型化的观念形象(定型),是作为刑罚法规中科刑根据的概念性规定"。[①] "构成要件是法律上的,特殊化了的犯罪概念,是犯罪类型的轮廓。"他还认为,构成要件从其在刑法法规中所发挥的机能性质上看,是记叙性的,而从伦理的、法的意义上看,则具有规范的和主观的特征。

小野清一郎认为构成要件的理论问题,主要包括:(1)行为符合构成要件,并使所有的构成要件得到满足。不符合构成要件的行为没有刑法上的意义,构成要件不充分则不能成立犯罪。(2)行为的违法性,是在一般法律秩序中对行为的规范性评价问题,但违法性本身的范畴要比构成要件大。(3)行为人的道义责任,是对实施违法性行为的人的道义上的非难,以此作为刑法中责任的根据。(4)未遂犯和共犯,是修正构成要件的一般形式。(5)一罪、数罪,以构成要件充足的次数来确定罪数。(6)诉讼方面的意义。"应当成立犯罪的事实"是犯罪构成的事实,判决必须与之相符合。(7)刑事案件的管辖、时效等,均应由犯罪构成要件的事实来决定。同时,关于构成要件与违法性和道义责任的关系,关于构成要件中的规范要素和主观要求,关于构成要件与行为论、构成要件中的因果关系等问题,小野清一郎都作了阐述,提出了自己的观点。

日本的现代刑法学者福田平、大冢仁教授在其编写的《日本刑法总论讲义》之中,沿袭和发展了小野清一郎的犯罪构成理论,使之在现代日本刑法理论中定型。他们认为,在犯罪构成体系中,构成要件的该当性、违法性和责任是构成犯罪的三要件,责任以违法性为前提。构成要件是中性价值的东西,具有鉴别刑法上重要行为和非重要行为的机能,是先于违法性和责任的犯罪要素。由于构成要件所记述的是违反社会伦理的类型化行为,构成要件的该当性就成了违法性的象征和认定依据。一般来说,行为如果符合构成要件而且不存在违法性阻却事由,就可以推定该行为具有违法性(或形式违法)。行为

---

① [日]小野清一郎著:《犯罪构成要件理论》,王泰译,中国人民公安大学出版社2004年版,第17页。

如果具有违法性,那么行为人在排除了责任阻却的事由后,就具有刑事责任。此外,未遂犯、共犯以及数罪,作为特殊化的构成要件或者构成要件的修正形式,也纳入了该犯罪论体系中加以研究。① 由此可见,福田平、大塚仁的犯罪论体系,实质上是以犯罪构成理论为中心的,这一理论体系基本上反映了当前大陆法系刑法理论的发展趋势。

二、英美法系国家的犯罪构成理论

英美法系国家由于普通法的传统影响,刑法中的许多规则都是通过判例法来延续和发展的,刑法理论更注意一般原理对具体案件的应用。与大陆法系刑法理论比较,对于一般原理的抽象研究相对少一些。在犯罪构成理论方面,英美法系国家没有像大陆法系国家那样建立起完整科学的理论体系,并系统地对此加以研究和发展。但并不能由此否认英美法系犯罪构成理论的存在,尽管存在方式与大陆法系不同,在刑事司法中注重的程度与角度也各异。而在事实上,犯罪构成理论在英美法系的刑法理论中也有相当的重要地位,并具有实体法上和诉讼法上的双重意义。

"犯罪构成要件"在英美法系刑法理论中的表述方法有:the material elements of a crime 或者 the basic premises of a crime 等。这些表述大体上都来自拉丁文 Corpus delicti ,可见与大陆法系犯罪构成理论有同源关系。

英美法系的犯罪构成要件提法各异,也没有统一的理论模式。我国有学者认为,美国刑法的犯罪构成理论具有双层次性,即实体意义上的和诉讼意义上的犯罪要件。包含在犯罪定义之中的犯罪行为和犯罪心理便是实体意义上的犯罪要件;而犯罪定义之外的责任条件和政策性危害便是实体意义和诉讼意义上两个层次的结合,从而形成了美国刑法犯罪构成理论的特点。②

也有学者认为,在英美刑法理论中,构成犯罪一般需具备四个要件,即:实施了国家所禁止的作为或不作为并应受惩罚的人、具有犯罪意图或恶意、犯罪意图或恶意表现为行为、该行为对他人或社会造成危害。③ 而英国的史密斯和雷根教授则将犯罪行为和犯罪意图纳入犯罪构成要件中进行研究。

---

① ［日］福田平、大塚仁:《日本刑法总论讲义》,李乔译,辽宁人民出版社 1986 年版,第 3 页。

② 储槐植著:《美国刑法》,北京大学出版社 1987 年版,第 216～217 页。

③ 参见欧阳涛、周叶谦:《英美刑法中的犯罪要件》,《外国刑法研究资料》第二辑,北京政法学院刑法教研室编,1982 年,载《现代法学》1982 年第 1 期。

我国著名刑法学者、北京大学教授陈兴良认为,英美法系的犯罪构成具有不同于大陆法系的特点,它包括以下内容:(1)犯罪行为(actus reus);(2)犯罪意图(mens rea),又称为犯罪心理(guilty mind);(3)合法辩护(legal defense),又称为免责理由。[①]

我们认为,虽然英美法系国家刑法理论众说纷纭,但有一点是统一的,即都将犯罪行为和犯罪意图作为构成犯罪的两个必不可少的要件加以研究。与大陆法系刑法理论不同的是,英美法系一般将犯罪要件纳入刑事责任范畴之中。而大陆法系一般是将责任纳入犯罪构成范畴之中。如果说大陆法系犯罪构成理论中的责任是一种抽象的概念的话,那么英美法系理论中的刑事责任是更为具体化了。其中,犯罪行为是指受指控的犯罪定义中的行为以及有关情况。狭义的犯罪行为是指犯罪的作为,不作为或事件(持有),广义的犯罪行为还应包括犯罪情节、犯罪结果、因果联系以及时间、地点、环境及被告人情况等因素。犯罪意图是指犯罪定义中要求的心理状态,其条件是,行为人出于自愿、知道行为的性质、有自我控制能力。犯罪意图分为蓄意、明知、轻率、疏忽四种状态,也有将其划分为故意和过失两大类型的。从犯罪意图的含义来看,相当于大陆法系的罪过形式。

三、苏联的犯罪构成理论

1917—1936年,是前苏联犯罪构成理论孕育和诞生阶段。这一阶段的特点是:犯罪构成理论刚刚诞生,还没有形成系统的理论体系,更没有确立它在刑法理论中的地位,而且还受到激烈的批判和反对,随时都有夭折的危险。20年代中期出版的一批教科书,开始论述犯罪构成理论。例如,特拉伊宁教授在1925年出版的《苏俄刑法教科书》中提出,必须把刑事责任的根据问题与具体的犯罪构成紧密联系起来加以研究。他说:"有一条基本原则始终是不可动摇的,即行为只有符合分则罪状规定的犯罪构成才能受刑事惩罚。"

彼昂特科夫斯基教授在1925年出版的刑法总则教科书中第一次提出,罪过是具有责任能力的人对其出于故意或过失所实施的犯罪行为的心理态度。后来,他又把罪过改为犯罪构成的主观方面,并把犯罪构成分为:"(1)一定的犯罪主体;(2)一定的犯罪客体;(3)犯罪主体行为的主观方面的一定特征;(4)犯罪主体行为的客观方面的一定特征。"他指出:"一般犯罪构成指每一犯罪所具备的基本要件,而缺少其中任何一个要件之一,就得承认不具备犯罪构成。"

---

① 详见陈兴良著:《刑法适用总论》(上卷),法律出版社1999年版,第119~121页。

他指出,某人是否负刑事责任完全取决于他的行为是否具备犯罪构成要件。他还着重论述了犯罪客体,明确提出犯罪客体是社会关系。

1946 年,刑法学家特拉伊宁出版的《苏维埃刑法上的犯罪构成》一书①,对犯罪构成问题作了全面、系统、深入的研究,标志着苏联犯罪构成理论研究进入了一个新的阶段。可以说,这本书是苏联关于犯罪构成理论的第一部专著,也标志着苏联的犯罪构成理论已趋于成熟。特拉伊宁指出:"犯罪构成乃是苏维埃法律认为决定具体的、危害社会主义国家的作为(或不作为)犯罪的一切客观要件和主观要件(因素)的总和。"②

应当认为,到了 20 世纪 50 年代,苏联的犯罪构成理论已经定型化,形成了自己独特的犯罪构成理论体系,其基本观点可以简要地归纳如下:(1) 犯罪构成是苏维埃刑法规定的说明社会危害行为(犯罪)特征的诸要件的总和。(2)犯罪构成的要件是:①犯罪客体;②犯罪构成的客观方面;③犯罪主体;④犯罪构成的主观方面。(3)某人的行为中具备一定的犯罪构成,是他负刑事责任的唯一根据。(4)每一个犯罪行为都是一定的危害社会的行为的客观特征和主观特征的统一。辩证地理解它们的统一,是正确地理解社会主义刑法中犯罪构成的基础。

20 世纪 50 年代末期以来,苏联刑法学界对犯罪构成理论的研究有了一些新的发展。表现在:第一,对犯罪构成诸要件的研究进一步深化,对犯罪客体、犯罪客观要件、犯罪主体和犯罪主观要件的内容和有关的理论,提出了许多新的看法。第二,对犯罪构成是刑事责任的唯一根据这一命题提出了一些不同的见解。比如有人认为,刑事责任的基础是罪过;也有人提出,刑事责任的唯一基础是人所实施的犯罪行为。第三,把定罪问题纳入犯罪构成理论的范畴。从 60 年代初起,苏联刑法学界有人提出,定罪就是认定某一危害社会的行为是否和刑事法律所规定的主体、主观方面、客体、客观方面的犯罪构成诸要件完全符合。

---

① 1957 年修订成为《犯罪构成一般学说》重新出版,中国人民大学出版社 1958 年翻译出版了此书,这本书在我国影响很大。

② [苏]A. H. 特拉伊宁:《犯罪构成的一般学说》,薛秉忠等译,中国人民大学出版社 1958 年版,第 48～49 页。

第 二 节
犯罪构成的概念

一、犯罪构成的概念与特征

（一）犯罪构成的概念

关于什么是犯罪构成的概念，我国刑法理论界有多种说法，且一直存在争议。其中，最有代表性的观点是这样表述的："犯罪构成就是我国刑法所规定的、决定某一具体行为的社会危害性及其程度而为该行为构成犯罪所必需的一切客观和主观要件的总和。"[①]

这个定义大致反映出我国刑法学界传统的犯罪构成观，几乎成了所有刑法教材的通说，而且影响力最大、最深远。

不过，这一定义提出之后，不少新出版的刑法教材或者论著都对传统的犯罪构成概念作了某些修正，把"总和"改为"有机统一"、"有机整体"或"有机一的整体（有机统一体）"。例如，高铭暄主编、马克昌副主编的《中国刑法学》（高等学校文科教材）就提出："犯罪构成就是依照我国刑法的规定，决定某一具体行为的社会危害性及其程度而为该行为构成犯罪所必需的一切客观要件和主观要件的有机统一。"[②]也有的论著认为"犯罪构成是根据我国的刑法规定，说明行为具有应受刑罚处罚的社会危害性，而为成立犯罪所必须具备的主客观要件的有机整体"。[③]

除了上述观点外，关于犯罪构成的概念还有这样一些表述：

---

① 持有这一观点最具代表性的刑法学教材应当首推高铭暄主编，马克昌、高格副主编，以"法学教材编辑部《刑法学》编写组"名义推出的，作为"高等学校法学试用教材"，并于 1982 年由法律出版社出版的《刑法学》。详见该书第 97 页。此后，许多刑法学教材或者论著也基本上采用这一观点。

② 高铭暄主编、马克昌副主编：《中国刑法学》，中国人民大学出版社 1989 年版，第 75 页。近几年来出版的一些刑法学教材或论著，如高铭暄、马克昌主编，赵秉志执行主编的《刑法学》（面向 21 世纪课程教材）、陈兴良撰著的《刑法适用总论（上卷）》，都采用"有机统一"的说法。

③ 张明楷：《犯罪论原理》，武汉大学出版社 1991 年版，第 117 页。

　　——"犯罪构成亦称'犯罪要件'、'犯罪构成要件'。按照国家法律,确定某种行为构成犯罪必须具备的条件。"①

　　——"我国刑法中的犯罪构成,是指我国刑法规定的某种行为构成犯罪所必须具备的主观要件和客观要件的总和。"②

　　——"所谓犯罪构成,是指我国刑法所规定的由相互联系、相互作用诉诸要件组成的具有特定的犯罪性质和社会危害性的有机整体。"③

　　——"所谓犯罪构成就是指我国刑法所规定的,决定某种行为构成犯罪所必须具备的客观要件和主观要件的有机整合"④。

　　需要说明和值得注意的是,犯罪构成与犯罪构成理论如同法律与法律理论、经济与经济理论一样,两者相辅相成,紧密联系,但又是两个不同的概念,各有其内涵与外延,各有其不同的含义和作用。作为犯罪规格、标准的犯罪构成,是由法律规定的,具有法律属性,有法律效力,其表现形式是法律规定,或者是对法律规定有法律效力的解释,在社会上层建筑领域属于社会制度范畴。而犯罪构成理论是一种学说,是关于制定、说明和运用犯罪构成的理论。它以犯罪构成为研究对象,对刑法规定的构成犯罪的要件进行理论概括、分析和说明,作出学理解释,所以是个理论概念。犯罪构成理论的表现形式是某些刑法学家的著作、文章、教科书等,其任务在于正确地解释刑法上的犯罪构成,以利于正确地制定和适用刑法,顺利地实现我国刑法的任务。

　　(二)犯罪构成的特征

　　根据上述公认的犯罪构成定义(即通说),我们可以从以下三个方面来理解和把握犯罪构成:

　　1.犯罪构成是一系列主客观要件的有机统一(或称"总和"、"有机整体")。

　　任何犯罪都包括一系列要件,这些要件的"总和"就形成了某种犯罪的犯罪构成。例如,刑法第232条规定的故意杀人罪必须是:(1)行为人达到了刑事责任年龄,具有刑事责任能力;(2)实施了非法剥夺他人生命的行为;(3)主观上具有杀人的故意;(4)行为人侵犯了他人的生命权利。这几个要件的总

　　①　《法学词典》编辑委员会编:《法学词典》,上海辞书出版社1981年版,第205页。

　　②　杨春洗、杨敦先主编:《中国刑法论》(高等教育法学教材),北京大学出版社1998年第2版,第61页。同时参见杨春洗等著:《刑法总论》,北京大学出版社1981年版,第107页。

　　③　何秉松主编:《刑法教科书》,中国法制出版社1993年版,第86页。同时参见何秉松:《犯罪构成系统论》,中国法制出版社1995年版,第106页。

　　④　赵长青主编:《新编刑法学》,西南师范大学出版社1997年版,第77页。

和,就是故意杀人罪的犯罪构成。

应当指出,此处所谓犯罪构成是一系列主客观要件的"总和",并不意味着各个要件之间互不相干、互不关联,只是机械地相加在一起,而是指犯罪构成的各个要件彼此联系、相互依存,共同形成了犯罪构成的有机统一体。即是说,任何要件脱离了这一整体,都将不再成为犯罪构成的要件。同样,缺少了其中任何一个要件,其他要件也将失去作为犯罪构成要件的意义,因而犯罪构成的整体也就不复存在了。例如,正当防卫人虽然达到了刑事责任年龄、具备刑事责任能力,客观上其行为也给对方造成了一定的损害,但是由于行为人具有正当的目的性(保护合法权益),不存在犯罪的故意或者过失,因此,其所实施的给他人造成了一定损害的行为非但不是刑法意义上的危害社会的行为,反而是有益于社会的行为。由此决定,行为人不构成犯罪,不存在犯罪构成的要件。

2. 犯罪构成的要件,是指对行为的性质及其社会危害性具有决定意义,而且是该行为成立犯罪所必需的那些事实特征。

换言之,任何犯罪都可以由很多事实特征来表明,但是并非每一项事实特征都是犯罪构成的要件,只有那些对行为的性质及其社会危害性具有决定意义且为该行为成立犯罪所必需的事实特征,才是犯罪构成的要件。

具体到某一事实特征来说,能否成为犯罪构成的要件,必须看其对于决定行为的性质及其社会危害性有无意义,是否属于该行为构成犯罪所不可缺少的。倘若某项事实特征对于决定行为的性质及其社会危害性并无意义或者意义很小,对于该行为构成犯罪来说是可有可无的,那么,这一事实特征就不是该犯罪构成的要件。例如,前述故意杀人罪的四个方面的事实特征,对于成立故意杀人罪具有决定意义,属于犯罪构成的要件,舍去其中的任何一个要件,都不能成立故意杀人罪。但我们知道,在一个具体的故意杀人案中,除了上述四个事实特征外,尚有许多与杀人行为、杀人案件有关的其他事实特征,比如行为人是男还是女,杀人是白天还是夜晚,杀人的工具或方法是什么,被杀害的是男还是女、是老还是幼,杀人的原因是什么,等等。由于这些事实特征对行为人的行为是否构成故意杀人罪并无决定意义,故而不是故意杀人罪的构成要件。

换个通俗的角度来说,犯罪构成与案情是两个虽有联系,但完全不同的概念。犯罪构成是案情中最重要的部分,是基本的案情,然而,有些案件情况不一定是犯罪构成的要件,或者说并非所有案件情况都是犯罪构成的要件。例如,某嫌疑犯在一天晚上11时许,单独一人在某地桥头抢劫一名下夜班的女工。抢劫过程中,嫌疑犯打了该妇女一拳,抢走了她身上的挎包及里面的钱财。在这一案件中,有很多案情事实,但真正对犯罪构成有意义的只是:使用暴力;抢了他人财物;主观上是故意的;行为主体是达到法定年龄、具有责任能力的人。至于其他事实情况则不是犯罪构成要件,对定罪无意义,但对量刑或者诉讼证据可能有一定的意义。

3.犯罪构成的各个要件,是由我国刑法加以规定的。也就是说,在众多的事实特征中,哪些可以作为犯罪构成的要件,是由立法者加以选择之后,在刑法上加以规定的,而不是由刑法学家或者审判人员确定的。这也就是说,当行为人的行为符合了刑法规定的某犯罪构成的要件时,也就意味着触犯刑法。从这一角度来看,犯罪概念中的刑事违法性与具备犯罪构成的要件是一致的,没有具备某罪的犯罪构成要件,也就不具有刑事违法性。

不过,我国刑法关于犯罪构成要件的规定方式是不同的,有的规定得详细一些,有的规定得简单一些;有的有明确规定,有的则内含在其中。例如,刑法第258条比较详细地规定了重婚罪的犯罪构成要件,而刑法第114条则只规定了放火、决水、爆炸、投毒、以其他危险方法危害公共安全罪,未对这几种犯罪的构成要件予以描述。当然,这并不是说这几种犯罪无确定的构成要件,可以由人们去随意确定,而是在立法者看来,这些犯罪的构成要件是不言自明的,司法实践中司法人员完全可以把握。可见,刑法对犯罪构成的要件如何规定,只是个立法技术问题。

二、犯罪构成与犯罪概念的关系

我们认为,犯罪构成是犯罪概念的具体化,是在犯罪概念指导下认定犯罪的具体标准。

犯罪构成与犯罪概念是两个既有密切联系又有区别的概念。犯罪概念是对纷繁复杂的各种犯罪的共同特征进行抽象概括,着重说明什么是犯罪以及犯罪有哪些基本特征,它为认定犯罪提供了原则标准。犯罪构成则是关于犯罪的规格和标准,是在犯罪概念基础上进一步说明构成犯罪需要哪些要素、条件,它为认定犯罪提供了具体标准。

在本书第五章"犯罪概念"当中,我们已经了解到:根据我国《刑法》第13条的规定,"一切危害社会、依照法律应当受刑罚处罚的行为,都是犯罪"。这一概念指出犯罪具有三个基本特征:一是犯罪必须是具有社会危害性的行为,这是犯罪最本质的特征。二是犯罪是触犯刑法的行为,这是犯罪的本质特征在法律上的反映,或叫法律特征。三是犯罪是依法应受刑罚处罚的行为,这是前两个特征派生的特征,是犯罪的法律后果。在我国,任何犯罪都是上述三个特征的有机结合和统一。

在定罪问题上,为什么仅有犯罪概念这个原则标准还不够呢?这是因为,在实际生活中,任何犯罪都是具体而不是抽象的犯罪,只存在杀人、故意伤害、抢劫、贪污等等具体的犯罪,抽象的犯罪是根本不存在的。这些多种多样的具体犯罪,除了具有危害社会、触犯刑法、依法应受刑罚处罚这些共性外,还各有其特殊性,即各有自己的构成要件。我们在理论上研究和在实践上认定犯罪,不能只局限于认识其共性,而应当在认识其共性的基础上,进一步研究和认识各种具体犯罪的特殊性(个性)。这就要求将犯罪概念具体化。而要将犯罪概念具体化,必须借助于犯罪构成。

可以这样说,犯罪概念只是说明一切犯罪必须具有的共性,并没有说明什么样的行为才是犯罪的行为。犯罪这一共同特征是通过一系列犯罪构成要件具体体现出来的,某种行为具备犯罪构成要件,就说明它是具有犯罪性质(社会危害性、刑事违法性、应受惩罚性)的行为,也才属于犯罪。反之,不具备犯罪构成要件,也就说明不具有犯罪的性质,不属于犯罪。此外,具备犯罪构成要件的行为之间,在社会危害性的大小和性质上也有差别。例如,抢劫罪与贪污罪都是犯罪,但所具备的构成要件显然不同,其社会危害性的大小和性质也就不同,违反的刑法条款也不同,因而构成不同的犯罪。而犯罪概念并不能回答某一具体行为违反了刑法哪一条规定,构成什么罪和应受什么样的刑罚处罚。由此可见,只有犯罪概念这个原则标准,没有犯罪构成这个具体标准,很难划清罪与非罪、此罪与彼罪的界限。

但是,生搬硬套犯罪构成,不以犯罪概念为基础,也不能正确认定犯罪。例如,小偷小摸行为同盗窃罪、一般贪污行为与贪污罪,从构成要件上看似乎没有什么差别,但因前者"情节显著轻微危害不大",根据犯罪概念不认为犯罪,这样也就没有犯罪构成。

综上所述,犯罪概念与犯罪构成是"纲"与"目"、共性与个性、一般与特殊、抽象与具体的关系。犯罪概念是犯罪构成的基础,犯罪构成则是犯罪概念的具体运用。犯罪概念对罪与非罪的作用只有通过犯罪构成才能发挥,没有犯罪构成,犯罪概念只是一个空洞的概念。而犯罪构成是在犯罪概念的指导下成为认定罪与非罪、此罪与彼罪的具体标准,离开了犯罪概念,犯罪构成就失去方向,形同散沙。因此,在划分罪与非罪、此罪与彼罪问题上,必须将两者有机地结合起来,才能作出正确的判断。

按照上述犯罪构成与犯罪概念的关系,司法实践中必须做到,既坚持犯罪概念,又坚持犯罪构成,才能正确适用刑法,维护社会主义法制的严肃性和权威,既准确惩罚犯罪,又不冤屈无辜,做到不枉不纵。这样,才能正确地运用刑法武器打击敌人、惩罚犯罪、保护人民,保障我国人民民主专政政权和社会主义现代化建设,顺利地实现刑法的任务。

第三节
犯罪构成要件

犯罪构成作为一个有机整体(系统),它必然具有自己的要件——要素、条件。

这里首先应注意的是,"犯罪构成的要件"与"犯罪构成"是两个紧密联系但又有所区别的法律范畴。犯罪构成是一系列主客观要件的总和,犯罪构成的要件则进一步具体地揭示犯罪构成概念的内容,它讲的是成立犯罪所必须具备的"规格"和"标准"有哪些,即犯罪构成的内容具体是什么。

换个角度讲,犯罪构成的要件指的是某种行为成立犯罪需要具备哪些要素、条件。因此,犯罪构成的要件也可以称为"成立犯罪的要件"。

这些年来,也有人将刑法理论所研究的犯罪构成必须具备的主客观要件称为"犯罪构成体系"。

一、国外犯罪构成要件概述

分析起来,外国的犯罪构成体系大致上包括:以德、日为代表的大陆法系递进式犯罪构成模式,英美法系双层次犯罪构成体系,苏联耦合式犯罪构成体系。下面,将就前两种犯罪构成体系加以简要阐述。

(一)大陆法系"三阶层犯罪构成体系"

一般说来,以德国、日本为代表的大陆法系国家的刑法理论认为,犯罪成立的条件由构成要件该当性、违法性和有责性构成。这是大陆法系理论中犯罪构成的通说。由于这三个要件之间具有递进式的逻辑结构,因而我们称之为递进式的犯罪构成体系,也有学者叫做"三阶层"或者"三元结构"犯罪构成体系。①

1.构成要件该当性。在这种模式中,构成要件该当性是判断犯罪成立的第一个要件。构成要件该当性,又称为构成要件符合性,是指行为符合构成要件的一种判断,或者说是指行为符合刑法关于犯罪的构成要件的规定。这里,所谓的构成要件是法律规定的犯罪类型,或者说是犯罪的框架,包括主观要素和客观要素。构成要件中的主观要素,主要指犯罪故意、目的犯中的犯罪目的、倾向犯中的倾向这些要素。也有人认为,构成要件是指刑法规定的客观的违法类型,②因而也就不包括主观要素。构成要件的客观要素以行为为中心,包括行为主体、行为对象、行为状况、行为本身、行为结果等要素。

2.违法性。大陆法系刑法学一般认为,行为符合构成要件该当性还不一定成立犯罪,是否构成犯罪,还必须考察行为是否具有违法性。构成要件是违法行为的类型,如果行为符合构成要件,一般可以推定该行为违法。但是,如果行为具有刑法上规定或者法秩序所认可的违法性阻却事由,则该行为不属于犯罪。这种违法性阻却事由包括正当防卫、紧急避险等法定事由和自救行为、义务冲突等超法规的违法性阻却事由。

3.有责性。所谓有责性,是指由于实施了符合犯罪构成要件的违法行为,而能够对该行为进行道义上的谴责。某一行为构成犯罪,除行为该当构成要件并且属于违法之外,行为人亦必须负有责任。有责性包括如下要素:(1)责任能力。即成为谴责可能性前提的资格。凡是具有认识能力和控制能力的人,就认为具有责任能力。(2)责任故意和责任过失。作为责任要素的故意是指在认识构成要件事实的基础上,具有违法性意识以及产生这种意识的可能性。责任过失是指违反主观注意义务而具有的谴责可能性。(3)期待可能性。是指在行为当时的具体情况下,期待行为人作出合法行为的可能性。责任的评价主要是一种规范的评价,它与违法性评价不同的是:违法性评价指向的是行为,责任评价指向的是行为人;违法性评价指向的是客观事实,责任评价指向的是行为人的主观方面。

---

① 近几年来,我国有些学者特别是陈兴良、张明楷教授极力主张我国应当引入、借鉴"三阶层犯罪论体系",这在刑法学界引起较大的反响和争议。在陈兴良教授主编的《刑法学》(复旦大学出版社 2003 年第 1 版、2009 年第 2 版)一书中,就在我国刑法教科书中首次采用了"三阶层犯罪论体系"。后来,陈兴良主编的《刑法总论精释》(人民法院出版社 2010 年版),再次以"三阶层犯罪论体系"为体例编写教材。
② 陈兴良主编:《刑法总论精释》,人民法院出版社 2010 年版,第 136 页。

（二）英美法系"双层次犯罪构成体系"

以英美为代表的犯罪构成体系,具有双层次的特点,包括实体意义上的犯罪要件与诉讼意义上的犯罪要件。实体意义上的犯罪要件是犯罪行为和犯罪意图,这种意义包含在犯罪定义之中。犯罪定义之外的责任要件是诉讼意义上的犯罪要件,通过合法抗辩事由体现出来。由于这种构成要件具有双层次的逻辑结构,因而有称之为"双层次的犯罪构成体系",或者称之为"两元结构的犯罪构成体系"。

1.实体意义上的犯罪要件。主要包括犯罪行为和犯罪意图。犯罪行为是英美法系犯罪构成的客观要件。犯罪行为有广义和狭义之分:广义的犯罪行为,指犯罪心理以外的一切犯罪要件,也就是犯罪构成的客观要件,包括狭义上的犯罪行为、犯罪结果和犯罪情节等。狭义上的犯罪行为指有意识的行为,它由行为和意识构成。犯罪行为是法律予以禁止并力求防止的有害行为,这是构成犯罪的首要因素。

犯罪意图又称为犯罪心理,是英美法系犯罪构成的主观要件。在英美刑法中,犯罪意图分为四种:(1)蓄意。指行为人行动时的直接目的就是引起法律规定为犯罪的结果,或者直接目的就是实施法律规定为犯罪的行为。(2)明知。指行为人行动时明知道他的行为就是法律规定为犯罪的行为或者明知道法律规定为犯罪的情节。(3)轻率。指行为人轻率地对待法律规定为犯罪的结果或情节。(3)疏忽。指行为人疏忽地对待法律规定为犯罪的结果或情节。

2.诉讼意义上的犯罪要件。英美法系诉讼意义上的犯罪要件即合法抗辩事由,又称为免责理由。它具有诉讼法的特点,在英美刑法中是受到特别重视的一部分内容。合法抗辩的内容有:未成年、错误、精神病、醉态、被迫行为、警察圈套、安乐死、紧急避险、合法防卫等,其中既有客观上的合法抗辩事由,也有主观上的合法抗辩事由。

根据英美刑法的特点,刑法规范的适用是建立在这样一个普遍推定的基础之上的,即实施了符合法定犯罪要件行为的行为人被推定为是有实际危害和有责任的。因此,控告一方只需要证明被告人的行为符合法定犯罪要件即可。如果被告一方在其行为符合法定犯罪要件的情况下要否定其刑事责任,那就应说明他的行为没有实际危害或者是没有主观责任的,即所谓刑法上的合法辩护。[①]

---

① 参见储槐植:《美国刑法》,北京大学出版社 2006 年第 3 版,第 48～68 页。

二、我国关于犯罪构成要件的不同观点

关于犯罪构成的要件,即犯罪构成由哪些要素、条件组成,目前我国刑法理论存在着一定的分歧。

(一)主流观点:"四要件说"

以苏联为代表的犯罪构成理论,主张犯罪由犯罪客体、犯罪的客观方面、犯罪的主体、犯罪的主观方面四个要件构成。由于这四个要件之间具有"耦合式"的逻辑结构,因而我们称之为"耦合式的犯罪构成体系",也有学者称之为"四边形结构的犯罪构成体系"。

我国的犯罪构成理论,是 20 世纪 50 年代在吸收苏联犯罪构成理论,并在总结我国刑事立法和刑事司法实践经验的基础上逐步形成的。1979 年《刑法》制定颁布后,由高铭暄主编、作为"高等学校法学试用教材"的《刑法学》(法律出版社 1982 年版)首次提出犯罪构成有四个要件(这就是"四要件说"的由来),之后这一主张相继为一些高校刑法学教材沿用。这样,我国传统的、比较公认的刑法观点认为,犯罪构成要件有四个,即:(1)犯罪客体;(2)犯罪客观方面;(3)犯罪主体;(4)犯罪主观方面。这种观点,人们习惯上称之为"四要件说"。无论是在刑法学界,还是司法实践部门,"四要件说"大体上成了犯罪构成要件的通说,得到普遍认同。

(二)其他观点

对于犯罪构成要件,随着研究的深入,人们提出不同的主张,形成了意见分歧。纵观我国关于犯罪构成理论的研究,可以发现:大部分人主要是围绕如何使现有的"四个要件"为中心的犯罪构成理论更加深化和完善,提出一些修改或修正观点。但是,也有一部分人对传统的、公认的犯罪构成理论本身的结构、体系产生了质疑,提出了种种建立新的体系(即犯罪构成要件)的设想。后者较有代表性的观点举例如下:

1."三要件说"。具体又可分为两种意见。第一种意见认为,犯罪构成的要件不是四个,而应是三个,即犯罪主体、危害社会的行为、犯罪客体。这种"三要件说"认为,犯罪的主观方面和犯罪的客观方面本来是密不可分的有机整体,如果抛开危害行为中包含、渗透着行为人的主观罪过这一特殊性,就难以正确解决刑法因果关系,所以主张把二者合并为一个要件即"危害社会的行为"。第二种意见认为,犯罪构成要件包括:犯罪主体、犯罪客观方面和犯罪主观方面。而犯罪客体不是犯罪构成要件,它反映的是犯罪行为的实质,是犯罪概念所提出的犯罪本质特征。

2.“二要件说”。具体又可以分为两种意见。第一种意见认为,犯罪构成的要件只有两个,即行为要件和行为主体要件。这种观点将主体称为主体要件,把客观行为的主客观要件合为一体,总称为“行为要件”。第二种意见认为,犯罪构成要件应分为主观要件和客观要件两个部分。理由是犯罪构成研究的是行为而不是行为人,不把主体作为构成要件对认定犯罪没有影响。主体是解决行为人应否负担刑事责任的问题,这是在查明犯罪构成要件前要解决的前提条件。至于客体,它是附属于行为的,任何犯罪行为都必然会侵犯一定的客体,在一般情况下通过行为要件的性质就可以确定侵犯的是什么客体;同时,构成要件都必须是由刑法规定的,我国刑法对客体没有作出规定,只是在某些条款中可以反映出侵犯的客体。因此,客体不能作为犯罪构成要件。[①]

需要说明的是,在实际生活中,认为犯罪客体或者犯罪主体不是犯罪构成要件,而是行为人承担刑事责任的依据、条件的观点,得到了不少人尤其是年轻学者的赞同,有一定的影响。例如,有人提出:“我们不应把犯罪主体作为犯罪构成的一个要件加以研究,而应把它作为刑事责任的一个条件加以研究。”[②]有人提出:“在这个犯罪构成中,只有两个必要的构成要件,即作为主观要件的主观罪过和作为客观要件的行为,主观要件是定罪的内在依据,客观要件是定罪的外在依据。”[③]

3.“五要件说”。个别学者认为,所谓犯罪构成要件,是指犯罪构成中所包含的构成成分,或者说组成犯罪的各个要素。在提法上,认为与其提“犯罪构成要件”,不如提“构成犯罪的要素”。按照这样的见解,这种观点认为,构成犯罪的诸要素应当是:危害社会的行为、危害行为的客体、危害社会的严重后果以及它同危害行为之间的因果关系、危害行为的主体要件和危害行为人的主观罪过五个方面。[④]

需要说明的是,现在我国仍然保持着犯罪构成四要件的传统理论模式。尽管“四要件说”发展到今天,正面临着各种质疑、挑战,而且应当承认这一犯罪构成理论模式存在着陈旧、机械等不能令人满意之处,但是,无论如何,这一

---

①　参见唐世月:《犯罪客体不应作为犯罪构成要件》,载《法学杂志》1998年第6期;杨兴培:《论我国传统犯罪客体理论的缺陷》,载《华东郑伟大政法学院学报》1999年第1期;朱建华:《论犯罪客体不是犯罪构成要件》,载《广东社会科学》2005年第3期。

②　傅家绪:《犯罪主体不应是犯罪构成的一个要件》,载《法学评论》1982年第2期。

③　郑伟主编:《新刑法学专论》,法律出版社1998年版,第150页。

④　周密:《论证犯罪学》,群众出版社1991年版,第52页。

理论在我国司法实践中已经产生了较为深远的影响,具有较大、较强的生命力。

三、我国主流观点"四要件说"的犯罪构成要件

社会上的犯罪是多种多样的,仅我国刑法分则规定的罪名就达几百个。每一种犯罪都有自己独特的犯罪构成要件。正是各种犯罪的不同的构成要件,反映了各种犯罪的具体危害性和一般特点,因此在司法实践中,必须弄清每一种具体犯罪所要求具备的构成要件。只有这样,才能正确地定罪和量刑。尽管我国刑法规定的各种具体犯罪的构成要件彼此不同,但是它们存在着共同之处,即各种犯罪都必须具备某些共同的要件。

按照我国刑法理论所坚持和强调的犯罪构成"四要件说",普遍认为各种犯罪的共同构成要件包括四个方面:

1.犯罪客体。它所表明的是,犯罪侵害了什么利益。一般认为,犯罪客体是指我国刑法所保护而为犯罪行为所侵害的社会主义社会关系。例如,杀人罪侵犯的客体是他人的生命权利、盗窃罪侵犯的客体是公私财产的所有权等等。任何犯罪都是侵害一定的社会关系,即一定的客体的。犯罪的社会危害性就表现为对一定的客体造成了或可能造成某种危害。不侵害任何客体的行为是不会构成犯罪的。因此,犯罪客体是任何犯罪构成都不可缺少的要件。

2.犯罪的客观要件。即表明犯罪是在什么条件下,用什么样的行为,使客体遭受到什么危害的要件。犯罪的客观要件首先是指行为人所实施的危害社会的行为,如杀人行为、故意伤害行为、抢劫行为、贪污行为等等。只有通过客观的行为,客体才会遭受到危害。其次,犯罪的客观要件是指危害行为所造成的或者可能造成的对社会的危害结果。危害结果不论表现形式如何,都是任何犯罪不可缺少的构成要素。此外,在某些特定的犯罪中,犯罪时间、地点、方法、手段、工具,也是犯罪成立所不可缺少的要件。

3.犯罪主体。即表明犯罪是由什么人实施的要件,或者说行为必须由什么人实施才构成犯罪的要件。在我国刑法中,犯罪主体是指实施了犯罪行为,应当承担刑事责任的人或单位。换言之,犯罪主体就是犯罪行为的实施者。没有犯罪主体的犯罪是不可能存在的。事实上,任何犯罪都有其实施者,而且追究刑事责任的对象只能是犯罪行为的实施者而不能是其他任何人。因此,任何犯罪都必然要有犯罪主体——犯罪行为的实施者和刑事责任的承担者。同时,行为人(自然人或单位)只要不符合犯罪主体的构成条件,即使实施了危害社会的行为,也不能说是构成犯罪,更不能追究其刑事责任。例如,根据我

国刑法第 17 条的规定,不满 14 周岁的人实施了危害社会行为的,不负刑事责任;第 18 条规定,不能辨认或者不能控制自己行为的精神病人实施危害社会行为造成危害结果的,不负刑事责任。除此之外,对于某些具体犯罪来说,行为人的特定身份,也是构成该罪的必要条件。例如,贪污罪、受贿罪的主体必须是国家工作人员,倘若行为人不具备这种特定身份,则不构成该种犯罪。所以,犯罪主体作为犯罪构成的必备要件之一,是不依人的主观意志为转移的客观实在,也是我国主客观相统一的犯罪构成理论的必然要求。任何否认犯罪主体是犯罪构成要件之一的观点,都是没有理论根据,也是不能成立的。

4.犯罪的主观要件。即表明行为人犯罪时主观心理状态的要件。根据我国刑法的规定,犯罪的主观要件包括两种形式,即故意和过失。每一种犯罪都必须具有一定形式的主观要件。如果行为人的行为虽然客观上造成了损害结果,但是主观上既无故意,也无过失的,则不构成犯罪。即是说,仅有客观危害,没有主观罪过,就不构成犯罪。此外,刑法规定某些犯罪必须具有某种目的才能构成,这就是刑法理论上所称的"目的犯"。例如,构成赌博罪,必须是行为人主观上有营利的目的。对于这种需要犯罪目的才构成的犯罪,其目的也是主观要件不可缺少的内容。

需要指出的是,上述四个要件是有机统一、密切结合的。任何犯罪都是犯罪主体所实施的危害社会的行为,因此任何犯罪构成都必然包含表明主体和行为特征必不可少的主观要件和客观要件。主体和行为永远不能分离,主观要件和客观要件总是结合成一个统一的整体来反映社会危害性及其程度。只有牢记这一点,才不致在分析各个犯罪构成要件的时候,犯"只见树木不见森林"的错误,从而全面、正确地认识我国刑法中规定的犯罪所必须具备的构成要件。

同时,还需要指出的是,对于上述犯罪构成的四个要件,理论上可以进行必要的层次划分:(1)第一层次的划分:首先可以把各种犯罪构成的要件划分为两大类,即客观要件和主观要件。(2)第二层次的划分:在第一层次划分的前提下,再进一步划分出四个要件,即在客观要件之下划分出犯罪客体、犯罪的客观方面这两个要件,在主观要件之下划分出犯罪主体、犯罪的主观方面这两个要件。(3)第三层次的划分:在第二层次的划分之下,再具体划分出若干个组成犯罪构成要件的基本单位(即各个构成要件)。具体为,在犯罪客体中划分出犯罪客体和犯罪对象。在犯罪的客观方面划分出危害行为和危害结果(包括危害行为与危害结果之间的因果关系),犯罪时间、地点、方法、手段、工具。在犯罪主体中划分出刑事责任能力、刑事责任年龄、自然人、特定身份、单位。在犯罪的主观方面划分出犯罪故意、犯罪过失、犯罪目的、犯罪动机等。这样,犯罪构成经过三次划分,就形成了完整的层次结构。

第四节
犯罪构成的分类

犯罪构成的分类,是指通过对刑法规定的各种具体的犯罪构成的分析、综合,找出其中内在的、共同的特征和规律,并根据一定的标准,从不同的角度对各种具体构成进行的概括和归类。所以,由于分析和综合的方法不同,或者根据的标准和所立足的角度不同,对犯罪构成可以作出不同的分类。

一、基本的犯罪构成与修正的犯罪构成

按照犯罪构成类型所依赖的犯罪形态是否典型,可以将犯罪构成分为基本的犯罪构成与修正的犯罪构成。

基本的犯罪构成,是指刑法分则条文所规定的具体犯罪成立的全部条件,其具有既遂犯和单独犯的标准形态。例如,我国刑法第 263 条所规定的抢劫罪:"以暴力、胁迫或者其他方法抢劫财物的,处三年以上十年以下有期徒刑,并处罚金……"由此,抢劫罪的基本犯罪构成是:(1)犯罪客体:侵犯了公私财产的所有权和公民的人身权利。(2)犯罪客观方面:表现为行为人当场使用暴力、胁迫或者其他方法,强行劫取公私财物的行为。具体包括三个要素:方法行为,即暴力、胁迫或者其他方法;目的行为,即劫取公私财物;行为时间,即当场;行为结果,即劫获财物。(3)主体要件:一般主体,即已满 14 周岁具有刑事责任能力的自然人。(4)主观要件:直接故意,即明知自己的抢劫行为会发生侵犯公私财物的所有权和公民人身权利的结果,并且希望这种危害结果发生的心理状态。

修正的犯罪构成,是指刑法总则所规定的对刑法分则所规定的具体犯罪进行某种变更的犯罪成立条件,其具有预备犯、未遂犯、中止犯和组织犯、帮助犯、教唆犯等非标准形态。也就是说,单独犯的既遂状态的犯罪构成属于基本的犯罪构成,与此相对应的是,预备犯、未遂犯、中止犯等未完成形态的犯罪构成和组织犯、帮助犯、教唆犯等非实行犯(正犯)形态的犯罪,都属于修正的犯罪构成。例如,抢劫未遂的犯罪构成,就属于修正的犯罪构成。

二、简单的犯罪构成与复杂的犯罪构成

以犯罪构成要件组成的繁简程度为标准,可以将犯罪构成分为简单的犯罪构成与复杂的犯罪构成。

简单的犯罪构成,也称单一的犯罪构成,是指刑法条文规定的犯罪构成均属单一的犯罪构成。具体来说,就是出于一种罪过实施一个行为的犯罪构成。例如,我国刑法第 232 条规定的故意杀人罪,其犯罪成立要件由单一要素构成。体现为:(1)客体,即公民的生命权利;(2)客观方面,即杀人行为及杀人结果;(3)主体,一般主体,即已满 14 周岁、有责任能力的人;(4)主观方面,即杀人故意。

复杂的犯罪构成,是指刑法条文规定的犯罪构成的诸要件具有复合或择一性质的犯罪构成。具体又包括复合的犯罪构成和择一的犯罪构成。(1)复合的犯罪构成,是指刑法条文规定的具体犯罪的构成条件存在复合要素情形的犯罪构成。复合要素包括行为复合、罪过复合、行为对象复合以及犯罪方法复合等。例如,抢劫罪,其危害行为的复合体现为,须同时具有暴力、胁迫或者其他方法的手段行为和劫取财物的目的行为;其客体的复合体现为,既侵犯了公私财产的所有权,又侵犯了公民的人身权利。在复合的犯罪构成的场合,具体事实同时符合刑法规定时,犯罪才能成立。(2)择一的犯罪构成,也称选择的犯罪构成,是指刑法条文所规定的犯罪成立条件,存在选择要素情形的犯罪构成。根据选择要素的不同,可分为手段、方法的选择,对象的选择,结果的选择,主体的选择,目的的选择,犯罪时间、地点的选择等。例如,我国刑法第294 条第 1 款规定的"组织、领导、参加黑社会性质组织罪",其成立的行为要件即由选择要素(选择性行为)构成。这一选择性行为具体表现为组织、领导、积极参加,行为人只要实施"组织、领导、积极参加"这三种行为之一的,即可充足犯罪成立的行为要件,构成该罪。

三、普通的犯罪构成与减轻的犯罪构成、加重的犯罪构成

按照刑法分则所规定的具体犯罪的社会危害程度的不同,犯罪构成可分为普通的犯罪构成与减轻的犯罪构成、加重的犯罪构成。

普通的犯罪构成,也称独立的犯罪构成,是指刑法分则条文所规定的作为基准性的社会危害(具有通常社会危害程度)的行为所形成的犯罪构成。

减轻的犯罪构成,是指刑法分则条文所规定的作为减轻社会危害而从普通的犯罪构成衍生出来的犯罪构成。减轻构成的形态包括情节减轻、数额减

轻、身份减轻等,其与减轻法定刑相对应。例如,我国刑法第 232 条后段所规定的故意杀人罪:"故意杀人……情节较轻的,处三年以上十年以下有期徒刑"。由此,故意杀人罪的减轻犯罪构成是"故意杀人罪的普通犯罪构成"并且"情节较轻"。这里的"情节较轻"就属于减轻构成。与此相对应的法定刑,称为减轻法定刑,即犯故意杀人罪"情节较轻"的,其法定刑为 3 年以上 10 年以下有期徒刑。

加重的犯罪构成,是指刑法分则条文所规定的作为加重社会危害程度而从普通的犯罪构成中衍生出来的犯罪构成。加重构成的形态包括结果加重、情节加重、数额加重、身份加重、对象加重、时间加重、地点加重等,其与加重法定刑相对应。例如,我国刑法第 305 条后段规定的伪证罪:犯伪证罪,"……情节严重的,处三年以上七年以下有期徒刑"。由此,伪证罪的加重构成是"伪证罪的普通构成"并且"情节严重"(这属于情节加重)。与此相对应的是,普通的伪证罪其法定刑为 3 年以下有期徒刑或者拘役,而"情节严重"的伪证罪的法定刑为 3 年以上 7 年以下有期徒刑。

四、封闭的犯罪构成与开放的犯罪构成

按照刑法条文对犯罪成立条件的表述是否明确为标准,犯罪构成分为封闭的犯罪构成与开放的犯罪构成。

封闭的犯罪构成,又称完结的犯罪构成,是指刑法条文对犯罪成立条件的表述具体、严格、明确的犯罪构成。例如,我国刑法第 254 条(报复陷害罪)规定:"国家机关工作人员滥用职权、假公济私,对控告人、申诉人、批评人、举报人实行报复陷害的,处二年以下有期徒刑或者拘役……"这里,"国家机关工作人员"作为报复陷害罪的主体要件,"控告人、申诉人、批评人、举报人"作为报复陷害罪的行为对象要素,法律规定肯定、明确、具体,故而属于封闭的犯罪构成。我国刑法规定的犯罪构成,多数属于这种类型。当刑法条文规定了封闭的犯罪构成时,法官只需严格依照刑法条文的规定适用刑法,不得附加或者减少要件,即无须另外加以补充。所以,封闭的犯罪构成具有犯罪构成本身的自足性,不需要补充。

开放的犯罪构成,又称待补充的犯罪构成,是指刑法条文对犯罪成立条件的表述抽象、具有弹性,具体内容有待法官作出判断的犯罪构成。例如,我国刑法第 159 条(虚假出资、抽逃出资罪)第 1 款规定:"……或者有其他严重情节的,处五年以下有期徒刑或者拘役……"这里的"有其他严重情节的",是指"数额巨大、后果严重"以外的严重情节,但其究竟所指是什么,则有待法官作

出判断。在我国刑法中,"由情节严重"等抽象性规定所形成的犯罪构成,都属于开放的犯罪构成。开放的犯罪构成不具有犯罪构成本身的自足性,其犯罪构成处于一种待补充的状态,因而为司法自由裁量留下了充分的余地。

五、积极的犯罪构成与消极的犯罪构成

按照评价事实对于犯罪成立的肯定(积极揭示)或否定(消极否定)的不同,犯罪构成可分为积极的犯罪构成与消极的犯罪构成。这是大陆法系犯罪构成理论中的一种划分。

积极的犯罪构成,是指刑法条文规定的各个构成要件都是积极地揭示(肯定表述)了行为的犯罪性的犯罪构成。我国刑法通常是积极地表明成立犯罪所需要符合的要件,因此构成要件的设定以积极的犯罪构成为原则。

消极的犯罪构成,是指刑法条文所规定的一定类型的要件是否定某种行为的犯罪性的犯罪构成。例如,我国刑法第 13 条的"但是情节显著轻微危害不大的,不认为是犯罪"即"但书规定",第 20 条关于正当防卫的规定,第 243 条(诬告陷害罪)第 3 款"不是有意诬告,而是错告,或者检举失实的,不适用前两款的规定"的规定等,体现的是消极的犯罪构成。需要明确的是,消极的犯罪构成并不等于消极的构成要件要素。消极的犯罪构成,意味着在符合构成要件的场合,基于阻却违法性事由的存在,从而否定了犯罪的成立。

六、叙述的犯罪构成与援引的犯罪构成

按照刑法条文表述犯罪成立条件明确程度的不同为标准,犯罪构成可分为叙述的犯罪构成与援引的犯罪构成。

叙述的犯罪构成,是指刑法条文本身对于犯罪成立条件予以一定程度地具体叙述(简单罪状、叙明罪状)的犯罪构成。在这种情况下,刑法分则条文对于犯罪构成的各种特征(尤其是行为特征)都进行了明确规定,从而为认定犯罪提供了直接的法律依据。例如,我国刑法第 384 条规定:"国家工作人员利用职务上的便利,挪用公款归个人使用,进行非法活动的,或者挪用公款数额较大、进行营利活动的,或者挪用公款数额较大、超过三个月未还的,是挪用公款罪,处五年以下有期徒刑或者拘役;情节严重的,处五年以上有期徒刑。挪用公款数额巨大不退还的,处十年以上有期徒刑或者无期徒刑。"在此,立法者以定义的形式对挪用公款罪的构成要件(尤其是行为特征)作了较为详尽的表述,因而挪用公款罪的犯罪构成是叙述的犯罪构成。

援引的犯罪构成,是指刑法条文本身对于犯罪成立条件的一部或全部未

予以明确表述,而是将之安排在同一法律的其他条款中(引证罪状)或者其他法律法令中(空白罪状)的犯罪构成。例如,刑法第 345 条第 2 款(滥伐林木罪)规定:"违反森林法的规定,滥伐森林或者其他林木,数量较大的,处三年以下有期徒刑、拘役或者管制,并处或者单处罚金;数量巨大的,处三年以上七年以下有期徒刑,并处罚金。"该罪中,"违反森林法的规定"属于"空白罪状",认定该罪时,需要援引《森林法》的规定。

第 五 节
犯罪构成与刑事责任

一、犯罪构成与刑事责任的关系

关于犯罪构成与刑事责任的关系问题,其实质是关于如何理解刑事责任的根据问题。

我国传统的刑法观点认为,犯罪构成是使行为人负刑事责任的基础。也有人说,犯罪构成是刑事责任的唯一根据(或基础)。这一传统命题来自苏联刑法学,它几乎已成为社会主义刑法学的定论。

这些年来,有些学者对此提出了不同的意见,认为"犯罪构成是刑事责任的唯一根据"这一传统命题由于混淆了"犯罪构成"与"行为符合犯罪构成"这两个不同的概念,所以不能正确反映犯罪构成与刑事责任的根据的关系,因此,这种传统命题是有缺陷的,至少说在表述上是不准确、不科学的。他们强调认为,"应当指出,刑事责任的根据并非犯罪构成这一抽象的法律规定本身,而是行为符合犯罪构成这一法律事实"。[1]

我们赞同这样的观点,犯罪构成是确定刑事责任的根据的判断标准。也就是说,犯罪构成本身并不能直接成为刑事责任的根据,它只是为建立这种根据提供了一个法律上的标准,而行为符合犯罪构成才是刑事责任的根据,并且是唯一根据。或者说,行为符合犯罪构成是刑事责任的唯一根据,而犯罪构成是确定这种根据的判断标准。[2]

---

① 马克昌主编:《犯罪通论》,武汉大学出版社 2000 年第 3 版,第 85～86 页。
② 马克昌主编:《犯罪通论》,武汉大学出版社 2000 年第 3 版,第 85、87 页。

二、刑事责任的概念与特征

(一)刑事责任的概念

刑事责任这一法律概念,在现代各国刑事法律中广泛使用,在我国刑事法律中也颇为常见。例如,我国刑法典共计 452 个条文,就有 13 个条文 21 处使用了"刑事责任"这一术语,尤其是刑法总则第二章第二节的标题即为"犯罪和刑事责任"。而在司法实践及日常生活中,"刑事责任"一词的使用率也是相当高的。由此,弄清刑事责任的含义,意义重大。

什么是刑事责任呢?中外刑法学界有种种不同的主张和表述。归纳起来,主要有以下五种观点:

1.法律后果说。认为刑事责任是行为人实施刑法所禁止的犯罪行为所引起的法律后果,或者说是行为人实施犯罪行为之后应当承担的法律后果。

2.法律责任说。认为刑事责任是行为人因实施犯罪行为而应当承担的法律责任。

3.刑事义务说。认为刑事责任是行为人因其犯罪行为而负的承受国家依法给予的刑事处罚的特殊义务。

4.法律关系说。认为刑事责任是国家与犯罪人之间的一种刑事法律关系,是刑法、刑事诉讼法和刑事执行法等刑事法律关系的总和。

5.否定评价说。也称斥责说、责难说。认为刑事责任是国家对犯罪人及其犯罪行为所给予的否定性评价或称斥责、斥难。

上述种种观点从不同的角度对刑事责任的本质、特征或主要内容都有不同程度的揭示,因而都不乏合理之处,但也有一些缺陷或不完善之处。例如,"法律后果说"混淆了刑事责任与刑罚的界限;"法律责任说"和"法律关系说"把刑事责任笼统地归为法律责任或法律关系,不能揭示刑事责任的本质和特殊内容;把刑事责任归为犯罪人特殊义务的"刑事义务说",容易混淆刑法中的消极义务(禁止实施犯罪行为的义务)与积极义务(实施犯罪行为所产生的义务),而且对国家在刑事责任问题上的角色和作用有所忽略;"否定评价说"对犯罪人在刑事责任问题上的角色关注不够,也对刑事责任与刑罚的内在关系有所忽略。

在借鉴、比较上述刑事责任的各种见解的基础上,按照概念应当准确、全面地揭示被反映事物的本质和主要特征的要求来考虑,我们认为,刑事责任的概念可表述为:

作为特定法律责任的刑事责任,是依照刑事法律的规定,针对犯罪行为及其他影响犯罪社会危害性程度的案件事实,犯罪人应当承担而国家司法机关也强制犯罪人接受的刑法上的否定评价(即刑事斥难),它是犯罪人应当承担而国家司法机关也应当强制犯罪人接受的刑法制裁(主要是刑罚处罚)的标准。简单地说,刑事责任既是刑法上的否定性评价,也是刑法制裁。

(二)刑事责任的特征

根据刑事责任的上述定义,刑事责任主要有以下几方面的特征:

1.刑事责任包含对犯罪行为的非难性和对犯罪人的谴责性

刑事责任并不只是对犯罪行为本身的否定评价,也不只是对犯罪人的谴责,而是两者的统一。从犯罪行为与犯罪主体的关系来看,犯罪首先是一种行为,而行为是人在意识支配下的活动,因而实施犯罪行为必须有犯罪人。行为人基于自己的主观能动选择而实施犯罪行为时,由于犯罪行为危害了国家、社会和人民的利益,所以受到否定性的评价;同时,由于犯罪行为是犯罪主体的主观能动选择,反映出犯罪主体的人身危险性,因而应当谴责犯罪主体。

从追究刑事责任的目的来看,国家追究行为人的刑事责任固然是以犯罪行为为前提,但追究刑事责任的目的是预防犯罪。要预防犯罪就必须使刑事责任的惩罚性作用于犯罪人,使之认识到自己实施的是危害国家、社会和人民利益的犯罪行为,认识到犯罪后必然受到刑事责任的追究,从而弃恶从善。这样,也就决定了除对犯罪行为进行否定性评价之外,还要对犯罪人进行谴责。

2.刑事责任具有法律性与社会性

法律性是所有法律责任的共同特点,刑事责任也不例外。刑事责任的法律性,是指反映刑事责任的法律根据必须是刑事法律,在刑法意义上,对犯罪行为进行否定性评价和对犯罪人进行谴责。法律性表明,对犯罪人刑事责任的追究实际上是刑事法律内容的实现;而且刑事责任是刑事法律(即刑法)强制犯罪人向国家承担的一种法律责任,而不是向被害人承担的一种责任。

刑事责任的社会性,是指刑事责任不只是一种法律形式,还体现了国家、社会和人民在政治上、伦理上对犯罪行为的否定评价和对犯罪人的谴责。这既是由刑事法律与政治、伦理的一致性关系决定的,又是由犯罪行为的法律性、阶级性、社会性的一致性决定的。

3.刑事责任具有必然性与平等性

刑事责任的必然性指的是,行为人实施了犯罪行为,就必然要承担相应的刑事责任。换言之,行为人一旦实施犯罪行为,就必须对该行为及其结果承担刑事责任。

刑事责任的平等性,是指任何人犯了罪,都应当根据刑事法律的规定承担刑事责任。这里,"平等性"包含两层意思:一是在是否承担刑事责任的问题上,人人是平等的,犯了罪就承担刑事责任,没有犯罪就不承担刑事责任。二是在承担多大的刑事责任的问题上也是平等的,犯了重罪的,就承担较重的刑事责任;犯了轻罪的,就承担较轻的刑事责任。这种平等性是由刑法所规定的"刑法面前人人平等原则"和"罪刑相适应原则"决定的。

4.刑事责任具有严厉性与专属性

法律责任多种多样,刑事责任只是法律责任当中的一种。但在所有法律责任中,刑事责任是最严厉的法律责任。这种严厉性主要体现在刑事责任的表现形式上。我们知道,刑事责任的基本表现形式是刑罚。刑罚是一种最严厉的强制方法,它不仅可以剥夺犯罪人的财产权利与政治权利,还可以限制或者剥夺犯罪人的人身自由,甚至可以剥夺犯罪人的生命。所以,刑事责任是犯罪人犯了罪之后应当承担,也是国家制裁犯罪人的最严厉的法律责任。这是其他任何法律责任所不可比拟的。

不过,刑事责任的严厉性毫无疑问只是针对犯罪人而言的,不能因为刑事责任严厉而将之施于没有犯罪的人身上。这便是刑事责任的专属性。具体而言,只有实施了犯罪行为的人才能承担刑事责任,谁犯了罪就由谁来承担刑事责任,没有犯罪的人就无须承担刑事责任。

三、刑事责任的根据

所谓刑事责任的根据,从犯罪人方面说,实际上是承担刑事责任的根据,它回答犯罪人基于何种理由承担刑事责任的问题;从国家方面说,是追究刑事责任的根据,它回答国家基于何种理由追究犯罪人的刑事责任问题。显然,两者是完全一致的。

传统的观点认为,犯罪构成是刑事责任的唯一根据。由于这一观点本身可能有多种含义,而且有不明确、不妥当之处,故而不少学者提出了新的见解。有的认为,犯罪行为是刑事责任的根据;有的认为,"罪过"是行为人承担刑事责任的根据;有的则认为,社会危害性是刑事责任的唯一根据。

我们认为,刑事责任的法学根据,不仅是多层次的,而且是多方面的。我们不能仅从某一点上去寻找刑事责任的根据,而应当从司法机关追究刑事责任时所依据的"方面"及其实质来探求刑事责任的根据。众所周知,刑事责任的前提是犯罪,而犯罪首先是一种行为,没有行为就没有犯罪,就不能追究刑事责任。这表明追究刑事责任首先要有事实存在,即追究刑事责任要有事实根据。但是,仅有事实并不能成立犯罪。根据罪刑法定原则,行为构成犯罪必须有刑法的规定,事实与法律规定的犯罪特征相符合,才能追究行为人的刑事责任。为什么某种事实、法律能够成为刑事责任的事实根据与法律根据?这就必然牵涉刑事责任的实质根据问题。刑事责任根据的多方面性表现在,它既有实质根据,又有法律根据和事实根据。如果只是从某一方面寻求刑事责任的法学根据,难免不尽妥当。

1. 刑事责任的实质根据。犯罪的社会危害性,是刑事责任的实质根据。因为,犯罪的本质属性是行为的社会危害性,某种行为之所以构成犯罪,从实质上说是因为它具有社会危害性。

2. 刑事责任的法律根据。就是否负刑事责任而言,刑事责任的法律根据是刑法规定的犯罪构成。立法者通过犯罪构成,使具有社会危害性的犯罪行为具体特征化,即使抽象的社会危害性也能通过具体的法律禁止规定反映出来,这种禁止是通过犯罪构成以及符合犯罪构成所导致的法律后果再现出来的。只要某一行为符合犯罪构成,具备刑事违法性,对行为人就要追究刑事责任。

3. 刑事责任的事实根据。就应否负刑事责任而言,刑事责任的事实根据是符合犯罪构成的行为。仅有作为法律规定的犯罪构成并不会成立犯罪,构成犯罪还必须有行为。这里的行为,显然只能是符合犯罪构成的行为。犯罪构成以社会危害性为核心,刑法规定的各种犯罪构成要件的总和,表明行为的社会危害性达到了应当承担刑事责任的程度,所以,符合犯罪构成的行为才应当承担刑事责任;犯罪构成是刑法规定的,符合犯罪构成的行为才具有刑事违法性;犯罪构成是主客观相统一的有机整体,符合犯罪构成的行为才是主客观相统一的行为。由此可见,刑事责任的事实根据只能是符合犯罪构成的行为。

刑事责任的上述三种根据是统一的,凡是符合犯罪构成的行为(事实根据)也就具备了刑事责任的实质根据与法律根据。因此,把上述根据概括起来,即可表述为:行为符合犯罪构成是应当追究行为人刑事责任的根据。就应否追究刑事责任而言,由于除上述根据以外再没有其他根据,也不能在根据之外附加任何条件,因此可以说,行为符合犯罪构成是应当追究行为人刑事责任的唯一根据。

上述根据是在应否追究刑事责任的意义上说的,但刑事责任有大小之分,应当负刑事责任还不能完全说明应负多大的刑事责任。行为符合犯罪构成对于解决刑事责任的大小来说,只是主要根据,而不是唯一根据。因为影响刑事责任大小的因素,除了犯罪构成的因素以外,还有其他因素,如自首、累犯等。由于只有对行为的社会危害性及其程度具有决定意义而为该行为成立犯罪所必需的那些事实特征,才是犯罪构成的要件,所以犯罪的社会危害程度主要由符合犯罪构成的行为来决定,因而,刑事责任的程度也主要由符合犯罪构成的行为来决定。换言之,行为符合犯罪构成也是其刑事责任程度的主要根据。

此外,犯罪构成之外的事实也影响刑事责任的程度。从实质上讲,凡是能说明行为的社会危害性(包括能说明行为的人身危险性)的事实,都是影响刑事责任程度的因素。不过,影响刑事责任程度的因素,并没有完全被刑法规定下来。这是因为犯罪构成以外的,影响刑事责任程度的因素太多,刑法不可能作出具体规定,刑法只能对常见的、主要的因素进行规定。

第六节
犯罪构成的意义

犯罪构成的意义,可以从多个方面来阐明。我们认为,犯罪构成无论是在刑法理论上,还是在司法实践中,都具有重大的意义。

一、理论意义

首先,犯罪构成作为一种理论,即犯罪构成理论,它是刑法理论的核心和刑法理论体系的基础。这是犯罪构成的理论意义。

我国犯罪构成理论的基本特点,就是把理论化、概念化了的刑法分则的犯罪构成,提升到刑法总则的中心地位,作为犯罪成立的根本条件,并以此为基础来构筑犯罪论体系,把刑法总论与刑法分论结合为一个有机整体,并以此来解决定罪量刑的一系列问题。

具体体现为:一方面,刑法总论的一系列重要问题,包括犯罪论和刑罚论当中的重要问题,如犯罪的成立条件,定罪,罪与非罪的界限,此罪与彼罪的区分,犯罪未遂,犯罪预备,犯罪中止,共同犯罪,以及正当防卫,紧急避险,刑事责任,量刑等问题,都必须以犯罪构成理论为基础。特别需要说明的是,由于犯罪构成理论是对一切犯罪构成所作的科学的抽象和概括,反映出犯罪构成的共同特征,从而对分析具体的犯罪构成,正确地定罪量刑,具有决定性和指导性的意义。另一方面,刑法分则的各种具体犯罪的成立,罪与非罪、此罪与彼罪的界限,以及各种具体犯罪的刑事责任,也都必须以犯罪构成理论为根据。所以,犯罪构成理论是刑法理论的核心和刑法理论体系的基石。

二、实践意义

从司法实践的角度看,犯罪构成作为一种法律概念,即法定的犯罪构成,是定罪量刑的法律准绳,也是追究犯罪人刑事责任的客观根据。

具体体现为:

1. 为划清罪与非罪的界限提供具体标准

犯罪的一般概念只能从犯罪的基本属性上为我们认定犯罪提供一个原则界限,而大量的罪与非罪的界限,都表现在刑法分则规定的犯罪构成要件当中。实际上,司法实践中的犯罪都是具体的,而不是抽象的,因而需要有个确定罪与非罪的具体标准。而这种定罪标准,是由刑法条文明确、具体加以规定的。比如说,构成抢劫罪,必须是行为人实施了暴力、胁迫或者其他方法劫取他人财物的行为;构成受贿罪,其主体必须是国家工作人员,客观上必须是行为人利用职务上的便利收受或者索取他人的财物;等等。我们把刑法条文规定的这种定罪标准归纳为犯罪构成的四个要件,即犯罪客体、犯罪客观方面、犯罪主体、犯罪主观方面,缺少任何一个要件都不能成立犯罪。又如,按照刑法第236条关于强奸罪的规定,要构成强奸罪,必须具备这几个条件:(1)犯罪客体是妇女性的不可侵犯权利;(2)客观方面表现为行为人使用暴力、胁迫或者其他手段,违背妇女意志而强行奸污的行为;(3)犯罪主体是具备责任能力、达到责任年龄的自然人;(4)犯罪人主观方面是出于故意。行为人具备了这几个犯罪构成要件,强奸罪就成立,就应当追究行为人的刑事责任。假如行为人在客观上没有使用暴力、胁迫或者其他手段,对方妇女是出于自愿的,虽然一方或者双方有配偶,但这只是通奸行为,不应成立强奸罪。这就是以犯罪构成来划分罪与非罪的界限。

所以,在司法实践中,不懂得犯罪构成,许多具体犯罪的标准就掌握不准,也就难以划清各种案件中罪与非罪的界限。

2. 为区分此罪与彼罪的界限提供具体标准

罪与非罪的界限是原则界限,是必须划清的。但是,仅仅划清罪与非罪的界限而不划清此罪与彼罪的界限,是不够的、有欠缺的。此罪与彼罪的界限同样必须严肃对待,严格区分。我们常说的"定性准确",既包括要划清罪与非罪的界限,也包括区分此罪与彼罪的界限。为什么呢?因为:一是各种犯罪的区别是客观存在的,我们认定犯罪理应如实反映这种实际情况。二是不同的犯罪有不同的性质和特点,它们的法律意义有所不同。例如,故意杀人与过失杀人,就有原则区别,处罚更是大不相同。又如,抢劫罪与抢夺罪,虽然只有一字之差,却是有着重大区别的两个罪名,不能混淆。如果不搞清每一种犯罪的构成要件,就难免模糊不同犯罪的界限,无法准确地定罪。而要想分清这种界限,唯一的办法就是搞清楚每一种犯罪的构成要件。

3.有助于正确裁量刑罚

犯罪构成的主要作用是为正确定罪提供法律标准,但这并不意味着它对量刑毫无意义。因为,定罪是量刑的前提和基础,只有定性准确,才能量刑适当。而且刑法上对许多不同的犯罪,根据其社会危害程度的不同,规定了不同的法定刑。因此,犯罪构成对量刑也有相应的意义。例如,抢劫罪与抢夺罪,前者法定最低刑为三年有期徒刑,最高刑为死刑;而后者法定最低刑为管制,最高刑为无期徒刑。如果把抢劫性质的案件定为抢夺罪,或者反过来把抢夺性质的案件定为抢劫罪,除了定罪不准外,其结果肯定是量刑失当。因此,只有正确地定罪,才能为正确量刑奠定基础。尤其值得一提的是,在加重构成与减轻构成(结果、情节)的情况下,正确地适用犯罪构成,对于准确量刑更是具有直接意义。

总之,犯罪构成的理论是刑法学的核心组成部分,司法人员只有正确理解和掌握犯罪构成,才能真正贯彻执行"以事实为根据,以法律为准绳"的原则,正确定罪,准确判刑,做到不枉不纵,既惩罚犯罪又不伤害无辜。

第7章

犯罪客体

第 一 节
犯罪客体的概念、意义

一、犯罪客体的概念与特征

(一)犯罪客体的概念

犯罪客体,说明犯罪危害什么,是决定犯罪社会危害性的首要条件。假如一种行为不危害任何客体,就意味着它对社会没有危害性,法律不可能把它规定为犯罪,在司法实践中也绝不应把这种行为当作犯罪论处。因此,它是我国刑法中犯罪构成基本的、必备的要件之一。

犯罪客体又称犯罪客体要件,我国刑法学界通行的观点是:"犯罪客体是指我国刑法所保护而为犯罪行为所侵害的我国社会主义的社会关系。"

需要注意的是,除了我国这种将犯罪客体界定为"社会关系"的通说外,关于什么是犯罪客体,中外较有代表性的观点主要有:

1."法益"说。以大陆法系为代表的绝大多数资产阶级刑法学者都认为,所谓犯罪客体,就是犯罪行为所侵犯的法益,即法律所保护的利益和价值。依照这种观点,犯罪行为所指向的标的或者对象,就是犯罪所侵犯的客体。例如,生命、身体、自由、名誉、财产、信用、风俗、秩序等,皆属于法益的范畴。以这种理论为指导,许多资产阶级国家的刑法都对法益作了不同种类的划分(如分为公法益和私法益、专属法益和一般法益、有形法益和无形法益等),而且一般将犯罪分为侵犯国家法益、侵犯社会法益、侵犯个人法益的犯罪这三类。[①]

2."权益"或"利益"说。在我国,有的学者认为,"犯罪客体是刑法所规定的,而为犯罪行为所侵犯的权益","犯罪客体要件,是指刑法规定的,行为成立犯罪所必须侵犯并且已被侵犯的合法权益"。[②] 有的学者认为,"犯罪客体是指刑法所保护而为犯罪行为所侵害的社会主义社会利益"。[③]

3."刑事被害人"说。有人认为,"犯罪客体是法律权利和利益遭受犯罪行为侵害的,具有人格特征的自然人、单位以及国家和社会,也称刑事被害人"。[④]

4."人或物"说。有人认为,"犯罪客体就是指被犯罪行为指向或受影响的人或物"。[⑤]

5."社会关系、生产力和环境"说。有人提出,"犯罪客体是指受危害行为侵害或威胁的为刑法所保护的社会利益,包括社会关系、生产力和环境"。[⑥]也有人认为,"我国社会主义初级阶段的犯罪客体是指受犯罪行为所侵害或威胁的法律利益,包括适合生产力发展状况的社会关系、生产力和环境"。[⑦]

我们认为,无论是大陆法系刑法理论所主张的"法益",还是我国一些刑法学者所主张的"利益"、"权益"、"刑事被害人"、"人或物"等等,都不应界定为犯罪客体。因为:

(1)犯罪客体是受到犯罪行为侵犯的,而为刑法所保护的权利或者利益之间形成的社会关系,而不是这些权利或者利益本身。犯罪客体,作为犯罪主体的对应物,应当具备人格特征,而不是客观存在的权利或者利益本身。

(2)将"刑事被害人"或者危害行为指向或影响的"人或物"说成是犯罪客体,实际上是将犯罪对象的概念用来代替犯罪客体,混淆了犯罪对象与犯罪客体之间的界限。

(3)将犯罪客体说成是"社会关系、生产力和环境",确实是一种颇为新奇的观点。但是,这种观点与社会关系、生产力、生产关系原理相矛盾,混淆了社

① 高铭暄主编:《刑法学原理》(第　卷),中国人民大学出版社1003年版,第178-480页。
② 张明楷:《刑法学》(上),法律出版社1997年版,第115～116页。
③ 何秉松主编:《刑法教程》,法律出版社1987年版,第50页。
④ 刘生荣著:《犯罪构成原理》,法律出版社1997年版,第119页。
⑤ 郑伟主编:《新刑法学专论》,法律出版社1998年版,第135页。
⑥ 赵廷光主编:《中国刑法原理》(总论卷),武汉大学出版社1992年版,第157页。
⑦ 陈小青:《对犯罪客体的新认识》,载《中南政法学院学报》1989年第2期。

会关系与社会利益之间的辩证关系,而且关键是不符合我国现行刑事立法的规定,概念本身也是含义不清。

因此,回避犯罪客体就是犯罪行为所侵犯而为我国刑法所保护的社会关系这一实质问题,就会有意或无意地掩盖犯罪的实际社会内容,因而也就无法正确反映犯罪客体的内涵,无法正确揭示犯罪的阶级本质。

(二)犯罪客体的特征

按照通常所认为的,犯罪客体是指我国刑法所保护而被犯罪行为所侵犯的社会关系这样一种观点,犯罪客体具有以下三点特征:

1.犯罪客体是我国社会主义的社会关系。社会关系是人们在生产和共同生活中所形成的人与人之间的相互关系。社会关系包括物质关系和思想关系。某一社会形态下的社会关系决定了该社会的政治、经济、思想、道德、文化的基本形态和人们之间的基本关系。犯罪行为由于危害某一社会形态下人们的生命安全、财产安全、社会秩序,动摇和危害社会的基本形态和人们之间的基本关系,从而使该社会的社会关系受到危害。比如,生产销售伪劣商品犯罪,走私犯罪,贷款诈骗罪,逃税、抗税罪等,侵犯了社会主义经济关系;抢劫犯罪,盗窃犯罪,抢夺犯罪等,侵犯了财产关系,等等。总之,犯罪侵犯的都是社会主义的社会关系。

2.犯罪客体是我国刑法所保护的社会主义社会关系。社会关系涉及社会生活的各个领域,包括不同的层次。而被犯罪所侵害的、受我国刑法所保护的是其中最重要的一部分。作为犯罪客体的社会关系不是一般意义上的社会关系,如友谊关系、师生关系、干群关系等,而是我国刑法所保护的社会关系。这种关系主要有:国家安全,社会公共安全,市场经济秩序,公民的人身权利、民主权利和其他权利,公私财产的所有权,正常的社会秩序,国家的国防利益,国家机关的正常活动,等等。也就是说,作为犯罪客体的社会关系必须是刑法加以保护的那部分社会关系,而没有纳入刑法调整范围的社会关系不可能成为犯罪客体。事实上,刑法作为惩处犯罪的最有力武器,通过处罚犯罪体现了对社会关系的法律保护。

3.犯罪客体是犯罪行为所侵害的社会主义社会关系。社会主义社会关系是客观存在的,如果没有被犯罪行为所侵犯,还不能说它就是犯罪客体。犯罪客体和犯罪行为是紧密相联系的。没有犯罪行为,就谈不到犯罪客体。即是说,只有刑法所保护的社会关系被犯罪行为所侵害时,才能成为犯罪客体。例如,根据我国刑法第232条的规定,杀人罪的犯罪客体是人的生命权利。而我们知道,人的生命权利是客观存在的,如果没有被犯罪行为所侵犯,就不能说人的生命权利是犯罪客体。因此,犯罪客体还必须是犯罪行为所侵犯的社会关系。

二、我国刑法对犯罪客体的规定方式

我国刑法对犯罪客体的规定,采取多种多样的方式:

1.有的条文明确揭示了犯罪客体。例如,刑法第 252 条明确规定侵犯通信自由罪的客体是"侵犯公民通信自由权利"。

2.有的条文指出犯罪客体的物质表现(实际上是作为犯罪对象的物),透过物质表现表明犯罪客体。例如,刑法第 170 条规定的伪造货币罪,第 171 条规定的出售、购买、运输假币罪,其犯罪客体是国家货币制度。这里,货币不是这两种罪的犯罪客体,只是犯罪客体的物质表现。

3.有的条文指出被侵犯的社会关系的主体——人、单位或者物,进而揭示主体相应的犯罪客体。例如,刑法第 236 条规定的强奸罪,妇女是该罪被侵犯的社会关系的主体,而主体相应的、刑法所保护而为犯罪行为侵犯的权利——性的不可侵犯权利,则是该罪的客体。

4.有的条文指出对某种法规的违反来揭示犯罪客体。某种法规本身不是犯罪客体,而法规所调整和保护的一定社会关系,则是该罪的客体。例如,刑法第 228 条规定,以牟利为目的,违反土地管理法规,非法转让、倒卖土地使用权,情节严重的,构成犯罪。这里,土地管理法规不是非法转让、倒卖土地使用权罪的犯罪客体,而土地管理法规所调整和保护的土地使用权制度才是该罪的犯罪客体。

5.有的条文通过对犯罪行为具体表现形式的描述表明某一犯罪客体。例如,刑法第 246 条规定的侮辱罪和诽谤罪,其犯罪行为的表现形式是"以暴力或者其他方法公然侮辱他人或者捏造事实诽谤他人",这样就明确地告诉我们,这两种犯罪的犯罪客体是他人的人身权利(具体为人格、名誉)。

三、犯罪客体的意义

研究犯罪客体对于进一步揭示犯罪的实质,正确认定和处理刑事案件,具有重要意义。具体地说:

(一)有助于区分罪与非罪、此罪与彼罪的界限

通过对于犯罪客体的研究,可以帮助我们确定犯罪性质,分清罪与非罪、此罪与彼罪的界限,正确进行定罪。

这里,关键在于犯罪客体究竟是不是犯罪构成的要件。犯罪客体是犯罪

构成的要件之一,这是我国刑法学界传统、公认的观点。但也有人对此提出了异议,认为它不是犯罪构成要件,即是说犯罪成立与否无须考虑到犯罪客体。

我们认为,犯罪概念所讲的"犯罪"是个抽象的概念,揭示的是犯罪的共同属性,而犯罪构成当中所讲的"犯罪"是具体的概念,反映的是犯罪的个别属性。就犯罪客体而言,它体现的也是具体化的犯罪而不是抽象化的犯罪。虽然说,犯罪客体对于司法人员确定某个行为人的行为是否构成犯罪即区分罪与非罪的界限,作用不是很明显,然而,由于犯罪行为所侵犯的社会关系不同,就决定了犯罪行为的性质不同。司法人员接触某一个具体的犯罪案件时,肯定要考虑到这种犯罪侵犯了什么样的社会关系,该具体定什么罪。从这个意义上讲,应该说犯罪客体是犯罪构成的要件之一,而不能认为它跟定罪无关。

进一步地说,犯罪客体在定罪方面所起的作用,主要是通过犯罪的直接客体——某种犯罪所直接侵犯的社会关系来体现的。直接客体对于区别犯罪性质,具有重要而且不可缺少的作用。例如,盗窃仓库里的电线和盗窃正用于通信的电线,仅从物质对象来看是一样的——盗窃电线,但这种物质对象背后所体现的社会关系——犯罪客体,是不同的。前者的犯罪客体是国家、集体或者公民个人所有的财产权利;后者的犯罪客体则是公用电信设施安全。由此,决定这两种行为的性质不同,罪名也就不同。前者属于侵犯财产罪中的盗窃罪,后者属于危害公共安全罪的破坏公用电信设施罪。再比如,杀人罪与故意伤害罪侵犯的直接客体不同,一是他人的生命权利,另一是他人的健康权利,从而使得这两者的性质可以区分开来。因此,正确认识犯罪客体,有助于我们深刻揭示各种犯罪的性质,也有助于正确地把某些犯罪之间的界限区别开来,从而正确地定罪。

(二)有助于正确地量刑

由于犯罪所侵犯的社会关系不同,就必然影响到甚至决定犯罪行为的社会危害程度的不同。而社会危害程度不同即大小轻重,正是量刑轻重的依据之一。也就是说,犯罪客体不同,量刑的轻重也就不同。例如,杀人罪与故意伤害罪、抢劫罪与抢夺罪,量刑时显然有轻重区别,而这种区别首先在于刑事立法时已经根据它们所侵犯的犯罪直接客体不同而规定了轻重不同的量刑幅度,如杀人罪重于故意伤害罪、抢劫罪重于抢夺罪。因此,正确认识犯罪客体,对于正确量刑也有重要意义。

第二节
犯罪客体的种类

　　为了正确认识犯罪客体在我国刑法中的作用,并运用它来解决一些实际问题,根据犯罪行为所侵犯的社会主义社会关系范围的不同,刑法理论通常把犯罪客体区分为一般客体、同类客体和直接客体三个层次。

一、犯罪的一般客体

　　犯罪的一般客体,是指一切犯罪所共同侵犯的客体,也就是我国刑法所保护的社会主义社会关系的整体,或者说是指受到犯罪侵犯的我国刑法第2条、第13条规定保护的整个社会主义社会关系。

　　犯罪的一般客体体现了一切犯罪的共性,或者说揭示出所有犯罪的共同社会政治本质即阶级实质。任何犯罪,不管它具体的表现形式如何,都是侵犯了我国刑法所保护的社会关系。认识到这一点,对于我们认识犯罪的阶级实质,了解我国刑法打击什么、惩罚什么,从而更有效地同犯罪作斗争,具有十分重要的意义。

二、犯罪的同类客体

　　犯罪的同类客体,是指某一类犯罪共同侵犯的客体,也就是刑法所保护的社会主义社会关系的某一部分或者某一方面。例如,危害公共安全罪的同类客体是社会公共安全,渎职罪的同类客体是国家机关的正常活动,等等。

　　犯罪同类客体所揭示的是某一类犯罪所侵犯的社会关系的共性。例如,杀人罪侵犯的是他人的生命权利,伤害罪侵犯的是他人的身体健康权利,强奸罪侵犯的是妇女的性的不可侵犯的权利,非法拘禁罪侵犯的是他人的人身自由权利,等等。这些犯罪的共性即共同的社会关系,就是公民的人身权利。

　　犯罪同类客体是我国刑法分则对各种犯罪进行分类的依据。正是按照犯罪的同类客体,我国刑法把社会上形形色色的犯罪分为十大类,即:危害国家安全罪,危害公共安全罪,破坏社会主义市场经济秩序罪,侵犯公民人身权利、民主权利罪,侵犯财产罪,妨害社会管理秩序罪,危害国防利益罪,贪污贿赂罪,渎职罪,军人违反职责罪。只有依据同类客体,才能对犯罪作科学的分类,从而建立起严格的、科学的刑法分则体系。

三、犯罪的直接客体

犯罪的直接客体,是指某一种犯罪所直接侵犯的具体的社会主义社会关系,也就是刑法所保护的社会主义社会关系的某个具体部分。例如,故意伤害罪的直接客体是他人的健康权利,抢劫罪的直接客体是公、私财产所有权和公民的人身权利,等等。

直接客体是每一个具体犯罪构成的必要要件,对于正确定罪量刑有十分重要的意义。我们常常说,不存在没有侵犯任何客体的犯罪,这里所说的"客体",往往就是指直接客体而言的。我们讲犯罪客体是犯罪构成的必备要件,也是从犯罪的直接客体这个角度出发的。

刑法理论也有根据一行为所侵犯的直接客体的情况,把犯罪客体划分为简单客体(又称单一客体)和复杂客体(包括主要客体、次要客体以及选择客体)。

(一)简单客体

简单客体指的是一种犯罪行为只侵犯了一个直接客体。例如,杀人罪侵犯了他人的生命权利,伤害罪侵犯了他人的健康权利,诈骗罪侵犯了公私财物的所有权,等等。这些客体都是单一的。这种情况在现实生活的犯罪中是比较常见的、大量的。

(二)复杂客体

复杂客体,是指一种犯罪行为同时侵犯了两个以上的直接客体。例如,抢劫罪同时侵犯了公私财物所有权和公民的人身权利这两个客体,贪污罪同时侵犯了国家机关的正常活动、威信和公共财产的所有权这两个客体,等等。其中,一种犯罪行为侵犯了两种具体社会关系的,称为"双重客体";一种犯罪行为侵犯了两种以上的具体社会关系的,称为"多重客体"。

在一种犯罪行为同时侵犯两个直接客体的情况下,两个直接客体并不是并列的关系,而是其中一个为主要客体,另一个则为次要客体。

1. 主要客体。是指某一犯罪行为所侵犯的,刑法重点予以保护的社会关系。犯罪的主要客体决定某一犯罪行为的社会危害性性质,从而也决定该种犯罪在刑法分则中的种类归属。立法者之所以将那种复杂客体的犯罪规定在这一类,而不规定在那一类,依据的是该种犯罪所侵犯的主要客体。例如,立法者将抢劫罪列入侵犯财产罪中,说明的是该种犯罪的主要客体是公私财产的所有权,而侵犯公民的人身权利则是次要客体。

2.次要客体。是指某一犯罪所侵犯的、刑法附带保护的社会关系。例如，抢劫罪在侵犯公私财物所有权的同时，又侵犯了公民的人身权利，因此，刑法在重点保护公私财产所有权的同时，也附带保护公民的人身权利，而后者便是次要客体。

不过，要注意的是，这样的划分并不是说主要客体、次要客体决定着犯罪性质，更不意味着次要客体就是不重要的、可有可无的。一方面，犯罪的性质是由主要客体和次要客体共同决定的，缺乏次要客体就不能构成该种犯罪。如抢劫罪的成立同时必须具备侵犯公私财产的所有权和公民的人身权利这两个客体，缺一不可。另一方面，主要客体与次要客体只是相对而言的，不意味着哪个客体有绝对的地位，而只是为了便于对各种不同的犯罪进行分类而已。仍以抢劫罪为例，有的国家（如捷克斯洛伐克）刑法，就把抢劫罪归入侵犯公民人身权利罪，这说明在该国的刑法中，抢劫罪的主要客体是公民的人身权利，而次要客体是公私财产的所有权。由此可见，在一种犯罪行为侵犯的直接客体是复杂客体的情况下，哪种客体是主要客体，哪种客体是次要客体，是由立法者的意志决定的，反映了立法者所要保护的社会关系的侧重点的不同，仅此而已。

3.选择客体（也称随意客体）。所谓选择客体，是指某种犯罪行为刑法明确规定了它所侵害的直接客体，同时还规定了该种犯罪行为可能侵害的其他客体，一旦这种客体实际受到侵害了，就要加重犯罪人的法定刑。这种可能被侵害（或者说"不一定受到侵犯"）的直接客体在刑法理论上称之为"选择客体"。

选择客体有两种表现形式：（1）刑法在其他条款中单独加以保护的，而在实施本条或本条第1款所规定的犯罪时不一定受到侵犯的社会关系。例如，非法拘禁罪所侵害的直接客体是公民的人身自由权利，但同时，刑法第238条规定，"具有殴打、侮辱情节的，从重处罚""犯前款罪，致人重伤的，处三年以上十年以下有期徒刑；致人死亡的，处十年以上有期徒刑"。这里，公民的健康权利和生命权利就是非法拘禁行为可能侵犯的两个客体，这两个客体就是选择客体。选择客体不是犯罪的基本构成要件，而是加重结果的构成要件。即使选择客体未受到实际侵害，该种犯罪构成仍然具备全部要件，而一旦选择客体受到实际侵害，也并不改变原来的犯罪构成，但却说明该种犯罪行为的社会危害性程度加重了，因而犯罪人的法定刑也相应加重了。（2）刑法应当保护的，而在该条文中无明确规定的，遭受犯罪侵犯的某种社会关系。例如，刑法第293条规定的寻衅滋事罪，对他人的健康或财产造成了损害，虽然刑法关于寻衅滋事罪的条文中未单独规定,但刑法仍要保护,则他人的健康权利或者财产权利仍不失为选择客体。

此外,刑法理论中对犯罪的直接客体还有这些分类:(1)根据犯罪行为侵犯的具体社会关系的形式不同,将犯罪的直接客体分为"物质性犯罪客体"与"非物质性犯罪客体"。前者通过一定的具体的物质形式表现出来,如经济关系、财产所有权和人的生命、健康权利等;后者指的是侵犯的社会关系是精神关系(即非物质关系),通常是以抽象的、观念的形式表现出来,如政治制度、文化、观念、社会风尚、人格、名誉、自由等等。(2)根据犯罪行为对刑法所保护的社会关系的作用状况,将犯罪的直接客体分为"现实客体"与"可能客体"。前者是指犯罪行为对刑法所保护的社会关系造成了实际损害,如杀人犯罪中把人杀死了,则此人的生命权利便成为现实客体;后者是指犯罪行为对刑法所保护的社会关系未造成实际损害,只是使其受到威胁(损害的可能性),如杀人犯罪中未把人杀死,则此人的生命权利便是可能客体。这些分类,也有其刑法意义,值得注意。

第 三 节
犯罪客体与犯罪对象

一、犯罪对象的概念与特征

犯罪客体与犯罪对象是两个既有联系又有区别的概念。

什么是犯罪对象呢? 一般认为,犯罪对象是指犯罪行为直接作用的具体物或者具体人。我国的刑法教材大多采用这种观点,如影响最广、最深的刑法学教材——高等学校法学试用教材《刑法学》对犯罪对象的概念是这样表述的:"犯罪对象则是指犯罪分子对之施加某种影响的具体的物或人。"[①]全国高等学校法学专业核心课程教材《刑法学》对犯罪对象是这样定义的:"犯罪对象是指刑法分则条文规定的犯罪行为所作用的客观存在的具体人或者具体物。"[②]

---

① 高铭暄主编:《刑法学》,法律出版社 1982 年版,第 114 页。
② 高铭暄、马克昌主编,赵秉志执行主编:《刑法学》,北京大学出版社、高等教育出版社 2005 年第 2 版,第 61 页。

犯罪是通过对具体物或者具体人的侵害来实现的,但不能就此说具体物或者具体人是犯罪客体,而只能是犯罪侵害的目标(对象)。可见,犯罪对象是被犯罪行为侵害的具体的物或人。举例子说,杀人犯罪,侵害的客体是他人的生命权利,而犯罪对象则是具体的人。再比如,盗窃犯窃取他人的彩色电视机,犯罪侵犯的客体是他人对彩电的所有权,而犯罪对象则是那台彩色电视机。

这里,需要注意的是,具体的物是具体社会关系的物质表现,而人则是社会关系的主体。如果我们只看到犯罪行为所直接作用的人或物,而看不到在其背后所体现的具体的社会关系是什么,就不能正确地定罪和量刑。

犯罪对象具有下列特点:

1.犯罪对象只能是一定的具体的人或物。我们认为,除了具体的人或者物之外,其他任何现象或者事物都不是犯罪对象。离开了具体的人或者物,犯罪对象实际上就虚无缥缈,就不存在了。至于"行为",它不能成为犯罪对象,而是犯罪的客观表现形态(客观方面)。例如,故意杀人罪的犯罪对象是"人",而不是其他什么现象或者事物,也不是"杀人行为"。

2.犯罪对象是犯罪行为直接作用的人或物。作为犯罪对象的具体的人或物,具有客观实在性。但是,在人或物未受到犯罪行为侵害时,仅是"可能的犯罪对象",而不是现实的犯罪对象。只有犯罪行为直接作用于某人或者某物时,具体的人或者物才成为现实的犯罪对象。

3.犯罪对象是刑法规定的人或物。刑法分则条文大多数并不明确规定犯罪客体,而往往通过规定犯罪对象的方式来表明犯罪客体的存在。因此,刑法条文或者规定作为犯罪对象的人(如故意杀人罪、非法拘禁罪等),或者规定作为犯罪对象的物(如盗窃罪、诈骗罪等),用以表明犯罪客体。

为了更好地认识犯罪对象的具体表现形式及其在犯罪中的地位、作用,可以按照不同的标准,对犯罪对象进行分类:(1)按犯罪对象的外在表现形式,将犯罪对象分为人、物。人作为对象,主要以犯罪所侵犯的社会关系的主体或者与其有密切联系的主体的身份存在。如故意伤害罪所伤害的"人",刑讯逼供罪的对象"人犯"——犯罪嫌疑人、被告人。作为犯罪对象的物,是指体现一定社会关系、具有物质形态的物体,包括货币、有价证券、珍贵文物、厂矿、公共建筑物、交通工具以及专利、商标等等。(2)按犯罪对象是否特定,分为特定犯罪对象与非特定犯罪对象。前者指犯罪行为直接施加影响的具体的人或物是确定的。如盗窃枪支、弹药罪,其犯罪对象只能是枪支、弹药。后者指犯罪行为直接施加影响的具体的人或物是不确定的或者带有很大随意性的。如危害公共安全罪里面的犯罪,侵犯的对象往往无法确定——是不特定的多数人或物。(3)按犯罪对象是否构成犯罪的必要条件,分为法定的犯罪对象与非法定的犯罪对象。前者指刑法明文规定是犯罪构成必要条件的犯罪对象,如果不具备该犯罪对象,则此行为便不构成犯罪或者不构成该种犯罪。例如,刑法第261条规定的遗弃罪,其犯罪对象只能是"年老、年幼、患病或者其他没有独立生活能力的人"。后者指不是犯罪构成必要条件的犯罪对象。(4)按每一种犯罪的对象的多少,分为单一犯罪对象与复杂犯罪对象。前者指一种具体犯罪只侵犯一种性质相同的犯罪对象。如杀人罪中之被害人,是单一犯罪对象。后者指一种犯罪中存在着两个性质不相同的犯罪对象。例如,抢劫罪的犯罪对象,既有财产,也有财物的所有者、持有人。

二、犯罪客体与犯罪对象的联系、区别

犯罪客体与犯罪对象之间有一定的联系。表现为:犯罪对象是犯罪行为所指向的具体物或人,是某种社会关系(即为犯罪客体)的具体体现,也是社会关系存在的前提和条件;而犯罪客体则是隐藏在犯罪行为所具体侵害的人或者物背后的社会关系,是对犯罪对象的理论升华和概括。我们可以这样说,犯罪对象是具体的,能够控制、感知的有形财产、自然人或物;而犯罪客体则是抽象的,属于观念的、无形的社会关系;犯罪对象属于能够感性认识的范畴,而犯罪客体则属于必须理性认识的范畴。

不过,犯罪客体与犯罪对象之间更有原则上的区别。这种区别正如马克思在《关于林木盗窃法的辩论》一文中所指出的:盗窃林木这一"犯罪行为的实质并不在于侵害了作为某种物质的林木,而在于侵害了林木的国家神经——所有权本身"。[①] 这是马克思关于犯罪行为的实质是侵犯现行统治的社会关系,并指明应当把犯罪对象与犯罪客体区别开来的深刻而精辟的论述。

具体来说,犯罪客体与犯罪对象主要有以下几点区别:

1. 犯罪客体决定犯罪的性质,犯罪对象则未必决定犯罪的性质

分析某一案件,单从犯罪对象去看,是分不清犯罪性质的,只有通过犯罪对象所体现的社会关系即犯罪客体,才能确定某种行为构成什么罪。比如,同样是盗窃电线,某甲盗窃的是库房里备用的电线,某乙盗窃的是输电线路上正在使用中的电线,那么前者构成盗窃罪,后者则构成破坏电力设备罪。两者的区别就在于犯罪对象所体现的社会关系不同:一是侵犯公共财产所有权,一是

① 《马克思恩格斯全集》第 1 卷,第 168 页。

危害公共安全。

2.犯罪客体是任何犯罪构成的必要要件,犯罪对象则不一定是任何犯罪都不可缺少的,它仅仅是某些犯罪的必要要件

有些犯罪有犯罪对象,但法律未作限制规定,也不是犯罪构成的必要要件;只有法律特别规定了的犯罪对象,才是犯罪构成的必要要件。比如,刑法第326条规定的倒卖文物罪,其对象必须是国家禁止经营的文物,否则就不可能构成此罪。又比如,刑法第152条规定的走私淫秽物品罪,其犯罪对象只能是具体描绘性行为或者露骨宣扬色情的诲淫性的书刊、影片、录像带、录音带、图片及其他淫秽物品,否则就不可能构成该罪。但是,诸如偷越国(边)境罪、脱逃罪,妨害国境卫生检疫罪,非法集会、游行、示威罪等,就很难说有什么具体的犯罪对象了。当然,也有的人把犯罪对象的内涵加以扩大,认为不仅包括具体人、具体物,还包括人的行为、人际关系的状态、人的利益、物的位置、物的状态等,因而认为如同一切犯罪都有客体一样,一切犯罪也都有对象。这种见解模糊了犯罪客体与犯罪对象的界限,对司法实践没有什么好处,故为我们所不取。

3.任何犯罪都会使犯罪客体受到危害,而犯罪对象则不一定受到损害

例如,某家一台崭新的彩色电视机被盗,所侵害的是主人对这台彩色电视机的所有权关系,至于彩色电视机本身则未必受到损害。再比如,盗窃犯刚刚把摩托车偷到手,就被事主发现而被夺回,摩托车并没有受到损害,但车主的财产权利则受到侵犯。

4.犯罪客体是犯罪分类的基础,犯罪对象则不是

由于犯罪客体是每一犯罪的必要要件,它的性质和范围是确定的,所以它可以成为犯罪分类的基础。我国刑法分则规定的十类犯罪,正是根据犯罪客体划分的。如果按犯罪对象则无法进行分类。犯罪对象不是每一犯罪的必要要件,它在不同的犯罪中可以是相同的,例如非法制造、买卖、运输枪支、弹药罪和私藏枪支、弹药罪,犯罪对象都是枪支、弹药;在同一犯罪中它也可以是不同的,例如盗窃罪,犯罪对象可以是各种各样的公私财物,如货币、衣物、珠宝、家用电器等。正因为犯罪对象在某些犯罪中具有不确定性质,加之少数犯罪甚至没有犯罪对象,所以它不能成为犯罪分类的基础。

由此可见,区分犯罪客体和犯罪对象不论在理论上还是实践上都是有意义的。在司法实践中,只有把犯罪客体和犯罪对象正确加以区分,才能做到正确定罪量刑。

第8章

犯罪客观方面

第一节
犯罪客观方面概述

一、犯罪客观方面的概念

(一)犯罪客观方面的含义

任何犯罪,都有许多外在的事实特征。这些事实特征中的一部分,对于证明犯罪具有重要的意义,刑事立法将这些事实特征归纳为构成犯罪的客观要件。因此,所谓犯罪客观方面,就是指犯罪活动的客观外在表现。

犯罪客观方面亦常称为"犯罪客观要件",除此之外,也有称为"客观危害"、"犯罪的客观因素"、"表明犯罪客观方面的构成要素"、"犯罪构成的客观方面"等等。不过,这只是名称上的不统一,其实质指的都是犯罪活动客观的、外在的事实表现,是相对于犯罪的主观方面(要件)而存在的一个概念。

(二)正确理解犯罪客观方面的几点要求

对于犯罪客观方面,应当从以下几点来加以理解:

1.任何犯罪,都有其客观方面,它是一切犯罪构成的必备要件

一切犯罪都是人的有意识的和意志的客观活动,是犯罪人基于一定的犯罪意识和意志所实施的危害社会的过程,表现为人体的外部行动、举动、动作,通常以实施危害行为开始,以危害结果的发生而告终。例如,杀人罪的成立,是行为人在杀人的犯罪意识、意志的支配、控制下,通过实施杀人行为、发生杀人的危害结果而存在的。如果没有杀人行为、杀人危害结果这些事实特征,仅有杀人意念、想法等主观的内心活动,是不可能存在杀人罪的。再比如,要构成抢劫罪,肯定得有抢劫他人财物的行为,否则,仅有行为人的内在心理活动,

是看不见、摸不着的,既无法认识行为人是否有抢劫的主观故意、目的,更无法判别、确定抢劫犯罪的存在。可见,任何一种犯罪都是主观见诸客观的活动,任何一种犯罪构成都是犯罪的主观要件与客观要件的统一。这两方面是有机联系的,缺一不可。从这个意义上讲,犯罪的客观方面,是一切犯罪构成必备的基本要件。

2. 犯罪客观方面是犯罪心理态度的客观外在表现,同犯罪主观方面有着密切的联系,是主观见诸客观的事实情况

犯罪是危害社会的行为,当然有其种种客观的、外在的表现,但犯罪行为不是同行为人的主观意识相脱离的单纯肉体活动,而是其意识、意志这些主观的、内在的心理活动的外化(外部表现)。思想支配行为,犯罪活动也不例外。在现实生活中,任何犯罪的客观方面与其主观方面都是密不可分的。在刑法理论中,只是为了研究的方便,才把两者分开,这种划分只具有相对的意义。

必须进一步指出的是,犯罪构成是法定诸要件的统一,理论上通常简单表述为主观要件与客观要件的统一,而且我国刑法强调和坚持的是主客观相一致的定罪量刑原则。据此,在司法实践中,割裂客观要件与主观要件,不可能正确认定犯罪,将会导致"主观归罪"或者"客观归罪"。

3. 犯罪客观方面是与犯罪客体紧密联系的犯罪构成要件

在犯罪构成中,犯罪客体回答的是:犯罪行为所侵犯的是什么样的社会关系;而犯罪客观方面则是回答:这一客体在什么样的条件下,通过什么样的行为受到侵害,并且造成了什么样的危害结果。没有客观方面的事实存在,那么就意味着我国刑法所保护的社会关系没有受到实际损害,犯罪就不可能存在。只有当一个人的犯罪意图已经通过具体行为表现出来,并且在客观上已经造成或者可能造成危害社会结果的情况下,才能构成犯罪。犯罪的客观方面与犯罪客体结合,成为犯罪构成的客观要件,共同构成行为人负担刑事责任的客观基础。

4. 犯罪客观方面在犯罪构成的四个方面中居于主导地位,危害行为是一切犯罪构成要件的核心要件

犯罪是一种行为,但是并非任何行为都能成为犯罪,犯罪必须是危害社会的行为;同时,行为对社会的危害,还有程度上的种种差别,也不是所有的危害行为都是犯罪行为,只有那些符合刑法规定的、对社会的危害达到相当严重程度的行为,才是犯罪行为。行为的社会危害性及其程度,单从行为本身考察是难以确定的,还必须考察与行为密切相关的各种主客观事实情况,才能得出正确的结论。比如,行为是由什么主体实施的,是行为人基于什么心理态度实施

的,行为侵犯了什么客体,行为产生了什么危害结果等等。不过,在犯罪构成的四个方面中,犯罪客体、犯罪主体和犯罪主观方面,都是说明犯罪客观方面的社会危害性及其程度的事实特征,所以,犯罪客观方面在犯罪构成四个方面中显然占据着主导的地位,起着关键的作用。而危害行为又是直接说明某种行为的社会危害性及其程度的事实特征,故而危害行为在整个犯罪构成中居于核心地位。实际上,犯罪构成的其他任何一个要件,无论它归属于哪个构成方面,都是从不同的角度、在不同程度上表明行为的社会危害性及其已经达到犯罪的程度。弄清这个问题,有利于把握犯罪构成的实质。

二、犯罪客观方面的内容

在实践中,能够说明犯罪的客观事实是多种多样的,换句话说,犯罪活动在客观上的表现是各式各样、纷繁复杂的。例如,一个盗窃案中,总是有许多客观事实特征,而且是各不相同的。那么,是不是所有犯罪活动的客观事实、客观表现都能成为犯罪客观要件呢?我国刑法学关于犯罪构成要件的分析已表明,犯罪构成的要件只能是那些由刑法所规定的、能够决定行为的社会危害性质及其程度,而为构成某种犯罪所必需的特定事实。因此,我国立法机关并不是把一切客观事实都作为犯罪的客观要件,而是把那些最基本的、足以表明社会危害性质及其程度的客观事实,在刑法中规定为犯罪的客观要件。

犯罪客观要件的内容很广泛,根据这些要件是否为犯罪构成所必需,可以分为两类:

1.必要要件(或称共同要件):这是一切犯罪构成在客观方面都必须具备的要件,缺少这种要件就没有犯罪构成。包括危害行为、危害结果这两个要件。同时也必须考虑到与此相关的危害行为与危害结果之间的因果关系。

2.选择要件(或称特定要件):指的是这种要件并不是每一个犯罪构成都必须具备的,而只是某些特定犯罪构成中必备的要件。它包括犯罪的时间、地点、方法、手段等。

上面所列举的两类犯罪客观要件,绝大多数人予以认同。即是说,这两类客观事实一般被公认为犯罪客观方面的要件。

然而,关于犯罪客观要件的问题,也存在着一些不同意见,主要表现为:

(一)因果关系是不是属于客观要件

有人作了否定的回答。这些学者认为,因果关系只是危害行为与危害结果之间相互联系、相互作用的特定方式,不是犯罪构成的客观要件。[①] 我们认为,这种观点有一定的道理。

实际上,刑法上的因果关系,只是一种确定危害结果是哪种危害行为造成的一种认识方法(或工具),其本身并不是犯罪构成客观方面的要件,这不仅是因为在刑法条文上没有写明这一要件,也不仅是因为有许多犯罪可能产生的危害结果是无形的、难以具体测定的,所以司法实践中只要查明行为人是否实施了刑法规定的犯罪行为,无须查明因果关系就可以定罪。更重要的是因为,因果关系是现象之间的一种客观联系(在刑法上即是危害行为同危害结果之间的客观联系),没有具体的客观表现形态。法律规定某些犯罪以造成某种现实危害结果或产生某种危害结果的危险性、可能性为客观要件,根据罪责自负的基本原则,一般认为该结果是指行为人的行为所引起的结果,只有某人的行为同该种危害结果有因果关系,才能让行为人对该结果负刑事责任。犯罪的性质和犯罪构成的特点,是由犯罪的行为、结果以及其他法定要件的性质、特点决定的,而不是由因果关系所决定的。只不过,在危害结果已经发生的情况下,为了证实该结果是否由某人的行为所引起,司法机关必须查明该人的行为同该结果之间有无因果关系,从而确定该行为是否具备对该结果负刑事责任的客观基础。因此,因果关系是否存在,实际上是个证明过程、认识问题,不是犯罪构成的客观要件。

但是,由于因果关系与危害行为、危害结果这两个客观要件有着紧密的联系,加上因果关系的重要性和复杂性,有必要把它放在犯罪客观方面里作为专门问题加以研究。

(二)犯罪对象是不是属于客观要件

在我国刑法学体系中,一般把犯罪对象纳入犯罪客体的范畴进行研究,而不列入犯罪的客观要件。这样做的目的,主要是便于说明犯罪对象与犯罪客体具有不同的本质与意义,而不是认为犯罪对象在本质上当然属于犯罪客体的范围。目前,也有不少学者将犯罪对象放在客观要件里加以阐述和研究,并使用"行为对象"这一概念。

(三)犯罪情节是否列入客观要件

虽然我国刑法中有不少条款规定了诸如"情节恶劣"、"情节严重"、"情节特别恶劣"、"情节特别严重"等,来表明犯罪行为所达到的危害程度,但是,这样规定的意义主要体现在量刑轻重上,即根据"情节轻重"来给予不同的处罚。

①　何秉松主编:《刑法教程》,法律出版社 1987 年版,第 55 页。

因此,我们认为,犯罪情节不应纳入犯罪构成要件中,故而不能列入犯罪客观要件当中。

三、犯罪客观方面的意义

犯罪的客观要件,无论是对于正确定罪(区分罪与非罪、此罪与彼罪),还是对于准确量刑,都具有重要意义。

(一)犯罪客观方面在犯罪构成中占有中心地位

没有犯罪客观方面,就意味着刑法所保护的社会主义社会关系未受到危害,就没有犯罪构成,因而也就没有犯罪。有人认为,我国犯罪构成理论是以犯罪行为为核心构造起来的,这种说法是有道理的。的确,我们说一个人构成犯罪,常常说某人的行为犯了什么罪。由此不难看出,没有犯罪行为,就没有犯罪。

(二)区分各种犯罪往往需要根据犯罪客观方面来决定

例如,以不法占有为目的的各种侵犯财产犯罪如抢劫罪、抢夺罪、盗窃罪等之间的区别,主要表现在犯罪客观方面。实际上,我国刑法中的许多犯罪在客体要件和主体要件上是相同的,在主观方面也是相同或者基本相同的,法律之所以把它们规定为不同的犯罪,主要就是基于犯罪客观方面的不同。因此,弄清不同犯罪构成所要求的不同的客观要件,常常是正确区分不同犯罪的重要、基本方法。

(三)有助于正确分析和认定犯罪的主观要件

犯罪客观方面是发现和认定犯罪人主观心理态度的客观依据。在通常情况下,犯罪人的罪过内容和罪过形式是其主观、内在的心理活动,我们只有通过其外部表现即客观方面包括行为、结果以及犯罪时间、地点、方法、手段、情节等,才能加以认识和判断。考察犯罪的客观要件,可以为正确地判定行为人的犯罪主观要件中的罪过(故意或者过失)、目的、动机等内容,提供真实可靠的客观依据。

(四)有助于正确量刑

就不同的犯罪来讲,有些犯罪之所以分属不同的犯罪,规定轻重不同的刑罚,主要是由于它们的客观方面并进而影响到它们的社会危害程度的不同,如抢劫罪和抢夺罪往往把是否具备某种危害结果作为加重处罚的根据。又如,我国刑法第 234 条的故意伤害罪,就对犯罪结果是重伤、重伤致死的情况规定了较一般伤害结果更重的刑罚。从司法实践中看,同一性质犯罪的不同案件,其方式、手段以及时间、地点、条件、具体对象等往往不尽相同,这些不同的客观事实特征,虽然对大多数犯罪的定罪并无影响,但对具体案件的危害程度都有不同的影响甚至是重要的影响。我国刑法中的量刑原则及其他有关量刑的规定,都要求量刑时要充分考虑这些客观情况对犯罪危害程度的影响。

第 二 节
危害行为

我国刑法所惩处的犯罪,首先是人的一种危害社会的行为。特定的危害社会行为,是我国刑法中犯罪客观方面首要的因素,是一切犯罪构成在客观方面都必须具备的要件,它在每个犯罪构成中都居于核心地位。

一、危害行为的概念

危害行为,是指表现行为人的意志或意识,在客观上危害社会并为刑法所禁止的行为。

在我国刑法上,犯罪有许多种,它们的行为不可能完全一样,但概括起来,都是一种危害社会的行为。如果被告人的行为不是危害社会的行为,就不能构成犯罪。

由于我们习惯上从构成犯罪的角度来认识和研究危害行为,故而危害行为又常常称为犯罪行为。虽然严格地讲,犯罪行为只是危害行为的一种,它与危害行为有不同的含义,但是,我们通常所说的犯罪行为,仅指犯罪构成客观要件中的行为,而所指的危害行为也是从构成犯罪客观要件的行为这一角度而言的,所以把这二者等同使用,并无不可。

刑法中的危害行为包括两方面的含义:

(一)从客观上看,它是人的危害社会的行为

首先,这表明我国刑法坚决摒弃"思想犯罪",而只是同人的特定行为作斗争。因为单纯的思想活动如果不同人的行为联系起来,就不可能对社会产生影响,不可能在实际上危害社会,只有人的行为才可能对社会产生实际作用。

其次,我国刑法所惩罚的行为,不是任何性质的行为,而只是危害社会的行为。人的行为对社会的影响形形色色,各不相同,但从其性质上区分,不外乎有害于社会的行为和无害于社会的行为两大类。无害于社会的行为,尤其是其中有益于社会的行为,正是法律要予以保护的行为,当然不是我国刑法所惩罚的对象。只有有害于社会的行为,才可能成为我国刑法所惩罚的对象,才

可能被作为我国刑法中犯罪构成的客观要件。

（二）从主观上看,刑法中的危害行为是表现人的意志或意识的行为

行为就是表现人的意识和意志的外部动作。我国刑法中危害社会的行为,也必须是受人的意志和意识支配的。只有这样的人体外部动作即危害行为,才可能由刑法来调整并达到刑法调整所预期的目的。因此,人的无意志和无意识的身体活动,即使客观上造成损害,也不是刑法意义上的危害行为,不能认定这样的人构成犯罪并追究其刑事责任。这类无意志和无意识的行动主要有:

1.人在睡梦中或精神错乱状态下的举动。在这些情况下的举动,并不是人的意志或意识的表现,因而即使在客观上损害了社会,也不能认定为刑法中的危害行为,不能构成犯罪。

2.人在不可抗力作用下的举动。在这种情况下的行动并不表现人的意志,甚至往往是直接违背其意志的。因而这种行为即使对社会造成损害,也不能视为刑法中的危害行为。例如消防队员在执行救火任务中,因唯一通道上的桥梁被洪水冲断,而未能及时赶到对岸起火的工厂灭火,因而造成严重损失。这里,消防队员未履行救火义务的举动就是由不可抗力造成的,这是违背其意愿的,因而不能认定为刑法中的危害行为,不能让消防队员负责任。对于不可抗力作用下的举动,我国刑法第16条作了明文规定。

3.人在身体受强制情况下的行为。这种情况下的行为是违背行为者主观意愿的,客观上行为者对身体强制也是无法排除的,因而此时的行为不能视为刑法意义上的危害行为,对行为造成的损害结果也不能让行为者负刑事责任。例如,盗窃犯甲潜入某研究所实验室盗窃时,被工作人员乙发觉而将之堵在屋内,二人展开搏斗,乙因身单力薄,被盗窃犯甲猛力推倒在仪器台上。乙因此碰坏了十分贵重的仪器,这里就不能让乙为损坏贵重仪器负刑事责任,因为乙碰坏仪器的动作并不表现其意识和意志,是其身体受强制情况下的行动,不是刑法中的危害行为。

但是,人在受到精神强制、威胁时实施某种损害社会行为的情况下,除了符合紧急避险条件的属于合法行为的以外,其他不符合紧急避险条件而达到触犯刑律程度的,都应当认定为犯罪并追究其刑事责任,因为这时行为人的行为是受到其意志和意识支配的。我国刑法第28条之所以规定对被胁迫实施犯罪的人也应追究刑事责任,道理也正在于此。

二、危害行为的表现形式之一:作为

刑法所规定的危害社会犯罪行为,其表现形式多种多样。刑法理论上将形形色色的危害社会行为归纳为两种基本表现形式:作为与不作为。

（一）作为的概念

所谓作为,亦称积极的行为,或犯罪的作为,是指犯罪人用积极的行为所实施的刑法所禁止的危害社会的行为,即刑法禁止做而去做的情形。

作为形式在犯罪中较多见,并且有许多犯罪只能表现为作为形式。例如,抢劫罪、抢夺罪、诈骗罪、贪污罪、强奸罪、诬告陷害罪、脱逃罪等,都是如此。

对于犯罪的作为,应从下列几点来理解:

1.作为是危害行为的一种基本形式,必须具备危害行为的基本特征。

2.作为必须是实施刑法禁止实施的行为。作为违反的是禁止性法律规范,即法律禁止做而去做。例如,刑法第240条规定的拐卖妇女、儿童罪,从刑法规范的角度来看,应当理解为:禁止拐卖妇女、儿童,违者——实施刑法禁止实施的行为——就是犯罪的作为。实施刑法禁止实施的危害社会的行为,是作为的根本特征。

3.作为必须表现为积极行为(身体举动)。凡是只能由作为形式实施的犯罪,消极行为(身体静止)就不能构成。例如,刑法第267条规定的抢夺罪,就是如此。

4.作为一般是由人的一系列积极举动组成,而不是个别孤立的动作和活动环节。比如说,用枪杀人这种作为,往往包括举起手枪、对准目标、手握枪机、扣动扳机等一系列动作,而不可能是单一的、孤立的动作。

（二）作为的实施方式

作为的实施方式,是指行为人实施刑法禁止实施的行为,在客观上是怎样表现出来的。

作为的方式是多种多样的,并非仅有一种。应该指出,不能把作为等同于亲手实施的行为。作为除了犯罪行为人本人亲手实施的积极活动外,还应该包括犯罪人借助自然力(如借助风势、水势)、借助动物(如借助狗、蛇等)、借助不具备犯罪主体条件的他人(如借助儿童、精神病人)或借助他人的过失行为来实施犯罪行为,这些情况仍应视为是利用者本人实施了作为的犯罪行为。具体来说,作为的实施方式主要有:

1.利用自己身体的作为。这是作为的常见形式之一。身体活动既可以表现为四肢的活动,也可以表现为五官的活动。例如,用拳打脚踢的方式伤害他人,就是典型的以身体活动实施的作为。又如,口出污言秽语的侮辱、眼神示意的教唆等,就是以五官动作实施的作为方式。

2.利用物质性工具实施的作为。这也是常见的作为方式。这种作为方式的特点是,人的身体活动和犯罪对象之间有了工具的介入因素,由工具的某种属性作用于犯罪对象并造成对象的某种改变从而形成犯罪行为。例如,利用菜刀杀人,利用假的印章诈骗他人,利用计算机技术进行盗窃等,都属于这种情况。

3.利用他人的作为。即指利用无责任能力人和主观上无罪过的人实施危害行为。例如,利用未满 14 周岁的儿童放火、投毒,利用精神病人杀人、伤人等。在这种情况下,刑法理论上称利用者为"间接正犯",而被利用者则是"间接正犯"实施犯罪的工具。由于被利用者无刑事责任能力或者主观上不是出于故意和过失,其所作所为应当视为"间接正犯"实施的危害行为。

4.利用自然力的作为。利用自然力进行犯罪的并不少见,如放火、决水等,就可以是这种情况。利用自然力实施的作为与利用物质性工具实施的作为,在性质上基本相同,所不同的是,前者利用的是"自然形式",后者利用的是人为创造的工具。

5.利用动物实施的作为。例如,利用毒蛇咬死他人,唆使恶狗伤人等。只要行为人以身体活动驱使动物用来实施犯罪,就是利用动物实施的作为。

6.利用职务的作为。例如,贪污、受贿犯罪就是利用职务的便利实施的作为犯罪。我国刑法规定的具体犯罪,许多都可以利用职务实施。

三、危害行为的表现形式之二:不作为

不作为,也称消极的行为,或者犯罪的不作为,是与作为相对应的危害行为的另一种表现形式。相对于作为犯罪而言,不作为犯罪发生较少。但就理论上的复杂性而言,不作为犯罪远甚于作为犯罪,而且在司法实践上也较难认定。

(一)不作为的概念

所谓不作为,是指犯罪人有义务实施并且能够实施某种积极的行为,却未实施的行为,即应该做也能够做而未做的情况。或者说,不作为,就是行为人负有实施某种行为的特定法律义务,能够履行而不履行的危害行为。

犯罪的不作为,是犯罪行为的另一种形式,它与犯罪的作为一样,都属于犯罪客观要件方面的构成要素。在行为形式方面,不作为表现为静态的、消极的不行为,同时也违反了义务性的法律规范。

犯罪的不作为,具有下列三个基本特征:

1.不作为是危害行为的一种基本形式,同作为的形式一样具有行为性。作为犯罪的行为性是没有疑问的,而不作为究竟有没有行为性则成为一个问题。尽管在大陆法系国家刑法理论中关于不作为的行为性存在着"因果行为论"、"目的行为论"、"社会行为论"这三种不同的观点①,但总体上说,"无行为即无犯罪"这一命题是正确的。我们认为,不作为同样是一种行为,具有行为性,这是不容置疑的。所谓行为性,是指具备危害行为不可缺少的三个基本特征,即:(1)危害行为是行为人的身体动静;(2)行为人的身体动静是由行为人的心理态度所支配的;(3)由行为人的心理态度支配的身体动静,必须对社会具有危害性。由于不作为首先表现为行为人危害社会的身体动静,其次,这种身体动静是由行为人危害社会的心理态度所支配的,最后,这种行为形式足以引起外界的客观变化,会造成严重的危害后果,从而对刑法所保护的社会关系具有损害性和威胁性。

2.不作为以行为人负有某种特定的义务并且能够履行该义务为前提。这体现了不作为犯罪的违法性。如果说作为的违法性体现在对法律的禁止性规范的违反,那么,不作为的违法性则表现在对法律的命令性规范的违反。所谓命令性规范,也是义务性规范的一种,其内容表现为法律要求人们应该作出一定行为。因此,不作为这种行为方式不同于作为的重要标志,就在于不作为以行为人负有某种特定义务并且能够履行该义务为前提条件。如果行为人根本不负有某种特定义务,或者根本没有履行特定义务的能力,那就不可能构成不作为犯罪。

3.不作为是没有履行刑法要求履行的特定义务的行为。不作为形象地说,就是"该做"、"能做",却"不做"。由此,"不做"就是不作为的一个重要特征,恐怕也是这种行为方式之所以称为"不作为"的一个由来吧。在不作为这种行为方式下,行为人在负有特定义务且能履行的前提下,刑法要求他必须履行,这是刑法规范指明的行为方向,行为人有义务遵照执行,然而他却没有履行这种特定义务,这就属于"不作为"。因此,不作为不仅是不履行特定义务的行为,同时也是不履行刑法义务的行为。

(二)不作为的构成

构成犯罪的不作为,需要具备一定的条件,这些条件的总和(有机统一)就是不作为的构成。我们认为,不作为的行为要构成犯罪,客观方面需要具备以

---

① 　详见陈兴良著:《刑法适用总论》(上),法律出版社 1999 年版,第 258～260 页。

下三个条件：

1.行为人负有实施某种积极行为的特定法律义务

这是构成犯罪的不作为的前提条件。换言之，不作为的前提条件是"应为义务"。没有特定法律义务，也就没有不作为的行为形式。不作为之应为义务，不是指某种普遍性的义务，也不是泛泛的法律义务，比如每个公民都有"遵守法律"的义务，而是某种特定的义务。这在刑法理论中已成定论。

我们认为，所谓"特定义务"，是指基于特定的法律事实而产生的特定法律关系中，行为人应当实施某种行为的责任，也就是行为人应当积极实施的具有特定、具体内容的应为义务。我们不妨这样来看，不作为是违反某种义务的犯罪，这种义务的实质在于，行为人应当实施某种积极的行为，否则就会给社会造成危害结果。

那么，根据什么来确认行为人负有某种特定义务呢？一般地说，应当掌握四点：(1)行为人已经进入某种社会关系的领域，是该种社会关系的实际参加者；(2)行为人进入该种社会关系领域，是由某种特定的事实引起的，这种特定事实的存在，是行为人在该种社会关系中负有特定义务的根据；(3)行为人符合法律要求的条件，在主客观上具有履行特定义务的能力；(4)行为人必须履行特定义务，否则就会引起严重的社会危害后果，给国家、集体和他人造成或可能造成较大的损害。[①]

不作为犯罪的作为义务究竟有哪些，或者说作为义务范围如何确定，在认定不作为犯罪中具有重要意义，而且是确定不作为犯罪的构成必须解决的一个问题。关于这一问题，我们将在本节后面作专门的研讨。

2.行为人能够履行而没有履行特定义务

不作为犯罪的第二个构成要件是，行为人能够履行特定义务而没有履行该义务。"没有履行"是不作为犯罪成立的事实前提，已经履行了作为义务，自然不发生不作为犯罪的问题。而"能够履行"则是一个履行能力的问题，如果行为人虽然没有履行作为义务，但是根据实际情况，他根本不可能履行，则仍然不发生不作为犯罪的问题。这一条件表明了我国刑法中不作为犯罪构成上的合理性。

具体包括：

(1)没有履行。没有履行，也就是不履行作为义务，因而构成不作为。所谓没有履行，是指没有履行法律或者职责所要求履行的作为义务。

---

① 马克昌主编：《犯罪通论》，武汉大学出版社 2000 年第 3 版，第 171～172 页。

（2）能够履行。能够履行,就是具有履行的可能性和现实性。是否具有履行作为义务的可能性,应当根据一定的事实加以判断。在刑法理论上,一般认为,在以下四种情况下,行为人不具有履行能力:①无作为能力。如因昏迷、麻痹、抽搐,或者手脚为绳索所捆绑等。②生理之缺陷。如聋哑、患病,或者其他身体之残障等。③空间之限制。例如,生母乘婴儿入睡外出,婴儿自睡床坠地受伤流血不止,因生母未能及时送医院急救致死,则生母外出受限于空间距离,而不具备救护婴儿的事实可能性。④欠缺救助所必要之能力、经验、知识或工具。如不会游泳、不会做人工呼吸、体力不足等。

3. 行为人不履行特定义务而发生了危害社会的严重后果

我国刑法学界一般都认为,不作为犯罪有三个构成条件,其中第三个条件就是不作为的行为发生了危害社会的严重后果。不过,也有学者认为,第三个条件是,作为义务之不履行与危害结果之发生具有因果关系。少部分人则认为,危害结果或者因果关系都不是不作为犯罪的构成条件。

我们认为,某些不作为犯罪,只要行为人不依法履行其作为义务就足以构成,不要求有危害结果的发生,这指的是行为犯这种情况。但是,多数情况下,不作为犯罪是结果犯。而且,不发生危害结果的不作为犯罪,理论上也许能够成立但实际生活中压根儿不会出现。应当说,与作为犯罪所不同的是,不作为犯罪必须以实际发生危害结果为构成要件,这也是不作为犯罪的标志之一。司法实践中,往往是先发生了某一种危害结果,再根据案件的种种情况考察行为人是否不作为。如果行为人不履行特定义务,但最终没有发生危害社会的严重结果,不可能形成犯罪现象,也不应当作犯罪处理。比如说,某甲领其邻居小孩(假定为6周岁)去大海里游泳,他把小孩带到海中后,自己就往回游,后来,当小孩呛水呼救时,他不仅不去救小孩,反而继续往岸边游。可是,后来小孩还是被其他游泳者抢救了,没有被淹死。在这种没有发生严重后果的情况下,我们根本无法认定说某甲构成间接故意杀人罪,也不能说是构成未遂状态的故意杀人罪。所以,我们坚持认为,不作为构成犯罪的一个重要条件是必须发生危害社会的严重后果。当然,这里的"后果"要作广义上的理解。

（三）不作为的义务来源

特定义务产生的根据,刑法理论上又称为特定义务的来源。实际上,这反映的是作为义务(特定法律义务)的分类,其实质是作为义务的范围问题。关于特定义务的来源,我国刑法学界通常认为有三个("三来源说"),但是也有少数学者认为有四个(即"四来源说"),还有学者认为有五个(我们不妨称之为"五来源说")。

按照通行的"三来源说",特定义务的来源有三个,即:

1. 法律明文规定的特定义务

由法律明文规定的特定义务,包括宪法、法律和各种法规所规定的且为刑法要求实施的义务。符合法律条件的具有某种特定身份的人,必须履行这种特定义务。例如,依据婚姻法规定,父母子女之间以及夫妻之间都有互相扶养的义务。如果其中有人拒绝扶养而遗弃家庭成员的,就是不作为,情节恶劣的,构成遗弃罪。

2. 职务上或业务上要求履行的义务

担任某种职务和从事某种业务的人,其职务本身和业务的性质,就决定了他负有某种特定的义务,如果不履行这种义务,造成严重危害后果或者情节恶劣,依照刑法规定应当追究刑事责任的,就是不作为犯罪。例如,值班医生有救护病人的义务,值班消防队员有灭火的义务。不履行这种义务,就可能构成刑法第 335 条规定的医疗事故罪和第 397 条规定的玩忽职守罪。又比如,出纳员有按规定保管好现金的义务,铁路职工有遵守规章制度维护铁路运营安全的义务,等等,都属于职务上或者业务上要求履行的义务。

3. 由行为人先行行为而引起的义务

这是指行为人由于自己先前实施的行为(简称"先行行为"),而使法律所保护的某种合法利益处于危险状态时,所产生的负有采取积极行动防止、避免危害结果发生的义务。例如,成年人带孩子去深山打猎,就负有保护孩子生命和健康的义务;幼儿园老师带小孩去游泳,就负有保护小孩安全的义务;汽车司机交通肇事撞伤人,就负有立即送被害者去医院抢救的义务。若不履行这种义务,就是不作为。

在认定先行行为引起的作为义务时,有这样几个问题值得重视和探讨:(1)先行行为是否限于违法行为,即,先行行为如果并不违法,能否引起作为义务而成立不作为犯罪。对此理论上有不同主张。我们认为,先行行为并不以违法行为为限,也可以是合法行为。例如,前面所举的"成年人带孩子去深山打猎"、"幼儿园老师带小孩去游泳"而构成的作为义务,肯定是一种合法行为而不是违法行为。而且我们认为,在现实生活中,引起作为义务的"先行行为"大部分是正常的合法行为。当然,先行行为的合法性并不能保证产生作为义务之后行为的合法性,这是不同的界限,不能混为一谈。(2)犯罪行为能否作为先行行为而引起作为义务。理论上对此见解分歧较大,肯定态度与否定态度并存。我们认为,违法行为能引起作为义务,这是不言而喻的。而比违法行为更严重的犯罪行为(实质上也是一种违法行为)肯定更能引起作为义务,如果不是这样理解,定然于理不通、于情不合,也不利于司法实践。举例来说,行为人交通肇事将他人撞成重伤、血流不止从而有生命危险,行为人肯定负有将被害人送往医院救治的作为义务。如果行为人不履行这种义务而又采取一些逃避责任的措施(如将被害人推进路边的水沟、将被害人移到路边草丛里、用车再次碾压被害人等),致被害人死亡的,则构成间接故意杀人罪而不是交通肇事罪。这个案例的道理非常浅显,也容易明白,说明先前的犯罪行为可以引起作为义务。(3)先行行为是否限于作为,也即不作为能否成为先行行为。我们认为,先行行为既可以是作为,也可以是不作为。例如,行为人拒不接受有关部门对枪支弹药、爆炸物品的检查,丢失公务用枪不予及时报告,等等情形,都可以由不作为引起作为义务。

按照"四来源说",则除前述三个来源外,特定义务还有一个来源是"法律行为引起的作为义务"。持这种观点的学者认为:法律行为是指在法律上能够引起一定的权利和义务的行为。在当前,能够引起作为义务的法律行为主要是合同行为。在一般情况下,合同一方当事人不履行合同所规定的一定义务,只产生违约的法律后果,并不产生不作为犯罪的作为义务。但当不履行合同所规定的义务给刑法所保护的社会关系造成严重危害时,这一义务才能成为不作为犯罪的作为义务。例如,一个妇女自愿被某人雇用,做后者小孩的保姆。这样,该妇女就具有看护好小孩,防止其遭受意外伤害的义务。如果保姆不负责任,不加看护,致使小孩从楼上摔下死亡,该保姆就应负法律责任。当然,法律行为引起的作为义务存在一个产生、消失和转移的问题。以合同行为为例,它产生于合同生效,消失于合同届满失效。因此,不能把法律行为看作是绝对的、超越时空的。[①]

特定义务"五来源说",则除了前述通行的"三来源说"外,加上两个来源,即:(1)自愿承担的某种特定义务。行为人基于自己的意思表示自愿担负某种特定义务后,有责任按照委托人的要求履行该项义务;如果不履行自愿承担的义务,由此造成严重的危害后果,致使刑法所保护的某种社会关系受到损害,应视为以不作为形式实施的犯罪。(2)在特殊场合下,公共秩序和社会公德要求履行的特定义务。在一般场合下,刑法所保护的社会关系处于危险状态,只

[①]　详见陈兴良:《刑法适用总论》(上卷),法律出版社1999年,第270~271页。全国高等学校法学专业核心课程教材《刑法学》(高铭暄、马克昌主编,赵秉志执行主编,北京大学出版社、高等教育出版社2000年版)也认为,不作为的义务来源有一项是"法律行为引起的义务",观点详见该书第72~73页。

要不是在场人的行为所引起的,刑法便不要求他履行排除和采取措施避免危险的义务。但是,在特定的场合、关系和条件下,刑法则要求其履行这种义务,在不损害自己较大利益且有能力履行义务的基础上,他不履行这种义务从而造成严重后果的,也应认为是犯罪的不作为。①

我们认为,"四来源说"和"五来源说",也许都有其合理之处,但是仔细、认真地分析一下,不难发现这两种学说都难以站住脚,或者干脆说"第四个来源"也罢、"第五个来源"也罢,实际上都没有离开"先行行为引起的作为义务"或者前两个作为义务来源(法律明文规定的义务、职务上或业务上要求履行的特定义务)的范围。具体地说:(1)所谓"法律行为引起的作为义务"究其实质而言,无非是"先行行为引起的作为义务"细分下去的一种具体的表现形式。因为,"先行行为"既可以是合法行为(当然包括所谓"法律行为"),也可以是违法行为或者犯罪行为,既可以是作为,也可以是不作为;某种"法律行为"能不能引起作为义务,关键是该行为的前提是否属于"先行行为",也即该行为必须使刑法保护的合法利益处于特定的危险状态,才产生相应的"特定义务",否则便不产生所谓特定义务。以前文所举的保姆为例来说明问题:如果保姆没有实施某个使她所看护的那个小孩处于危险状态的行为,无论如何是不可能要求保姆有所谓"防止小孩遭受意外伤害的义务"。可以这样设想,当小保姆睡觉的时候,小孩睡醒后自己爬到阳台上,结果摔伤或者掉下去摔死,总不能说保姆负有特定义务而必须承担伤害他人或致人死亡的刑事责任吧。否则,岂不是强求保姆必须一天 24 小时寸步不离该小孩,或者苛求保姆不能睡觉、吃饭、休息等等。反过来说,当小孩遭受诸如伤害、死亡这种不幸时,必须是保姆先前实施了某种致小孩处于危险状态的行为,才能说保姆负有法律上的特定义务,也才必须承担法律责任。(2)所谓"自愿承担的某种特定义务"同样也必须以"先行行为"的客观存在为前提条件,否则谈不上什么刑法上的"特定义务"而是其他法律义务。这方面的理由与前面的理由相同,此处不再赘述。(3)所谓"在特殊场合下,公共秩序和社会公德要求履行的特定义务",我们认为完全可以归入"职务或者业务上要求履行的义务"的范围,即"公共秩序和社会公德要求履行的"义务不是针对一般的社会大众而言的,而是针对"职务或者业务上"有特殊要求的人而言的。否则,就是道义义务,或者普遍义务或泛泛的法律义务,而不是"特定的法律义务"。以现实生活中较常见的"见死不救"、"见义不为"为例,如果是一般的民众,那仅仅是道义义务;而对于警察、医生等有职务

---

① 马克昌主编:《犯罪通论》,武汉大学出版社 2000 年第 3 版,第 171～172 页。

或业务上特殊要求的人，则可能是"特定的法律义务"。比如，面对歹徒持刀行凶、追杀他人，一般的群众没有见义勇为，而是"见死不救"，顶多是道义责任而不是什么刑事责任，但如果是一个派出所所长"见死不救"，那就属于不作为的玩忽职守了。如果不管什么人，只要"见死不救"就构成犯罪的话，那只能说是"道德战胜法律"的结果。

（四）不作为犯罪的类型

不作为犯罪，可以分为各种类型。对不作为犯罪类型的深入分析，有助于进一步理解不作为犯罪的实质。

1.从犯罪形态的角度，把不作为犯罪划分为纯正不作为犯和不纯正不作为犯。

所谓纯正不作为犯，是指凡是法律规定一定的作为义务，单纯地违反此项义务即构成某种犯罪。也有人认为，按照刑法分则的规定，只能由不作为行为方式构成的犯罪，为纯正的不作为犯。我国刑法分则中规定的只能以不作为方式构成的犯罪只有少数几种，如遗弃罪等。由于纯正不作为犯罪在刑法中有明文规定，因而司法实践中不会发生认定上的困难。

所谓不纯正不作为犯，一般是指凡是以不作为的手段，实施通常作为犯所能构成的犯罪。在我国刑法中，有的犯罪既可以由作为形式构成，也可以由不作为形式构成，例如故意杀人罪、爆炸罪等。举例子说，故意杀人罪，可以采用刀砍、枪击等作为形式来实施，也可以采用不给食物、将受害人饿死的不作为方式来实施。刑法理论上就把这种既可以是作为、也可以是不作为，而由不作为的形式构成的犯罪称为"不纯正不作为犯"。

需要说明的是：在不纯正不作为犯的概念问题上，除了上述观点外，还有两种不同的见解：（1）一种观点认为，成立不纯正不作为犯，除了违反作为义务的不作为外，还需引起一定的结果。此说把不作为与构成要件的结果结合起来，从引起犯罪结果为必要这一点上，认定不纯正不作为犯。（2）另一种观点则认为，不纯正不作为犯，应当以不作为实施以作为形式所规定的犯罪构成要件为确认根据。这就是说，按照法律规定的行为形式，区别纯正不作为犯与不纯正不作为犯。而从不纯正不作为犯与刑法规范的关系来考察，又有三种不同的主张：（1）不纯正不作为犯是违反禁止规范的犯罪。认为以作为的方式违反刑法禁止规范的，称"不纯正作为犯"；以不作为的方式违反刑法禁止规范的，称为"不纯正不作为犯"。（2）不纯正的不作为犯是违反命令规范的犯罪。此说指出，不纯正不作为犯的作为义务只能来自命令规范，因此，违反作为义务的不作为，实属侵害命令规范的作为。（3）不纯正不作为犯是既违反禁止规范又违反命令规范的犯罪。此说认为,不纯正不作为犯的作为义务,虽然来自命令规范,但是违反该项作为义务的事实,不但以不作为的方式侵犯了命令规范,而且在结果上实现了禁止规范的构成要件,所以又是侵害禁止规范的行为。

我们认为,区分纯正的不作为和不纯正的不作为犯罪的意义在于:在不纯正的不作为犯罪中,不作为形式实施的危害行为,一般可以作为从轻处罚的情节考虑,因为不作为所体现的主观恶性一般比作为行为要轻一些。但是,在纯正的不作为犯罪中,不作为形式实施的危害行为就不能作为从轻的情节来考虑了。因此,我们主张不必在其概念上作过多、过于烦琐的理论论证。

2.从危害行为实施方式的角度,把不作为犯罪划分为纯粹的不作为和混合的不作为。

这是苏联学者以是否产生法律所规定的危害结果为标准划分的。

所谓"纯粹的不作为"存在于这样的立法结构中:不论已经产生还是可能产生后果,不作为的事实本身和既遂罪一样要受到刑罚惩罚。例如,对处于有生命危险状态的人不予救助,或者没有正当理由对病人不给予抢救。

所谓"混合的不作为"只可能存在于下列场合,即由于不作为而产生了一定的、法律所规定的社会危害结果。例如,出于某种动机,医生想让病人死去,并有意不给病人做手术。如果这种结果产生,医生就要对故意杀人罪承担责任。①

3.从犯罪构成要件的角度,围绕着不作为犯罪的形式,将不作为犯罪分为具体四类。

(1)只能由不作为形式构成的犯罪。例如,我国刑法第261条规定的遗弃罪。这大体相当于西方刑法理论中的"不纯正不作为犯"。

(2)既可以由作为也可以由不作为构成的犯罪。它几乎遍布刑法分则所有各章中,大体相当于西方刑法理论中的"不纯正不作为犯"。

(3)同时包含作为和不作为两种形式的犯罪。例如,我国刑法第201条和第202条规定的逃税罪、抗税罪,就是这类犯罪。它的共同特点是行为人不履行刑法规定的某种特定义务,而在实施这些不作为犯罪时,又采取了某种积极作为的形式。这一类犯罪实际上是以作为的面目出现的不作为犯罪,主要特征还是不作为,但它有别于以上两种不作为犯罪。

(4)共同犯罪中的不作为犯罪。此类犯罪一般采用内外勾结的办法,行为

---

① 转引自马克昌主编:《犯罪通论》,武汉大学出版社2000年第3版,第175页。

人在共同犯罪中扮演帮助犯的角色。例如,看守仓库的保管员与盗窃犯共谋,以自己的不作为给盗窃犯大开方便之门,这就是共同犯罪中的不作为犯罪。

第三节
危害结果

危害结果同危害行为一样,也是犯罪构成客观方面的要件之一。任何一种犯罪,都有危害结果或者可能引起危害结果,否则刑法就不会把这种行为规定为犯罪。

一、危害结果的概念

(一)关于危害结果概念的不同观点

关于危害结果的概念,我国刑法学界主要存在以下两种观点:

1.危害结果就是指犯罪行为对我国刑法所保护的客体(社会主义社会关系)所造成的损害。[①] 有人将这种学说称为"客体侵害说"。这种学说在我国刑法学界和司法实践中具有较大的影响。

2.危害结果就是犯罪行为已经造成的实际损害结果或者具体的物质性的损害结果。[②] 有人把这种学说称为"实害说"[③]。

由这种分歧出发,在危害结果是否成为属于犯罪构成的共同的、必备要件上,存在着两种观点:

第一种观点认为,因为主张任何犯罪都必然对刑法所保护的客体(社会主义社会关系)造成损害,所以危害结果是一切犯罪构成都必须具备的要件。

第二种观点认为,因为主张危害结果必须是实际损害结果或者具体的物质性的损害结果,在不可能具有这种结果的犯罪中,就不能以这一因素为必备要件。例如,有些行为一经实施即构成完整的犯罪(如侮辱罪、诽谤罪);有些

---

① 参见高铭暄主编:《刑法学》,法律出版社 1982 年版,第 122 页;高铭暄主编:《中国刑法学》,中国人民大学出版社 1989 年版,第 100 页;林准主编:《中国刑法教程》,人民法院出版社 1989 年版,第 59 页;杨春洗、杨敦先主编:《中国刑法论》,北京大学出版社 1998 年版,第 81 页。

② 杨春洗、杨敦先主编:《中国刑法论》,北京大学出版社 1998 年版,第 81 页。

③ 刘生荣著:《犯罪构成原理》,法律出版社 1997 年版,第 161 页。

犯罪的情况,如犯罪的预备、未遂和中止,都没有实际损害结果或者具体的物质性损害结果,因而就不能以危害结果作为犯罪构成要件。

我们赞同第一种观点,由此认为:所谓危害结果,是指危害社会的行为对我国刑法所保护的客体所造成的损害,而且这种损害既包括实际损害(即危害行为造成的直接结果和后果),也包括造成实际损害的现实危险。

(二)广义和狭义的危害结果

我们认为,根据我国刑法的规定和有关的刑法原理(即"客体侵害说"),刑法意义上的危害结果,有广义与狭义之分。

1.广义的危害结果。是指行为人的危害行为在客观上对客体造成的损害。由此可以看出,我们前面给危害结果所下的定义,实际上是从广义角度而言的。这里所讲的对客体的损害,既包括对客体的实际侵害,也包括对客体可能造成的损害(如抢劫未遂、杀人中止等);既包括对客体有形的损害,也包括对客体无形的损害(如诽谤罪对他人人格、名誉的损害);既包括行为直接造成的结果,也包括行为间接造成的结果(如暴力干涉他人婚姻,致使被害人死亡)。

这里,需要说明的是,广义的危害结果同犯罪客体有着内在的有机联系。我们之所以说,犯罪行为是具有社会危害性的行为,就是因为它能给刑法所保护的客体造成或者可能造成一定的损害。例如,盗窃分子将他人财物盗走,就使他人的财产所有权受到损害;杀人行为,已经将人杀死,就是剥夺了他人的生命;各种未遂犯罪或者犯罪预备、犯罪中止,可能给客体造成一定的损害。如果某种行为既没有对客体造成损害,也不可能对客体造成损害,就意味着这种行为没有社会危害性,当然也就不可能认为是犯罪。所以,危害结果是每一个犯罪构成都必须具备的要件,缺少这个要件,犯罪的客观方面就是不完全的,犯罪就不能成立。我们也正是从广义上来看危害结果,才说它是犯罪构成客观方面必备的要件。

2.狭义的危害结果。是指作为犯罪构成特定要件的结果,通常也就是对直接客体所造成的实际损害。狭义的危害结果被包括在广义的危害结果之中。作为广义的危害结果,在一切犯罪中包括预备犯罪、中止犯罪、未遂犯罪和所谓的"举动犯"(又称"即时犯",如参加黑社会性质组织罪、传授犯罪方法罪等),都客观存在。但作为犯罪构成特定要件的狭义危害结果,只是在某些要求有物质性或者具体损害结果的犯罪中才存在。比如说,盗窃罪的危害结果,专指被害人财物的损失;杀人罪的危害结果,专指被害人死亡。

区分广义、狭义的危害结果,无论是对于定罪还是对于量刑,都具有重要意义。例如,甲诈骗了乙的大量钱财,乙因而愤然自杀身亡。这里,甲诈骗了他人的钱财,造成乙财产损失,即为狭义的危害结果,是构成诈骗既遂的要件;甲的诈骗行为导致乙自杀的结果,也属危害结果,只不过属于广义的危害结果,在本案中是量刑时必须考虑的情节。

二、危害结果的种类

为了更全面地认识危害结果在刑法中的意义,我们有必要以不同的标准对危害结果进行分类。

（一）构成要件结果与非构成要件结果

刑法上的危害结果,以对某种犯罪的成立是否具有决定意义,可划分为构成要件结果与非构成要件结果。作这种划分,有利于正确认识危害结果在不同犯罪构成中的地位和作用,从而有利于正确地定罪量刑。

构成要件结果,简称为构成结果,也称定罪结果,是指属于犯罪构成要件的结果。或者说,是指成立某种犯罪既遂所必须具备的危害结果。例如,刑法第264条规定的盗窃罪、第266条规定的诈骗罪、第267条规定的抢夺罪,都要求非法占有的财物必须是"数额巨大";又如,刑法第335条规定的医疗事故罪,必须"造成就诊人死亡或者严重损害就诊人身体健康"的结果。

非构成要件结果,简称非构成结果,也称量刑结果,是指不属于构成要件的危害结果,或者说是指一切危害行为引起的某种具体犯罪构成要件危害结果之外,对于该种犯罪的社会危害程度及其刑事责任大小具有一定评价意义的一切现实损害。例如,故意杀人未遂,结果致被害人受重伤,在此,重伤结果为非构成故意杀人罪的结果。

非构成要件结果的外延极为宽广,主要表现在这样几种情况中:(1)行为犯造成的结果(行为犯不以危害结果为构成要件,但并非不能发生一定危害结果)。(2)未遂犯和中止犯造成的危害结果。专指可以成立未遂和中止形态的直接故意犯罪中,行为人着手实行行为后,虽未产生构成结果,却可能产生构成结果之外的结果。例如,某甲意图杀害某乙,开枪向某乙射击,致使某乙重伤截肢,造成终身残废。(3)非法定的危害结果。专指存在于某些结果加重犯中的、超出基本构成的构成结果之外的加重结果。例如,盗窃他人急救病人的现金,致使贻误送往医院救治时机,引起病人死亡,就属这种情况。(4)精神损害(无形结果)。专指危害行为给国家机关、社会组织、公民个人等的正常活动、生活、威信和名誉、人格以及心理造成很坏的影响,带来了严重的损失或者较大的痛苦等等。例如,受贿犯罪行为使某国家机关的正常活动受到影响,威信受到损害,侵犯少数民族风俗习惯的犯罪行为伤害了被害人的民族感情,等等。

（二）直接结果与间接结果

直接结果,一般是指由危害行为所决定而必然产生的损害结果,行为与该结果存在着直接的、必然的因果关系。例如,甲开枪击中乙的头部,致乙当场死亡。这里,乙的死亡结果就是杀人行为的直接结果。作为特定犯罪构成要件的犯罪结果,都是直接结果,即对直接客体的直接损害。不过,犯罪的直接结果既可以是仅有一种,也可以是两种以上,可以表现为多种性质和形态。

犯罪的间接结果,一般是指在犯罪完成以后,通过犯罪的直接结果而连带（间接）引起的其他危害结果。例如,某工厂发生重大责任事故,造成锅炉爆炸,死亡、受伤多人,同时造成设备损坏等直接经济损失数十万元;又因为发生事故,生产被迫停顿,损失产值数百万元。这里,停产造成的产值损失就是间接结果。

犯罪的直接结果与间接结果虽然都同犯罪行为之实施存在一定联系,但有着重要区别,体现在它们对定罪、量刑的意义均不相同。

（三）物质性危害结果与非物质性危害结果

这一划分以犯罪结果是否具有物理性特征为依据。一般情况下,物质性危害结果是有形的,可以估量、具体测量确定的,而非物质性危害结果则是无形的,难以具体计量的。

物质性危害结果,又称有形结果,是指能够经过行为的物理作用,引起对象的有形变化的结果。例如,人体的伤害、死亡,财产的损坏、损失,等等。

非物质性危害结果,或者称为无形结果,是指犯罪行为造成的没有物质形态的结果,例如,诽谤他人,造成他人人格、名誉的损害,这种损害就是无形结果。再如,以暴力方法妨碍国家工作人员依法执行公务,致使国家工作人员被迫停止工作,也是一种非物质性的危害结果。

（四）实害性危害结果与非实害性危害结果

这一划分是以危害结果是否具有实害性特征为依据的。

实害性危害结果,是指具有实害性特征（具体的物质性危害）的结果。例如,抢劫他人财物,放火造成火灾,投毒造成大量人员伤亡、财产损失,等等,都是实害性危害结果。如果从实害程度看,结果犯的结果是最典型的实害性危害结果,故而刑法理论又常有"实害犯"之说。

非实害性危害结果,是指行为不具有实害性特征而只是实施了某种行为就对客体造成损害或者存在发生危害结果的危险。例如,诬陷罪、破坏交通工具罪、破坏交通设备罪等,都属于这种情况。可以说,行为犯和危险犯所造成的结果,都是典型的非实害性的结果。

（五）一般犯罪结果与加重犯罪结果

这是以危害结果在定罪之外是否还另有作用为标准来划分的。

一般危害结果又称基本结果,是指作为一种犯罪构成基本要件的结果,即对该罪直接客体的损害是构成该罪的基本要件之一。换句话说,一般危害结果的意义在于确认行为是否构成犯罪,即对于定罪具有作用,该犯罪结果是定罪的主要事实依据。例如,我国刑法第 238 条规定的非法拘禁罪,由于非法拘禁行为造成他人人身失去自由的,属于一般结果,是构成非法拘禁罪的法定事实依据。

加重危害结果,是指故意实施一种犯罪,具备该罪的基本要件,但同时过失地引起了另一种严重结果,因而法律加重基本刑罚。这种情况下的严重结果,就是加重结果,造成加重结果的犯罪,刑法理论上称为"结果加重犯"（或"加重结果犯"）。换言之,加重的危害是在满足定罪依据的基础上,作为加重刑罚的依据。例如,前述的非法拘禁罪,如果由于非法拘禁行为造成他人重伤或者死亡的,是加重结果。

（六）单一危害结果与复合危害结果

这是以某一犯罪所产生的犯罪结果的个数和类别为标准而划分的。

单一危害结果,是指行为只发生了一个危害结果。例如,甲用刀把乙杀死,乙的死亡即为单一结果。

复合危害结果,是指危害结果为复数或者行为发生了两种以上的危害结果。例如,甲为了杀死某乙,使用爆炸方法杀人,结果导致某乙死亡、多人受伤、大量的财物损坏,这就是复合结果。

三、法律对物质性危害结果的规定及其意义

我国刑法对物质性的危害结果作了种种规定,这些规定反映出危害结果在不同的犯罪中具有不同的意义。这些规定大体上有以下情况:

（一）以对直接客体造成特定的物质性危害结果,作为犯罪既遂的标准

例如,故意杀人罪以被害人的死亡,作为既遂标准;盗窃罪、诈骗罪、抢夺罪、敲诈勒索罪等以非法占有公私财物作为既遂标准。如果实施了上述犯罪行为而未能造成特定结果（构成结果）的,构成犯罪未遂或中止。

（二）以发生了严重的物质性危害结果,作为罪与非罪的标准

我国刑法中所有的过失犯罪,都要求必须造成法定的严重后果才能成立。

如果构成结果没有发生,该犯罪便不能成立。同时,我国刑法分则条文还有许多具体犯罪的成立需要法定的危害结果。

(三)以发生某种特定的物质性严重后果的危险性,作为犯罪既遂的标准

例如,刑法第 117 条规定,破坏轨道、桥梁、隧道等交通设施,足以使火车、汽车、电车、船只、航空器发生倾覆、毁坏危险,尚未造成严重后果的,就构成破坏交通设施罪既遂;如果"造成严重后果",则要根据刑法第 119 条处以较重的刑罚。刑法第 114 条、第 116 条、第 118 条以及第 124 条前半段规定的犯罪,也都属于这种类型。这类情况的犯罪构成要件里并未直接要求犯罪结果,而是借助于特定的物质性危害结果来阐明其犯罪构成要件的客观内容。危险作为一种客观状态,虽不是物质性的,但却是可以确定的。这类犯罪的既遂只要求具备发生严重后果的危险性,而不是发生严重后果。

(四)以物质性危害结果的轻重,作为适用轻重不同的法定刑幅度的标准

例如,刑法第 234 条的故意伤害罪,就根据伤害的结果分为一般伤害、重伤、致人死亡和以特别残忍手段致人重伤造成严重残疾四种情况,并分别规定了轻重不同的量刑幅度。

由上可见,法定的物质性危害结果的有无和轻重,是决定和反映行为危害程度的重要因素之一,它在我国刑法中对于定罪量刑具有重要意义。因此,必须加强对物质性危害结果的研究。

第四节
刑法上的因果关系

一、刑法上因果关系的概念和意义

(一)刑法因果关系的概念

我国刑法罪责自负的基本原则要求:一个人只能对自己的危害行为及其造成的危害结果承担刑事责任。因此,当危害结果发生时,要使某人对该结果负责任,就必须查明他所实施的危害行为与该结果之间具有因果关系。这种因果关系,是在危害结果发生时使行为人负刑事责任的必要条件。

因果关系是哲学上的一个重要范畴。在哲学上,原因是指引起一定现象发生的现象,结果是指被一定现象所引起的现象。原因与结果的联系,即现象与现象之间引起与被引起的联系,就是因果关系。

　　哲学上的因果关系理论与刑法学上的因果关系理论,是一般与个别、普遍与特殊的关系。因此,刑法学的因果关系理论要以哲学的因果关系理论为指导。但是,刑法上的因果关系不同于自然界或者社会生活中的一般因果关系,这是刑法学研究的对象的特殊性决定的。刑法学因果关系理论就其研究的对象、目的、范围来说,不是一般意义上的因果关系,故而不能用哲学上的因果关系理论代替刑法学上的因果关系理论。我们既不能片面强调这种特殊性,否定哲学因果关系理论的普遍指导意义,也决不能忽视这种特殊性,看不到它与哲学因果关系的区别。

　　在刑法因果关系中,危害行为是"因",危害结果是"果"。这是刑法学界的共识。即是说,犯罪行为是引起犯罪结果的原因,而犯罪结果则是犯罪行为引起的现象。有危害行为,必然有危害结果;同样,有危害结果,则必然有危害行为。刑法上探讨因果关系问题,其范围就是危害行为与危害结果之间的联系。

　　所以,刑法学一般认为,刑法上的因果关系,指的是危害行为与危害结果之间内在的、必然的(合乎规律的)联系。

　　这样来给刑法因果关系下定义的理由,在于这种因果关系具有三方面的内容:(1)作为原因的危害行为具有发生危害结果的现实可能性,这是刑法因果关系成立的必要前提和根据。某种现象,只有在它发生了一定结果时,才是原因。司法实践中,我们总是在危害结果实实在在发生的情况下,才去查明这一结果是由谁的危害行为引起的。(2)危害行为合乎规律地发生危害结果,是刑法因果关系形成的根本。某种结果如果不是危害行为合乎规律地引起的,那么,它们之间就不存在因果关系。(3)刑法因果关系只有在一定条件下才能形成。刑法因果关系是一定条件下的必然因果关系。在因果关系运动过程中,危害行为引起危害结果不仅要有现实的可能性和规律性,而且还要受一定条件的影响与制约。应当指出的是,产生现象的条件与产生现象的原因,是完全不同的,条件与原因不可混为一谈。

　　(二)刑法因果关系的意义

　　因果关系的现象,在刑事案件中,一般说是比较明显的,司法实践中通常并不难确定。比如,甲开枪打中乙的头部,乙当场死亡。谁都知道,甲开枪这一危害行为与乙死亡这一结果之间是有因果关系的。但是,在某些案件中,判断、认定因果关系就比较复杂,必须依靠科学的分析和论证,有时还要借助科学技术鉴定的手段。比如甲打了乙一拳,乙当即昏迷倒地,1小时后死了。只根据这个现象,不能断定乙是甲一拳打死的,必须经过医生对尸体的解剖检验,查明死因究竟是什么,甲的一拳究竟是不是致乙死亡的原因,然后才能作出正确的判断。

司法实践中,研究和确定某人的行为与危害结果之间有无因果关系,对于解决某一行为人对于该危害结果应否负刑事责任,具有重要意义。毫无疑问,如果某人的行为与某危害结果之发生不存在因果关系,无论如何也不能让他对该结果负刑事责任。由此,有人称因果关系是行为人负刑事责任的客观基础,这是有道理的。

但是,查明和解决了刑法上的因果关系,只是确立了行为人对特定危害结果负刑事责任的客观基础,并不等于完全解决了行为人的刑事责任问题。按照刑法上主观与客观相统一的原则,要使行为人对自己行为造成的危害结果负刑事责任,行为人还必须具备主观上的故意或者过失(即罪过)。虽有客观上的因果关系,但行为人主观上没有罪过,也是不能让他负刑事责任的。那种把因果关系与刑事责任混为一谈,认为有因果关系就必须负刑事责任的观点是错误的,是客观归罪的观点。

二、刑法因果关系的特性

(一)因果关系的客观性

因果关系作为客观现象间引起与被引起的关系,它是客观存在的,并不以人们主观是否认识为前提。因此,在刑事案件中查明因果关系,就要求司法人员从实际出发,客观地加以判断和认定。例如,有这样一个案例,甲、乙两个青年在公共汽车上侮辱、谩骂一位批评他们不遵守秩序的老人,致使老人心脏病突发当场死亡。这里,老人的犯病死亡结果是由甲、乙的侮辱行为引起的,即二者之间具有因果关系。绝不能以甲、乙不知道老人有心脏病或未预见到侮辱会有此严重后果为借口,来否认其因果关系的存在。

实践中,有些司法工作人员常常把犯罪的动机、起因与犯罪的行为、结果之间的关系,叫做案件的因果关系。当然,任何犯罪案件的发生都是有一定原因的。但是,这是把案件作为整体来谈发生案件的原因与案件本身的因果关系。而在刑法理论上通常所说的刑法因果关系,则是指危害行为与危害结果之间客观的联系,并不涉及行为人主观的内容。

(二)因果关系的相对性

辩证唯物主义科学地说明,各种客观现象是彼此相互制约和普遍联系的"锁链",在某一对现象中作为原因的,其本身又可以是另一种现象的结果;其中作为结果的,其本身也可以是另一现象的原因。即原因与结果的区别在现象普遍联系的整个链条中只是相对的,而不是绝对的。因此,要确定哪个是原因、哪个是结果,必须把其中的一对现象从客观现象普遍联系的整个链条中抽出来研究,在这时才能显现出一个是原因,另一个是结果。研究的目的和对象,决定了需要抽出哪个环节即哪一对现象来研究的问题。

刑法在认定犯罪中研究因果关系的目的,是要解决行为人对所发生的危害结果应否负刑事责任的问题。因此,这里所研究的因果关系,只能是人的危害行为与危害结果之间的因果联系,这就是刑法上的因果关系的特定性。

应该从以下两点加深对上述刑法因果关系特定性含义的理解:(1)作为因果关系中的结果,是指法律所要求的已经造成的有形的、可被具体测量确定的危害结果。只有这样的结果才能被查明和确定,才能作为具体把握的由危害行为引起的现象,才能据此确定因果关系是否存在。因此,犯罪构成中不包含、不要求物质性危害结果的犯罪,以及尚未出现法定危害结果的犯罪预备、中止和未遂等犯罪的未完成形态,一般不存在解决因果关系的问题。(2)刑法因果关系中的原因,是指危害社会的行为。因此,如果查明某人的行为是正当、合法的行为而不具有危害社会的性质,那么即使其行为与危害结果之间有着某种联系,也不能认为具有刑法意义上的因果关系。

(三)因果关系的时间序列性

因果关系的时间序列性又称因果关系的时间顺序性。所谓时间序列性,就是从发生时间上看,原因必定在先,结果只能在后,二者的时间顺序不能颠倒。因此,在刑事案件中,只能从危害结果发生以前的危害行为中去找原因。如果查明某人的行为是在危害结果发生之后实施的,那就可以肯定,这个行为与这一危害结果之间没有因果关系。例如,甲把乙打倒在地致乙不省人事,后来丙路过,看到是仇人乙躺在地上,以为他昏过去了,又用尖刀扎了乙要害部位。后经法医鉴定表明,丙扎乙的刀伤是死后伤,即丙扎乙时乙实际上已经死亡了。由于丙的杀害行为是在乙死亡结果发生之后实施的,因而二者之间不可能有因果关系。当然,先于危害结果出现的危害行为,也不一定就是该结果的原因;在结果之前的行为只有起了引起和决定发生的作用,才能证明是结果发生的原因。

(四)因果关系的条件性和具体性

任何刑事案件的因果关系都是具体的、有条件的,一种行为能引起什么样的结果,没有一个固定不变的模式。因此,查明因果关系时,一定要从危害行为实施时的时间、地点、条件等具体情况出发来考虑。例如,甲、乙两人打篮球时发生争执,甲一怒之下朝着乙腹部打了一拳,乙疼痛难忍当即倒地,甲与他人急送乙去几十里外的县医院抢救,乙中途死亡。尸体解剖证明乙患先天性脾脏过大,这种脾脏在遭外力打击时极易破裂。医生还证明,若抢救及时不致死亡。在这个案例中,如果乙的脾脏正常,在一般情况下一拳不会造成脾脏破裂;如果离县医院近,也可以得救。但并不能由此否定甲的一拳与乙的死亡之间的因果关系,因为甲的拳击行为正是发生在乙这个特异体质的对象以及离县医院较远等具体条件下,并且由此造成了乙的死亡。

(五)因果关系的复杂性

因果关系的复杂性表现为"一果多因"或"一因多果"。

1."一果多因"。是指某一危害结果是由多个原因造成的。它最明显地表现在两种情况下:一是责任事故这类过失犯罪。事故的发生往往涉及许多人的过失,而且往往还是主客观原因交织在一起,情况非常复杂。确定这类案件的因果关系,就必须分清主要原因和次要原因、主观原因和客观原因等情况,这样才能进而正确解决刑事责任问题。二是共同犯罪。共同犯罪中各个共犯危害行为的总和作为造成犯罪结果的总原因而与之有因果关系,但是根据我国刑法的规定,在分析案件时应该分清主次原因即分清每个共犯在共同犯罪中所起作用的大小,并进而确定各个共犯刑事责任的大小。

2."一因多果"。是指一个危害行为,可以同时引起多种结果的情况。例如,甲诽谤了乙,不但损害了乙的名誉、人格,还导致乙自杀身亡;丙失火烧毁了大片房屋,还烧死、烧伤多人。在一行为引起的多种结果中,要分析主要结果与次要结果、直接结果与间接结果,这对于定罪量刑是有意义的。

(六)因果关系的偶然性问题

社会现象或者自然现象之间的联系是多种多样的,有的是内在联系,有的是外表联系,有的是必然联系,有的是偶然联系。这是哲学因果关系的观点。

现在,我国刑法学界对于刑法因果关系必须包含内在的、必然的联系,没有异议。一般来说,只有在危害行为与危害结果之间存在着内在的、必然的因果关系时,行为人的刑事责任才能具有客观基础。

然而,偶然的因果关系是否也包含在刑法因果关系之中呢? 这在刑法学界有很大争论。例如,甲轻伤了乙,在医院就诊过程中,由于医生丙没能很好地消毒医疗器械,致使乙引起败血症,导致死亡。乙的死亡与医生丙的行为有因果关系,这是没有疑问的。但是,甲的伤害行为与乙的死亡结果之间是否也有因果关系,就有不同看法了。否认者认为,二者之间没有因果关系,伤害行为只是死亡结果的条件而不是原因。肯定者则认为,二者之间也有因果关系,只不过不是必然因果关系,而是偶然因果关系。在这里,所谓偶然的因果关系,是指一种因果关系在发展过程中与另一因果现象纠合在一起,而产生另一种结果,这种结果尽管不是前一种行为所必然导致的,而是可能发生或者可能不发生、可能这样发生也可能那样发生,但是终于还是发生了,就存在因果关系。

对于因果关系的必然性与偶然性之争,不仅有待于刑法学从理论与实践的结合上进一步探讨解决,而且有待于哲学理论对必然性与偶然性这对范畴深入研究。但是,我们应当明确:

第一,刑法上的因果关系不完全等同于哲学上的因果关系,因而不能套用哲学因果关系理论来解决刑法因果关系的问题。

第二,如前所述,我国刑法上的因果关系要求危害行为与危害结果之间具有内在的、必然的联系,不具有这一属性的,显然不是我们所指的"刑法因果关系"。

据此,我们认为,偶然因果关系论中所指的"原因",实际上是危害结果发生的条件。如前面所举的例子中,甲的伤害行为只是乙死亡结果的条件而非原因,不能把条件当作原因。否则,就混淆了条件与原因的界限,不利于准确确定行为人的刑事责任,不利于同犯罪作斗争。

第五节
犯罪客观方面的选择性要件

犯罪客观方面的其他选择性要件,是指犯罪时间、犯罪地点和犯罪方法、犯罪手段、工具等客观因素。这些因素并非都是任何犯罪构成的要件,而只是少数犯罪才将它们作为构成要件加以规定,故称为选择性的客观要件。

作为犯罪客观方面的选择要件,某种意义上也可以理解为危害行为实施的客观条件。它们具有这三个基本特征:(1)必须是刑法分则条文规定的或者依照刑法分则条文的规定,成立某种犯罪应当具备的客观条件;(2)必须同该种犯罪构成的某个要件有着密切的联系;(3)构成要件的危害行为只有在这些条件下着手实施,才能达到成立该种犯罪的严重危害程度。

一、犯罪时间、地点

所谓犯罪时间,是指犯罪人实施犯罪行为的时间。时间是一个广义的概念,既可以用来表示犯罪的开始时间,也可以用来表示犯罪的结束时间,还可以用来表示犯罪的持续时间。

所谓犯罪地点,又称犯罪空间,是指犯罪发生的地域范围及环境,它包括犯罪的行为地和犯罪的结果地。

虽然任何犯罪都是发生在一定的时间和空间里的,没有特定时间、地点的犯罪是不存在的,但是,对于大部分犯罪来说,在构成犯罪方面没有特别的时空方面的要求,无论犯罪发生在此时、此地还是发生在彼时、彼地,都不影响犯罪的成立。例如,杀人罪、抢劫罪,无论行为人在什么时间、什么地点作案,都不是犯罪构成的要件。因此,尽管犯罪的时间、地点在刑事诉讼的早期阶段(特别是在刑事侦查中)具有重要作用,在犯罪学的研究与运用中也有重要价值,但在刑法上的定罪中,除了法律有特别规定的,都被排除于犯罪构成要件之外。

在我国刑事立法中,规定有特定时间的犯罪主要包括:(1)刑法第340条、第341条第1款非法捕捞水产品罪、非法狩猎罪中规定的"禁渔期"、"禁猎期";(2)刑法第305条的伪证罪中规定的"在侦查、审判中";(3)刑法分则第七章"危害国防利益罪"、第十章"军人违反职责罪"中规定的"战时";(4)刑法第394条规定的"国家工作人员在国内公务活动或者对外交往中"(接受礼物,依照国家规定应当交公而不交公,数额较大的,以贪污罪定罪处罚);(5)刑法第406条规定的国家机关工作人员签订、履行合同失职被骗罪(过去称为"国家机关工作人员签订、履行合同失职罪")所要求的"在签订、履行合同过程中";(6)刑法第418条规定的招收公务员、学生徇私舞弊罪所要求的"在招收公务员、学生工作中"。在上述犯罪中,犯罪时间成了必备要件。

我国刑事立法中,对于空间有特别规定的犯罪主要包括:(1)刑法第340条、第341条规定的"禁渔区"、"禁猎区";(2)刑法第291条规定的聚众扰乱公共场所秩序、交通秩序罪中的"车站、码头、民用航空站、商场、公园、影剧院、展览会、运动场或者其他公共场所";(3)刑法分则第十章"军人违反职责罪"中规定的"在战场上"、"在军事行动地区"等;(4)刑法第155条的走私固体废物罪规定的"在内海、领海";(5)刑法第338条的重大环境污染事故罪中规定的"土地、水体、大气";(6)刑法第339条的非法处置进口的固体废物罪、擅自进口固体废物罪中规定的"进境倾倒、堆放、处置"等。在这些犯罪中,犯罪空间成为定罪的要件,即缺乏上述法定的空间方面的选择要件,不能构成这些犯罪。

虽然对于大多数犯罪而言,犯罪时间、犯罪地点这两个客观因素不是犯罪构成的必备要件,但是,这些因素往往影响到犯罪行为本身社会危害程度的大小,因而对量刑具有重要意义。以盗窃罪为例,虽然在什么时间、什么地点盗窃,都不影响定罪,但在诸如水灾、火灾或者地震的情况下,乘人之危进行盗窃活动,尽管触犯的罪名不变,但社会危害性增大了,量刑时也应适当从重。又比如,刑法第237条明确规定,聚众或者在公共场所当众强制猥亵妇女、侮辱妇女的,应从重处罚。

二、犯罪方法、手段和工具

从一般意义上看,所谓犯罪方法、犯罪手段,是指行为人实施具体犯罪行为时所采用的行为模式。方法与手段原本没有实质性的区别,只不过前者抽象、后者更具体一些。

所谓犯罪工具,是指行为人实施犯罪行为时所借助的器械。这些器械是行为人身体以外的、具有物质特征的事物。

任何犯罪行为,都要借助于一定的方法、手段或工具,才能得以实现,但对于多数的犯罪行为来说,并不限于一种或某种方法、手段或工具。例如,故意杀人行为,可以通过数十种甚至更多的方法、手段或工具来实现,而不会影响到犯罪的性质。即是说,不管行为人用什么方法、手段或工具来杀人,其性质都是一样的,不会因为方法、手段或工具的不同而影响、改变犯罪的性质。虽然犯罪的方法、手段或工具也可以说明一些犯罪客观方面的事实特征,但这些特征由于不决定犯罪的性质,因此不属于一般犯罪构成要件的范畴。所以说,对于绝大多数犯罪来说,犯罪的方法、手段和工具在构成犯罪方面并不是必要要件。

不过,我国刑法中也有少数犯罪需要以犯罪方法、手段或工具作为犯罪构成要件,这是由刑法分则具体规定的,是对构成这些具体犯罪的必要要件的补充。例如,刑法第121条的劫持航空器罪,第237条的强制猥亵、侮辱妇女罪,第263条的抢劫罪,第277条的妨害公务罪等犯罪中所要求的"暴力、胁迫(或威胁方法)或者其他方法",就是这些犯罪构成的要件;刑法第257条的暴力干涉他人婚姻自由罪,也必须以"暴力"方法作为该罪构成的要件。再比如,刑法第340条、第341条的非法捕捞水产品罪、非法狩猎罪中规定的"禁用的工具";刑法分则第三章第五节"金融诈骗罪"中用于金融诈骗的虚假经济合同、虚假证明文件,虚假产权证明,虚假的汇票、本票、支票、信用证、信用卡等;刑法第225条非法经营罪中规定的用于非法经营的专营、专卖物品或者其他限制买卖物品,进口许可证、进出口原产地证明以及其他法律、行政法规规定的经营许可证或者批准文件。在这些犯罪中,相应的犯罪工具是该罪成立的必备要件。

犯罪方法、手段、工具与犯罪时间、地点一样,虽然在大多数情况下不影响定罪,但对于衡量行为社会危害程度的大小,具有重要意义,因而在一定程度上影响到量刑。比如说,像故意杀人、故意伤害、抢劫、盗窃等等常见的犯罪,不同的方法、手段或工具,在量刑时会有轻重不同的差别。

第9章 □□□
犯罪主体

第一节 ————————————
犯罪主体概述

一、犯罪主体的概念

现代世界各国刑法中,都有对犯罪主体的内容如刑事责任年龄、刑事责任能力等问题的具体规定,但尚未见有关犯罪主体的法定概念。实际上,犯罪主体的概念,乃是刑法学说对刑事立法上关于犯罪主体的具体规定加以抽象、概括而形成的。

我国刑法中的犯罪主体,是指实施刑法所禁止的危害社会行为,并且依法应负刑事责任的人和单位。

在这里,犯罪主体有三个方面的内涵要求:

1.犯罪主体是人和单位(即自然人和法律上拟制的“人”)。自然人包括特定身份犯罪的自然人和非特定身份犯罪的自然人。单位包括国家机关、国有公司、企业、事业单位、人民团体这些称谓,也可以说,单位是法人和非法人组织的通称。

2.要成为犯罪主体,必须是实施了刑法所禁止的危害社会的行为。即是说,犯罪主体是犯罪行为的主体,是犯罪行为的实施者。或者说,犯罪主体是犯罪的行为人。

3.犯罪主体要依法能够承担刑事责任。犯罪主体具有法律上的人格特征,具有法定的意识能力和行为能力(即犯罪能力),是独立的权利义务主体,能够对自己的行为负责并承担相应的法律后果。

这三个方面的内容是相互联系、有机统一的。如果将上述内容进一步归纳和概括,也可以得出我国刑法中犯罪主体的概念:犯罪主体是实施了犯罪行为,具有法律上人格特征和法定的意识能力和行为能力(犯罪能力),能够对自己行为负责并承担法律后果(刑事责任能力)的自然人和单位。①

二、自然人犯罪主体的共同要件

传统的刑法理论认为,能够成为犯罪主体的,只能是有生命的自然人。其他任何动植物、物品、自然现象、胎儿、尸体都不能作为犯罪主体。

关于犯罪主体的概念,在1997年刑法规定"单位犯罪"之前,通常以自然人为犯罪主体的内容。有学者曾经把自然人犯罪主体概念的研究学说归纳为四种类型:(1)认为犯罪主体是刑法上有犯罪资格者(台湾地区学者的观点);(2)在犯罪主体概念中包含了达到刑事责任年龄、具备刑事责任能力、自然人、实施危害行为(或犯罪行为)的内容;(3)在犯罪主体概念中,包含实施危害行为(或犯罪行为),依法应负刑事责任的内容,然后进一步论述自然人、责任年龄和责任能力是成为犯罪主体的条件;(4)在犯罪主体概念中没有包含实施危害行为(或犯罪行为)应负刑事责任的内容,认为犯罪主体就是达到法定责任年龄,具备责任能力的自然人。② 此外,还有一些观点认为,我国刑法中的犯罪主体,是指具备刑事责任能力、实施犯罪行为并依法应负刑事责任的自然人。

由于有生命的自然人才能作为犯罪主体,因而犯罪主体有这三个构成要件:(1)自然人;(2)达到责任年龄;(3)具备责任能力。

这里,就自然人犯罪主体的三个构成要件分别作些说明:

(一)犯罪主体必须是自然人

所谓自然人,是指有生命存在的人类独立的个体。自然人的生命(人格或资格),始于出生,终于死亡。关于人出生的时间,国外提出了种种标准,如"一部露体说"、"全部露体说"、"断离脐带说"、"独立呼吸说"等。我国理论上和实践中比较一致的意见是,人的生命自胎儿从母体中分离出来,能够独立进行呼吸开始。关于人死亡的时间,长期以来都以"心死亡"(即心跳、呼吸停止)或"肺死亡"作为判断的标准,不过新近几年来人们已经逐步接受"脑死亡"的概念。胎儿和尸体,都不属于有生命的自然人,不能作为犯罪主体。

在中外古代刑法或刑事司法实践中,曾经存在把人类以外之物如动物、风

---

① 刘生荣著:《犯罪构成原理》,法律出版社1997年版,第94页。
② 赵秉志著:《犯罪主体论》,中国人民大学出版社1989年版,第5～7页。

雨、物品、尸体当作犯罪主体施以刑罚的情况,比如在我国古代就常有对尸体施以"戮尸之刑"的现象。这种情况的存在,与古代刑法中承担刑事责任的客观结果原则、株连原则以及古代立法者的认识水平密切相关,而最重要的则是由古代刑法适用刑罚的威慑目的所决定的。在近现代尤其是现代刑法中,随着承担刑事责任的个人原则(罪责自负原则)、定罪量刑主客观相统一原则的确立和立法者认识水平的提高,普遍地摒弃了把自然现象、动植物、物品和尸体作为犯罪主体的主张和做法,认为犯罪主体及承担刑事责任者只限于有生命的自然人。在我国,刑法第7条、第8条、第11条、第17条至第19条等多处规定表明,我国刑法中的犯罪主体仅限于人,而绝不能是人以外之物。

(二)犯罪主体是达到法定刑事责任年龄的人

一个人对事物的理解、判断、分析,显然与其年龄有着密切联系。只有达到一定年龄,才能具备识别是非、分清善恶,并在行动中自觉控制自己行为的能力。因此,达到法定的责任年龄,是自然人成为犯罪主体的必要条件之一。

(三)犯罪主体是具有刑事责任能力的人

刑事责任能力是行为人辨认与控制自己行为的能力。这种能力与犯罪的成立和刑罚的适用密切相关。刑事责任能力不是任何自然人都与生俱有的,必须受到自然人一定的年龄、精神状况等因素的制约与影响。因此,并非所有有生命的人类之个体即每个自然人,都能够成为犯罪主体,而只有那些达到一定年龄、精神正常因而具备刑事责任能力的自然人,才能成为犯罪主体。

三、研究犯罪主体的意义

首先,我们要说明的是,任何犯罪行为,都是一定的犯罪主体实施的,没有犯罪主体,就不可能发生应受刑罚惩罚的危害社会的行为,从而就不会有犯罪。所以,犯罪主体是犯罪构成不可缺少的要件。这一点,应当是不言而喻的。那种认为犯罪主体不是犯罪构成要件的观点,是不符合刑法规定的,因而是不可取的。

同时,研究犯罪主体,对于犯罪构成诸要件的认定,解决定罪量刑中的理论与实践问题,都有重要的意义。

(一)定罪方面的意义

如前所述,犯罪主体是犯罪构成必备的条件之一。任何犯罪都有主体,即任何犯罪都有犯罪行为的实施者和刑事责任的承担者,离开了犯罪主体就不存在犯罪,也不会发生刑事责任问题。因此,不符合犯罪主体条件的人,虽然实施了刑法所禁止的危害社会的行为,也不构成犯罪,不负刑事责任;而且不符合特殊主体条件的人,不能构成特殊主体的犯罪①。例如,是否具备责任年龄、有无责任能力,对于正确认定犯罪,划清罪与非罪以及应否追究刑事责任的界限,具有相当重要的作用。比如说,无责任能力的精神病人,即使实施了危害行为,也不能定罪,更不负刑事责任。再比如说,不具有"国家工作人员"这种特殊主体资格,就不能构成贪污、受贿等职务犯罪。这样的话,刑法分则某些条文关于犯罪人应当具备的特殊主体资格,对正确区分罪与非罪、此罪与彼罪的界限,也有重要的意义。

(二)量刑方面的意义

犯罪主体要件的事实影响刑事责任的存在,并且在相当程度上影响刑事责任的大小。这是因为,犯罪主体要件的事实,在一定程度上对犯罪案件的社会危害程度有大小轻重不同的影响。所以,犯罪主体要件影响到刑事责任的程度,并进而对刑罚适用具有相当重要的意义。例如,我国刑法第17条第3款规定:"已满14周岁不满18周岁的人犯罪,应当从轻或者减轻处罚。"第18条第3款规定:"尚未完全丧失辨认或者控制自己行为能力的精神病人犯罪的,应当负刑事责任,但是可以从轻或者减轻处罚。"第19条规定:"又聋又哑的人或者盲人犯罪,可以从轻、减轻或者免除处罚。"这些,都体现了犯罪主体对量刑的影响作用。

第 二 节
刑事责任能力

一、刑事责任能力概述

(一)刑事责任能力的含义及内容

刑事责任能力,简称责任能力,是犯罪主体的一个必要条件,更是犯罪主体的核心问题。

所谓责任能力,指一个人辨认和控制自己行为的能力。亦即一个人辨认自己行为的性质、意义和后果并自觉地控制自己行为和对自己行为负责任的能力。

为了正确地把握刑事责任能力的概念,还应当进一步探讨刑事责任能力中辨认能力、控制能力的内容及二者的相互关系。

---

① 但是不具有特殊主体的人可以构成特殊主体犯罪的教唆犯或帮助犯。

1.辨认能力。又称意识能力,是指行为人具备对自己的行为在刑法上的意义、性质、作用、后果的分辨、识别能力。就是说,行为人有能力认识自己的行为是否为刑法所禁止、所谴责、所制裁。从刑法学的角度上看,辨认能力应具体表现为认识到自己的行为是否违反刑法规范,是否构成犯罪的能力。

2.控制能力。又称行为能力,是指行为人对自己行为全过程的支配能力,包括决意、着手、实施、结束的整个犯罪过程中的行为,都是在行为人意识的控制之下进行的。如果犯罪过程中的犯罪行为不是在行为人的意识控制之下,则不能认为具有控制能力。例如,达到一定年龄而且精神正常的人,都有能力认识到自己若实施杀人、放火、抢劫、强奸、盗窃等行为是为刑法所禁止、所制裁的,都有能力选择和决定自己是否实施这些触犯刑法的行为。具备这种能力,就说明他具有控制能力。

3.辨认能力与控制能力的关系。一方面,辨认能力是刑事责任能力的基础。只有对自己行为刑法上的性质、意义、后果有认识能力,才谈得上凭借这种认识能力而自觉、有效地选择和决定自己是否实施触犯刑法的行为。控制能力的具备是以辨认能力的存在为前提条件的,不具备辨认能力的未达刑事责任年龄的幼年人和患有精神病的人,自然也就没有刑法意义上的控制能力。所以,只要确认某人没有辨认能力,相应地便可认定他不具备控制能力,不存在刑事责任能力。另一方面,控制能力是刑事责任能力的关键。这表现为,在具有辨认能力的基础上,还需要有控制能力才能具备刑事责任能力。只要人具备了控制能力,就一定具备辨认能力。但是,人虽然有辨认能力,也可能不具有控制能力而无刑事责任能力。例如,因身体受强制的铁路扳道员,受不可抗力阻止的消防救火人员,即使他们因此没有履行自己的职务行为而造成了严重的危害,也不能追究他们的刑事责任,其直接原因在于他们不具有控制能力,不具备犯罪的主观心理。或者说,他们虽然有辨认能力但却丧失了当时控制自己行为的能力,故而也就根本没有刑事责任能力。总而言之,刑事责任能力的存在,要求辨认能力和控制能力同时齐备,缺一不可。

(二)刑事责任能力的程度

刑事责任能力的程度,实际上指的是刑事责任能力的状态,也可以说是刑事责任能力的层次,即刑事责任能力之有无和大小的实际情况。

一般认为,影响和决定人的刑事责任能力程度主要有两个方面的因素:(1)知识和智力成熟与否程度(或者说是生理与心理发育程度),这主要是年龄因素的制约,故而称为年龄因素也无不可。(2)精神状态,即人的大脑功能正常与否的状况,此可称为精神因素。

　　根据人的年龄、精神状态等因素影响刑事责任能力有无和大小的实际情况,各国刑法和刑法理论都对刑事责任能力采取"三分法"或"四分法"。"三分法"即将刑事责任能力分为:完全刑事责任能力、完全无刑事责任能力和处于中间状态的限定(减轻)刑事责任能力这三种情况。"四分法"是除上述三种情况外,还有相对无刑事责任能力这一情况。但是,不管是"三分法"还是"四分法",实际上都承认在刑事责任能力之有无之间存在着中间状态(即限定或减轻刑事责任能力)的情况。

　　这里,依据我国和一些国家刑法所采取的"四分法",对刑事责任能力程度(层次)问题加以分析:

　　1.完全无刑事责任能力。简称完全无责任能力或无责任能力。不难看出,与责任能力相反但又相对应的是无责任能力。无责任能力,是指行为人不具备或丧失了辨认或控制自己行为的能力。无责任能力有两种情况:(1)行为人年幼、尚未达到刑法规定的承担刑事责任的年龄。这种情况可说是"责任能力不具备"。(2)不能辨认或控制自己行为的精神病人。精神病人因其丧失了刑法所要求的辨认和控制自己行为的能力,而没有责任能力。这种情况可说是"丧失责任能力"。无责任能力者不能成为犯罪主体,不能承担刑事责任。例如,按照我国刑法第17条和第18条的规定,不满14周岁的人,不能辨认或者不能控制自己行为的精神病人,是无责任能力人。

　　关于无责任能力在刑法上的效果,各个国家、地区的刑法规定不尽相同:(1)不认定为犯罪。例如,在香港刑法和刑事诉讼法中,因精神失常而犯罪的,基本上应被宣告无罪。(2)不处罚。例如,澳门刑法典第18条和第19条规定,未满16周岁及精神失常人之行为,不可归责。按照我国刑法第18条,"精神病人在不能辨认或者不能控制自己行为的时候造成危害结果,经法定程序鉴定确认的,不负刑事责任",这里法律条文上的用词是"不负刑事责任",实际上应该认为就是"不罚"。

　　2.相对无刑事责任能力。又称为"相对有刑事责任能力",简称"相对有责任能力"。刑事立法和刑法理论通常认为,在具备刑事责任能力和无刑事责任能力之间,还有相对刑事责任能力的状况。从设立这一责任能力层次的各国立法例看,这种相对无责任能力人,都是已超过"无责任能力"的年龄但又未达到完全责任能力的年龄的未成年人。例如,我国刑法第17条第2款规定,已满14周岁不满16周岁的人,只限于对故意杀人、故意伤害致人重伤或者死亡、强奸、抢劫、贩卖毒品、放火、爆炸、投毒罪①这些特定犯罪负刑事责任,因而属于相对负刑事责任能力。

3.减轻刑事责任能力。又称限制责任能力、限定刑事责任能力或者部分责任能力(或减轻责任能力)。这也是完全刑事责任能力与完全无刑事责任能力的中间状态。在"四分法"当中,这是一种独立的责任能力层次;而在"三分法"中,则把上述相对无刑事责任能力的情况也合并在这里,通常称为"限定责任能力"。

减轻责任能力,是指行为人因年龄或精神状况、生理缺陷的原因而在实施刑法所禁止的危害行为时,其辨认或者控制行为的能力较完全责任能力人有一定程度的减弱、降低的情况。现代各国刑法中,较为普遍地规定减轻刑事责任能力的人,其外延主要为:达到一定年龄的未成年人、聋哑人、盲人、因精神病而致辨认或控制自己行为能力有所减弱的精神病患者(精神障碍人)。

各国刑法一般都主张,限制责任能力人实施刑法所禁止的危害行为时,构成犯罪,应当负刑事责任,但是,其刑事责任因其责任能力的减弱而有所减轻,故而应当或者可以从轻、减轻处罚甚至免予处罚。我国刑法中也有这方面的具体规定(详见本节后文和本章第三节的相关内容)。

4.完全刑事责任能力。简称刑事责任能力或责任能力,又称有责任能力。其概念和内容在各国刑事立法中一般未予规定,而是由刑法理论和司法实践结合刑法中关于责任能力和限定责任能力的规定,加以明确和确认的。从外延看,凡不属于刑法规定的无责任能力人及限定责任能力人的,皆属完全刑事责任能力人。例如,根据我国刑法的规定,凡年满18周岁、精神和生理功能健全而智力与知识发展正常的人,都是完全刑事责任能力人。完全责任能力人对自己所实施的犯罪行为,应当依法负全部的刑事责任。

(三)刑事责任能力的意义

刑事责任能力,是犯罪主体的核心问题。责任能力直接决定犯罪主体的成立与否,以及犯罪主体承担刑事责任的轻重程度。

根据我国刑法的规定,只有行为人具备责任能力,才能成为犯罪主体,才有犯罪的主观要件及其支配下的犯罪行为,才能被追究刑事责任。有责任能力的人,对自己所实施的触犯刑法的行为,应当负刑事责任。无责任能力的人,即使实施了刑法所禁止的危害行为,也不能认定为犯罪,更不能让他负刑

---

① 最高人民法院、最高人民检察院根据《中华人民共和国刑法修正案(三)》将原来的投毒罪的罪名修改为投放危险物质罪。

事责任。减轻责任能力的人实施了刑法所禁止的危害行为时,在构成犯罪的前提下,也应当相应地从轻或减轻刑事责任。这样,认真研究和把握刑事责任能力的各种情况,对于把握犯罪主体的内容和实质,对于司法实践中正确地定罪和量刑,都具有相当重要的意义。

二、我国刑法关于刑事责任能力的规定

在影响、决定行为人刑事责任的诸因素中,包括人的年龄、精神状态(精神障碍)、生理特殊缺陷(聋、哑、盲)等,这些因素直接关系到责任能力之有无及其大小程度。

这里,首先要说明的是,刑事责任年龄本来也是刑事责任能力的重要内容,但因其有自己的特定内容,故而刑法单独加以规定,我们将在后面加以独立讨论,此处就不再涉及。

下面,根据我国刑法的相关规定,对刑事责任能力的几种情况加以说明:

(一)精神病人

一般认为,达到一定年龄而且精神状态正常(即精神健全)的人,由于其知识和智力得到一定程度的发展,因而其刑事责任能力就开始具备,并以达到成年年龄作为其责任能力完备的标志。但是,人即使达到负刑事责任的年龄,如果存在精神障碍(即精神状态不正常),就可能影响其责任能力,而使责任能力有所减弱甚至不具备。这样,其实施危害行为时的刑事责任会受到一定的影响。

我国刑法第18条专门规定了精神病人的刑事责任问题,这是我国现阶段司法实践中解决实施危害行为的精神病人和其他精神障碍者刑事责任问题的基本法律依据。

1. 完全无刑事责任能力的精神病人

我国刑法第18条第1款规定:"精神病人在不能辨认或者不能控制自己行为的时候造成危害结果,经法定程序鉴定确认的,不负刑事责任,但是应当责令他的家属或者监护人严加看管和医疗;在必要的时候,由政府强制医疗。"根据这一规定,精神障碍者即通常所说的严格意义上的"精神病人",属于无责任能力人,不负刑事责任。

关于精神病人危害社会的行为不负刑事责任的规定,是以精神病人在行为时的无责任能力状态(即不能辨认或者控制自己的行为)作为根据的。

精神病是一种大脑机能紊乱而导致意识、思维障碍(即精神障碍)的疾病,俗称"精神失常"或者"精神不正常"。它的种类及对人的行为能力的影响是相当复杂的,不能简单、草率地判断、认定一个人是否属于精神病患者。因此,精

神病人的刑事责任能力问题也是相当复杂的,需要谨慎从事。

我国刑法明确要求,要认定不能辨认或者不能控制自己行为的精神病人不负刑事责任,必须"经法定程序鉴定确认",这是十分正确的,也是非常有必要的。否则,就可能导致对精神病人的误判、误认,甚至有可能被一些别有用心的人当作逃避罪责的"借口"、"招牌"。因此,要注意的是:无论是精神病之有无还是程度,都只能根据刑事诉讼法规定的对精神病人进行鉴定的程序,由相当的、法定的鉴定机构、鉴定人予以鉴定。鉴定人进行鉴定后,应当写出鉴定结论,并由鉴定人签名、鉴定机构加盖公章。精神病鉴定不能由侦查、检察或者审判人员自行认定。对于精神病鉴定结论,人民法院在办案时应当认真审查判断,必要时,可以依法重新委托鉴定。

根据刑法规定,要认定精神病人为无责任能力者,必须同时具备两个标准:

(1)医学标准。亦称生物学标准,简言之,即实施危害行为者确实是精神病人。确切地讲,是指从医学上看,行为人是基于精神病理的作用而实施特定危害社会行为的精神病人,或者说是属于医学上所讲的"精神病人"而非普通社会大众所理解的"精神病人"。它应当包含以下几层含义或条件:一是行为人须是精神病人。二是精神病人必须实施了特定的危害社会的行为。三是精神病人实施刑法所禁止的危害行为须是基于精神病理的作用。这一点意味着,行为人的精神病于行为当时须处于发病期,而不是缓解期或间歇期。只有精神病人于行为时确实"发病",才谈得上因精神病理的作用而致危害行为的实施,也才真正属于医学意义上的"精神病人"。

(2)心理学标准。也称法学标准,是指从心理学、法学的角度看,患有精神病的行为人的危害行为,不但是由精神病理机制直接引起的,而且是由于精神病理的作用,使其行为时丧失了辨认或者控制自己触犯刑法之行为的能力。所谓丧失辨认行为能力,是指行为人由于精神病理的作用,在行为时不能正确地了解自己行为危害社会的性质及其危害后果。例如,精神分裂症患者实施杀人时,由于其精神病理的作用,不知道自己实施的是杀人行为及该行为会造成剥夺对方生命的结果,或者坚信自己是在反击一个要杀害自己的凶手。所谓丧失控制行为的能力,是指行为人由于精神病理的作用,不能根据自己的意志自由地选择实施或不实施危害行为,也往往表现为不能根据自己的意志控制危害行为的实施时间、地点、方式与程度。

由上可见,我国刑法第18条关于精神障碍人无责任能力的认定标准,采取的是医学标准与心理学(法学)标准相结合的方式,在心理学标准内容上采纳的是丧失辨认能力或者控制能力的"择一说"。实施刑法所禁止的危害行为的精神障碍人,只有同时符合上述医学标准和心理学(法学)标准的,才应确认为无责任能力人,并按刑法第 18 条第 1 款规定对其危害行为不负刑事责任。

2.完全负刑事责任的精神病人

依据我国刑法第 18 条的规定和有关的司法精神病鉴定实践及司法实践,责任能力完备而应当完全负刑事责任的精神病人包括以下两类:

(1)精神正常时期的"间歇性精神病人"。我国刑法第 18 条第 2 款明文规定:"间歇性的精神病人在精神正常的时候犯罪,应当负刑事责任。"我国司法精神病学一般认为,刑法中所说的"间歇精神病",是指具有间歇发作特点的精神病,包括精神分裂症、躁狂症、抑郁症、癫痫性精神病、周期精神病、分裂情感性精神病、癔症性精神病等。所谓"间歇性精神病人的精神正常时期"包括上述某些精神病(如癫痫性精神病)的非发病期。"间歇性精神病人"在精神正常的时候实施刑法所禁止的危害行为的,其辨认和控制能力即责任能力具备,不符合无责任能力或限制责任能力所要求的心理学(法学)标准。因此,法律要求行为人对其危害行为依法负完全的刑事责任。

(2)大多数非精神病性的精神障碍人。按照我国司法精神病学,非精神病性的精神障碍主要种类有:第一,各种类型的神经官能症,包括癔症、神经衰弱、焦虑症、疑病症、强迫症、神经症性抑郁、人体解体性神经症等,但癔症性精神错乱除外;第二,各种人格障碍式变态人格(包括器质性人格障碍);第三,性变态,包括同性恋、露阴癖、窥淫癖、恋物癖、恋童癖、性虐待癖等;第四,情绪反应(未达到精神病程度的反应性精神障碍);第五,未达到精神病程度的成瘾药物中毒与戒断反应;第六,轻躁狂与轻性抑郁症;第七,生理性醉酒与单纯慢性酒精中毒;第八,脑震荡后遗症、癫痫性心境恶劣以及其他未达到精神病程度的精神疾患;第九,轻微精神发育不全。

非精神病性精神障碍人,大多数并不因精神障碍使其辨认或者控制自己行为的能力丧失或减弱,而是具有完备的责任能力。因此,不能对其行为不负刑事责任,也不能对其行为减轻刑事责任,而应在原则上令行为人对其危害行为依法负完全的刑事责任。但在少数情况下,非精神病性精神障碍人也可以成为限制责任能力人甚至无责任能力人,从而影响到减轻刑罚或者不负刑事责任。

3.限制刑事责任的精神病人

限制刑事责任的精神病人,又称减轻(部分)刑事责任的精神病人,是介于无刑事责任与完全刑事责任的精神病人中间状态的精神病人。我国刑法第 18 条第 3 款明确规定:"尚未完全丧失辨认或者控制自己行为能力的精神病人犯罪的,应当负刑事责任,但是可以从轻或者减轻处罚。"

这里的"减轻责任精神病人",从立法意图来说,应作广义的理解,一般包括以下两类:一是处于早期(发作前期)或者部分缓解期的精神病(如精神分裂症等)患者,这种患者因精神病理机制的作用使其辨认或控制自己行为的能力有所减弱;二是某些非精神性精神障碍人,包括轻至中度的精神发育迟滞(精神发育不全)者,脑部器质性病变(如脑炎、脑外伤)或者精神病(如精神分裂症、癫痫症等)后遗症所引起的人格变态者,神经官能症中少数严重的强迫症和癔症患者等。

(二)醉酒的人

我国刑法第18条第4款规定:"醉酒的人犯罪,应当负刑事责任。"按照这一规定,醉酒的人犯罪,要负完全的刑事责任。

醉酒,包括生理性醉酒和病理性醉酒两种情况。刑法学界的争论体现在,对于病理性醉酒状态下实施的危害行为,是否应当追究刑事责任。有三种意见:(1)有责说;(2)无责说;(3)折衷说。由于病理性醉酒属于精神病范畴,其犯罪及刑事责任问题依照刑法有关精神病人的刑事责任问题解决,这里不再予以讨论。

这里,应当负刑事责任的"醉酒"通常指生理性醉酒,即由于饮酒过量,超过饮酒者正常的承受能力,导致酒精中毒而引起的一定程度的精神紊乱从而使饮酒者辨认或控制自己行为的能力有所减弱或丧失的状态。由于生理醉酒而犯罪的,不属于无责任能力人或者限制责任能力人,应当负完全刑事责任。

生理性醉酒人实施危害行为时,为什么应当负刑事责任呢?这是因为:(1)醉酒是人为造成的,是完全可以防止和戒除的,并非不可避免。而且,一般观念认为,酗酒是一种陋习,应当予以革除。(2)医学证明,生理醉酒人的辨认和控制行为能力只是有所减弱,但并未完全丧失,不属于无刑事责任能力人。(3)生理醉酒人在醉酒前对自己醉酒后可能实施危害行为应当预见到,甚至已经有所预见,在醉酒状态下实施危害行为具备主观上的罪过。(4)生理性醉酒除了行为人可以明确感知外,其他人较难准确判别,而事后更是难以用确切的、科学的方法检验,这样的话,如果免除或者从轻、减轻醉酒人的刑事责任,那就容易给犯罪分子一个十分方便的逃避刑事责任的借口。不过,也有学者认为,从刑法上看,醉酒人之所以必须承担刑事责任,完全是基于这三个原因:(1)行为人主观上存在过错;(2)刑罚目的的需要;(3)刑事政策的需要。总之,对于因可归责的原因而醉酒,并在醉酒期间实施危害行为的,应当对其行为负担完全的刑事责任。因此,我国刑法第18条规定醉酒的人犯罪,一律应当负完全的刑事责任。

（三）又聋又哑的人、盲人

我国刑法第 19 条规定："又聋又哑的人或者盲人犯罪，可以从轻、减轻或者免除处罚。"这一规定意味着，又聋又哑的人、盲人实施刑法禁止的危害行为的，构成犯罪，应当负刑事责任，但是可以从轻、减轻或者免除处罚。可见，聋哑人、盲人属于减轻责任能力人。

在刑法上，对认定责任能力有意义的生理缺陷，一般是指聋、哑、失明等。在我国刑法中规定的是又聋又哑的人和盲人，具体包括：（1）又聋又哑的人。这种人是指丧失了听能和语能的人，俗称为"聋子"、"哑巴"。（2）盲人。是指因为遗传、疾病、事故等原因，导致视觉功能完全丧失的人。

一般认为，又聋又哑的人、盲人虽然有严重的生理缺陷（或者说是生理功能部分丧失），但并没有完全丧失辨认和控制自己行为的能力，故而其实施危害行为的，应当负刑事责任。然而，这类人由于生理功能部分丧失尤其是听能、语能丧失（即聋哑），其辨认和控制自己行为的能力不完备，特别是他们接受社会教育的条件和对是非的辨别能力都要受到一定的限制，对其刑事责任能力有所影响。所以，对于这些人犯罪，可以根据实际情况予以从轻、减轻或者免除处罚。至于从宽到什么程度，需要酌情而定。

第 三 节
刑事责任年龄

法定年龄与犯罪人的刑事责任的关系相当密切，因而古今中外的刑事立法都不同程度地注意到了人的不同年龄对其刑事责任的影响，尤其是近现代各国刑法中还创立了刑事责任年龄制度。刑事责任年龄制度及其司法适用，也成为现代刑法理论的一个重要课题。

一、刑事责任年龄的概念与划分

（一）刑事责任年龄的概念

刑事责任年龄，简称责任年龄，是指法律规定行为人对自己的犯罪行为负刑事责任所必须达到的年龄。

达到刑事责任年龄，是自然人犯罪主体的必要条件之一。

刑法理论认为，刑事责任能力是自然人犯罪主体的核心要件，其内容是行为人具有刑法意义上的辨认和控制自己行为的能力。人的这种辨认和控制自己行为的能力是否具备和是否完备，取决于人的生理、心理发展以及智力和社会知识的发展程度，而后者显然要受到人的年龄的制约。由此，人是否达到一定的年龄，就成为他是否具备以及是否完全具备刑事责任能力的基本标志之一。年龄小的人（即儿童）尚不能正确认识周围事物和自己行为的社会性质与意义，不具备刑法意义上的辨认和控制自己行为的能力，从而不能成为犯罪主体。而达到一定年龄且精神正常的人，由其生理、心理发展和知识积累程度所决定，就具备了刑法意义上辨认和控制自己行为的能力，就能够成为犯罪主体，对其危害社会的行为应当承担与其年龄相当的刑事责任。

（二）刑事责任年龄的划分

近、现代世界各国刑事立法关于责任年龄的规定各有不同，而且把责任年龄划分为几个阶段，划分的方式也不完全相同。大体上分为：

1.两分制。即把刑事责任年龄划分为有无两个阶段。其中，有的实行绝对无责任年龄和完全负责任年龄的两分制，即绝对两分制。如1954年《格陵兰刑法典》就采用这种划分方式。有的把责任年龄分为相对无刑事责任年龄和完全负刑事责任（刑事成年）年龄两个阶段，即相对两分制。例如，《土耳其刑法典》就是如此。

2.三分制。即把责任年龄划分为三个阶段。其中，又有两种划分方式：一是把责任年龄划分为绝对无责任年龄、相对无责任年龄和完全负责任年龄这三个阶段；二是把责任年龄划分为绝对无刑事责任年龄、减轻刑事责任年龄和完全刑事责任年龄这三个阶段。

3.四分制。即把刑事责任年龄划分为，绝对无责任年龄、相对无（相对负）责任年龄、减轻责任年龄、完全负责任年龄这四个阶段。

目前多数国家刑法中的责任年龄制度都采用"四分制"或"三分制"，采用"两分制"的国家很少。其原因在于，"四分制"或"三分制"的责任年龄制度，比较符合幼年人、未成年人、成年人的生理、心理和智力发展不同阶段所决定的刑事责任能力之有无与大小的客观事实，也符合国家有效惩处某些严重犯罪以及在刑罚适用上切实贯彻预防犯罪目的的需要。因而"四分制"、"三分制"的责任年龄制度，才得以成为当代世界各国刑事责任年龄立法的主流。相比之下，"两分制"则忽视了儿童从无责任能力的年龄到完全责任能力的年龄中间所客观存在的过渡阶段，认为年龄对责任能力的影响就是"有"与"无"，只有质的区分而没有量的差别，过于绝对化，因而不够科学，为多数国家所不取。

这里，还需要说明的是，世界各国对于责任年龄阶段的年龄界限尤其是开始负刑事责任的年龄起点和完全负刑事责任的年龄标准,也往往有不同的划分标准与方法。所以,各国刑事责任年龄制度的具体内容不尽相同。

二、我国刑法对刑事责任年龄的规定

我国刑法第 17 条对责任年龄作了较为集中的规定,采用的也是"四分制",即大致可以划分为四个阶段:无→相对→减轻→完全责任年龄。

(一)未满 14 周岁,是完全不负刑事责任年龄阶段

按照刑法第 17 条的规定,我国刑法确立了负刑事责任的最低年龄(起点年龄)为已满 14 周岁,不满 14 周岁绝对不负刑事责任的制度。也就是说,不满 14 周岁的人,不论实施了刑法所禁止的哪种危害行为,都不能令其负刑事责任,不能对其进行刑事追究,即既不能定罪,也不能处以任何刑罚。

需要说明的是,我国刑法确定负刑事责任的起点年龄为已满 14 周岁,既符合我国国情,总体上也与大多数国家的立法例相一致。

同时应当注意的是,对于因不满 14 周岁不予刑事处罚的实施了危害社会行为的人,应依法责令其家长或者监护人加以管教,也可视需要对接近 14 周岁(如 12~13 周岁)的人由政府收容教养。至于不满 14 周岁的人实施了危害社会的行为(如杀人、伤人等),并不能免除其家长或监护人的民事赔偿责任。

(二)已满 14 周岁不满 16 周岁的人,是相对负刑事责任年龄阶段(也称相对无刑事责任阶段)

我国刑法第 17 条第 2 款规定:"已满 14 周岁不满 16 周岁的人,犯故意杀人、故意伤害致人重伤或者死亡、强奸、抢劫、贩卖毒品、放火、爆炸、投毒罪的,应当负刑事责任。"①按照这一规定,已满 14 周岁不满 16 周岁的人是相对负刑事责任年龄阶段。达到这一年龄阶段的人,已经具备了一定的辨别大是大非和控制自己重大行为的能力,即对某些严重危害社会的行为具备一定的辨认和控制能力,所以,法律要求他们对自己实施的严重危害社会的行为负刑事责任。

这里,需要注意的是,已满 14 周岁不满 16 周岁需负刑事责任的罪行仅限

---

① 说明:2001 年 12 月 29 日全国人大常委会通过的《中华人民共和国刑法修正案(三)》将"投毒罪"修改为"投放危险物质罪";2002 年 3 月 26 日施行的最高人民法院、最高人民检察院《关于执行〈中华人民共和国刑法确定罪名的补充规定〉》取消了"奸淫幼女罪"的罪名而将其纳入强奸罪。与此相应,刑法第 17 条第 2 款关于相对负刑事责任年龄规定中的投毒罪也改为投放危险物质罪,而强奸罪中也包括了奸淫幼女。

于刑法明文规定的那八种犯罪,不能任意扩大为八种以外的其他罪行。否则,就违背我国刑法所确立的罪刑法定原则。

在对本条款的理解与适用中产生的最大问题,是如何理解这里的"犯故意杀人、故意伤害致人重伤或者死亡、强奸、抢劫、贩卖毒品、放火、爆炸、投毒罪",也即这八种犯罪究竟是罪名还是犯罪行为?在刑法修订颁行之初,大多数刑法学者都很自然地将其理解为对罪名的规定,从而形成"罪名说"。主张"罪名说"者认为刑法第17条第2款规定的是八种罪名,处于相对负刑事责任年龄阶段的人应当对故意杀人罪、故意伤害罪、强奸罪、抢劫罪、贩卖毒品罪、放火罪、爆炸罪、投放危险物质罪这八种犯罪承担刑事责任,而对此外的犯罪都不承担刑事责任。"罪名说"严格遵守了刑法所确定的罪刑法定原则,但是按照"罪名说"处理司法实践中出现的一些问题,例如已满14周岁不满16周岁的人绑架他人并杀害被绑架人是否应当追究刑事责任,会出现重大缺陷。故意杀害被绑架人的行为是一种故意杀人行为,但是,此种故意杀人行为包含在绑架罪中(即按照刑法第239条的规定,"致使被绑架人死亡或者杀害被绑架人的,处死刑,并处没收财产",这就意味着杀害被绑架人的,只能定绑架罪而不能认定为故意杀人罪),因而不能承担刑事责任。"犯罪行为说"则意在弥补"罪名说"所存在的重大缺陷,认为根据立法原意,刑法第17条第2款对相对刑事责任年龄人应负刑事责任的范围之规定应该是指八种犯罪行为,而非八种罪名。因此,相对刑事责任年龄人应该对绑架并杀害被绑架人的犯罪行为承担刑事责任。"罪名说"与"犯罪行为说"的争议由此产生。2002年7月24日全国人大常委会法制工作委员会《关于已满14周岁不满16周岁的人承担刑事责任范围问题的答复意见》(法工委复字[2002]12号,以下简称《答复意见》)指出:"刑法第17条第2款规定的八种犯罪,是指具体犯罪行为而不是具体罪名。对于刑法第17条中规定的'犯故意杀人、故意伤害致人重伤或者死亡',是指只要故意实施了杀人、伤害行为并且造成了致人重伤、死亡后果的,都应负刑事责任。而不是指只有犯故意杀人罪、故意伤害罪的,才负刑事责任。对司法实践中出现的已满14周岁不满16周岁的人绑架人质后杀害被绑架人,拐卖妇女、儿童而故意造成被拐卖妇女、儿童重伤或死亡的行为,依据刑法是应当追究其刑事责任的。"可见,这一解释性意见认可的是"犯罪行为说"。或者说,"犯罪行为说"得到了权威机关的认可,具有立法性解释的法律效力。其后,2006年1月11日最高人民法院《关于审理未成年人刑事案件具体应用法律若干问题的解释》(法释[2006]1号)第5条规定:"已满14周岁不满16周岁的人实施刑法第17条第2款规定以外的行为,如果同时触犯了刑法第 17 条第 2 款规定的,应当依照刑法第 17 条第 2 款的规定确定罪名,定罪处罚。"这一解释虽然没有直接、明确地采用"犯罪行为说",但实际上也是间接地认可该种观点。但是,最高人民检察院的相关司法解释则认为是罪名。2003 年 4 月 18 日最高人民检察院法律政策研究室《关于相对刑事责任年龄的人承担刑事责任范围有关问题的答复》([2003]高检研发第 13 号)第 1 条:"相对刑事责任年龄的人实施了刑法第 17 条第 2 款规定的行为,应当追究刑事责任,其罪名应当根据所触犯的刑法分则具体条文认定。对于绑架后杀害被绑架人的,其罪名应认定为绑架罪。"这一解释中所涉及的"对于绑架后杀害被绑架人的,其罪名应认定为绑架罪"的内容,恰恰与刑法分则第 239 条规定的罪名是相符合的。由此可见,《答复意见》的发布虽然在一定程度上平息了学界关于"罪名说"与"犯罪行为说"的争议,但并没有完全解决刑法第 17 条第2 款规定的八类犯罪的理解与适用,也就是没有完全解决该条款的"入罪"范围。在这种情况下,有必要对该法条加以修改、完善,既使法条的表述精确并符合犯罪构成,又防止出现在对相对刑事责任年龄人进行定罪时出现罪名的混乱与不协调以及保持整个刑法总则与分则的协调。同时,在确定相对刑事责任年龄阶段人的刑事责任时,必须注意到:刑法第 17 条第 4 款规定:"因不满 16 周岁不予刑事处罚的,责令他的家长或者监护人加以管教;在必要的时候,也可以由政府收容教养。"这也就是对不满 16 周岁的人实施刑法所禁止的危害行为时,予以家庭管教或者政府收容教养的处理办法。

目前,司法实践中,对于实施刑法禁止的严重危害行为、不满 16 周岁(包含不满 14 周岁不构成犯罪)而已满 13 周岁的人,在必要时由政府加以收容教养的,一般是送往少年犯管教所管教。什么情况得视为政府有收容教养的必要?一般来说,行为人所实施的危害行为情节恶劣,后果严重,公愤很大,群众强烈要求政府收容教养的,行为人家中无人管教或者行为人的家长或监护人确实管教不了的,就应当视为有收容教养的必要。政府将这种少年儿童送往少年犯管教所收容教养,应当与在少年犯管教所内执行刑罚的未成年犯分开,单独编队(组),并在收容教养的管理制度和生活、学习安排上,充分考虑该年龄阶段的少年儿童身心发育的需要,以利于他们健康成长。

(三)已满 14 周岁不满 18 周岁的人,是减轻刑事责任年龄阶段

刑法第 17 条第 3 款规定:"已满 14 周岁不满 18 周岁的人犯罪,应当从轻或减轻处罚。"这就是说,已满 14 周岁不满 18 周岁是一个法定的必须从宽处罚即从轻或减轻刑事责任的情节。至于是从轻还是减轻以及从轻、减轻的幅度,则由司法机关根据具体案件确定。

综观现代各国的刑事立法,关于"未成年人犯罪"的年龄范围的规定,不尽相同。但较为通行的规定是,把已满 14 周岁不满 18 周岁的人确定为"未成年人",这一年龄阶段的人构成的犯罪也就称为"未成年人犯罪"。在我国,通常所说的"未成年人犯罪",也是指已满 14 周岁不满 18 周岁的人触犯刑法构成的犯罪。其中,又包括两个部分:一是已满 14 周岁不满 16 周岁的人构成的刑法第 17 条第 2 款所限定的那些严重的故意犯罪;二是已满 16 周岁不满 18 周岁的人所构成的一切犯罪。

我国刑法科学认为,已满 14 周岁不满 18 周岁的人已经具备一定的辨别和控制自己行为的能力,但是由其生理和心理特点决定了他们的责任能力不够完备,因而其犯罪的刑事责任相对轻于成年人犯罪。而且,未成年犯罪人还具有可塑性大、容易接受教育和改造的特点,在适用刑罚上应当较成年犯罪人有所区别。这种区别体现在,对未成年人犯罪的刑事责任问题上贯彻执行了从宽对待的基本原则。这一基本原则又具体化为两条重要而特殊的处理原则:

1. 从轻或减轻处罚的原则。对于已满 14 周岁不满 18 周岁的人犯罪,应当从轻或减轻处罚,这是对未成年人犯罪从宽处罚的原则规定。这一原则中的"应当",应理解为"必须"、"一律",而不允许有什么例外或者打折扣。即凡是未成年人犯罪的,都必须予以从宽处罚。这里,所谓"从轻处罚",就是在法定刑幅度内比成年人犯罪所应当判处的刑罚,适当轻一些。所谓"减轻处罚",就是在法定刑以下判处刑罚,即低于法定刑的最低刑判处刑罚。

2. 不适用死刑的原则。根据我国刑法第 49 条的规定,犯罪的时候不满 18 周岁的人,不适用死刑。也就是说,犯罪的时候不满 18 周岁的人,不管其犯罪的危害程度多么严重,都一概不能适用死刑。所谓不适用死刑,不仅指不能执行死刑,而且指根本不能判处死刑。后者是更重要的含义。不能判处死刑,也就谈不上死刑的立即执行或者缓期 2 年执行的问题。对于不满 18 周岁的未成年犯罪人不适用死刑,是我国处理未成年人犯罪一贯刑事政策中一项重要的内容,而且始终得到司法机关的贯彻执行。同时,对于未成年人从宽对待的处理原则,还包括以下这些内容:(1)不构成累犯的原则。按照《刑法修正案(八)》第 6 条的规定,不满 18 周岁的人被判处有期徒刑以上刑罚,刑罚执行完毕或者赦免以后,在 5 年内再犯罪的,不构成"累犯"。(2)符合条件的应当适用缓刑的原则。按照《刑法修正案(八)》第 11 条的规定,对于不满 18 周岁的人犯罪的,符合缓刑条件的,应当宣告缓刑。(3)免除前科报告义务的原则。按照《刑法修正案(八)》第 19 条的规定,"犯罪的时候不满 18 周岁被判处 5 年有期徒刑以下刑罚的人,免除前款规定的报告义务。"也就是说,未满 18 周岁的人犯罪,判处 5 年以下有期徒刑的,将不再有"前科报告义务"。

(四)已满 18 周岁的人,是完全负刑事责任年龄阶段

在我国,完全负刑事责任年龄究竟是 16 周岁还是 18 周岁,这是需要予以明确的。

以前,较多的提法是根据 1979 年刑法第 14 条第 1 款或者 1997 年新刑法第 17 条第 1 款的规定,即"已满 16 周岁的人犯罪,应当负刑事责任",认为已满 16 周岁的犯罪人属于完全负刑事责任年龄阶段或者说"16 周岁是进入完全刑事责任时期"。①

我们认为,这种提法欠妥。这是因为:(1)我国刑法将责任年龄分为"无"、"相对"、"减轻"和"完全"这四个阶段,都有其特定的含义,而且有利于揭示不同的年龄阶段对于负担刑事责任的意义。一般地理解,所谓"完全负刑事责任",应当是指犯罪人对刑事责任的承担是完全的、完整的,而不是残缺不全的、部分的。虽然根据刑法第 17 条第 1 款的规定,"已满 16 周岁的人犯罪,应当负刑事责任",但这里所谓的"应当负刑事责任",应该是说已满 16 周岁的人要对所有犯罪负责任,即是说,要对一切犯罪负责任。其立法意义显然是相对于同一条款中第 2 款"已满 14 周岁不满 16 周岁"只对部分严重犯罪负责任而言的。但是需要注意的是,根据我国刑法第 17 条第 3 款的规定,不满 18 周岁的人(自然包括已满 16 周岁但尚未达到 18 周岁的人,这是无须争论的)属于减轻责任年龄阶段(即"应当从轻或者减轻处罚")。这样,可以顺理成章地推论出,已满 18 周岁的人才不在减轻责任年龄之列。由此,如果说已满 16 周岁属于完全刑事责任年龄阶段,显然与这一规定相矛盾,混淆减轻责任年龄阶段与完全责任年龄阶段的含义及界限。(2)同时,按照我国《宪法》和《民法通则》等法律的规定,公民年满 18 周岁才是成年人,才属于完全责任能力人。例如,我国《民法通则》第 11 条规定:"18 周岁以上的公民是成年人,具有完全民事行为能力,可以独立进行民事活动,是完全民事行为能力人。"所以,我们认为,准确的提法应当是:已满 16 周岁的人,对一切犯罪(所有犯罪)都要负刑事责任,但应当从轻或者减轻处罚;已满 18 周岁的人不仅要对所有犯罪负刑事责任,而且要负完全、完整的刑事责任。换言之,已满 18 周岁的人,对一切犯罪

---

① 参见高铭暄主编:《刑法学》,法律出版社 1982 年版,第 139 页;林准主编:《中国刑法教程》,人民法院出版社 1989 年版,第 66 页;杨春洗、杨敦先主编:《中国刑法论》,北京大学出版社 1998 年版,第 93 页;赵秉志主编:《新刑法教程》,中国人民大学出版社 1997 年版,第 109 页;等等。

负全部刑事责任。

关于已满 75 周岁老人的刑事责任问题,《中华人民共和国刑法修正案(八)》第 1 条规定:"在刑法第 17 条后增加一条,作为第 17 条之一:'已满 75 周岁的人故意犯罪的,可以从轻或者减轻处罚;过失犯罪的,应当从轻或者减轻处罚。'"这一规定设立了已满 75 周岁犯罪人的从轻或者减轻处罚(宽宥)制度。同时,《刑法修正案(八)》第 3 条规定:"在刑法第 49 条中增加一款作为第二款:'审判的时候已满 75 周岁的人,不适用死刑,但以特别残忍手段致人死亡的除外。'"这一规定新增已满 75 周岁的人不适用死刑的原则性规定,但有例外(以特别残忍手段致人死亡的除外)。对于已满 75 周岁的老人犯罪,刑法之所以规定从宽处罚制度和免死制度,其原因主要并非 75 周岁的老人刑事责任能力减弱或降低,而是基于"人文关怀"和"矜老怜幼"的刑法人道主义的考虑。换言之,对 75 周岁老年人从宽处罚和免死,体现了我国尊老爱幼的传统和刑法人道主义的基本原则。

三、关于责任年龄应当注意的几个问题

根据这些年来的司法实践情况,要切实贯彻执行刑事责任年龄制度,正确处理未成年人的违法犯罪案件,有这几个问题需要进一步明确:

(一)刑事责任年龄应当怎样计算

首先,刑事责任年龄应当是指实足年龄即周岁,这一点与我国《宪法》、《婚姻法》、《民法通则》等法律关于年龄的规定是一致的。

其次,周岁应当怎样计算? 是以公历还是农历计算,是以年或月或日计算还是以时计算? 如果是以日计算,认定为"满××周岁"是到生日当天,还是到生日的前一天或者生日后的一天? 这些,都是需要予以明确的。为了统一司法实践,最高人民法院曾在有关司法解释文件里专门加以明确规定。[①] 根据最高人民法院的司法解释和有关常识,可以明确:

(1)周岁应当一律按照公历的年、月、日计算。

(2)1 周岁以 12 个月计算,每满 12 个月即为满 1 周岁。

(3)每满 12 个月即满 1 周岁应当以日计算,而且是过了几周岁生日,从第 2 天起,才认为已满几周岁。例如,被告人 1992 年 12 月 1 日出生,至 2006 年 12 月 2 日为已满 14 周岁,至 2008 年 12 月 2 日为已满 16 周岁,至 2010 年 12 月 2 日为已满 18 周岁。因此,对 14 岁生日当天实施危害行为的,应视为不满

---

① 参见《最高人民法院公报》1985 年第 3 号,第 22 页。

14 周岁,不能追究其刑事责任。同样,对 16 岁生日当天实施危害行为的,应当视为不满 16 周岁,只能令其对法定的严重犯罪负刑事责任;对 18 周岁生日当天犯罪的,应当视为不满 18 周岁,对其适用"从轻或者减轻处罚"的规定。

司法实践中,在计算责任年龄时有一些不妥当的做法。例如,有的按农历计算周岁;有的按月计算周岁;有的按生日前一天或者生日当天计算周岁;有的按"四舍五入"方法计算月份,凡超过 6 个月的即认为满 1 周岁;还有的主张按人口普查中以 6 月 30 日为界限来确定周岁的方法计算责任年龄……这些做法和主张虽属少数,但都是不正确的,应当坚决予以纠正。

(二)关于犯罪人未成年人的年龄认定

司法实践中,遇到被告人是否未成年年龄不清的案件,尤其是遇到被告人实施危害行为时是否已满 14 周岁、16 周岁、18 周岁这些关键年龄不清的案件,应当怎样确定被告人的真实年龄呢?我们认为,对待这一问题必须慎重、认真,不能草率、马虎。一般来说,查核被告人年龄的具体做法是:(1)认真讯问被告人并核实其供述的内容。(2)查核年龄应当主要以证件或者书面文字记载为依据。即要查阅被告人的档案、户口簿、现在派出所的户口底册、出生地派出所的户口底册等证件关于年龄的文字记载。(3)深入调查了解,到被告人的出生地、出生医院、所在单位、所在学校等了解,向被告人的四邻、同学、同事、同时出生的人询问等等,在此基础上,对调查了解到的有关证据材料进行去伪存真、审查判断和精确的计算,从而准确地、有据地认定被告人的真实年龄。(4)必要时,应当运用和采取法医学鉴定的方法来确定被告人的年龄。

(三)关于未成年人犯罪和处罚的法定年龄界限能否突破

例如,对即将满 14 周岁,甚至是差几天就满 14 周岁的人实施了严重破坏社会秩序的危害行为,甚至造成了严重危害结果的,可否作为犯罪追究刑事责任?对于即将满 18 周岁的人所犯罪行特别严重的,可否判处死刑立即执行?我们认为,法律在未成年人定罪和处罚问题上所规定的这种年龄界限,不能有任何伸缩性,这是我国刑法罪刑法定、有法必依原则的绝对要求。如果允许突破这种界限,刑法关于责任年龄的规定就失去了限制作用,这对于巩固法制是不利的。

(四)关于"跨年龄段"的危害行为的刑事责任问题

其中主要问题有两点:

1.一个人在不满 14 周岁时和已满 14 周岁不满 16 周岁期间都实施过严重危害社会的行为,甚至是同一性质的危害行为(如惯窃行为),判决时能否把不满 14 周岁时的危害行为也一并追究?回答是否定的。定罪时只能以已满

14周岁后的危害行为为根据,而不能把不满14周岁时的危害行为也作为根据,否则就违背了刑法关于不满14周岁的人完全不负刑事责任的规定。

2.未满18周岁时犯有严重罪行,满18周岁后又继续犯罪,可否将前后罪一起算,判处死刑? 根据有关规定,回答也是否定的。对于这种案件可否判处死刑的问题,主要应当根据被告人在已满18周岁后所犯的罪行,依法是否可以和应当判处死刑来衡量。如果已满18周岁后所犯之罪在法律上没有规定死刑,那就不应当仅根据未满18周岁时所犯的严重罪行而判处死刑。

第 四 节
犯罪的特殊主体

一、犯罪的一般主体与犯罪的特殊主体

我国刑法把自然人犯罪主体分为两种类型:一类是犯罪的一般主体,另一类是犯罪的特殊主体。分析我国刑法分则规定的各种犯罪,除了单位犯罪之外,犯罪主体都可以分为这两类。这种划分,无论是对于定罪,还是对于量刑,均有重要意义。

(一)犯罪的一般主体

犯罪的一般主体,是指我国刑法仅要求行为人达到责任年龄、具有责任能力即可构成犯罪的那些犯罪主体。

对于我国刑法规定的绝大多数犯罪来说,自然人只要具备上述条件,即构成犯罪主体。例如,杀人罪、盗窃罪、抢劫罪等等,只要行为人实施了犯罪行为,达到责任年龄和具备责任能力,就可以成为犯罪主体。

(二)犯罪的特殊主体

犯罪的特殊主体,也称特殊犯罪主体,是指我国刑法要求行为人在具备一般主体条件的基础上,还必须具备法定的特定身份才能构成犯罪的那些犯罪主体。

刑法理论上,一般将犯罪的特殊主体即犯罪人须具备特定身份的犯罪,称为身份犯。

二、犯罪主体特殊身份问题

(一)犯罪主体特殊身份的概念与分类

从一般意义上讲,所谓身份,是指行为人本身所具有的某种特定的资格或情况。也可以说,身份是指人在一定的社会关系中的地位。由此,可谓人人皆有其身份。但是,犯罪主体的特殊身份,有其特定的含义。按照刑法理论较为通行的主张,所谓犯罪主体的特殊身份,是指刑法所规定的影响行为人刑事责任的行为人人身方面特定的资格、地位或状态。例如,公务员、军人、男女、亲属、在押罪犯等,往往被规定为某些犯罪主体的特殊身份。

我国刑法中犯罪的特殊主体,从其形成上看,有由自然身份构成的特殊主体和由法定身份构成的特殊主体:

1.自然身份。所谓自然身份,是指人因自然因素所赋予而形成的身份。例如,基于性别形成的事实可有男女之分,有的犯罪(如强奸罪)仅为男子才可以单独成为犯罪的主体。再如,基于血缘的事实可形成亲属身份,有些犯罪(如虐待罪、遗弃罪)只能由具有这种身份的人构成。

2.法定身份。是指人基于法律所赋予而形成的身份,如国家工作人员、军人、司法人员、在押罪犯等等。例如,贪污罪、受贿罪等必须是具有国家工作人员身份的人,才能构成这些犯罪。再如,刑法第 247 条规定的刑讯逼供罪、暴力取证罪,第 399 条规定的民事、行政枉法裁判罪,必须是司法工作人员才能构成。

根据我国刑法的规定,由法定身份构成的特殊主体类型可以分为:

(1)一般国家工作人员。按照刑法第 93 条的规定,分为四种情况:①国家机关中从事公务的人员,国家机关即各级党、政、军、司法机关;②国有公司、企业、事业单位、人民团体中从事公务的人员;③国家机关、国有公司、企业、事业单位委派到非国有公司、企业、事业单位、社会团体从事公务的人员;④其他依照法律从事公务的人员。由国家工作人员构成的,与其职务密切相关的犯罪如贪污、受贿等等,刑法理论上称为职务犯罪。

(2)特定的国家工作人员,即司法工作人员、行政执法人员、海关工作人员等等。这种身份类型的犯罪有:虐待被监管人员罪、私放在押人员罪、徇私枉法罪、徇私舞弊不移交刑事案件罪、放纵走私罪,等等。

(3)军人,即现役军人和军内在编职工。这类犯罪即刑法典分则第 10 章"军人违反职责罪"规定的各罪。

(4)特定的人员,包括特定的从业人员和在押罪犯两种。例如,重大责任事故罪、重大劳动安全事故罪,其主体必须是工厂、矿山、林场、建筑企业或者其他企业、事业单位的职工。再如,刑法第 316 条脱逃罪的主体,必须是依法被关押的罪犯、被告人、犯罪嫌疑人,第 317 条规定的组织越狱罪、暴动越狱罪和聚众持械越狱罪,其犯罪主体只能是在押的罪犯。

(二)犯罪主体特殊身份对定罪量刑的作用

由于犯罪主体的特殊身份从主客观统一上影响了行为社会危害性的有无和程度,并反映了行为人主观恶性的大小,因而现代各国刑法都在不同程度上、以不同形式设立有犯罪主体特殊身份及其影响刑事责任的规定。这种规定不外乎是要达到两点目的:一是借助行为人某些特殊身份的有无,来限制某些犯罪主体及犯罪成立的范围,以便区分罪与非罪、此罪与彼罪的界限,从而准确妥当地对某些危害行为追究刑事责任;二是借助于行为人的某些特殊身份的有无,来区分危害程度不同的犯罪之轻重罪责,以突出和加重对某些具备特殊身份的犯罪分子及其特定犯罪行为的打击,使刑罚的适用与其刑事责任程度相适应,同时也对某些因具备特定身份而使行为危害程度较小的犯罪分子和犯罪行为从宽处罚,做到宽严相济、罪刑相称。所以,犯罪主体的特殊身份无论是对定罪,还是对量刑,均有重要的意义。

1. 犯罪主体特殊身份对定罪的意义

影响行为的定罪,是犯罪主体特殊身份的首要功能。故而,刑法理论上有"定罪身份"之说。定罪身份是指决定刑事责任存在的身份,又称犯罪构成要件的身份。此种身份的存在,是某些犯罪中犯罪主体要件必须具备的要素,缺此身份,犯罪主体要件就不具备。这主要表现为:

(1)主体特殊身份的具备与否,是区分罪与非罪的标准之一。例如,刑法第 399 条规定的徇私枉法罪,法律明确要求只追究"司法工作人员"的刑事责任,即在这种案件中,具有"司法工作人员"身份是犯罪主体必备的身份特征。

(2)主体特殊身份具备与否,是某些犯罪案件中区分和认定此罪与彼罪的一个重要标准。例如,同是接受贿赂或索取贿赂行为,具有国家工作人员身份的,按照刑法第 385 条规定构成受贿罪,若不具有国家工作人员而属公司、企业、其他单位工作人员身份,则以刑法第 163 条规定的非国家工作人员受贿罪(习惯上又称"业务受贿罪"、"商业受贿罪")定罪。

(3)主体特殊身份影响无特殊身份者的定罪。这主要是无特定身份者与有特定身份者共同实施要求特定主体之罪的情况。例如,一般公民可以与国家工作人员一起构成要求特殊主体的贪污罪的实行犯。

2.犯罪主体特殊身份对量刑的意义

犯罪主体的特殊身份对量刑也有一定的影响,这主要体现在:

(1)在我国刑法中,对行为类似的特殊主体的犯罪一般来说,往往较一般主体的犯罪规定的刑罚相对重一些。例如,包含窃取、骗取行为的国家工作人员贪污罪的刑罚,重于一般主体的盗窃罪、诈骗罪的刑罚;又如,国家工作人员所犯的"受贿罪"的刑罚,重于公司、企业人员所犯的"非国家工作人员受贿罪"。这些要求特殊主体的犯罪之所以较一般主体的犯罪的刑罚重,当然不仅仅是基于主体的特殊身份,但主体的特殊身份无疑是影响行为的社会危害程度并进而影响其刑罚轻重的重要原因之一。

(2)在我国刑法总则规范中,设有一些因犯罪主体的身份而影响刑罚轻重的规定。因主体身份影响刑罚从严的,例如,按照刑法第 65 条关于普通累犯以及第 66 条关于危害国家安全罪累犯的规定,犯罪分子如果过去因犯罪被处以刑罚并符合一定条件的,即具有法定的累犯身份的,对其新的犯罪就要从重处罚,而且按照刑法第 74 条,对构成累犯者不得适用缓刑。因主体身份影响刑罚从宽的,例如刑法第 49 条关于"审判的时候怀孕的妇女,不适用死刑"的规定。

(3)我国刑法分则规范中,规定对某些犯罪若行为人具有特殊身份的就要从重处罚。例如,刑法第 243 条第 2 款规定,国家机关工作人员犯诬陷罪的,从重处罚。

此外,实践中时常还会遇到一些法无明文规定的犯罪人具有一定的特殊身份的情况,如行为人具有领导干部身份、领导干部亲属身份、执法人员身份、家庭成员身份或者有先行的违法犯罪前科劣迹身份等。犯罪人的这些特殊身份是否影响其刑罚的轻重?我国刑法理论和司法实践经验认为,对这些特殊身份既不能因法无明文规定就一概不予考虑,也不能不加分析地一概予以从重或从轻量刑,而应当科学地考察不同的特殊身份对行为人的刑事责任程度大小有无影响,并据此来承认和体现行为人的特定身份对量刑的意义,以使刑罚的轻重真正与从主体角度体现出来的责任程度相适应。

第五节
单位犯罪

一、单位犯罪的概念与立法

（一）单位犯罪的概念与特征

单位犯罪是相对于自然人犯罪而言的一个范畴。单位犯罪，是我国现行刑法使用的称谓，而在中外刑法理论上一般称为"法人犯罪"。

1997 年修订的我国现行刑法，采用总则与分则相结合的方式确立了单位犯罪及其刑事责任，其中总则第二章第四节"单位犯罪"用两个条文规定了单位犯罪的总则性问题。

刑法第 30 条规定："公司、企业、事业单位、机关、团体实施的危害社会的行为，法律规定为单位犯罪的，应当负刑事责任。"这是关于单位在多大范围内可以成为犯罪主体的规定。

根据这一规定，所谓单位犯罪，是指由公司、企业、事业单位、机关、团体实施的依法应当承担刑事责任的危害社会的行为。

单位犯罪的基本特征是：

1. 单位犯罪的主体是"单位"，包括公司、企业、事业单位、机关、团体。所谓"公司、企业、事业单位"是指所有的公司、企业、事业单位，既包括国有的公司、企业、事业单位，也包括集体所有的公司、企业、事业单位以及合资或独资、私人所有的公司、企业、事业单位。"机关"是指国家各级权力机关、行政机关、审判机关、检察机关。"团体"主要是指人民团体和社会团体。

2. 只有法律明文规定单位可以成为犯罪主体的犯罪，才存在单位犯罪及单位承担刑事责任的问题，而并非一切犯罪都可以由单位构成。规定单位犯罪的"法律"，指的是刑法分则性条文，包括新刑法典分则及其颁行后国家最高立法机关又根据实际需要制定的单行刑法及有关附属刑法规范。从我国刑法典分则的规定来看，单位犯罪广泛存在于危害公共安全罪，破坏社会主义市场经济秩序罪，侵犯公民人身权利、民主权利罪，妨害社会管理秩序罪，危害国防利益罪和贪污贿赂罪等罪章中，具体罪种有 120 多个。这些单位犯罪多数是故意犯罪，但也有少数属于过失犯罪。

(二)单位犯罪的立法嬗变

这里,简要地说一说"单位犯罪"概念及法律规定的由来与历史变化。

在我国 1979 年通过的《刑法》中,并没有"单位犯罪"的规定。在这部刑法典中,对犯罪主体的规定是基于传统的犯罪主体限于自然人的观念,从而对非自然人犯罪及其刑事责任未作任何规定。在这种情况下,人们谈论犯罪主体也仅限于自然人犯罪。当然,在刑法分则规定的犯罪中,涉及直接责任人员的刑事责任问题,可以视为是单位犯罪的雏形。例如,1979 年刑法第 121 条规定:"违反税收法规,偷税、抗税,情节严重的,除按照税收法规定补税并且可以罚款外,对直接责任人员,处三年以下有期徒刑。"在这一规定中,虽未指明单位犯罪,但已经规定对直接责任人员进行定罪处罚,而这种直接责任人员显然只在"单位"中存在。

随着我国改革开放政策的逐步推行,社会上各种法人与非法人组织日益增多,尤其是出现了大量的企业法人。它们参与社会活动尤其是经济活动的领域亦愈来愈广泛、全面,但与此同时,法人或非法人组织实施的危害社会的行为的情况也越来越严重、突出。这样,法人能否成为犯罪主体的问题,就被客观地提出来了。此后,在刑法理论上肯定法人可以成为犯罪主体的"肯定说"与否定法人能够成为犯罪主体的"否定说"展开了针锋相对的争论,双方都提出了自己的理由试图说服对方,但由于没有法律上的规定作依据,"肯定说"仍处于下风,而"否定说"则仍然占据着统治地位。

1987 年 1 月 22 日由第六届全国人大常委会第十九次会议通过的《中华人民共和国海关法》第 47 条第 4 款规定:"企业事业单位、国家机关、社会团体犯走私罪的,由司法机关对其主管人员和直接责任人员依法追究刑事责任;对该单位判处罚金,判处没收走私货物、物品、走私运输工具和违法所得。"从而首次在我国法律中确认了单位可以成为犯罪主体,并且采用两罚制,这也使当时法人可以成为犯罪主体的观点找到了法律支撑。

1988 年 1 月 21 日全国人大常委会通过的《关于惩治贪污罪贿赂罪的补充规定》和《关于惩治走私罪的补充规定》,分别规定有关企业事业单位、机关、团体可以成为受贿罪、行贿罪、走私罪、逃汇套汇罪和投机倒把罪等犯罪的主体,第一次在专门的刑事法律中承认了单位犯罪(当时理论上普遍称为"法人犯罪")。例如,《关于惩治走私罪的补充规定》第 5 条规定:企业事业单位、机关、团体走私本规定第 1 条至第 3 条规定以外的货物、物品的,判处罚金,并对其直接负责的主管人员和其他直接责任人员,依照本规定对个人犯走私罪的规定处罚。

此后,从 1988 年至 1997 年刑法修订以前,我国以单行刑法和附属刑法规定的单位犯罪,共有 11 部法规,包括《关于惩治走私、制作、贩卖、传播淫秽物品的犯罪分子的决定》(1990 年 12 月 28 日)、《关于禁毒的决定》(1990 年 12 月 28 日)、《关于惩治偷税、抗税犯罪的补充规定》(1992 年 9 月 4 日)等。据我国学者的保守统计,在刑法修改之前,单行刑法和附属刑法规定的罪名已达 49 个之多,几乎占到刑法全部罪名的 1/5 强,而这当中涉及许多单位犯罪的具体规定。[①]

在刑法修改过程中,基本的共识是增加单位犯罪的规定已是势在必行,关键的问题在于如何规定。当时,提出两种意见,一种是"总则说",即认为单位犯罪应当规定在刑法总则中;一种是"分则说",即认为单位犯罪并非对所有的犯罪适用,它的指导意义是有限的,故不宜规定于总则之中。修订后的新刑法关于单位犯罪的规定,采用总则规定和分则规定相结合的方式确立了单位犯罪及其刑事责任,其中总则部分规定在刑法第 30 条和第 31 条,而刑法分则有关单位犯罪的具体规定涉及罪名 125 个,约占我国刑法分则条文的 30%。

从以上我国刑法关于单位犯罪的立法嬗变过程来看,我国刑法经历了一个从"自然人一元主体"的刑法到"自然人与单位二元主体"的刑法的历史发展过程。

二、单位犯罪的构成

单位犯罪的构成,实际上研讨的是单位犯罪的认定问题。认定犯罪,必须依据犯罪构成;认定单位犯罪,也必须依据刑法所规定的单位犯罪的构成。

单位犯罪是一种特殊的犯罪形态,它具有不同于自然人犯罪的特殊的犯罪构成。单位犯罪不仅仅是一种犯罪主体的问题,它还涉及犯罪构成的其他要件。这里,所谓单位犯罪的构成,是指刑法所规定的决定单位行为的社会危害性及其程度,而为该单位行为构成犯罪所必需的主客观要件。

(一)单位犯罪的主体要件

1.单位犯罪主体的界定

单位犯罪的主体如何理解,这在刑法理论上是一个存在争议的问题,主要分歧在于:单位犯罪的主体究竟是单位还是也包括单位内部的自然人。一种观点认为,单位犯罪(或称法人犯罪)实际上是一个犯罪,两个犯罪主体(即单位和作为单位构成要素的自然人),两个刑罚主体(在两罚制的情况下)或者一

---

①　娄云生:《法人犯罪》,中国政法大学出版社 1996 年版,第 232～236 页。

个刑罚主体(在单罚制的情况下)。另一种观点则认为,单位犯罪是一个犯罪,即相对于自然人的犯罪,只有一个犯罪主体,即单位主体。我们认为,单位犯罪的主体是单位,而不包括单位内部的自然人(即直接负责的主管人员和其他直接责任人员),这一点是单位犯罪与自然人犯罪最为明显的区别。

那么,什么是单位呢?我国刑法虽然作了列举性的规定,即将"公司、企业、事业单位、机关、团体"作为单位的表现形式,但对单位的构成条件没有明确规定。根据立法精神,在认定单位犯罪的"单位"时,必须注意两点:(1)单位犯罪的"单位"不以法人单位为限,否则,我国刑法就应当规定"法人犯罪"而不是单位犯罪。(2)单位犯罪的"单位",是一个组织机构,而且是合法组织,这一点是单位犯罪主体区别于自然人犯罪主体的关键所在。因为,只有组织的合法性,我们才能回答为什么诸如犯罪集团(走私集团、盗窃集团等)和"有组织的犯罪"(如组织、领导、参加黑社会性质组织罪,有关"邪教组织"的犯罪,等)仍然认定为自然人犯罪,是共同犯罪的特殊表现形式。为此,我们认为,我国刑法规定的单位犯罪的"单位",应当是合法设立的,能够以自己的名义进行经济、社会活动的组织。

具体来说,作为单位犯罪主体的"单位",必须具备这两个要件:

(1)合法性。合法性是指单位的成立、存在,必须是依法组成的,它们或者是根据法律、法规的规定设立,或者是经过有关主管部门的合法批准设立,或者是经过合法注册登记而设立。同时,合法性不仅指单位在形式上是合法的,而且还应当包括其实质上或者基本活动上是合法的。如果是为犯罪而骗取有关部门批准或者注册登记成立的单位,或者在单位成立后背离法律规定的单位应有的基本宗旨,其全部或者主要活动是从事违法犯罪活动的,就应当认为没有合法性。例如,为了走私而注册登记一家公司,其全部或主要活动又是从事走私犯罪活动,则显然不具有"单位"的合法性,不属于单位犯罪而属于自然人的共同犯罪。

(2)独立性。独立性是指单位应当是拥有自己支配的财产,享有独立作出决定的权利,具备独立实施行为的能力等条件。单位只有具备这些条件,才可能独立承担相应的法律责任,也才可能具备刑法上的刑事责任能力。可以这样说,作为犯罪主体的"单位",应当是一个独立的实体。

关于单位的独立性,存在着单位的附属机构是否也是单位的争议,也就是说单位的附属机构能否成为单位犯罪的主体? 单位的附属机构有两种形式:一是单位的派出机构(分支机构),一是单位的内设机构(职能部门)。具体分析如下:

①派出机构。作为单位附属的派出机构,往往是单位基于管理、经营的需要,在一定的区域或社区内设立的,具有相对独立性的分支机构,如分公司、派出所等。这种机构往往都可以自己的名义独立对外开展业务或进行管理、经营,特别是机关的派出机构,有时还得到法律法规的直接授权,而公司的分公司,也往往有自己的营业执照(非法人的企业营业执照)。所以,派出机构可以作为单位犯罪的独立主体,可以单独构成单位犯罪。

②职能部门。单位的内设机构(职能部门),往往是单位根据职能的不同而设立的具体业务或工作部门,比如机关的科室,工厂的车间,公司的生产、销售部门等。职能部门是否可以单独成为单位犯罪的主体,理论上有"肯定说"与"否定说"两种观点。肯定论者认为,单位的职能部门可以成为单位犯罪的主体,是单位犯罪中的单位。① 否定论者则认为,单位职能部门不具有相应的独立性,不能作为单位犯罪的主体。我们认为,由于单位的职能部门不是独立地进行活动,而是以单位名义进行活动,因而其行为应当视为其所在单位的行为,故职能部门不能成为单位犯罪的主体。例如,公司的贸易部门进行走私,工厂的车间生产伪劣商品,都应当看作是公司、工厂构成单位犯罪,而不能将贸易部门、车间当作单位犯罪。但是,以单位职能部门的名义实施的行为,或者为单位职能部门的利益实施的行为,或者职能部门以单位的名义实施的犯罪行为,也应当构成单位犯罪,只是犯罪主体是职能部门所在的单位,而不是职能部门。例如,公安局的内设职能部门刑警队,以刑警队的名义向发案单位索要财物归刑警队"小金库"的行为,如果数额达到犯罪的程度,显然应当追究刑事责任。但如果仅仅追究主管人员和直接责任人员的刑事责任,就难以克服个人没有占有这一障碍。此时如果以公安局作为犯罪主体,并且以单位受贿罪追究行为实施者的刑事责任,就顺理成章了,而且也能保证我国法律责任体系的完整性。因为在追究民事责任、行政责任过程中,职能部门所实施的民事行为、行政行为的法律责任,都归属于单位本身。

前述合法性和独立性这两个条件,是单位构成犯罪主体的必备要件,缺少其中任何一个要件都不是单位犯罪而是自然人犯罪。这种对单位犯罪的主体要件的解释、分析观点,与司法解释的规定也是一致的。最高人民法院《关于审理单位犯罪案件具体应用法律有关问题的解释》(1999年6月18日,法释[1999]14号)第1条规定:"刑法第30条规定的'公司、企业、事业单位',既包括国有、集体所有的公司、企业、事业单位,也包括依法设立的合资经营、合作

① 陈兴良著:《刑法适用总论》(上卷),法律出版社1999年版,第599~600页。

经营企业和具有法人资格的独资、私营等公司、企业、事业单位。"该解释对于合资经营、合作经营企业和独资、私营等公司、企业,特别要求其必须"依法设立"或"具有法人资格",这一方面强调了单位犯罪中"单位"的独立性和合法性,另一方面也反映了最高司法机关对不同所有制的"单位"还是区别对待的。而该司法解释第 2 条同时规定:"个人为进行违法犯罪活动而设立的公司、企业、事业单位实施犯罪的,或者公司、企业、事业单位设立后,以实施犯罪为主要活动的,不以单位犯罪论处。"这一解释强调了单位的合法性,以示单位犯罪与个人犯罪的区别。因为,这些所谓"公司、企业、事业单位",要么是为了进行违法犯罪而采取欺骗等非法手段成立的,要么是成立后背离单位作为社会组织的基本宗旨而"以实施犯罪为主要活动",从而使这些"公司、企业、事业单位"的合法性丧失而没有了作为单位的资格,其实施的犯罪实质上是个人犯罪。而且,我们还进一步认为,单位的依法设立或者其合法存在的性质,是刑法规定单位犯罪的目的能够实现的前提。因为,单位犯罪大部分实行双罚制,即对单位判处罚金、对其主管人员和直接责任人员判处自由刑或罚金。对单位判处罚金,就必须要求单位合法存在,否则罚金刑就无法实现。至于机关、团体,根据我国的国家机关组织法和社会团体管理法规的规定,这些单位理所当然是合法成立与合法存在的单位。未经合法程序成立、登记的"社会组织",是不能成为社会团体的,而是非法组织,如"法轮大法研究会"就是一个典型的非法组织。而各种非法组织实施的犯罪活动,完全属于个人犯罪而不是单位犯罪。

2.单位犯罪主体的种类

根据刑法第 30 条的规定,单位犯罪的主体范围包括以下五种:

(1)公司。是指以营利为目的而组织的从事生产和经营活动的经济组织。也可以说是依照《公司法》的规定而依法成立的经济组织。公司违法构成犯罪的,应当构成单位犯罪。

(2)企业。企业是指依法成立并具备一定的组织形式,以营利为目的,独立从事商品生产经营活动和商业服务的经济组织。从逻辑上说,企业是种概念,公司是企业的一种组织形式。但是在我国刑法中,由于强调公司的法律地位,因此往往将公司与企业并列。在这种情况下,企业是指除公司以外的其他经济组织。由于企业在我国当前的经济生活中是一种主要的经济活动主体,在单位犯罪中企业犯罪占有较大比重。

(3)事业单位。是指依照法律或者行政命令成立、从事各种社会活动的组织。包括两种:一是国家事业单位,另一是集体事业单位(如合作医院、县剧团等）。它们属于法人的范围，可以成为单位犯罪的主体。

（4）机关。是指行使党和国家的领导、管理职能和保卫国家安全职能的单位，包括国家行政机关、立法机关、司法机关、军事机关、政党机关等。

（5）团体。又称社会团体，是指各种群众团体组织，包括人民群众团体（工会、共青团、妇联等）、社会公益团体、学术研究团体、文化艺术团体、宗教团体等。这些团体只要是依法成立并且独立活动的，就可以作为单位犯罪的主体。

（二）单位犯罪的客观要件

单位犯罪构成的客观方面应当是单位实施的危害社会的行为及其所造成的危害后果。因此，如何认定单位实施危害行为是掌握单位犯罪客观方面的关键。我们认为，单位行为必须具备以下要素：

1.以单位名义进行。单位行为必须以单位名义实施，比如以单位名义签订合同，以单位名义提出申请等等。

2.体现单位的真实意思。所谓"体现单位的真实意思"，是指以单位名义所实施的行为，没有背离单位的利益，是为单位谋取利益或者是实施单位所安排的职务行为。如果背离单位利益就不属于单位的真实意思表示，不能视为单位行为。最高人民法院司法解释规定："盗用单位名义实施犯罪，违法所得由实施犯罪个人私分的，依照刑法有关自然人犯罪的规定定罪处罚。"这一规定反映的就是行为虽然以单位名义实施，但不是单位的真实意思表示，就不属于单位行为，而属于自然人犯罪。

3.经单位集体决定或者负责人决定。这里，单位集体决定，是指经过单位决策、管理机构决定。如公司的董事会作出决定等。负责人决定，是指根据法律或者单位章程规定，有权代表单位行为的个人决定，如企业的厂长、公司的董事长或总经理，机关、团体的负责人决定等。没有经过单位集体研究决定或者负责人决定而以单位名义实施违法犯罪行为，应当认定行为人盗用单位名义实施，属于自然人违法犯罪。这里，需要强调的是，是否经过单位集体决定或者负责人决定，是判断是否属于单位行为的形式标准；而是否反映单位真实意思、体现单位利益，则是判断是否属于单位行为的本质标准。由此，如果单位负责人个人决定实施某一犯罪行为，但并非为单位谋取利益，而是为个人牟取非法利益，这种情况下，就不能认定为单位犯罪而仍然是单位负责人的个人犯罪。

在认定单位行为构成要素时，必须注意两点：（1）对单位"负责人"应当作广义的理解，不能仅仅局限于是单位"第一把手"或单位这一层的领导人，如董事长、总经理、厂长等，而应当包括单位的其他负有领导、管理职责的人员，如副总经理、业务部门经理、财务部门经理等。这是由单位的性质和特点决定的,也是单位运行的需要。(2)对"以单位名义实施"的理解,也应当包括以单位内部职能部门的名义实施。因为,以内部职能部门名义实施的行为,往往是单位行为的一个组成部分;而且,有时单位根据自己管理或者经营运行的必要及内部管理的便利,往往把某一方面的行为赋予单位职能部门实施。因此,不能把以单位内部职能部门名义实施的行为,排除在单位行为之外。

(三)单位犯罪的主观要件

我国刑法强调,追究行为人的刑事责任,不仅要求其客观上实施了危害社会的行为,而且要求其主观上必须存在罪过。而罪过是人们对自己的行为的社会危害性的主观心理状态,它包括认识与意志因素。那么,单位或者法人是否具备这种主观心理呢?对此,刑法理论上是存在争论的。否定说认为,主观罪过是自然人所特有的主观心理活动的产物,单位不具有这种能力;而肯定说则认为,单位或法人具有这种认识与意志能力。我们认为,虽然法律认可单位具备法律上的人格,即所谓"拟制的人",但它毕竟是一种社会组织,因而如何认定单位的认识与意志能力,进而认定其主观罪过,就有一定的难度。

如何认定单位的认识与意志,我们认为应当从这里着手:单位是由一定的自然人成员组成的,单位的行为,包括单位的犯罪行为,都是受自然人支配的。因此,单位的全体成员的认识、意志或者其负责人的认识、意志,就是单位的认识与意志,单位的认识、意志以其成员的认识与意志为基础。单位的组成成员在基于单位的利益或者履行单位规定职责的活动中,明知自己为单位牟取非法利益的行为或者履行职责的行为会发生危害社会的结果,却希望或放任这一结果的发生,应当属于单位的故意罪过。单位的组成人员在谋取单位利益或者履行职责的活动中,应当预见自己的行为可能会发生危害社会的结果却疏忽大意没有预见,或者已经预见而轻信能够避免,因而发生危害社会结果的,是单位的过失罪过。从这个意义上讲,也可以说单位的罪过形式包括故意和过失,单位犯罪包括故意犯罪(如走私罪、生产伪药罪等)和过失犯罪(如刑法第229条第3款规定的出具证明文件重大失实罪、刑法第137条规定的工程重大安全事故罪等)。如果我们不通过单位的自然人成员对行为的社会危害性的认识程度及意志态度去把握单位主观罪过,就无法把握单位犯罪的主观方面,就有可能陷入"客观归罪"的错误中。

三、单位犯罪的处罚原则

对单位犯罪的处罚,世界各国刑事立法和刑法理论上主要有两种原则:一是"双罚制"(又称"两罚制")。即单位犯罪的,对单位和单位直接责任人员(代表人、主管人员及其他有关责任人员)均予以刑罚处罚。一般的做法是对单位处以财产刑(如罚金、没收财产),对单位犯罪的直接责任人员处以人身自由刑和财产刑。二是"单罚制"。即只对单位予以刑罚处罚而对直接责任人员不予处罚,或者只对直接责任人员予以刑罚处罚而不处罚单位。在"单罚制"中,只处罚单位的,称为"转嫁制";只处罚责任人的,称为"代罚制"。

我国刑法第 31 条规定:"单位犯罪的,对单位判处罚金,并对其直接负责的主管人员和其他直接责任人员判处刑罚。本法分则和其他法律另有规定的,依照规定。"这是我国刑法关于对单位犯罪处罚原则的规定。根据这一规定,结合刑法分则的具体规定,可以看出我国对单位犯罪实行的是"双罚制"与"单罚制"并存的制度。

1.双罚制。我国刑法对单位犯罪,一般采取双罚制的原则。即单位犯罪的,对单位判处罚金,同时对单位直接负责的主管人员和其他直接责任人员判处刑罚。具体有以下几种情况:

(1)对只能由单位才能构成的单位犯罪(理论上称为"纯正单位犯罪"),在规定单位犯罪的罪状后,就直接规定两罚的法定刑。如刑法第 327 条关于"非法出售、私赠文物藏品罪"规定:"违反文物保护法规,国有博物馆、图书馆等单位将国家保护的文物藏品出售或者私自送给非国有单位或者个人的,对单位判处罚金,并对其直接负责的主管人员和其他直接责任人员,处三年以下有期徒刑或者拘役。"

(2)在规定自然人犯罪的法定刑后,以专款或者专条规定对单位判处罚金,对直接负责的主管人员和其他直接责任人员依照前款规定或者各该条文规定处罚,即直接援引自然人犯罪的法定刑。例如,刑法第 231 条关于单位犯扰乱市场秩序罪的规定就是如此。

(3)在规定自然人犯罪的法定刑后,以专款或者专条规定对单位判处罚金,对直接负责的主管人员和其他直接责任人员则规定相对较轻的法定刑,且往往没有罚金刑。例如,刑法第 153 条第 2 款规定,单位犯走私普通货物、物品罪的,"对单位判处罚金,并对其直接负责的主管人员和其他直接责任人员,处三年以下有期徒刑或者拘役;情节严重的,处三年以上十年以下有期徒刑;情节特别严重的,处十年以上有期徒刑"。

2.单罚制。我国刑法对单位犯罪在采取双罚制的同时,也采取单罚制,不过,单罚制中只有处罚责任人的"代罚制"。这是因为,单位犯罪的情况具有复杂性,其社会危害程度差别很大,一律采取双罚制的原则,并不能全面准确地体现罪责刑相适应原则和对单位犯罪起到足以警戒的作用。在我国刑法分则中,有10种单位犯罪,采取的即是单罚制,如刑法第244条规定的强迫劳动罪,就只处罚用人单位的直接责任人员;刑法第161条规定的提供虚假财会报告罪和刑法第162条规定的妨害清算罪,也不处罚作为犯罪主体的公司、企业,而只处罚其直接责任人员。

第10章 □□□
犯罪的主观方面

第 一 节
犯罪主观方面的概念、内容

　　我国刑法规定的任何犯罪,不仅在客观上具有危害社会的行为,而且这种行为必须是基于一定的罪过心理而实施的。缺乏犯罪的主观方面,犯罪便不能成立。因此,犯罪主观方面同犯罪客观方面一样,也是犯罪构成的基本要件之一。同时,犯罪主观方面不同,所构成的犯罪也不相同。所以,犯罪主观方面在犯罪构成中具有重要价值,是行为人负担刑事责任的主观基础。

一、犯罪主观方面的概念、意义

（一）犯罪主观方面的概念与特点

1. 犯罪主观方面的概念

　　什么是犯罪主观方面,现行刑法没有作出明确的规定,但其内涵可以根据刑法第 14 条至第 16 条的有关规定概括出来;而且,刑法分则的一些条文也对犯罪的主观内容作了一些具体的规定。

　　一般认为,犯罪主观方面是指犯罪主体对他所实施的危害社会的行为及其危害结果的心理状态(所持的心理态度)。

　　犯罪主观方面在我国也常称为犯罪主观要件,或者称为主观罪过、主观恶性。而事实上,各国刑法的称谓也不一致。例如,大陆法系的德国、日本用"责任条件"或者"责任形式"来说明犯罪主体的心理态度,法国则称为"心理因素",英美法系国家则大多称为"犯意"。不过,这种称谓上的不同只有形式价值,不影响它的内涵及实质。

2.犯罪主观方面的特点

从上述概念中,可以看出犯罪主观方面有三个特点:

(1)犯罪主观方面是人的一定的心理状态。这是犯罪主观方面的表现形式。从这一点上可以看出,犯罪主观方面与客观方面不同的是,它是一种内在的心理活动。通常包括两方面:一是"明知"、"预见"一定的行为及其结果的认识能力、认识义务、认识程度、认识内容这些认识方面的要素;二是"希望"、"放任"、"疏忽大意"、"过于自信"等意志方面的要素。没有这种心理上的内容,也就没有犯罪主观方面的存在。

(2)犯罪主观方面是支配行为人实施犯罪行为的主观心理状态。也就是说,犯罪人实施犯罪行为,离不开犯罪人的主观心理状态的支配、控制,缺乏主观心理的行为,便不可能构成犯罪,更不能让行为人负担刑事责任。同时,只有当行为人的主观心理表现在一定的危害社会行为上的时候,即外部表现(外化)为行为时,才有刑法上的意义,才是刑法所要加以研究的,也才属于犯罪主观方面。

(3)犯罪主观方面以行为发生的危害社会的结果为内容。这是犯罪主观方面的法律含义。犯罪主观方面虽然是人的一定的心理活动,但是不能把它仅仅归结为人的一般心理过程、心理状态。因为,犯罪主观方面是个法律概念,它具有与普通心理学的不同内容和性质上的区别。也就是说,它不是日常生活中某种行为和结果的心理状态,而是行为人对他所实施的危害社会行为及其危害结果的心理状态。比如,某人在禁止吸烟的公共场所吸烟,尽管他吸烟是故意的,但不能就此说明这种故意是犯罪的主观方面。道理在于,这种故意不是刑法意义上所讲的危害社会行为及其危害结果的故意,而仅仅属于一般的、普通心理学意义上的心理状态,至多是一般违法的心理。所以,如果行为不会发生危害社会的结果,就谈不上犯罪主观方面的存在。

(二)犯罪主观方面的意义

任何犯罪,都必须具备主观要件。这是因为,构成犯罪,既要有客观危害,也要有主观罪过、主观恶性。恩格斯指出:"推动人去从事活动的一切,都要通过人的头脑,甚至吃喝也是通过头脑感觉到的饥渴引起的,并且是由于同样通过头脑感觉到饱足而停止。"①作为人类活动之一的犯罪活动,也是这样,是由其主观心理支配和控制的。一方面,任何危害社会的行为,无不受行为人主观意识的支配和意志的控制,否则,就不成其为犯罪。另一方面,一个人企图危

① 《马克思恩格斯选集》第4卷,第228页。

害社会的主观意识,如果没有表现为客观危害,也就谈不上是罪过,或者无从考察、发现其罪过的存在,从而不可能构成犯罪。因此,按照我国主客观相统一的犯罪构成原则,犯罪主观方面与犯罪客观方面一样,都是犯罪构成不可缺少的要件。如果说客观要件是行为人承担刑事责任的客观依据,主观要件则是行为人承担刑事责任的主观依据。缺少其中任何一个要件,便丧失了作为犯罪构成的意义。

特别需要指出的是,我国刑法既反对不讲社会危害行为及结果,仅仅根据主观意识、"反动思想"和"犯罪意念"即定罪判刑的"主观归罪"以及所谓"思想犯";同时也反对不讲主观罪过,仅仅根据危害后果即定罪判刑的"客观归罪"。无论是"主观归罪"还是"客观归罪",都是不讲犯罪构成要件的表现,都违背了定罪判刑的原则要求,是极端错误的,应当予以摒弃。

二、犯罪主观方面的内容

从其内容上讲,犯罪主观方面有两个要素,或者说可以分为两个基本类型:必要要件和选择要件。

（一）必要要件

犯罪主观方面的必要要件包括犯罪故意和犯罪过失。而犯罪故意和犯罪过失,在刑法理论上一般合称为"罪过"。[①]

在刑法学上,所谓罪过,就是指行为人对自己的行为将引起的危害社会的结果所持的一种故意或过失的心理态度。从这一定义中可以看出,罪过有三个特征:第一,罪过是行为人的一定心理态度;第二,罪过是行为人对自己的行为将引起的危害结果所持的心理态度;第三,罪过以故意和过失为内容。这里,需要强调的是,犯罪故意和犯罪过失有许多共同的特征,以"罪过"这一概念统称之,有利于揭示它们的共同特征和本质属性。

构成罪过的心理因素有两个方面:

1.认识因素(也称意识因素):指的是犯罪行为人对于自己的犯罪行为及其结果的认识方面的种种因素,一般包含认识能力、认识义务、认识条件、认识内容和认识程度这些具体因素。也有人将认识因素定义为行为人认识、判断自己行为的性质、作用和意义及其结果的主观意识。

[①]　对于犯罪的故意和过失,大陆法系国家的刑法有的统称为"责任意思"或"责任条件",也有的统称为"责任形式"或"责任种类"等。英美法系国家的刑法统称为"犯意"。苏联和东欧等国家的刑法则统称为"罪过"。

2.意志因素(也称态度因素):指的是行为人在对于自己的行为及相关事实进行认识的基础上,对自己的行为及其结果加以控制、设计(实施或不实施、发生或不发生)的心理态度(主观意志)。

(二)选择要件

犯罪主观方面的选择要件又称特定要件,即犯罪目的,它不是所有犯罪的构成要件而只是某些犯罪的必要要件。至于犯罪动机,是确定情节轻重的一个重要因素,一般不认为是犯罪构成的选择要件。

除此之外,在犯罪主观方面的分析、研究中,还要注意、考虑到与犯罪故意、犯罪过失密切相关但不属故意和过失的情况(即刑法上的"意外事件"),以及刑法上的"认识错误",以便正确地解决定罪量刑问题。

犯罪主观方面的这些要件,不仅关系到犯罪能否成立,而且对于犯罪的分类、此罪与彼罪的区分以及刑罚的裁量,都具有重要意义。在司法实践中,为了正确地定罪和量刑,在查明行为人实施了危害社会的行为及其结果的同时,必须查明行为人主观上是否存在着故意或者过失以及具有什么样的犯罪目的、犯罪动机。尤其要指出的是,虽然说行为人的犯罪故意、犯罪过失和犯罪目的、动机,相对于客观犯罪行为、犯罪结果是属于主观因素,但对于司法人员来说则是客观存在的情况。只有查明这些情况,才能对行为人的主观心理状态作出符合客观真实的判断和结论,进而正确地定罪量刑。

第 二 节
犯罪故意

犯罪故意是罪过的主要表现形式,集中体现着行为人反社会的主观恶性,是一种最危险的罪过心理。因此,各国刑法均以处罚故意犯罪为原则,处罚过失犯罪为补充。而在罪过理论的体系中,犯罪故意的理论是基本的内容。分析、研究犯罪故意,是罪过理论的重心所在。

一、犯罪故意的概念

(一)犯罪故意的理论学说

犯罪故意,通俗地来说就是"明知故犯"。

关于犯罪故意的概念,我国古代学者有"知其而犯之,谓之故"①之说,有关文献也有"宥过无大,刑故无小"②,"非眚惟终,不可不杀"③等记载。

西方国家的刑法理论对于何为犯罪故意,曾有三种见解:

1. 认识主义

认识主义也称预见主义、观念主义,它主张故意的成立以行为人认识构成犯罪的客观事实为要件,只要认识到自己的行为会发生危害结果,行为人仍然实施此行为,便表明行为人主观上的反社会性,符合犯罪故意的特征。至于行为人的动机如何,决意如何,以及对危害结果的态度,对成立犯罪故意没有影响。

对此主张,我们不能不指出,认识主义仅仅强调行为人对行为的危害结果的认识,无视行为人心理活动的意志因素,是其根本缺陷。应该说,脱离意志因素的认识主义是无法揭示犯罪故意的价值的,起码把有认识的过于自信过失纳入故意的范畴,是不合适的。

2. 希望主义

希望主义又称意志主义、意思主义、意欲主义,它认为犯罪故意的成立不仅要求行为人对犯罪事实的发生有所认识,而且要求行为人具有希望犯罪事实发生的决意,这才符合故意的"明知故犯"的含义。

对此主张,我们认为:希望主义已把心理活动的认识因素与意志因素结为一体,比认识主义向前迈进了一大步。但是,希望主义把"希望"视为意志、态度的唯一形式,忽视了意志、态度的其他形式,势必缩小了犯罪故意的范围,起码把"放任性故意"(即间接故意)摒弃于故意之外,这是不全面的,故而不可取。

3. 容认主义

鉴于希望主义与认识主义界定的故意范围存在前者过狭、后者过宽的情况,容认主义立足于意志因素的各种形式,主张在认识因素的基础上,凡危害结果的发生不违背行为人主观意志的,都属于犯罪故意。"容认"的含义,可以从两个方面去理解:在消极的意义上,"容认"指行为人不介意犯罪结果的发生的心理;在积极的意义上,"容认"指行为人坚持实施既定犯罪行为的态度。

容认主义不仅在理论上借助心理学的研究成果合理说明了犯罪故意的构

---

① 《晋书·刑法志》。

② 《尚书·大禹谟》。

③ 《尚书·康诰》。

成因素,而且在实践中注重行为人的主观恶性,适当说明了犯罪故意的基本范围,成为各国刑事立法的依据。20 世纪以来,各国的刑事立法基本上采用容认主义规定犯罪故意的定义。例如,沙俄刑法典(1903 年)指出:"不仅在犯罪者意欲犯罪的时候,其犯罪行为被认为是故意,当犯罪者自觉容许犯罪行为的结果发生时,亦认为是故意。"巴西刑法典第 15 条规定:"行为人希望发生后果或者发生后果的危险的,是故意犯罪。"同时,自容认主义学说在刑法理论上占统治地位以后,犯罪故意的界说似乎已经统一。

我们认为,如果仅仅在心理形式上确定犯罪故意的界限,容认主义是可取的。问题是,犯罪故意并不是一个心理学的概念,而是一个包含一定社会内容的刑法概念,因此,容认主义不能够确切地揭示犯罪故意的本质。认识犯罪故意的概念若止步于此,是远远不够的。

(二)我国刑法中的犯罪故意概念

我国刑法并未对犯罪故意的概念作出规定,但我们通过分析我国刑法中故意犯罪的概念,自然可以得出什么是犯罪故意。

我国刑法第 14 条规定:"明知自己的行为会发生危害社会的结果,并且希望或者放任这种结果发生,因而构成犯罪的,是故意犯罪。"根据这一故意犯罪的概念,我们可以将犯罪故意定义为:犯罪故意,是指行为人明知自己的行为会发生危害社会的结果,并且希望或者放任这种结果发生,因而构成犯罪的一种心理状态。

我国刑法中的犯罪故意的概念是比较科学的,具体表现在:

1.明确了犯罪故意蕴涵的公然危害社会的自觉意识,说明故意的心理态度体现在危害社会的结果上,揭示出犯罪故意的社会政治本质。正是由此,我们才可以体会出恩格斯将犯罪视为"蔑视社会秩序的最明显、最极端的表现"[①]的深刻含义。所以,我国刑法关于犯罪故意的规定是实质性定义,与一切形式定义有着根本的区别。

2.准确地概括出犯罪故意的心理形式。我国刑法顺应了法律文明的时代风尚,借鉴罪过理论的已有成果,既不主张认识主义,也不提倡希望主义,而是以行为的反社会意志为核心,坚持容认主义。也就是说,在行为人认识到自己的行为会发生危害社会的结果的前提下,希望发生危害结果的,是犯罪故意;放任危害结果发生的,也是犯罪故意。这样,也就把人的心理过程的认识因素与意志因素有机地结合起来,既全面又比较合理地确定了犯罪故意的范围。

---

① 《马克思恩格斯全集》第 2 卷,第 416 页。

3.使用了比较确切的词句。我国刑法对犯罪故意的认识因素的表述使用了"明知"一词,强调行为人认识危害结果的明确性,不仅包括认识的内容,也包括认识的程度。较苏联刑法典规定的"认识"、"预见"更为生动、准确,突出了行为人对危害结果发生的肯定程度。同时,我国刑法对犯罪故意的意志因素的表述使用了"希望"、"放任"这两个词,不仅强调了意志因素的两种形式,而且突出了故意意志的自觉性,内容上既包括直接追求危害结果的意志,也包括间接放任危害结果的意志,比那种"有意"、"不违背本意"的规定更为规范、准确。

(三)犯罪故意的基本特征

从前述所讲的我国刑法规定的犯罪故意概念当中,我们可以看出,要构成犯罪故意必须具备以下两方面的条件:

1. 认识特征:明知

行为人"明知自己的行为会发生危害社会的结果",这是犯罪故意在认识(意识)方面的特征。

"明知",是一切故意犯罪在主观认识方面必须具备的特征。如果一个人的行为虽然在客观上会发生甚至已经发生了危害社会的结果,但行为人本人在行为时并不明知自己的行为会发生这种结果,那就不构成犯罪的故意。

这里,需要说明的是:

(1)怎样理解"明知"的内容?一般认为,明知的内容应当包括法律所规定的构成某种故意犯罪所不可缺少的危害事实,亦即作为犯罪构成要件的客观事实。具体来说,明知包括这三项内容:

第一,对行为本身的认识,即对刑法规定的危害社会行为的内容及其性质的认识。一个人只有认识到自己所要实施或者正在实施的行为危害社会的性质和内容,认识到行为与结果的客观联系,才能谈得上进一步认识行为之结果的问题。因此,"明知自己的行为会发生危害社会的结果"这一论断,决不能局限于对结果本身的内容与性质的认识,而是必须首先包含对行为本身性质、内容与作用的认识。

第二,对行为结果的认识,即对行为产生或者将要产生的危害社会结果的内容与性质的认识。例如,故意杀人罪的行为人认识到自己的行为会发生他人死亡的结果,盗窃罪的行为人认识到自己的行为会发生公私财物被其非法占有的结果。

第三,对危害行为和危害结果相联系的其他犯罪构成要件事实的认识。在一些故意犯罪中,要求行为人除了对危害行为、危害结果有所认识外,还要求认识到特定的其他法定事实——这在刑法理论上称为"特定之明知"。具体来说,包括:①对法定的犯罪对象要有所认识。例如盗窃枪支、弹药罪,要求行为人明知自己盗窃的对象是枪支、弹药;持有、使用假币罪,要求行为人明知是伪造的货币而持有、使用的,才能构成该罪;窝赃罪,只有明知是犯罪所得的赃物而代为保存、保管的,才能构成该罪。②对法定的犯罪手段要有所认识。例如抢劫罪,要求行为人明知自己非法占有他人财物是以暴力、胁迫或者其他侵犯人身的方法为特定手段;妨害公务罪,要求行为人明知自己采用了暴力、威胁手段来实施妨害公务的行为。③对法定的犯罪时间、地点要有所认识。例如非法捕捞水产品罪、非法狩猎罪,要求行为人明知自己是在特定的时间、地点采用特定的方法实施捕捞或者狩猎行为的。

(2)对行为及其结果性质的明知即明确认知,是只要求明知危害性,还是再要求明知刑事违法性?也就是说,犯罪故意的认识因素中是否包括对行为违法性的认识。对此问题,国外刑法理论主要有三种学说:一是"违法意识不必要说"("不知法律不赦"是罗马法以来的传统格言,根据这一格言,成立故意不需有违法性认识),二是"违法性意识必要说",三是"责任说"。① 我国刑法理论对这一问题的看法也不尽一致。我们认为,按照法律的规定,犯罪故意的认识因素表现为行为人"明知自己的行为会发生危害社会的结果",这显然是只要求行为人明知其行为及行为结果的社会危害性。应该说,刑法上的这一规定是完全正确的。这是因为:其一,我国刑法规范与我国社会主义的行为价值观、是非观是一致的,危害社会的行为及其结果达到一定严重程度就要被刑法所禁止、所制裁,具有正常理智、思维的公民都会了解这一点。因此,对犯罪故意的认识因素要求行为人明知行为及其结果的危害社会性质就足够了,不必再要求明知刑事违法性。其二,如果把认识因素要求为明知刑事违法性,要求行为人明确知道其行为和结果触犯了刑法哪一个条文、应当怎样定罪判刑,这就非常不现实、不合理,一般公民都难以做到,甚至也难以确切地查明行为人是否真的具备或者不具备这种认识,而且也容易使有些人钻空子,借口不懂法律、所谓"法盲"来实施犯罪并逃避罪责。所以,应当只要求行为人明知其行为和结果的社会危害性,而无须也不宜提出他是否明知其行为具有刑事违法性的问题。

当然,上述情形也有例外。比如,某种行为一向不为刑法所禁止,后来在某个特殊时期或者某种特定情况下为刑法所明令禁止,如果行为人确实不知

---

① 详见马克昌主编:《犯罪通论》,武汉大学出版社 2000 年第 3 版,第 332～336 页。

道法律已禁止而仍然实施该行为的,就不能讲他是故意违反刑法;而且此时他也往往同时缺乏对行为及其结果的社会危害性的认识。这种情况下,难以认定行为人具有犯罪的故意。

(3)关于明知自己的行为"会发生"危害社会结果的含义。所谓"会发生",包括两种情况:一种是明知自己的行为必然要发生某种特定的危害结果。例如,行为人某甲将公民乙从十几层的高楼猛力推下,甲明知自己的行为必定致乙死亡。另一种是明知自己的行为可能要发生某种特定的结果。例如,某甲欲枪杀某乙,但枪法不佳,又没办法接近乙,只好在远距离开枪射杀。此时,甲明知开枪可能打死乙,也可能打不死乙。总之,"会发生"既指危害行为致危害结果的"必然发生",也包括危害结果的"可能发生"。无论是哪种情况,都符合犯罪故意的认识特征。

2.意志特征:希望或者放任

"希望或者放任这种结果的发生",这是犯罪故意在意志方面的特征(或说是态度问题)。

意志是行为人选择行为方式的心理推动力和主动性。犯罪故意的意志就是行为人决定犯罪行为的方向、方式,控制犯罪行为的心理过程。确切地讲,认识因素仅仅是犯罪故意成立的前提,并不是构成犯罪故意的关键,意志因素才是犯罪故意成立的标志,是构成犯罪故意的核心。

犯罪故意的意志因素可以分为两项内容:一为意志态度,即行为人对其行为造成的结果所产生的希望或者放任的态度;二是意志努力,即行为人积极选择犯罪方式,自觉实施危害社会的行为。由于意志是一种心理态度,所以我们又可以将犯罪故意的意志因素称为态度因素、态度问题。

我国刑法将犯罪故意的意志因素规定为"希望"和"放任"两种,既科学地反映其内容,也准确地指明其形式。

二、犯罪故意的法定种类

根据我国刑法第 14 条的规定,将犯罪故意分为直接故意和间接故意两种。这也是刑法理论对犯罪故意最基本的分类。下面分别加以论述。

(一)直接故意

1.直接故意的概念与特征

直接故意是指明知自己的行为会发生某种危害社会的结果,并且希望这种结果发生的一种心理状态。

直接故意有两个特征：

(1)认识特征：主观意识上"明知"，即明知自己的行为会发生某种危害社会的结果。

(2)意志特征：希望某种危害社会结果的发生。这里，所谓的"希望"，是指行为人对危害结果抱着积极追求的心理态度，该危害结果的发生，正是行为人通过一系列犯罪活动所要达到的目的。据此，一般认为，对危害结果发生持希望态度，也就是直接追求该种危害结果的发生。

2.直接故意的表现形式

司法实践中，绝大多数犯罪都是故意犯罪，而在故意犯罪中，大多数都是直接故意犯罪。稍作分析，直接故意通常表现为以下两种形式：

(1)明知其行为有引起某种危害结果的必然性，并希望其发生。例如，甲想杀死乙，用枪顶在乙的脑袋上射击，甲明知这种行为必然致乙死亡而仍然决意为之，追求乙死亡结果的发生。甲的心理态度即为此种直接故意。由于这种故意体现为行为人认识上明知自己的行为有引起危害社会结果的必然性，在意志上希望这种结果发生，这样也就说明行为人具有相应的犯罪目的。所以，这种故意又可称为"目的性直接故意"。

(2)明知其行为有引起某种危害结果的可能性，并希望其发生。这种故意又可称为"可能性故意"。例如，丙想枪杀丁，于晚上趁丁返家途中隔小河射击，由于光线不好、距离较远，加上丙的射击技术又不甚好，因而他对能否射中丁没有把握，但丙又不愿放过这个杀人机会，希望能射中丁将他打死，并在这种心理的支配下实施了射击行为。丙的这种心理态度即属此种直接故意。

(二)间接故意

1.间接故意的概念与特征

间接故意是指行为人明知其行为可能引起某种危害社会的结果，并且放任这种结果发生的心理状态。

间接故意也有两个特征：

(1)认识特征：明知自己的行为会发生危害社会的结果。

(2)意志特征：对于危害社会结果的发生持放任的心理态度。这里，所谓的"放任"危害结果的发生，是指行为人虽然不是希望、不是积极追求危害结果的发生，但也不反对、不设法阻止这种结果的发生，而是对结果是否发生采取放纵、听之任之的心理态度。

需要说明的是，间接故意的本质不在于认识因素，而在于意志因素——不直接追求危害结果的发生，而是放任危害结果的发生。这正表明放任意志的派生性、附属性、间接性,正是从放任意志出发,才产生间接故意的概念。

2.间接故意的表现形式

在司法实践中,犯罪的间接故意有以下两种情况:

(1)行为人追求某一个犯罪目的,却放任另一个危害结果的发生。也有人将这种情况称为"确知性间接故意",并表述为:行为人在认识到自己的行为必然产生目标结果以外的危害社会的结果,而放任自己的行为。[①] 例如,甲欲投毒杀死妻子乙,就在给妻子盛饭时往妻子碗内投下了剧毒药。甲同时还预见到妻子有可能把饭给孩子吃而祸及小孩,但他杀妻心切,就抱着听任孩子也有可能被毒死的心理态度。事实上,妻子乙在吃饭时确实喂了孩子几口,结果母子均中毒死亡。此案中,甲明知投毒后其妻必然吃饭而中毒身亡并积极追求这种结果的发生,对其妻构成杀人罪的直接故意无疑。但是,甲对其孩子死亡发生的心理态度就不同,他认识到的是孩子死亡的可能性而不是必然性,他对孩子死亡结果的发生并不是希望,而是为了达到杀妻的结果而有意识地加以放任,这符合间接故意的特征。故而,甲对其孩子中毒死亡的结果,应构成杀人罪的间接故意。

(2)行为人追求一个非犯罪目的,而放任某种危害社会结果的发生。也有人将它表述为,行为人在认识到自己的行为可能产生目标结果以外的危害社会结果,而放任自己的行为,并把这种情况称为"可能性间接故意"[②]。例如,某甲在学校门口用气枪打鸟,不顾进出校门学生的安全,结果打瞎了一名学生的眼睛。某甲对学生的伤害,就是出于此种间接故意。

犯罪间接故意的其他情况,都能够归入上述两种情况之中。刑法理论上,也有人将前一种情况称为积极的放任,将后一种情况称为消极的放任。[③]

(三)认定间接故意需注意的几个问题

虽然间接故意犯罪的发生少于直接故意犯罪,但是间接故意犯罪的认定更为复杂,更为困难,而且刑法理论对间接故意的争议远远多于直接故意,故而有加以特别关注的必要。

1.如何正确理解刑法中"放任"的含义

在刑法理论上,人们大多将"放任"解释为:听之任之、漠不关心、侥幸、无所谓等。

---

①　刘生荣:《犯罪构成原理》,法律出版社 1997 年版,第 207～208 页。

②　刘生荣:《犯罪构成原理》,法律出版社 1997 年版,第 208 页。

③　高铭暄主编:《刑法学原理》(第二卷),中国人民大学出版社 1993 年版,第 208 页。

我们认为,在字面的含义上,这些说明或许符合"放任"的语意。但是,放任作为一种特定的社会心理态度,采用这些说明便是不确切的,起码没有揭示出放任的本质。放任并不是缺乏思考的盲动,也不是完全中立的惯性,而是一种虽不希望却也不避免危害结果发生的心理态度。

其一,行为人放任的危害社会的结果不是自然地产生的,而是人为地造成的。听之任之、漠不关心,一般是指行为人不闻不问的心理状态。而在放任意志的情况下,行为人不顾危害结果的发生,执意实施既定的行为,已经表明行为人的意志倾向。从结果的发生来看,行为人是放任危害结果的发生,而不是放任危害结果不发生;或者说,行为人尽管不像希望意志那样积极追求危害结果,但默许了危害结果的发生。前面所举的"投毒杀妻致妻、子一起死亡"和"气枪打鸟伤人"两个例子中,都可以反映出行为人的这种意志特征。

其二,放任不是一种自发的心理态度,而是一种自觉的意志态度。行为人对发生危害结果的放任,不是无意造成的,而是有意实施的,是在"明知"的基础上,"故犯"的一种形式。放任意志不是制止自己的行为或者避免危害结果的发生,而是发动既定的行为,甘冒危害结果发生的风险,这说明放任意志的自觉性(自觉意识)。

其三,如果一味强调听之任之、漠不关心,等于割裂了放任意志与危害结果发生的内在联系,抹杀了放任意志的自觉意识,无法说明放任毕竟是犯罪故意的一种意志。事实上,危害结果的发生,放任是行为人有意识地造成的,或者是行为人意识上并不想用任何措施避免危害结果的发生。正是行为人不抑制自己的危害行为,才会最终发生危害社会的结果。

所以,我们认为,"放任"这种意志的实质反映出行为人为追求某种目的(危害结果之外的其他目的),甘愿冒着发生危害社会结果的风险而豁出去的心理态度。形象些说,"放任"就是不计后果、放纵后果的发生。由此,将"放任"定义为不计后果、放纵后果发生的心理态度,会更加准确。

2.如何理解间接故意中"明知"的范围

间接故意中,刑法规定认识上为"明知会发生"。但我们认为,这种"明知会发生"与直接故意的"明知会发生"是有区别的。间接故意的"明知会发生",仅限于对危害结果发生的可能性的明知,而不包括对结果发生的必然性的明知。因为,如果行为人明知危害结果必然发生,却仍然一意孤行,有意任由危害结果发生,这种心理态度很难说是"放任",实际上就是一种追求某种危害结果的心理态度,属于直接故意的范畴。

3.关于间接故意有无犯罪目的的问题

这是刑法理论界有争议的一个问题,我们将在本章的"犯罪目的与犯罪动机"一节中加以讨论。这里先说一说我们的基本看法。由于间接故意是对危害结果的放任,而不是积极、直接地追求,所以不具有该危害结果本身的犯罪目的。从这个意义上讲,间接故意不具有犯罪目的。不过,间接故意犯罪可以有针对危害结果以外的其他目的。

4.人们常说的"不确定的故意",是不是一种特殊形式的间接故意

这也是一个有争议的问题。司法实践中,常有这样一种情况:行为人突发性的犯罪,不计后果,放任严重结果的发生。例如,前几年经常出现的一些青少年临时起意,动辄行凶,不计后果,捅人一刀即扬长而去结果致人死亡的案件,即所谓"动辄捅刀子"案件,就属于这种情况。这种犯罪,有人认为是一种特殊形式的间接故意;有人虽然没有这样提,但却将它列为间接故意表现形式的第三种情况。[①]

我们认为,这种情况仍然属于间接故意当中追求某一个犯罪目的而放任另一个危害结果发生的形式,而不是一种特殊形式的间接故意。因为,这种案件中,行为人对用刀捅人必致他人受伤是明知的、追求的,属于直接故意的范畴;对于其行为致人死亡的结果而言,他虽然认识到可能性,但所持的却不是希望其发生的态度,而是放任其发生的态度。这样,对于其行为造成他人死亡的结果而言,其认识特征是明知可能性,其意志因素是放任结果的发生,这符合犯罪间接故意的构成。只不过要注意的是,行为人明确追求他人受伤的结果,却放任他人死亡的结果,这符合追求某一犯罪目的而放任另一危害结果发生的间接故意表现形式,而不是一种独立的、特殊的间接故意形式。

(四)间接故意与直接故意的联系、区别

1.间接故意与直接故意的联系

犯罪的直接故意与间接故意同属犯罪故意的范畴,它们有这两方面的联系:(1)从认识因素上看,两者都属于"明知",即明确认识到自己的行为会发生危害社会的结果。(2)从意志因素上看,两者都不排斥、不反对危害结果的发生。这些相同点,说明和决定了这两种故意形式的共同性质。

2.间接故意与直接故意的区别

这两种故意形式有着重要的区别:(1)从认识因素上看,二者对行为导致

---

① 参见赵秉志主编:《新刑法教程》,中国人民大学出版社 1997 年版,第 133 页;高铭暄主编:《刑法学》,北京大学出版社 1989 年版,第 152 页。

危害结果发生的认识程度有所不同。犯罪的直接故意既可以是行为人明知自己的行为必然发生危害结果，也可以是明知自己的行为可能发生危害结果。而间接故意则不同，它只能是行为人明知自己的行为发生危害结果的"可能性"。(2)从意志因素上看，二者对危害结果发生的心理态度显然不同。直接故意是希望即积极追求危害结果的发生。在这种心理状态支配下，行为人就会想方设法，克服困难，创造条件，排除障碍，积极地甚至顽强地实现犯罪目的，造成犯罪结果。而间接故意对危害结果的发生则持放任的心理态度。在放任心理的支配下，行为人就不会想方设法、排除障碍来积极追求危害结果的发生，或者防止、避免危害结果的发生。意志因素上的这种不同，是两种故意区别的关键所在。

三、犯罪故意的其他种类(学理分类)

在刑法理论中，除了将犯罪故意分为直接故意和间接故意这两种基本类型外(这也是最常见、最普遍的分类)，还对犯罪故意进行一些学理上的分类。

（一）突然故意和预谋故意

1. 突然故意

突然故意指的是行为人产生犯罪故意后立即实施犯罪行为的心理态度。这种故意又称突发故意、一时故意、偶然故意、简单故意。突然故意实际上是简单的意志行动，其行为过程没有犯罪准备阶段(即预谋阶段)；或者说，其特征在于突然性，行为人没有预谋。例如，某甲下夜班回家，在路上发现妇女乙单身一人，顿起淫心，将妇女乙强奸。某甲的犯罪故意便属于突然故意。

2. 预谋故意

预谋故意，指的是行为人产生犯罪故意以后，经过一段时间准备才实施犯罪行为的心理态度。这种故意在某些国家的刑法理论中也称复杂故意。预谋故意是一种复杂的意志行为，即从犯罪故意形成到犯罪行为的实施一般经过三个环节：一是犯罪故意的形成阶段，二是犯罪的准备阶段，三是实施犯罪行为的阶段。也就是说，犯罪经历了预谋阶段，有个预谋过程。例如，某甲与邻居某乙素有矛盾，两人之间有些积怨。一天，某甲对妻子说："明天找个机会教训一下某乙。"第二天，某甲以某乙吐痰是对着他为借口，对乙大打出手，致乙重伤。某甲的犯罪故意就属于预谋故意。

需要说明的是，这种故意的划分标准在于故意与行为之间相隔的时间长短。这种区分对犯罪故意的成立毫无影响，但对于揭示行为人的主观恶性程度，认识犯罪故意的形成过程，具有一定意义。一般说来，各国刑法大都采用预谋故意从重、突然故意从轻的量刑原则。

（二）确定故意与不确定故意

这种分类方法也是刑法理论常常采用的，区别的关键或者说标准在于故意的认识因素，即行为人对危害结果的认识内容及认识程度。尽管这种区分不足以揭示行为人的主观恶性，但其意义在于全面认识犯罪故意的各种表现形式，说明行为人实际心理状态，为正确定罪量刑提供依据。

1. 确定故意

确定故意，指的是行为人明知自己的行为一定会发生某种具体的危害结果，并希望或者放任这种结果发生的心理态度。例如，某甲明知用手枪在近距离向某乙的头部射击会致人死亡，却仍希望这种结果发生，并开枪射击，这就是确定故意。其特点表现为认识内容的具体性与认识程度的肯定性。通常情形下的犯罪故意，大多属于确定的故意。

2. 不确定故意

不确定故意，指的是行为人虽然明知自己的行为会发生危害社会的结果，但对结果的具体内容及发展趋向的认识并不明确，即在实施某种行为时，不具有侵犯特定客体或者希望犯罪行为发生的心理状态。与确定故意相比，不确定故意在对于行为对象和目标的认识方面是不确定的，同时对于危害结果的了解也具有更大的盖然性。

对于不确定故意，根据不确定的程度不同，又可进而再分类为概括的故意、择一的故意和未必故意三种：

（1）概括的故意。是指行为人对于危害结果的盖然性了解限定在一定范围之内，并意图实施该行为。例如，某人为了杀死某乙，向乙所在的人群投掷爆炸物，虽知一定会有人伤亡并毁坏公私财物，但究竟会死伤多少、造成多大的经济损失，在行为时不会具有明确的认识。

（2）择一的故意。是指行为人对于危害结果的了解建立在可能出现其一的基础上，并意图实施该行为。例如，甲欲杀仇人乙，见乙与其妻女同行散步。甲持枪向乙及其妻女射击，其主观上认为如果射中乙当然好，即使不射中乙而射中其妻或其女，亦足以报仇。这种心理状态，就是择一故意。

（3）未必故意。是指行为人对于危害结果的了解建立在忽然性的基础上，即认识到危害结果可能出现也可能不出现，但仍意图实施该行为。这也称为"可能故意"。

除了上述两种学理分类外，刑法理论上还有所谓事前犯罪故意与事后犯罪故意、危险犯罪故意与实害犯罪故意的分法。但我们认为这两种分类一则意义不大,二则有些提法并不是很科学,而是很烦琐,故而在这里就不具体探讨了。

第三节
犯罪过失

一、犯罪过失的概念与特征

(一)犯罪过失的概念

对于犯罪过失,我们可以根据分析我国刑法第 15 条关于过失犯罪的规定而得出结论。一般认为,犯罪过失是指行为人应当预见自己的行为可能发生危害社会的结果,因为疏忽大意而没有预见,或者已经预见而轻信能够避免,以致发生这种结果的一种心理态度。

我国刑法第 15 条第 1 款对过失犯罪作了规定,即"应当预见自己的行为可能发生危害社会的结果,因为疏忽大意而没有预见,或者已经预见而轻信能够避免,以致发生这种结果的,是过失犯罪"。

需要说明的是:(1)当今世界上多数国家的刑事立法都规定了过失犯罪的概念(少数国家的立法对故意与过失未作概念规定,如联邦德国、日本、法国等国刑法;有的则仅设故意之概念规定,而不规定过失,如奥地利刑法),我国刑法也对犯罪过失的概念作了明确规定,这说明我国刑法对犯罪过失在刑法中的位置有了应有的重视。(2)在刑法中规定以危害结果的实际发生作为过失犯罪构成的条件,已经成为一种普遍的做法,我国刑法也是如此。这是因为,与故意犯罪相比较,无论是在人身危险性,还是主观恶性等方面,过失犯罪明显小于故意犯罪。也正因为过失犯罪不同于故意犯罪,轻于故意犯罪,所以我国刑法第 15 条紧接着在其第 2 款规定:"过失犯罪,法律有规定的才负刑事责任。"

(二)犯罪过失的特征

依据上述关于犯罪过失的概念,犯罪过失有两个构成条件,即有两个基本特征(因素):

1.认识特征。认识因素是意志产生的前提,也是犯罪过失成立的关键。我国刑法规定的"应当预见自己的行为可能发生危害社会的结果——而没有预见","已经预见而轻信能够避免",就是对犯罪过失认识因素的说明。

2.意志特征。行为人对危害结果的发生是持根本否定态度的,即为过失的心理态度,包括疏忽大意的过失和过于自信的过失两种情况。

由上面两个特征,我们不难看出,犯罪过失与犯罪故意相比,是两种有着显著区别的犯罪心理状态。从认识因素上看,犯罪故意表现为行为人明知行为必然或者可能发生危害结果的心理态度;而犯罪过失表现为行为人对危害结果的发生虽然应当预见但实际上并未预见到,或者只是预见到在行为人看来并非现实的可能性。从意志因素上看,犯罪故意的内容是希望或者放任危害结果发生的心理态度;而犯罪过失则对危害结果的发生既不是希望也不是放任,而是排斥、反对的心理态度,只是由于疏忽大意或者过于轻信能够避免结果发生的主观错误心理支配下的过失行为,才导致了结果的发生。简言之,即犯罪故意是"明知故犯"的心理态度;犯罪过失则不是如此,而是由于缺乏必要的谨慎导致危害社会结果发生的心理态度。因此,犯罪故意所表明的行为人的主观恶性,明显大于犯罪过失,在处罚上要比犯罪过失严厉。

二、犯罪过失的法定种类

按照犯罪过失心理状态的不同内容,依据我国刑法第 15 条的规定,刑法理论把犯罪过失分为疏忽大意的过失和过于自信的过失这两种基本类型。

(一)疏忽大意的过失

1.疏忽大意的过失的概念与特征

疏忽大意的过失又称无认识的过失,是指行为人应当预见自己的行为可能发生危害社会的结果,因为疏忽大意而没有预见,以致发生这种结果的心理态度。

从这个概念中,我们可以看出,疏忽大意的过失有两个特征:

(1)没有预见。即行为人在实施行为时没有预见到自己的行为可能发生危害社会的结果,而没有预见的原因是行为人的疏忽大意。

"没有预见",是指行为人对危害社会的结果缺乏认识。它是行为人的一种实际认识状态,这是疏忽大意过失的最基本特征。由于这个特征,人们才常常把这种过失称为无认识的过失。例如,某药房临时负责人朱某对一瓶丢失了标签的药品仅凭印象判断其为芒硝,将它发到中药房使用,结果致使 12 人服用,5 人中毒,3 人死亡。经检验是砒霜中毒。原来,此瓶药品不是芒硝而是砒霜。在这种情况下,行为人朱某对其行为本身是有意实施的,但对行为可能发生的危害社会的结果,却处于无认识——"没有预见"的状态。应当强调的是,所谓"没有预见",是指行为人在行为当时没有意识到会产生这种结果,而不是说他从来就不知道这种行为会产生这种结果。

构成过失当中的"没有预见",其原因是行为人的疏忽大意。所谓"疏忽大意",指的是行为人粗心大意、松懈麻痹(即人们通常所说的"不小心"),因而没有预见本来应当预见和可能预见的危害结果,以致发生危害结果的心理状态。

这里,"没有预见"包括三种不同的程度:其一,完全没有认识,甚至连发生危害行为的可能性也没有认识。这在疏忽大意的过失中较为常见。其二,对于危害行为有所认识,但没有认识到危害结果。例如,某甲意图殴打某乙,某乙弯腰一躲,甲的拳头正好击中乙的太阳穴,致乙死亡。此例中,某甲是有意图打人,但他未想到会打死人,乙的死亡出乎他的意料(预见),属于疏忽大意的无认识。其三,对于危害行为和可能产生的结果都有所认识,但没有认识到危害结果的性质。例如,李某家连续被盗,他非常愤怒。一天晚上,他在床上躺着,忽然听到有人未打招呼便走进他家的院子,以为是小偷来了,立即抓住扁担躲在屋门后,当来人推门进屋后,李某照来人打了一扁担,结果将来人打成重伤。此例中,李某对造成他人重伤的后果,在认识心理上也是无预见的一种情况。

(2)应当预见。即行为人应当预见自己的行为可能发生危害社会的结果。

没有预见危害结果固然是疏忽大意过失成立的条件,但并不是关键,疏忽大意过失成立与否取决于行为人是否"应当预见"。如果行为人不应当预见,即使发生了危害结果,也不能说明行为人存在过失心理,行为人主观上就没有罪过。没有预见是事实,应当预见是前提。或者说,"没有预见"是一种实际认识状态,而"应当预见"则是一种认识的可能性。由此,是否"应当预见",既是疏忽大意过失构成的关键因素,也是疏忽大意的过失与非过失(或者非故意)的意外事件的区别所在。

所谓"应当预见",是指行为人在行为时负有预见到行为可能发生危害结果的义务,并且具有预见这种结果的能力、条件。也就是说,应当预见兼指行为人负有预见义务(又称注意义务、认识义务)和具有预见能力(又称预见可能或者注意能力、认识能力)。

至于如何判断行为人是否"应当预见",即判断应否预见的标准是什么,我们将在本章后面的相关内容里继续讨论(详见本章第四节"意外事件"第二部分的内容,即"意外事件与疏忽大意过失的区别")。

这里,需要注意的是:第一,在说明行为人负有预见义务时,一是要证明该种预见义务确实存在,如果某种预见义务根本不存在,行为人无法、也无必要予以履行,则行为人没有预见义务;二是要证明这种义务具有规范性,是对不特定的多人设定的,不是对某一个人或者几个人的特殊要求;三是要证明预见义务的合理性。同时,这种预见义务不仅仅是道德上的义务,而且是法律上的义务。第二,预见可能反映着行为人的预见能力及行为当时的客观条件。法律不能苛求行为人认识其主观能力根本无法预见的事物,也不能强求行为人认识当时客观条件下无法预见的事物。通俗地说,法律不会也不能要求公民去做他们根本做不到的事情。

2.疏忽大意过失的认定

如前所述,疏忽大意过失的关键构成要素是"应当预见",而应当预见兼指具有认识义务和认识能力。如此,从刑法理论的角度来讲,当发生了某种危害社会的结果之后,认定某一行为人是否存在疏忽大意的过失,实际上也就是必须判定其是否具有认识义务和认识能力。

(1)认识义务。认识义务也称注意义务,是指行为人作为时应当注意有无侵害某种法益,不作为时应当注意有无违反某种特定的法律义务的责任。认识义务是一种法律义务,行为人违反了这一义务,发生了危害社会结果的,就会构成过失犯罪。

在刑法理论上,一般认为认识义务可以分为:结果预见义务和结果回避义务。前者指对于危害社会的结果所具有的预见义务;后者指在预见可能发生危害结果以后,行为人所具有的避免这种危害结果发生的义务。这里,要说明的是,在疏忽大意的过失犯罪的情况下,行为人违反的是结果预见义务;而在过于自信的过失犯罪的情况下,行为人则违反了结果回避义务。认识义务作为一种法律义务,它不是抽象的,而是具体的,必须根据社会生活领域内各种各样的具体情况来确定。

(2)认识能力。认识能力也称注意能力,是指根据行为人行为当时的主客观条件,行为人对危害结果是否具有认识的可能性。认识能力是疏忽大意过失构成的主观特征之一。在这种过失中,行为人具有认识能力但根本没有发挥这种认识能力,以至于对危害结果"没有预见"。不过,这种认识能力应当是针对危害结果而言的,比如,在疏忽大意构成的交通肇事犯罪案件中,我们谈论行为人有没有认识能力,应该说的是行为人对事故后果有没有预见能力,而不是他对其他现象、事物(如是否违反交通法规、是否不能酒后驾车、是否故意高速驾驶等等)的认识能力。显然,任何正常的驾车者,对于不能闯红灯、不能酒后驾车等,都是具有认识能力的,而且都是"有意犯规",所以不属于疏忽大意过失心理的范畴。疏忽大意的过失犯罪在一定意义上说,是行为人具有认识能力却又因为疏忽而"没有预见",以致发生危害结果的一种犯罪。如果行为人对危害结果没有认识能力,便不能认定行为人存在过失的罪过,不能让行为人负担刑事责任。

(二)过于自信的过失

1.过于自信过失的概念与特征

过于自信的过失也称"有认识过失"、轻率过失或懈怠过失,是指行为人已经预见到自己的行为可能发生危害社会的结果,但轻信能够避免,以致发生危害结果的心理态度。

过于自信的过失有两个特点:

(1)已经预见,即行为人已经预见自己的行为可能发生危害社会的结果。

已经预见,是过于自信过失的认识特征,也是这种过失成立的前提,同时又是过于自信的过失与疏忽大意的过失相区别的关键。已经预见,指的是行为人对其行为的客观方面——行为可能发生危害社会的结果,已经有所认识。例如,某矿山坑道出现滑坡迹象,身为矿长的王某已经得到安全员的报告,并去看了现场,采取了一些加固措施,王某就此认为不会出事,仍照常派矿工下井采矿,结果发生事故,导致多名矿工伤亡。在本案中,矿长王某已经认识到矿山坑道有发生事故的可能性,因而主观上是过于自信的过失。

"已经预见"具有如下特点:其一,认识程度具有不确定性;其二,认识内容具有模糊性;其三,认识前提具有假设性。这样,与其说过于自信的过失认识到危害结果的可能发生,莫如说预见到发生危害结果的危险性。也正因为行为人认识到危害结果的危险性,他往往会采取一些措施、方法避免危害结果的发生,这实际上表明行为人具有避免危害结果发生的主观愿望。然而,危害结果最终还是发生了。从这个意义上说,我们也才常常讲到过于自信的过失的一个重要特征是"没有避免危害结果",它对行为人来讲是"事与愿违"。

在现实生活中,过于自信的"已经预见"往往表现为两种情况:一是行为人只认识到可能发生危害结果的大概轮廓(即盖然性、抽象危险),例如"有危险"、"会出事"、"说不定会出事";二是行为人认识到了可能发生的危害结果的具体轮廓(具体的可能性、具体危险),例如"有某种危险"、"要出某事"。

(2)轻信能够避免,以致发生了危害社会的结果。

也就是说,行为人应当避免危害结果的发生,但由于他轻信能够避免这种结果的发生,最终危害结果不幸发生了,即应当避免而未能避免。

所谓"轻信",就是行为人过高地估计了可以避免危害结果发生的其自身和客观的有利因素,而过低地估计了自己行为导致危害结果发生的可能程度。正是这种"轻信"心理支配着行为人实施了错误的行为而发生了危害结果,也正是这种"轻信"心理使过于自信的过失得以成立并使之区别于其他罪过形式。

现实生活中,行为人产生"轻信"的根据主要包括:(1)过高地估计了主体自身的条件。行为人认为虽然有发生危害结果的可能性,但凭借自己的知识、经验和技术、能力,完全可以避免危险,但结果事与愿违。例如,司机甲自认为技术高超,在集市内超速行车,致使行人被撞死。(2)错误地估计了客观环境条件。例如,司机某乙在雾夜行车时,自认为不会有行人,结果在高速行驶中撞死一个上夜班的工人。(3)错误地估计了他人的条件。行为人欲借助他人的力量来防止或者避免危害结果的发生,但他人的力量没有出现,实践证明他人的介入只是一种可能性或根本不可能,而没有必然性。例如,司机某丙在高速行车时,遇一同向行人挡着道,自以为鸣喇叭后该人会躲避,于是未减速也未避让,结果车撞该人致其身亡。事后才知道,该行人是聋哑人。总之,过于自信过失的行为人相信危害结果不会发生是有一定的现实根据的,只是这种根据靠不住,应当避免却最终未能避免危害结果的发生。

2.过于自信的过失与间接故意的联系、区别

过于自信的过失与间接故意的共同之处在于:(1)认识因素上,两者都预见(认识)到行为可能发生危害社会的结果。而且,这种预见只是认识到危害结果发生的可能性,而不是必然性。(2)意志因素上,两者都不是希望危害结果的发生。也就是说,两者都不直接、积极追求危害结果的发生。

但是,它们毕竟是性质截然不同的两种罪过形式,不可混淆。它们之间的区别在于:

(1)认识因素上有所不同。两者虽然都是认识到行为发生危害结果的可能性,但它们对这种可能性是否会转化为现实性即实际上发生危害结果的主观估计是不同的。

在间接故意的心理状态下,行为人对可能性转化为现实性并未发生错误的认识和估计,并不是认为这种可能性不会转化为现实性,相反,是认为这种可能性会转化为现实性。这样,行为人的主观认识与客观危害结果之间并未产生错误。因此,行为人没有危害结果不会发生的认识,危害结果的发生是意料之中的事。

而过于自信的过失心理则不同,行为人虽然也预见到危害结果发生的可能性,但在主观上认为,由于他的自身知识、经验、技术、能力和某些外部条件,实施行为时,危害结果发生的可能性不会转化为现实性。即是说,行为人对可能性转化为现实性的客观事实发生了错误认识,在危害结果发生的情况下,其

主观与客观是不一致的,危害结果的发生违背其本意,实出乎意料之外。

(2)意志因素上有重要区别。过于自信的过失与间接故意虽然都不希望危害结果的发生,但深入考察,二者对危害结果的态度是完全不同的。

间接故意的行为人虽然不希望危害结果发生,但也并不反对、不排斥危害结果的发生,因而也就不会凭借什么条件或者采取什么措施去防止、避免危害结果的发生,而是听之任之,有意放任危害结果发生。间接故意的本质是"放任危害结果的发生",行为人根本没有防止、避免危害结果发生的意志,结果发生了正符合其本意,形象地说是"正中下怀"。

相反,过于自信过失的行为人不仅不希望危害结果的发生,而且也不放任危害结果的发生,而是"希望危害结果不要发生",希望防止、避免危害结果的发生,即排斥、反对危害结果的发生。在这种情况下,行为人必然采取各种措施或者凭借各种条件(如行为人自身的知识、经验、技术、体力等因素,客观有利的条件,他人的行为条件等)来使危害结果不致发生。如果危害结果发生了,是违背行为人的本意的,是行为人所不愿意看到或听到的。换言之,行为人为避免危害结果的发生付出了一定的意志努力,具有避免危害结果发生的意志态度。只是因为行为人"轻信"危害结果不会发生,才不幸发生了危害结果。

三、犯罪过失的学理分类

将犯罪过失分为疏忽大意的过失和过于自信的过失是依据刑法第 15 条的规定,从立法角度对犯罪过失类型所做的分类。在刑法理论中,根据不同的标准,还可以对犯罪过失进行不同的学理分类。

(一)普通过失和业务过失

依据行为人违反的义务是否属于业务上的义务,可以将犯罪过失分为普通过失和业务过失。

所谓普通过失,是指行为人在日常生活或一般社会交往中,违反一般义务,没有预见到可能发生的危害结果,或者虽然已经预见,但轻信能够避免的心理态度。换言之,普通过失是在日常生活中发生的与业务无关的过失。例如,日常生活中的失火、过失致人死亡等犯罪,就属于普通过失。所谓业务过失,是指具有特殊业务职能的人,在从事某项特定的业务活动中,违反业务职责上的特定注意事项,没有预见到可能发生的危害结果,或者虽然已经预见,但轻信能够避免的心理态度。简单地说,业务过失是从事一定业务的人,由于违反业务上的注意义务而构成的过失。例如,刑法第 134 条规定的重大责任事故罪、第135条规定的重大劳动安全事故罪、第408条规定的环境监管失职罪等,就属于业务过失。

区分普通过失和业务过失的意义在于,从刑法规定和司法实践看,对业务过失构成的犯罪,在处罚上要重于普通过失构成的犯罪。理由在于:从事特定业务的人在处理具体业务过程中,对于具体业务中潜在的危险及其发生的可能性具有超出一般人的预见能力,因此从事业务的人应当具有特殊的、高于一般人的注意义务。业务过失行为人违反的不是一般的注意义务,而是由相应的法律、法规和职业规范所特别加以规定的注意义务。业务过失一旦发生,往往侵害众多人的利益,社会危害性大于普通过失。

(二)重过失和轻过失

依据过失的程度,可以将过失分为重过失和轻过失。

重过失是指违反注意义务程度严重的过失。也就是说,只要行为人稍加注意就可避免危害结果的发生,但行为人却违反了这种最基本的注意义务,从而造成危害结果的发生。例如,在加油站加油过程中不能抽烟是最基本的常识,但行为人违反此项注意义务,引起火灾的,就属于重过失。所谓轻过失,是指违反注意义务程度轻微的过失。一般而言,在轻过失中危害结果较难预见或者避免,但绝非无法预见和不可避免。区分重过失与轻过失的意义在于,轻过失中行为人的主观恶性小于重过失,因而一般而言轻过失的刑事责任轻于重过失。这里需要说明的是,危害结果的轻重,与重过失和轻过失是完全不同的概念,二者含义不同。危害结果严重不一定就是重过失,而危害结果较轻,也并不一定是轻过失。

除了以上两种学理分类外,刑法理论界还存在着事实过失与违法过失等关于过失的分类。其中,事实过失是指行为人对构成犯罪的事实应当认识且能够认识,但违反注意义务没有认识而构成的过失;违法过失是指行为人对自己行为的违法性由于疏忽大意没有认识所构成的过失。

第四节
意外事件

一、意外事件的概念与类型

（一）意外事件的概念

现实生活中，不仅有罪过实施的行为会产生危害社会的结果，无罪过实施的行为同样也可能导致对社会造成损害的结果，此即行为人在实施某种损害社会的行为并造成相应的危害结果时，主观上既无故意也无过失。刑法理论就把这种虽然在客观上有危害结果发生，但行为人主观上既无故意也无过失的情况，称为"意外事件"，或者叫做"无罪过的意外事件"。

我国刑法第16条规定："行为在客观上虽然造成了损害结果，但是不是出于故意或者过失，而是由于不能抗拒或者不能预见的原因所引起的，不是犯罪。"这一条规定的情况，刑法理论就将它叫做"意外事件"。从这一规定中可以看出，我国刑法中的意外事件有以下特点：（1）行为人的行为在客观上确实造成了损害结果；（2）行为人对自己行为所造成的损害结果，主观上既无故意也无过失；（3）损害结果的发生是由于"不能抗拒或者不能预见的原因"所引起的。

意外事件之所以不认为是犯罪，关键就是因为行为人的行为缺乏构成犯罪的主观罪过——故意或过失。

（二）意外事件的类型

意外事件的原因或者类型有两个方面：

1. 不能抗拒的原因形成的意外事件。所谓不能抗拒的原因，也称刑法上的不可抗力，指的是行为人遇到了不可抗拒的力量，使他无法防止、避免危害社会结果的发生。这种不可抗力，通常指自然现象、自然灾害等非人为的力量，如地震、山洪暴发、飓风等引起的伤亡、财产毁损事件，风吹日晒产生自燃而引起的火灾事件，等等。

2. 不能预见的原因形成的意外事件（也称为狭义的、真正意义的意外事件）。"不能预见"，是意外事件最本质的特征，也是意外事件区别于犯罪行为的标志。所谓"不能预见的原因"，是指危害结果的发生对于行为人来讲，根本没有预见到,而且根据其实际认识能力和行为当时的具体条件,行为人也根本不可能预见。例如,有一姓王的司机,原在某运输公司开卡车,后来要求开轿车,领导同意,叫他练练车。某天,他到煤建大院练车,旁边有几个小孩围观,司机下车把小孩轰走,准备继续练车。他回头看看后面没人,就练倒车,突然觉得不对劲,下车一看,一个5岁的小孩被轧死了。原来这小孩较淘气,被轰走后,乘司机没看见,又溜回来躲在车后面玩,司机回头看也看不见,小孩就这样不幸被轧死了。这就属于"不能预见的原因"导致的意外事件。

二、意外事件与疏忽大意过失的区别

意外事件与犯罪过失当中的疏忽大意的过失很相似,但有明显的区别。二者都是行为人对危害结果的发生没有预见,并因此而发生了这种结果。二者区别的关键在于对危害结果的发生是否可能预见、应当预见。如果是行为人应当预见危害结果的发生,又有预见可能的,则属于过失;如果是危害结果发生了,但行为人"不应当预见"或"不能预见"的,则属于意外事件。

这里,二者区别最关键的是对危害结果能不能预见。正如刑法第16条所规定的"不能预见的原因"引起危害结果的,属于意外事件。

判断能否预见以什么为标准,刑法理论上见解不一。主要的学说有[①]:

(1)客观标准说(也称一般标准说或抽象说)。此说主张以社会普通人的认识能力确认行为人的认识能力,而不注意行为人的实际认识能力。他们认为,法律规定犯罪过失要求每个公民普遍注意避免危害结果,所以,行为人能否认识危害结果以其是否发挥普通人的注意能力决定。一般人能够认识的,行为人也应该认识;一般人不能预见的,行为人便不应预见。

(2)主观标准说(又称个人标准说或具体标准说)。此说主张以行为人的具体情况作为认定认识能力的标准,认为根据行为人本身的智力、能力等情况可以预见危害结果,便说明行为人有认识能力;行为人的智力、能力等不能预见的,则说明行为人没有认识能力。这种学说主张犯罪是个人责任,应以行为人本身的实际认识能力确定其是否构成过失。

(3)主客观标准统一说。此说认为上述两种学说都有片面性,因此,解决这个问题要坚持主客观相统一的原则。也就是说,一方面要考虑到行为人的

---

① 参见赵秉志主编:《疑难刑事问题司法对策》(第六集),吉林人民出版社1999年版,第3～10页;赵秉志主编:《中国刑法案例与学理研究》(总则篇,上),法律出版社2001年版,第271～278页。

年龄、知识、智力、发育、工作经验以及所担负的职务、技术熟练程度等,另一方面又要考虑到行为人当时的具体环境和条件,将这两方面的情况综合地加以考虑,进行科学分析,作出符合行为人实际情况的判断。换言之,就是主观标准和客观标准同时考虑,将这两者统一起来作为判断行为是否应当预见的依据。

(4)折衷说。此说主张综合客观标准与主观标准认定行为人的认识能力。与"统一说"不同的是,这种折衷观点认为对于主观与客观标准要"综合考虑",而不是"统一起来考虑"。不过,关于折衷说,学者们的理解尚不一致,有两种折衷:一种是主张以主观标准为根据(主)、以客观标准为参考(辅);另一种则相反,主张以客观标准为根据、以主观标准为参考。

目前,我国刑法理论较为通行的主张是"折衷说"的第一种观点,即以主观标准为根据、以客观标准作参考。具体看法论述如下:一般理智正常的人能够预见到的危害结果,理智正常的行为人在正常条件下也应当能够预见。但是,判定行为人能否预见的具有决定性意义的标准,应当是行为人的实际认识能力和行为时的具体条件。就是说,要根据行为人本身的年龄状况、智力发育、文化知识水平、业务技术水平和工作、生活经验等因素决定其实际认识能力,以及行为人行为当时的客观环境和条件,来具体分析行为人在当时的具体情况下,对行为发生这种危害结果能否预见。按照这个标准,一般人在普遍条件下能够预见,行为人可以因为自身认识能力较低或者行为时的特殊条件而不能预见;反之,一般人在普遍条件下不能预见的,行为人也可以是因为自身认识能力较高(比如有专业知识、技能和经验)或者行为时的特殊条件而能够预见。因此,既不应当无视行为人的实际认识能力,而根据一般人的认识能力来衡量他能否预见,同时也不宜脱离行为当时的具体条件,而按普遍情况来判断行为人能否预见,只能按照行为人的实际认识能力和行为当时的具体客观条件来分析和判定行为人能否预见。

我们认为,"折衷说"的第一种观点比其他学说更具合理性,因而值得采纳。因为:(1)社会上的人都是各个具体的人,犯罪行为人也是具体的人,既如此,每个具体人的认识能力肯定有所差别(即通常所说的"能力有大小,水平有高低"),如果只是以所谓"一般人的认识能力"来判断行为人能否认识,会得出不合实际的结论,就会犯"一刀切"的错误。(2)实践中的犯罪是具体的而没有抽象的犯罪,而且是否构成犯罪的问题只有针对行为人来衡量才有意义(定罪针对的是行为人而不是社会大众),为此,判断能否预见也必须从每个具体的行为人的认识能力出发才有意义。(3)每个人所具有的认识能力不是抽象地存在着,而是存在于一定的具体的客观外部环境和条件之中,如果撇开这一点去判断行为人能否预见,必然得不出科学、正确的结论。(4)坚持以主观标准为主,同时结合行为人自身的认识能力和行为时的具体客观环境和条件来判断行为人能否预见,就能得出与实际情况相符合的准确结论,既不会产生客观归罪,也不会轻纵犯罪。(5)我们强调主观标准的决定作用,同时又不忽视客观标准的参考意义,既符合人们的认识规律,也有利于给判断行为人能否预见提供一个科学的尺度。所以,我们的观点是,判断行为人能否预见,应当以主观标准为依据,以客观标准为参考。

第五节
犯罪目的与犯罪动机

犯罪目的、犯罪动机都是支配行为人实施犯罪行为的一种心理活动,是犯罪主观方面的重要内容之一。它们直接决定并影响犯罪行为的危害性质和危害程度,对定罪量刑具有直接的重要意义。

一、犯罪目的

(一)犯罪目的的概念、意义

犯罪目的是犯罪人希望通过实施犯罪行为达到某种危害结果的心理态度。也就是犯罪结果在犯罪人主观上的表现。例如,某人在实施盗窃行为时,就有非法占有公私财物的目的;实施故意杀人行为时,就有非法剥夺他人生命的目的。

一般认为,直接故意犯罪的主观方面包含着犯罪目的的内容。因为,犯罪直接故意的认识因素,表现为行为人故意去实施犯罪行为并且希望通过犯罪行为达到某种犯罪结果的心理态度,其中,对发生犯罪结果的希望、追求的心理态度,就是犯罪目的的内容。

犯罪目的在我国刑法中对确定犯罪性质有两方面的意义:

1. 一般意义上的犯罪目的

刑法理论普遍认为,犯罪目的不是犯罪构成主观方面的必备要件。即是说,我国刑法所规定的大多数犯罪不以行为人的犯罪目的为构成要件。但是,每一种特定的直接故意犯罪都有其特定的犯罪目的。在剖析某一种直接故意犯罪的主观要件时,查明行为人是否具有犯罪目的,在定罪中具有重要的作用。例如,刑法第 263 条、第 264 条、第 266 条、第 267 条规定的抢劫罪、盗窃罪、诈骗罪、抢夺罪,法律虽然没有明文规定"以非法占有为目的",但在实践中,如果证明行为人确实不具有非法占有的目的,就不应认定为构成上述犯罪。再比如,直接故意杀人罪的构成,法律上虽然没有规定"以剥夺他人的生命为目的",但是否具有此目的,是该罪成立的重要因素,也是该罪区别于故意伤害罪的关键所在。

总之,在某些直接故意犯罪中,犯罪目的属于直接故意内容的一部分。对于这类犯罪来说,必须查明具有该种犯罪目的,才能构成犯罪,否则犯罪就不成立。

2.作为犯罪构成选择要件的犯罪目的

犯罪目的作为选择要件,只存在于一部分直接故意犯罪之中。例如,刑法第 152 条走私淫秽物品罪、第 326 条倒卖文物罪等,都规定了"以牟利为目的",第 303 条的赌博罪规定了"以营利为目的"。再比如,刑法第 276 条破坏生产经营罪规定了"由于泄愤报复或者其他个人目的",刑法第 239 条绑架罪规定了"以勒索财物为目的",等等。可见,在这些犯罪中,具体的犯罪目的是成立该种犯罪的要件。

需要说明的是,对于那种必须具备某种目的才构成的犯罪,刑法理论上称为"目的犯"。例如,刑法第 217 条规定的侵犯著作权罪、第 218 条规定的销售侵权复制品罪,都必须"以营利为目的"才构成。没有这种目的,就不能成立该种犯罪。

(二)间接故意是否存在犯罪目的

在故意犯罪中,直接故意犯罪存在犯罪目的和犯罪动机,为刑法学界所公认。但是,间接故意犯罪是否存在犯罪目的和犯罪动机,则意见不一。

我们认为,间接故意犯罪不具有犯罪目的。理由说明如下:如前所述,犯罪目的是行为人希望通过实施犯罪行为达到某种犯罪结果的心理态度,因而是犯罪结果的主观表现,它必然具有明确的指向即确定的目标,必然要有为了实现这一既定目标的积极追求行为。间接故意犯罪从主观特征上看是对危害结果可能发生的放任心理,即放任危害结果的可能发生与否,这就意味着行为人不具备犯罪目的所要求的行为的鲜明目标性,在这种心理支配下,行为人也不会以行动去积极追求危害结果的发生。犯罪目的有两个特点:一是犯罪目的是与危害社会的结果相联系,不和危害结果相联系的目的,就不是犯罪目的。没有犯罪目的,不等于没有其他目的。二是犯罪目的就是行为人直接追求、希望达到的结果。不是直接追求的、希望达到的结果,就不是犯罪目的。

在犯罪的心理态度中,只有直接故意具有这两个基本特点。如果说间接故意有犯罪目的,那就将直接故意与间接故意混同起来了;如果说放任的结果就是行为人的目的,这就实际上混淆了"希望发生"与"放任发生"两者的界限,从而混淆了间接故意与直接故意的界限。

肯定放任的结果不是间接故意的行为人的目的,并不意味着行为人的行为不具有其他犯罪的或者非犯罪的目的。各种形式的间接故意犯罪的行为人都具有其他犯罪的或者非犯罪的目的。因此,确认间接故意犯罪不具有犯罪目的,并不排除行为人具有其他这样或者那样的目的。

二、犯罪动机

(一)犯罪动机的概念及与犯罪目的的区别

一般来讲,动机是指推动人以行为去追求某种目的的内在动力或者内心起因。犯罪动机是刺激犯罪人实施犯罪行为以达到犯罪目的的内心冲动或者内心起因。

行为人某种犯罪目的的确定,绝不是无缘无故的,而是始终以一定的犯罪动机作指引的。例如,对直接故意杀人罪来讲,非法剥夺他人生命是这种犯罪的目的,而促使行为人确定这种犯罪目的的内心起因(即犯罪动机)是多方面的,可以是仇恨、奸情、贪财等,也可以是为了"杀人灭口"等。可见,犯罪动机是直接故意产生的前提,也是确立犯罪目的的性质与指向的主要原因(从这个角度上,人们习惯于将犯罪动机看作犯罪原因)。如果不弄清犯罪的动机,也就不能真正了解犯罪人为何追求某种犯罪目的。

犯罪动机虽然与犯罪目的有着密切的联系,但二者有着重要的区别,不可相互混淆。二者的联系表现在:犯罪目的是以犯罪动机为前提和基础,犯罪目的起源于犯罪动机,犯罪动机促使犯罪目的的形成。不过,犯罪动机是表明行为人为什么犯罪的内心动因,犯罪目的表明的是行为人通过实施犯罪行为意图达到的结果,二者在内容、性质、作用和形式以及所反映的心理需求,都有明显的区别。也就是说,它们的内涵和外延均不相同。

(二)犯罪动机的意义

犯罪目的对确定犯罪性质具有重要意义,而犯罪动机在我国刑法中一般不是犯罪构成的必要条件,只是可能对定罪有一定的意义。犯罪动机主要的意义在于对量刑轻重有一定的影响。

1.一般意义上的犯罪动机

从一般意义上讲,犯罪动机主要在于对直接故意犯罪的量刑起影响作用。

根据立法规定和司法实践,量刑必须考虑犯罪的各种情节或后果。犯罪动机不同,反映出犯罪人的主观恶性不同,同时也会影响到犯罪的手段、方法以及造成的危害后果,从而构成具体犯罪不同的情节或后果,这些情节或后果在量刑中具有重要的作用。

2.影响定罪的犯罪动机

犯罪动机对直接故意犯罪的定罪也有一定的意义。这主要表现在:刑法总则第13条规定"情节显著轻微危害不大的,不认为是犯罪";刑法分则的某些条文如第246条侮辱罪和诽谤罪、第275条故意毁坏公私财物罪、第322条偷越国(边)境罪、第260条虐待罪、第248条虐待被监管人罪等等,明确规定以"情节是否严重、是否恶劣"作为划分罪与非罪的界限,刑法理论上有的称这类犯罪为"情节犯"。这样,作为重要犯罪情节之一的犯罪动机,自然在一定程度上尤其是在这些"情节犯"的情况下,可以成为影响定罪即犯罪是否能够成立的一个因素。

第六节
刑法上的认识错误

行为人的认识错误问题,是犯罪构成主观方面的一个特殊而又重要的问题,它与罪过及其形式有着密切的联系。

认识,是人的主观意识对客观现实的反映。哲学上的认识错误,是指主观认识不符合客观实际,或者说主观认识与客观实际相背离。与此理相通,刑法意义上的认识错误,毫无疑问也是表明行为人的主观认识与客观现实相互矛盾。但刑法上的认识错误与一般的认识错误比较,又有特定的含义、内容。因此,刑法上的认识错误,是指行为人对自己的行为在法律上的意义或者是否影响犯罪成立的事实情况的不正确认识。

从实质上讲,刑法上的认识错误也属认识方面的问题,即行为人的主观认识与客观实际产生背离,是主观方面对于客观情况的错误反映,是一种认识上的偏差。这种错误,因为关系到对行为人刑事责任的追究问题,故而需要予以研究。

一、行为人在法律上的认识错误

行为人在法律上的认识错误,简称为法律认识错误,是指行为人对自己的行为在法律上是否构成犯罪、构成何种犯罪或者应当受到什么样的刑事处罚的不正确认识。

这类认识错误，通常大致表现为三种情况：

1.假想的犯罪。即行为人的行为依照法律并不构成犯罪，行为人误认为构成了犯罪。例如，行为人把自己的通奸、小偷小摸等一般违法或不道德行为误认为是犯罪，而向司法机关"自首"，或者行为人把意外事件、正当防卫、紧急避险行为误认为是犯罪而向司法机关自首。这种情况下，判断和认定行为性质的依据是法律，而不是行为人对法律的错误认识，并不因为行为人的错误认识而使行为本来的非犯罪性质发生变化，因而不能构成犯罪。

2.假想的不犯罪。即行为人的行为在法律上的规定为犯罪，而行为人却误认为不构成犯罪。例如，行为人受到封建夫权思想的影响，经常以打骂等手段虐待妻子，并误认为这是天经地义的，不构成违法犯罪，而实际上这种行为在刑法上规定为虐待罪；行为人是村干部，发现村委会的电视机被盗，就组织治保人员挨家挨户搜查，并把几个平时有劣迹的人捆绑在村委会勒令交代，行为人错认为这是查获盗窃犯罪分子的合法行为，却不知这在法律上规定为非法搜查罪和非法拘禁罪；行为人以引诱手段与年仅13周岁的幼女发生性关系，误认为只要不实施暴力、胁迫手段就算是通奸，不构成犯罪，却不知道法律确认凡与未满14周岁的幼女发生性关系的，不论手段如何，均构成奸淫幼女罪（按照新的司法解释，奸淫幼女罪罪名合并到强奸罪之中），等等。处理所谓"假想的不犯罪"的情况，必须追究行为人应负的刑事责任，以防止犯罪分子借口不知法律、所谓"法盲"而实施犯罪并逃避罪责。上述几种情况都不能免除行为人的罪责。

但是，如本章第二节所述，在某些特殊情况下，如果行为人确实不了解国家法律的某种禁令，从而也不知道行为具有社会危害性的，就不能让其承担故意犯罪的刑事责任。

3.行为人对自己的行为在罪名上和罪刑轻重上的误解。就是说，行为人认识到自己的行为已经构成犯罪，但对自己的行为触犯了刑法规定的何种罪名，应当被处什么样的刑罚，存在不正确的理解。例如，行为人偷割正在使用中的电话线，依照法律构成破坏公用电信设施罪，行为人却误以为构成盗窃罪；行为人盗窃了上万元的公私财物，本应依照刑法第264条在有期徒刑3年以上处罚，行为人却误以为应按照该条在有期徒刑3年以下处罚。在这种情况下，行为人对法律的这种错误认识，并不影响犯罪的性质和危害程度，应当按照他实际构成的犯罪及其危害程度定罪量刑。

二、行为人在事实上的认识错误

行为人在事实上的认识错误，简称为事实认识错误，是指行为人对自己行为的事实情况的不正确认识。

这类错误是否影响行为人的刑事责任，要区分情况：如果属于对犯罪构成要件的事实情况的错误认识，就要影响行为人的刑事责任；如果属于对犯罪构成要件以外的事实情况的错误认识，则不影响行为人的刑事责任。

事实认识错误，通常表现为以下几种情况：

(一)客体的错误

客体的认识错误，指的是行为人意图侵犯一种客体，而实际上侵犯了另一种客体。例如，某甲在公共场所侮辱妇女，遭一位老人斥责后又辱骂、殴打老人，恰有外出执行公务的两个身着便装的公安干警路过，即上前将甲扭获，并出示证件后将甲带往附近派出所。行至途中，被甲的三个酒肉朋友乙丙丁遇见。乙丙丁三人认为甲是与人打架而被对方拿获，三人边走边小声商量要打对方个措手不及，救出甲来。待走近时，三人齐声一喝，随即上前用拳头、酒瓶猛击两个公安干警，将两个干警打倒在地，造成轻伤，甲乙丙丁四人一齐逃走。在这个案件中，如果乙丙丁三人知道对方是正在执行职务的公安干警，就构成了刑法第277条规定的妨害公务罪，但他们不知道对方是公安干警，主观上认为对方是与甲打架的公民，因而应当认定他们的行为构成了刑法第234条的故意伤害罪。就是说，乙丙丁三人意图侵犯的是他人的健康权利，却由于其认识错误而实际上侵犯了国家工作人员正在执行的正常公务活动。这种客体认识错误，应当按照行为人意图侵犯的客体定罪。

(二)对象的错误

对象的认识错误也称目标错误，指的是行为人对于自己的行为对象在认识方面产生了偏差。具体又有几种情况：

1.具体的犯罪对象不存在，行为人误以为存在而实施犯罪行为，因而致使犯罪未得逞，应当定为犯罪未遂(即所谓"对象不能犯未遂")。例如，行为人误以野兽、牲畜、物品等为人而开枪射杀的，对于已经死亡的人误认为活人而加以"杀害"的，应令其负故意杀人罪未遂的刑事责任。

2.行为人误以人为兽而实施杀伤行为，误把非不法侵害人认为是不法侵害人而进行防卫的。这种情况下显然不是故意犯罪，根据实际情况或者是过失犯罪，或者是意外事件。

3.具体目标的认识错误，即把一个人当作另一个人而加以侵害。例如，某甲想杀害仇人张某,于夜晚持刀潜入张某家,对睡在张某床上的人实施了杀害行为,不料当夜张某不在家,睡在张某床上的是他的弟弟乙。这种对具体目标的错误认识,对行为人的刑事责任不发生任何影响,行为人仍然应负故意杀人罪的刑事责任,因为乙的生命与张某的生命在法律上的价值一样,同样受到法律保护。

（三）行为性质的错误

行为性质的错误是指行为人对自己行为的实际性质发生了错误的理解。一般表现为,行为人把自己的危害社会行为误解为无社会危害性的正当行为。例如,在假想防卫的情况下,行为人把不存在侵害行为误认为正在进行的不法侵害行为而实行防卫,结果致人伤、亡,由于行为人不存在犯罪的故意,因而不应当以故意犯罪论处,而应根据具体情况,判定为过失犯罪或者意外事件。

（四）工具的错误

工具的错误,理论上又称为手段的错误、方法的错误,指的是行为人在实施危害社会行为时,对其使用的工具发生了错误认识。这种错误大致是这样一些情况:行为人误把白糖、碱面等无毒物当作砒霜等毒物去投毒杀人,误用空枪、坏枪、臭弹去射击杀人,从而未能发生致人死亡的结果。我们认为,这些情况并不是行为人对所选择的犯罪手段、方法本身发生了误解,也并非行为人选择的犯罪手段、方法本身不能造成犯罪结果,而是行为人对实际用来犯罪的工具的性质发生了误认。也就是说,行为人对投毒手段、方法所用的"毒药",枪杀手段、方法所用的枪支、弹药这些犯罪工具的实际效能发生了错误认识,从而导致犯罪结果未能发生。因此,这类情况称为对工具效能的认识错误更为确切。对这类情况,应以犯罪未遂(即"工具不能犯未遂")追究行为人的刑事责任。

（五）因果关系的错误

因果关系的错误,指的是行为人对自己所实施的行为和所造成的结果之间的因果关系的实际发展产生了错误认识。主要包括以下四种情况:

1.行为人误认为自己的行为已经达到了预期的犯罪结果,事实上并没有发生这种结果。例如,某甲欲杀乙,便持刀捅向乙的胸部,致乙倒地,甲以为乙已经死亡便扬长而去,后乙遇他人抢救而未死。这种情况下,不影响甲构成故意杀人罪,但属于犯罪未遂。

2.行为人所追求的结果事实上是由其他原因造成的,行为人却误认为是自己的行为造成的。例如,张三蓄意杀李四,某晚趁李四外出途中,潜在路边树林中开枪击中李四。李四倒地昏迷过去,张三看到李四不再动弹,以为李四已死,便逃离现场。过了一段时间,李四苏醒过来,慢慢往家的方向爬,爬到公路一拐弯处,一辆卡车高速驶来,司机因疏忽大意,发现爬行的李四已经来不及刹车躲避,汽车从李四身上轧过,致李四死亡。这里,司机的行为构成了交通肇事罪,自是不成问题。问题是,张三虽然相信自己的枪杀行为已经致李四死亡,却不能认定他的行为构成故意杀人罪的既遂,因为李四死亡结果的发生并不是其枪击行为直接造成的。所以,应当以故意杀人未遂追究张三的刑事责任。

3. 行为人的行为没有按照他预想的方向发展和预想的目的停止,而是发生了行为人所预见、所追求的目标以外的结果。例如,甲想伤害乙,持刀向乙的大腿扎了一刀,随即逃走,不料扎中乙的动脉血管,又因当时无人到场抢救,乙最终因流血过多而死亡。这种情况下,虽然甲的行为发生了致乙死亡的危害结果,但甲并无杀害乙的故意,因而,不能认定甲构成故意杀人罪,而只能让甲负故意伤害致人死亡的刑事责任。

4. 行为人实施了甲、乙两个行为,危害结果是由乙行为造成的,行为人却误认为是由甲行为造成的。例如,王某意图杀害林某,将林某扼昏后,误以为被害人已经死亡。为逃避罪责,遂将被害人抛"尸"河中。殊不知,后实施的抛"尸"河中的行为却使林某淹死。这种情况下,犯罪人主观上存在着杀害被害人的故意,客观上也实施了杀人行为,被害人死亡结果的发生也确实是由他的行为直接造成的,因而其错误认识不应影响行为人的刑事责任,行为人仍应当负故意杀人既遂的刑事责任。

第11章 □□□
排除犯罪性的行为

第一节
排除犯罪性的行为概述

一、排除犯罪性行为的概念

排除犯罪性的行为,或称之为排除社会危害性的行为,或称之为正当行为,是指外表上似乎符合某种犯罪构成,外观上似乎具有严重的社会危害性,但实质上既不具备犯罪构成要件,也不具有社会危害性,而且往往是对社会有益的行为。

我国刑法关于排除犯罪性的行为的概念,最早渊源于 50 年代原苏联刑法上"排除行为的社会危害性的情况"的概念,逐渐发展而来。

在英美等国,则归入"合法辩护"的一部分。合法抗辩是以免责事由的形式出现的。在英美法系刑法理论中,犯罪行为和犯罪意图是犯罪构成的本体要件,也是犯罪成立的一般要件。合法抗辩则是通过辩护而对本体要件予以否定,因而不构成犯罪的情形。因此,合法辩护的核心内容,就是说明形似犯罪而实质上不是犯罪的事实情况和理由。将正当防卫、紧急避险等归为合法抗辩事由,与犯罪的本体要件互为补充,具有英美法系的特点。

在德日等国,则称之为违法性阻却事由,是指行为即使合乎构成要件,而有排除违法性根据的事由。换言之,符合构成要件的行为,原则上被推定为有违法性,但从法律秩序整体的角度来判断,有例外的不认为是违法的情况,把这种例外的事情加以类型化,就是违法性阻却事由。[1]

大陆法系国家刑法理论的通说认为,犯罪成立条件是构成要件该当性(符合性)、违法性、有责性,并且按这种顺序逐次检讨和认定犯罪的成立。在这种犯罪体系论中,只从形式上而不是从实质上理解犯罪构成要件,即只要客观上与构成要件相符合的行为,都被推定为符合构成要件的行为。如正当防卫致人死亡的行为,与杀人罪的构成要件行为相符合,但这种行为并不构成犯罪。原因在于这些行为虽然符合构成要件,但却排除了违法性,属于违法性阻却事由,不符合犯罪成立的第二个条件,因此,刑法理论上认为不成立犯罪。可见,符合犯罪构成要件只是犯罪成立的第一个条件,但可以通过违法性要件将其排除于犯罪之外。也就是说,违法性是在构成要件该当性的基础上,进一步对行为是否违法加以判断。违法阻却行为,虽然具备构成要件该当性,但由于不具有违法性,因而不认为是犯罪。这与我国刑法理论中符合犯罪构成要件就成立犯罪,难以用其他办法将正当防卫等排除在犯罪之外,只能强调其实质上不具有社会危害性的观点,有相当大的区别。

二、排除犯罪性行为的性质

排除犯罪性行为,在客观上都造成了一定的损害。但是,为什么在这种情况下,法律却允许甚至鼓励这种行为呢?这就涉及如何理解排除犯罪性行为的性质问题。国外刑法理论在这个方面上,存在着目的说、法益衡量说、社会相当性说的对立。

目的说着重考虑行为的价值,认为行为从来是为了达成国家所承认的共同生活的目的而采取的适当手段,就是正当化事由的根据。它主要以目的及手段(行为方式)的相当性为基准来判断违法阻却。其缺陷主要在于国家主义的立场和标准本身的不明确性。法益衡量说着眼于法益的权衡,认为违法的本质是对法益的侵害(威胁),而构成要件被类型化的法益侵害实际上已经丧失,从而违法性阻却。它有两项原则:一是优越利益原则,即虽然存在侵害法益的冲突行为,为了救济价值更高的法益,应当进行法益的权衡比较,从而牺牲价值较低的法益,如正当防卫、紧急避险、正当行为等等;二是利益欠缺原则(利益不存在原则),即消灭了侵害法益的情况,也就是说应当受保护的法益并不存在,如经被害人承诺的行为等等。其缺陷主要是过于注重法益侵害结

---

① 参见木村龟二主编:《刑法学词典》,顾肖荣等译,上海翻译出版社 1991 年版,第175 页;中山研一编:《刑事法小辞典》(补正版),成文堂 1997 年版,第 8 页。

果和难以说明正当范围的合法性。围绕着违法阻却事由的基本性质,法益衡量说侧重于结果无价值论,目的说侧重于行为无价值论。但无论目的说,还是法益衡量说,均不能圆满地说明违法性阻却事由。例如,某些支持目的说的学者,也同时考虑到优越利益原则;一些持优越利益原则观点的学者,也一并认同利益欠缺原则。可以说两者的对立只是相对的。因此,综合上面两种观点,在二战前又产生了行为的社会相当性说,社会相当性的观念是基于一种动态的、相对的立场,对正当化事由的根据加以把握,认为在历史上形成的社会伦理秩序范围内所允许的行为,均可视为正当化即违法性阻却的具有社会相当性的行为。如医生对患者的手术,就没有必要解释为符合伤害罪的构成要件但违法性阻却了,因为它一开始就不符合伤害罪的构成要件。应该说,社会相当性理论比起目的说、法益衡量说具有更大的包容性。只是,对于什么是社会相当性,则存在诸多歧见。但无论是把它放在构成要件中考虑,或是排除在构成要件之外来考虑,仅是体系不同所致,从实际的结果来看差异并不大。关键还是要判断行为是否具有实质的违法性。

上述三种观点都自有一定的道理,但也存在一些缺陷,如法益衡量说对某些正当防卫就不能圆满解释。但三种观点中,以社会的相当性说较为可取,即国家和社会伦理规范所允许的行为,就是违法性阻却事由。当然,具体地说,造成了一定损害结果的行为,之所以排除犯罪的成立,还要综合考虑:目的的正当性、手段的适当性、权益的优越性、损害的轻微性、行为的必要性和事态的紧急性等等因素。

三、排除犯罪性行为的种类

排除犯罪性行为是否可以进行有体系的分类,已有一些学者做了先行性试探。若从理论上进行分类,可以以刑法有无明文规定为标准,分为法定的和非法定的排除犯罪性行为两种;也可以以行为是否对社会有利为标准来划分。

我国刑法中,明文规定的排除犯罪性的行为即法定的正当化事由,只有正当防卫和紧急避险两种。日本刑法除规定这两种外,还规定了法令行为、正当业务行为,其中前者属紧急行为(指在紧迫情况下的正当化事由),后者属一般正当行为(指一般意义上的具有正当性的行为)。法定的正当化事由所阻却的是形式违法。

由于成文法不可能对所有符合构成要件的行为都规定为合法化事由。在德国、日本以及许多国家的刑法中,还承认自救行为等法律上未明确规定的超法规的违法性阻却事由,①它所阻却的则是实质违法。对于这些行为,虽然我国刑法没有明文规定,但刑法理论上和司法实践中,一般都公认它们不具备犯罪性。

尽管目前国内刑法理论学界对排除犯罪性行为到底应包括哪些具体的种类尚未取得一致公认的意见,但我们认为主要应该包括下面几种行为:

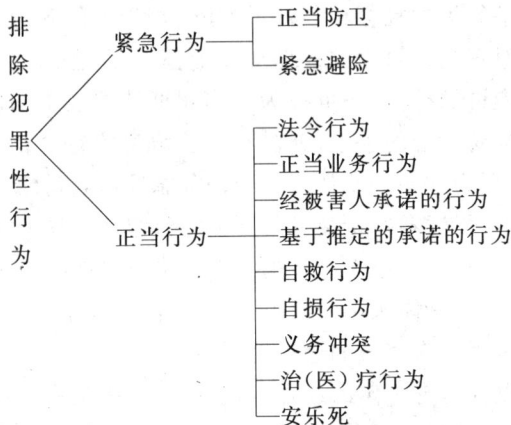

```
                    ┌─ 正当防卫
        紧急行为 ─────┤
                    └─ 紧急避险
排
除
犯                  ┌─ 法令行为
罪                  ├─ 正当业务行为
性                  ├─ 经被害人承诺的行为
行      正当行为 ─────┤─ 基于推定的承诺的行为
为                  ├─ 自救行为
                    ├─ 自损行为
                    ├─ 义务冲突
                    ├─ 治(医)疗行为
                    └─ 安乐死
```

四、排除犯罪性行为的意义

正确认识和对待排除犯罪性的行为,有着重要的法律价值和社会意义。

1.有利于正确认识犯罪行为的本质特征,更好地区分罪与非罪的界限。因为排除犯罪性的行为没有社会危害性或违法性,行为人主观上根本不具有刑法意义上的故意与过失,没有罪过,因而其行为不是犯罪。

2.有利于鼓舞和支持人民群众积极地与各种违法犯罪作斗争,以保护国家、社会、个人的合法权益。从排除犯罪性行为的性质来看,行为没有犯罪的社会危害性或违法性,而且其中一些行为还是法律鼓励实施的,对社会有益。如正当防卫是法律赋予公民的与正在进行的不法侵害作斗争的积极手段,运用得当,可以及时有效地打击违法犯罪行为,保护国家、社会和个人的合法

---

① 即使在法律条文上没有形式上的(明文)规定,从法秩序的精神引申出来的被承认是违法阻却,就叫做超法规的违法阻却。超法规的违法阻却论最早见于德国刑法理论界。因为当时德国的刑法关于违法阻却事由的法律规定不十分完善,它不仅没有正当业务行为的规定,甚至没有紧急避险的规定。例如,把为了挽救母亲的生命而实施堕胎的行为仍作为违法行为,显然是不合适的。因此需要承认超法规的违法阻却。参见平野龙一:《刑法·总论Ⅱ》,有斐阁1975年版,第221页。

权益。

3.有利于保障公民依法行使法定权利、履行法定义务,促进社会的进步和发展。如依法履行职务的执行死刑、逮捕犯罪嫌疑人的行为,或公民实行自救、自损等行为,都是依法行使权利或履行义务的行为,是受法律保护的。这就可以保障公民权利的充分行使和义务的有效履行。医疗、竞技等正当业务行为中造成的难以避免的损害,如医生为了挽救母亲的生命而实施堕胎等,并不是违法犯罪行为,而是人类科学文化发展过程中付出的正常代价,法律也予以保护。因此有利于促进社会的进步和发展。

第 二 节
正当防卫

一、正当防卫的历史、概念及意义

对于正在进行的不法侵害进行反击,是人类保存自己的本能。正当防卫以自然法为基础,在排除犯罪性行为中具有最古老、丰富和重要的发展历史。早在罗马法时代,个人保护自己的最高权益——生命与健康的权利就得到了承认。但早期的正当防卫却未从复仇和杀死夜盗者权中脱离出来。13世纪以来,正当防卫的概念逐渐被详细地规定下来,但其权利范围一直仅限于对生命、身体的侵害进行防卫,直至1810年法国刑法典仍是如此。[①] 18世纪末的自然法理论将个人的自卫权与通过社会契约转移给国家的刑罚权联系在一起,奠定了正当防卫权的一般理论基础。而把正当防卫置于刑法总则部分,确立起一般的正当防卫权,则首先是19世纪的德国刑法学,之后才普及到各国的刑法典。那时,在紧急事态中为保全个人权益的正当防卫是所谓的天赋人权之一,没有强度的限制,"就正当防卫的合法性而言,并不要求正当防卫是为保护重大利益。根据案件情况,当对攻击的行为不能不以其他方式进行时,即

---

① 例如,1810年法国刑法典第329条规定:"下列两情形均视为迫切需要的防卫:(1)在夜间因抗拒他人攀越或破坏住宅、家室或附属物的围墙、墙壁或门户而杀人、伤害或殴击者;(2)因防御以暴行实施犯罪的盗窃犯或掠夺犯而杀人、伤害或殴击者。"转引自陈兴良:《正当防卫论》,中国人民大学出版社1987年版,第20页。

使最微不足道的法益也可以通过杀死攻击者的方法来加以保护"。① 这是因为它是建立在最大限度地强调个人主义、自由主义的时代背景上，首先从个人的角度强调的是人的自我保护本能，所谓的"紧急时无法律"的格言即含有此意，因此，它是一种人与生俱来的自卫权，其成立无需其他外在的根据，而是一种人的自然权力；其次从社会的角度强调的是法确正的原理，认为"法没有必要屈服于不法"——为维护正当法秩序，防卫者没有必要屈服于侵害者。也就是说，当国家保护未能及时实现时，正当防卫是对不法侵害的一种法秩序的警告。但这多少有"过分的个人主义的正义"之嫌。②

20 世纪以来，刑事社会学派取代了刑事古典学派，在刑法理论上占据了统治地位。在"社会法益说"思想的指导下，他们对正当防卫理论的理解，也由过去以个人权利为基础发展到以社会利益为出发点，来阐发正当防卫的本质，从而改变了对正当防卫的感性认识，从理性的角度对人们行使防卫权的范围、条件、合理限度等进行规定，防止因其防卫权力滥用而损害他人的合法利益、破坏法治的秩序。这样就提出了防卫过当的概念，及制定出对其应减轻或免除处罚的规定，走上了有限防卫的轨道。

现在，关于正当防卫的根据，已从强调保全个人权益的角度，移向强调保全法律本身，乃至维护国家所建立的法律秩序的目的，即更强调社会防卫。但在不法的攻击导致法律秩序被侵害时，可以把法律秩序的保全委托给私人。③ 所以正当防卫就不单是为了个人的权利，更是为了社会的利益。当然，这并不否认它在保全个人权益上的重要性。④

正当防卫之所以正当化，还可以用优越利益原则来说明。我们知道，法律是以最大限度地保护每个人的利益为目标，但在不得不否定一方的利益时，只能从社会整体的角度出发保全更大的利益。紧急状态正是意味着存在不得不

① ［德］弗兰茨·冯·李斯特：《德国刑法教科书》，埃贝哈德·施密特修订，徐久生译，法律出版社 2000 年版，第 226 页。

② 平野龙一：《刑法·总论Ⅱ》，有斐阁 1975 年版，第 228～229 页。

③ 有人认为，防卫权源于宪法和刑法。见陈兴良：《正当防卫论》，中国人民大学出版社 1987 年版，第 36 页。也有人进一步认为，刑法分刑事处罚和刑事权利法，正当防卫是刑事权利法，因而防卫权是刑法授权的。见段立文：《对我国传统正当防卫观的反思》，载《法律科学》1998 年第 1 期。

④ 民权主义刑法理论在解释上更加侧重个人自卫权的方面。作为个人自卫权，它体现在正当防卫只能在个人法益受到侵害时加以行使，而不得使用于保护公共利益或者法秩序本身。参见李海东：《刑法原理入门（犯罪论基础）》，法律出版社 1998 年版，第 80 页。

否定一方利益的冲突,作为违法性阻却的基本原理的优越利益原则,在这种情况下可以说是最妥当的解释之一。

近年来,有人认为对正当防卫、紧急避险、执行上级命令等排除社会危害性行为,可用期待可能性理论解释。他们认为,这些行为在行为时无期待可能性,所以,不负刑事责任。[①] 但也有人持不同意见,认为正当防卫、紧急避险是法律明文赋予公民的权利,这两种行为是合法的排除社会危害性的行为,其故意或过失也不能称之为罪过,因此,不宜用期待可能性理论来解释。[②] 还有人认为,"期待可能性理论作为规范责任论的产物,体现了对人的行为更加注重规范价值的判断,其重视人性的价值取向,提出的一些涉及法律与文化冲突及其解决的内容,无疑是存在可资我国刑法理论借鉴的地方,但必须根据我国犯罪构成理论的特点,将其合理因素融入相关理论区域,而不宜机械照搬。期待可能性理论乃根植于大陆法系刑法理论的一种责任理论,在我国犯罪构成理论中没有对应部分。可以肯定的是,整块的期待可能性理论不但难以与我国犯罪构成理论契合,而且完全予以引进,将在根本上导致我国整个犯罪构成理论乃至犯罪理论的失败"。[③]

在现代国家里,当合法权益遭受到犯罪行为侵害时,受害者通常需要借助国家司法机关"公力救济"的强制性手段。这种强制手段由国家行使,禁止私人擅用强力,这已成为法制社会的普遍要求。换言之,在当代法治国家中,由不法侵害而产生的保护权益问题,原则上是国家司法机关的任务,不允许私人恣意凭借强力去解决。但是,"公力救济"并非永远最为有效的,它同样存在着时间上的滞后性和结果上的不完整性。如果私人连向国家机关求救的机会都没有时,还一味地强调禁止私人行使强力救济,那么,私人的合法权益就有可能成为不法侵害的牺牲品。这违反了法律保护合法权益的目的。因此,为了弥补"公力救济"的不足,达到全面维护合法权益的目标,各国又以立法的形式确立了特殊条件下"私力救济"行为的合法地位,即法律限于有关的紧急场合——私人在来不及请求司法机关予以保护,而合法权益又面临紧迫侵害时,

---

① 丁银舟、郑鹤瑜:《期待可能性与我国犯罪构成理论的完善》,载《法商研究》1997年第4期。游伟、肖晚祥在《期待可能性与我国刑法理论的借鉴》一文中也"赞同执行上级命令的行为可用期待可能性理论解释",该文载《政治与法律》1999年第5期。

② 欧锦雄:《期待可能性理论的继承与批判》,载《法律科学》2000年第5期。

③ 赵秉志、肖中华:《犯罪构成与阻却责任事由关系论》,载《现代法学》1999年第4期。

允许以其私力救济作为补充,有节制地对侵害人予以防卫反击,以达到保全和恢复被侵害的合法权益的目的。这样,以"公力救济"为基础,以严格控制下的"私力救济"为补充,已经成为现代法治社会的一种共识,并进一步转化为具体的制度化设计,这就是刑法上的正当防卫制度。但是,现代社会中,人们的生活领域相互交错,一点也不侵犯他人领域的生活很难做到,如采光权、环境权等即是。如果对一切侵害均允许防卫的话,反而会给社会生活造成混乱。例如对于只是某些自由、财产上的不法侵害,既有通过防卫伤及生命、身体,也有通过事后的民事赔偿来救济的方法,而后者有时或更妥当。这就要求对正当防卫行为进行严格限制,不仅要有必要性,而且要有相当性。

总之,防卫权就其来源而言,是一种自然权利,但一经法律确认,它就转化为一种法律权利。在高度社会化的当代,正当防卫可以说也同时被社会化了。

明白了正当防卫的一般原理,也就更容易理解我国刑法所规定的正当防卫。

我国刑法第 20 条第 1 款规定:"为了使国家、公共利益、本人或者他人的人身、财产和其他权利免受正在进行的不法侵害,而采取的制止不法侵害的行为,对不法侵害人造成损害的,属于正当防卫,不负刑事责任。"[①]它和紧急避险一样,是现行刑法规定的典型的排除犯罪性的行为。其主要特征是:

第一,防卫人的行为是同不法侵害行为作斗争的正义的合法的行为,是对社会有益的保卫社会的行为,因此受国家法律的保护、支持和鼓励。

第二,正当防卫是法律赋予公民的一项权利,它不仅是一种不得已的应急措施,而且还是鼓励公民与违法犯罪行为作斗争的一种积极手段。

第三,正当防卫是对不法侵害人的不明显超过必要限度的损害。首先,从必要性上看,正当防卫造成了对不法侵害人的人身或者财产的损害,这种损害可能是合法的杀人行为、伤害行为或毁坏财物的行为。因为它是必要的,所以法律不追究正当防卫人的刑事责任。其次,从相当性上看,正当防卫必然造成的某种损害并不是无条件、无限度的。公民在行使这种权利时,都必须符合法定的条件,使防卫的强度具有相当性,不允许超越必要的限度,滥用防卫权利。

我国刑法中的正当防卫制度,是为实现我国刑法的任务而确立的。其意义在于:

---

① 有人称此为"一般正当防卫",以与该条第 3 款的所谓"特殊(正当)防卫"相对称。见周加海、左坚卫:《正当防卫新型疑难问题探讨》,载《山东公安专科学校学报》2001 年第 4 期。

1. 相对于法律规定的各种处罚不法侵害的措施都属于犯罪事后的处罚而言,正当防卫可以最及时有效地保障国家、公共利益和公民本人或他人的合法权益免受正在进行的不法侵害,是各种权益的最有效的保障。

2. 正当防卫是法律赋予公民的一项权利,它不仅有利于鼓励公民为本人权益积极地同各种不法侵害行为作斗争,而且鼓励公民为保护国家的公共的和他人的利益实行正当防卫。这对于树立见义勇为、互相帮助的精神,维护社会主义法制,具有积极意义。

3. 正当防卫是一种带有积极进攻性、暴力性的反侵害行为,是以给不法侵害人造成损害的方式进行的,因此可以有效地震慑犯罪分子,遏制其犯罪欲念,从而达到预防和减少犯罪的目的。

二、正当防卫的条件

正当防卫是法律赋予公民的权利,也是公民道义上的义务。如果行使不当,就会给不法侵害人造成不应有的新的侵害,从而危害社会。因此必须有一定的限制,以防止防卫权的滥用。根据我国刑法的规定,正当防卫必须遵守以下条件:

(一)必须存在现实的不法侵害行为

现实的不法侵害,是正当防卫的前提即起因条件。

怎样理解正当防卫中的不法侵害,刑法对此未作明确的具体规定,刑法理论上也存在不同的认识。对其范围界定较宽的人认为,不法侵害是一切违法与犯罪行为;对其范围界定较严的人认为,不法侵害只能是违反刑法的犯罪行为,而不包括其他违法行为。根据正当防卫的立法精神,结合司法实践,我们比较赞同以下的观点:"正当防卫中的不法侵害,主要指那些性质严重、侵害程度强烈、危险恶性较大的具有积极进攻性的行为。"[1]显然,它既包括犯罪行为,又包括其他违法行为,但又不是泛指一切违法行为。[2] 因为,首先,不法侵害不仅包括犯罪行为,也包括其他违法行为,它们都是侵犯合法利益的具有社会危害性的行为。公民在面临其他违法行为时,事实上也可能需要进行正当防卫;有些行为是犯罪行为还是违法行为,在不法侵害刚刚着手进行时往往难以区分,将正当防卫限制在犯罪行为的范围内,显然不利于公民行使正当防卫权;刑法只规定对不法侵害实行正当防卫,并没有将其起因条件局限于犯罪行

---

① 马克昌主编:《犯罪通论》,武汉大学出版社1991年版,第692页。

② 张明楷:《犯罪学原理》,武汉大学出版社1991年版,第323页。

为,这里仅使用"不法侵害"一词(日本刑法为"不正的侵害",不正即违法),而未使用"犯罪"概念,表明对其他违法行为可以进行正当防卫,以便切实地保护合法权益。其次,并非对任何违法侵害行为都可以进行正当防卫,而应限定于具有紧迫性、暴力性、破坏性或可能难以恢复原状的不法侵害行为。有时,犯罪的侵害已经终了,但未必与其犯罪的既遂时间完全一致,如遇盗窃时,虽然盗窃已经既遂,但侵害人对盗窃物品未必能立即完全置于自己的控制之下时,应允许被害人可以当场抢回失窃物品。① 不法侵害还不限于新的侵害,在侵害继续的情况下,也允许正当防卫,如被监禁的人为挣脱监禁,不得已破坏监禁设施,殴打监禁人,就属此种情况。违法侵害是一个内容相当广泛的概念,它对合法权益侵害的程度千差万别,形式也多种多样。正当防卫虽然属于公民的自然权利,但它是一种积极的反侵害的暴力性进攻行为,并且是以给不法侵害人造成损害的方式进行的。"它要求遭受侵害的法益必须具有可防卫性。"②不是所有的不法侵害都由正当防卫来阻却,当代社会也禁止私人的刑罚权(私刑)。如果人们不加区别地一律运用正当防卫权利来反击一切违法侵害,既不现实,也不利于某些矛盾的解决。譬如上面提到的采光权、环境权问题,又譬如不含暴力性、进攻性、破坏性的经济犯罪如假冒注册商标罪等,以及职务犯罪、渎职犯罪等行为,显然不宜对之进行正当防卫。因为法律秩序的维护涉及法秩序的国家垄断性问题,即它主要属于国家及其相应机关如警察等的任务,这些侵害完全可以通过国家的司法途径去解决。防卫这些侵害不是个人的任务,并不构成需要以私力救济的紧迫状态。除非它同时也危及个人的权益,或侵害了通过公民税金形成的共有财产。所以,只能限定适用于那些采取暴力性、具有积极进攻性、破坏性比较大的、或可能难以恢复原状的紧迫的不法侵害行为,在采取正当防卫可以减轻或免除危害结果的情况下,才适合进行正当防卫。由此可知,并非对所有的犯罪行为和一般违法行为都能适用正当防卫。

正当防卫只能适用于不法侵害行为,而对于法律允许的侵害,不能行使正当防卫权利。换言之,对任何合法行为,包括合法侵害,均不能适用正当防卫。

---

① 李斯特认为:"在对财产的保管中断以后(盗窃已经完成,已构成《刑法典》第 242 条意义上的盗窃罪),当盗窃者逃离犯罪地使得追回被盗物品难度加重时,仍可对逃跑之窃贼实施正当防卫。"见[德]弗兰茨·冯·李斯特《德国刑法教科书》,埃贝哈德·施密特修订,徐久生译,法律出版社 2000 年版,第 224~225 页。

② 李海东,《刑法原理入门(犯罪论基础)》,法律出版社 1998 年版,第 80 页。

例如,对于依法执行公务或者执行命令的行为,或对于公民追捕、扭送正在实施犯罪或者被通缉的在逃犯罪嫌疑人的行为,以及对于正当防卫和紧急避险①等排除犯罪性的行为,均不能借口自己或他人的权益受到侵害而实行正当防卫。甚至对于依照法定程序执行的逮捕行为,即使最后经过调查认定为错捕,也不能实行正当防卫。

不法侵害是对他人的权利的损害或造成损害的危险。因此,不法侵害不限于故意行为,对于过失行为,特别是过于自信的过失行为,符合其他条件的也可以进行正当防卫。不法侵害不限于作为,对于不作为的,如果只能由不作为人履行义务,需要进行正当防卫的,也可以进行正当防卫。例如,对于侵入住宅而拒不退出的人,用强力让其退出住宅的行为,是正当防卫行为。

防卫必须是针对攻击者本人,而不得对第三人实施防卫。为防卫目的而导致第三人受伤害的,只可视为紧急避险行为而不受处罚,但当第三人因为是侵害人的攻击手段而受伤害的,则此时的防卫仍属于正当防卫概念的范畴。

当不法侵害人不具有刑事责任能力或是精神病人时,是否可以正当防卫?对此刑法理论界意见不一。客观违法论者认为,侵害只要是客观上违法的行为就可以了,侵害行为人是否有责任并非必备条件,因此,对精神病人、未成年人可以实施正当防卫。李斯特即认为:"还可对由无责任能力或由精神病患者实施的不法侵害进行正当防卫,在攻击者发生认识错误,使得其攻击行为的违法性不为他人所知晓,同样可以进行正当防卫。"②这种观点实际上得到了何秉松的支持。③ 但主观违法论者从只有有责任的行为才可能违法的前提出

---

① 李斯特也认为,"不得针对正当防卫本身或针对基于紧急法而为之紧急避险行为实施正当防卫"。见[德]弗兰茨·冯·李斯特:《德国刑法教科书》,埃贝哈德·施密特修订,徐久生译,法律出版社2000年版,第226～227页。但有论者从法律的目的以及我国的立法实践出发,主张对不法侵害的理解采取客观不法说的立场,认为对紧急避险、意外事件、过失犯罪,法律形式欠缺造成的不法损害,应准予合法权益受损人拥有防卫权。当然,由于上述不法侵害欠缺行为的主观恶性,对其应采取一种有别于一般正当防卫权的"准正当防卫权"。参见马登民、崔克立:《论正当防卫的起因及其必要限度》,载《中国刑事法杂志》1999年第2期。

② [德]弗兰茨·冯·李斯特:《德国刑法教科书》,埃贝哈德·施密特修订,徐久生译,法律出版社2000年版,第222页。

③ 详见何秉松主编:《刑法教程》,中国法制出版社1998年版,第219～220页。

发,要求"侵害是违法行为人的故意或过失的行为",则结论不同。①　张明楷认为不法侵害应是主客观相统一的不法侵害,"对于没有达到法定年龄、不具有辨认控制自己行为能力的人的侵害,不能实施正当防卫"。②　苏惠渔则认为:"对于精神病人或者无刑事责任能力的未成年人时,则不允许实行正当防卫,可以实行紧急避险;如果不知道,而采取了伤害他的办法来保护合法权益,应视为正当防卫。"③我们倾向于最后一种观点。

对于人(主要指自然人)的行为以外的侵害,特别是对动物的侵害,是否允许正当防卫(对物防卫)?从客观的违法论立场出发,一般认为,判断不法侵害的对象仅限于人的行为,动物的身体动作(包括攻击举动)谈不上合法与非法的区分,其本身难以成为刑法评价的对象。只有当它们成为财产利益的组成部分并被实际利用时,才进入到刑法的视野之中。由此,应当根据不同情况,对反击动物攻击的行为作出评价:其一,野生动物等的自然侵袭属于"自然现象",谈不上"不法"与合法,应予抵御,即使杀死它,也不会侵害到他人的权利,不发生正当防卫问题,除非该动物系国家法律明文保护时,可以认定为紧急避险的性质外,一般不作法律上的定性。其二,有饲主的动物自发地侵害他人时,打死打伤该动物的行为是否正当防卫?持肯定对物防卫的人认为,它即使是单纯的自然界现象,也是法律秩序所不能容忍的"违法状态",可以评价为不法侵害,因此可以对之正当防卫;或对这种观点进行修正,认为不是严格意义上的正当防卫,可称之为准正当防卫。持否定对物防卫的人认为,法律是人类共同体的规范,没有必要再去寻求对物防卫的观念。当饲主的动物自发地侵害合法权益时,可以成立紧急避险;即使不得已打死打伤该动物,也是基于饲主的过失而不得已地通过给饲主财产造成损害的方法保护合法权益,实施紧急避险。其三,不法侵害人即所有者、管理者唆使其饲养的动物作为不法侵害的工具时,这种侵害实际上就是所有者、管理者的不法侵害,可以实行正当防卫;不法侵害人唆使的动物若为第三人所合法所有时,则防卫行为应视为紧急避险。

不法侵害必须是现实存在的,而不是行为人主观想像或推测的。如果误把并不存在的不法侵害认做真实的不法侵害而进行所谓的正当防卫,是假想

---

① 见平野龙一:《刑法·总论Ⅱ》,有斐阁 1975 年版,第 230～231 页;大冢仁:《刑法概说·总论》,有斐阁 1995 年版,第 332～333 页。
② 张明楷:《刑法学》,法律出版社 1997 年出版,第 225 页。
③ 苏惠渔主编《刑法学》,中国政法大学出版社 1997 年版,第 178～179 页。

防卫,而不是正当防卫。假想防卫是由于行为人对事实认识的错误而发生的,不可能构成故意犯罪。如果行为人主观上有过失,且刑法规定为过失犯罪的,就按过失犯罪处理;如果行为人主观上没有过失,则按意外事件处理。即使假想防卫与防卫过当相竞合的假想防卫过当,成立过失犯罪,也应当减轻或者免除处罚。

(二)必须是正在进行的不法侵害

正当防卫的时间条件,只能是正在进行的现实的不法侵害,即不法侵害已经开始且尚未结束,或表述为不法侵害立即发生、刚刚发生和正在持续的情况。法律对正当防卫作出这种时间上的限制,是基于其立法目的的。在此之前和在此之后,都不能实行正当防卫。

1.关于不法侵害的开始时间。刑法理论上存在着着手说、进入侵害现场说、临近说和折衷说。我们支持折衷说,即一般情况下,应以侵害行为已着手实施为不法侵害的开始,但是对某些危险性较大的犯罪行为来说,虽然还未曾着手,而依照当时的全部情况,现实的对合法权益的威胁已迫在眉睫,也应当允许实行正当防卫。[①] 即对那些侵害严重、具有积极进攻性的不法侵害行为,虽然尚未着手实行而只是临界着手,但它对客体的现实威胁已经十分明显,具有紧迫性,此时如不实行正当防卫,就可能丧失防卫的时机,故应视为不法侵害的开始,进行正当防卫应当是适宜的。因为实践中的具体案件十分复杂,应从实际出发,根据侵害人使用的侵害方式,尤其是侵害工具,实事求是。不能过于机械、过于狭隘地理解不法侵害的开始时间,不能对防卫者要求过于苛刻,以免使防卫者处于不利的地位,使合法权益不能免受侵害。总之,不法侵害开始的这种可防卫状态的判断,应以普通第三人的认识为标准,不应以受侵害人的主观判断为基点。

在不法侵害尚未开始之前,不允许实行正当防卫,可以作好防范准备,以便及时制止不法侵害行为,但必须以不危害公共安全和不违反治安管理法规为前提。例如私设电网、向食品投毒等行为,既给公共安全造成很大的威胁,也不能有效制止犯罪的发生,故是法律所不允许的。安装防卫装置的行为,

---

[①] 马克昌主编:《犯罪通论》,武汉大学出版社1991年出版,第702页。李斯特也认为:"攻击必须是直接面临的或已经开始的。因此,一方面不需要等待法益的被破坏开始之后才予以正当防卫;另一方面同样可对已经开始但尚有待继续的攻击实施正当防卫。"见[德]弗兰茨·冯·李斯特:《德国刑法教科书》,埃贝哈德·施密特修订,徐久生译,法律出版社2000年版,第224页。

只有在不危害公共安全的情况下,针对正在进行的不法侵害发挥作用时,可以认为是正当防卫。

2.关于不法侵害的结束时间。所谓不法侵害的结束,就是指不法侵害行为已经停止而不再继续进行,不可能继续侵害或威胁合法权益,或者说合法权益不再处于紧迫、现实的侵害或威胁之中。根据最高人民法院《关于人民警察执行职务中实行正当防卫的具体规定》的第三项,"遇有下列情形之一时,应当停止防卫行为:(1)不法侵害行为已经结束;(2)不法侵害行为确已自动中止;(3)不法侵害人已经被制服,或已经丧失侵害能力"。上述三种情况,均应视为不法侵害已经结束。其中的(1)项是不法侵害已经完成,危害结果已经发生,而不法侵害者又没有继续再侵害的明显意图,侵害的危险已经过去。如侵害人逃离现场,又如杀人已把人杀死。但是,有些侵害行为,如财产性的违法犯罪行为虽已完成,但其侵害后果尚未结束,还能排除,例如,反击想逃离现场的抢劫、盗窃已得手的不法侵害时,应视为不法侵害仍在继续中,允许实行正当防卫,通过反击夺回财物。① 但若不法侵害人已逃离现场,或者碰巧发现持有被盗物品的过路人,而使用暴力夺回被盗物品的,不能认为是正当防卫。(2)项中无论当时不法侵害行为是否完成,但因侵害人确已自动中止,不准备再继续进行侵害。但若对不法侵害人是否真的中止侵害一时难以判明,结果又实行了防卫。在这种情况下,即使侵害人的行为是中止,也不宜追究防卫人的刑事责任。(3)项是不法侵害无论在客观上或事实上已不可能再继续进行,不法侵害的危险已被排除,当然也是侵害已经结束,正当防卫行为应随之停止。②

正当防卫只能对正在进行的不法侵害实行,是有时间上的限制的。在不法侵害尚未开始或者已经结束时,进行所谓的"防卫",逾越了正当防卫的时间限度,称为防卫不适时,不是正当防卫。防卫不适时有两种情况,即事先防卫和事后防卫。它们都不具备实行正当防卫的时间条件,如果构成了犯罪,应依法追究刑事责任。一般认为对这种行为应追究故意犯罪的刑事责任,但又不同于一般故意犯罪,可以从轻处罚。③

---

① 但也有一些日本学者认为它不属于正当防卫,而是自救行为。之所以产生异见,是因为对这时的侵害是否还具有紧迫性的认识不同。见大冢仁:《刑法概说·总论》,有斐阁1995年版,第331~332页。

② 排除说认为,只要危险还存在,防卫行为就是正当的。如何判断危险是否排除,一般在案发后再判断之。

③ 张明楷认为,对于防卫不适时,可能区分为故意犯罪、过失犯罪、意外事件三种情况处理。见张明楷:《刑法学》,法律出版社1997年版,第228页。

总之,正当防卫之所以有时间上的限制,是因为它是国家赋予公民在遭受不法侵害的紧急情况下,为保护公民合法权益和公共利益的一种特殊权利,有别于国家司法权、审判权,不能将两者等同视之。

(三)必须出于保护国家、公共利益、本人或者他人的人身、财产和其他权利免受正在进行的不法侵害的意图

虽然正当防卫以及紧急避险本来都是对个人的权益的保护行为,但在当代,其所保护的权益通常已及于个人之外的权益。正当防卫之所以是正当的,就在于它是为了保护这些合法利益,必须具有这种防卫意图,这是正当防卫的基本出发点,也是正当防卫成立的主观条件。其中,对个人(本人和他人)权益的保护,主要指生命、身体和财产方面的权益,而对侵犯到个人的抽象的无形的权益的行为,就不宜通过正当防卫来制止不法侵害。在一些国家的刑法典上,虽然仅仅规定为防卫自己或者他人权利才可以行使正当防卫权,但他们在学理及实务中,通常也存在着将"他人"一语作扩大解释为包括法人、其他团体等,以适应现实防卫的需要。为了他人的权利和公共利益而实行的正当防卫叫紧急救助;为了保护国家利益的目的而实行的私人防卫行为,叫国家正当防卫或者国家紧急救助。[1] 具体包括两个方面的内容:

1.防卫认识,即指防卫人认识到正在进行的不法侵害的存在,自己的行为是制止不法侵害的行为,所造成的损害是为制止不法侵害所必需的。需要注意的是偶然(巧合)防卫问题。即虽然有不法侵害,但行为人在不明知侵害行为正在发生的情况下,故意去攻击侵害者,巧合了正当防卫,只能成立故意犯罪。例如某甲正在强奸某女,乙却并不知情,误为自愿行为。乙出于对甲的夙仇,遂棒击其头部,致其停止强奸、重伤倒地,乙亦随即逃逸。巧合防卫虽在客观上符合防卫要件,但因行为人基于不法侵害的意图,故不能以正当防卫论定。强调防卫认识问题,有利于将基于愤怒、憎恶等进行的防卫行为认定为正当防卫。

2.防卫目的,即指防卫人希望通过防卫行为制止不法侵害以保护合法权

---

[1]　对于国家正当防卫,日本的刑法理论上有两种不同意见。一种意见认为,原则上可以为国家利益进行正当防卫,如对妨害执行公务罪、脱逃罪等所侵害的法益就应该救助。另一种意见认为,正当防卫的本质是以个人主义、自由主义为基础,不应该滥用,主张原则上不允许,如为了维护法律秩序的正当防卫,就应予否定。但只有限于不能期待国家公共机关救助又紧迫的场合,才例外地允许。见大冢仁:《刑法概说·总论》,有斐阁1995年版,第335~336页;平野龙一:《刑法·总论Ⅱ》,有斐阁1975年版,第238页。

益的心理态度。

正当的防卫意图的有无,决定着正当防卫是否成立。具有防卫意图的行为才可被认为是防卫行为。[①] 某些行为,从行为的形式与外观上看似乎符合正当防卫的客观条件,但由于主观上不具备正当的防卫意图,因而不能认为是正当防卫,不能得到刑法上正当防卫的评价。这种现象,除上面介绍的偶然(巧合)防卫外,还有:

(1)防卫挑拨,或称挑拨防卫。指行为人意图加害对方,以故意挑衅、引诱等方法挑逗对方向自己进攻,然后借口正当防卫给对方造成侵害的行为。这种行为缺乏正当的防卫意图,因而不能认为是正当防卫,而是一种特殊形式的故意犯罪。挑拨防卫具有正当防卫的假象,因此,证据调查及其判别就成为司法实务中的一个关键。应该指出,如果行为人主观上仅是挑逗他人,并没有借口正当防卫对他人实施不法侵害的意图,或者因为行为人的轻微过失,对方已预知是轻微的挑拨却予以严重危及重大权益的反击,或者由于行为人的无意行为引起了他人的侵害行为,则不能以侵害人的不法侵害行为是由被侵害人所挑起为由,剥夺被侵害人实行正当防卫的权利。此时,对被侵害人实行的防卫,如果符合正当防卫诸条件的,应认为是正当防卫。只是这种正当防卫应是迫不得已且具有相当性的,条件限制更严。当然,对被侵害人而言,此时最佳选择是能逃则逃。

(2)相互斗殴。这是相互的非法侵害行为,双方行为人都有向对方实施不法侵害的意图和积极追求非法损害对方利益的结果,没有侵害人与被侵害人之别。因此,通常情况下,任何一方都不存在构成正当防卫的前提,都应当对自己的非法侵害行为承担法律责任。将相互打斗排除在正当防卫之外,是将其行为意图作为一个整体(而不是人为地予以分割)来进行考察的结果。不

[①] 该问题是正当防卫领域最有争议的问题。李斯特认为:具有防卫意图的行为才可被认为是"防卫行为"。侵犯他人的法益,但不知道自己的行为已构成针对自己或第三人攻击的正当防卫;换句话说,不是以防卫为目的而侵犯他人之法益的,不属于《刑法典》第53条规定的正当防卫行为。但也不要求防卫攻击之人只是为防卫目的而为防卫行为,对防卫之概念作此等限制是不可取的。见[德]弗兰茨·冯·李斯特:《德国刑法教科书》,埃贝哈德·施密特修订,徐久生译,法律出版社2000年版,第226~227页。而有些国家的法律为了更好地保障公民的防卫权,对在某些特殊情况下引起的防卫行为的主观意图亦未作限制。例如,《西班牙刑法典》第8条第6款规定:"为防卫陌生人之身体或财产,只要符合前述第四项第一款及第二款之规定情况,则防卫者不论出于报复或其他非法动机均不受限制。"

过，我国刑法学界并不绝对否定以相互打斗为起因的防卫行为存在的可能，下面几种情况应可以进行正当防卫：其一，在相互斗殴中，一方已经放弃侵害，如宣布不再斗殴，或求饶，或逃走，而另一方仍穷追不舍，继续侵害，致其合法利益受到严重危害时，放弃侵害的一方仍然存在着防卫反击的权力，可以实行正当防卫。其二，在一般性的空拳斗殴中，一方突然使用杀伤力很强的凶器如匕首之类，另一方生命受到严重威胁，则后者可以实行正当防卫。其三，在双方斗殴结束后，一方出于报复，又主动侵害对方，另一方在迫不得已的情况下，可以实行正当防卫。

（四）必须针对不法侵害的本人进行防卫。

根据正当防卫的性质，它的防卫对象只能是不法侵害者本人，而不能是没有实施不法侵害的第三者。即使是对第三者权益的反击有可能制止不法侵害人的侵害行为，也不能对不法侵害人以外的第三者实施正当防卫。如迫不得已地损害了第三者的合法权益，应以紧急避险处理。如果把第三者误认为是不法侵害者而实施了防卫反击，应按假想防卫的原则来处理。如果是故意对第三者实行侵害，构成故意犯罪。

（五）必须没有明显超过必要限度造成重大损害

正当防卫是法律赋予公民的一项合法权利。如同行使其他权利一样，正当防卫的实施也是和履行一定的义务相联系的，即要在法律规定的限度条件之内，不能明显超过必要限度造成重大损害，这是区别防卫的合法与非法、正当与过当的一个标志。

旧刑法第17条第2款规定："正当防卫超过必要限度造成不应有的危害的，应负刑事责任；但是应当酌情减轻或者免除处罚。"对于这里规定的"必要限度"应如何把握，刑法理论界意见不一，有"相适应说"、"基本相适应说"、"必需说"和"有效制止说"等。但在司法实践中，倾向于对正当防卫的必要限度采取较严格的态度，挫伤了公民正当防卫的积极性。有鉴于此，新刑法第20条第2款对正当防卫的限度条件予以修订，把"超过必要限度"改为"明显超过必要限度"，把"造成不应有的危害的"改为"造成重大损害的"，采取了较为宽容的态度。

根据新刑法对正当防卫的一般规定，我们比较赞同上述第四种的"有效制止说"，即认为正当防卫的必要限度应是有效制止正在进行的不法侵害所必需的限度。① 一切为了达到这个目的而采取的必要防卫手段都是合理的、正当的。在界定防卫是否过当时,应当把防卫行为是否明显超过制止不法侵害行为所必要的限度,和造成不必要的重大损害结合起来考察。因为对不法侵害人造成重大损害不一定就明显超过必要限度,反之明显超过必要限度也不一定就对不法侵害人造成重大损害。法律允许防卫行为超过制止不法侵害行为的必要限度,只是不得明显超过;法律也允许对不法侵害人造成损害,但不能造成不必要的重大损害。只有防卫行为明显超过制止不法侵害行为的必要限度,并给不法侵害人造成不必要的重大损害,防卫行为与不法侵害不具有相当性,才能认为是防卫过当,这就是对防卫限度的限制。

正当防卫在防卫方法、防卫手段上,由于不法侵害人的侵袭往往是突然的,占据主动有利的地位,被侵害人往往处于被动不利的地位,因此不能要求被侵害人在防卫方法、手段上的相当性,即不能以事后看来最妥善的方法、手段去要求防卫人。如果严格限制这一点的话,几乎所有的正当防卫都不能被认可。故应综合考虑被侵害权益的种类、侵害行为的方式和强度、不法侵害人的凶恶性及被侵害的权益是否有回复的可能性等因素,判断防卫人在当时的情况下应否控制防卫行为的强度、能否控制防卫行为的强度。

在权益均衡上,正当防卫基本没有权益相当的必要性,更没有紧急避险那么严格的要求。正当防卫不要求权益均衡的原因在于从个人主义的角度出发,为了保护正当防卫的被侵害的法益,而在必要的限度内,否定了不法侵害者的法益——但不是消灭而是进行缩小评价。这是违法性阻却的基本原理——优越利益原则的必然结果,故两者在价值冲突中不可两立。但应注意的是,如果所保护的合法权益与所损害的利益之间过于悬殊,或者为了保护微小利益而造成不法侵害人重伤或死亡,例如客人在饮食店吵闹打破餐具,店主因而用刀杀死客人;小孩盗窃果树上的水果,主人开枪射杀小孩,显然都滥用了正当防卫权利,应负刑事责任。这是因为攻击者、侵害人的法益并不是"零",不是归于消灭,只是由于"不法"、"不正"而被缩小评价,故防卫者的利益通常是优越的。但若餐具、水果与生命相比,具有明显的不均衡性,即在只能认定防卫者的利益低于受到缩小评价的侵害人的利益的情况下,法律从合理的利益保全的角度出发,要求"正"甘受于"不正",利益丧失的避免优先于"正

---

① 关于此点,可参见 1998 年《德国刑法典》第 32 条第(2)款的规定:"紧急防卫(笔者按,即正当防卫)是为了避免对自己或者他人的现时的违法的攻击所必需的防御。"冯军译,中国政法大学出版社 2000 年版,第 14 页。

义的实现",故此种情形下的防卫行为不能阻却违法性。

最后,关于防卫过当的必要限度,不适用于针对严重危及人身安全的暴力犯罪所进行的防卫。刑法第 20 条第 3 款规定:"对正在进行行凶、杀人、抢劫、强奸、绑架以及其他严重危及人身安全的暴力犯罪,采取防卫行为①,造成不法侵害人伤亡的,不属于防卫过当,不负刑事责任。"这是刑法关于无限度正当防卫的规定。② 即符合本规定的,绝对是正当防卫,不存在防卫过当的问题。因为采用这种造成不法侵害人伤亡的暴烈的防卫手段,是为制止不法侵害所必需的,因而是合理、适当的。

无限防卫是指公民在某些特定情况下实施的没有任何范围条件和强度限制的防卫行为,作为法律赋予公民的一项特殊的权利。无限防卫最初是为了保护公民的财产权利不受侵犯而设置的,譬如,古巴比伦王朝第六王制定的

---

①　有人认为,新刑法将特殊防卫权主体界定为公民有失偏颇。从刑法公正角度考虑,应将现有特殊防卫规定中"防卫他人"归入一般防卫,使之遵循一般防卫的规定,而将特殊防卫严格限定在"自我防卫"的范围之内。如此,才能在防卫行为人和不法侵害人之间找到一个利益保护的最佳平衡点,使双方所受到的损失都是相对最小的,双方的利益都能得到最大程度的保护。见韩轶:《特殊防卫权主体之审视》,载《法商研究》2002 年第 1 期。

②　或称"绝对防卫"、"无过当防卫"、"无限防卫权"、"无限度的防卫"、"特殊防卫"、"无度的防卫"、"特别防卫权"、"预防性正当防卫"等等。但也有人对我国刑法学界多数人将该款的规定冠之以"无限防卫权"的称谓提出了质疑,认为该款的规定绝不是西方无限防卫权理论的复活,而是我国正当防卫立法技术的重大突破,本款规定的"不属于防卫过当"就是"正当防卫",这是该款最准确的概括和最确切的称呼。参见刘艳红、程红:《"无限防卫权"的提法不妥当——兼谈新刑法第 20 条第 3 款的立法本意》,载《法商研究》1999 年第 1 期。还有论者从另一角度认为,现行刑法第 20 条第 3 款的立法规定与同条第 2 款的规定实际上是一致的。因为,根据第 20 条第 2 款的规定,如果防卫人在遭受严重危及人身安全的暴力犯罪侵害时,其为制止这一严重暴力犯罪侵害而实施的防卫行为尽管造成了犯罪人的死亡或者严重伤害,但这一死亡或者严重伤害的结果与严重犯罪侵害的强度及其有可能造成的严重后果相比较而言,并没有明确超出必要的限度,不属于不应有的重大损害,所以,即使没有现行刑法第 20 条第 3 款的规定,对防卫人同样不会以防卫过当追究其刑事责任,防卫人的行为同样属于正当防卫。参见赵秉志、田宏杰:《特殊防卫权问题研究》,载《法制与社会发展》1999 年第 6 期。

《汉穆拉比法典》中就有这方面的规定,[①]这是目前可知的在立法中有关无限防卫的最早文字记载。此外,古罗马制定的《十二铜表法》中亦有关于这方面的规定。[②] 我国古代有关法律典籍中,也有关于无限防卫的规定。[③] 可谓历史悠久。

我国在修订新刑法前夕,围绕是否设立无限防卫权问题,曾有过肯定与否定两种意见的交锋。[④] 最终肯定意见占了上风。如何理解这里所谓的无限防卫权?一般来讲,无限防卫可分为绝对意义上的无限防卫与相对意义上的无限防卫两种情形。所谓绝对意义上的无限防卫,是指没有任何条件限制的正当防卫,它允许防卫人在防卫过程中可以采取任何处置方法和手段来对付不法侵害者;而相对意义上的无限防卫,则是指有一定条件限制而没有限度约束的正当防卫,它允许防卫人在遇到不法侵害的紧急情况下,可以超过必要限度去对付不法侵害者而不负任何刑事责任。从我国新刑法对无限防卫的规定来看,它基本上是在后一种意义上来使用这一概念的。也就是说,新刑法第20条第3款所规定的防卫方式,并不是不受任何条件限制的,只是在防卫限度方面不受限制而已。因此,相对于绝对意义上的无限防卫而言,它是一种有限防卫。而相对于绝对意义上的有限防卫而言,它才是一种无限防卫。正是在这一意义上,我国新刑法所规定的无限防卫,既不同于国外早期刑事立法上所规定的无限防卫权,也不同于国外现代刑事立法上所规定的无限防卫权,而纯粹是在借鉴国外立法经验的基础上,根据我国的实际情况确立的一种具有中国特色的无限防卫制度。

---

① 如该法典第 21 条规定:"自由民侵犯他人之居者,应在此侵犯处处死并掩埋之。"第 25 条又规定:"任何房屋失火,前来救火之自由民觊觎屋主之财产而取其任何财物者,此人应投于该处火中。"转引自周一良、吴于廑主编:《世界通史资料选辑·上古部分》,日知译,商务印书馆 1962 年版,第 64 页。

② 如该法的第八表第 12 条规定:"如果于夜间行窃,[就地]被杀,则杀死[他]应认为是合法的。"转引自周一良、吴于廑主编:《世界通史资料选辑·上古部分》,陈筠、防微译,商务印书馆 1962 年版,第 342 页。

③ 据《周礼·秋官·朝士》称,"凡盗贼军乡邑及家人,杀之无罪。"汉律规定:"无故入人室宅庐舍,上人车船,牵引人欲犯法者,其时格杀之,无罪。"《唐律疏议·盗贼律》(总第 269 条)规定:"诸夜无故入人家,笞四十。主人登时杀者,勿论。"这是我国古代法律中无限防卫的显例,它对我国唐代以后的历代立法都产生过重大的影响。

④ 持肯定意见的参见陈康伯等《关于完善正当防卫的建议》,载《刑法修改建议文集》,中国人民大学出版社 1997 年版,第 269 页;持反对意见的参见赵秉志等:《中国刑法修改若干问题研究》,载《法学研究》1996 年第 5 期。

刑法第 20 条第 3 款规定的"行凶[①]、杀人、抢劫、强奸、绑架"不是与"其他严重危及人身安全的暴力犯罪"相并列,而是一种例示与概括的关系。这里所谓的"杀人、抢劫、强奸、绑架",由于与前面的"行凶"相连,学者或认为是既指这四种具体罪名,同时也包括其他犯罪中含有的"杀人、抢劫、强奸、绑架"行为。所谓的"暴力",应该指进行有形的物理力的打击或者强制的手段,并能直接造成被侵害人伤亡的物质力量,不宜包括暴力胁迫情形,因为后者可以通过一般防卫来救济。所谓的"其他"严重危及人身安全的暴力犯罪,虽不够明确,但至少还可列举出劫持航空器罪、严重的放火罪、爆炸罪、暴动劫狱罪之类。所谓的"严重危及人身安全",则应指暴力犯罪具有可能造成被害人重伤或者死亡的危险。[②] 当然,并非对所有的行凶、杀人、抢劫、强奸、绑架等暴力犯罪都适用上述规定,有的或者不具备实行正当防卫的可能,有的或者不具备实行正当防卫的时机等,如果允许对这些情形的犯罪实行无限防卫的话,就容易导致防卫权的滥用。因此,只有当这些暴力犯罪严重危及人身安全时,才适用上述规定。如以利用他人处于昏迷状态强奸的犯罪就不能称之为暴力犯罪[③]和适用无限防卫。又如采用投毒手段实行杀人等,事实上不存在防卫的问题,更谈不上无限防卫。有些情况下实践中也不能排除以非暴力的方式实施上述犯罪的可能性,如行为人以抢劫故意采用麻醉方法取得他人财物的,属于抢劫罪,但不是严重危及人身安全的暴力犯罪,故仅能采取普通防卫,不能采用无

---

① 针对所谓的"行凶",理论界和司法界有多种理解,如是否使用凶器,双方的人数、侵害能力相比较是否悬殊,是否专指伤人,与后续表述如何区别,均不无歧见。但多认为这一非法律术语使用于此,不够严谨,是一个缺陷。或认为"行凶"是指无法判断为某种具体的严重侵犯公民人身权利的暴力犯罪的严重暴力侵害行为,它具有暴力性、手段的不限定性、程度的严重性,以及无法确定具体罪名性等几个特征。参阅刘艳红:《刑法第 20 条第 3 款"行凶"一词的理论考察》,载《法学评论》2000 年第 6 期。

② 也有人认为,无限防卫权的起因不一定都是特定的暴力犯罪。对无刑事责任能力人实施的危及人身安全的暴力侵害,如果防卫人不知侵害人的主体状况,则完全可以行使无限防卫权,如果知道是这种状况,原则上也可以行使无限防卫权,只是因为这种侵害是不反映主体性的行为,欠缺犯罪的伦理品性,权利人出于权利行使的保留原则及考虑社会效益,以尽量躲避为主。倘若将无限防卫权的起因限定在特定的暴力犯罪,则事实上剥夺了防卫人对此种不具主体性的暴力侵害进行防卫的权利,被侵害人的人身安全只能忍受暴力的侵害,这显然不公平。见熊向东:《也论刑法中的"无限防卫权"》,载《中央政法管理干部学院学报》1998 年第 6 期。

③ 林亚刚、刘辉:《暴力犯罪的法律规定及社会原因分析》,载《国家检察官学院学报》1999 年第 2 期。

限防卫。又如幼女自愿与成年男子进行性交的,虽然该男子的行为属于强奸罪,但如果允许防卫人借口无限防卫而将其杀死,这对犯罪分子来说,显然过于苛刻而欠缺人道。

新刑法颁布以来,刑法学界对正当防卫、特别是对如何完善及优化受害人的正当防卫权投入了较多的注意力,相比之下对于不法侵害人的合法权益在不当防卫(即防卫过当及防卫不适时)威胁下可能受到的侵犯却是冷漠的。这就提出了不法侵害人在遭遇不当防卫时是否有权防卫即逆防卫问题。所谓逆防卫,是指不法侵害人为免受来自于防卫人正在进行的不当防卫的侵害,在必要限度内所实施的防卫行为。关于逆防卫也是正当防卫的思想在大陆及英美刑法理论中亦有相当体现,如德国刑法学家李斯特认为:“可以针对合法攻击过当变成不法攻击,也即可以针对防卫过当的行为实施正当防卫。”①意大利刑法学者认为,即便非法侵害是由被侵害者引起的,也不排除防卫人的违法性。因此防卫人的行为对犯罪人权利的威胁只要是非法的,犯罪人就可对之进行正当防卫。② 由此可见,逆防卫也属于正当防卫在国外刑法理论中已是不争的事实,因此我们有理由认为逆防卫就是一种正当防卫,逆防卫理论是正当防卫理论体系中之子系统。近年来,我国学者也逐渐关注到这个以往被忽略的问题。③

关于无限防卫与普通防卫的差异问题,有人认为无限防卫是一种独立的防卫方式,它与普通防卫的联系不大;有人认为无限防卫是普通防卫的一种特殊的表现形式,它与普通防卫有着十分密切的关系。虽然无限防卫作为正当防卫的表现形式之一,它与普通防卫之间的联系是不能抹杀的。与此同时,无限防卫作为一种特殊的防卫方式,其自身又具有相对的独立性,其不同点主要表现在以下两个方面:1.防卫的起因条件不同。需要注意的是:(1)不法侵害本身的性质和范围不同。对普通防卫来讲,不法侵害的范围较为广泛。而无限防卫中的不法侵害,只限于刑法所规定的特定的暴力性犯罪,即只能对正在进行的行凶、杀人、抢劫、强奸、绑架以及其他严重危及人身安全的暴力犯罪,才能行使无限防卫的权利。(2)不法侵害针对的对象范围不同。在普通防卫中,不法侵害针对的对象范围较为广泛,它不仅包括人身权利,而且还包括财

---

① [德]弗兰茨·冯·李斯特:《德国刑法教科书》,埃贝哈德·施密特修订,徐久生译,法律出版社2000年版,第221页。

② 参见黄风译:《意大利刑法典》(引论),中国政法大学出版社1998年版,第18页。

③ 参见张远煌、徐彬:《论逆防卫》,载《中国刑事法杂志》2001年第6期。

产权利和人格权、名誉权、隐私权等其他方面的权利。而在无限防卫中，不法侵害针对的对象范围则只限于人身方面的安全权利，如生命权、健康权、性和行动的自由权等。2. 对防卫限度的要求不同。就普通防卫而言，防卫人在实施防卫行为的过程中，必须把握合理的限度，如果防卫行为明显超过防卫限度造成重大损害的，应当负刑事责任，而对于无限防卫来讲，则不受防卫限度的限制，只要是针对严重危及人身安全的暴力性犯罪，不论防卫人采取什么样的防卫方法，给对方造成什么样的后果，均不负刑事责任。

此次修改刑法，在上述特殊条件下，针对特定不法侵害行为而规定了特别的无限防卫权，对于保证公民行使正当防卫权，充分调动和鼓励人民群众同违法犯罪作斗争的积极性，切实维护社会治安秩序，具有重要的现实意义。①

三、防卫过当的刑事责任

刑法第20条第2款对防卫过当作了规定："正当防卫明显超过必要限度造成重大损害的，应当负刑事责任，但是应当减轻或免除处罚。"可见防卫过当必须以行为人实行正当防卫为前提，否则就不存在防卫过当。它与假想防卫的区别在于后者不存在现实的不法侵害。防卫过当不是独立罪名，刑法也没有专条规定防卫过当的罪名和具体适用的法定刑，因而不能定所谓的"防卫过当罪"。有些学者主张，应在罪名前冠以防卫过当加以限制，如"防卫过当过失致死罪"、"防卫过当致人重伤罪"等，以示其区别于一般的犯罪。这种做法也没有充足的合法性和必要性，使罪名的表达徒添蛇足。

从刑法第20条关于防卫过当的规定来看，只有造成不法侵害人重伤或死亡时，才存在防卫过当问题；造成轻伤以及针对财产进行防卫的，不存在防卫过当问题。因此，如何正确认识防卫过当的罪过形式，是确定防卫过当罪名的关键。

关于防卫过当的罪过形式问题，存在着五种不同意见：（1）故意与过失并存说。认为防卫过当既有故意犯罪，又有过失犯罪，要根据案件的具体情况分别而定。（2）间接故意与过失并存说。认为防卫过当一般是过失犯罪，但也可

---

① 但也有学者对刑法学界颇多赞许的新刑法无限防卫权的规定不能认同，指出立法在设计无限防卫权规定上的疏漏，揭示了新刑法创立无限防卫权后所潜伏的诸多弊端，并从更深层次说明了无限防卫权的确立与我国刑事立法思想上存在的部分认识误区有关，必须加以澄清，并提出了取消无限防卫权的建议及相关救济措施。参见卢勤忠：《无限防卫权与刑事立法思想的误区》，载《法学评论》1998年第4期。

能有间接故意犯罪,而不可能是直接故意。(3)故意说。认为防卫过当都是故意犯罪,因为防卫过当是故意造成的损害。(4)过失说。认为防卫过当都是过失犯罪,因为防卫人都是出于正当防卫的意图,并没有危害社会的故意。(5)疏忽大意的过失说。我们比较赞同间接故意与过失并存说。因为:首先,防卫过当的行为人是在认识到不法侵害正在进行的情况下,为了保护合法权益才实施防卫行为,主观上出于正当防卫意图,尽管防卫行为是故意实施的,但防卫人并没有危害社会的犯罪目的,只是由于在同不法侵害紧张搏斗时的疏忽或者判断失误,才铸成防卫过当。其次,不能排除在少数情况下,防卫人明知自己的防卫行为可能明显超过必要限度造成重大损害,而在防卫中却抱着放任这种结果发生的间接故意态度。但是,由于直接故意犯罪是具有犯罪目的的,而正当防卫的防卫性质,决定了防卫人脑中不可能同时并存正当防卫的目的和犯罪的目的,因而防卫过当不可能构成直接故意犯罪。但主观上存在间接故意和过失,则是可能的。只是从政策上考虑,对防卫过当的罪过形式应以过失说较为可取,这样有利于鼓励公民进行正当防卫。

对于防卫过当,考虑到面对不法侵害人时,防卫者本人由于恐惧、惊愕、兴奋、狼狈等因素,往往不能准确估计侵害的性质,也不能选择适当的防卫方式,在这种情况下,不应对防卫人进行强烈的非难。因此,刑法中正当防卫成立的强度要求仅是有效防卫所必需的,而不是利益权衡所强调的适当性。对于防卫过当,我国刑法是采取应当减轻或免除处罚。但究竟是减轻还是免除处罚以及如何减轻处罚,则应综合考虑以下因素:

(1)防卫目的。为保护国家、公共利益和他人的合法权益而防卫过当,比为保护自己合法权益而防卫过当处罚应更轻。

(2)过当程度。① 比较行为的危险性程度与防卫必要的最低限度,即考虑采用其他轻微防卫手段的容易程度。防卫过当所造成的损害与必要限度的差距越轻微,处罚相应轻微;严重过当,处罚相对较重。

(3)罪过形式。按疏忽大意的过失、过于自信的过失、间接故意等罪过形

---

① 外国刑法理论上把防卫过当分为质的即防卫强度的过当和量的即防卫范围的过当两种。前者如空手防卫时,突然用刀刺向对方胸部致其重伤;后者如被害人为了制止侵害殴打侵害人,致其停止侵害后,仍继续殴打。参见平野龙一:《刑法·总论Ⅱ》,有斐阁1975年版,第246页;大冢仁:《刑法概说·总论》,有斐阁1995年版,第341~342页;李海东:《刑法原理入门(犯罪论基础)》,法律出版社1998年版,第124页。同时,免责的防卫过当仅适用于质的即防卫强度过当,而不适用于量的即防卫范围过当。

式的先后,减轻乃至免除处罚的幅度与可能性应当是依次递减。

(4)权益的均衡性及其性质。比较所要侵害的权益与所要保护的权益,是否明显有失均衡;为保护重大权益而防卫过当,比为保护较小权益而防卫过当,处罚应当更轻。

(5)考虑侵害者的不正当程度。例如,防卫人采用重大侵害方式,所侵害的利益超出应保护的利益的正当防卫,只有在其他手段相当困难的情况下,才能认可其必要性。

第 三 节

紧急避险

一、紧急避险的历史、概念及意义

紧急避险,或称紧急避难,这种观念的产生比正当防卫迟。在罗马法、日耳曼法中,都仅有个别的规定而已。直到 19 世纪的法国、德国刑法典,才有较为系统的规定。

紧急避险是一种利益冲突,是以损害他人权益的方式保存本人的权益。历史上,紧急避险为何是排除犯罪性行为,在相当长的时间内并未明确规定。因为从个人主义的角度上看,不允许把自己的危难转嫁给没有关系的第三人。其之所以不成立犯罪,可能是考虑到在紧急状态下,避险人的行为受其精神状态的影响,故不予非难。截至 1998 年的《德国刑法典》第 35 条"免责的紧急状态"第(1)款规定:"在现时的、别无他法可以避免的对生命、身体或者自由的危险中,为了避免对自己、亲属或者其他亲近他的人的危险而实施违法的行为者,是无责任地在行动。"[1]把紧急避险的范围限制在避免对自己、自己的亲属或者其他亲近自己的人的危险的范围内,可视为责任阻却事由(即免责)的紧急避险。同时,还在第 34 条规定了违法阻却事由的紧急避险。[2] 但是,若站在社会整体的角度上看,当两个权益相冲突而只能保全其中之一的紧急状态

---

①　冯军译:《德国刑法典》,中国政法大学出版社 2000 年版,第 14～15 页。

②　需要注意的是德国刑法中分别对作为违法性阻却事由的紧急避险和作为责任阻却事由(即免责)的紧急避险作了规定。在其他国家大多没有这种规定,因而采用了超法规的紧急避险这一概念,将作为免责事由的紧急避险包括进去。

下,任何人都希望保全较大的权益,这对整个社会是有益的,因而不是犯罪行为。

在大陆法系国家的刑法理论中,围绕着紧急避险的本质,有着不同意见。主要有处罚阻却事由说、责任阻却事由说(主要依据是期待可能性说)、违法性阻却事由说(主要依据是法益权衡说)和二分说(保全的权益较大时为违法性阻却,保全的权益同等价值时为责任阻却)。其中以违法性阻却事由说为通说,它强调了利益权衡的必要性。为了避免现实的危险,保全较优越的权益,才是紧急避险的本质。

根据我国刑法第 21 条第 1 款的规定,紧急避险是指"为了使国家、公共利益、本人或者他人的人身、财产和其他权利免受正在发生的危险,不得已采取的紧急避险行为,造成损害的,不负刑事责任"。分洪是紧急避险的适例。

从客观上看,紧急避险行为虽然迫不得已地损害了一个合法权益,却保护了另一个较大的合法权益,仍然有益于社会。从主观上看,避险人认识到合法权益受到危险的威胁,迫于别无其他选择的情况,为了保护更大的合法权益不得已损害另一个较小的合法权益,并无危害社会的故意。可见,它与正当防卫一样,也是对社会有益的正当的合法的行为,不应负刑事责任。

刑法规定紧急避险的意义在于:

1.鼓励公民在必要的情况下实施紧急避险,可以减少自然灾害、不法侵害等危害带给社会的损害,切实保障社会的整体利益。

2.有利于培养公民的全局观念,促进人与人之间的团结友爱,提高思想境界。

3.紧急避险是公民的一项权利,同时也是公民道义上的一种义务,在某些情况下还是公民的法律义务。这对增强公民在社会生活中的责任心、义务感,也有积极的意义。

二、紧急避险的条件

紧急避险是以损害某种合法权益的方法来保护另一种合法权益,与正当防卫通过损害不法侵害人的利益来保护合法权益具有原则区别。因此,法律对它的成立条件限制更加严格。它必须具备以下几个条件:

(一)必须发生了现实危险

紧急避险是"正对正"的关系。这里所谓的现实危险,不是指正当防卫所要求的不法(不正)侵害,①而是指客观存在的足以致使合法权益遭到损害的危险情况,也就是说存在着现实的、客观的危险源。判断危险的标准应该根据事先的标准来判断。只要发生了这种情况,就成立紧急避险的起因条件。

危险的来源主要有:(1)自然灾害;(2)动物的侵袭;(3)人的生理、病理原因,如疾病、饥饿等;(4)违法犯罪行为等。其中,发生危险的本人或他人的其他权利,至少应包括名誉权利,在这一点上与正当防卫不同。此外,对于自己招致的危险能否实行紧急避险,目前存在争议。肯定说认为,虽然不允许滥用紧急避险,但只要符合其他要件,对自招的危险应允许紧急避险;与此相对的否定说认为,因自己的有责行为招致的危险状态,不能等同于"危险";二分说认为,对故意招致的危险不允许紧急避险,但对过失引起的危险应允许紧急避险;相当说认为,怀有利用紧急事态的意图而招致危险的,理当不允许紧急避险,但因偶然因素(包括故意与过失)而招致的危险,应允许紧急避险。我们赞同相当说。因为遭遇不能预料的危险而不知所措的,无论是自己招致的危险与否都是一样的。应允许避险人通过合法权益的比较,例如为保护生命而损害轻微的财产,所保护的权益明显优越于所侵害的权益,以及自己招致的情节、危险的程度、避险行为是否为国家和社会伦理所认同等,进行综合评价。②

再有,既然紧急避险是排除犯罪性行为,就不能对此实行正当防卫和反避险,但是应允许对紧急避险行为实行再次的紧急避险。

现实危险不包括职业上、业务上负有特定责任的人所面临的对本人的危险,如军人、警察、消防队员、民航机组人员、船长、驾驶员、医生、护士等,他们依法承担的职务或所从事的业务活动本身,就要求他们与一定的危险进行斗争。因此,刑法第21条第3款规定:"第一款中关于避免本人危险的规定,不适用于职务上、业务上负有特定责任的人。"这种特定责任不管基于法令、契约或习惯,只要是在特定责任的范围内,就不允许和一般人一样实行紧急避险。

---

① 除了与正当防卫在不法侵害这一点上有不同外,两者在现实性上也有所不同。"在危害并不会马上发生,但如果避险迟误会导致危险不能避免或者造成其他危险的情况下,紧急避险的危险现实性仍然是成立的。此外,持续的、不知何时可能出现实际损害的危险,也可以构成紧急避险的危险现实性。从这个意义上讲,紧急避险这一表述并不是准确的。因为根据危险现实性的认识,不是紧急的危险,只要是现实而不是臆想的,避险人同样可以进行避险。"见李海东:《刑法原理入门(犯罪论基础)》,法律出版社1998年版,第87页。

② 以上参见大冢仁:《刑法概说·总论》,有斐阁1995年版,第348~349页。同理,对自己招致的危险能否正当防卫,我们亦赞同相当说。

当然,在某些情况下,即使他们是为了本人的权益而紧急避险,也不是绝对不可能的。例如,消防队员在消防灭火中,为了避免崩落下来的梁柱砸死自己,而撞破邻居的板壁避险的行为,应认为是紧急避险。

如果事实上不存在危险而误认为存在危险,或把合法行为误认为是非法行为,因而实行了避险,是假想避险。假想避险不是紧急避险,可按处理假想防卫的原则予以处理。即使是假想避险与避险过当相竞合的假想避险过当,也应按处理假想防卫过当的原则来处理。

(二)必须是正在发生的危险

这是紧急避险的时间条件。正在发生的危险,是指合法权益遭受严重损害的危险已经发生或迫在眉睫并且尚未结束,合法权益正处于受威胁之中。由于紧急避险是危险正在发生的紧急情况下,为了保护合法权益免受损害而采取的一种权宜措施,这就决定了紧急避险只能在危险开始之后结束之前的过程中实施。否则,在危险尚未发生或者已经结束的情况下实施避险的,属于避险不适时,对其处理,原则上与防卫不适时的处理原则相同。

(三)必须是为了使合法权益免受正在发生的危险

紧急避险的主观条件,是为了避免国家、公共利益[①]、本人或者他人合法权益遭受损害,行为人必须具有正当的避险意图,包括:

1.避险认识,即对正在发生的危险的认识。包括应认识到危险事实的存在,并只能以紧急避险的方法来排除而达到避险目的。同时,避险人对自己避险行为的手段、强度、可能造成的后果等亦有大致的认识。

2.避险目的,即避险人希望通过避险行为达到避免国家、公共利益、本人或他人的合法权益免受正在发生的危险的正当目的。如果出于保护某种非法利益,不允许实行紧急避险。

行为人如果不是出于避险意图,而是出于侵害的意图,故意引起某种危险

[①] "紧急避险行为是为了保护自己的(在急救情况下也可为他人的)受到直接危害的利益,损害他人的合法利益。"见[德]弗兰茨·冯·李斯特:《德国刑法教科书》,埃贝哈德·施密特修订,徐久生译,法律出版社 2000 年版,第 234~235 页。参见前引 1998 年《德国刑法典》第 35 条"免责的紧急状态"第(1)款规定:"在现时的、别无他法可以避免的对生命、身体或者自由的危险中,为了避免对自己、亲属或者其他亲近他的人的危险而实施违法的行为者,是无责任地在行动。"《日本刑法典》第 37 条也有相似的规定。它们均未明文规定"为了避免国家、公共利益",但法理上认为,为了避免国家、社会的法益的损失的行为,也可以理解为紧急避险,即超法规的紧急避险。见大冢仁:《刑法概说·总论》,有斐阁 1995 年版,第 347 页。

发生,然后以"紧急避险"为借口,侵害合法权益,属于"避险挑拨"的行为,是一种特殊形式的故意犯罪。

(四)必须是在迫不得已的情况下实施

这是紧急避险的补充性条件,也是紧急避险的可行性条件和客观限制条件。紧急避险的本质特征,就是为了保全一个较大的合法权益,而将其面临的危险转嫁给第三者即另一个较小的合法权益,其行为所指向的对象,不是危险的来源,而是第三者的合法权益,这不同于正当防卫。因此要求迫不得已的情况应是:

1.除了采取紧急避险这种唯一的方法外,别无其他方法能够避免正在发生的危险。外国刑法理论通常称之为"补充性原则"。可见,紧急避险对正当性的要求范围小于正当防卫。

2.对第三者权益的损害应限制在最小的限度内;不能为了些微的权益,毫无意义地损害第三者的合法权益。外国刑法理论通常称之为"相当性原则"。

但是,如果严格贯彻补充性原则,紧急避险的范围就显得极其狭小。所以,如果为了生命、身体、贞操等重大权益而对第三者造成的损害,而这种损害又可以在事后通过民事上的损害赔偿来补救时,紧急避险的要件要求相对缓和。但是,如果当时还有其他办法可以避免危险的损害,就不能实行紧急避险,否则造成损害的,应负相应的责任。

(五)避险不能超过必要限度造成不应有的损害

由于紧急避险的本质特征和目的所决定,其避险的必要限度是所保护的合法权益必须大于避险行为所引起的损害,而不能等于甚至小于所引起的损害。①

如何衡量权益的大小,是个复杂的问题。有人认为可以根据所保护的各个权益为对象的各罪法定刑的轻重来判断。也有人认为生命权益比身体权益应受尊重,身体权益比财产权益应受尊重;公共利益比私人利益优先。生命、健康、自由、尊严、妇女的贞操、财产等各种不同的权益是不等价的,唯有财产

---

① 德国的修订刑法和美国的模范刑法典有关紧急避险规定的精神同此。但日本刑法第37条规定,紧急避险因其行为所生之害未超过所欲避之害的程度时,不予处罚,即两种权益等同时也不予处罚,只有超过时才予处罚,与此不同。参见平野龙一:《刑法·总论Ⅱ》,有斐阁1975年版,第229~230页。陈兴良的《正当化事由研究》一文也认为:"在保全法益与牺牲法益价值相同的情况下能否成立紧急避险?如果成立,其理论根据又是什么?我认为,在保全法益与牺牲法益价值相同的情况下,应当承认其为紧急避险。"载《法商研究》2000年第3期。

权利之间,可以用财产的价值大小而不是行为人主观价值来衡量。但是社会生活错综复杂,应根据具体情况进行合理判断。例如,国家利益优先于个人利益,不能为了保护个人的生命而泄露危及国家安全的重要机密,但也不能为了些微的国家利益而牺牲他人的生命。生命、身体权利虽是高贵的,但也不能为了保护个人生命而使一个现代化的大型工厂遭到毁灭,不能为了个人的轻微身体伤害而毁损他人极其高贵的财产。

三、避险过当的刑事责任

刑法第 21 条第 2 款对避险过当作了规定:"紧急避险超过必要限度造成不应有的损害的,应当负刑事责任,但是应当减轻或者免除处罚。"可见避险过当是以行为人实行紧急避险为前提的,否则就不存在避险过当。同时,行为人在客观上实施了超过必要限度的避险行为,造成了合法权益的不应有损害;在主观上对避险过当具有罪过。罪过的形式主要出于过失,也不排除在少数情况下对过当的结果抱着放任发生的间接故意态度。避险过当和防卫过当一样,不是一个独立的罪名,它符合何种犯罪构成要件,就认定为何种犯罪。对于避险过当的,我国刑法是采取应当减轻或者免除处罚。究竟如何减轻乃至免除处罚,可参照上述防卫过当的综合因素执行。

四、紧急避险与正当防卫的异同

紧急避险与正当防卫都是刑法规定的典型的排除犯罪性的行为,它们有许多相似之处:(1)都具有主观目的的正当性,都是为了保护国家、公共利益、本人或他人的人身、财产和其他权利免受损害。(2)都具有客观行为的有益性,虽然它们都给某种权益造成一定的损害,但从社会整体上看,结果均是有益于社会的。(3)都具有实施行为的合法性,即其前提均是合法权益正在遭受侵害或者危险的威胁。(4)责任相同,当两者超过法定的限度,造成相应损害后果的,都应该负刑事责任,但应减轻或免除处罚。

但是,它们也有许多不同之处:(1)从行为的性质、对象上看,紧急避险行为在大多数情况下,是以牺牲与避险原因无关的第三者的合法权益来进行的,总是要求具备合法利益的冲突,因此,具有所谓的"正对正"的关系,而不是合法与非法的斗争;正当防卫是行为人面对不法侵害行为时,为了捍卫合法权益而向不法侵害者本人实施的反击,是合法行为与不法行为的斗争,存在着所谓"不正对正"的关系。(2)基于上述的原因,紧急避险要求有较严的补充性原则和法益权衡原则,即紧急避险所造成的损害只能小于所避免的损害;正当防卫的范围则比较宽广,只要是为了制止不法侵害者可能造成的损害。两者在必要的损害限度上标准不同。(3)从危害的来源上看,紧急避险的危害来源既可能是人的不法侵害,也可能是自然界力量和动物的侵袭等;正当防卫的危害来源,则只能是人的不法侵害。(4)从实施行为的条件上看,紧急避险只能在迫不得已、别无选择时实施,在手段的选择上具有唯一性;正当防卫则无此限制。(5)从行为主体条件上看,紧急避险不适用于职务上、业务上负有特定责任的人避免本人危险;正当防卫的主体则无此限制。(6)从民法上看,紧急避险人或受益人对因避险行为而转嫁给第三者的损害,在某种条件下,应按公平原则承担民事上的损害赔偿责任;正当防卫的防卫人,对防卫结果所引起的损害,没有民事上的损害赔偿义务。

第 四 节
其他排除犯罪性的行为

如果把上述正当防卫、紧急避险视做紧急行为的话,那么,下述依据法秩序明示的或默示的规定被视为排除犯罪性的情况,则可视做正当行为。

(一)法令行为

法令行为,是指直接基于法律、法令、法规而行使权利或义务的行为。因为它是法律所允许的形成法秩序的一部分的行为,所以是合法行为。亦即法秩序所要求的行为,永远是合法的。但有些法令行为从形式上看,与某些犯罪的客观行为具有相似之处,故有必要将其作为排除犯罪性的行为。主要有以下几种行为:

1.职权(职务)行为,即公务人员根据法律规定行使职权或履行职务的行为。既有直接根据法律而实施的行为,也有依据上级的职务命令而实施的行为。这里的职权应该是基于:(1)有有效法律的明文规定;(2)在其管辖权范围以内;(3)在其职权范围以内。这里的职务命令应该是基于该职务命令的有效性。命令的有效性判断的基本原则是对于上级指令合法的推定,它可从形式与实质两方面加以理解。命令的形式有效性是指命令是在上级抽象职权范围内并按规定的形式发布的。命令的实质有效性是指该命令不是明显与法秩序的要求相冲突。具体而言,职务命令应该是:(1)直属于上级工作人员职权范围内发布的;(2)依照法律要求以适当形式发布的;(3)看不出明显的犯罪意图。上级的有效命令是行为人行为的正当化事由,上下级秩序结构是国家活动有效性的保证,在上级命令不是严重侵害权益的情况下,职务的服从义务优越于公民对于法律的忠诚义务(正当化的义务冲突)。同时,根据命令实质有效性的要求,侵害了人的尊严和违反国际法一般原则的命令,如虐待、侮辱战俘、在押犯等,都不具有实质有效性。依据上级违法的职务命令而实施的行为,也不能排除执行行为的违法性。①

因为合法的命令在任何情况下都是有效的,即使事实上这一命令是错误的。譬如,在根据法定程序认真审查后发出的逮捕令是合法的,即使最后证明是错捕,并不影响这一命令的合法性和有效性。

由于执行命令行为在刑法上的正当性,即使有时它确实是违法的,对此也不能进行正当防卫,但可以紧急避险。

2.权利(义务)行为,即法律规定的作为公民的权利(义务)的行为,如公民扭送现行犯罪嫌疑人之类。

3.基于一定的政策性理由而排除犯罪性的行为,即本来应是违法的行为,但法律基于政策上的考虑,特别规定为合法行为。

4.法律特别明示了合法性条件的行为,即某种行为本来具有犯罪性,但法律特别规定为合法行为,并明确了在技术上、执行上的限制条件。

其中,后两种行为在我国目前还没有适例。前两种行为如果滥用了也是违法的。例如债权人以债权的实现为借口而恐吓债务人即是。

(二)正当业务行为

正当业务行为,是指虽然法律、法令、法规没有直接的规定,但在社会观念上被认为是正当的业务上的行为。其中的业务,是指在社会生活中被反复继续实行的事务。例如医生的手术、针灸,运动员的拳击、摔跤、相扑、柔道等等,均不被认为是犯罪行为。只是这些场合,不仅要求业务是正当的,而且行为人必须是具有一定业务知识和业务能力的专业人员,其行为自身也必须遵守业务上的规章制度,在其业务的正当的范围内。否则,不能称之为正当业务行为。例如记者在报纸上登载了毁谤他人名誉的报道,就不能认为是正当业务行为。

---

① 对该问题的争议非常之大。李斯特认为:"但长官向有服从义务的下属发布之命令如果是为法秩序所禁止,则不排除依此等命令而为之行为的违法性。"详细的请参见[德]弗兰茨·冯·李斯特:《德国刑法教科书》,埃贝哈德·施密特修订,徐久生译,法律出版社2000年版,第239~240页。

（三）经被害人承诺的行为

经被害人承诺的行为,是指经合法权益的主体即被害人同意,损害其权益的行为。权益主体放弃了自己有权支配和处分的权益的刑法保护,法律应予保护的权益已不复存在,因此,侵害经被害人承诺的行为不具有实质性的侵害,不构成犯罪。① 罗马法上就有"经承诺的行为不违法"的格言。但在现代社会,切不可望文生义地予以适用。个人的权益如生命、身体、自由、财产等,在同意的效力上并不完全一致。原则上,损害经被害人承诺的财产、自由等个人合法权益的行为,可以认为是排除犯罪性的行为。② 但并不是说行为只要经被害人承诺就不成立犯罪,有些承诺并不影响犯罪的成立。如奸淫幼女的行为,即使得到幼女的承诺,也不影响强奸罪的成立。

经被害人承诺的行为,必须符合以下条件:

1.承诺的内容必须是被害人自己具有处分权的个人权益,即强调权益的个人性。国家、公共利益和他人权益不能成为承诺的内容;以被害人个人权益为主,兼含国家、公共的利益的,也不能成为承诺的内容。即使是被害人承诺的个人合法权益,也有一定限度,如个人健康的有限可承诺性,又如生命权就不应该是承诺的内容。③ 因此,被害人承诺在刑法上只能以一个标准来加以认定:法律保护的行为对象是否属于法秩序中完全可以由受害人自由支配与处分的权益。

2.承诺人具有责任能力,其承诺本身必须有效。这种承诺的有效性必须受制于一个条件,即承诺人不会因为这一放弃而遭受他不能预见的损失。正

---

① 被害人承诺在刑法体系中的地位,在近年来围绕着被害人承诺阻却的是行为构成要件该当性或是违法性,发生了一些重大的争议。详见李海东:《刑法原理入门(犯罪论基础)》,法律出版社1998年版,第70～71页。我们倾向于阻却违法性。

② 过去,从国家主义思想出发,认为这是基于个人主义思想的行为,因为国家关心属于个人权益的生命、身体、自由,不允许个人自由处分,即使有个人的同意,其侵害仍然是犯罪。如中国古代所谓的"身体发肤,受之父母,不敢毁伤,孝之始也"(《孝经》),即其一例。

③ 虽然法律不处罚自杀,但大多数学者和一些国家的刑法都认为,即使受害人承诺,他人也不能剥夺其生命权利。如"帮助自杀",在日本刑法第202条"参与自杀和同意自杀"、德国刑法第216条"基于要求的杀人"中,都规定帮助自杀人仍应负刑事责任,被杀之人的同意丝毫不能改变行为的违法性,只不过因责任减少或违法减少事由而处罚减轻。我国学者对此有持赞同的意见的,见苏惠渔主编:《刑法学》,中国政法大学出版社1997年版,第582页;有持反对的意见的(帮助仅限于精神上而非物质上的帮助),见赵秉志:《新刑法教程》,中国人民大学出版社1997年版,第577页。

因为如此,承诺的成立必须以承诺人具有认识能力为前提。包括:(1)具有承诺能力的人的真实意思的承诺;(2)除了出自自然的意思之外,承诺人还必须对所承诺的内容、结果具有理解能力;(3)因被害人的错误而得到的承诺是无效的承诺,并且,因被害人受欺骗或者被强制的承诺原则上是无效的。但单纯的动机错误或行为人资格的错误,原则上不影响承诺的效力。

3. 根据承诺而实施的行为本身及其方法、程度,必须不违反法律规定和公序良俗。

4. 承诺的方式必须有明示或默示的表示,并且行为人也认识到被害人的承诺。

5. 承诺在行为前或行为时必须存在,不允许事后承诺。即使预知了事后承诺,但行为之际没有承诺,亦为违法。只是下述的基于推定的承诺行为不受此限制。

(四)基于推定的承诺的行为

基于推定的承诺的行为,是指在现实上没有被害人的承诺,但如果被害人知道事情后,当然会承诺的情况下,推定被害人的意思而实施的行为。例如住宅无人又发生火灾时,为避免被害人的贵重财产的烧毁,破门闯入屋内搬出贵重物品的行为;又如交通事故中被害人伤势严重,不立即进行截肢手术就有生命危险,但被害人处于昏迷状态,与其家人又联系不上,在此情况下,推定被害人承诺而进行截肢手术的行为,都属于基于被害人承诺的行为。它是为了被害人的较大合法权益而牺牲其较小合法权益的行为。

推定的承诺作为正当化事由的基础在于:首先,它同样遵循了利益权衡的原则;其次,在当时的具体情况下,从客观的角度看,如果被害人在场,也是肯定会同意的;最后,允许的危险在确定被害人承诺作为正当化事由中也起着一定的作用。推定承诺成立的其他前提条件与普通承诺相同。所以,基于推定的承诺的行为,虽然没有现实的被害人的承诺,但和经被害人承诺的行为一样,都是排除犯罪性的行为,应把它放在经被害人承诺的行为的延长线上来理解,即行为人必须考虑到被害人的个人决定权,推测被害人的真实意思去实施行为。此外,行为必须不违反法律规定和公序良俗,必须是为了被害人的较大权益而牺牲其较小权益,并且是针对被害人有权处分的个人合法权益。但是当被害人对所处分的权益有独特见解时,这种见解即使与常人的感觉不同,在从一般的权益衡量观点出发也难以理解的情况下,也应努力按被害人的意思去实施行为。只有在被害人的个人意思难以认识的情况下,允许按客观的、合理的标准推测被害人的意思,实施行为。

（五）自救行为

自救行为，是指合法权益被侵害的人，若通过法律程序等待国家机关的救助，因为时机的丧失，其合法权益不可能保全或明显难以恢复时，依靠自己的力量谋求恢复和保全的行为。广义上，正当防卫和紧急避险也属于自救行为。但这里所说的是狭义的自救行为，在对已经过去的侵害行为这一点上，与对正在进行的现在性的侵害行为的正当防卫、紧急避险二者相区别；在所谓的"不正对正"的关系上，则与正当防卫相通。现代法治国家规定，对于被侵害法益的救助，原则上必须依靠国家机关实行。但事实上，如果在紧急状态下依赖国家机关，也有不能立即得到救助的问题。因此，一种意见认为，只要不违反法律的一般原则和公序良俗，应在较广泛的范围内允许自救行为；另一种意见则认为，自救行为的范围太广泛，必然导致轻视国家的司法机关，造成法律秩序的紊乱，还会因自救行为人力量大小的原因，引起救助的不公平。因此，理论上的倾向是承认有严格限制条件的自救行为。

那么，自救行为应符合哪些条件呢？

1. 必须是对自己的合法权益的不法侵害，不管该侵害刚刚结束还是经过了一定的时间。但如果是正在进行的不法侵害，只允许正当防卫或紧急避险，不允许自救行为。对抢劫、盗窃的被害人在现场或追踪时，用武力或胁迫夺回赃物的行为，存在着自救行为说和正当防卫说的对立。但如果认为即使抢劫、盗窃既遂，其侵害状态仍然持续时，应以正当防卫说较可取。对于为保护他人的合法权益所实行的救助行为，不能认为是自救行为。

2. 必须具有紧急性，即其合法权益通过法律程序、依靠国家机关不可能保全或明显难以恢复。

3. 必须具有自救意识，即主观上必须认识到是为了恢复自己的合法权益而实施的自救行为。

4. 必须具有行为的相当性。因为是事后自救，在行为手段、程度上应具有适当性。也应考虑到补充性和权益相当性原则等问题。但因为存在"不正对正"的关系，所以没有像紧急避险那么严格的条件要求。

（六）自损行为

自损行为，或称自伤行为，是指行为人自己损害合法权益的行为，原则上不成立犯罪。但是，这种行为同时侵害到其他权益时，则可能成立犯罪。如自伤一般是自损行为，但军人战时自伤则成立犯罪。

（七）义务冲突

义务冲突，是指存在互不相容的复数的法律义务，为了履行其中的某种义务,而不得已不履行其他义务的情况。义务冲突理论的基础或认为是冲突说,也就是说,只有当要保护的利益优越于被损害的利益时,才能使该当的构成要件行为正当化。例如医生为抢救重病患者,而拒绝了轻病患者即时治疗的要求;律师在法院上为维护被告人的权益,不得已泄漏过去在业务上得知的他人的隐私。

但如果面对两个在危险中的孩子,父亲不能见死不救,只能拯救一个,另一个孩子却未能得救而死亡;同时送进医院的两个危急病人都需要一种机器急救,但医院只有一台这样的仪器,医生不能见死不救,只能决定给病人甲使用,病人乙因不能得到救护而死亡。对这种行为,显然不能因为义务冲突而不作为地一个都不救。有人认为在义务冲突并且所面临的法益等值时,行为人就处于一种"法律真空"的情形,他所面临的是一个法律无法解决的良心选择问题;也有人认为义务冲突同样应当遵循冲突说的基本原则,它只有在保护利益与损害利益有区别的时候,才能构成正当化事由。当义务冲突面临的法益是等值时,它只能构成超法规的免责事由,导致行为的不可罚,而不能是正当化事由。

义务冲突与紧急避险有相似之处,至少在面对紧急事态这一点上是共通的。但紧急避险是一种作为的形式,义务冲突是一种不作为的形式;再有,紧急避险的行为人在其能够忍受危险时,可以不实行紧急避险,义务冲突的行为人面对复数的义务,法律上要求必须选择履行其中的某种义务。

义务冲突的义务必须是法律上的或习惯上的义务,但不包括道义上的或宗教上的义务。当存在复数的义务相冲突时,应权衡义务的轻重,即为了履行重要义务而放弃履行非重要的义务,或只履行了同等重要的某种义务而放弃履行他种义务。但为了履行非重要义务而放弃履行重要义务的行为,可能成立犯罪。

(八)治(医)疗行为

治疗行为是指以治疗为目的,经过患者本人或其保护人的承诺,或者基于推定的承诺,采用医学上一般认同的方法,损伤人的身体的行为。它作为正当业务行为,不构成伤害罪。关于治疗行为的合法性,有目的说和优越利益说的对立,但治疗行为基本上是为了保持或恢复健康,对患者来说带来了客观的利益则无可否认。如果不顾患者的反对、不尊重患者的意思决定自由,而一味追求技术性标准的"专断治疗行为",则可能是违法的。德国、奥地利刑法即有这种立法例。治疗行为除了要得到相对人患者的同意是不可欠缺之外,在围绕着医学上的适应性、医疗技术的正当性和治疗行为人的治疗目的等问题上,还存在一些争议。

（九）安乐死

因为现代医学无法医治，为了缓和地除去濒死状态的患者剧烈的肉体痛苦，使其安详地迎接死亡的措施，叫安乐死。这是一种使死亡期限提前的措施，必须得到患者乃至近亲属的真实同意，也有人认为它实际上是一种经被害人承诺的行为。

安乐死根据加速死亡期限的措施，约可分为三种：（1）间接的安乐死，即在医学上已确立的缓和除去痛苦措施的副作用下所造成的死亡。如注射麻醉剂，其副作用是随之而来的生命的若干缩短。（2）消极的安乐死，即避免积极的延命措施，等待死亡。如注射强心剂多少能延长生命，但若这种方法只是延长患者的痛苦时，在不违反患者及其近亲属意思的条件下，停止注射。（3）积极的安乐死，除上述（1）、（2）之外，用积极的方法，直接造成其死亡，免去其痛苦。如给予患者致死量的吗啡。其中（1）可以认为是以准紧急避险的优越性利益原则而正当化，（2）因医生没有作为的义务而正当化，（3）是真正意义上的安乐死，仅在极其有限的范围内不成立犯罪。一般仅限于患者迫近死亡期，将其残余生命与其所承受的痛苦相比较，后者超过前者，并且得到患者近亲属同意的场合。安乐死在外国的刑法理论上，过去持否定说的人不在少数，特别是在有财产继承动机的情形下，更不被承认。现在越来越多的人倾向于肯定说，荷兰、比利时已有安乐死的立法例，我国也出现了患者要求安乐死的呼声。但仍是一个颇有争议的问题。例如对于积极的安乐死，随着医学的进步，不杀不足以解除患者痛苦的情况正在减少，加上基于人道主义的同情心、合理主义的观点，使人们更怀疑其正当性。诸如此类的争议，不再介绍。

此外，近年来还出现了从承认患者自身具有人的尊严，而承认其死亡权利的观点出发，而产生的所谓的尊严死的情况。

虽然刑法理论上对安乐死见仁见智，但对刑法上关于安乐死能否排除犯罪性的问题，大多数国家还是持慎重乃至否定的态度。在我国刑法没有对安乐死作出肯定的规定时，也是不能排除其犯罪性的，应认为是犯罪。但在处罚上，应当酌情予以从轻、减轻或者免除处罚。

第12章
犯罪停止形态

第 一 节
犯罪停止形态概述

一、犯罪停止形态的概念和特征

犯罪停止形态,亦称故意犯罪的停止形态,是反映故意犯罪过程中,因主客观原因而出现的各种停止下来的犯罪行为状态,即犯罪的既遂、预备、未遂和中止。

故意犯罪的停止形态,按其完成犯罪意图的程度为标准,可以区分为两种基本类型:一是犯罪的完成形态,即犯罪既遂形态,是指故意犯罪行为业已完成,或者说故意犯罪在其发展过程中未在中途停止下来而得以进行到终点,行为人完成了犯罪的情形。二是犯罪的未完成形态,是指犯罪行为尚未实行完毕或终结,根据其停止下来的原因或与犯罪完成的距离的不同,可以进一步划分为犯罪预备、未遂、中止诸形态。

以上犯罪的预备、未遂、中止和既遂各形态,都是犯罪过程中由于某种原因而停止下来的状态,其共同特点是犯罪的停止状态。这种停止不是暂时性的,而是结局性的停止,是犯罪过程中不再发展而固定下来的不同结局,它们之间不可能相互转化,是彼此独立存在。因此,它们都是静止的而不是运动着的犯罪行为状态。

故意犯罪的过程,是行为人的主观至客观的发展过程,即指故意犯罪发生、发展和完成所要经过的程序、阶段的总和与整体,是其连续性在时间、空间上的表现。犯罪过程有广义与狭义之分。狭义上的犯罪过程,是指犯罪行为的实施过程。犯罪行为是一条主线,犯罪过程就是犯罪行为从开始到终止的整个过程。广义上的犯罪过程还可以向前和向后加以适当延伸：向前延伸，有一个犯意产生的问题；向后延伸，有一个结果发生的问题。总之，犯罪过程是从整体上对犯罪的实施过程加以描述，以展现犯罪实施在其时间上的连续性。

故意犯罪的阶段，或称故意犯罪的发展阶段，是指故意犯罪发展过程中划分的段落，即具有不同特征、相互连接的过程。两者之间的密切联系表现在：犯罪行为是一个过程，故意犯罪行为自不例外，它包含着几个相互连接的阶段，这些具有不同特征的阶段处于故意犯罪发展的总过程中，呈现出前后相互连接、此伏彼起的递进和发展变化关系。可见，运动、发展、变化是两者所共有的属性。

故意犯罪的过程所包含的故意犯罪阶段，是故意犯罪的犯罪特殊形态。犯罪从犯罪人决意到构成要件结果的发生，一般是有时间与空间上的距离的。在这一过程中，犯罪可能经过决意、预备、未遂、中止与既遂等阶段。[①] 犯罪决意由于对于社会并未在外界产生影响，它从一开始就不具有刑法评价对象——行为——的特征，不存在刑事责任问题，因而它也就不可能成为可罚的犯罪。所以，犯罪阶段主要指犯罪的预备阶段和犯罪的实行阶段。前者起自行为人开始实施犯罪预备行为，终于行为人完成预备行为而尚未着手犯罪实行行为之时；后者始于行为人着手犯罪实行行为，终于行为人完成犯罪即达到犯罪既遂之时。前者是为后者作准备的阶段，后者是前者的继续和发展阶段，两者紧密相连。[②]

如果说，犯罪过程与犯罪阶段是一个时间的概念，表现为犯罪行为的连续性；那么，犯罪形态就是发生在犯罪过程的一定阶段上的一种停顿状态，是犯罪的一种结局，是一个空间的概念。即故意犯罪的形态与故意犯罪的过程、阶段之间，是一种相互联系又相互区别的关系。它们之间的相互联系表现在：故意犯罪的形态只能产生于故意犯罪的过程、阶段中，各种故意犯罪形态的产生和界定，也有赖于犯罪过程、阶段的存在及其不同的发展程度，必须受其制约。它们之间的相互区别则表现在：故意犯罪的形态是故意犯罪已经停止下来、静

---

① 关于犯罪阶段划分的二阶段说、三阶段说、四阶段说、五阶段说、六阶段说等各种观点的介绍，参见熊国选：《刑法中行为论》，人民法院出版社 1992 年版，第 236 页以下。

② 也有人认为，犯罪阶段从刑法意义上可以分为犯罪预备、犯罪实行和实行后三个阶段。参见赵秉志：《犯罪未遂的理论与实践》，中国人民大学出版社 1987 年版，第 46 页；陈兴良：《未完成罪研究》，载《政法论坛》2000 年第 3 期。

止不变的行为状态;故意犯罪的过程、阶段是故意犯罪发生、发展、完成的进程和该进程中划分的段落,是动态的发展过程。因此,作为故意犯罪已经停止下来的预备、未遂、中止、既遂形态,不再具有动态的发展变化属性,不能称之为故意犯罪的阶段。并且,故意犯罪的形态,不可能同时并存于一个故意犯罪之中,而一个故意犯罪,则完全可能同时具有两个犯罪阶段和完整的犯罪过程。故意犯罪的形态是刑事责任的根据,故意犯罪的过程、阶段则不是,它们仅仅表明一个故意犯罪的发展情况而已。

二、犯罪停止形态的存在范围

(一)过失犯罪不存在犯罪停止形态问题

犯罪停止形态只存在于故意犯罪的发展过程。过失犯罪由于行为人主观上没有犯罪意图,不可能为犯罪进行准备,客观上,由于我国刑法又限定只有发生刑法分则明文规定的危害结果时才构成犯罪,如果没有出现这些危害结果,则不可能构成过失犯罪。所以,过失犯罪不存在犯罪的预备、未遂和中止形态。又由于过失犯罪不存在上述未完成形态,所以,肯定与其相对应的犯罪的完成形态即犯罪既遂,也就失去意义。总之,对于过失犯罪来说,只有成立与不成立的问题,而没有既遂与否的问题。

(二)间接故意犯罪也不存在犯罪停止形态问题

间接故意犯罪由其主客观特征所决定,不可能为犯罪准备工具、制造条件,行为人对自己的行为可能造成的一定危害结果的发生与否,抱着放任的心理态度,没有明确要追求的犯罪意图。这样,在没有发生危害结果的情况下,不可能认定行为人有间接故意。这种结局也包含在行为人的放任心理中,所以,从主观上说,行为人没有追求完成特定犯罪的目标,更谈不上这种追求的实现与否。而犯罪的未完成形态的行为人,都存在着实施和完成特定犯罪的犯罪意志和追求心理。他们之所以停止于犯罪的未完成形态,对于犯罪的预备形态、未遂形态的行为人而言,是受到了其意志以外的客观原因的阻止,对于犯罪的中止形态的行为人而言,是其主观上自动放弃了预定完成的特定犯罪的意图。因此,间接故意犯罪主观上的放任心理不符合犯罪未完成形态的主观特征,间接故意犯罪不可能有犯罪的预备、未遂、中止等未完成形态。在客观上,间接故意犯罪的行为人,在主观放任心理支配下,出现此种状态和彼种状态都符合其放任心理。没有发生危害结果,就不能认定为犯罪,只有发生了危害结果才能构成犯罪,客观上也只能以其行为的实际结局来认定犯罪问题。因此不存在犯罪未完成形态问题。基于同样的理由,间接故意犯罪没有既遂与否的问题,只有成立与不成立的问题。

（三）直接故意犯罪并非都存在上述犯罪的停止形态

直接故意犯罪的主客观特征决定了其可能存在犯罪的预备、未遂、中止和既遂形态。因为其行为人在希望、追求完成某种特定犯罪的主观罪过形式的支配下,客观上就会表现为一个进行犯罪预备和实施、完成犯罪行为的过程与阶段。在这一过程、阶段顺利完成的情况下,就形成了犯罪的既遂状态;若因主客观原因而使犯罪停止下来,就形成了犯罪的预备、未遂和中止形态。

一般地说,直接故意犯罪可能存在犯罪的完成或未完成形态,但这并不是绝对的,即直接故意犯罪并非都存在上述犯罪的停止形态。首先,从罪种方面看,以下几种直接故意犯罪不可能都存在上述的犯罪未完成形态。(1)结果加重犯、情节加重犯,不存在既遂与未遂之分,只有是否成立加重构成犯之分。(2)举动犯,如传授犯罪方法罪等,一着手实行即告完成犯罪,因此不可能存在犯罪未遂。(3)情节犯,我国刑法中规定"情节严重"、"情节恶劣"作为构成犯罪限制性要件的,也不可能存在犯罪未遂。其次,从具体案件看,如果是突发性的直接故意犯罪行为,一般不存在犯罪的预备阶段,多是直接着手实施犯罪实行行为,因此,往往不可能存在犯罪的预备形态及犯罪预备阶段的中止形态,只可能存在犯罪未遂形态、犯罪实行阶段的犯罪中止形态和犯罪既遂形态。

三、犯罪未完成形态负刑事责任的根据

我们认为,犯罪构成是成立犯罪的主客观要件的统一体,是说明行为具有犯罪的社会危害性、行为人应负刑事责任的科学根据。只有在行为成立犯罪的基础上,才有犯罪形态可言。因为故意犯罪的完成形态或未完成形态,只是直接故意犯罪可能出现的几种形态,它必须以行为符合犯罪构成为前提。

但是,犯罪的未完成形态与完成形态在犯罪构成模式上并不完全相同,而是有所差异。因为刑法典本来以预定一个人单独完整地实施一个犯罪为常态,以犯罪在中途遭挫折、停止,或复数的人协力实行犯罪等为例外。如果说故意犯罪的完成形态的构成是基本的犯罪构成,那么,故意犯罪的未完成形态的构成就是修正的犯罪构成,但它们都是作为一个各种要件完备的统一体而存在,缺少任何要件都不能成立犯罪构成。犯罪的预备、未遂、中止这些未完成形态的犯罪构成,是法律对既遂这种完成形态的犯罪构成加以修正和变更而确定下来的,因此,犯罪未完成形态的构成要件与完成形态的构成要件,在具体要件的内容即符合犯罪构成的事实上应有所不同。

　　我国刑法基于行为人主观的犯罪故意和客观的危害行为的有机结合,认为犯罪行为不只是在既遂时才具有社会危害性,在故意犯罪的其他未完成形态中同样具有危害性,均是应负刑事责任的犯罪行为。因此,我国刑法第22条至第24条,分别明确规定了犯罪的预备、未遂和中止的概念、处罚原则。但是,犯罪未完成的停止状态的不同,表明行为人实现犯罪意图的程度不同,因而反映出社会危害性的程度就不同,所应负担的刑事责任也不同。这就需要我们重视对犯罪形态的研究,以利于正确定罪量刑。

　　犯罪的预备、未遂和中止,都是相对于既遂而言的,并与之有着重要区别。因此,在对犯罪未完成形态进行研究时,首先必须对犯罪完成形态进行研究。

第二节
犯罪既遂

一、犯罪既遂的概念和特征

　　犯罪既遂是故意犯罪的完成形态。何为犯罪既遂?大多数国家的刑法并未予以明确规定,而是留给刑法理论去解释。刑法理论上关于犯罪既遂的标准主要有以下几种观点:一是既遂的结果说,主张应以犯罪结果是否发生作为认定犯罪的标准,实行故意犯罪并发生犯罪结果的是犯罪既遂,反之,未发生犯罪结果的是犯罪未遂。据此,故意杀人罪是结果犯。二是既遂的目的说,主张应以犯罪目的的实现与否作为认定犯罪既遂的标准,实现了犯罪目的的是犯罪既遂,反之,未实现犯罪目的的则是犯罪未遂。三是既遂的构成要件齐备说,主张应以犯罪构成要件是否齐备作为认定犯罪既遂的标准,具备了犯罪构成的全部要件就是犯罪既遂,反之,未能完全具备的就是未遂。上述的第一、二种观点虽不无道理,但也存在明显的缺陷,因为它们无法区分所有犯罪的既遂与未遂。例如,用既遂的结果说为标准,就难以正确区分我国刑法第114条、第117条、第118条等危险犯的既遂与否;用既遂的目的说为标准,也难以正确区分诸如颠覆国家政权罪、绑架罪、走私淫秽物品罪、诬告陷害罪等的既遂与否。

　　上述第三种观点即既遂的构成要件齐备说,是较为人们所接受的通行观点。是否具备了犯罪构成的主客观要件,是认定既遂的惟一标准。它不仅有明确的法律规定可供司法实践去遵循,而且能够适用于一切既遂形态的犯罪,并把它与未遂区别开来。这样,我们可以说,所谓的犯罪既遂,是指行为人故意实施的行为,已经具备了构成某种犯罪的全部要件,即犯罪的完成形态。

二、犯罪既遂的类型

由于犯罪行为的复杂性,也由于立法者对各种犯罪采取不同的刑事政策,因此,不同类型的犯罪,其既遂标准就未必相同。大陆法系国家刑法理论界主要将既遂犯分为两组类型:[①]

1.实质犯与形式犯。根据犯罪结果是否作为犯罪构成的要件,可以将既遂犯分为实质犯与形式犯。所谓实质犯,是指行为已对犯罪客体造成实际危害或者具有造成实际危害的危险的犯罪;所谓形式犯,则是指行为人只要实施了犯罪构成要件所要求的行为,无论是否造成实际危害或者具有造成实际危害的危险.均成立既遂的犯罪。实质犯又可以再分为实害犯和危险犯两类。而危险犯又可以再分为具体危险犯和抽象危险犯。与实质犯和形式犯相关的另一种分类是把既遂犯分为结果犯和行为犯。

2.即成犯与继续犯。根据犯罪结果的发生时间对犯罪完成所起的作用,可以将既遂犯分为即成犯与继续犯。所谓即成犯,是指行为人实施的行为只要对一定的法益造成侵害或者危险,即视为犯罪完成或者行为终了的犯罪;所谓继续犯,是指在法益受到侵害的持续期间,犯罪行为仍在继续的犯罪。与即成犯和继续犯相关的还有状态犯的概念。

根据我国刑法分则对各种故意犯罪构成要件的不同规定,犯罪既遂可以分为以下几种类型:

1.结果犯,是指以法定的危害结果作为犯罪构成客观方面的必备条件的犯罪,即行为人不仅要实施刑法分则所规定的行为,而且必须发生法定的犯罪结果,才能构成犯罪既遂。所谓法定的犯罪结果,是指犯罪行为通过对犯罪对象的作用而给犯罪客体造成的物质性的、有形的、可以具体测量确定的损害结果。例如故意杀人犯把被害人杀死了,是故意杀人罪的既遂。如果因其意志以外的原因没有发生被害人死亡的结果,则是故意杀人的未遂。这类犯罪在我国刑法的规定中量多面广,多为常见罪、多发罪。例如故意杀人罪、故意伤害罪、抢劫罪、抢夺罪、盗窃罪、诈骗罪、贪污罪等等。

2.行为犯,是指以实行法定的犯罪行为作为犯罪构成必备条件的犯罪。

---

① 　详细的请参见赵秉志、陈一榕:《论大陆法系刑法中的既遂犯和未遂犯》(上),载《河北法学》2000 年第 4 期。

对于这些犯罪,只要行为人实施了法律规定的行为,不论是否发生了犯罪结果,都构成犯罪的既遂。它多不要求要有造成物质性的、有形的犯罪结果。例如诬告陷害罪,只要行为人实施了捏造犯罪事实,向司法机关作虚假告发的行为,不管被诬告人是否受到刑事追究,都构成了诬告陷害罪的既遂。这类犯罪在我国刑法中也有相当数量,如脱逃罪、诽谤罪、伪证罪、投敌叛变罪、偷越国(边)境罪和强奸罪等等。

3.危险犯,是指实施了刑法分则所规定的足以发生某种严重危害结果的危险状态的犯罪,它并不以严重后果的实际发生作为认定既遂的标准。危险犯主要是一些危害公共安全的几种特定犯罪,如刑法第114条、第116条、第117条、第118条所规定的放火、决水、爆炸、投毒、以危险方法危害公共安全、破坏交通工具、破坏交通设施、破坏电力设备、破坏易燃易爆设备等犯罪,刑法已明文将严重后果的发生排除在构成要件之外。因此,这类犯罪的既遂不是以造成物质性的、有形的犯罪结果为标准,而是以法定的客观危险状态的具备为标志。①

4.举动犯,是从行为犯中区分出来的②,指行为人只要一着手实行刑法规定的某种犯罪行为,即告犯罪完成和完全符合构成要件,从而构成既遂的犯罪。从犯罪构成性质上分析,举动犯大约可以包括两种构成情况:一是原本为预备性质的犯罪构成,如刑法中的参加恐怖活动组织罪、参加黑社会性质组织罪等;二是教唆煽动性质的犯罪构成,如刑法中的煽动民族仇恨、民族歧视罪,传授犯罪方法罪等。基于刑事政策上的考虑,法律把它们规定为举动犯,只要行为人一着手实行犯罪即告既遂。举动犯虽然不存在犯罪未遂问题,没有既遂与未遂之分,但存在犯罪既遂形态与犯罪预备形态以及预备阶段的中止形态之别。

三、既遂犯的刑事责任

犯罪既遂的行为人是既遂犯。由于刑法分则对各种犯罪规定的法定刑都是以既遂为标准的,在处理案件时,应注意区分上述几种既遂类型,在考虑刑法总则一般量刑原则的指导和约束的基础上,直接按照刑法分则具体犯罪的

---

① 对上述观点也有不同意见。详见陈航:《对"危险犯属于犯罪既遂形态"之理论通说的质疑》,载《河北法学》1999年第2期。
② 何秉松认为这种过细的区分是不科学的,持反对意见。见何秉松主编:《刑法教程》,中国法制出版社1998年出版,第233~234页。

有关条文规定定罪判刑。

第三节
犯罪预备

一、犯罪预备的概念与特征

刑法第 22 条第 1 款规定："为了犯罪,准备工具、制造条件的,是犯罪预备。"犯罪预备是着手实行犯罪前的一种为之准备的行为,是犯罪的最初准备阶段,但由于行为人意志以外的原因而未能着手实行犯罪的形态,并以是否着手犯罪为基准,与未遂相区别。其基本特征是:

（一）主观上为了实行犯罪

行为人进行犯罪预备活动的目的和意图,必须是"为了犯罪",即为了顺利地着手实行犯罪。其预备行为是为实行行为服务的,犯罪预备行为的发动、进行、完成,都受此种目的的支配。虽然有些犯罪不经过预备,也能着手实行,实现其犯罪目的,但有些犯罪,如伪造货币、票证罪,赌博罪,放火罪等,如果不经过必要的准备,则无法着手实行犯罪。同时,任何犯罪在经过预备之后,都比未经预备更容易完成。因此,为了实施犯罪而预备,表明行为人在主观上具备了明确的犯罪故意,这是其承担刑事责任的主观基础,也是其与此前犯意的形成、犯意的表示具有本质区别之处。

（二）客观上实施了犯罪预备行为

行为人实施犯罪的预备行为,即为犯罪的实行和完成创造便利条件的行为,它是整个犯罪行为的一部分,已经对刑法所保护的合法权益构成威胁。我国刑法将犯罪的预备行为规定为两种:一种是准备工具。准备犯罪工具,是最常见的预备行为,即预先备办为了实施犯罪而使用的各种物品,而一切能够帮助犯罪人实现犯罪的物品,都可以成为犯罪工具。犯罪工具的来源多种多样,有合法的也有非法的,但不论采取什么手段、准备何种物品,只要是为了犯罪而预先备办的,均不影响犯罪预备的成立。另一种是制造条件。准备工具实际上也是制造条件的行为,只不过刑法因其为常见方式,而将其规定为另一类。因此,除了准备工具之外,其他一切为实行犯罪制造条件的预备行为均属此类,这是对其他方法的概括。它主要表现为制造实行犯罪的客观条件、主体条件、主观条件等。例如事先调查犯罪场所、寻找共犯人、共同商议犯罪的实行计划之类。这样,它便与犯意表示有着本质区别。

（三）行为人尚未着手犯罪的实行行为

这是犯罪预备形态区别于未遂形态的重要标志。如果行为已超出了预备阶段,行为人着手实行了犯罪,则不能称之为犯罪预备。只有停留在预备阶段,才能构成犯罪预备。行为人之所以未能着手实行犯罪,或因预备行为没有实施终了,由于某种原因不能继续实施下去,或因预备行为已经实施终了,由于某种原因未能着手实行,最终停止于预备阶段。

（四）由于行为人意志以外的原因未能着手实行犯罪

犯罪的预备行为之所以被阻止在预备阶段,不能着手实施犯罪,必须是由于违背行为人意志的各种主客观因素所致,而不是行为人自动放弃犯罪。这一特征是犯罪预备形态和犯罪预备阶段的犯罪中止形态的最根本的区别。

二、犯罪预备与犯意表示的区别

在考察犯罪预备时,还应注意把它与犯意表示严格区别开来。所谓犯意表示,是指行为人通过口头、书面或其他方法,把自己的犯罪意图表达出来,它只是犯罪意图的单纯流露而不是它的贯彻执行。例如,某甲给朋友某乙写信说自己准备去偷某丙家的东西,仅仅把自己的想法告诉了别人,是犯罪意图的单纯流露,属于犯意表示。如果某甲是写信要求某乙合伙盗窃,或要求给予工具或者其他帮助,则属于犯罪预备。

犯意表示与犯罪预备有相同之处:第一,它们都反映了行为人主观上具有真实的犯罪意图;第二,它们都在客观上通过一定的行为表现出来。但是,两者之间有着本质的区别:犯意表示只是一种犯罪意思的单纯流露,对合法权益没有构成威胁,即它不是实现犯意的行为,根本不会对未来的犯罪起任何作用;而犯罪预备是把犯罪意图付诸实际的行为,即为实行犯罪准备工具、制造条件的行为,它对刑法所保护的合法权益构成了威胁,属于犯罪行为。总之,犯意表示没有为实行犯罪创造条件,在距离"着手实行"的阶段上比犯罪预备更远,我国刑法也没有把它规定为犯罪。所以,认清两者,对于区分罪与非罪的界限具有重要意义

三、预备犯的刑事责任

关于预备犯的刑事责任问题,相当一部分大陆法系国家在刑法典中对处罚预备犯作了规定。但究竟什么是预备犯,在这些国家的刑法典中很难找到答案。例如,只有从1953年《韩国刑法典》第28条"犯罪的阴谋或者预备行为

未达到着手实行阶段,不予处罚。但法律有特别规定的,不在此限"中,才能依稀看到该国刑法对预备犯所下的定义。[①] 相对而言,各国刑法理论界对预备犯的探讨则要活跃得多。

　　各国刑法对预备犯的规定虽较多,但却不尽相同,归纳起来有三种类型。一是规定预备行为完全不予处罚,如 1940 年的《巴西刑法典》和现行的意大利刑法,在刑法总则和分则中均未规定处罚预备犯。二是特别规定,即在刑法总则中没有处罚预备犯的概括规定,只有在刑法分则的某些严重犯罪条文上有特别规定应予处罚时才予以处罚,即"犯罪预备原则上不受处罚,但例外情况也要受处罚",这是目前奥地利、泰国等大多数国家采用的方法。例如现行日本刑法规定仅局限于处罚阴谋内乱、阴谋外患援助等和预备杀人、预备强盗等共 8 种重大犯罪。预备行为不被处罚作为一项原则的理由是基于它缺乏犯罪的内容、其犯罪的意思证明困难以及出于刑事政策上的考虑。这种规定的合理性在于预备行为对于法益的危险只是间接的。例如,根据危险递增理论[②],预备犯只有在危险达到一定量的时候,也就是说,只有具有相当危险性的时候,才例外地被宣告为具有刑事可罚性。三是概括规定与特别规定相结合,即在刑法总则中载明预备犯以分则条文中有明文规定者为限,在分则的一些具体犯罪条文中再设立处罚预备犯的特别规定。例如 1953 年《韩国刑法典》第28 条规定:"犯罪的阴谋或者预备行为未达到着手实行阶段,不予处罚。但法律有特别规定的,不在此限。"另外,又分别对内乱罪(第 90 条)、外患罪(第101 条)等 33 个犯罪的预备犯予以处罚。

　　综观世界各国刑事立法例和刑法理论,对预备犯的处罚主要有三种原则,即必减主义、不减主义和得减主义。而大陆法系国家对预备犯或者不处罚,或者均以在分则中直接规定法定刑的形式进行处罚,而并未如未遂犯一样在刑法总则中明确规定处罚原则。表面看来,似乎没有规定对预备犯的处罚原则,然而从刑法分则对各具体预备犯的法定刑中,可以清楚地看出,各大陆法系国家对预备犯均采必减主义的处罚原则。这与我国刑法的规定是不相同的。

　　我国刑法第 22 条第 2 款规定:"对于预备犯,可以比照既遂犯从轻、减轻处罚或者免除处罚。"因为预备犯的行为完全符合犯罪构成,应当负刑事责任。

---

　　① 　参见赵秉志、陈一榕:《论大陆法系刑法中的既遂犯和未遂犯》(上),载《河北法学》2000 年第 4 期。

　　② 　参见李海东:《刑法原理入门(犯罪论基础)》,法律出版社 1998 年版,第 137～138 页。

但它毕竟还没有着手实行犯罪,其社会危害性比较轻微。所以刑法采用了原则上要处罚(但可以从轻或免除)的政策,不处罚预备行为乃是例外。也就是说,我国刑法规定一切犯罪的预备行为都应处罚,只是或采必减主义,或采得减主义。显然,我国刑法对预备犯的规定是属于独自创立的第四种处罚预备犯的得减主义。同时,我们如果根据刑法的危险递增理论来看,将所有预备行为宣告为刑事可罚,不仅违反刑罚的经济性原则,在实践中也无法实行,因为大多数处于预备阶段的行为,其主观要件在实践中是无法认定的,而且也是没有理论根据的。它明显具有国家刑罚权滥用的危险。国家在犯罪面前更无需如此如临大敌。

第 四 节
犯罪未遂

一、犯罪未遂的概念和特征

关于犯罪未遂的概念,各国刑法理论和规定并不一致,归纳起来,主要有两种主张和规定。第一种是狭义的犯罪未遂,指行为人已经着手实行犯罪,仅仅由于其意志以外的原因或障碍,而使犯罪未达既遂的情况。它把犯罪未遂与犯罪中止、不能犯作了区分。第二种是广义的犯罪未遂,指行为人已经开始实施犯罪,无论出于何种原因而未达到犯罪既遂的情况。它把犯罪中止、不能犯也归入犯罪未遂。德国、日本、瑞士、韩国和我国台湾的刑法均采用后一种规定。例如,日本刑法理论上,就把犯罪未遂分为障碍未遂(相当于上述第一种未遂)、中止未遂(相当于我国的犯罪中止)和不能犯。不能犯从本义上来说不属于未遂犯,但作为通例历来都与未遂犯一同处理。[①] 大陆法系国家刑法理论中与不能犯相关的还有幻觉犯[②]、迷信犯、事实欠缺[③]等几个概念。

我国刑法基本上采取了上述第一种规定方式,在刑法第 23 条第 1 款中规定:"已经着手实行犯罪,由于犯罪分子意志以外的原因而未得逞的,是犯罪未遂。"据此规定,我国刑法和刑法理论在犯罪未遂概念上,注意到应综合主客观因素来限定犯罪未遂,区别犯罪未遂形态与犯罪中止形态,有其科学性。这对于我们确定犯罪未遂的特征,以及正确处理未遂犯,提供了明确的坐标。

犯罪未遂,具有以下三个基本特征:

(一)行为人已经着手实行犯罪

所谓已经着手实行行为,是指行为人已经开始实施刑法分则条文所规定的具体犯罪构成要件的行为,如故意杀人罪中的杀害行为。"着手"不是犯罪行为的起点,而是犯罪的实行行为的起点,标志着犯罪预备和犯罪未遂的主要区别。

如何判断行为人开始着手实行的行为是否属于犯罪构成要件的行为,应以主客观相统一的原则为基础来考察其特征。在主观上,着手实施的行为应

---

① 刑法中的不能犯是指行为人一个旨在实现具体犯罪构成要件的行为,由于事实或法律的原因,在当时的具体情况下没有既遂可能,而只能构成未遂的情况。不能犯是一种特殊类型的未遂犯,因此,可罚的不能犯必须具备未遂成立的所有条件。不能犯在表现形式上可以分为对象不能、方法不能与资格不能三类。并且,从某种意义上讲,不能犯同样可以是刑法中错误论研究的课题。参见李海东:《刑法原理入门(犯罪论基础)》,法律出版社 1998 年版,第 143～144 页。我国刑法的传统观点将不能犯仅看做是犯罪未遂的一种类型,所有的不能犯均构成犯罪,这种认识是片面的。不能犯实际上可分为两类:一类是构成犯罪的可罚的不能犯,即不能犯未遂;另一类是不成立犯罪的不可罚的不能犯。参见陈家林:《不能犯新论》,载《国家检察官学院学报》2000 年第 1 期。

② 所谓幻觉犯,亦称幻想犯,是指行为人误将自己实施的合法行为当作违法行为的情况。其实质是一种法律认识错误,不具有刑法意义上的社会危害性,因此不构成犯罪,行为人不承担刑事责任。

③ 所谓事实欠缺,亦称构成要件的欠缺,是指犯罪构成要件上的事实或犯罪构成要件要素缺失或者不充足,而行为人却误认为这些要件或要素存在或者充足的情况。事实欠缺具体表现为主体事实欠缺、客体事实欠缺、行为手段事实欠缺和行为状况事实欠缺,等等。目前,刑法理论界对事实欠缺与不能犯的关系尚存有争议:一种观点认为,事实欠缺与不能犯没有区别,因此事实欠缺不具有独立的实质意义;另一种观点则认为,事实欠缺的概念具有独立的实质意义,因而应当与不能犯的概念并用。参见张明楷:《未遂犯论》,中国法律出版社·日本成文堂 1997 年联合出版,第 307～308 页。

已能够比较明显地反映出行为人的犯罪意图,也就是其犯罪意图已客观化。这样,行为人主观上实行犯罪的意志已经直接支配客观实行行为,并通过后者开始充分表现出来,从而有别于此前预备实行犯罪的意志。在客观上,首先,行为人已开始直接实行具体犯罪构成的客观方面的行为,它对犯罪的直接客体具有直接侵害性,已达到了开始直接实施犯罪的程度,使刑法所保护的具体权益初步受到危害或面临实际存在的威胁。例如放火犯正在使用火源点燃引火物,已直接危及不特定多数人的生命安全和公私财物的安全,其行为具有直接侵害性,就是着手实行的行为。显然,它有别于为实行犯罪准备工具,制造条件的犯罪预备行为。后者往往没有直接危害性,仅有未来的危害性,如前往犯罪现场,寻找犯罪对象。当然,由于犯罪形态的多样性,刑法的规定很难将所有犯罪的构成要件都规定得具体、明确、全面。这种情况下,必须综合具体犯罪构成的特点具体研究。其次,着手实行的行为都可以直接造成危害结果的发生,如果不出现行为人意志以外的外力阻止,或行为人自动中止犯罪,这种行为就会继续下去,直到完成犯罪达到既遂。在犯罪既遂包含犯罪结果的犯罪中,还会发生犯罪结果。所以,我们认为客观的犯罪实行行为和主观的实行犯罪意图相结合,就是着手实行犯罪的标志。

外国刑法理论在着手实行犯罪的认定上,提出了许多理论学说,主要有:

1. 客观说,此说为刑事古典学派所主张。认为犯罪行为是从外部能够认识的对权益的侵害或威胁的客观行为,即判断行为是否着手应以客观事实为基础,应以行为自身的客观性质为依据,而不应以行为人本人的主观意思为标准。客观说根据从形式上判定或从实质上把握客观事实的不同,又可区分为形式客观说与实质客观说两种学说:

形式客观说,认为应从犯罪构成要件上判断行为是否着手。行为人只要实施了符合构成要件的至少一部分的行为或与构成要件直接密切联系的行为,就可以认定为着手实行犯罪。它倾向于严格按照构成要件实施为实行的着手。但何为符合构成要件的行为(即"形式")却不甚明了,有的学者主张以行为人已经实施了属于犯罪构成要件的行为为标准,有的学者主张以行为人已经实施了相当于犯罪构成要件的行为为标准,还有些学者主张以开始实行与犯罪构成要件的行为密切相接的行为为着手。并且,该学说关于着手实行犯罪的开始时间似嫌过迟。如根据这一理论,行为人从家里到作案地的出发、到达作案地的潜伏、戴上假面具、子弹上膛等行为,都只是预备行为,实行的着手应该从瞄准与勾动扳机开始。

实质的客观说,认为应从实质上,即对法益的侵害上来判断行为是否着手。根据结果发生的具体危险及其程度决定着手时间,即以行为对构成要件保护的法益侵害发生了直接危险为着手的开始。但对其中的"实质",学者们也有不同的理解:有些学者认为是指实施了完成犯罪的必要行为,有些学者认为是实施了针对法益的第一个侵害行为,有些学者认为是实施了日常经验中犯罪的一般行为,有些学者则主张是指对犯罪表现出危险的行为。因此,该学说不仅认为在具体的危险发生了的时候,而且当这种危险迫切时,也是着手。为了判断危险的迫切性,也要考虑到行为人的意思。

2. 主观说,此说为近代实证主义刑法理论所主张。该学说从犯罪是行为人危险性格的发现这个立场出发,认为犯罪行为是行为人危险性格的外在表现,判断犯罪实行行为的着手应从行为人的主观方面入手,以证明行为人具有犯罪意思为根据,如果离开行为人的主观方面,则着手实行就无法确定。总之,主观说是根据其外部能够认识的客观行为,一旦能够据此确认其犯罪意图时,就是着手。但学者们对主观说的具体内涵,也有种种不同的理解:有人主张是遂行犯意的行为,有人主张是犯意的飞跃的表动,有人主张行为人认为自己的行为有实现犯罪的可能性而开始实施行为时构成着手,有人主张行为表明犯意具有确实性时为着手。主观说完全抛开了犯罪构成的要求,将着手的判断完全建立在行为人主观犯意的基础上,它把犯意的确定与着手实行等同起来,似嫌着手实行犯罪的开始时间过早,使预备行为与符合构成要件的行为的界限模糊。主观说在德国较为通行,近年来在法国也受到实务界的普遍认可。它可以说是对客观说的矫枉过正。

3. 折衷说,亦称主观的客观说,其侧重点在主观说,认为应从主客观两方面考察行为的危险性,根据行为人的整个犯罪计划,观察其侵害权益的危险性是否已经迫切,当侵害权益的危险迫切时就是着手。

以上诸说中,形式客观说虽仍占据通说的地位,但现在其通说地位正向实质的客观说转移,在日本刑法理论界和实务界,尤其如此。意大利刑法的着手理论,则抛弃了传统的以着手为未遂犯起点的立法模式,将认定未遂犯的标准归纳为两点:犯罪行为的相称性和行为指向的明确性。但它仍未能超越传统的着手理论,其本质仍然是实质的客观说。[①]并且,在大陆法系国家中,折衷说的支持者也在增加。而我国刑法理论中关于着手的通说,实际上较接近形式客观说。

---

① ［意］杜里奥·帕多瓦尼:《意大利刑法学原理》,陈忠林译,法律出版社 1998 年版,第 300～305 页。

（二）犯罪未得逞

这是行为人在着手实行犯罪以后未达既遂状态而停顿下来，其行为没有完成某一犯罪的全部构成要件的情况，具体说，主要是指没有发生法律所规定的犯罪结果。"未得逞"在日本刑法中规定为"不遂"，未遂就是"着手于犯罪的实行而不遂"，这种规定也许更合理。犯罪未得逞即没有完成，是区别犯罪未遂与犯罪既遂的主要标志。根据犯罪既遂形态有结果犯、行为犯、危险犯等三种基本类型，相应的其未遂的标准也不尽相同。第一种的结果犯，是以法定的犯罪结果没有发生作为犯罪未完成的标志，如故意杀人罪未发生杀死被害人的犯罪结果；第二种的行为犯，是以法定的犯罪行为未完成作为犯罪未完成的标志，如实施脱逃罪的行为人在逃出监房后未能逃出监狱的警戒线；第三种的危险犯，是以法定的危险状态尚未具备作为未完成的标志，如行为人在油库放火，因火柴受潮而未能点着时被捕获。

（三）犯罪未得逞是由于犯罪人意志以外的原因

犯罪没有既遂，不是出于行为人的愿望，而是由于意志以外的其他不可克服的因素，才没有能够实现犯罪人的犯罪意图。如果是出于行为人自动犯弃犯罪，则属于犯罪中止。因此，犯罪未完成的情况是否出于其"意志以外的原因"，是区分犯罪未遂与犯罪中止的关键所在。

所谓意志以外原因的认定，应以足以阻止犯罪意志的原因为标准。首先，应具有阻碍行为人实行和完成犯罪的意志和活动的因素。这种因素是多种多样的，司法实践中大致有下面几种情况：（1）来自犯罪人本人以外的障碍。这种外界的客观障碍如被害人的反抗、第三者的阻止、自然力的阻碍、执法部门的干预、严密的戒备和防范等。（2）来自行为人自身条件或能力的障碍或限制。如犯罪过程中突然休克、年老体弱、缺乏犯罪经验和技术、智力低下等身体状况、常识技巧、能力、力量等方面的欠缺。（3）行为人认识错误或错觉，即主观上对犯罪对象的情况、犯罪工具的性能以及犯罪结果是否已发生或必然发生等的认识错误。如将人打昏后误认为打死、把尸体误当活人、误把食盐当做毒药等。其次，意志以外的原因应是足以阻止其犯罪意志的原因。上述诸种对犯罪完成具有阻碍作用的不利因素，仅有质的规定，若无量上的规定，并不一定都能达到足以阻止犯罪意志和犯罪行为完成的程度。因此，这种量上的要求不仅表现为违背犯罪人意志，而且表现为客观上使犯罪不可能既遂，或使犯罪人主观上认为不可能既遂，从而被迫停止犯罪。如果行为人明知自己遇到的显然不是足以阻止犯罪完成的不利因素，如杀人犯罪中因被害人的哀求或婴儿的哭泣而产生怜悯之心，强奸犯罪中因被害人怀孕或正值月经期而停止下来,放弃犯罪的完成。不能将这种因素认定为作为犯罪未遂特征的"犯罪分子意志以外的原因",因为它不是一种足以阻止其犯罪意志的原因。

司法实践中,有时候在认定使犯罪停止下来的原因是否属于"意志以外的原因"时存在难度,特别是当外界的环境正好与犯罪分子的心理或思想一起作用时,更显困难。如被害人的轻微反抗、哭泣、哀求,第三人的劝告、斥责等。对此,德国刑法学者佛兰克提出了关于区分犯罪未遂与犯罪中止的公式:"欲达目的而不能"的是犯罪未遂,"能达目的而不欲"的是犯罪中止。对其中的能与不能,应以行为人的认识标准进行判断,而不是根据客观事实进行判断,也不是同时根据主观认识和客观事实进行判断。即只要行为人认为可能既遂而不愿达到既遂的,即使客观上不可能既遂,也是中止;反之,只要行为人认为不可能既遂而放弃的,即使客观上可能既遂,也是未遂。这一观点已为许多刑法学者所接受,对我们也有参考价值。

以上三个特征中的前两个侧重于提示犯罪未遂的客观特征,后一个侧重于揭示犯罪未遂的主观特征。它们是构成犯罪未遂必须同时具备的条件。符合上述三个特征的行为人即是未遂犯。

二、犯罪未遂的类型

我国刑法没有规定犯罪未遂的类型,但刑法理论上则根据不同的标准对其加以分类,以便加深对犯罪未遂的各种表现形态及其危害程度的认识,在采用广义未遂论的大陆法系国家如德国、日本等,一般都根据未遂的不同原因,将未遂分为一般(障碍)未遂、中止未遂和不能未遂三大类,三大类之下又各分为若干类。我国刑法理论上通常分为三种类型:

(一)实行终了的未遂与未实行终了的未遂

这是以犯罪行为是否实行终了为标准所作的区分。如何判定犯罪行为实行终了与否,应以犯罪分子是否自己认为实现犯罪意图所必要的全部行为都实行完了为标准。这里所谓的"行为是否实行完了"中的"行为",是指导致发生行为人所追求的危害结果的行为,不包括危害结果发生后,行为人为了其他目的所实施的行为。如行为人打算致人死亡后并碎尸,此时,行为是否实行终了,应以行为人自认为致人死亡所必需的行为是否实行终了为标准,即应以行为人的主观认识为标准,不以客观的因果法则为标准。因此,实行终了的未遂,是指犯罪分子已将其认为完成犯罪所必需的全部行为都实行完了而停止了犯罪,但由于意志以外的原因而使犯罪没有得逞。如故意杀人罪中致人重伤却误认为被害人已死亡或必然死亡,因而放弃加害离去,被害人却遇救幸存；又如投毒杀人犯罪中，已向被害人的食物中投置了毒药，被害人中毒后被他人发现遇救未死。在上述这种行为上，犯罪分子对完成犯罪所必要的犯罪行为已实行终了这一点上，并未发生错误认识，但是，其实行行为终了距离犯罪既遂还有一段距离。因此，在实行终了以后，由于犯罪人意志以外的原因，导致犯罪未能既遂。未实行终了的未遂，是指犯罪分子尚未将其认为完成犯罪所必需的全部行为都实行完毕，由于意志以外的原因而使犯罪没有得逞。例如盗窃犯正在行窃时被当场抓获。

实行终了的未遂与未实行终了的未遂，表明犯罪行为实行的程度不同，前者较之后者，距离危害结果的发生更近，主观恶性的外化程度较高，因而社会危害性较大，对合法权益的威胁程度较重，这在量刑时应予以考虑。

(二)能犯未遂与不能犯①未遂

这是以犯罪行为本身能否既遂为标准所作的区分。能犯未遂，是指犯罪行为本身有可能达到既遂，但由于意志以外的原因而未得逞，如使用枪支向人开枪而未得逞；又如用刀杀人，且已将被害人砍伤，但却被人当场夺走刀子，并将其擒获，如果犯罪人没有被当场制止，就有可能杀死被害人。不能犯未遂，是指犯罪人对有关犯罪事实认识错误或法律上的原因，而使犯罪行为本身不可能达到既遂而未得逞。这种犯罪未遂通常又可以区分为对象不能犯的未遂和工具不能犯的未遂两种。对象不能犯的未遂是指行为人实施犯罪行为时，该种犯罪对象不在犯罪行为的有效范围内，或具有某种属性，从而使得犯罪不可能达到既遂。例如误认男子为女子而着手实施强奸，误认野兽为人或误认尸体为活人而开枪射杀，误把空包当做有钱的包进行盗窃，它们都不可能构成犯罪既遂。工具不能犯的未遂是指行为人实施犯罪行为时，所使用的工具或方法不可能使犯罪达到既遂。例如误把砂糖当做砒霜去投毒杀人，或用已经失效的毒药杀人，或使用发火式火枪去射杀有效射程以外的人。又如，使用砒霜杀害他人，但由于意志以外的原因而未得逞的，是能犯未遂；本欲使用砒霜杀害人，但由于发生认识错误而使用了砂糖因而未得逞的，属于手段不能犯未遂。

---

① 不能犯尚可区分为目的不能与手段不能、绝对不能与相对不能、法律不能与事实不能等类型。关于不能犯的处罚，大陆法系国家一般分为三种方式：(1)将不能犯规定在未遂犯中，但同时又与障碍未遂作区别规定，并采用轻于障碍未遂的处罚原则；(2)将不能犯规定在未遂犯中，但同时确认不能犯不构成犯罪，不具有可罚性；(3)刑法典中对不能犯不作规定，刑法理论和审判实践中均否定其可罚性，例如现行《日本刑法典》、现行《法国刑法典》等。但目前，法国的司法机关倾向于将不能犯视为未遂犯，并据此对不能犯进行惩处。这种做法反映了有关刑法理论的变化。

因为不能犯与未遂犯在构成特征上有诸多共同点,而在社会危害性上存在着相当程度的差别,因此,如何区别两者的界限是一个重要的课题。目前为各国刑法理论所公认的界限,就是行为是否具有引起危害结果发生的危险性:如果行为的实施未能发生法定的危害结果,但行为本身具有引起危害结果发生的危险性,则构成未遂犯;当行为的实施未能发生法定的危害结果,且行为本身根本不具有发生危害结果的危险性,则构成不能犯。

一般认为手段不能犯与迷信犯是有区别的。迷信犯是指行为人出于迷信而采用超自然的、人类根本不可能支配或在任何情况下均不可能产生实际危害结果的迷信愚昧无知的手段、方法来实现其主观犯罪意图,例如采用背地诅咒的方法杀人。它不属于不能犯的犯罪未遂,也不成立犯罪。而手段不能犯可以成立犯罪未遂。虽然迷信犯与手段不能犯都是未达犯罪既遂,且未达既遂的原因都是因为行为人所使用的工具、方法或手段与其预期的危害后果之间不存在现实的、真实的因果关系,因此极易发生混淆。但实际上两者在认识基础上存在着根本的区别:因为手段不能犯的场合,行为人对上述关系的认识是建立在现实、真实的基础上,其所实施的行为,与其所认识的(或本欲实施的)行为完全不同,只是由于实施行为时疏忽大意、认识错误,才未发生其预期的危害后果。迷信犯所实施的行为,与其所认识的(或本欲实施的)行为完全相同,只是由于对行为与危害后果之间的因果关系的认识,是建立在超自然的不真实的基础上,因愚昧无知,才未发生其预期的危害后果。如果不是由于认识错误,手段不能犯可能导致危害结果发生;迷信犯的行为在任何情况下,都不可能导致危害结果发生。在各国刑法中,迷信犯通常是不可罚的。但所持理由则不尽相同:或认为不存在犯罪故意,或认为客观上不存在危险性,或认为缺乏行为与结果关系的定型性,从而没有发生未遂的可能性。

区分能犯未遂与不能犯未遂,其意义在于明了前者有发生危害结果的实际可能性,而后者则没有这种实际可能性。一般地说,能犯未遂往往比不能犯未遂具有较大的社会危害性,在量刑处罚时应区别对待。

(三)未造成任何危害结果的未遂与造成一定程度的危害结果的未遂

以直接故意杀人罪为例,行为人开枪射击被害人,由于意志以外的原因没有打中,便属于前一种情况;如果开枪打中,但没有造成被害人死亡,只是造成伤害,则属于后一种情况。

三、未遂犯的刑事责任及其理由

犯罪未遂的行为人是未遂犯。未遂犯一般应予以处罚的观念,产生得比较迟。未遂的概念始于中世纪的意大利,之后 16 世纪的加罗林纳刑法典也规定了对未遂的处罚应轻于既遂。近代意义的未遂犯的概念,源于 1810 年法国刑法典,并为 1871 年的德国刑法典所继承。

关于未遂犯的刑事责任范围,主要有三种立法例:一是概括规定,即只在刑法总则中规定处罚未遂犯的一般原则;二是概括规定与特别规定相结合,即在总则中明确规定处罚未遂犯以分则有特别规定者为限;三是混合与区别规定,即总则中概括规定对重罪未遂犯的处罚原则,在分则中对轻罪的未遂犯作特别规定。

与这三种立法例相对,关于未遂犯的刑事责任,国外刑法理论上存在主观主义、客观主义和折衷主义之争,并由此派生出三种处罚原则:

(1)不减制(同等制)。主观主义认为,未遂犯的可罚性是本于其人身的危险性,未遂行为显露了其主观恶性,无需与既遂行为作特别区分,在处罚上应当相同,采用不减主义即同等主义的原则。采用这种立法例的大陆法系国家以法国为主,例如现行《法国刑法典》第 313—3 条第 1 款规定:"本节所指犯罪未遂处［相］同之刑罚。"①应该指出,"在法律上,未遂罪的刑罚与既遂罪的刑罚相同,但在实际上却不是这样,因为法官通过刑罚'个人化',可以减轻其惩处未遂罪犯罪人所宣告的制裁"。②

(2)必减制。客观主义认为,未遂犯的可罚性基于使结果发生的客观危险。它侧重于侵害合法权益的行为及其危害结果,因此必须区分现实上侵害了合法权益的行为(既遂)和仅停止于具有这种侵害危险性的行为(未遂)。处罚既遂是原则,未遂则限于处罚刑法规定的重大的犯罪(列举规定),并应减轻,采取必减主义原则。其代表性立法例为现行《意大利刑法典》第 56 条第2 款。

(3)得减制。由于在一些国家的刑法中,既遂与未遂的界限,可能是罪与非罪的界限,如日本刑法不处罚受贿未遂;也可能是此罪和彼罪的界限,如日本刑法对伤害未遂的,以暴行罪论处。伤害既遂与否,成为伤害罪与暴行罪的区别标志。可见既遂与未遂的区分具有特别重要的意义。但是,上述两种处罚原则都存在一些缺陷。因此,现在的刑法学者和大多数国家的立法例都采用折衷主义的观点和原则,其理论基础结合了主观说与客观说,吸收主观主义

---

① 罗结珍译:《法国刑法典》,国际文化出版公司 1997 年版,第 101 页。

② ［法］卡斯东·斯特法尼等:《法国刑法总论精义》,罗结珍译,中国政法大学出版社1998 年版,第 245 页。

重视主观恶性和客观主义重视行为及危害结果的主客观两方面的长处，规定对未遂犯的处罚应由审判机关根据犯罪实害大小和犯罪人主观恶性大小等因素来决定，对未遂犯采取"得按既遂犯的刑罚减轻"的得减主义原则。采用这种处罚原则的代表性立法例为现行《德国刑法典》第 23 条第 2 项、现行《日本刑法典》第 43 条、1953 年《韩国刑法典》第 25 条第 1 项、1996 年修订《瑞士联邦刑法典》第 22 条第 1 项等。可见，第三种立法例已成为现代各国对未遂犯处罚原则的主流。

除此之外，如果根据刑法的危险递增理论，对未遂犯应采用选择可罚性。因为未遂行为对于法益损害的危险明显大于预备行为，而且也更具备危险的直接性，因此，未遂可罚范围自然比预备行为大。根据危险递增原理，当未遂行为的危险根据印象说的判断标准达到直接具体化的程度时，未遂就具有了可罚性。在立法技术上，未遂可罚基本上是依照"法律有明确规定者为限"的原则进行的。据不完全统计，德国现行刑法中可罚的未遂为 86 个罪名，而日本现行刑法中仅有 21 个罪名。①

我国刑法第 23 条第 2 款规定："对于未遂犯，可以比照既遂犯从轻或者减轻处罚。"它并没有明确规定处罚必须以"法律有明确规定者为限"的原则，只在实际上采用了得减主义的处罚原则。这里规定"可以"而不是"应当"比照既遂犯从轻或者减轻处罚，是授权给法官根据案件的具体情况，在较广的范围内决定应否从轻或者减轻处罚，是原则性与灵活性相结合的处罚规定。虽然我国刑法没有规定对未遂犯可以免除处罚，但是如果未遂行为情节轻微，不需要判处刑罚的，还应根据刑法第 37 条的规定，免予刑事处罚。

第 五 节
犯罪中止

一、犯罪中止的概念和特征

犯罪中止虽然与犯罪预备、犯罪未遂一样，都是犯罪的未完成形态，但与它们又有本质的区别。在广义的犯罪未遂论中，中止未遂是行为人因自己的意思而停止了犯罪的完成。在因自己的意思而停止这一点上，与因此外的事

---

① 李海东：《刑法原理入门（犯罪论基础）》，法律出版社 1998 年版，第 139 页。

由而中断犯罪的障碍未遂(狭义的犯罪未遂)相区别。

刑法第 24 条规定:"在犯罪过程中,自动放弃犯罪或者自动有效地防止犯罪结果发生的,是犯罪中止。"据此,我国刑法中的犯罪中止存在两种情况:一是自动放弃犯罪,二是自动有效地防止犯罪结果发生。它们具有以下相同的特征:

(一)必须发生在犯罪过程中

这是犯罪中止成立的时间性要求。这里所谓的犯罪过程,是指从犯罪预备开始到犯罪结果发生前的过程,它是犯罪中止出现的时间条件。犯罪的中止不是犯罪的终止,而是犯罪处于运动过程中,尚未完成的情况下出现的,即必须发生在犯罪处于运动中而尚未形成任何停止状态的情况下,放弃犯罪。这是犯罪中止成立的客观前提特征,也是其与犯罪预备、犯罪未遂的重要标志。如果预定的犯罪已完成,犯罪结果已发生,或犯罪虽未达到既遂形态,却停止于其他的犯罪未完成形态如犯罪预备、犯罪未遂,就不可能成立犯罪中止。因为犯罪既遂和犯罪预备、犯罪未遂,都是一种结局状态,所以,犯罪的中止行为,只能发生在犯罪的预备和着手实行的过程中。对于犯罪既遂之后,犯罪分子采取的补救措施如自动恢复原状、把盗得的财物送回原处、赔偿损害以及贪污犯主动退赔以前贪污的公款等行为,都不属于犯罪中止而是犯罪既遂,但这些情况可以作为表明其社会危害性较小的一种悔罪情节,在量刑时应该予以考虑。

犯罪中止的本质在于避免危害社会的结果发生,即"有效地防止犯罪结果的发生"。中止通常不能发生在既遂之后,但也不能绝对化。对于犯罪既遂后还能否出现犯罪中止问题,学界看法不尽相同。例如对于某些危险犯虽已既遂,但并没有发生事实上的危害结果,还能否成立犯罪中止? 如果认为危险犯以发生危险状态为既遂,那么一旦发生了危险状态就不可能成立犯罪中止,这显然是人为地限制中止的成立范围,不利于保护合法权益。根据刑法第 114条规定的"放火、决水、爆炸以及投放毒害性、放射性、传染病病原体等物质或者以其他危险方法危害公共安全"的危险犯,在既遂之后,如果犯罪分子自动及时地排除了自己行为所造成的危险状态,从而有效地防止了其行为将会造成的实际危害后果,应视为犯罪中止。当然,行为犯、阴谋犯等在犯罪既遂以后,是不会再出现犯罪中止形态的。

（二）必须自动放弃犯罪或自动有效地防止犯罪结果的发生

中止的自动性^①，要求犯罪分子在认为能够完成犯罪的情况下，自愿放弃犯罪意图，自动中止犯罪行为的继续实行，或自动有效地防止犯罪结果的发生。这是犯罪中止的本质特征，也是犯罪中止发生的原因条件，是其与犯罪预备、犯罪未遂在主观上相区分的标志。行为人自认为当时可以继续实施与完成犯罪，应有当时的一定的主客观条件为依据、为佐证，而不能是没有任何根据的臆想。如果犯罪分子已经认识到不可能再把犯罪进行到底，而在客观上停止了犯罪行为的实施，不能认为是犯罪中止。即使是误认为有外部障碍而中止的，也不能认为是自动中止。例如盗窃犯未发现目的物而放弃盗窃的就不是自动中止。至于行为人出于什么动机而形成自动中止的意愿，与犯罪中止的成立无关。对这种动机即起因，宜作广义的辩证的理解，不宜一概排斥存在有客观不利因素的情况。例如行为人可能出于对被害人将得到被害结果的斟酌、同情和对犯罪结果的恐怖感，也可能出于良心责备、真诚悔悟、爱恋之情，等等。这些不同的因素，只是反映了行为人中止犯罪的不同悔悟程度，而不是悔悟与不悔悟的差别，和是否具备自动性、是否成立犯罪中止的差别。但在处理时，可作为影响案件危害程度和行为人主观恶性程度的情节予以考虑。

自动放弃犯罪，是指自动停止继续进行犯罪活动，包括犯罪的预备行为和实行行为。前者是预备中止，后者是实行中止。通常，前者比后者离犯罪的完成更远，其人身危险性和社会危害性相对更小，因而处罚也应较轻。

自动有效地防止犯罪结果的发生，是指在犯罪行为实施完毕后，并不立即导致危害结果发生，而是需要一段时间和过程的情况下，这时要求行为人采取积极的行为，即积极的作为，作出真挚的努力，有效地阻止危害结果发生。相对于自动放弃犯罪，即通常情况下行为人只要消极地放弃犯罪活动（不作为）就不会使危害结果发生而言，它是犯罪中止的一种特殊情况，一般只出现于结

---

①　关于如何判断中止的自动性，理论界主要有四种学说，即主观说、限定主观说、客观说、折衷说。详见张明楷：《未遂犯论》，中国法律出版社　日本成文堂1997年版，第350～371页。客观说曾一度在日本刑法理论界和实务界占据主流地位，但目前日本审判实践在否定成立中止犯时，采主观说或客观说；在肯定成立中止犯时，采限定主观说。意大利和法国刑法理论界也倾向于客观说。例如意大利学者认为："这里的'自愿性'，并不意味着行为人必须有后悔、悔过等值得赞誉的动机，而只是强调在行为人中止犯罪或阻止结果发生的动机中，不能存在强制性因素，因为如果有这种因素，任何人都自然会放弃犯罪的实施或阻止结果的发生。"见［意］杜里奥·帕多瓦尼：《意大利刑法学原理》，陈忠林译，法律出版社1998年版，第313～314页。

果犯中,即出现在必须造成法定的危害结果才能构成犯罪既遂的犯罪中。因此,如果行为人不是有效地阻止危害结果发生,即行为人虽已阻止但危害结果仍然发生的话,或者该犯罪结果的未发生是由于其他原因所致,即中止行为与法定犯罪结果未发生不具有因果关系,则不能认定行为人成立犯罪中止,仍应负犯罪既遂或未遂的刑事责任。这就强调了制止的有效性。但行为人为防止犯罪结果的发生而做的努力,可在处罚时作为减轻情节予以考虑。①

(三)必须是彻底中止而不是暂时中断

所谓彻底中止,是指行为人彻底放弃了原来的犯罪意图,即行为人主观上彻底打消了原来的犯罪意图,客观上也放弃了自认为原本可以继续进行的犯罪行为,真诚地、坚决地、完全地自动停止犯罪,而不是暂时中断。② 如果行为人因某种原因,如时机不成熟、准备不充分、环境不利等,暂时放弃某种犯罪,意图等待时机适当时继续该项犯罪,就不具有中止的彻底性特征。例如放火犯正在点火时,见远处有人过来,遂将刚点燃的火苗熄灭,企图待人过去后继续进行,以免被发现。这是暂时中断犯罪,是行为人的自我保护伎俩,不是犯罪的中止。当然,彻底中止也是相对而言的,不是绝对的,不能把它理解为行为人保证在以后的任何时候都不再犯同类罪行或其他罪行,即不能以行为人以后不再犯同类罪行或其他罪行,作为认定犯罪中止的附加条件。

以上三个特征必须同时具备,缺少其中任何一项,都不能认为是犯罪中止。

应该注意的是,行为人自动放弃重复侵害行为问题。所谓自动放弃重复

① 与此相关的是随着主观主义刑法思潮日益成为主流,出现了比这种酌情减轻处罚更优惠的观点。例如有些学者认为,由于行为人基于自己的意思,为防止结果的发生作出了真挚的努力,即使发生了结果,也说明行为人的责任减少了,因而应当认定为中止;有些学者更是认为,由于防止结果发生的真挚努力使行为人的责任减少,故当行为人为防止结果的发生作出了真挚的努力时,就应认定为中止,不要求中止行为与结果不发生之间具有因果关系。见张明楷:《外国刑法纲要》,清华大学出版社 1999 年版,第 278 页。这种主张已为德国刑事立法所采用,例如现行《德国刑法典》第 24 条第 1 项规定:"行为人自愿地放弃行为的继续进行或者阻止其完成的,不因为力图而受处罚。如果行为的没被完成与后撤者的所为无关,只要他自愿地和认真地努力阻止该完成,那么,他就不受处罚。"见冯军译:《德国刑法典》,中国政法大学出版社 2000 年版,第 12 页。

② 需要注意的是这一特征在大陆法系国家刑法理论中并未得到强调,而且还有部分学者对其加以否定。例如日本的"多数学者认为,任意性(即自动性)的成立不以行为人彻底放弃犯意为必要。"见张明楷:《未遂犯论》,中国法律出版社·日本成文堂 1997 年版,第 378 页。

侵害行为,是指行为人实行了第一个侵害行为,未能造成既遂的危害结果,在当时存在可以重复进行或多次重复进行同一侵害行为的可能时,却自动放弃了继续实施这种侵害行为,因而使既遂的危害结果没有发生的情况。对此问题,过去曾存在着犯罪未遂论、中止论和折衷论等三种观点之争,近年来刑法学界已逐渐从过去的犯罪未遂的观点转向犯罪中止的观点。

之所以产生这种认识上的转变,是因为行为人实施的某一侵害行为,是同一犯罪故意支配下的一个或长或短的过程,对可以重复进行的侵害行为的放弃,首先是发生在犯罪实行未终了的过程中,而不是在犯罪行为已被迫停止的未遂形态。判断犯罪行为是否实行终了,不应只看犯罪活动中的某个具体行为或者动作,而应全面考察某种罪的犯罪构成完备所要求的整个犯罪活动;犯罪行为是否实行终了的标准,不但要看行为人客观上是否实施了足以造成犯罪结果的犯罪行为,还要看犯罪人是否自认为完成犯罪所必要的行为都实行完了。其次,行为人的放弃是自动而非被动的,具有放弃犯罪的自动性,并且由于其自动、彻底的放弃,而使犯罪结果没有发生,犯罪未达既遂形态。因而它是在实行犯罪过程中自动停止犯罪,完全符合犯罪中止的三个特征,故应认定为犯罪中止。它不是实行终了的犯罪未遂,而是未实行终了情况下的犯罪中止。这种认定符合立法精神,否则无异于鼓励犯罪分子继续进行侵害行为,直至完成犯罪。

二、犯罪中止的类型

(一)预备中止、实行未终了中止和实行终了中止

1.预备中止,即发生在犯罪预备阶段的中止。是指在犯罪的预备活动过程中,行为人在自认为可以继续活动的条件下,自动地将犯罪活动停止下来,不再继续犯罪预备行为,或者没有着手犯罪实行行为的情况。

2.实行未终了中止(着手中止),即发生在犯罪实行行为着手后尚未终了前,自动放弃其后的实行行为的中止。是指行为人在实施犯罪实行行为的过程中,自动放弃了犯罪的继续实施和完成,因而使犯罪停止在未达既遂的状态。

3.实行终了中止(实行中止),即发生在犯罪实行行为实施终了之后、止于既遂结果发生之前的中止。相对于实行未终了中止通常只要放弃其后的实行行为的不作为而言,实行终了中止必需为防止犯罪结果发生而作为,即在实行行为终了之后,出于本意而以积极的行为阻止了既遂结果的发生。如投毒杀人者投下毒药后,又采取积极措施使被害人未吃下毒药,或被害人中毒后,将

其积极抢救而未使其死亡,就属于故意杀人罪实行终了的犯罪中止。

上述三种犯罪中止的社会危害性,一般依次以预备中止、实行未终了中止、实行终了中止的顺序而逐渐增大。

(二)消极中止与积极中止

1. 消极中止,指行为人仅需要自动停止犯罪行为的继续实施即可,在行为方式上仅需不作为形式,如自动放弃犯罪的犯罪中止即是。前述预备中止、着手中止均属此种类型。

2. 积极中止,指行为人需以作为形式才能构成的中止,即不仅要自动放弃犯罪,而且还需要以积极的作为行为去防止既遂的犯罪结果发生才能成立的犯罪中止。前述自动有效地防止犯罪结果发生的犯罪实行中止即属此类。

一般来说,消极中止距离犯罪既遂较远,社会危害性较小;积极中止距离犯罪既遂较近,其中某些犯罪还发生了一定的实际危害结果,社会危害性相对较大些。

(三)可罚的中止和不可罚的中止

中止以是否发生结果为标准可以进一步分为可罚的中止与不可罚的中止两类。

1. 可罚的中止,是指行为已经导致了法益损害后果的中止。可罚的中止仍然构成刑法上的中止。但由于行为人中止的自愿性,通常是法定减轻处罚的事由。

2. 不可罚的中止,是指行为人自愿中止实施构成要件行为并有效地避免了由此可能造成的法益损害结果的情况。不可罚中止的成立在中止自愿性的条件以外,还增加了有效避免损害后果这一条件。对于尚不可能导致损害后果发生的实行中的行为,不可罚的中止只要行为人停止行为的实施即可成立,它通常是法定的刑罚免除事由;但对于行为已经实施完毕,而结果尚未发生以前,不可罚中止的成立就要求行为人采取积极措施并有效地防止了结果的发生。

三、中止犯的处罚原则

各国刑法对于中止犯,多采用必减免原则,例如现行《日本刑法典》第43条、现行《意大利刑法典》第56条第4款和1953年《韩国刑法典》第26条等。或采用得减免原则,如1996年修正《瑞士联邦刑法典》第21条第2项。我国刑法第24条第2款规定:"对于中止犯,没有造成损害的,应当免除处罚;造成损害的,应当减轻处罚。"显然采用了必减免原则。这是因为,首先,中止行为之前的行为,是符合犯罪构成要件的行为,具有应当追究刑事责任的可罚性,故中止犯应负刑事责任。其次,中止犯是否造成损害,以及虽然造成了一定的危害结果,但不是造成行为人原本追求的、行为性质所决定的犯罪结果,是对中止犯免除处罚或减轻处罚的根据。

关于中止犯减免刑事责任的理论根据,外国刑法理论上有两种学说的对立。其一是"刑事政策说",又可细分为(1)一般预防政策说和(2)特别预防政策说两点。其中的一般预防政策说,以李斯特的给走上犯罪道路的人架设一道返回的金桥的观点最为著名①,可据之达到预先防止犯罪的完成。但批评者认为这种政策的目的对于不知道中止犯规定的人是否也起作用,事实上他们也应适用减免刑罚的规定。特别预防政策说认为,犯罪中止的犯人,其人身危险性的消灭或减少,才是减免刑事责任的根据。其二为"法律说",不是立足于为了将来预防犯罪而给予减免刑罚,而是立足于过去的犯罪事实,认为中止犯罪这一事实的存在,就可以消灭或减少以前存在的违法性或责任。它又可以细分为违法性减少说和责任减少说。其中,违法性减少说认为,由于自动中止行为,使得其一度陷入违反规范的态度重新回到符合规范的态度,从整体上减少了犯罪行为的违法性,故应减免刑事责任。此说对于共同犯罪的中止问题难以圆满解释。责任减少说则站在把故意专门认做责任要素的传统立场,认为由于自动放弃犯意,使得对其行为的非难可能性即责任得以减小,故应减免刑事责任。但法律规定上对那些虽已自动放弃犯罪或自动防止结果发生,

---

① 李斯特认为:"在不处罚的预备和应处罚的着手实行之间的界限被逾越之时,未遂犯之处罚已经实现。这一事实不再能被改变,不能'向后退而撤销之',不能从这个世界中被摆脱掉。倒是,立法可以从刑事政策角度出发,在已经犯了罪的行为人之间架设一座中止犯罪的黄金桥(eine goldene Bruecke)。立法这么做了。它规定自动中止犯罪构成不处罚之事由。"见[德]弗兰茨·冯·李斯特:《德国刑法教科书》,埃贝哈德·施密特修订,徐久生译,法律出版社 2000 年版,第 349 页。

却发生了犯罪结果的人,并未如这一学说所认为的按中止犯那样处理。① 此外,还有选取上述各说的一部分并用,如一般预防政策说和特别预防政策说并用、刑事政策说和违法性减少说相结合、刑事政策说和责任说相结合的观点。

目前国外刑法理论通常将上述观点结合起来说明中止犯减免刑事责任的根据。既要考虑到减免刑事责任是为了一般预防和特别预防的刑事政策背景,更要从法律说的角度去考虑由于中止行为而导致的违法性或责任的减少。把违法性或责任割裂开来考虑是困难的,应根据具体事态,有重点地考虑两者同时减少才较适当。例如行为人不是由于悔悟而自动中止的行为,主要是违法性减少,与之相对的由于悔悟而自动中止的行为,则应同时重视责任的减少。日本刑法对中止犯规定"减轻或免除其刑",大冢仁认为就是综合了上述诸说的结果。②

---

① 还有其他学说,如"宽恕、奖赏论"。该说认为,行为人自动中止其犯罪行为,或防止犯罪结果发生,行为人之中止行为所具有的"正当性"(Legalitaet)再度平衡了未遂犯之不法,从而将未遂行为所否定的法律意思重新恢复,故法理上应对援救法律意思之努力给以宽恕与奖赏,这才符合法律之公平要求。此说在理论上是一种有力的学说。但是,该说无法解释为什么既遂犯事后作出补偿行为和有悔悟之意的为何不能给以宽恕或奖赏等问题,因而受到学者们的非议。又如"刑罚目的论"。该说从刑罚目的与效用出发,认为行为人着手实行犯罪之后自动中止犯罪,这说明行为人具有悔改之意,表明其对法的价值已重新承认,那么,无论是从刑罚报应论抑或刑罚功利论的立场来看,对行为人适用刑罚已无必要;再者,此种场合由于行为人自动有效地中止犯罪,其原着手于犯罪的危险性已经消失,故其可罚性明显减少。参见谢望原:《台、港、澳与大陆刑法中犯罪形态比较研究》,载《中国法学》1999 年第 2 期。

② 大冢仁著:《刑法概说·总论》,有斐阁 1995 年版,第 221~222 页。

第13章 □□□
共同犯罪形态

第一节
共同犯罪概述

一、共同犯罪的概念

　　共同犯罪是故意犯罪的一种特殊形态,是相对于单个人故意犯罪而言的,是一种比单独犯罪具有更严重社会危害性的复杂的犯罪。从法律规定上看,刑法分则除了所谓的"聚众犯"以外,一般以单独犯罪为标准加以规定。但人的行为(包括犯罪行为)有时候不是一个人,而常常是与他人以某种形式联系起来一起做的。所以刑法总则就必须对共同犯罪的有关问题作出规定;刑法理论对许多犯罪问题的研究,一般以单独犯罪为模式,所以需要特别研究共同犯罪现象。

　　所谓共同犯罪,是指二人或二人以上共同实施的故意犯罪,是与单独犯罪的相对称谓。它有广义和狭义之分,广义的共犯,包括共同正犯(实行犯)、教唆犯和帮助犯(从犯);狭义的共犯仅指教唆犯和帮助犯。但是,西方国家的立法例中,无论采用广义还是狭义的共犯形式,一般都是把正犯与教唆犯、帮助犯分别加以规定,刑法上并无统一的共同犯罪的概念,只规定了共同正犯的概念。①

在刑法理论上,西方国家一般未明确共犯就是共同故意犯罪,只规定数人共同实施的行为是共犯。但这种意义上的"共犯",只是表面上对一个犯罪的所有参与形式的统称。因此,围绕着共犯(主要是共同正犯)的本质,即何为共犯的共同之处,历来存在着犯罪共同说和行为共同说之争。

犯罪共同说基于古典学派的客观主义立场,认为共犯是数人共同实施特定的犯罪,如杀人罪;共同者所共同的是特定的犯罪。它假设了客观上符合同一特定构成要件的犯罪,如果数人共同实施的行为在罪名上完全相同的这种犯罪,即构成共犯。它要求共同行为人主观上对于特定的犯罪必须出于共同的意思,旨在限定共同犯罪的成立范围。因此,否认过失共犯、片面共犯和不同构成要件间如一方是 A 罪,另一方是 B 罪(两个以上的故意行为)的共犯。近年来,犯罪共同说有所修正,例如:在 A 构成要件如杀人和 B 构成要件如伤害有同性质的重合时,在重合的限度内,也承认这种两个以上的故意行为是共犯,如以上例为例,则在伤害罪的范围内成立共同犯罪,但定罪时仍定杀人罪与伤害罪。还承认片面从犯是共犯,肯定过失的共同正犯。这种修正后的学

---

① 共犯论是构成要件论的一个组成部分。因此,一个独自实现了可罚行为所有构成要件的行为人,在刑法理论上被称为正犯。但刑法理论上的正犯并不限于亲自实施该行为的单个人,它还包括将他人作为工具去实施自己希望的犯罪的情况,这时候的行为利用人,在刑法理论上被称为间接正犯。同时,还存在着多个行为人都实现了一个可罚行为所有构成要件的情况,他们就是刑法学上的共同正犯。有时候还会出现几个正犯互不相关地对同一对象实施了相同构成要件该当行为,这在理论上被称为相邻正犯。与正犯不同犯罪参与形式是教唆犯与帮助犯。它们在理论上被称为参与犯。参与犯并不直接实现某个分则规定的可罚行为的全部构成要件,他们的可罚性是刑法总则加以规定的,但在具体认定中,却应将具体犯罪构成要件同样作为衡量基础。正犯与教唆犯、帮助犯的区别不是规范学上的拟制,而是事实联系在规范上的反映。见李海东:《刑法原理入门(犯罪论基础)》,法律出版社 1998 年版,第 170～171 页。

说可称之为部分犯罪共同说。① 它与下述的行为共同说有正在接近的趋向。

行为共同说主要基于近代学派的主观主义立场,认为犯罪不过是行为人人身危险性的表现,所谓共同犯罪并不是数人共同实施一个犯罪,而是数人实施了前构成要件的、前法律的行为,即通过具有共同性的行为来完成各自企图的犯罪。它不要求共同行为人的行为符合同一犯罪的构成要件,因此,肯定过失共犯、故意犯和过失犯的共犯(片面共犯)。行为共同说所认为的各共犯人的关系,不是数人共犯特定之罪的关系,而是共同表现的主观恶性关系,即只要在实施前构成要件的、前法律的行为具有意思的联系即可,而不要求数人具有共同实现犯罪的意思联络。所以它在共犯范围的确定上,较犯罪共同说宽广。

犯罪共同说与行为共同说的实质分歧在于行为主义与行为人主义的对立。犯罪共同说由古典学派(旧派)提出。根据古典学派的基本立场,刑事责任的基础是表现在外部的行为及其实害与危险;根据罪刑法定原则,这里的行为首先是指刑法分则各本条所规定的实行行为。所以,共同实行犯罪,意味着各共犯人共同实行了符合相同构成要件的行为;教唆行为与帮助行为从属于实行行为,当实行犯所实施的犯罪与教唆犯、帮助犯所教唆、帮助的犯罪不同时,应当按照实行犯所犯之罪确定共同犯罪的罪名。行为共同说由近代学派(新派)倡导。根据近代学派的基本立场,犯罪行为是行为人反社会性格的表征,易言之,表明行为人反社会性格的举动就是犯罪行为。所以,只要客观行为相同,即使犯意有别,也能说明相同的反社会性格。因此,共同犯罪并非特定犯罪的共同,而是依共同行为实现各自的犯意。

目前,虽然犯罪共同说仍是通说,但有不少学者在支持行为共同说的同时,也指出了该说存在易致处罚扩大化的缺陷。因为行为共同说将两种完全不同的犯罪认定为共同犯罪,这有悖于构成要件的原理,过于扩大共同犯罪的成立范围。如,A以杀人的故意、B以抢劫的故意共同对 X 实施暴力行为时,根据行为共同说,A 与 B 同时成立故意杀人罪的共同正犯与抢劫罪的共同正

---

① 张明楷在《部分犯罪共同说之提倡》一文中亦认为:关于共同犯罪的本质,旧派与新派存在犯罪共同说与行为共同说之争,两种学说在诸多方面得出了不同结论。由于两种学说均存在缺陷,本文提倡部分犯罪共同说,即二人以上虽然共同实施了不同的犯罪,但当这些不同的犯罪之间具有重合的性质时,则在重合的限度内成立共同犯罪。因此,在成立共同犯罪的前提下,存在分别定罪的可能性,对于共同犯罪的错误,应当按照部分犯罪共向说的原理解决,对于教唆犯,只有当被教唆的人所实施的犯罪与教唆犯所教唆的犯罪完全没有重合性质时,才能认定为教唆未遂。载《清华大学学报》2001 年第 1 期。

犯,但又认为,A 只承担故意杀人罪的责任,B 只承担抢劫罪的责任。这显然有悖法理。正因为如此,有的学者提出了构成要件的行为共同说:共犯的成立不要求整个犯罪行为共同,只要有一部分构成要件的行为共同,就可以成立共犯。理由是:既然教唆犯与帮助犯是对自己通过共同正犯或其他正犯的行为引起法益侵害的危险性的行为承担责任,那么,共同的对象就没有必要限定为实行行为,应当从实质的观点来看有无引起法益侵害的危险性。因此,应在法益重合的限度内承认共同正犯。例如,甲教唆乙盗窃,而乙实施了抢劫行为,甲在盗窃罪的限度内构成抢劫犯乙的共犯。又如 A 以抢劫目的、B 以强奸目的,并在相互不知道对方目的的情况下,共同对 X 实施暴力,但都没有达到目的。根据构成要件的行为共同说,A 是抢劫未遂、B 是强奸未遂,而且在暴行罪的范围内成立共犯;如果 A、B 的行为导致 X 伤害,则 A、B 在伤害罪的范围内成立共犯。A、B 不仅要对各自的暴行结果(伤害)承担责任,而且也对对方的暴行结果承担责任,于是,A 承担抢劫致伤罪的责任,B 承担强奸致伤罪的责任。[①] 由此不难看出,构成要件的行为共同说与部分犯罪共同说虽然在论理根据上略有差异,但得出的结论是相同的。

我国刑法不采行为共同说,不承认过失共犯,它继承了前苏联 20 世纪 50 年代《刑事立法纲要》中规定二人以上故意实施某项犯罪就是共同犯罪的定义,在刑法第 25 条第 1 款规定:"共同犯罪是指二人以上共同故意犯罪。"它强调了共同故意对共同犯罪构成的作用,体现了主客观相统一的原则,为有效地惩治共同犯罪提供了法律武器,是个科学的定义。第 2 款又规定:"二人以上共同过失犯罪,不以共同犯罪论处;应当负刑事责任的,按照他们所犯的罪分别处罚。"对共同犯罪的界定作了补充说明。在这一点上,我国刑法理论界一般都与刑事立法持相同的立场,但仍有个别学者主张共同过失犯罪也是共同犯罪。

刑法上之所以对共同犯罪作出特别规定,是因为共同犯罪是一种特殊的、复杂的故意犯罪现象,具有单个人故意犯罪所不具有的特点,即可能存在着各个犯罪人在共同犯罪中的地位、分工和参与程度的不同,从而使其各自在犯罪中所起的作用不同,各自行为的社会危害性也不同,因而产生刑事责任分担的问题。再有,有些人可能与共同犯罪具有某种牵连关系,但不一定是共犯人,因而需要区别共犯人与非共犯人。这就决定了必须通过立法对共同犯罪的有关问题作出规定,以为刑事司法实践提供定罪量刑的法律根据。

---

① 参见平野龙一:《刑法·总论Ⅱ》,有斐阁 1975 年版,第 364～365 页。

二、共同犯罪的成立条件

共同犯罪作为故意犯罪的一种特殊形态,除与单独犯罪一样应具备故意犯罪成立的一般条件外,根据刑法的规定,还必须具备以下三条件:

(一)共同犯罪的主体条件

共同犯罪的主体不是单一主体,而是二人以上,即必须是两个以上达到刑事责任年龄、具有刑事责任能力的人。由于刑法规定单位可以成为某些犯罪的主体,因此,两个以上的单位以及单位与自然人,也可以构成某些共同犯罪。

首先,单一主体的一个人实施犯罪,不是共同犯罪。

其次,必须是两个以上达到了刑事责任年龄,具有刑事责任能力的人。对于自然人的共同犯罪和一个单位与一个自然人的共同犯罪来说,前者至少要有两个具备犯罪主体资格的自然人,后者的单位和自然人都应具备犯罪主体的资格。如果仅有一个具有犯罪主体资格的犯罪分子,诱使其他缺乏犯罪主体资格的少年儿童或精神病人实施犯罪活动,是间接实行犯,不能构成共同犯罪,只成立刑法理论上所谓的间接正犯。相对于自己实施犯罪行为的直接正犯而言,利用第三者作为犯罪工具实施犯罪的是间接正犯。我国刑法没有间接正犯的规定,通常按直接正犯即单独犯罪论处。如果是没有犯罪主体资格的少年儿童利用、教唆、指使有犯罪主体资格的人实施犯罪活动,也不能构成共同犯罪,只有后者成立单独犯罪。年满16周岁具有刑事责任能力的人,可以成为任何罪的共同犯罪主体。两个已满14周岁不满16周岁、或一个已满16周岁和另一个已满14周岁不满16周岁的,具有刑事责任能力的人,共同故意实施刑法第17条第2款规定的犯罪的,成立共同犯罪;实施此外之行为,不成立共同犯罪,只有已满16周岁、具有刑事责任能力的人应负刑事责任。

最后,两个以上具有不同身份的人可以构成共同犯罪。主体身份与共同犯罪的关系,主要指有些犯罪要求行为人具有特殊主体身份,不具有该种身份的人不可能单独构成该种犯罪,但可以构成共同犯罪。例如贪污罪、受贿罪,其主体必须是国家工作人员。如果非国家工作人员教唆、帮助国家工作人员贪污或受贿,就可以成为贪污罪或受贿罪的共犯。

(二)共同犯罪的客观条件

二人以上具有共同的犯罪行为,是共同犯罪成立的客观条件,也是共同犯罪人承担刑事责任的客观基础。所谓共同犯罪行为,是指各共同犯罪人的行为都指向同一犯罪,彼此联系,互相配合,形成一个有机的犯罪活动整体,共同制造犯罪的结果。其中的每个人的行为,都是这个整体行为的必要组成部分。

行为的共同性,既指诸行为都指向相同的犯罪客体,相同客体是诸行为相互联系的纽带,是共同犯罪人以相同罪名定罪的客观基础,也指诸行为合成犯罪发生的原因,是共同犯罪人共同对发生的犯罪负刑事责任的根据。

在认定共同犯罪行为的因果关系时,要注意每个人的行为都与犯罪结果之间具有因果关系,诸行为的总和是犯罪结果发生的原因。因此,必须把各共同犯罪人的行为联系起来,统一加以考察,把握其整体因果关系。决不应该把各共同犯罪人的行为割裂开来,孤立考察,导致放纵共同犯罪人的结果。因此,在发生危害结果的情况下,每个人的行为都与危害结果之间具有因果关系。

共同犯罪行为,既可以表现为共同作为,如甲、乙共同将丙杀死;也可以表现为共同不作为,如父母共同遗弃子女;还可以表现为作为与不作为相结合,如仓库保管员甲与乙事先合谋窃取仓库财物,在乙行窃时,甲佯装熟睡,任凭乙将财物窃走。在共同犯罪行为的阶段上,既可以表现为共同实行行为,也可以表现为共同预备行为,还可以表现为预备行为与实行行为相结合。在共同犯罪行为的分工上,既可能是相同的犯罪行为,也可能是不相同的犯罪行为。这种分工表现在有的是实行行为,有的是组织行为,有的是教唆行为,有的是帮助行为。行为的分工,不影响共同犯罪的成立,只影响刑事责任的大小。在共同犯罪行为的时间上,既可以是同时实施的,也可以不是同时实施的。例如,甲、乙、丙三个人共谋盗窃财产,甲事前准备盗窃工具,乙前往现场盗窃,丙事后销赃。三人的行为虽不是同时实施的,却在一个故意支配下相互配合、协调一致,共同犯罪。

(三)共同犯罪的主观条件

共同犯罪的主观条件是共同的犯罪故意,即各共同犯罪人通过意思联络,知道自己是和他人配合共同实施犯罪,认识到这种共同的犯罪行为会发生某种危害社会的结果,并希望或者放任这种危害结果的发生。这是共同犯罪人承担刑事责任的主观基础。

"共同故意"含有两个内容:一是共同的认识,即认识到自己是与他人共同实施故意犯罪。他们之间是相互配合,共同实施犯罪,而不是孤立地单独实施犯罪。共同认识的内容,只要求共同的概括认识,认识到行为的性质和行为指向,不必要求认识到具体的行为方式和引起的具体结果。二是对行为和结果持共同的态度,即都抱着希望或放任的态度。

共同犯罪故意的类型有三种:(1)最通常的是表现为各共同犯罪人对行为和结果均持希望的心态,都有犯罪的直接故意。(2)也可以表现为各共同犯罪人对行为和结果均持放任态度,都有犯罪的间接故意。如甲、乙与丙口角时,二人突然拔出匕首朝丙刺去,随即逃逸,结果致丙死亡。甲、乙对丙的死亡均持放任态度,属于共同的间接故意。(3)还可以表现为各共同犯罪人或持希望态度,或持放任态度,即直接故意与间接故意的结合。这种类型偶尔发生在有帮助者作为从犯或胁从犯参加的共同犯罪案件中,主犯持希望态度,从犯、胁从犯往往持放任态度。这种类型的各共同犯罪人所触犯的罪名,既可能是同一的,也可能是不相同的。需要注意的是上述后两种类型,只有在发生了实际危害结果时,才能成立共同犯罪。

只要同时具备以上三种条件,即可成立共同犯罪。

三、共同犯罪的认定

(一)不构成共同犯罪的情况

1.二人以上的共同过失行为,造成一个危害结果的,不构成共同犯罪。[①]共同犯罪有事实的共同犯罪与法律的共同犯罪之分,而共同过失犯罪则属于事实上的共同犯罪而非法律上的共同犯罪(后者仅限共同故意犯罪)。因为二人以上的共同过失行为,即使共同造成了严重的危害结果,但过失犯罪的特点决定了他们缺乏主观上共同犯罪的故意,所以不构成共同犯罪,只根据各人过失犯罪的情况分别定罪量刑。对此,刑法第25条第2款已明确规定:"二人以上共同过失犯罪,不以共同犯罪论处;应当负刑事责任的,按照他们所犯的罪分别处罚。"虽然该款的规定是建立在承认共同过失犯罪客观存在的基础之上,但由于各行为人之间缺乏主观联系,社会危害性相对较轻,决定了其欠缺为刑法所特别规定之必要。只将其视为过失犯罪的一种特殊情况,而不当做一种独立的犯罪形态。否则,就有客观归罪之嫌。如医生对工作严重不负责任,开错处方,药剂员亦不认真审查,照单发药,结果致病人服药后死亡。在这里,虽然医生和药剂员的共同过失行为导致了病人的死亡,但不能构成共同犯罪,对他们应分别按医疗事故罪定罪处罚。

2.二人共同实施危害行为,一方为故意,另一方为过失,不构成共同犯罪。如故意教唆或帮助他人实施过失犯罪,双方的行为在客观上虽有一定联系,但主观上缺乏共同犯罪的故意,所以不能构成共同犯罪。至于无罪过帮助他人实施故意犯罪的,更不可能构成共同犯罪。例如,甲蓄意盗窃厂房附近堆放的

---

①　关于共同过失犯罪的具体类型、共同过失犯罪的认定及其定罪与处罚问题,参见阴建峰:《论共同过失犯罪》,载《山东公安专科学校学报》2001年第3期。

木料,却骗乙说自己买了木料,向乙借汽车去帮助拉回,乙深信不疑,答应帮助。于是,甲、乙共同装车,将木料拉回。在这里,乙的行为虽然客观上起到了帮甲盗窃木料的作用,但主观上既无故意,亦无过失,因而不但不构成共同犯罪,而且其行为不构成犯罪。

3.同时犯不成立共同犯罪。同时犯指二人以上没有意思联络地同时或先后相互实施某种相关犯罪。例如甲、乙、丙三个人趁商店失火之机,分别赶到店内窃取商品。三个人主观上没有相互联络,各干各的,因而不成立共同犯罪。

4.超出共同故意之外的犯罪,不是共同犯罪,仅由单独犯罪人承担刑事责任,其他共同犯罪人对此不负共同犯罪的责任。常见的有实行过限,即实行行为超出了原先的共谋;以及实行改变,即实行行为改变了原先的共谋。例如,甲教唆乙盗窃丙女家的财物,乙见屋内除丙女外别无他人,除实施了盗窃行为外,还突起歹念,强奸了丙女。甲对乙的后一行为既无事先的通谋,也没有参与,并不知情。甲、乙二人成立盗窃罪的共犯。但对超出共同故意之外的强奸罪,应由乙负责,甲不承担刑事责任,不成立强奸罪的共犯。

5.二人以上共同实施没有重合内容的不同犯罪的,不成立共同犯罪。例如,甲、乙二人共雇一艘船走私,甲走私毒品,乙走私淫秽物品。由于二人的故意内容及行为性质不属于同一犯罪构成,分别构成走私毒品罪和走私淫秽物品罪,所以不可能成立共同犯罪。但若二人分别为对方的走私行为实施了帮助行为,或为共雇一艘船走私进行了共谋,则构成上述两罪的共犯。

6.事先无通谋的窝藏、包庇犯罪人的行为,不构成共同犯罪;如果事先通谋的,成立共同犯罪。同理,对于明知是犯罪所得赃物而予以窝藏、转移、收购或者代为销售的,事先有通谋的以共同犯罪论,事先无通谋的,不构成共同犯罪。

(二)尚有争议的问题

1.片面共犯问题。所谓片面共犯,是指参与同一犯罪的人中,一方具有与他人共同犯罪的故意,暗中配合他人实施犯罪,而另一方没有认识到有他人配合自己共同犯罪,因而缺乏共同犯罪故意的情况。例如,甲明知乙正在追杀丙,因自己与丙有仇嫌,遂在丙逃跑的路上设置障碍将其绊倒,致丙被乙追上杀死。乙的行为构成故意杀人罪,已毋庸置疑。但甲的行为是否成立故意杀人罪的共犯?对此国外刑法理论上颇有争议,争议的焦点是如何理解共同犯罪的主观联系。大陆法系国家在片面共同正犯上,犯罪共同说持否认观点(通说),行为共同说持肯定观点,承认其为共同正犯。在狭义的片面共犯上,如对片面教唆犯,通说持否定观点,但对片面帮助犯即片面从犯则持肯定观点。因为帮助者即使没有相互的意思联络,却使正犯的实行行为变得容易。这样,才不会放纵既有犯罪意思又有犯罪行为的作恶者。在美国,则存在与片面共犯相对的概念——潜在同谋犯。潜在同谋犯的规则在于"只要帮助者认识到他在帮助他人实施犯罪,这种被帮助人不知情的犯罪帮助者"构成犯罪。它并不违反共同犯罪所谓的共同犯罪意图仅指犯罪意图的相同性质,而不要求彼此知道,只要有一方共犯知道自己在与他人共同加功于犯罪行为即可的这个共同意图原则,只不过是一种特殊形式的共同犯罪意图。[①] 因为各国在片面共犯问题上争议较大,反映在一些国家的立法上也有着不同的规定,但总的趋势是承认片面共犯为共同犯罪的一种形态,可以说已为世界各国的基本共识。

我国刑法对此问题没有明文规定,刑法理论上既有肯定片面共犯的观点,也有否认的,还有只承认片面教唆犯与片面帮助犯(即狭义的片面共犯),或者只承认片面帮助犯。由于片面共犯实际上是"一人共犯",而一人无法构成共同犯罪,因此有人提出补救办法,将被帮助的实行者"视为正犯(准正犯)",这样便成为"二人"共同犯罪。承认片面共犯(至少承认片面帮助犯即片面从犯)的观点在我国刑法界近年来渐呈有力的学说[②],故在理论上对"共同认识"这一概念作变通解释,以期达到不放纵罪犯的目的。他们认为,虽然刑法理论上,对从犯的帮助意思是否以正犯的知道为必要这一问题存在不同认识,但是多数学者的主张,如果正犯不知道从犯的帮助,也不影响从犯的成立。正如日本学者大冢仁所指出的:"作为从犯的要件,不是像共同正犯中的'共同实行'那样,仅仅是'帮助正犯'就够了,这里'帮助'一词本身没有要求与正犯者意思联络的旨趣。"[③]事实上,不仅现实生活中存在大量的片面从犯的事实,而且在司法实践中片面从犯的存在也是不争的事实。否认者认为:"共同故意犯罪应是双向的、全面的,而不是单向的、片面的,片面共犯的提法于法无据,于理不符。"[④]当然,目前对片面共犯问题上尚无定说,有待进一步研究。

---

①　关于美国的潜在同谋犯问题,参见储槐植:《美国刑法》(第二版),北京大学出版社1996年版,第159页。

②　承认片面共犯的观点请参见苏惠渔主编:《刑法学》,中国政法大学出版社1997年版,第224页;承认片面帮助犯的观点请参见高铭暄、马克昌主编,赵秉志执行主编:《刑法学》,北京大学出版社·高等教育出版社2000年版,第171页。

③　转引自马克昌:《关于共犯的比较研究》,载《刑法论丛》第3卷,第357页。

④　赵秉志主编:《新刑法教程》,中国人民大学出版社1997年版,第209页;高铭暄主编、赵秉志副主编:《新编中国刑法学》,中国人民大学出版社1998年版,第235页。

2.仅仅参与共谋,而未参与实行犯罪行为的,是否构成共同犯罪。对此有肯定说与否定说两种意见,我们倾向肯定说。因为共同犯罪中各共同犯罪人不仅具有共同犯罪的故意,而且具有共同犯罪的行为。而共同犯罪行为既包括共同实行行为,也包括共同预备行为。在参与共谋而没有参与实行犯罪的情况下,行为人不仅有共同犯罪的故意,而且有共同犯罪的行为,应构成共同犯罪。①

第二节
共同犯罪的形式

共同犯罪的形式,是指共同犯罪的组合(形成)方式,即二人以上共同犯罪的内部结构或者各共同犯罪人之间的结合方式。共同犯罪的形式不同,其共同犯罪的特点及其社会危害程度亦不相同,因此要从各种不同的角度,用不同的标准去认识、研究各种不同形式的共同犯罪,从而有助于正确适用法律,有区别地对待不同的共同犯罪人,这是研究共同犯罪形式的意义之所在。

刑法理论根据不同的标准,将共同犯罪划分为以下几种:

一、任意共同犯罪和必要共同犯罪

这是以共同犯罪能否任意构成为标准而划分的。

任意共同犯罪是指法定的能够一人单独实施的犯罪,却由二人以上共同实施的犯罪。刑法中的大多数罪都属于这种。如故意杀人罪、盗窃罪等等。当数人同时实施时,就构成任意共同犯罪,应据刑法分则的有关条文并结合总则关于共同犯罪的规定定罪量刑。

必要共同犯罪,是指法定的必须由二人以上共同故意实施的犯罪。这种共同犯罪,都是由刑法分则明确规定的,故定罪量刑时可直接按照刑法分则的有关条文论处。而在刑法理论上,一般将其分为对向(对合)犯和集合(众合)犯两类。

---

① 参见赵秉志主编:《新刑法教程》,中国人民大学出版社1997年版,第209页;高铭暄主编、赵秉志副主编:《新编中国刑法学》,中国人民大学出版社1998年版,第235页。否认者的观点请参见苏惠渔主编:《刑法学》,中国政法大学出版社1997年版,第225~226页。

　　对向犯是以双方或数个行为人的相互对向的行为为要件的犯罪,贿赂罪中的受贿罪与行贿罪即是。在这种情况下,行贿人和受贿人各自实施自己的行为,罪名不同,但任何一罪的完成均以对应之罪的完成为条件,因此,对向犯是基于双方的对向行为合力才能完成的犯罪。但也有人指出受贿罪与行贿罪并非一个犯罪,因而称为必要共犯并不合适。为此,有学者认为对向犯作为一种犯罪形态,在理论上值得探讨,但作为必要共犯的形式则未必适当。必要共犯是以共犯一罪为特征的。因此,只有在共犯一罪的情况下才构成对向犯。例如已有配偶的男女与对方重婚,是对向犯的适例。而受贿罪与行贿罪虽则合称贿赂罪,但并不能称为对向犯。以往的刑法理论对于对向犯有理解过于宽泛之嫌,这是不妥当的。受贿罪与行贿罪虽然不是共同犯罪中的对向犯,但却不能否认两者之间存在对合关系。[①]

　　在对向犯的情况下,应当注意的是:(1)如果对向犯中的对向行为人本身就是法律所要保护的法益所有人,该对向行为人的对向行为属于刑事不可罚。譬如奸淫幼女中的幼女的行为,不得按正犯、教唆犯或帮助犯予以处罚。(2)在对向犯的场合,如果就对向行为的成立以及性质而言,行为承受方的对向行为是其组成部分或者逻辑结果者,行为承受方的行为同样不可罚。譬如伪证中的受益人不构成不作为伪证或者伪证帮助行为;徇私枉法的受益人不构成该行为的帮助犯。

　　集合犯是以不特定多数人基于相同立场,实施目标一致的行为为要件的犯罪,如外国刑法中以聚众性为其特征的内乱罪、骚乱罪等。我国刑法中的聚众共同犯罪(如刑法第 317 条聚众持械劫狱罪)即属此类。至于集团共同犯罪中有组织的犯罪(如刑法第 120 条组织、领导、参加恐怖活动组织罪和第 294 条组织、领导、参加黑社会性质组织罪)亦属此类。刑法分则对这种行为人都按正犯处罚。

二、事前通谋的共同犯罪和事前无通谋的共同犯罪

　　这是以共同犯罪故意形成的时间为标准而划分的。

　　事前通谋的共同犯罪,是指各共同犯罪人在着手实行犯罪以前已经形成共同犯罪故意的共同犯罪。"通谋"一般指二人以上为实行特定的犯罪,将各自的意思付诸实现,以之为内容而进行谋议,从而增大了犯罪完成的可能性和社会危害性。这是比较常见的共同犯罪形式。刑法还规定了有些犯罪是以事

---

　　①　陈兴良:《论犯罪的对合关系》,载《法制与社会发展》2001 年第 4 期。

前有否通谋作为划分该罪的共同犯罪和与他罪的单独犯罪的界限,如刑法第310条第2款之例。

事前无通谋的共同犯罪(亦有称之为事中通谋的共同犯罪[①]),是指各共同犯罪人在刚着手实行犯罪时或者实行犯罪的过程中临时形成共同犯罪故意的共同犯罪。在着手实行犯罪之前,各共同犯罪人并没有进行谋议。司法实践中,这种情况虽较少见,但仍存在。例如,甲正在殴打乙,适逢丙路过,于是,甲请丙帮忙,丙应邀与甲共同将乙打成重伤。本案中甲、丙的共同犯罪即是事前无通谋的共同犯罪。事前无通谋的共同犯罪的危害性小于事前通谋的共同犯罪,但在认定与处罚上存在一定难度。

还有一个有争议的是承继的共同犯罪,即先行为人已实施一部分实行行为,但在未达既遂之前,后行为人以共同犯罪的意思参与残余的实行行为。围绕承继的共同犯罪的核心问题,是后行为人的刑事责任的范围,即后行为人是否也要承担介入之前先行为人已经实施的犯罪行为的刑事责任。外国刑法理论对此有肯定说与否定说(通说)之争,我国刑法理论上则仍是研究的薄弱点。

三、简单共同犯罪和复杂共同犯罪

这是以共同犯罪人之间有无分工为标准而划分的。

简单共同犯罪,是指各共同犯罪人之间没有分工,都实行了具体犯罪构成要件的行为。这种形式的共同犯罪,每个共犯人都是正犯(实行犯),刑法理论上就叫做共同正犯(共同实行犯),不存在教唆犯和帮助犯的分工。简单共同犯罪在实践中较常见到,如甲、乙、丙一齐动手共同将丁打死。简单共犯中的各共同犯罪人虽然都是实行犯,较易处理,但他们的刑事责任也可能并不完全等同。

复杂共同犯罪,是指各共同犯罪人之间存在着分工,分别共同实行某一犯罪行为的共同犯罪。他们的行为以及故意的具体内容均有差异,例如,不同的共同犯罪人分别实施教唆行为和实行行为,或者帮助行为和实行行为,或者教唆行为、帮助行为和实行行为。这也是一种较常见的共同犯罪形式。复杂共同犯罪,各行为人之间的分工不同,所起的作用大小有别,因而各自应承担的刑事责任不同,在处罚时应区别对待。

---

① 马克昌主编:《犯罪通论》,武汉大学出版社1991年版,第497页。

四、一般共同犯罪与特殊共同犯罪

这是以共同犯罪有无组织形式而划分的。

一般共同犯罪是指二人以上没有特殊组织形式的结合松散的共同犯罪。其特点是:(1)各共同犯罪人为了实施某种犯罪暂时纠合在一起,在完成一次或数次犯罪后,其犯罪联盟就不复存在。(2)二人以上即可构成,不要求三人以上,这是区别于集团共同犯罪的特征之一。(3)共犯人之间没有特殊的组织形式,没有首要分子,没有犯罪纲领和计划。(4)不存在众人可能随时参与的状态。这是区别于下面将述及的聚众共同犯罪的特征。

根据我国刑法的规定,在一般共同犯罪中尚可划分出聚众共同犯罪的形式。所谓聚众共同犯罪,是指由首要分子组织、策划、指挥众人所实施的共同犯罪。通常,聚众犯罪具有参与人的复杂性、行为的公然性和多样性以及后果的严重性等特点。但聚众犯罪并不全是共同犯罪。我国刑法所规定的聚众犯罪可分为两类:一类是属于共同犯罪的聚众犯罪。如刑法第292条规定的聚众斗殴罪,第317条第2款规定的聚众持械劫狱罪,其首要分子与积极参加者,都具有共同犯罪故意与共同犯罪行为,刑法规定他们均应承担刑事责任,因而符合共同犯罪的成立条件。另一类聚众犯罪是否属于共同犯罪,则要视具体案情而定。例如,刑法第291条规定的聚众扰乱公共场所秩序、交通秩序罪,刑法规定只处罚首要分子,只有他们才是犯罪主体。当首要分子有二人以上,共同组织、策划、指挥聚众犯罪时,自当构成共同犯罪,但当首要分子只有一人时,就是一人以聚众方式犯罪,无共同犯罪可言。这时,聚众犯罪不是共同犯罪。也有认为聚众犯罪都是共同犯罪的意见,但未必可取。

一般共同犯罪,可以是简单共同犯罪,也可以是复杂共同犯罪,既可以是事前通谋的共同犯罪,也可以是事前无通谋的共同犯罪。属于什么样的共同犯罪,就按什么样的共同犯罪处理。

特殊共同犯罪即有组织的共同犯罪,根据我国刑法第26条的规定,亦称之为集团犯罪,即三人以上有组织地实施的共同犯罪。集团犯罪是其主体犯罪集团所实施的共同犯罪。因此,认定集团犯罪的关键在于认定犯罪集团。

犯罪集团是指三人以上为共同实施某种或多种犯罪而组成的较为固定的犯罪组织,是具有事先通谋的共同犯罪中的一种特殊形式。犯罪集团的特点是:(1)从主体的量上的规定来看,必须是三人以上,二人不可能成立犯罪集团。这是区分它与一般共同犯罪在主体人数上的标准。(2)具有一定的组织性和稳定性,即重要成员比较固定,且内部存在领导与被领导的关系,这是犯罪集团的本质特征。① 具体表现为有明显的首要分子。其中有的首要分子是在纠集过程中形成的,有的首要分子在纠集开始时就是组织者和领导者。还有骨干分子和一般成员。首要分子领导、指挥集团成员进行犯罪活动,集团成员以首要分子为核心,他们之间通过一定的成文或不成文的内部律规维系在一起,结合得比较紧密。在实施一次或数次犯罪之后,其组织形式仍继续存在,而不是实施一次犯罪就散伙。所以,如果三人以上只是为了实施某一具体犯罪,或者偶尔结合进行犯罪活动后即行散伙的,不能认为是犯罪集团。当然,犯罪集团的构成并不以事实上实施了多次犯罪为要件,只要能够查明各犯罪人是为了进行多次犯罪活动而结合起来的,即使只实施了一次犯罪活动后即被查获,仍可认定为犯罪集团。(3)具有一定的目的性,即犯罪集团的各个成员基于共同实施某种或多种犯罪的目的而结合在一起的,集团的犯罪活动通常是有预谋、有计划地进行,即便是突发性的作案,往往也是在集团的总的犯罪故意支配下进行的。这一特征既是区分犯罪集团与非犯罪集团的一个重要标准,也是区分它与基于低级趣味或者封建习俗而形成的落后组织的根本标志。(4)具有严重的社会危害性和危险性。② 由于犯罪集团人多势众,形成一个集体的思想力量和行动力量,使得犯罪集团的活动计划较为周密,易于得逞;犯罪后也易于转移赃物,消灭罪迹,难以查处;容易实施单个人或一般共同犯罪人难以实施的重大犯罪;实践中犯罪集团也经常是作案频繁、手段残忍。因此,犯罪集团具有疯狂的破坏性和严重的继续犯罪的危险性,即使集团实际实施的犯罪次数不多,但犯罪集团的形成本身就对社会具有严重的危险性。犯罪集团历来是刑法打击的重点。

在认定犯罪集团时,应严格区分罪与非罪、集团与非集团、犯罪集团与一般违法群体或一般共同犯罪的界限,准确认定犯罪集团的性质。犯罪集团中的各个成员之间的关系,是组织者、领导者与一般成员的关系,通常不再区分教唆犯、实行犯和帮助犯。在追究其刑事责任时,应当坚持主客观相统一的原则,根据各个成员在共同犯罪中所起的不同作用,实行区别对待。首要分子应

---

① 也有人认为它只是犯罪集团的重要的、甚至是不可缺少的特征,但它远不如"具有共同实施犯罪的目的性"这一特征更能充分反映犯罪集团的本质。见魏东、郭理蓉:《论犯罪集团及其司法认定》,载《犯罪与改造研究》2000 年第 7 期。

② 参见陈兴良:《共同犯罪论》,中国社会科学出版社 1992 年版,第 154 页。但也有学者认为这并非是犯罪集团的特征,而是严重的犯罪都必然具备的。见魏东、郭理蓉:《论犯罪集团及其司法认定》,载《犯罪与改造研究》2000 年第 7 期。

对该集团经过预谋、有共同故意的全部罪行负责；其他主犯应对其所参加的或组织、指挥的全部罪行负责；其他成员应按其地位和作用，分别对其参与实施的具体罪行负责；个别成员实施的超出集团故意范围的犯罪，则由该成员个人负责。

近年来，司法实践中常常使用"犯罪团伙"或"团伙犯罪"的概念，犯罪团伙通常是司法机关在没有确定共同犯罪的性质与形式时，概括地指称三人以上共同实施犯罪的术语。对团伙犯罪究竟属于何种形式的共同犯罪，看法不一。有人认为团伙犯罪就是集团犯罪，有人认为团伙犯罪是一般共同犯罪与集团犯罪的统称，有人认为团伙犯罪是介于一般共同犯罪与集团犯罪之间的一种独立的共同犯罪形式，有人认为团伙犯罪是犯罪集团与犯罪结伙的合称，即犯罪团伙既可以指组织比较牢固的犯罪集团，也可以指结合比较松散的犯罪结伙，还有人认为，对团伙犯罪应根据具体情况认定，凡符合刑事犯罪集团基本特征的，应按犯罪集团处理，不符合犯罪集团基本特征的，就按一般共同犯罪处理。上述诸种意见中，应以最后一种较为可取。

近年来，犯罪集团自身也出现了一些值得引起注意的新趋势，如犯罪工具的现代化、犯罪集团的日趋职业化和国际化、带有黑社会性质的犯罪集团日渐增多并朝着典型的黑社会组织迈进。新刑法对此也作出反应，规定了两种类型的犯罪集团：一种是一般性的犯罪集团，它可以存在于任何犯罪之中，如盗窃犯罪集团、抢劫犯罪集团等等，具有法定加重处罚的意义，但不是专门属于某一种犯罪，不是独立罪名，因此，不具有专属性。另一种是刑法规定的某些特定的犯罪组织，是可以单独构成犯罪的犯罪集团，具有专属性。如恐怖活动组织、黑社会性质组织、会道门和邪教组织，它们各有自己特殊的性质、组织形式、活动内容等等，具有特殊的危险性。因此，刑法特别规定组织、领导或者参加此种犯罪集团的行为本身便构成了独立的既遂犯罪；如果这个集团又进行了其他犯罪活动，则应按数罪并罚的规定处罚。

第 三 节
共同犯罪人的种类及其刑事责任

一、共同犯罪人的分类标准

为了正确解决共同犯罪中各共同犯罪人的刑事责任，有必要采用一定的标准对共同犯罪人进行分类。世界各国的刑法大体上有两种分类法,即根据分工为标准或者作用为标准来分类。

分工分类法是以各共同犯罪人在共同犯罪中的分工为标准,对共同犯罪人进行分类。在采用分工分类法的国家中,又可以具体分为:(1)二分法,即把共同犯罪人分为主犯和从犯,或分为正犯和从犯。(2)三分法,即把共同犯罪人分为正犯、教唆犯和从犯,或分为实行犯、教唆犯和帮助犯,或分为共同正犯、隐匿犯和从犯。(3)四分法,即把共同犯罪人分为实行犯、组织犯、教唆犯和帮助犯。这种分类法的优点,是能够较客观地反映各共同犯罪人在共同犯罪中的实际分工和彼此间联系的形式,从一个方面反映了行为的社会危害程度,便于定罪。缺点是未能明确说明各共同犯罪人在共同犯罪中所起的作用和对社会的危害程度,不能正确解决共犯人的刑事责任问题。

作用分类法是以各共同犯罪人在共同犯罪中的作用为标准,对共同犯罪人进行分类。在采用作用分类法的国家中,又可以具体分为:(1)二分法,即分为主犯和从犯。(2)三分法,即分为主犯、从犯和教唆犯。这种分类法的优点是能够表明各共同犯罪人参与犯罪的程度及其对社会的危害程度,符合对共同犯罪人进行分类的目的,便于量刑。缺点是不能全面反映各共同犯罪人在共同犯罪中的分工和彼此间的联系形式。

解决共同犯罪人的刑事责任的本质问题,是如何分析共同犯罪人之间的内部关系,在国外的刑法理论上,主要有共犯从属性说和共犯独立性说的两种学说的对立。[①]

共犯从属性说认为,狭义的共犯的成立,或者承担可罚性的前提,必须是共同犯罪中的正犯实施一定的实行行为,共犯是从属于正犯而成立的。即对于一定的犯罪,必须区分占据直接的或重要的地位的行为,和不过是有间接的或轻微的关系的行为,前者本身即可独立构成犯罪,后者仅是从属于其他主要犯罪的犯罪(从属犯、加担犯)。因此,其他共同犯罪人的刑事责任是以正犯的刑事责任为转移。该学说是建立在古典学派以行为为中心的客观主义理论基础上,其价值取向是强调公正,有利于贯彻罪刑法定和罪刑相适应原则。其缺陷是没有充分注意到行为人,只看到行为的犯罪性而忽略了行为人的危险性,强调惩罚犯罪,疏于预防犯罪。并且,当正犯犯罪中止,或享有外交豁免权,或因特殊情况不为罪如自杀时,对其他共同犯罪人应如何处罚,按照共犯从属性学说并非都能合理解决。

---

① 此处的共犯仅指狭义的共犯,即正犯(主犯)之外的教唆犯、帮助犯。

共犯独立性说是与之相对的学说。该学说认为,狭义的共犯也是由于共同犯罪人固有的行为而成立,并应承担刑事责任。即共犯只要有教唆行为或帮助行为即可独自成立,与正犯有没有实施实行行为并无关系。因为教唆行为、帮助行为都是行为人反社会性格的表征,对犯罪结果具有原因力。各共同犯罪人的反社会性(主观恶性)各不相同,因此在刑事责任上彼此并不从属。该学说是建立在近代学派以行为人为中心的主观主义理论基础上,其价值取向是强调功利,着眼于预防犯罪。其缺陷是缺乏相对可操作的统一标准,在司法实践上容易造成量刑的不公正。

我国刑法将共同犯罪人分为主犯、从犯、胁从犯和教唆犯,基本上按照作用分类法进行分类,并适当照顾到分工。这种分类法比较符合我国的历史传统和司法实际,较好地体现了惩办与宽大相结合、区别对待的基本刑事政策。现行刑法吸收了共犯从属性说和共犯独立性说之长,体现在关于共同犯罪人的刑事责任原则上,则是行为与行为人相结合,主客观相统一原则,其他共同犯罪人既有对主犯的一定从属性,又有相对的独立性。

我国刑法学界对教唆犯的性质虽然有从属性说、独立性说、两重性说以及摒弃性质说之争,但以两重性说占主导地位。[①] 教唆犯虽不是与主犯、从犯、胁从犯具有并列关系[②],具有其特殊性,但在刑事责任上,独立性明显。刑法第 29 条第 1 款规定:"教唆他人犯罪的,应当按照他在共同犯罪中所起的作用处罚。"此时教唆犯的刑事责任,不是依照实行犯的刑罚处罚,而是依其在共同犯罪中的作用处罚,这就是教唆犯在刑事责任上的独立性。而该条第 2 款规

[①] 详见赵秉志、魏东:《论教唆犯的未遂——兼议新刑法第 29 条第 2 款》,载《法学家》1999 年第 3 期。

[②] 张明楷在 1986 年即指出,既然刑法已明确规定:教唆他人犯罪的,应当按照他在共同犯罪中所起的作用处罚,依此,教唆犯分别可归入主犯或从犯,又何必在主犯、从犯后面又单独列一个教唆犯,从而产生了教唆犯与主犯、从犯之不必要的重复,况且,教唆犯是相对于实行犯、帮助犯和组织犯而言,而非对主犯和从犯而言,这是两种不同的划分标准,将不同标准划分出来的共犯人并列在一起,必然要出现一个罪犯同时具有并列的双重身份的混乱现象,其在逻辑上犯了"多标准划分"和"子项相容"的错误。他否定了教唆犯是一种独立的共犯种类。参见张明楷著:《教唆犯不是共犯人中的独立种类》,载《法学研究》1986 年第 3 期。最近他还进一步提出了教唆犯既可能存在于共同犯罪之中,又可能存在于非共同犯罪中的观点。参见张明楷著:《刑法学》(上),法律出版社 1997 年版,第 304 页。有些学者甚至认为我国目前刑法中的教唆犯的规定是一个"立法错位",指出应该在刑法分则中将教唆行为规定为单独的罪名,并设置不同幅度的法定刑。参见吴情树、闫铁恒:《对教唆犯的反思与定位》,载《政法论丛》(济南)1999 年第 6 期。

定的教唆犯,是被教唆者没有犯被教唆罪的情况,教唆者与被教唆者根本不成立共犯关系,但刑法仍对之规定了刑事处罚的原则。这种情况的教唆犯,既无犯罪的从属性,也无刑罚的从属性,只有独立性。当然教唆犯也有从属性,如上述刑法第29条第1款规定的教唆犯,只有在被教唆者实施犯罪时才成立。即教唆者与被教唆者之间构成共犯关系,此时教唆犯的成立及其形态都依附于实行犯,这就是教唆犯的从属性。对此时的教唆犯可以适用主犯的罪名;主犯未遂时,教唆犯的刑事责任通常轻于主犯既遂时的责任。[①]

从犯(帮助犯)的刑事责任具有明显的从属性。"对于从犯,应当从轻、减轻处罚或者免除处罚。"但也有独立性,如主犯个人自动中止犯罪,则从犯不能免除刑事责任。从犯的独立性还表现在刑法对一些严重犯罪中的从犯,专门规定了法定刑,例外地排斥适用刑法总则关于从犯应当从轻、减轻或免除处罚的规定,如刑法第358条第3款协助组织他人卖淫罪的规定。[②]

总之,我国刑法中共同犯罪人的分类标准是以作用分类法为主,兼采分工分类法之长,虽在理论上有双重标准之嫌,但较切合我国法律文化传统和司法实际。因此,我国刑法理论实际上研究的是主犯、从犯、胁从犯和教唆犯四种共同犯罪人。

二、我国刑法上各种共同犯罪人的特征及其刑事责任

(一)主犯的特征及其刑事责任

所谓主犯,根据刑法第26条第1款的规定,是指组织、领导犯罪集团进行犯罪活动的、或者在共同犯罪中起主要作用的犯罪分子。据此,主犯包括以下两种情况:

一种是组织、领导犯罪集团进行犯罪活动的犯罪分子,就是在犯罪集团中起组织、领导作用的首要分子。"组织"主要是指号召纠集他人组成犯罪集团,使集团成员固定或基本固定。"领导"具体说就是策划、指挥。"策划"是为犯罪集团出谋献策,主持制定犯罪活动计划。"指挥"是根据犯罪集团的计划,直

---

① 未遂教唆与教唆未遂是一个常被我国刑法学者混为一谈的问题。关于未遂教唆与教唆未遂的缘起、概念、特征、处罚原则、二者的异同以及完善立法的措施等方面的问题,参见郝守才:《论未遂教唆与教唆未遂》,载《法商研究》2000年第1期。

② 按:学者普遍认为该罪中的协助组织他人卖淫行为,实际上是组织他人卖淫罪的帮助行为。根据共同犯罪理论,该帮助行为应根据实际行为定性为组织他人卖淫罪(从犯),而刑法却将其单列罪名,创制了一个单独不适用总则第27条共犯理论的立法例,实属不妥。

接指使、安排集团成员的犯罪活动。可以断言,没有他们的存在,犯罪集团就无从谈起,他们是犯罪集团的灵魂和核心。犯罪集团的组织者可能同时是策划者、指挥者,兼而为之;也可能各首要分子间存在分工。但只要有上述活动之一,就是首要分子。所以一个犯罪集团可能有一名或多名首要分子。他们比起其他主犯,具有更大的社会危害性和危险性,历来都是我国刑法打击的重点。

另一种是在共同犯罪中起主要作用的犯罪分子,即除了犯罪集团以外的在共同犯罪中起主要作用的犯罪分子,应包括在一般共同犯罪中,对共同犯罪的形成、实施与完成起决定或重要作用的犯罪分子,和在集团犯罪中虽不是组织、领导者,但却是罪恶严重的骨干分子。具体可划分为以下几种类别:

(1)某些聚众犯罪的首要分子及积极参加者,以及只惩罚首要分子、且首要分子是两人以上的聚众犯罪中的首要分子。聚众犯罪和集团犯罪是社会危害性极大的两类犯罪,两者各有特点。对聚众犯罪的立法要求有较高的政策性。根据刑法中聚众犯罪的分类,属于共同犯罪的聚众犯罪,如矛头指向国家安全及公共秩序的聚众犯罪,属于前者,其首要分子及积极参加者,均应承担刑事责任。如刑法第 103 条分裂国家罪,第 105 条颠覆国家政权罪,第 290 条聚众扰乱社会秩序罪,第 292 条聚众斗殴罪,第 317 条组织越狱罪、聚众持械劫狱罪等等均是。那种只惩罚首要分子,只有他们才构成犯罪主体的聚众犯罪,有学者认为其首要分子不是共同犯罪的主犯,也有学者认为其首要分子就是共同犯罪的主犯。我们认为这不能一概而论,应视首要分子是否有两人以上。当这种聚众犯罪的首要分子只有一人时,无共同犯罪可言,当然不存在共同犯罪的主犯。但如果这种聚众犯罪的首要分子达到两人以上,则他们成为共同犯罪的主犯,属于这里第(1)种情况的后者。如首要分子有两人以上的聚众扰乱公共场所秩序、交通秩序罪等等。这种共同犯罪的特点在于只有主犯而没有从犯和胁从犯。主犯是共同犯罪的核心人物,没有主犯就没有共同犯罪可言;只有主犯(需二名以上),即使没有从犯,依然成立共同犯罪。

(2)犯罪集团的骨干分子。这些人虽然在犯罪集团中不起组织、领导作用,但是积极参加犯罪集团的集团犯罪活动,如积极献计献策,实行犯罪特别卖力,罪恶严重,是其得力干将,在集团犯罪中起了重要作用,因而属于主犯。

(3)在一般共同犯罪中起主要作用的犯罪分子。他们在一般共同犯罪中,对共同犯罪的形成、实施与完成起着决定或重要的作用,如直接造成严重的危害结果,或者情节特别严重的犯罪分子。

认定共同犯罪中的主犯,应当以各共同犯罪人在共同犯罪中所起的作用为标准,根据他们在参加实施共同犯罪活动中所处的地位,参与的程度以及对造成的危害结果所起的作用等情况,全面地、本质地予以综合判断。上述两种主犯的具体认定标准显然还有一定的差异:对于犯罪集团首要分子的认定,应着眼于犯罪人是否在集团犯罪中起组织、指挥的作用;对于在共同犯罪中起主要作用的犯罪分子的认定,应着眼于他们是否对共同犯罪的形成、实施与完成起到决定或重要的作用。

在造成客观物质损害等同的情况下,共同犯罪的社会危害性大于单独犯罪,而主犯又是共同犯罪的核心人物,具有较大的人身危险性。因此我国刑法对主犯刑事责任的规定,体现了从严惩处和罪刑相当的刑事政策精神。

刑法第 26 条第 3 款规定:"对组织、领导犯罪集团的首要分子,按照集团所犯的全部罪行处罚。"即犯罪集团中的首要分子,因利用他人的行为实现犯罪,故除了对自己直接实施的具体犯罪行为及其结果承担刑事责任外,还要对集团所犯的全部罪行承担刑事责任,所谓的集团所犯的全部罪行,是该集团预谋实施的罪行,即首要分子组织、领导的集团的全部犯罪,而不是集团全体成员所犯的全部罪行之和。因为,如果集团中个别成员实行了超出集团预谋实施的犯罪计划之外的其他罪行,即独立实施的犯罪行为,是"实行过限",不属于集团所犯的罪行,首要分子对此不负刑事责任,由实施该犯罪行为的成员个人负责。

刑法第 26 条第 4 款规定:"对于第三款规定以外的主犯,应当按照其所参与的或者组织、指挥的全部犯罪处罚。"即对于聚众共同犯罪中的首要分子、犯罪集团的骨干分子和一般共同犯罪中起主要作用的主犯,应分为两种情况予以处罚:一是对于组织、指挥共同犯罪的主犯,如聚众共同犯罪中的首要分子,应当按照其组织、指挥的全部犯罪处罚;二是对于没有从事组织、指挥活动但在共同犯罪中起主要作用的主犯,应按其参与的全部犯罪处罚。

最后应当指出,在共同犯罪中,主犯有可能只有一人,也有可能是二人以上。当有几名主犯时,其行为的社会危害性会有差异,应区别对待。除非各主犯的情况大体相同,难以分清主从时,则不必强求划分。

新刑法对主犯刑事责任的上述规定,既体现了对主犯从严惩处的精神,又符合个人责任原则,化解了以往在共同犯罪人定罪范围上的争论,增强了刑法的可操作性,是比较合理的。但也有学者认为新刑法取消了主犯从重处罚的规定,不利于体现对共同犯罪的处罚重于单独犯罪的立法思想;容易导致对首要分子、主犯、从犯和胁从犯的处罚完全相同;对处于同一法定刑幅度内的首要分子和其他主犯无法依据其社会危害性的大小确定各自的刑罚。①

（二）从犯的特征及其刑事责任

所谓从犯，根据刑法第 27 条第 1 款的规定，是指在共同犯罪中起次要或者辅助作用的犯罪分子。据此，从犯包括以下两种情况：

一种是在共同犯罪中起次要作用的犯罪分子，通常是指直接参加了实施犯罪构成要件的行为，但在整个共同犯罪活动中所起的作用较主犯为小，要受主犯的指挥节制，其实行行为也是次要的。起次要作用的从犯，在集团犯罪和一般共同犯罪中都可能存在，处理时要注意把他们与主犯区别开来。

另一种是在共同犯罪中起辅助作用的犯罪分子，通常是指不直接参与实行犯罪构成要件的行为，而是为共同犯罪提供方便、帮助创造条件，辅助实行犯罪。例如提供犯罪工具、排除犯罪障碍、指示犯罪地点和犯罪对象、打探和传递有利于犯罪实施和完成的信息、介绍他人参加共同犯罪、为实行犯实行犯罪而把门望风、事前通谋、事后包庇窝藏其他共同犯罪人或者销赃和窝赃、毁灭罪证等等。这种从犯属于帮助犯。但犯罪后的帮助行为，因为起不到辅助实行犯罪的作用，不发生从犯的问题。还有传授犯罪方法，在刑法第 295 条中已规定为独立的犯罪，故不能再把这种罪犯认为是起辅助作用的从犯。

从犯是相对于主犯而言的，如何区分从犯与主犯？应综合考查各共同犯罪人对整个犯罪的预备、实行和完成所起的作用，具体分析他在共同犯罪中是起主要作用还是次要作用或者辅助作用，予以认定。

关于从犯的刑事责任，各国刑法规定不尽相同。例如日本刑法第 63 条规定："从犯之刑比照正犯之刑而减轻。"我国刑法第 27 条第 2 款规定："对于从犯，应当从轻、减轻处罚或者免除处罚。"这是因为从犯在共同犯罪中起的作用及其行为的社会危害性均小于主犯，故刑法对从犯规定了上述的必减原则。只是对当轻、当减、当免的处罚的裁定，应根据共同犯罪的性质、情节和从犯本人所起的次要或辅助作用的程度，分别而论。

（三）胁从犯的特征及其刑事责任

所谓胁从犯，根据刑法第 28 条的规定，"被胁迫参加犯罪的"是胁从犯，即在他人威胁下不完全自愿地参加共同犯罪，并在共同犯罪中起较小的作用的

---

① 参见刘艳红：《中国法学会刑法学研究会'98 年会综述》，载《中国法学》1999 年第 1 期。

人。在刑法中规定胁从犯,是我国刑法对共同犯罪人分类的独特体例。① 而在西方国家的刑法中,共同犯罪人中通常没有胁从犯的规定。英美刑法将被胁迫作为一种独立的合法辩护理由。大陆法系刑法一般将被胁迫作为紧急避险的一种情形,即阻却责任的紧急避险。

胁从犯具有以下特征:(1)行为人在客观上实施了犯罪行为,但在共同犯罪中起较小的作用。(2)行为人参加犯罪的原因是被胁迫,即因受到暴力威胁等精神强制而被迫参加犯罪活动。(3)行为人不完全自愿但却是自由地选择了参加犯罪。因为精神强制并不使行为人完全丧失意志自由,行为人仍可以自由选择。所以,行为人在主观上明知自己实施的是犯罪行为,却受自己的意志支配,在可以选择不实施犯罪的情况下,虽不愿意但仍然实施了犯罪行为。这与受到身体强制,意志失去自由的情况是不同的。

在认定胁从犯时,应注意以下几个问题:

(1)行为人身体完全受强制、完全丧失意志自由而实施的某种行为,因主观上没有犯罪的故意,没有罪过,尽管客观上造成了损害,也不构成共同犯罪,不构成胁从犯。(2)注意区分胁从犯与紧急避险的界限,凡符合紧急避险条件的不成立胁从犯。如民航飞机在飞行中遭武装歹徒劫持,机长为避免机毁人亡,不得已将飞机开往歹徒指定地点。机长的行为是紧急避险,不是劫机犯的胁从犯。(3)关于胁从犯的转化问题,胁从犯被胁迫是其犯罪的原因,表现在犯罪过程中,则是其犯罪活动具有消极性、被动性。如果一旦参加犯罪后,抱着"破罐子破摔"的思想,在以后的共同犯罪中,由消极变为积极,由被动变为主动,积极卖力,冲锋陷阵,乃至成为共同犯罪活动的组织者、指挥者,那么胁从犯便不复存在,不能因其第一次犯罪是被胁迫而实施的,将其按胁从犯处理,而应根据他在共同犯罪中所起作用的大小,分别以主犯或者从犯论处。

胁从犯在犯罪过程中表现出来的消极性、被动性这一事实,决定了其在共同犯罪中所起的作用较小,也决定了其人身危险性小于其他共同犯罪人,和其在共同犯罪中相对较小的客观危害。正因如此,对于胁从犯的刑事责任,刑法第28条规定:"对于被胁迫参加犯罪的,应当按照他的犯罪情节减轻处罚或者免除处罚。"显然其刑事责任轻于从犯。需要注意的是,我国刑法规定的四种共同犯罪人,除胁从犯按其"犯罪情节"处罚外,主犯、从犯、教唆犯均按其在共同犯罪中的"作用"处罚。这里所说的犯罪情节,应综合考虑其参加实施的犯

---

① 有论者认为应废除胁从犯的概念。见刘艳红:《中国法学会刑法学研究会'98年会综述》,载《中国法学》1999年第1期。

罪性质、被胁迫的程度、主观恶性程度以及对造成的危害结果所起的作用等情况。

（四）教唆犯的特征及其刑事责任

所谓教唆犯，根据刑法第 29 条第 1 款的规定，"教唆他人犯罪的"是教唆犯，即故意引起被教唆人实行犯罪的意图，并进而实施犯罪，但教唆人自己不直接参加实施犯罪的人。因此，教唆犯在行为的实施与否这一点上区别于共同正犯。教唆犯具有以下特征：

1. 就教唆的对象而言，首先必须是达到刑事责任年龄具有刑事责任能力的人，否则不成立教唆犯而成立间接正犯。其次必须是教唆没有犯罪意图的人，已有犯罪意图的人，不能成为教唆犯的教唆对象。教唆此种人，不能构成教唆犯，只能构成帮助犯，但教唆人将已有犯罪意图的人误认为是没有犯罪意图的人而进行教唆，可成立教唆犯，属独立的教唆犯。最后，教唆的对象必须是明确特定的而不是不特定的多人，但未必只限于一个被教唆人。

2. 就教唆犯成立的客观要件方面，理论界有以下四种观点：一是教唆行为说。认为只要行为人实施了教唆他人犯罪的行为就构成教唆犯。二是足以引起被教唆人犯罪意思说。认为只要行为人实施了足以引起他人犯罪意思的行为就成立教唆犯。三是被教唆人实施犯罪说。认为要成立教唆犯，必须是被教唆的人实施了所教唆的罪，并且教唆行为与被教唆人犯罪之间具有因果联系。四是分别情形说。认为教唆犯分共犯教唆犯（刑法第 29 条第 1 款）和单独教唆犯（刑法第 29 条第 2 款）两种情形，各自的客观方面要件不同。共犯教唆犯的客观方面，表现为行为人实施了教唆他人犯罪的行为，被教唆人犯了所教唆的罪（包括预备和实行），并且教唆行为与被教唆人犯罪之间具有因果联系；单独教唆犯的客观方面，表现为行为人实施了教唆他人犯罪的行为，但被教唆人没有犯所教唆的罪。[①] 我们认为，第一种意见"教唆行为说"和第二种意见"足以引起被教唆人犯罪意思说"较可取，即必须有引起他人产生犯罪意图的教唆行为。这是独立的犯罪行为，并不以被教唆人实施了所教唆的犯罪行为作为必要条件。后者只表明其与教唆行为之间具有因果关系，所以教唆行为与被教唆人的犯罪行为构成共同犯罪。如果被教唆人没有实施所教唆的犯罪行为，则不构成共同犯罪。如果教唆他人实施一般的违法行为或违反道德的行为，不构成教唆犯。

---

① 李希慧：《论教唆犯的概念及其成立要件》，载《中南政法学院学报》1986 年第 3 期。

如何理解"教唆他人犯罪的行为"？我们认为应注意以下几方面内容：

首先，教唆行为应是积极的行为，不作为不能构成教唆行为，因为教唆的成立要求教唆人引起了他人的犯罪决意。实施教唆的方法多种多样，如建议、劝说、请求、暗示、鼓动、煽动、怂恿、利诱、收买、命令、威胁、挑拨、激将等。即使"劝阻"也可以构成教唆，如果其真实愿望能为他人所认识。总而言之，几乎所有方式都是有效的教唆方式，只要它能够对他人发生心理或者精神影响而作出行为决定。教唆的方式可以是口头教唆，也可以是书面教唆；可以是明示方式，也可以是暗示方式；可以是通过打手势、使眼神等形体语言进行教唆，也可以是当面直接教唆或通过他人间接教唆——教唆人并不直接出面而使用他人作为教唆工具；教唆也可以通过他人实行（连锁教唆），第一教唆人可能甚至不知道被教唆的具体对象；还可以是一人单独教唆或多人共同教唆。无论采取何种方法或方式，只要能够引起他人产生犯罪的意图，都不影响教唆犯的成立。如果行为人既教唆他人犯罪，又向他人传授犯罪方法，则按传授犯罪方法罪处理。

其次，教唆实施什么罪应是明确的。这里的"犯罪"，指的是我国刑法分则规定的具体的罪，可以是一个罪，也可以是多个罪，或者是提出几项内容供被教唆人选择，或者暗示某些犯罪范围，但不能是抽象的犯罪，或者一般的违法违纪行为与悖德行为。并且还应该排除煽动型、引诱犯罪型、教唆型犯罪。总之，被教唆人实际犯罪与教唆行为之间应具有因果关系。让被教唆人实施不特定犯罪的，难以认定为教唆行为。如果被教唆人把教唆人的犯罪意图领会错了，实施了其他的犯罪，则教唆人只按照他所教唆的犯罪承担刑事责任。如果被教唆人实施了所教唆以外的犯罪，或在实施犯罪时超过了所教唆的范围，实行过限，则教唆人也只按他所教唆的犯罪承担刑事责任。但如果被教唆人所实施的犯罪性质未变，只是造成的后果大小不同时，则教唆人对此应承担责任。

再次，教唆的强度，必须是足以引起或者坚定被教唆人的犯罪意图，并且未致使被教唆的人丧失自由意志。与此相关的还有一个问题，即有人认为，暴力或者其他方法胁迫他人犯罪的也可成立教唆犯。[①] 对此也要具体分析，原则上在被教唆人没有丧失自由意志时可以成立教唆犯，否则不能成立。

3. 从主观方面看，必须有教唆他人实施犯罪的故意。过失不能构成教唆

---

① 李希慧：《论教唆犯的概念及其成立要件》，载《中南政法学院学报》1986 年第 3 期。

犯。这种教唆故意的内容,是明知自己的教唆行为会引起他人产生犯罪的意图,进而实施犯罪,并且希望或者放任这种结果的发生。其意识因素是:教唆人知道自己在教唆什么人犯罪和教唆犯何种罪,预见到自己的教唆行为会引起被教唆人产生犯罪的意图,并进而实施该种犯罪。这是教唆犯应具备的明知内容。我国学者否认"过失教唆犯"的存在,因无意的言行引起他人产生犯罪意图,并进而导致犯罪发生的,不能认为是教唆犯。教唆犯的意志因素是:希望被教唆人产生犯罪意图去实施犯罪,或者放任这种结果的发生。只是教唆犯一般由直接故意构成,刑法第29条第1款的大多数情况和第2款的情况均属直接故意教唆他人犯罪,不以被教唆人是否实施了所教唆的犯罪行为为必要条件。第29条第1款的教唆犯也可能出于间接故意教唆他人犯罪,但必须以被教唆人实施了所教唆的罪为必要条件。

同时具备上述特征的,构成教唆犯。

关于教唆犯的刑事责任,据刑法第29条的规定,可以分为以下三种情况予以处罚:

1."教唆他人犯罪的,应当按照他在共同犯罪中所起的作用处罚。"即对共同教唆犯应按照他在共同犯罪中所起的作用的大小进行处罚:起主要作用的,按主犯处罚;起次要作用的,按从犯处罚,如教唆他人帮助别人犯罪。因为教唆犯在共同犯罪中所起的实际作用的情况较复杂,所以刑法如此规定,没有采用某些国家的刑法对教唆犯"处以正犯(主犯)之刑"或准正犯的法定刑处罚的规定。[①]

2."教唆不满18周岁的人犯罪的,应当从重处罚。"不满18周岁的未成年人发育尚未成熟,辨别是非能力弱,易被教唆而走上犯罪道路,并且将来成年后再犯罪的比例相对较高。选择他们作为教唆对象,表明行为人主观恶性严重和行为的社会危害性大。为了保护青少年的健康成长,刑法规定对这种教唆犯应当从重处罚。

3."如果被教唆的人没有犯被教唆的罪,对于教唆犯,可以从轻或者减轻处罚。"该条款规定的情形,在刑法理论上称为教唆未遂或者教唆未成未遂。

[①]　关于教唆他人自杀、自伤等自害行为,在定性上理论界有不同认识。有人认为这种行为具有相当的社会危害性,应予追究刑事责任。但它既不能用共犯理论、间接正犯理论加以解释,也与故意杀人罪、故意伤害罪具有质的不同,应在立法上将这种行为独立成罪。见于志刚、许成磊:《再论教唆他人自害行为的定性》,载《湖南省政法管理干部学院学报》2000年第6期。

与之相对应的还有教唆已成未遂的概念,它是指被教唆的人已基于教唆而进行犯罪活动但未完成犯罪情况下教唆犯构成的未遂。[①]

对于类似新刑法第 29 条第 2 款规定的情况,到底如何认定教唆犯的停止形态和如何处罚教唆犯? 从各国立法看,主要有以下几种态度:(1)按犯罪未遂论处;(2)按阴谋或预备犯论处;(3)按独立教唆犯论处。我国刑法理论界对此也存在诸多分歧,有预备说、既遂说、成立说、特殊教唆说和未遂说。其中以最后的未遂说较为可取。该说认为,在被教唆的人没有犯被教唆的罪的情况下,教唆犯由于其意志以外的原因而未得逞,应视为未遂,称为教唆犯的未遂;这种情形下的教唆未遂也可以称为教唆未成未遂。

之所以认为未遂说较为可取,其理由有三点:(1)教唆犯具有独立性,教唆行为是教唆犯的犯罪构成客观要件。所以,教唆犯的着手实行犯罪是指教唆犯把教唆他人犯罪的目的付诸实施,而不取决于实行犯是否着手教唆犯所教唆的犯罪。因此,不能把被教唆的人着手实行犯罪视为教唆犯的着手。(2)教唆犯具有从属性,实行犯的实行行为是教唆行为的结果,只有教唆行为和实行行为的有机结合才能成为教唆犯的犯罪构成的客观要件。在实行犯没有实行教唆犯所教唆的犯罪的情况下,教唆犯所预期的教唆结果没有发生,也就是说,教唆没有得逞。(3)教唆犯之所以没有得逞,是由于实行犯违背教唆犯的意志而没有实行其所教唆的犯罪,这对教唆犯来说是意志以外的原因。所以,在实行犯没有实行教唆犯所教唆的犯罪的情况下,教唆犯完全符合我国刑法中的犯罪未遂的特征。

教唆未遂主要有以下一些情况:被教唆人拒绝了教唆犯的教唆;被教唆人当时接受了教唆并产生犯意后,但又自动放弃犯意,也没有实施任何犯罪行为;被教唆人虽然接受了教唆,但实际上实施的不是所教唆的而是其他犯罪;教唆犯对被教唆人教唆时,被教唆人已有实施所教唆之罪的决意,两种行为之间不存在因果关系。上述情况下,由于教唆行为尚未造成实际的危害结果,其

---

① 赵秉志:《犯罪未遂的理论与实践》,中国人民大学出版社 1987 年版,第 214~216 页。

社会危害性比被教唆人已犯所教唆之罪小,故对教唆犯"可以从轻或者减轻处罚"。①

最后,需要注意的是,已有学者指出:(1)刑法第 29 条第 2 款规定的情形,尚没有穷尽教唆犯的未遂的所有情形。具体说,根据前述第一部分的分析,至少有以下两种情形的教唆犯的未遂尚未包括在该条款内:一是被教唆的人的犯罪行为停止于犯罪预备形态或者预备阶段的中止形态,二是被教唆的人在着手实行犯罪后犯罪未遂或者自动中止犯罪。这两种情形都是被教唆的人已经犯了被教唆的罪,但尚未达到犯罪既遂,因而都构成教唆犯的未遂。对于此两种情形下的教唆犯的未遂犯是否"可以从轻或者减轻处罚",答案显然应该是肯定的。理由是,我国刑法第 23 条明确规定:"对于未遂犯,可以比照既遂犯从轻或者减轻处罚。"但由于对教唆犯的处罚规定比较特殊,对教唆犯的未遂的认定也比对一般犯罪未遂的认定更复杂,因此如果在刑法第 29 条第 2 款关于教唆犯的未遂"可以从轻或者减轻处罚"的规定中只列举"被教唆的人没有犯被教唆的罪"的情形,而不明确规定包括此处提出的另两种情形,则易于引起歧义和误解,并且使得立法规定显得不严密、不协调。因此,刑法第 29 条第 2 款关于教唆犯的未遂"可以从轻或者减轻处罚"的规定,应当尽量涵括属于教唆犯的未遂的所有情形。具体可作如下概括:"如果被教唆的人没有犯被教唆的罪,或者没有完成被教唆的罪,对于教唆犯,可以从轻或者减轻处罚。"(2)刑法第 29 条第 2 款所规定的情形,并非所有情形都宜于适用"可以从轻或者减轻处罚"的规定。我们知道,立法上"可以"一词是带有明显倾向性的,即在通常情况下都要从轻或者减轻处罚;另一方面,当出现立法上所没有明示、但依通念可以判断是不宜从宽情形的,则"可以"不从轻或者减轻处罚。不宜从宽处罚的教唆犯的未遂,突出表现为这样一种"特殊情形":被教唆的人接受了教唆(即产生了犯意),虽没有实施被教唆的罪,但实施了与被教唆的罪的犯

---

①　在现行共犯理论中,教唆行为必受刑事处罚已成定论;而司法实践中,对于某些完全符合教唆行为的法律特征的行为,予以刑事处罚又于理难容。近来有论者针对这种情况,提出了"不可罚的教唆行为"的概念,即指故意唆使他人实施针对教唆人自己的或直接服务于教唆人本人的利益的,由教唆人实施并不构成犯罪,而由他人实施却独立构成犯罪的行为。例如:卖淫女唆使他人为自己介绍嫖客的行为,财产犯罪分子唆使他人为自己窝赃、销赃的行为,犯罪嫌疑人唆使他人窝藏自己的行为,贪污、受贿等犯罪分子唆使他人为自己作伪证的行为,以及意图自杀者求助他人实施杀戮的行为等,都是适例。并对不可罚的教唆行为的基本特征、立论依据及理论与实践价值作了探讨。参见石英、黄祥青:《论不可罚的教唆行为》,载《法学》2001 年第 4 期。

罪对象密切相关的相对较重的罪。例如,被教唆的人接受了伤害某乙的教唆,但实际上并没有实施故意伤害某乙的犯罪,而是实施了故意放火烧毁某乙的房屋(触犯放火罪)或者故意杀死某乙的近亲属(触犯杀人罪)的犯罪——这两种犯罪,都与被教唆的罪的犯罪对象某乙有关,都是比被教唆的罪相对较重的犯罪。这种"特殊情形",从法律特征上看,教唆犯仍然构成犯罪未遂,但由于被教唆的人接受了教唆犯的教唆,实施了与被教唆的罪的犯罪对象密切相关的相对较重的罪,因此,无论从教唆犯的主观恶性看,或者从被教唆的人由于接受其教唆或受其教唆的影响而实施的犯罪的实际危害结果看,都不比典型的教唆犯的既遂轻。因此,对此种"特殊情形"下的教唆犯——即使只构成未遂——不宜从轻或者减轻处罚,亦即不宜包括在刑法第29条第2款的规定中,应从该条款中将该"特殊情形"剔除出去或者作"除外"规定。

据此,学者还进一步建议将该条款作适当修改和限制:"如果被教唆的人没有犯被教唆的罪,或者没有完成被教唆的罪,对于教唆犯,可以从轻或者减轻处罚;但是,被教唆的人实施了与被教唆的罪的犯罪对象密切有关的相对较重的犯罪的除外。"[①]

---

① 赵秉志、魏东:《论教唆犯的未遂——兼议新刑法第 29 条第 2 款》,载《法学家》1999 年第 3 期。

第14章

罪数形态

第一节

罪数判断标准

一、罪数形态研究的意义

相对于数个人涉及一个犯罪时产生共犯问题而言，当一个人犯有一个或数个之罪时，则产生罪数问题。罪数是指一人所犯之罪的数量，罪数形态论是研究行为人的行为究竟是成立一罪还是成立数罪。因此罪数形态也叫一罪与数罪形态，研究罪数形态的理论就叫做罪数形态论。其基本任务是从罪数单复之角度，描述行为人实施的危害行为构成犯罪的形态特征，阐明各种罪数形态的构成要件，揭示有关罪数形态的本质属性即实际罪数，剖析不同罪数形态的共有特征，并科学界定其区别界限，进而确定对各种罪数形态应适用的处断原则。因此，罪数形态论通常置于犯罪论的末尾来论述。

罪数形态研究的意义在于：

1.有利于准确定罪。准确定罪不仅要求准确地认定行为人的行为是否构成犯罪，以及是构成此罪还是彼罪，而且要求准确地认定行为人的行为是构成一罪还是数罪，以及犯罪的完成与未完成、共同犯罪等犯罪形态。因为在司法实践中，由于犯罪行为的复杂性，有时候一个行为可能涉及数个罪名、或同时符合两个法律条文的规定，有时候一个人连续实行或多次实行同一犯罪行为等等，如果没能正确区分罪数，就会影响到罪名的确定，定罪也就不准确。所以，罪数形态的认定与准确定罪关系密切。

2.有利于适当量刑。适当量刑是罪刑相适应原则的最终体现。对一罪只能一罚、对数罪应当并罚。不能准确区分行为人所构成的犯罪个数，就无法准确地评价不同罪数形态所体现的社会危害性程度和人身危险性程度,导致无法适当量刑。例如将一罪定为数罪时,经常会导致无根据地加重行为人的刑事责任,将数罪定为一罪时,经常会导致无根据地减轻行为人的刑事责任,造成量刑上的畸轻畸重现象。对于我国刑法规定的数罪并罚制度来说,罪数形态研究与之关系尤为密切。

3.有利于保障刑事诉讼的顺利进行。因为罪数形态也与刑事诉讼的诉讼管辖、起诉范围和审判范围的确定相联系,只有明确罪数形态的构成特征、罪数性质、处断原则,才能保证依法执行刑事诉讼程序。

4.罪数形态还与刑法的空间效力、时间效力、追诉时效等规定有关。不研究罪数形态,便会在涉及此类案件的刑事管辖权、刑法溯及力和追究犯罪人刑事责任等方面,造成实际适用法律不当的结果。

二、罪数判断标准

为了正确认定行为的罪数,首先必须明确罪数判断标准。对此,刑法理论上有不同学说:犯意说(主观说)认为,应以行为人的犯罪意思的数量为标准决定罪数。行为说认为,应以行为的数量为标准决定罪数,其中又有以自然行为的数量或以法律行为的数量为标准的差异。法益说(结果说)认为,应以侵害法益的个数、特别是发生了犯罪结果的个数为标准决定罪数。目的说认为,应以意图达到的结果为标准决定罪数。上述诸说存在着一定缺陷:如犯意说中,当犯意只有一个,而犯罪行为及其结果是多数时,通常视为一罪;行为说中,把自然行为的个数不加区别地进行法的评价;法益说仅着眼于侵犯法益的结果,而不考虑侵犯的方式,诸如此类的缺点显而易见。因此,构成要件说认为,应以行为符合构成要件的数量为标准决定罪数。因为犯意、犯罪行为和结果都是构成要件的内容,此说实质上综合考虑到上述诸说的长处,纠正其片面之处,成为目前大陆法系国家的通说。

我国罪数判断标准的通说,是犯罪构成标准说,即行为人的犯罪事实符合一个犯罪构成的就是一罪,符合数个犯罪构成的是数罪,应以犯罪构成的个数为标准决定罪数。因为犯罪构成是主客观要件的统一体,所以犯罪构成标准说与构成要件标准说之间存在着一定的相通之处。

所谓行为人的犯罪事实具备犯罪构成的数量,应以行为人的犯罪事实的最终形态、而不是以某一犯罪行为尚在进行中的过程形态为基础,并结合犯罪构成的类型,经过具体分析而确定。由于犯罪构成依不同标准可以划分为多种类型,行为人的犯罪事实的最终形态只要与其中某种类型的犯罪构成相符,均应视为具备犯罪构成。至于具备犯罪构成的数量,则应以行为人的犯罪事实具备犯罪构成的个数为准。

犯罪构成标准说之所以具有科学性,其理由如下:

1.它体现了罪刑法定的刑法基本原则。因为犯罪构成是刑法规定的,表明行为的社会危害性达到了犯罪的程度,这是罪刑法定原则的突出体现。以犯罪构成作为区分罪数的标准,就是从法律特征与实质特征的统一上区分一罪与数罪,从而避免罪数判断的随意性和不一致性,保障罪数判断的法定性、统一性和公正性,维护罪刑法定的基本原则。

2.有利于贯彻主客观相统一的原则。任何犯罪都是行为人主观上的要件和客观上的要件所构成的有机统一体,刑法上对每一个具体犯罪都规定了一定的犯罪构成,而犯罪构成的整体就是犯罪客体、犯罪客观要件、犯罪主体、犯罪主观要件等构成要件的有机统一体。所以,犯罪构成是成立犯罪所必须具备的主客观要件的统一体。由于犯罪和犯罪构成的这种统一性,决定了任何认定犯罪及罪数的活动,必须以主客观相统一的犯罪构成作为标准,否则将会有失片面或非科学,而这正是各种主观主义和客观主义在罪数判断标准上的缺陷。

3.便于司法工作人员在实际工作中的操作。

4.有助于在罪数形态论领域中贯彻犯罪构成理论,并有助于罪数形态论研究的不断深入。犯罪构成理论是我国刑法学的核心理论,贯穿于整个刑法学,是其他具体理论的基础。坚持犯罪构成标准说,就是在罪数形态领域中贯彻犯罪构成理论。这也是这一核心理论在罪数形态论领域的必然体现和重要组成部分。同时,这一核心理论也将指导着罪数形态论研究的发展。

一般地说,坚持犯罪构成标准说,就能够正确认定行为的罪数。但对一些复杂的现象,仅靠犯罪构成标准说这惟一标准,不能很好地解决。需要考虑到刑法的特殊规定、刑法理论等因素来进一步探讨。即原则上应以犯罪构成为标准,同时考虑到其他因素。正是从这一角度,也有学者认为应根据罪数的不同种类采取不同的区分标准,提倡罪数判断标准上的个别化学说。

第二节
一罪的类型

一罪是指一个犯罪,貌似简单,实则繁杂。我国刑法理论一般把一罪分为实质的一罪、法定的一罪和处断的一罪三类。这是对具有貌似数罪特征的一罪所作的分类，没有包括单纯一罪。单纯一罪是指某一事实仅一次符合构成要件而成立的一罪，即以一个犯意、实施一个行为、侵犯一种合法权益的犯罪，无论从形式上还是从实质上看都是一罪。如以一个故意开枪杀死一个人，就是其例。因此，相对于单纯一罪，上述实质的一罪、法定的一罪和处断的一罪，也许可以总称为复杂一罪，即具有貌似数罪特征的一罪。下面分别论述之。

一、实质的一罪

实质的一罪是指形式上具有某些数罪特征的行为，但实质上是一罪，因此刑法规定为一罪或处理时作为一罪的情况。它包括继续犯、想象竞合犯和结果加重犯。

（一）继续犯

继续犯亦称持续犯，是指行为人的行为从着手实行直至由于某种原因终止以前，一直处于持续状态的犯罪。其中，行为从着手实施至其构成既遂的一定时间，是该行为构成犯罪所必需的时间条件，可称之为基本构成时间；自犯罪构成既遂之后，至其终止的一定时间，是犯罪行为及其引起的不法状态同时处于持续的过程，是量刑情节应予以考虑的时间因素，可称之为从重处罚或加重构成时间。非法剥夺人身自由罪，被认为是典型的继续犯，即行为人从着手非法剥夺他人自由的行为及其引起的不法状态同时一直处于持续状态中。窝藏罪、窝藏赃物罪、遗弃罪等也是典型的继续犯。

继续犯具有以下特征：

1.必须只有一个性质完全相同的犯罪行为，并且这种犯罪行为自始至终都针对同一对象、侵犯同一合法权益。如果数行为侵犯同一合法权益，或一行为侵犯数种合法权益，均不是继续犯。

2.必须是犯罪行为及其引起的不法状态在一定时间内同时处于持续过程中。这一特征是其与即成犯、状态犯、连续犯等犯罪形态相区别的主要标志。首先，继续犯的犯罪行为必须在一定时间内持续存在。持续时间的长短不影响继续犯的成立，但瞬间性的行为没有持续性，不能构成继续犯。其次，继续犯的犯罪行为及其引起的不法状态必须在一定时间内同时处于持续状态，而不仅仅是不法状态的持续。这是继续犯与状态犯的主要区别。最后，继续犯的犯罪行为及其引起的不法状态必须在一定时间内同时处于不间断的持续过程中。如果因犯罪行为一度或数次间断而呈非持续状态，则不能构成继续犯，而是构成连续犯或其他犯罪形态。

3.必须出于一个罪过,即出于一个直接故意。出于数个故意的行为不可能成立继续犯。过失犯罪、间接故意犯罪以发生特定危害结果为成立条件,行为人并不追求危害结果的发生,因此不可能存在继续犯。

我国刑法所规定的多数继续犯通常由作为形式构成,少数继续犯如遗弃罪只能由不作为形式构成。在某些情况下,继续犯持续实施的一个危害行为,可以始于作为,并在行为的持续过程中转为不作为。

对于继续犯,不论其持续时间的长短,均应以一罪论处。因为持续性的犯罪行为是在一个罪过心理支配下实施的,也只针对同一对象侵犯同一合法权益,因而只符合一个犯罪构成。刑法规定继续犯的犯罪构成,也预定了该罪行为会持续一段时间,并将这种犯罪行为的持续性包含在内。所以对继续犯只能认定为一罪,不实行数罪并罚。另外,根据刑法第89条的规定,继续犯的追诉时效,从犯罪行为终了之日起计算。这也说明对继续犯只能以一罪论处。

(二)想象竞合犯

想象竞合犯,也称观念的竞合、想象的数罪、一行为数法,是指一个行为触犯了数个罪名的情况。即行为人基于一个犯罪意图所支配的数个不同的罪过,实施一个危害行为,产生数个危害结果,触犯数个罪名的犯罪形态。

想象竞合犯不是我国刑事立法明文规定的,但为司法实践所认可。它具有以下特征:

1.行为人只实施了一个行为。如果行为人实施了数个行为,便不可能构成想象竞合犯。所谓一个行为,自然行为说认为是指社会观念上基于自然的观察而认为是一个行为,即一个事物自然的状态,而不是从法的评价、从构成要件的观点上看是一个行为。此外,因为这里的一个行为与触犯数个罪名相关联,所以,也需要对其进行某种程度的规范评价。即当某个行为还能被分成两个行为时,要根据两者之间有无重合关系来判断是否一个行为。但何种程度的重合关系才被认为是一个行为,存在主要部分重合说、一部分重合说、着手一体说、不能分割说的争议。其中多数学者赞同主要部分重合说,即数个符合构成要件的自然行为至少在其主要部分重合时,才是一个行为。例如非法持有枪支人持枪抢劫,可以分为非法持有枪支与抢劫两个行为。当行为人以持枪抢劫的目的非法取得枪支,然后实施持枪抢劫,其主要部分重合,属于一个行为,成立想象竞合犯。如果行为人以前取得枪支只是为了私藏,以后才产生了抢劫的故意并以之为抢劫的手段,其主要部分没有重合,不是一个行为,不成立想象竞合犯,而是数罪。

2.一个行为触犯了数个罪名。一个行为之所以触犯数罪,往往是因为该行为具有多重属性或侵犯了多个不同的直接客体,造成了多种结果,而使人们认为它触犯数个罪名。至于这些罪名是否包括同种罪名,理论上存在两种学说。一种是只承认异种类的想象竞合犯,认为只能触犯不同罪名,如行为人投石击破他人家的价值不菲的古董等财物并伤及家人,是一个行为触犯损坏财物罪和伤害罪;另一种是既承认异种类的想象竞合犯,也承认同种类的想象竞合犯,认为既可以触犯不同罪名,也可以触犯相同罪名,如投掷一枚手榴弹炸死三人,是一个行为数次符合同一杀人罪的构成要件,实际上只触犯一个杀人罪。但认定想象竞合犯的目的,在于说明这种犯罪不是数罪,并解决行为触犯了数个罪名时应按哪一罪名定罪量刑,所以承认同种类的想象竞合犯没有实际意义,触犯相同罪名的不能构成想象竞合犯。

3. 必须基于一个犯罪意图所支配的数个不同的罪过而实施犯罪行为。这里的一个犯罪意图包括故意犯罪或过失犯罪的意图,也包括单一的或概括的犯罪意图。数个不同的具体罪过,既包括数个内容不同的犯罪故意,也包括数个内容有别的过失,不包括一个犯罪故意和一个犯罪过失(以两个罪过为标准时)。

对于想象竞合犯,我国刑法理论一般认为是实质的一罪,应采用"从一重处断"的原则予以论处,而不以数罪论处。[①] 比较轻重罪的标准是法定刑而不是宣告刑,法定刑上限高者为较重。如果数个罪的法定刑上限相同,则以法定刑下限较重者为重。

(三)结果加重犯

结果加重犯,亦称加重结果犯,是指故意实施刑法规定的一个基本犯罪行为,由于发生了更为严重的结果而加重其法定刑的情况。故意伤害致死是其适例。

结果加重犯具有以下特征:

1. 行为人实施基本犯罪行为,但造成了加重结果,即加重结果的发生是由

---

① 也有人认为,想象竞合犯在犯罪构成上的特征是:主观上有数个罪过,客观上虽只有一个自然行为,但系数个危害行为之竞合,且侵犯了数罪之客体。可见,想象竞合犯完全具备数个犯罪构成的要素,满足数个犯罪构成,根据犯罪构成标准,是实质的数罪。想象竞合犯之特殊性,在于它是数个犯罪行为在自然上的竞合而已。数罪的评价,就是要将这些已在自然上竞合了的犯罪行为在规范上重新解构,一一评价,不使遗留,从而达到对其法律意义的全面评价。相反,若按一罪说只对其择一重罪处断,必然导致对其余罪行不能评价,不能处罚,有失刑法之公正性。见庄劲:《论想象竞合犯的罪数本质与处断原则》,载《云南大学学报》(法学版),2001 年增刊。

基本犯罪行为而引发,后者与前者之间具有因果关系。否则不成立结果加重犯。至于基本犯是否必须是结果犯,有肯定说与否定说之争。我们赞同否定说。例如,在非法剥夺人身自由致人重伤、死亡的场合,并不要求非法剥夺人身自由行为成立结果犯。

2. 行为人对所实施的基本犯罪行为及其引起的加重结果均有犯意。但是,对犯意的表现形式存在不同意见。对于基本犯罪行为的罪过形式,有的学者认为只能是故意,过失不成立结果加重犯;有的学者认为也可以是过失。但从中外刑事立法上看,两种立法例均存在。对于加重结果,则至少存在过失。如果对加重结果没有过失,则不应承担加重结果的责任,因而也不成立结果加重犯。但行为人对加重结果持故意态度时,能否成立结果加重犯?我们认为,在结果加重犯中,行为人对加重结果只能是过失,不能是故意,如故意伤害致死;在部分结果加重犯中,行为人对加重结果可以是过失,也可以是故意,如抢劫致人重伤、死亡。

3. 基本犯罪行为以外的加重结果,必须通过刑法明文规定的方式,成为依附于基本犯罪而存在的特定犯罪的有机组成部分,刑法因发生加重结果而加重了法定刑。这就是说,基本犯罪行为是成立结果加重犯的前提和条件,后者不能脱离前者而独立存在。结果加重的这种法定性和非独立性特征,是认定结果加重犯,并将它与其他罪数形态相区别的重要标准。

在国外,结果加重犯一般成立独立的罪名,如强奸致人死亡时,认定为强奸致死罪。在我国,结果加重犯的罪名与基本犯罪的罪名相一致,结果加重犯不再成立独立的罪名,如上述案例应认定为强奸罪。并且刑法对结果加重犯明文规定了法定刑,故只能认定为一罪,并根据刑法分则条款所规定的加重法定刑处罚,不能以数罪论处。

二、法定的一罪

法定的一罪,是指行为原来可以成立数罪,但由于某种原因,在刑法上将其规定为一罪的情况。即刑法在犯罪构成上已经预设了数个行为的犯罪,行为人即使实施了刑法所预设的数行为,也只是一罪。它包括惯犯和结合犯。

(一)惯犯

惯犯是指在较长时间内反复多次实施某种危害行为触犯同一罪名的犯罪形态。它分为常业惯犯和常习惯犯两种类型。常业惯犯,是指以某种犯罪为职业,以犯罪所得为主要生活来源或者腐化生活来源的情况。其中伴有营利目的(贪财动机)的,国外刑法理论上又称之为营业犯。常业惯犯一般都是有关财产和经济方面的犯罪,如刑法第 303 条规定的"以赌博为业的",第 336 条规定的"非法行医"等犯罪即是。常习惯犯,指实施某种犯罪已成习性,在较长的时间内反复多次实施某种犯罪的情况。旧刑法第 152 条曾规定有"惯窃"即是。新刑法第 264 条规定"多次盗窃",包容了惯窃,它是一种独立的盗窃犯罪构成。相近似的但作为加重处罚情节规定的有"多次抢劫"、"多次聚众斗殴"、"多次强迫他人卖淫"等,但多次未必全是惯常。从严格意义上说,新刑法没有规定常习惯犯。

惯犯的概念,含有两层意义:一是指惯犯人,二是指作为一罪形态的犯罪本身。罪数形态论中的惯犯通常是就犯罪而言,不是指惯犯人,但两者之间存在密切联系。因为惯犯是符合犯罪构成的行为,而犯罪构成中包含了犯罪主体要件。

惯犯具有以下特征:

1.必须反复多次地侵犯同一或相同直接客体。这是刑法规定对惯犯以一罪论处,不适用数罪并罚的主要依据之一。

2.犯罪恶习深。行为人具有很深的、惯行性犯罪恶习,表现为行为人具有反复多次实施某种犯罪的故意,且非常顽固,难以矫正,一有机会就实施犯罪。因此行为人的人身危险性严重。

3.必须在较长的时间内反复多次实施同种犯罪行为,在客观方面表现出时间的长期性、行为的多次性和同一性。时间的长期性的量的界限难以界定,长则几十年,短则数月,并且不以时间上的持续不断而是间断性为特点。行为的多次性是指行为人必须反复多次实施犯罪行为,犯罪次数多。行为的同一性是指行为人必须反复多次实施同种性质的犯罪行为。只有这样才能构成某种特定的惯犯。

4.社会危害性大。行为人长期、反复作案,积累了丰富的犯罪经验,具有狡猾的作案手段和对付侦查的伎俩。其人身危险性严重,造成的危害结果也往往较严重。

5.惯犯的成立,必须以现行行为已经构成犯罪、刑事法律明文规定以一罪论处的犯罪形态为前提。

惯犯,从形式上看,是以多个故意实施多次同种犯罪行为,是同种数罪,刑法却把它规定为一罪。其理由是:首先,惯犯的社会危害性主要是通过犯罪行为的惯常性表现出的人身危险性,如果不是综合其长期反复多次的行为来考察,而是割裂为一次次的行为孤立地评定,就不能反映其人身危险性。其次,考虑到行为人主观上只具有一种惯行的犯罪故意,反复多次实施的是同一性质的行为,刑法将其规定为一罪,并加重法定刑,而不实行数罪并罚,这不仅便于司法操作,而且在处罚上比数罪并罚时往往更重。这与惯犯较严重的人身危险性和社会危害性是相称的。最后,由于我国刑法中犯罪概念具有定量的因素,在某些情况下,如果一行为一评定,可能不构成任何犯罪,但是综合评定这些行为,则不仅构成犯罪,而且应处以较重刑罚。因此,对惯犯只能认定为一罪,并按一罪及法律明文规定的相应的量刑幅度予以处罚,而不能认定为数罪。

(二)结合犯

结合犯,是指数个原本独立的犯罪行为,基于它们之间的客观联系,根据刑法的明文规定,结合成为另一独立新罪的情况。[①] 它是大陆法系刑法理论法定一罪中的一个基本罪数形态。例如,在日本刑法中,假设强盗犯罪人又强奸妇女时,不是分别认定为强盗罪(第236条)和强奸罪(第177条),而只成立强盗强奸罪(第241条)。强盗强奸罪就是典型的结合犯。我国台湾地区刑法第226条将实行强奸行为并杀害被害人的两个罪行合并而成强奸故意杀人罪,这也是结合犯的立法例之一。结合犯这一理论及立法例的最初出现,是针对司法实践中经常伴随出现的几个犯罪行为,为提高司法打击效率,而专门将该若干犯罪行为规定为一罪,从而便于及时迅速地予以制裁。归根到底,结合犯是当时刑事立法简约主义和刑事司法便宜主义的产物。

·一般认为,我国刑法中没有规定典型的结合犯。[②] 因为:(1)结合犯的一个犯罪构成中包含有两个分别符合不同犯罪构成客观要件的行为,这势必使

---

① 也有人认为:结合犯系指原本各自独立的且性质各异的数个犯罪,由刑法条文明确结合成为一具体之罪并规定了相应法定刑的情况。也即只要数个犯罪明确规定在一个刑法条文中,结合成一具体之罪,并有与之相对应的法定刑者,皆为结合犯。其特征有两个,一是独立性,二是法定性。详见刘宪权、桂亚胜:《论我国新刑法中的结合犯》,载《法学》2000年第8期。

② 有人认为,我国1979年刑法中不存在结合犯的立法例,1997年刑法第253条第2款规定,算得上惟一带有结合犯特征的条文,但这一规定有失合理。见向朝阳、莫晓宇《结合犯理论在我国刑法中存在的合理性质疑》,载《法学评论》2000年第1期。但也有人认为,我国刑法中存在有许多结合犯的立法例。具体而言,我国刑法中的结合犯可分为以下两种类型:第一种类型为牵连型的结合犯,如刑法第171条第3款、第208条第2款、第229条第2款、第253条第2款;第二种类型为包容型的结合犯,如刑法第239条、第240条第1款、第318条第1款、第321条第2款、第347条第2款、第358条第1款等。见刘宪权、桂亚胜:《论我国新刑法中的结合犯》,载《法学》2000年第8期。

不同犯罪构成要件的内容含混,有悖于刑法理论中犯罪构成与罪名相对应的逻辑关系之嫌。(2)由于结合犯的形成机理和自身特征,组合成结合犯的犯罪都是故意犯罪,在甲罪+乙罪=丙罪的结合犯模式下,丙罪的犯罪构成中主观要件却包含着甲罪与乙罪的犯罪故意,且该两罪的故意之间在形成上无因果关系,在内容上未相互联系,在功能上无互为补充。尤其在甲罪行为与乙罪行为之间无内在逻辑联系,仅是相伴随发生的情况下,结合而成的丙罪的主观要件的故意是无法准确表达甲罪与乙罪各行为的主观方面内容。因此,结合犯理论不符合我国刑法犯罪构成理论和罪数划分标准。

结合犯是多行为犯。它具有以下特征:

1. 结合犯所结合的数罪,应为刑法上数个独立的犯罪,即数个不依附于其他任何犯罪,符合独立的犯罪构成的行为,并且是数个不同的犯罪。如上例中的强盗罪和强奸罪,就是法律明文规定的具有独立犯罪构成且性质各异的犯罪。

2. 结合犯是将原本独立的数罪,基于它们之间的客观联系而结合成为另一个独立新罪。用公式表示就是:甲罪+乙罪=丙罪,丙罪便是结合之罪。① 如果刑法将数个独立的犯罪结合成为其中的一个罪,则不是结合之罪。如绑架并杀害他人的,刑法仍然规定按绑架罪论处,故不属于结合犯。结合犯的着手实行,一般认为以第一行为的着手时点为开始着手。

3. 原本独立的数个犯罪被结合为另一新罪后,失去了原有的独立犯罪的意义,成为新罪的一部分。

4. 数个原本独立的犯罪结合为另一个独立新罪,是基于刑法的明文规定。如果刑法没有明文规定,不能擅自将数个独立的犯罪结合为另一个独立新罪。因为刑法规定的独立新罪或本于原来独立的数罪之间存在的密切联系,容易同时发生;或有的一罪是为另一罪服务的,或数罪的实施条件相同,才作出明

---

① 这只是结合犯最通常的一种表述形式。详细而论,理论界对结合犯之形式有三种不同观点:其一是三形式说,该说认为结合犯有三种形式,用公式表示则分别为:1.甲罪+乙罪=甲罪的严重情况;2.甲罪+乙罪=乙罪的严重情况;3.甲罪+乙罪=新罪名。其二是二形式说,该说认为结合犯有两种形式,用公式表示就是1.甲罪+乙罪=甲乙罪,如日本刑法中的强盗强奸罪即是;2.甲罪+乙罪=丙罪,如台湾刑法中的暴力胁迫与夺取财物结合成为的强盗罪。见吴振兴:《罪数形态论》,中国检察出版社1996年版,第183~184页。其三是新二形式说,该说认为结合犯的基本形式有两种,用公式表示则分别是1.甲罪+乙罪=甲罪(或乙罪);2.甲罪+乙罪=丙罪(或甲乙罪)。见刘宪权、桂亚胜:《论我国新刑法中的结合犯》,载《法学》2000年第8期。

文规定。

由于结合犯使原来的数罪失去独立意义,成为符合新罪的犯罪构成的行为,而不再是符合原来几个犯罪的构成要件的行为。因此,不按原来的数罪认定数罪,而应认定为所结合的新罪即一罪。根据刑法对结合犯所规定的相对较重的法定刑,以一新罪论处。[①]

结合犯与其他罪数形态的区别:[②]

1.结合犯与结果加重犯:所谓结果加重犯是指本已符合具体构成的一个犯罪行为,由于发生了法律规定的更为严重的结果而加重其刑的犯罪形态。结果加重犯与结合犯在法定性上是相同的,即该罪的构成以及加重对其处罚都是由法律明文规定的。但结果加重犯不具有结合犯的独立性,即结合犯是由数个独立成罪的犯罪行为结合为一罪,而结果加重犯只是单独的一罪。详言之,结合犯须有两个独立的犯罪行为,是罪与罪的结合;而结果加重犯是基本犯罪与加重结果的结合。其加重结果是由基本犯罪引起的,它依附于基本犯罪而存在,所以只有基本犯罪一个独立的犯罪行为,这是区别两者的关键所在。

此外,结合犯是数个故意罪的结合,而结果加重犯的基本犯罪是故意,对于加重之结果,一般为过失。[③] 结合犯有既遂未遂的问题,而结果加重犯不存在未遂。

2.结合犯与转化犯:转化犯这一概念,为我国刑法学者所首创。所谓转化犯是指行为人在实施某一较轻的故意犯罪过程中,由于行为人行为的变化,使

---

① 关于结合犯与转化犯的关系,在外在特征上,两者均存在构成要件要素相结合而成立新罪的特点。两者的不同之处是:在转化犯中,特定的行为具有的部分构成要件要素事实与前一犯罪(本罪)构成要件要素事实一起,正好填充转化罪的构成要件,本罪与转化罪共有部分构成要件要素,表现为甲罪＋部分构成要件要素＝乙罪;而在结合犯中,行为人实施的数个独立的犯罪行为之构成要件要素一起组成一个新的犯罪的构成系统,表现为甲罪＋乙罪＝丙罪。参见肖中华:《论转化犯》,载《浙江社会科学》2000年第3期。

② 以上参见刘宪权、桂亚胜:《论我国新刑法中的结合犯》,载《法学》2000年第8期。

③ 我国刑法第239条第1款规定:"以勒索财物为目的绑架他人的,或者绑架他人作为人质的……致使被绑架人死亡或者杀害被绑架人的,处死刑,并处没收财产",这实际上包括了两种不同的犯罪形态,"致使被绑架人死亡的",是指由于绑架行为而造成他人死亡的结果,这里只有一个绑架行为,故是结果加重犯。而"杀害被绑架人的"是指除了绑架行为以外,还存在着故意杀人的行为,故是结合犯。两者有着质的不同,刑法中将其不加区分,同样对待,恐非妥当。

其性质转化为更为严重的犯罪,依照法律的规定,按重罪定罪处罚的犯罪形态。其特征为:(1)转化犯是罪与罪之间的转化;(2)转化犯是故意犯罪过程中,轻罪向重罪转化;(3)转化犯是法律明文规定的。

转化犯与结合犯相同之处在于其法定性,即发生转化的条件、转化后的定罪及处罚均由法律明文规定。但两者又有明显的不同:从形式上看,结合犯是将两个独立之罪结合为一罪,而转化犯是将一个独立的罪转化为另一独立之罪,且系由轻罪向重罪转化。其强调的是犯罪构成的完全转化而非结合。从实质上看,结合犯具备数个罪过和数个构成要件之行为,而转化犯虽然罪过是数个,但其行为只有一个。从罪数理论上说,转化犯是由于犯罪构成的完全转化,因而其实际上只存在一个犯罪构成。所以应该属于实质的一罪;而结合犯是典型的法定的一罪,即实为数罪,但法律明确将其结合为一罪。

3. 结合犯与想象竞合犯:所谓想象竞合犯是指行为人基于一个(或数个)罪过,实施一个危害行为,而触犯数个罪名的犯罪形态。两者的区别是显而易见的:(1)想象竞合犯只有一个危害行为,而结合犯有数个危害行为。(2)虽然想象竞合犯也不存在数罪并罚的问题,但它与结合犯不实施数罪并罚的根据不同。想象竞合犯是实质的一罪,系一行为触犯数罪名,但只符合一个完整的犯罪构成,构成此罪则不可能构成彼罪,否则有对同一行为重复评价之嫌。因此,在处罚上,想象竞合犯多采用"从一重罪处断"的原则。而结合犯之所以不数罪并罚,就在于法律已明文将数罪规定为一罪,而只需依此罪定罪处罚。(3)结合犯具有法定性,其构成、定罪、处罚皆由法律明文规定。法官无自由裁量之余地。而想像竞合犯,我国现行刑法未对其处罚作出具体规定,就算有的国家(如日本)在刑法中作了规定,其规定也只是原则性的(如"从一重罪处断")。这样就给法官留下了较大的自由裁量的空间。

4. 结合犯与牵连犯:所谓牵连犯是指行为人出于一个犯罪目的而实施某种犯罪,其犯罪的手段行为或者结果行为又触犯了其他罪名的一种罪数形态。结合犯与牵连犯在行为的独立性上是相同的,即具有数个危害行为,且数个行为具有异质性。牵连犯的数个行为必须触犯不同的罪名,而结合犯的数个被结合之罪也必须是不同的罪名。此外,结合犯中的数个被结合之罪之间有时也具有牵连关系。

结合犯与牵连犯的区别:(1)是否具有法定性。结合犯是由刑事法律明文规定的,当具有牵连关系的两个以上犯罪行为,经由刑事法律规定为一个具体明确的犯罪之时,就成了结合犯。需要注意的是,虽然刑事法律将数个犯罪行为结合在一个条文中,但并未规定一个具体、明确的犯罪及法定刑,而只是规定"从一重罪处断"的,并不是结合犯,而是牵连犯处断原则的法定化。(2)在处罚上,结合犯有明确、具体的法定刑,系限制法官之自由裁量权,而对牵连犯一般实行"从一重罪处断",皆过多依赖法官之自由裁量。法官不仅能决定量多重的刑,还能决定定何罪。(3)结合犯中各被结合之罪除了有牵连关系外,还有包容关系。(4)在刑法理论上,牵连犯属处断的一罪,而结合犯为法定的一罪。

三、处断的一罪

处断的一罪,是指行为虽然符合数个犯罪的构成要件或者几次符合同一犯罪的构成要件,但只认定为一罪的情况。一般认为,它包括连续犯、牵连犯和吸收犯三种情况。但牵连犯较复杂,是否均属于处断的一罪,存在争议,需进一步探讨。

(一)连续犯

连续犯是指基于连续的同一或者概括的犯罪故意,连续实施数个独立的性质相同的犯罪行为,触犯同一罪名的情况。例如某人乘邻居都去看电影之际,一个晚上连续盗窃五家,每家都因此失窃数额较大的财物。虽然五个盗窃行为都构成犯罪,但均出于同一故意,触犯盗窃罪这一个相同罪名。

连续犯具有以下特征:

1.必须基于连续的同一或者概括的犯罪故意。同一的犯罪故意,指行为人具有数次实施同一犯罪的故意;概括的犯罪故意,指行为人主观上具有只要有条件就实施特定犯罪的故意,这两种心理状态没有本质区别。而数个内涵相同的犯罪故意之间具有连续关系,反映在行为人主观上只有一个明显的犯罪动机,在这一动机驱使下出现几个故意行为。因此,犯罪故意的连续性在行为人内心便是犯罪故意的整体性。

2.必须实施数个独立的性质相同的犯罪行为。首先,行为人必须实施了性质相同的数个行为。其次,数个行为各自均能构成独立的犯罪行为。如果数个行为都不构成犯罪,或者只有一个行为构成犯罪而其他行为不构成犯罪的,则不成立连续犯。但从我国刑法的规定来看,连续犯的数个行为应包括数个行为都独立构成犯罪、数个行为都不独立构成犯罪、数个行为中有的独立构成犯罪有的不独立构成犯罪这三种情况。这种认定法,既可防止行为人逃避刑罚处罚,也有利于正确计算追诉时效。如果以时间和地点上相近的几个连续动作组成一个行为来完成犯罪的,则不是连续犯,而是接续犯(徐行犯)。

3.数个行为之间具有连续性,必须连续实施。行为连续实施是指行为之间有时间上的分割,如果是单一的行为发展过程,中间没有时间上的分割,则是继续犯。但时间上的间隔不能过长,如果行为之间相隔较长时间,则不存在连续性。关于数个行为之间是否存在连续性的判断标准,有主观说与客观说两种对立的观点。主观说以行为人的主观意思为标准来判断;客观说以行为人所实施的危害行为的性质和特征为标准来判断。我们认为,数个行为之间是否存在连续性,应从主客观两个方面进行判断。既要考察行为人有无连续实施某种犯罪行为的故意,也要分析客观行为的性质、对象、方式、环境、结果等,综合判断它们是否存在连续性。

4.数个行为必须触犯同一罪名,即数个行为均符合相同的特定犯罪构成要件,触犯同一具体罪名。如果触犯非同种但同类的罪名,也不能构成连续犯。值得注意的是,刑法中有的条文规定了不同的具体犯罪。因此,触犯同一条文的,不等于触犯同一罪名。如在刑法第251条中,如果行为人先非法剥夺公民信仰自由,后侵犯少数民族风俗习惯的,应成立两个独立之罪,不构成连续犯。

刑法理论虽然认为连续犯是司法实践中认定的处断的一罪,但并不意味着将连续犯认定为一罪没有法律根据。刑法第153条第3款规定:"对多次走私未经处理的,按照累计走私货物、物品的偷逃应缴税额处罚。"第263条将"多次抢劫"、第358条将"强迫多人卖淫或者多次强迫他人卖淫的"规定为法定刑升格的条件。第383条第2款规定:"对多次贪污未经处理的,按照累计贪污数额处罚。"以及刑法第89条规定:犯罪行为有连续状态的,其追诉时效从行为终了之日起计算。这些都表明了对连续犯只认定为一罪。但有些学者据此认为连续犯不属于处断的一罪,而应属于法定的一罪。

对连续犯应当适用按一罪从重处罚,或按一罪作为加重构成情节处罚的处断原则,不能数罪并罚。

(二)牵连犯

牵连犯,是指行为人实施某种犯罪(本罪)时,犯罪的手段(方法)行为或结果行为又触犯其他罪名的情况。这个定义强调牵连犯的数行为之间首先应具有牵连关系,否则就不成其为牵连犯了。这个定义还强调牵连犯的成立,行为人应具有主观因素,最根本的一点是为了突出反映牵连犯中本罪与他罪之间的不同地位以及相互关系。当某一行为是实施某种犯罪的手段时,该行为与犯罪行为之间就存在手段关系,是目的行为与方法行为的牵连,如以伪造公文方法(手段行为)骗取公私财物(目的行为)。当某一行为是某种犯罪行为实施的结果时,该行为与犯罪行为之间就存在结果关系,是原因行为与结果行为的牵连，如盗窃他人皮箱（原因行为）后，发现其中有毒品而加以藏匿，非法持有毒品（结果行为）。两者均构成牵连犯。

牵连犯具有以下特征：

1.必须出于一个犯罪目的。根据这一特征，过失犯罪与间接故意缺乏犯罪目的，不能成立牵连犯。具有多个犯罪目的时，也不能成立一个牵连犯。

2.必须实施了两个以上的相对独立的犯罪行为。其中有一个是目的行为，其他的是方法行为或结果行为，并围绕目的行为而实施的。如果仅实施了一个犯罪行为，则因行为之间的牵连关系无从谈起而根本不能构成牵连犯，这也是牵连犯与想象竞合犯相区别的重要标志之一。同理，若行为人实施的数个危害社会行为中只有一个构成犯罪，也不能构成牵连犯。

3.必须是数行为之间具有牵连关系，具体表现为手段行为与目的行为的牵连关系，原因行为与结果行为的牵连关系。但对牵连关系的理解，刑法理论上存在分歧，对牵连犯的牵连关系认定主要有三种不同的观点：(1)主观说（又称犯意继续说）。认为数行为之间有无牵连关系应以行为人的主观意思为标准，即行为人的行为是用一个犯罪意思统一起来的。(2)客观说。认为由于牵连犯特点主要集中在行为人的客观行为上，所以，在认定牵连犯数行为之间有无牵连关系时，不应以行为人主观上有无使其成为方法行为或者结果行为的意图为准，而应以行为人所实施的本罪与其手段行为或结果行为在客观上是否存在牵连关系为准。客观说又有形成一部说、包容为一说、直接关系说和通常性质说之分。(3)折衷说。认为认定本罪与手段或结果行为的牵连关系，应从主客观两方面分析。也即所谓"手段或结果"的关系，在客观上就是成为通常的手段或成为通常的结果的行为，同时，在行为人主观上，要有犯意的继续。

根据主客观相一致的原则，比较上述诸种学说，应以折衷说较为科学。这是因为牵连犯应是主观因素和客观因素的有机统一体，而牵连关系的形成既不能脱离行为人的主观因素，也不能脱离行为人的客观因素。只是，对于折衷说提及的客观因素之内容的认定上，应以"一个犯罪目的"作为标准，正是因为有了这个犯罪目的，行为人主观上才有牵连的意图。

4.数个行为必须触犯不同的罪名。如果数个行为只触犯一个罪名，不能成立牵连犯。[①]

---

① 也有人认为，牵连犯的成立必须具有四个条件，即行为的复数性、独立性、异质性和牵连性。详见刘宪权：《我国刑法理论上的牵连犯问题研究》，载《政法论坛》2001年第1期。

牵连犯是一罪还是数罪？按照行为说、法益说、构成要件说，其性质属于本来的数罪，但由于处刑上按其最重刑罚判处，所以又是科刑上的一罪或裁判上的一罪。但犯意说则认为，它在性质上就是一罪，因此没必要把它列为科刑的一罪。

到目前为止，除个别如日本和我国台湾等国家和地区以外，世界各国刑法典大多没有对牵连犯作出规定。受日本刑法影响，我国近代刑事立法中也有牵连犯的有关规定。尽管各国理论上和司法实践中对于牵连犯适用和处罚原则曾作过不少研究，但认识并不一致。新中国1979年颁布的第一部刑法以及1997年经修订后的现行刑法对牵连犯的概念和处罚则未作明文规定，但理论上和司法实践中一般均加以认可和适用。我国的刑法理论认为牵连犯实质上是数罪，这是正确的。由于刑法总则没有明文规定牵连犯的处断原则，因此一般认为对牵连犯在处刑上是"从一重论处"，是处断的一罪。

近年来，特别是新刑法颁布以来，理论界和司法界对牵连犯处断原则展开论争，主要有以下三种观点：

一是从一重处断说，即对牵连犯应按数罪中最重的一个罪定罪，并在其法定刑之内酌情从重判处刑罚。因为从根本上讲，既然承认牵连犯，就不应该有数罪并罚的问题，如果实行数罪并罚，也就不是牵连犯。如果说对牵连犯也可以实行数罪并罚的话，那么，在理论上还有什么牵连犯存在的必要性？

二是并罚说，即对于所有的牵连犯均应实行数罪并罚。因为牵连犯无论从何种角度讲，均触犯了刑法中所规定的数个不同的罪名，既是数罪就应并罚。对牵连犯采用从一重处断的原则，于法无据。

三是从一重处断和数罪并罚择一说（又称双重处断原则说），即对牵连犯既不能一律采用从一重处断的原则，也不能均适用数罪并罚，而应当依据一定的标准决定究竟采用何种原则予以处断。由于所依据的标准不同，此说又可分为两种类型。(1)是以法律规定为标准的双重处断原则说，即对于刑法无明文规定的牵连犯，应适用从一重处断的原则；对于刑法已明文规定或明文规定予以并罚的牵连犯，应当实行数罪并罚，如刑法第241条第4款之规定即是。(2)是以罪行轻重为标准的双重处断原则说，即对于危害程度一般或轻罪的牵连犯，应适用从一重处断的原则；对于危害程度严重或重罪的牵连犯，则应实行数罪并罚。

在我国现行刑法典规定的背景下，我们认为当刑法没有特别规定的情况下，对牵连犯应当适用从一重处断原则定罪处刑。牵连犯虽在实质上属于数罪，但因数罪之间的特殊关系（即牵连关系）的存在而客观上降低了其社会危害的程度,因此,对其不实行并罚也确实有一定的合理性。也正是因为这一点,对于牵连犯的认定应从严把握,以防随意将理应数罪并罚的犯罪当做牵连犯对待;但对于牵连犯的处罚,则必须坚持从一重处罚的原则而不能实行并罚。只是在刑法特别规定以数罪论处时,则对牵连犯实行数罪并罚,如刑法第157条第2款以及第241条第4款之规定[①];当刑法特别规定从一重处断时,对牵连犯就应当从一重处断,如刑法第299条第3款之规定。应当严格依照刑法典的特别规定论处。

最后,介绍一下(1)牵连犯和想象竞合犯的关系:

所谓想象竞合犯是指一个行为触犯数个罪名的罪数形态。它与牵连犯在理论上存在若干相同或相似之处,如都存在触犯数个罪名的情况,而且往往可以找到数个结果和数个罪过,此外,牵连犯的方法犯罪行为或结果犯罪行为有时经常被人们理解为是犯罪方法或犯罪结果,这就使两者在实践中经常被人们混同。但是,两者还是有很大区别的。因为牵连犯成立的首要条件是其行为的复数性,也即数行为的存在是构成牵连犯的前提条件。而这一点恰恰是牵连犯和想象竞合犯最关键的区别。想象竞合是实质的一罪,即行为人实施一行为所采取的犯罪方法或造成的犯罪结果虽然可能触犯其他罪名,但因其只有一个行为,也就不存在有方法行为或结果行为的问题。由此可见,牵连犯与想象竞合犯的主要区别就在于行为人实施了一个还是数个行为,掌握了这一点也就可以从本质上将两者区别开来。

(2)牵连犯和结合犯的关系:

牵连犯和结合犯的界限也是理论和实践中难以划清的一对罪数形态,特别是我国新刑法颁布后,理论上有一种扩大牵连犯认定范围的倾向,这就很有必要对此进行深入研究。所谓结合犯,系指原本各自独立的且性质各异的数个犯罪,由刑法条文明确结合成为一具体之罪,并规定了相应法定刑的罪数形态。由此概念分析,结合犯与牵连犯的相同之处在于:两者在行为的独立性上是相同的,即具有数个危害行为,且数个行为具有异质性。牵连犯的数个行为必须触犯不同的罪名,而结合犯的数个被结合之罪也必须是不同的罪名。此外,牵连犯的数个犯罪行为之间具有牵连关系,而结合犯中的数个被结合之罪之间有时也具有牵连关系。这些均是牵连犯和结合犯之所以常常被混淆的主

[①] 有人认为:上述这种观点实际上混淆了牵连犯与数罪并罚之间的界限。因为无刑法规定性和不实行并罚性,理所当然的应该是牵连犯的本质特征。参见刘宪权:《我国刑法理论上的牵连犯问题研究》,载《政法论坛》2001年第1期。

要原因。

但是,牵连犯和结合犯的区别还是比较明显的:首先,两者的区别在于是否具有法定性。结合犯是由刑事法律明文规定的,当具有牵连关系(或不具有牵连关系)的两个以上犯罪行为,经由刑事法律规定为一个具体明确的犯罪之时,就成了结合犯;牵连犯则不具有这种法定性,也就是说,牵连犯的成立并不是由于刑事法律所决定,而是由行为人出于同一个犯罪目的以及行为人实施数个犯罪行为之间的牵连关系所决定。其次,在处罚上,结合犯有明确、具体的法定刑,其目的在于限制法官之自由裁量权;而对牵连犯一般实行"从一重罪处断",较多依赖法官之自由裁量(即法官不仅能决定量刑之轻重,还能决定定何罪名)。再次,结合犯中各被结合之罪除了有牵连关系外,还有包容关系。最后,在刑法理论上,牵连犯属处断的一罪,而结合犯为法定的一罪。

但在上述的这些区别中,法定性是牵连犯和结合犯的分水岭,也是区别两者的关键所在。掌握了这一点,一切问题就迎刃而解了。时下,在我国刑法理论界有一种学术倾向,即无限扩大牵连犯的适用范围,较为典型的观点有"牵连犯法定化说",这一学术倾向实际上是混淆了牵连犯与结合犯的界限,并以牵连犯取代结合犯。牵连犯和结合犯是刑法理论上两个重要的罪数形态,是否具有法定性是两者的本质区别,也正是因为此,法定性的特征决定了结合犯不能也不应该为牵连犯所取代。在强调罪刑法定原则的今天,我们的刑法理论更应该突出结合犯适用的法律地位,而不能也不应该因数犯罪行为之间有"牵连关系"的存在,将属于结合犯形态的犯罪归入牵连犯形态之中。相反,我们却应该将虽具有"牵连关系",但同时又具有"法定性"特征的形态归入结合犯形态之中。[①]

(三)吸收犯

吸收犯是指数个行为在客观上成立数个犯罪,但被其中一个犯罪行为吸收,仅以成立吸收行为的一个罪名定罪论处的情况。被吸收的犯罪行为因而

---

① 上述(1)(2)两点,参见刘宪权:《我国刑法理论上的牵连犯问题研究》,载《政法论坛》2001年第1期。

失去独立存在的意义,不再予以论罪。① 例如行为人盗窃枪支后,私藏在家中拒不交出,后一行为被前一行为吸收,仅成立盗窃枪支罪;非法侵入他人住宅实行盗窃,前一行为被后一行为吸收,仅成立盗窃罪。

吸收犯具有以下特征:

1.必须具有数个独立的符合犯罪构成的犯罪行为,这是吸收犯成立的前提。如果只有一个行为符合犯罪构成,则不可能成立吸收犯。

2.数个犯罪行为必须侵犯同一或相同的直接客体,并且指向同一的具体犯罪对象,但触犯不同罪名。② 如果数个行为触犯同一罪名,就不能成立吸收犯。

3.必须基于一个犯意,为了实现一个具体的犯罪目的而实施数个犯罪行为。

4.数个行为之间具有吸收关系。表现为数个行为属于实施某种犯罪的同一过程,前行为是后行为的所经阶段,后行为是前行为发展的自然结局,并且在刑法上没有阻止吸收的规定。否则,即使两罪之间存在上述吸收关系的内容,但法律明文规定实行并罚的,不能成立吸收犯。如刑法第157条第2款规定:以暴力、威胁方法抗拒缉私的,以走私罪和阻碍国家机关工作人员依法执行职务罪,依照数罪并罚的规定处罚。又如第294条第3款规定:犯组织、领导、参加黑社会性质的组织罪,又有其他犯罪行为的,依照数罪并罚的规定处罚。

对于吸收关系,可以分解为三层含义:

1.吸收关系的规则,刑法学界或认为有三种形式,即重行为吸收轻行为、实行行为吸收预备行为、主行为吸收从行为;或认为仅有重行为吸收轻行为一种形式,行为的轻重不取决于行为的先后,而取决于行为的性质和法定刑,社会危害性大、罪质重、法定刑高的犯罪行为,吸收社会危害性小、罪质轻、法定刑低的犯罪行为。我们赞同后一种观点,即重行为吸收轻行为这一规则适用

---

① 也有人认为,所谓吸收犯,是指行为人实施了欠缺牵连意图或连续意图的数个犯罪行为,由于彼此间存在特定的依附与被依附的关系,致一行为被他行为所吸收而失去独立意义,仅按吸收的犯罪行为处断的犯罪形态。这种概念侧重于从犯罪的主观方面来阐述,不同于以往侧重于客观方面的阐述。并且认为吸收犯的构成特征是:行为人必须实施了数个犯罪行为、主观上欠缺牵连意图或连续意图、数个犯罪行为之间具有特定的依附与被依附的关系。详见阴建锋:《略论吸收犯》,载《法学家》1998年第6期。

② 关于此点,即数个犯罪行为之间是否需基本性质相同,或基本性质不同但有密切联系才可成立吸收关系,尚存争议。

于所有吸收犯。①

2.吸收关系的内容:(1)手段与目的的关系。如果目的比手段重,则目的行为吸收手段行为;反之则手段行为吸收目的行为。(2)原因与结果的关系,例如盗窃犯将盗窃所得财物自行销售出去,盗窃与销赃是原因与结果的关系。(3)危险与实害的关系,实害犯吸收危险犯。(4)主干与从属的关系,主行为吸收从行为,实行行为吸收预备行为。

3.吸收关系的形式:(1)作为与不作为的关系,作为吸收不作为。(2)作为与持有的关系,作为吸收持有。如非法持有毒品是一个独立的犯罪。走私、贩卖、运输、制造毒品等罪中,实际上不可能不包含"持有"毒品。但在实践中,处理这几种由积极作为构成的毒品犯罪案件时,持有毒品罪均被吸收。(3)作为与作为的关系,如盗窃与销赃,后行为被前行为所吸收。

由于吸收犯的数个行为存在上述吸收关系,故对吸收犯只认定为一罪,因为上述吸收关系,决定了在某些情况下,行为人实施某一行为,必然引起另一行为,故应当仅按吸收之罪处断,不宜按数罪并罚。这既方便诉讼,也符合刑法的目的。②

此外,吸收犯与转化犯之间也有相似之处,如(1)两者均具有数罪的外观;(2)吸收犯中的数个犯罪行为之间具有重与轻、吸收与被吸收的关系,转化犯的两个犯罪行为之间亦在外观上表现为一罪重、一罪轻的关系;(3)两种形态均具有数行为指向同一具体犯罪对象或行为对象的特点。

两者的不同之处在于:(1)转化犯的本罪与转化罪之间,犯罪构成彼此独立且共有某些犯罪构成要件要素,正是基于某些构成要件要素的兼容性,在本

---

① 吸收犯是刑的吸收、罪的吸收还是行为的吸收,这是将其与牵连犯、连续犯划清界限的关键。有观点认为,牵连犯属刑的吸收,因为其属处断的一罪,也称科刑上的一罪,对数个罪名分别宣判,只是在科刑时以重罪论处,并不发生罪间的吸收;而连续犯是基于同一概括故意,以连续数个犯罪行为触犯同一罪名的犯罪形态,它由于法律的明文规定而在对其评价(即定罪)时以一罪论,故属于罪的吸收。吸收犯则应限定在行为的吸收这一范围,将"重行为吸收轻行为"归入吸收犯中仍是以重罪(刑)吸收轻罪(刑)为基础,故应予以排除。仅保留主行为吸收从行为以及实行行为吸收预备行为两种情况。见古瑞华、陆敏:《事后不可罚行为初探》,载《当代法学》2001 年第 11 期;

② 个别学者甚至认为应将吸收犯吸收入牵连犯的概念中:"从简化刑法理论的要求出发,实际上吸收犯与牵连犯没有区分的实际需要,我们完全可以将吸收犯与牵连犯合而为一,统一归入牵连犯的概念之中。"详见刘宪权:《我国刑法理论上的牵连犯问题研究》,载《政法论坛》2001 年第 1 期。

罪实施的同时或造成不法状态的延续过程中,行为人的特定不法行为才可能与本罪的构成要件要素一起充实转化罪的犯罪构成,使得罪质发生转化。而吸收犯的数个犯罪行为的构成之间,没有构成要件要素的重合性和延展性问题。(2)转化犯中重罪形成不可能先于轻罪,总是轻罪转化为重罪,而吸收犯中重罪与轻罪之间孰前孰后不可一概而论,即使是重罪也可能发生在前。(3)吸收犯为处断上的一罪,而转化犯为实质的一罪。吸收犯的形成是因为数个犯罪行为之一具有独立性,而另一或数犯罪行为具有依附于前者而存在的独立性。转化犯中是由于犯罪构成的完全转化,因而其实际上只存在一个构成要件。

第三节
数罪的类型

　　以科学的罪数判断标准界定数罪的范畴,是适用数罪并罚的前提。因此,不仅要对数罪的概念和基本特征有所了解,还要对数罪的类型有一定程度的认识。因为对数罪进行必要的分类,不仅有助于深化对数罪概念、属性、特征的理解,而且便于在类型化的数罪概念的基础上,加深对数罪并罚适用对象的认识,有利于数罪并罚的实际操作。依据不同的标准,可对数罪进行多种分类,其中有助于适用数罪并罚的分类,主要有以下几种:

一、实质数罪和想象数罪

　　实质数罪与想象数罪,是以行为人的犯罪事实是否充足符合数个犯罪构成为标准,对数罪所进行的分类。实质数罪,是指行为人的犯罪事实充足符合数个犯罪构成,构成数个独立或相对独立之罪的犯罪形态。想象数罪即想象竞合犯,是指行为人的一个行为(犯罪事实)仅充足符合一个犯罪构成,但在表面上触犯数个罪名,似乎符合数个犯罪构成的情况,换言之,想象数罪是行为人基于一个犯罪意图所支配的数个不同的罪过,实施一个危害行为,产生数个危害结果,触犯数个异种罪名的情况。

　　这种数罪分类法的意义:首先,有助于确定各种罪数形态的罪数本质,并从中区别出实质数罪,特别是非并罚的实质数罪,从而分别为实质数罪和想象数罪适用不同处断原则提供依据。其次,区别出实质数罪,就为数罪并罚确定了基本的适用对象。因为并罚的数罪必然是实质的数罪,所以,准确地认定实质数罪,是实行数罪并罚的前提条件。

二、异种数罪和同种数罪

异种数罪和同种数罪,是以行为人的犯罪事实充足符合数个犯罪构成的性质是否一致为标准,对数罪所进行的分类。异种数罪,是指行为人的犯罪事实充足符合数个性质不同的犯罪构成的情况,同种数罪,是指行为人的犯罪事实充足符合数个性质相同的犯罪构成的情况。具体而言,就是行为人实施的数个犯罪行为所触犯的罪名是否相同。如果不相同即为异种数罪,如果相同即为同种数罪。

这种数罪分类法的意义是:首先它们都是实质数罪的基本形式。不能因数罪的性质有别而否认其中任何一种数罪作为实质数罪的法律地位。其次它们均可被分为并罚的数罪和非并罚的数罪。最后,在一定的法律条件下,对于异种数罪必须予以并罚,而对于同种数罪则无须实行并罚。

三、并罚的数罪和非并罚的数罪

并罚的数罪和非并罚的数罪,是以对实质数罪是否实行数罪并罚为标准,对数罪所进行的分类。并罚的数罪,是指依照法律规定应当予以并罚的实质数罪。非并罚的数罪,是指无须予以并罚,而应对之适用相应处断原则的实质数罪。这种数罪分类法的意义是:认清实质数罪中应予并罚的数罪范围,同时针对非并罚的实质数罪,包括其中的异种数罪和同种数罪,确定适当的处断原则。

四、判决宣告以前的数罪和刑罚执行期间的数罪

判决宣告以前的数罪和刑罚执行期间的数罪,是以实质数罪发生的时间条件为标准,对数罪所进行的分类。判决宣告以前的数罪,是指行为人在判决宣告以前实施并已被发现的数罪。刑罚执行期间的数罪,是指在刑罚执行期间发现漏罪或再犯新罪而构成的数罪。这种数罪分类法的意义是:明确应予并罚的数罪实际发生的时间条件,并对发生在不同阶段或法律条件下的数罪,依法适用相应的法定并罚规则,决定应予执行的刑罚。由于我国刑法对发生在不同时间条件下的数罪,规定了不同的并罚规则,所以这一数罪分类法成为正确适用不同法定并罚规则的必要前提。

第15章 □□□
刑罚概说

第 一 节
刑罚的概念

一、刑罚的定义

　　刑罚与犯罪一起构成了整个刑法的两大基本范畴。犯罪与刑罚密不可分，犯罪是刑罚的前提和基础，刑罚则是犯罪引起的最主要法律效果。刑罚也是国家维系法律秩序的必要手段。一个国家如果没有刑罚，则其法律秩序必将终止，国家、社会和公民个人的利益也将会轻易地受到侵害。

　　什么是刑罚？在刑法学或刑罚学中有多种界定。我们认为，所谓刑罚是指由国家最高立法机关在刑法中确立，由法院根据刑事诉讼法规定的刑事诉讼程序对犯罪人适用并通过特定的机构执行的最为严厉的法律制裁方法。据此，刑罚有如下特征：

　　1.刑罚由国家最高立法机关在刑法中加以确定。刑法是一种非常严厉的法律制裁方法，会严重损害受刑主体的权利，因此，世界各国在刑罚的确定上都非常慎重，大多是由国家最高立法机关制定。我国也不例外，在我国，刑罚的确定只能由全国人民代表大会及其常委会进行，其他任何机关都无此项权力。刑罚的种类及适用标准在刑法中的明文规定有助于保证刑罚制度的统一性，是罪刑法定原则的基本要求。

　　2.刑罚以法院为科刑主体。在任何一个国家，法院都是适用刑罚的唯一机关，虽然检察机关在一些国家可能有刑罚适用的建议权。在我国，法律明确规定，刑罚适用的主体只能是人民法院，其他任何国家机关或团体包括检察机关和公安机关都无权适用。

3.刑罚以犯罪的个人或单位为受刑主体。刑罚是以犯罪为前提,是犯罪所引起的必然法律后果,它实际上是对犯罪人的犯罪行为所作出的评价,表现出对犯罪人的社会伦理上的谴责和社会正义观念。与之相适应,刑罚处罚的对象只能是实施了犯罪行为的犯罪人,包括自然人或者单位。刑罚严格遵循罪责自负的原则,坚决反对适用于任何没有参与实施犯罪行为的人。

4.刑罚是依刑事诉讼法规定的程序加以适用。法院是有权适用刑罚的唯一机关,但其适用刑罚必须严格依照刑事诉讼法规定的诉讼程序进行,不得随心所欲。法定程序是国家追究和惩罚违法犯罪活动,保障司法公正,维护社会稳定的有力手段和根本途径。司法公正包括实体公正和程序公正两个不可分割的方面。没有程序公正,实体公正就不能实现,司法公正也就无从谈起。在现代法治社会,公开与公正往往是一个词的两个方面,只有公开,才能够有公正。法定程序就是司法公开的一种保障,遵守法定程序有利于保障这种“看得见的公正”的实现。

5.刑罚由特定的机构执行。刑罚的执行机构具有特定性。在我国,刑罚的执行机构包括法院、公安机关、监狱以及其他劳动改造机关。根据刑法和刑事诉讼法的规定,死刑、罚金和没收财产由人民法院执行,“死缓”、无期徒刑和有期徒刑由监狱或其他劳动改造场所执行,管制、拘役和剥夺政治权利由公安机关执行。上述各机构必须各负其责,不得越权。

6.刑罚是最严厉的法律制裁方法。刑罚是对受刑主体一定权益的限制和剥夺。在整个法律制裁方法体系中,刑罚表现得最为严厉。从形式上说,刑罚不仅可以剥夺受刑主体的一定的财产和特定的资格,而且可以剥夺其自由,直至剥夺其生命。而其他制裁方法,都不涉及生命问题,一般只涉及财产,最多只是人身自由的短期被剥夺。从内容上说,刑罚的确定,表明社会对其犯罪行为的一种具有社会伦理性的谴责,留下了难以抹去的前科纪录。其他制裁方法则达不到这种效果。可见,刑罚比任何其他制裁方法都来得严厉。

二、刑罚的基本思想

1.报应思想

报应思想的基本含义是指人们应为自己的危害行为付出相同代价。它源于原始社会“以牙还牙”、“以眼还眼”的朴素观念,再加上宗教中的“恶有恶报、善有善报”的信条,从而成为人类相当古老的一个解决人们之间冲突的基本思想。报应思想深入人心,古今中外同然。

它从表面上看极其符合民众公平正义的要求,从社会心理上看也被视为理所当然,因而报应思想的存在具有广泛的社会基础。

在现代刑法中,报应思想完全不同于原始状态下的简单报复。报复只是希望抚平仇恨的心理,并无节制可言。而现代报应思想以实现社会公平正义为使命,一方面强调透过正式的刑事追诉,防止私人间的报复;另一方面强调善与善、恶与恶之间的对等关系,刑罚程度与犯罪内容的比例关系,追求"均衡的正义"。由于正义仍然是刑罚追求的主要价值目标,报应思想就当然被认为是国家刑罚权正当性的理论基础,

"罪刑均衡"是报应思想的核心,有了这种均衡,就可以防止刑罚漫无目的或无节制的超量的运用,所以,它被认为是正义理念的表征。一般认为,报应思想的确立须有三个先决条件:一是国家具有刑罚权,以刑罚之痛苦报应犯罪之恶害;二是罪责的程度具有可分性并可以使其与刑罚的轻重保持相称性;三是对犯罪人的处罚可使社会公众感受到公平与正义。

2. 预防思想

预防思想的产生是因为人们发现了报应思想的不足。报应思想虽然可以使犯罪人得到公正的报应,但是难以弥补犯罪所造成的损害,无法修复犯罪引起的社会裂痕。因此,预防思想就应运而生,即希望刑罚发挥防范犯罪的功能,防患于未然,以避免造成难以弥补的损害。

预防思想包括一般性预防和个别性预防两个方面,即所谓的双面预防,其代表人物是贝卡利亚与边沁。贝卡利亚认为刑罚目的在于:"阻止罪犯再重新侵害公民,并规戒其他人不要重蹈覆辙。"[①]一般性预防希望凭借刑罚对于社会公众在心理上产生的威慑作用,收到一种普遍性的预防效果;个别性预防则是以刑罚作为矫治罪犯的手段,陶冶犯罪人的品行,加强其社会责任意识,帮助其再社会化,以收预防犯罪之效。预防思想也有三个内在先决条件:一是人的行为可以被确实而可靠的预测;二是刑罚要依人的人身危险性(犯罪倾向性)而定;三是犯罪的倾向可以通过刑罚得到有效的遏制,从而有产生预防效果的可能。

在现代刑罚思想中,出现了报应思想与预防思想相互吸收和相互补充的趋势。各国在制定刑事政策的时候,都不再只强调一种思想,而排斥另一种思想。在这种情况下,刑罚不能因为要达到预防目的,就牺牲报应的本质,放弃对公正的追求。同样,也不能为单纯的报应而置预防目的于不顾。所以,现代

---

① [意]贝卡利亚:《论犯罪与刑罚》,黄风译,中国大百科全书出版社1993年版,第5页。

大多数国家都将两种思想进行整合,采用刑罚与保安处分并存的"双轨理论",并在此基础上,构建刑罚制度。

三、刑罚的原则

刑罚的基本原则是人道原则。"人道"按《现代汉语词典》的解释是关爱生命、尊重人格和权利的道德。作为刑罚原则,它是指国家在创制、适用和执行刑罚过程中表现出的善良、博爱的态度与做法。在任何一个法治国家,人道都是法律中不可或缺的基本概念。人道原则已经成为许多国家刑罚权的指导原则以及刑事政策的基石。

一般来说,人道原则包括下列几层含义:

1. 保护与尊重罪犯人性尊严

国家在惩罚犯罪的时候,应当以一种人性的态度来对待罪犯,把犯罪人当作人来看待。罪犯犯了罪,哪怕是非常严重的罪行,他在受到国家审判以及惩罚的时候,其人性的尊严也应当受到保护与尊重,就是说,对任何人的惩罚,都要受到人道的原则和规则的规制和约束。

2. 禁止把犯罪人作为达到刑罚目的的工具

这是哲学家康德提出的一项内容。他认为每个人都应当被尊重,不可把一个人当作实现某种目的的手段而加以利用。运用到刑罚上就是,犯罪人虽因犯罪而受惩罚,但其在刑事司法上仍具有独立自主的人格,不能被当作警戒社会大众的工具。把个案中的行为人当作威吓大众的工具,与法治国家的原则相悖。

3. 给罪犯以人道待遇,禁止使用残酷的、藐视人权的刑罚手段

在现代法治国家,残酷、野蛮的刑罚方法都是一律被禁止的,基于刑罚谦抑的思想,刑罚的宽和、人道和轻缓化已经成为发展趋势。按人道主义的观点,惩罚的目的有两个,一个是罪犯灵魂的改造,另一个是社会的道德化。酷刑和野蛮的刑罚并不能保证这两个目的的实现,反而易使罪犯更加堕落和极端,对社会道德的重整也无助益。在行刑中给罪犯人道待遇,比如,避免过分拥挤的囚房、过差的伙食、超负荷的或毫无目的的劳动等,会使犯罪人充分感受到人间的温情和人性的力量,从而唤起其良知,有助于其重新回归社会。

总之,无论是从报应刑还是从功利刑的观点来看,惩罚必须以人道作为尺度,均应受到人道主义的制约,亦即刑罚的分量与内容不可为了实现道德报应或是功利的理由而无限膨胀。刑罚所应当做的是给罪犯予惩罚,而不是报复,不应忽略现代刑事政策中人道关怀的内容。

第二节
刑罚的功能

　　刑罚功能是与刑罚目的密切联系的一个问题。它是指国家创制、适用和执行刑罚所产生的社会作用或效应。刑罚所产生的作用既可能是积极的,也可能是消极的,正像德国著名刑法学家耶林所言:"刑罚如两刃之剑,用之不得其当,则国家与个人两受其害。"[①]但是,刑罚自诞生以来,随着社会的进步,在经历了严重的社会现实挑战和理论上的诘难以后,仍然作为世界各国对付犯罪的主要方法表明其所发挥的作用是无以替代的。它实际表明,人类至今还没有找到比刑罚更好的对付犯罪的方法,人们目前对它的功能的关注更主要的还是在它的积极面。这也是为什么刑罚得以在现代社会仍可安身立命的原因。

　　刑罚有哪些功能,理论界的见解有不同。我们认为,刑罚的首要功能是防卫社会功能,它对刑罚的其他功能具有制约作用,刑罚的其他功能均以该功能的存在为前提。因为犯罪是严重地危害国家、社会或个人利益的不法行为,危及社会的安宁秩序,降低人们的安全感,国家以刑罚这种最为严厉的法律制裁手段制裁犯罪人,并进而抗制和阻遏犯罪,就是为确保社会共同生活的基本价值,建立社会共同生活所不可或缺的法律秩序。这一功能的实现有赖于其他几个功能的充分发挥:

一、对犯罪人的惩罚功能

　　刑罚是对犯罪人的制裁手段,能够发挥出惩罚的作用。这一功能以剥夺或限制犯罪人一定的权益为内容,并由此使犯罪人深切地感受到刑罚制裁的痛苦,产生对刑罚的敬畏,萌发不再犯的决心。任何刑罚都具有惩罚功能,这是刑罚的共性;但不同种类的刑罚则会发挥出不同程度的惩罚作用,这又是刑罚的个性。比如生命刑、自由刑、财产刑和资格刑对犯罪人的惩罚强度是不同的。如何来确定惩罚的强度,一般须考虑以下三点:第一,对犯罪者的惩罚要恰到好处地反转其因犯罪所得的快乐,也即惩罚的强度要超过犯罪所获,但不

---

　　①　转引自林山田:《刑罚学》,台湾商务印书馆1983年版,第127页。

应由此得出刑罚强度越高越好的结论;第二,惩罚带来的痛苦旨在防止罪行重演,因此,刑罚以其制造痛苦的固有特征,在用禁止、强制、束缚等符号向犯罪人传递信息的时候,应尽量扩展惩罚的观念,而不是体罚的现实,要给予充分的想象空间;第三,对犯罪者的惩罚不仅要给犯罪者造成强烈震撼,而且要带给社会大众持久而深刻的印象。虽然惩罚具有相对性和临时性,效果也会因人而异,但不能因此否定刑罚的惩罚功能的存在。

二、对犯罪人的矫治功能

刑罚是对犯罪人的惩罚,但在惩罚的同时要矫治犯罪人,促使其能悔过自新,不再犯罪。这也实际上就是对犯罪人的再社会化功能。它是在对传统刑法报应思想进行反省后,基于社会防卫理论而来。矫治是指通过医疗、教育等手段,使犯罪人悔改向上,重新适应社会生活。它大力提倡在监狱实行医疗模式,即将医院治疗病患的观念与矫治理念结合后纳入矫正体系中,其基本流程是把犯罪人视为病人,从入狱开始就进行调查、诊断、分类,然后拟定个别化处遇方案和治疗计划,再结合假释制度等,让表现良好的犯罪人提前出狱,回归社会。在此种情况下,监狱兼有医疗、教育、职业及心理分析等多重功能。犯罪者在付出代价之后,终将重回社会(被判死刑者除外),所以,通过矫治,使犯罪者再社会化已受到近现代各国的高度关注和重视,成为各国刑事政策和刑罚制度共同的方向。但在20世纪后期,矫治对人力物力的大量消耗和受刑人更生的现实困难引起人们对矫治成效的质疑。目前西方国家在刑事政策上已经有了一些重大转向措施,如非罪化、非刑化以及转向处分制度的运用等。

三、对被害人的安抚功能

安抚功能是指通过惩罚犯罪人,对被害人及其亲属在心理上和精神上的一种安慰和补偿。犯罪会激起被害人及其亲属的义愤,刑罚的适用能在一定程度上满足被害人要求惩罚犯罪的强烈愿望和正义呼声,使其精神创伤得到抚慰,愤怒情绪得以平息,尽快从被害所造成的痛苦中解脱出来,从而防止他们对罪犯的私力报复。对罪犯进行复仇,是人类的自然情感,但法治国家禁止进行私力救济,这就要求国家在行使刑罚"代位权"的时候,充分考虑被害人愿望。尽管现代刑法已突破原始复仇思想,但安抚被害人及其亲属的功能始终是存在的。从刑事司法的发展趋势上来看,被害人的法律地位正在逐步上升。在发达国家广泛实行的修复性司法就是具体体现。

四、对社会其他成员的威慑功能

刑罚具有威慑功能源于刑事古典学派的主张。其基本假设是：如果没有刑罚威慑的制衡，人人都有犯罪的可能性和潜能，所以，犯罪的动机无需解释，犯罪是基于行为人的理性抉择。刑事古典学派的代表人物之一边沁曾指出，自然将人类置于至高无上的两个主人——痛苦和快乐的摆布之下，他们掌握了我们所做的，我们所说的和我们所想的，所以，人类行为的基本目的是要取得利益、快乐和幸福，避免邪恶、痛苦和不幸。在此情况下，人们会对自己行为可能带来的痛苦与快乐进行权衡并作出行为抉择。为此，刑罚之痛必须超越犯罪之利，以威慑犯罪人。[①] 这些思想引起了各国的重视，在此基础上产生起来的刑法威慑主义已成为今日各国刑事政策的一部分，各国无不在刑罚的设置和运用方面就如何发挥刑罚的威慑效力做文章。刑罚是为全社会而设的，它的着眼点在于社会大众。国家通过刑罚的明确化和实定化以及惩治犯罪就是要告诫社会大众法律不可侵犯，法律秩序不容破坏。因此，刑罚不仅对潜在犯罪人具有威慑作用，而且在一定程度上对社会大众也产生教育作用。

但是，对刑罚的威慑功能应有全面的认识，要认识到刑罚的威慑作用也有很大的局限性，不可能借严刑峻罚达到"禁一奸之罪而止境内之邪"的预防效果。威慑思想的确蕴涵着某些值得肯定的积极因素，因为它从人的追求功利的本性出发，通过抑制人的犯罪动机来抑制犯罪，有一定程度的合理性。但也要看到，现实生活中的犯罪并非都是基于人的理性抉择，而可能是基于其他原因发生，比如确信犯、激情犯和过失犯等，在这种情况下，刑罚就不会产生效果。另外，过度强调刑罚的威慑作用，就容易产生重刑思想，会忽略社会其他规范的作用，混淆各种社会规范的分工。因为刑法本身仅是社会规范的一环，而不是社会规范的总成。正如刑事实证学派的学者所言："有效的犯罪控制力量不是来自刑罚，而是来自良好的社会政策和多种预防措施。未来的趋势是，制裁越来越多地由预防措施所替代，刑罚在犯罪控制过程中的地位会逐渐下降，退居次要位置。"[②]

---

① ［美］罗伯特·林登：《犯罪学》（英文版），芝加哥大学出版社 1988 年版，第 427 页。
② 《中国预防犯罪通鉴》，人民法院出版社 1998 年版，第 2277 页。

第 三 节
刑罚的目的

一、刑罚目的基本理论

所谓刑罚目的,是指国家创制、适用和执行刑罚所期望达到的结果。刑罚目的理论是刑罚论的核心,是刑罚理论中一个古老而又常新的论题。刑罚目的不论是在理论中还是在实践中,都有着重要的指导意义,因为它决定或制约着刑罚的创制、适用和执行。几百年来,在刑罚目的问题上,由于受到报应与预防两大基本思想的影响,一直存在绝对理论和相对理论之争。

1.绝对理论

绝对理论是以报应思想为基础的刑罚目的理论,是早期报应思想主宰时代的产物。绝对理论认为刑罚本质是单纯的,是自然法则的一部分,刑罚希冀达到的目的就是对犯罪人进行公正报应,以其承受的痛苦来均衡其罪责,从而实现公平与正义。所以,绝对理论又称为正义理论或报应理论。同时,绝对理论还认为由于刑罚的公正报应,犯罪人得到了向社会赎罪的机会,从而与社会言归于好,故绝对理论亦有称为赎罪理论。

报应理论,由于受到不同时期不同思想的影响,可以分为神意报应论、道义报应论和法律报应论等多种理论。神意报应论认为神是正义的象征,犯罪违反了神意,应受神的惩罚;道义报应论认为社会的伦理道德是正义之所在,主张以行为人道德罪过作为报应的对象;而法律报应论则认为正义的根据在于法律,主张以法律规定的客观危害作为报应的基础。这些理论尽管有着不同的思想基础,但基本精神都是一致的,即强调罪与刑的均衡性。

2.相对理论

相对理论是以预防思想为基础的刑罚目的理论,故又称为预防理论。相对理论认为刑罚目的是为了预防犯罪,其自身只是达到这一目的的必要手段。离开了这一目的,刑罚就变得盲目,就缺乏存在的正当性。刑罚权的根据正是在于刑罚的合目的性和有效性。犯罪只应是刑罚的先决条件,而不应是刑罚的理由。预防目的可以通过威慑和矫治两个方面来实现,从而达到刑罚的功利效果,所以,相对理论又称为目的理论或功利理论。

相对理论,因其预防对象和运作方式的不同,可区分为一般预防理论与特别预防理论。

（1）一般预防理论

一般预防理论是以社会大众为预防对象,通过刑事法律的明示和刑事司法的运作,对社会形成威慑力,从而达到预防犯罪的目的。这一理论建立在以刑罚作为威慑手段,能改变人的意图的假设之上,认为人类是理性的动物,具有趋利避害的本能,其行为的动机是要获取快乐和避免痛苦,为了不致使犯罪人从犯罪中获取快乐,就必须使刑罚的痛苦程度超越其可能获得的快乐程度。可见,它是通过法律事先的明定以及随后刑罚的执行对犯罪人以及社会公众形成一种"威慑"的心理状态,从而达到预防犯罪的效果,其意义在于通过刑事立法和司法达到警世作用,以抑制人们的犯罪意念和行为。

（2）特别预防理论

特别预防理论又称个别预防理论。该理论认为刑罚目的在于通过教育或矫治犯罪人,使其能够适应社会生活,重新回归社会,即使其"再社会化",刑罚只是教育犯罪人或促使犯罪人再社会化的必要手段。它强调,为达成这一目的,刑罚的轻重程度应与使犯罪人再社会化所需要的程度相适应。

随着对犯罪与刑罚问题认识的深化,人们发现无论是绝对理论还是相对理论都有不足的一面。绝对理论中"公正报应"观念无疑是正确的,符合社会大众的期望,所以现在的刑事立法和司法实务无不受到正义理念的支配与指导。但是国家刑罚权的行使,并不单纯是为了正义的实现,更不是只为满足社会大众对正义感的愿望或只为满足犯罪人的赎罪需求。事实上,国家行使刑罚权,应具有多元性的目的。预防理论的主旨是罪犯的再社会化,希冀罪犯经由刑事矫治以适应社会生活而不再犯罪。要达此目标,刑罚必将由治疗性的措施来代替。这在理念上具有先进性,但它很难为公众所接受,无法满足社会大众对于正义感的需求。因此,绝对理论与相对理论的对立与争论,引起了合并主义(综合理论)和分配主义的出现。

合并主义融合了绝对理论与相对理论的主张,以正义性(即因为犯罪,要予处罚)和合目的性(即为不使犯罪,予以处罚)作为刑罚权的根据,认为刑罚必须是既能满足正义的需求又能有效防止犯罪的刑罚,应该在公正报应的基础上实现一般预防和特殊预防的目的,强调公正的刑罚必须是讲求罪行均衡的刑罚,不可过分强调对社会大众的威慑或对犯罪人的教化,应避免损害刑罚公正报应的本质。分配主义也认同正义和预防观念的存在,它将刑罚划分为制刑、量刑和行刑三个阶段,认为在不同的阶段,应有不同的出发点,无论是正义还是预防都不能贯穿整个过程。在执行阶段,强调正义;在量刑阶段,强调刑罚的确认;在行刑阶段,则强调预防。各种观念不应予以结合,而应予以分配。

总之,现代刑罚理论基本经历了一个从报应刑论到目的刑论,再到并合理论变迁的历程。

二、我国刑罚的目的

(一)我国刑法学界有关刑罚目的的各种观点

刑罚的目的到底是什么,历来是刑法学界重视的一个问题。理论界可谓众说纷纭。目前,我国刑法学界对刑罚目的的代表性观点主要有以下几种[①]:

1.教育改造说。认为刑罚的目的就是改造教育犯罪人,惩罚只是手段,这是由我国的社会主义性质决定的。

2.惩罚改造说。认为刑罚既有改造的目的,同时也有惩罚的目的。

3.双重预防说。认为适用刑罚的目的是预防犯罪,包括两个方面:一是特殊预防,即通过对犯罪分子适用刑罚,防止其再次犯罪;二是一般预防,即通过创制、适用和执行刑罚防止社会上一般人犯罪。

4.刑罚功能充分发挥说。认为刑罚目的是追求刑罚功能的充分发挥,以最大限度地预防犯罪。

5.直接目的和终极目的说。认为刑罚的直接目的是惩罚、威慑、教育、安抚和改造;终极目的是保护社会主义生产力和生产关系。

6.直接目的和根本目的说。认为刑罚直接目的包括:(1)惩罚犯罪、伸张社会正义;威慑犯罪分子和社会不稳定分子,抑制犯罪意念;改造犯罪分子,使其自觉遵守社会主义法律秩序。根本目的是预防犯罪、保卫社会。

7.刑罚目的二元论说。认为刑罚目的是报应和预防的辩证统一。前者体现了刑罚目的中的正当原则,后者则体现了刑罚目的中的效率原则。

以上观点有不少是共同的或相近的,他们都不乏有其合理的一面,但对有些问题分歧意见较大,仍需进一步探讨。比如惩罚和教育究竟是刑罚的目的还是刑罚的属性、防卫社会到底是刑罚的目的还是刑罚的功能等等。尽管理论观点多种多样,但预防犯罪是我国刑罚的目的则是理论界的共识。鉴于刑罚预防的犯罪包括已然之罪和未然之罪两种情况,相应地,犯罪预防也包括特

---

① 参见高铭暄主编:《刑法专论》(上编),高等教育出版社 2002 年版,第 514～515 页。

殊预防和一般预防两个方面。

（二）特殊预防与一般预防

1.特殊预防

所谓特殊预防,也称个别预防,是指希望通过对犯罪人适用一定的刑罚,使之不再犯罪。特殊预防是通过对犯罪人适用刑罚来实现的。在其早期,主要是通过对犯罪人肉体摧残的方法来实现,如盗者截手、淫者去势等。随着社会的进步,对罪犯的矫治则成为世界各国特殊预防的主要方法。目前,在我国,刑罚实现特殊预防的方式表现为:（1）通过对极少数罪行极其严重的犯罪人适用死刑,永远剥夺其再犯能力。（2）通过对绝大多数犯罪人适用自由刑,在使其与社会相对隔离的同时,对其进行教育和矫治,促使其回归社会后不再犯罪。（3）通过对部分犯罪人适用财产刑,剥夺其重新犯罪的物质条件。（4）通过对某些犯罪人适用资格刑,剥夺他们利用这些权利或资格再次犯罪的可能。

2.一般预防

所谓一般预防,是指希望通过刑罚的制定、适用和执行,防止社会上的其他人特别是不稳定分子走上犯罪道路。一般预防的核心是威慑,威慑是借助于刑罚的威力在社会成员心理上产生的一种阻吓效应。一般预防的方式主要包括:（1）通过制定、适用和执行刑罚,威慑、警戒社会上的不稳定分子,抑制其犯罪意念,使其不敢犯罪。（2）通过制定、适用和执行刑罚,教育群众增强法制观念,并且鼓励群众积极同犯罪作斗争。（3）通过惩罚犯罪人,安抚被害人,防止进行私人报复。

3.特殊预防与一般预防的关系

特殊预防和一般预防是刑罚目的的两个方面,它们之间是紧密结合、相辅相成的。它们在目的上,具有同一性;在功能上,具有互补性。然而,特殊预防和一般预防所作用的对象毕竟有所不同,前者是以犯罪人为对象的,后者则是以可能的犯罪人为对象,因此,刑罚运用方式应该有所不同。此外,在刑罚的不同环节,应有不同的侧重点。在刑罚的制定环节,应突出刑罚的一般预防,在刑罚适用环节,一般是特殊预防和一般预防的并重,当然,根据犯罪人的个人情况,如累犯、初犯等,也可有所侧重;在刑罚执行环节,则应突出刑罚的特殊预防。总之,对任何一个犯罪人适用刑罚,都必然要考量特殊预防和一般预防两个方面,两者不可偏废。

（三）刑罚目的的实现

刑罚目的的实现就是要使人们在制定、适用和执行刑罚过程中所期望的结果变成现实。刑罚目的的实现比刑罚目的的确立要复杂得多。一般来说，要实现刑罚目的，需要注意以下几个方面：

1. 刑罚公正

公正是刑罚赖以存在的正当性根据，是刑罚的灵魂。刑罚的运用，就是要表达正义观念，实现社会公正。公正的刑罚首先要保证刑罚的平等适用，也就是对任何犯罪分子，不论他们的家庭出身、社会地位、职业性质、财产状况、政治面貌、才能业绩等，都要平等地适用法律。这不仅可使犯罪人心悦诚服，而且可以提高公民对于法律的信赖感，增强刑罚的公信力。其次，要做到罪刑均衡，也就是既要依据报应的需要也要依据预防的需要来考虑刑罚的轻重程度，要充分考虑犯罪的危害和犯罪人的人身危险性程度与刑罚轻重的等价。只有做到刑罚公正，才能充分发挥出刑罚效果。因为这种公正合理的刑罚才会增强民众的法意识，并提高民众对于法与不法的感受性，才会产生社会伦理上的效果，形成一种伦理上的约束力。

2. 刑罚严厉

刑罚严厉是指对犯罪者应依据其行为的严重性而给予足够惩罚，以保证刑罚威慑效果，也即对犯罪者的惩罚除了考虑其对社会的危害程度以外，还应考虑反转其因犯罪所得之快乐的需要。惩罚过轻，无法实现刑罚威慑效果；惩罚过重，则会制造不公平状况。为此，在刑事立法上，要严密刑事法网，充实和完善刑罚，以提高犯罪的风险和成本。在刑事司法上，要形成"立法从宽、执法从严"的法治理念，要在平等和公正的司法中体现严厉。通过对犯罪分子政治上、道德上、人身自由上和财产上的惩罚，形成多方面的得失效应，从而对犯罪分子产生一定的心理约束，以达到预防犯罪的目的。

3. 刑罚迅速

刑罚迅速是指刑罚对犯罪的迅速回应，也即使犯罪者迅速受到刑罚制裁。贝卡利亚曾经说："惩罚犯罪的刑罚越是迅速和及时，就越是公正和有效……犯罪与刑罚之间的时间隔得越短，在人们心中，犯罪与刑罚这两个概念的联系就越突出、越持续，因而，人们就很自然地把犯罪看作起因，把刑罚看作不可缺少的必然结果。"[①]刑罚迅速不仅会使犯罪人印象深刻，在内心感到强烈震撼，而且也会使被害人的感情受到抚慰。如果让犯罪人长时间地逍遥法外，法律的威严必将受到损坏，刑罚的威慑效果也会大打折扣。

---

① ［意］贝卡利亚：《论犯罪与刑罚》，黄风译，中国大百科全书出版社 1993 年版，第56～57 页。

4. 刑罚确定

刑罚确定是指犯罪者受逮捕和惩罚的概率。如果犯罪者因执法机关的不力而逍遥法外,或者犯罪者利用自己的优越的社会政治和经济地位逃避法律制裁,都会使刑罚的威慑力大大下降。贝卡利亚曾指出:"如果让人们看到他们的犯罪可能受到宽恕,或者刑罚并不一定是犯罪的必然结果,那么就会煽惑起犯罪不受处罚的幻想。"①犯罪学研究一再表明,刑罚的确定性(入监概率)比刑罚的严厉性(刑期)更有威慑效力。犯罪分子对判刑可能性的关注远胜于对判刑轻重的关注。刑期长短和服刑方式只是满足人们的报应心理需求,对威慑犯罪的作用不大。因此,要实现刑罚的目的,就必须按照有罪必罚的原则精神,真正做到法网恢恢,疏而不漏,让任何犯罪人都难以逃脱法律制裁。

---

① ［意］贝卡利亚:《论犯罪与刑罚》,黄风译,中国大百科全书出版社 1993 年版,第 60 页。

第16章

刑罚的体系

第一节

刑罚体系概述

一、刑罚体系的概念

刑罚体系,是指由刑法所规定的并按照一定次序排列的各种刑罚方法的总和。刑罚体系是刑罚的目的和功能的现实依托,也是刑罚的裁量与执行的前提基础。任何一个国家的刑罚体系,都是在总结本国打击犯罪的立法实践和司法经验的基础上,以刑事立法来选择刑罚种类、规定刑罚性质、设置刑罚幅度、安排刑罚结构而逐步形成的各种刑罚方法的有机统一体。

我国刑罚体系的形成也经历了一个历史发展过程。在民主革命时期,各个革命根据地和解放区人民政府所制定的单行刑事法规中规定的刑罚方法有死刑、有期徒刑(或称有期监禁)、拘役、劳役、剥夺公民权、罚金、没收财产等,个别法规还规定了无期徒刑,不过由于当时处于战争环境,不便执行,所以在实践中很少适用。新中国成立初期,中央人民政府陆续颁布的一些全国性刑事法律,对刑罚种类的规定有了新的发展。1956 年,最高人民法院将各地使用过的刑罚整理归纳为十种:死刑、无期徒刑、有期徒刑、劳役、管制、逐出国境、剥夺政治权利、没收财产、罚金和公开训诫。这对统一各地人民法院使用刑罚方法起了重要作用,也为我国刑事立法确立刑罚体系打下了良好的基础。1979 年刑法对过去适用的刑罚进行了比较研究,参考了各国立法例,并根据同犯罪作斗争的实际需要,选择确定了刑罚的种类,形成了一个科学的刑罚体系。1997 年刑法典修订,继承了这一刑罚体系。可见,我国刑罚体系是在长期同犯罪作斗争中产生并逐步发展和完善的,在此过程中刑罚种类由少到多,由不统一到逐步统一，由不完备到比较完备，主刑和附加刑由不区分到明确区分，刑种的规定由分散于各个单行刑事法规到集中统一于刑法典。

刑罚方法的分类，在各国刑罚体系中根据不同的标准，基本上有两种方法。一是以刑罚所剥夺或者限制犯罪分子的权利和利益的性质为标准，将刑罚方法分为生命刑、自由刑、财产刑、资格刑四类。生命刑，即死刑，是剥夺犯罪分子生命的刑罚方法，是最重的一种刑罚。自由刑，是剥夺或限制犯罪分子人身自由的刑罚方法，如无期徒刑、有期徒刑、拘役等，是运用最广的一种刑罚。财产刑，是以剥夺犯罪分子财产（包括金钱和财物）为主要内容的刑罚方法。资格刑，是剥夺犯罪分子行使某些权利的资格的刑罚方法，如剥夺政治权利。刑罚方法的另一种分类是以某种刑罚方法只能单独适用还是可以附加适用为标准，将刑罚分为主刑与附加刑两类。根据我国《刑法》第33条、第34条的规定，刑罚分为主刑和附加刑两大类。主刑有管制、拘役、有期徒刑、无期徒刑、死刑五种；附加刑有罚金、剥夺政治权利、没收财产三种。此外，《刑法》第35条还规定，对于犯罪的外国人可以独立适用或者附加适用驱逐出境，据此驱逐出境也是一种附加刑。

二、刑罚体系的配置

刑罚体系的配置是指国家在建立刑罚体系时，如何选择刑罚种类、规定刑罚性质、设计刑罚幅度、构建刑罚结构，如何通过具体的制度安排最大限度地发挥刑罚功能、实现刑罚目的。这一问题受制于一国的历史文化传统和现实发展状况，是国家在考虑社会环境和犯罪态势后的立法选择。现阶段我国确立和完善刑罚体系，应当遵循以下原则。

（一）刑罚体系的配置要体现刑罚人道主义

人道主义渊源于14—16世纪欧洲文艺复兴时期，其最初是从反宗教、反专制出发强调对人的尊重，其后逐步进化为关于人的价值和尊严、人的幸福与解放的学说。人道主义在刑法中经由刑事古典学派的发展，主要体现为废除和限制死刑、禁止绝对不定期刑、取消残酷刑和耻辱刑等有关理念。刑罚体系的配置要体现刑罚人道主义，必须做到：

（1）刑罚内容的安排要体现人道主义。刑罚人道主义重视犯罪人的人格尊严，主张刑罚带给犯罪人的痛苦应当控制在人的尊严所能接受的限度之内。刑罚以剥夺犯罪人的一定权益为内容，但又不得剥夺犯罪人不应被剥夺的权益，因此，国家在刑罚内容的安排上，应当依法保障犯罪人的合法权益，避免对犯罪人权益剥夺的随意性。

(2)刑罚体系的架构要体现人道主义。刑罚的目的不只是报应和惩罚,而应以改善犯罪人、促进其回归为宗旨。因此刑罚体系的架构要重视犯罪人的改善和发展,改善过度重视监禁刑的做法,增加资格刑、罚金刑、社会刑等非监禁刑罚方法的比重。

(3)刑罚方法的创制要体现人道主义。刑罚人道主义主张把犯罪人当作人来看待,反对给予任何非人对待。因此,一切侮辱人格、损害人的尊严以及损害人体健康、徒增皮肉与精神之苦的残酷、野蛮的刑罚,都没有也不能见容于我国的刑罚体系。

2011 年通过的《刑法修正案(八)》消减了死刑适用的罪名范围,调整了死刑与监禁刑的结构配置,改革了刑罚体系的配置和刑罚方法的内容,纠正了实际存在的死刑偏重、生刑偏轻问题,完善了管制刑等非监禁刑的具体内容,可以说在刑罚的人道化上迈进了一大步。

(二)刑罚体系的配置要符合宽严相济政策

刑事政策是刑罚配置的现实依据,刑罚政策的变化必然引起刑罚种类、体系结构的变化以及刑罚轻重的变化。新中国成立至今的刑事政策先后经历了惩罚与宽大相结合的政策、严打刑事政策和如今的宽严相济的刑事政策。惩罚与宽大相结合的政策,是我们党和国家最早适用的刑事政策。其后为应对社会变革引起的犯罪率上升问题,从 1983 年开始实行严打政策,有力地遏制了危害社会治安的犯罪。但随着人权保障成为"当今刑法的鲜明主题",特别伴随着依法治国、人权保障的入宪,无罪推定原则在刑事诉讼法中的确立,宽严相济已经成为我国现有的刑事政策。

首先,宽严相济的刑事政策要求刑罚体系的配置实行区别对待、宽严相济。一方面,强调刑罚对犯罪的有效抑制,在调整刑罚结构的时候,应当使之适应遏制犯罪的需要;另一方面,强调人权保障在刑罚中的体现,在调整刑罚结构的时候,应当尽可能地使刑罚轻缓。

其次,宽严相济的刑事政策要求刑罚体系的配置要合理适当、结构协调。从宽严相济的刑事政策出发,刑罚的刑种配置和法定刑幅度安排要比例适度,防止出现刑罚过重或者过轻的现象。例如死刑与监禁刑之间、长期监禁刑与短期监禁刑之间、监禁刑与罚金刑之间要有合理的比例,既不能采取以死刑、长期监禁刑为主的过度重刑主义,也不能采取以不定期刑和社会刑为主的片面轻刑主义。

(三)刑罚体系的配置要贯彻刑罚社会化理念

刑罚社会化不仅是刑罚执行的原则,也应当是刑罚体系构建的追求。刑罚体系的构建不仅要满足对违法者的处罚,还要有助于犯人的改善复归,促进其重新适应社会。由于死刑剥夺人的生命,与刑罚人道主义背道而驰;监禁刑导致犯罪人与世隔离,难以适应社会,因此,应当改革以单纯封闭式监禁处遇为主的刑罚体系模式,增设非监禁刑罚、公益性刑罚、社会化刑罚等刑罚方法,最大限度地避免监禁性刑罚的弊端,促进犯罪人的社会复归。《刑法修正案八》明确规定对管制适用社区矫正,充实完善了管制这一非监禁刑的具体内容,使管制刑能够真正发挥预防再犯、促进复归的刑罚效果,实现了我国刑罚体系结构的合理化。

(四)刑罚体系的配置要符合基本国情

刑罚结构与一定的社会形态相关联,刑罚轻重与社会的发展程度相匹配,这是因为刑罚作为一种社会治理成本,只有在社会治理能力达到一定水平才能降低对刑罚的依赖,从而为轻刑化创造条件。因此,刑罚体系的配置超越了刑罚制度和法律制度本身,而与社会发展的演进和国民观念的变迁紧密相关。一个国家不同历史时期的刑罚体系,都不是立法者随心所欲的创作,而是受制于既定的政治经济、文化传统和社会观念的影响,国家总是根据一定社会的发展水平和价值观念,将剥夺犯罪人可能具有而又最为需要的利益的措施作为刑罚方法,绝不可能将剥夺犯罪人不具有或者可有可无的"利益"的措施作为刑罚方法。

因此,理应从国情出发,考虑社会的物质发展条件和公民的心理承受能力,顺应人们的平均价值观念,来选择刑种建立刑罚体系。任何超越社会发展阶段、违反平均价值观念的刑罚方法都不立作为刑种而列入刑罚体系,因此脱离现实过早地采取标新立异的惩罚措施,或者忽视现实过早地排除仍为人们所接受的传统刑种,都是我们在构建刑罚体系时所必须摈弃的。

(五)刑罚体系的配置要顺应时代潮流

刑罚配置理论发展到今天,经历了从罪刑绝对均衡理论,到罪刑比例均衡理论,再到相当的均衡理论,即既注重刑罚和犯罪相适应,又注重刑罚和犯罪人相适应,从而达到报应和功效的均衡。各国刑罚体系也由原来的以生命刑、身体刑为中心转变为以自由刑、罚金刑为中心;刑种数量由多变少、刑种内容由残酷变为轻缓;刑罚的适用由积极变为消极。特别是二战结束以来,西方国家普遍重视所谓"有效的刑罚方法"和"刑罚执行的有效性",力图适应战后政治、经济、文化以及人们生活方式的变化而导致的价值观念的急剧变化,大力改革了某些传统刑种的内容与执行方式,同时创造了一系列新的刑事责任的实现方式。我国的刑罚体系相对滞后于世界潮流,因此在建立自己的刑罚体系时,理应有选择地予以吸收国外的先进成果,充实完善刑罚方法,合理配置刑罚体系。

三、刑罚体系的特点

我国刑罚体系具有以下特点:

1. 体系完整、结构严谨,适应了同犯罪作斗争的需要。

我国的刑罚由主刑与附加刑构成一个完整的体系,包括各种属性不同的刑罚方法,有生命刑、自由刑、财产刑、资格刑等,可以适应不同犯罪以及不同犯罪分子的状况,对各种犯罪都能给予有效、合适的制裁。我国刑罚体系中的刑罚方法全部都由轻至重排列,主次分明、轻重衔接。从主刑排列次序上看,管制属于限制自由的刑罚,拘役和有期徒刑、无期徒刑属于剥夺自由的刑罚,死刑属于剥夺生命的刑罚,逐步加重。从期限上看,拘役最高期限为 6 个月,与有期徒刑的最低期限相衔接;有期徒刑的最高期限为 15 年,数罪并罚时最高不超过 20 年,对更为严重的犯罪就适用无期徒刑和死刑。主刑只包括生命刑和自由刑,这就保持了主刑在性质上的严厉性,而附加刑包括财产刑和资格刑,可以单独适用或配合主刑适用,这就使得主刑与附加刑互相补充、宽严相济,避免单一刑种的局限性,有利于和不同犯罪作斗争。

2. 方法人道、内容合理,反映了社会主义人道主义精神。

首先,我国刑罚体系的内容具有合理性。整个刑罚体系的内容符合我国国情,符合惩罚与教育改造的需要。各个刑罚都包含惩罚与教育改造的机制,一些刑种的内容(如管制)体现了专门机关与人民群众相结合同犯罪作斗争的方针。以自由刑为中心刑种由轻到重的排列,同时扩大了罚金刑的适用范围,反映了世界刑罚的发展趋势。我国刑罚方法具有社会主义人道性,任何刑罚方法都能使犯罪分子感受相当的剥夺性痛苦,但又不以造成剧烈痛苦为目的;任何刑种都不包含侮辱人格、损害尊严、摧残肉体、折磨精神、牵连亲属的内容;除死刑立即执行以外,刑罚内容都在于促使犯罪人弃恶从善,改过自新。其次,我国刑罚的执行方法具有合理性。死刑用枪决或注射的方法,废弃了斩首、腰斩、凌迟等严酷的死刑执行方法;对被处剥夺自由刑的犯罪分子实行劳动改造,禁止对其体罚虐待、侮辱打骂;对被判处管制的犯罪分子实行同工同酬;对被判处拘役的犯罪分子允许他们每月回家 1~2 天,参加劳动的,可以酌情发给报酬。

3. 宽严相济、目标统一,体现了惩罚与教育相结合的政策。

刑罚体系由轻重不一的刑种组成,主刑与附加刑都有轻有重。如主刑中最轻的管制只是限制犯罪人的一定自由,最重的死刑则是剥夺生命。这使得刑罚体系有宽有严,宽严相济。确立这种刑罚体系,目标是通过贯彻惩罚与教育相结合的方针,收到预防犯罪的实效。因为犯罪现象极为复杂、危害轻重不一,故刑罚种类必须有轻有重;刑罚目的是预防犯罪,单纯的重刑与单纯的轻刑都不利于预防犯罪;在社会主义初级阶段,单纯的重刑与单纯的轻刑,不适应社会的平均价值观念,不能为国民所接受,其结果必将不利于刑罚目的的实现。

第 二 节
主刑

主刑,是刑法规定的人民法院对犯罪分子所适用的主要的刑罚方法。主刑是相对于附加刑而存在的。主刑的特点是只能独立适用,不能附加适用;一个主刑既不能用来补充其他主刑,也不能用来补充附加刑,对于一个犯罪,只能适用一个主刑,而不能适用两个或者两个以上主刑。主刑包括管制、拘役、有期徒刑、无期徒刑和死刑五种刑罚方法。

一、管制

(一)管制的概念

管制是指对犯罪分子不予关押但限制其一定自由,由专门的国家机关在群众协助下实行社区矫正的刑罚方法。管制是我国独创的一种刑罚方法,其产生于民主革命时期,新中国成立之后继续采用。管制最初适用于某些反革命分子和贪污分子,后来逐渐适用于其他刑事犯罪分子,1979年刑法典将其规定为主刑正式纳入刑罚体系。但是,随着经济发展,人们的职业和业务上的流动程度增大,加上国家没有建立监督管制执行的专门机构和人员,使管制的执行往往流于形式,导致司法机关很少适用管制。于是应否取消管制这一刑种,就成为有争议的问题。[①] 1997年刑法典保留了管制,对管制的条件作了增加,加大了惩罚的力度。2011年《刑法修正案(八)》第2条对管制的执行方式作了改革,针对实践中管制监管不力的情况,不仅规定对管制受刑人实行社区矫正,而且强化了管制受刑人的行为管束,以适应对其改造和预防再犯罪的

---

① 马克昌主编:《刑罚通论》,武汉大学出版社1999年第2版,第181页。

需要。

管制这一刑罚方法符合世界刑罚发展的轻刑化趋势。首先,管制的存在完善了刑罚体系的整体结构。管制作为我国刑法唯一的限制自由刑,在刑罚体系上起到承上剥夺自由刑与启下非自由刑的作用。其次,管制的存在体现了预防犯罪的教育刑理念。由于管制对犯罪分子不予关押,可以避免适用短期监禁刑可能导致的交叉感染,有效地促使犯罪人回归社会。再次,管制的存在符合了司法经济的要求。管制可以调动社会力量参与对犯罪分子的改造,减少国家的投入,降低执行、改造成本。同时由于没有剥夺犯罪人的自由,也不致影响犯罪分子的劳动、工作和家庭生活。总之,管制是一种符合现代刑罚发展趋势的刑罚制度,我们应当避免将管制刑执行过程中出现的问题归咎于管制刑本身,而应当努力探索建立健全管制的执行体制、执行机构、执行方式。

(二)管制的特征

根据刑法的规定,管制这一刑罚方法,具有以下特征:

1.管制是依法实行社区矫正的刑罚方法。刑法第38条第3款规定:对判处管制的犯罪分子,依法实行社区矫正。因此,管制是非监禁的刑罚方法,即不将罪犯羁押于一定的设施或者场所内,而是仍然留在原来的工作单位或者居住地,由专门的国家机关在相关社会团体、民间组织和社会志愿者的协助下,在判决确定的期限内,矫正其犯罪心理和行为恶习,促进其顺利回归社会。这种不剥夺自由性与执行的开放性,一方面可以使社会力量有针对性地对其实施矫正,改善受刑人偏差心理,促进其回归和融入社会;另一方面可以避免短期自由刑的固有弊害,降低刑罚执行成本,提高刑罚执行效率。

2.管制是限制一定自由的刑罚方法。刑法第39条第1款规定:被判处管制的犯罪分子,在执行期间,应当遵守下列规定:(1)遵守法律、行政法规,服从监督;(2)未经执行机关批准,不得行使言论、出版、集会、结社、游行、示威自由的权利;(3)按照执行机关规定报告自己的活动情况;(4)遵守执行机关关于会客的规定;(5)离开所居住的市、县或者迁居,应当报经执行机关批准。因此,管制虽然对受刑人不予关押,但限制其一定自由,从而使管制有别于免予刑罚处罚。被处以管制之受刑人的自由虽然受到上述法律规定的限制,但仍然享有有关权利。例如刑法第39条第2款规定,对于被判处管制的犯罪分子,在劳动中应当同工同酬。根据刑法第54条、第55条的规定,被判处管制但未附加剥夺政治权利者仍然享有政治权利。

3.管制是可以同时判处禁止令的刑罚方法。刑法第38条第2款规定:"判处管制,可以根据犯罪情况,同时禁止犯罪分子在执行期间从事特定活动,进入特定区域、场所,接触特定的人。"这里的"特定活动"、"特定区域、场所"、"特定的人",法律未作具体规定,是因为实践中情况比较复杂,难以在法律中作出详尽规定。因此,需要人民法院根据每一起案件的具体情况,考虑个案中犯罪的性质、情节,行为人犯罪的原因,维护社会秩序、保护被害人免遭再次侵害、预防行为人再次犯罪的需要等,在判决时作出具体的禁止性规定。这里的"禁止令"法律只是作了原则规定,并不意味着人民法院可以任意设置禁止令。人民法院作出禁止令,首先要按照法律规定的原则和精神,结合具体案件的情况,从维护社会秩序、保护被害人合法权益、预防犯罪的需要出发进行考虑,并非所有判处管制的案件均要作出禁止令。其次,对需要作出禁止令的,禁止令的内容也要符合法律规定,有利于犯罪分子教育改造和重新回归社会,不得损害其合法权益。由于法律规定比较原则,为了指导各级人民法院准确适用法律,维护法制统一,应当由相关司法机关作出明确解释,严格限定禁止令的适用条件、禁止事项与实施程序等。

为了约束被判处管制的犯罪分子遵守法院判决的禁止令,刑法同时规定了被判处管制的犯罪分子违反禁止令的法律责任。刑法第 38 条第 4 款规定:"对于违反上述规定的禁止令的,由公安机关依照《中华人民共和国治安管理处罚法》的规定处罚。"《中华人民共和国治安管理处罚法》第 60 条规定:"被依法执行管制、剥夺政治权利或者在缓刑、保外就医等监外执行中的罪犯或者被依法采取刑事强制措施的人,有违反法律、行政法规和国务院公安部门有关监督管理规定的行为的,处五日以上十日以下拘留,并处二百元以上五百元以下罚款。"因此,对于被判处管制的犯罪分子在管制期间违反禁止令规定的,应当处 5 日以上 10 日以下拘留,并处 200 元以上 500 元以下罚款。

4. 管制是具有一定期限的刑罚方法,即管制只能在法定的刑期内进行,不得对犯罪分子进行无期限的管制。根据刑法第 38 条、第 69 条、第 78 条的规定,管制的刑期为 3 个月以上 2 年以下;数罪并罚时,管制刑的刑期最高不能超过 3 年。被判处管制的犯罪分子被减刑时,减刑以后实际执行的刑期,不能少于原判刑期的二分之一。管制的刑期计算根据刑法第 41 条的规定,从判决执行之日起计算,判决执行以前先行羁押的,羁押 1 日折抵刑期 2 日。所谓判决执行之日,是指判决生效实际执行之日。所谓羁押,是指在判决以前对犯罪分子的暂时关押,完全限制其人身自由的一种措施。如果是因为取保候审或者监视居住而被限制人身自由的,不能折抵管制的刑期。

二、拘役

(一)拘役的概念

拘役是短期剥夺犯罪分子人身自由,就近执行并实行劳动改造的刑罚方法。我国刑法理论将拘役视为短期自由刑,是主刑中介于管制与有期徒刑之间的一种轻刑。[①]

以往一般认为,短期自由刑的主要弊端有:(1)因为是短期自由刑,所以没有讲究教育、改善手段的余地,或者说没有足够的时间教育、改善受刑人,且因为时间短、严厉性弱而没有威慑力。(2)短期自由刑只能给受刑人的家庭带来物质上、精神上的贫穷,受刑人被释放后难以重返社会。(3)由于执行场所大多设施不齐备,不可能有合格的执行官指导,受刑人反而会感染恶习,使其人身危险性增大。(4)由于短期自由刑的受刑人大多是初犯,故适用这种刑罚会使他们丧失对拘禁的恐惧感,也会造成他们的自尊心受到伤害,不利于防止他们再次犯罪。(5)短期自由刑的受刑人大多处于社会下层,处于社会上层的人往往只被课处罚金,这导致刑罚的不公正。(6)短期自由刑的受刑人过多地占用了拘禁设施,给行刑实务造成了过大的负担。因此,在整个世界范围内都有废除短期自由刑的呼声,我国也有不少人主张废除拘役。[②]

但是,各国刑法都没有废除短期自由刑;从各国司法实务来看,至少对交通犯罪者与经济犯罪者,比较大量地适用短期自由刑;有的国家短期自由刑的适用率相当高。之所以如此,是因为短期自由刑对初犯者、机会犯人、过失犯人具有冲击作用,有利于防止他们再次犯罪;与罚金刑相比,短期自由刑给受刑人造成的痛苦更为明显,具有刑罚的意义;从一般预防的观点来看,短期自由刑也具有必要性;由于短期自由刑属于自由刑,在不分贫富起相同作用这一点上,符合公平的观念,可以避免罚金刑的不公平;刑期短会提高拘禁场所的利用率,这反而是短期自由刑的优点。正因为如此,我国刑法保留了拘役。当

---

① 关于短期自由刑的"短期"的范围,是学界已经争论了一个多世纪的问题。有力的主张有 3 个月说、6 个月说与 1 年说,此外还有 1 周说、2 周说、6 周说、4 个月说、9 个月说等等,最极端的主张是短期自由刑的最下限应为 6 个小时或 12 个小时。我们认为,短期自由刑的短期应以多长刑期以下对受刑者的改善、教育不起作用而定,也即短期自由刑的最下限应以改善受刑者所必须的最低限期为依据。根据我国刑种的现状以及拘役与行政拘留的关系,将拘役视为短期自由刑是比较合适的。

② 参见李贵方:《限制自由刑的比较研究》,载《吉林大学社会科学学报》1990 年第 1 期。

然,也应看到,对拘役的执行必须引起足够的重视,即应当注重在短期内采取有效措施防止恶习感染,力求改造犯罪人。荷兰从 20 世纪 60 年代开始,以"三 S"(short、sharp、shock)理论为指导,频繁适用短期自由刑且收到引人注目的成效。这说明如果注重短期自由刑的执行,还是可以避免其弊端的。[①]

拘役虽然与刑事拘留、司法拘留、行政拘留一样,都是短期剥夺特定人的人身自由,但拘役与刑事拘留、司法拘留、行政拘留有着明显的区别:(1)性质不同。拘役是刑罚方法,刑事拘留是刑事诉讼法中的一种强制措施,司法拘留是属于司法行政性质的处理,行政拘留属于治安行政处罚。(2)适用的对象不同。拘役适用于犯罪分子;刑事拘留适用于刑事诉讼法第 61 条规定的七种情形之一的现行犯或者重大嫌疑分子;司法拘留适用于具有民事诉讼法第 102 条规定的六种行为之一,但又不构成犯罪的民事诉讼参与人或其他人;行政拘留适用于违反治安管理法规,尚未达到犯罪程度的行为人。(3)适用机关不同。拘役和司法拘留由人民法院适用;行政拘留由公安机关适用;刑事拘留一般由公安机关适用,检察机关适用刑事拘留强制措施时,由公安机关执行。(4)目的不同。拘役是刑罚方法,目的是通过对犯罪人的适用,达到特殊预防和一般预防的效果;司法拘留的目的是保证民事诉讼活动的顺利进行;刑事拘留的目的是保障刑事诉讼活动的顺利进行;行政拘留的目的是惩罚和教育有违法行为但尚未构成犯罪的人。

(二)拘役的特征

根据刑法第 42 条至第 44 条的规定,拘役具有以下特征:

1.拘役是剥夺自由的刑罚方法。拘役属于剥夺自由刑,是对犯罪人的自由进行剥夺,羁押于特定设施或者场所之中的刑罚。这是拘役不同于管制而与有期徒刑相同的特点。

2.拘役是短期剥夺自由的刑罚方法。刑法第 42 条、第 69 条规定,拘役的期限为 1 个月以上 6 个月以下,数罪并罚时,拘役刑期最高不能超过 1 年。根据刑法第 78 条的规定,被判处拘役的犯罪人,减刑后实际执行的刑期不能少于原判刑期的二分之一。拘役的刑期,从判决执行之日起计算;判决执行以前先行羁押的,羁押 1 日折抵刑期 1 日。

3.拘役是由公安机关就近执行的刑罚方法。被判处拘役的犯罪分子由公安机关就近执行。所谓就近执行,是指把犯罪分子放在由执行机关建立的拘役所里执行,对于没有条件设立拘役所的地方,可以把被判处拘役的犯罪分子

[①]　张明楷:《外国刑法纲要》,清华大学出版社 1999 年版,第 378 页。

放在就近的监狱执行,对于远离监狱的,可把罪犯放在看守所里执行。在监狱或看守所执行拘役的,要对犯罪分子与被判处徒刑的犯罪人或者被逮捕或者拘留的犯罪嫌疑人或被告人分别羁押,分别管理,以避免交叉感染。无论在什么就近的地方执行,对被执行拘役刑罚的犯罪分子,都要组织他们劳动。劳动是拘役刑的重要特点,正是通过劳动,才能发挥拘役对犯罪分子的惩罚与改造功能。

4.拘役是享有一定待遇的刑罚方法。被判处拘役的犯罪分子,在执行期间,每月可以回家 1~2 天;参加劳动的,可以酌量发给报酬。拘役刑期届满后,不成为构成累犯的因素。这些都是有期徒刑所不具有的特点。

三、有期徒刑

(一)有期徒刑的概念

有期徒刑是剥夺犯罪分子一定期限的人身自由,强制其进行劳动并接受教育改造的刑罚方法。有期徒刑作为自由刑的代表,具有主体的矫正性、适用的裁量性、手段的隔离性、效果的个别性等优点。但同样也存在交互的感染性、管理的封闭性、刑罚的过剩性、刑罚的不足性等弊端。[①] 因此自由刑的地位一度受到冲击,在许多国家出现了罚金刑的适用数量逐年上升、开放或半开放的服刑方式逐渐增加的趋势。但是到目前为止人类并没有设计出一种更好的刑种取代自由刑,有期徒刑在现代各国刑罚体系中始终占据着中心的地位,理论上关于自由刑优劣的争论反而对于有期徒刑的发展完善起了积极的推动作用。

有期徒刑是我国刑罚体系中最常用的刑罚方法。有期徒刑与拘役一样,都是剥夺犯罪分子人身自由的刑罚,但两者在执行场所、执行机关、执行期间的待遇、剥夺自由的期限、法律后果上均有明显的区别。拘役由公安机关就近执行,一般在拘役所、看守所中执行;有期徒刑一般由监狱部门(现阶段属于司法行政机关组成部分)在监狱或者其他劳改场所中执行。被判处拘役的犯罪分子在服刑期间每月可以回家 1~2 天,参加劳动的,可以酌量发给报酬,而被判处有期徒刑的犯罪分子则没有这样的待遇。被判处有期徒刑的犯罪分子有构成累犯的可能性,而拘役则不存在构成累犯的问题。拘役期限最高不超过 1 年,有期徒刑最高可达 20 年。

---

① 陈兴良:《本体刑法学》,商务印书馆 2001 年版,第 691 页。

（二）有期徒刑的特征

有期徒刑是我国适用面最广的刑罚方法，可谓名副其实的主刑。根据刑法第 45 条至第 47 条的规定，有期徒刑具有以下特征：

1. 有期徒刑是剥夺犯罪人自由的刑罚方法。有期徒刑将犯罪分子羁押于特定的设施或者场所之中，剥夺其人身自由，这是有期徒刑区别于生命刑、财产刑、资格刑以及管制刑的基本特征。有期徒刑的羁押场所包括监狱、少年犯管教所、看守所等。

2. 有期徒刑是具有一定期限的刑罚方法。有期徒刑的期限性是有期徒刑区别于无期徒刑的本质特征。根据刑法第 45 条、第 50 条、第 69 条的规定，有期徒刑的一般刑期为 6 个月以上 15 年以下；被判处死刑缓期执行的犯罪分子，在死刑缓期执行期间，如果确有重大立功表现，两年期满以后，减为 25 年有期徒刑；数罪并罚时有期徒刑总和刑期不满 35 年的，最高不能超过 20 年，总和刑期在 35 年以上的，最高不能超过 25 年。根据刑法第 78 条的规定，减刑以后实际执行的刑期，判处有期徒刑的，不能少于原判刑期的二分之一。被判处死刑缓期执行同时决定限制减刑的犯罪分子，缓期执行期满后依法减为 25 年有期徒刑的，不能少于 20 年。有期徒刑的刑期，从判决执行之日起计算；判决执行以前先行羁押的，羁押 1 日折抵刑期 1 日。

3. 有期徒刑的执行机关主要为监狱机关。《监狱法》第 2 条规定："监狱是国家的刑罚执行机关。依照刑法和刑事诉讼法的规定，被判处死刑缓期二年执行、无期徒刑、有期徒刑的罪犯，在监狱内执行刑罚。"因此，在我国，监狱是主要的刑罚执行机关。被判处死刑缓期两年执行、无期徒刑、有期徒刑的犯罪，一般在监狱内执行刑罚。只有少数被判处有期徒刑的犯罪分子，由于执行时余刑不超过一年，可以在看守所执行。法律之所以这样规定，是因为被判处有期徒刑的犯罪分子，往往罪行较重或罪行严重，因此不能像拘役那样在看守所、拘役所执行，而且被判处有期徒刑的犯罪分子数量较多，也非公安机关有能力进行管理，所以对判处有期徒刑的罪犯应当专门为之设立执行机关。

4. 有期徒刑的基本内容是对犯罪人实行劳动改造。刑法第 46 条规定，被判处有期徒刑的犯罪分子，无论在何种场所执行，凡有劳动能力的，都应当参加劳动，接受教育和改造。因此，对被判处有期徒刑的犯罪分子，不是消极地实行关押和监禁，而是强制被判处有期徒刑的犯罪分子劳动，这是有期徒刑的重要特征。强制犯罪分子劳动的目的是通过劳动的方式改造犯罪分子，使犯罪分子接受教育和训练，锻炼和培养犯罪分子的劳动意识和技能，以此来达到特殊预防的刑罚目的。有期徒刑的劳动强制性特征有以下内容：第一，凡是有劳动能力的罪犯,都必须参加劳动,而不考虑罪犯是否愿意劳动的主观态度;第二,罪犯对劳动的场所、种类、形式和时间,必须无条件服从执行机关的安排,一般没有自由选择的权利,但法律规定的特殊情况除外;第三,罪犯的劳动是在严格的监督下进行的,即一方面在严格的武装警戒下进行劳动,另一方面把劳动状况作为悔罪表现而纳入法定的考核奖惩内容。监狱等执行机关在强制犯罪分子参加劳动的同时,还要对其进行充分的政治观念、文化知识和思想道德教育,通过教育感化或者心理辅导等方式,使罪犯的法制观念和规范意识得以强化,达到刑罚特殊预防的目的。

四、无期徒刑

(一)无期徒刑的概念

无期徒刑,是剥夺犯罪分子的终身自由并强制其参加劳动、接受教育改造的刑罚方法。由于无期徒刑是剥夺犯罪分子的终身自由,因此是自由刑中最严厉的刑罚方法,也是我国刑罚体系中仅次于死刑的一种刑罚。

(二)无期徒刑的特点

无期徒刑属于自由刑,有下列特点:

1.无期徒刑是自由刑中最严厉的刑罚方法。无期徒刑剥夺犯罪人终身人身自由,是自由刑中最严厉的刑罚方法。因此刑法仅仅对非常严重的犯罪规定了无期徒刑,规定的方式主要表现为两种情况:一是对于规定了死刑的犯罪,一般同时规定将无期徒刑作为选择刑(个别条文例外);二是将无期徒刑规定为法定刑中的最高刑,在这种情况下同时规定将较长的有期徒刑作为选择刑。判处无期徒刑并不意味着断绝了犯罪分子的自新之路,法律同时规定了减刑、假释、赦免等制度,使具有悔改表现的犯罪分子能够得到刑法的宽大处理。由于无期徒刑是剥夺终身自由,故判决确定前的羁押时间不可能折抵刑期;由于判决确定以前先行羁押并不是"实际执行",故羁押时间也不能计算在作为减刑、假释前提条件的实际执行刑期之内。

2.无期徒刑是强制劳动改造的刑罚方法。根据刑法第46条的规定,被判处徒刑的犯罪分子,在监狱或者其他执行场所执行;凡具有劳动能力的,应当参加劳动,接受教育和改造。刑法规定对被判处无期徒刑的犯罪人可以减刑、假释,也在于促使犯罪人积极改造。因此,我国对被判处无期徒刑的犯罪分子,并非消极关押,而是实行劳动改造。实行劳动改造是被判处无期徒刑的犯罪分子之所以能够在刑罚执行实践中有自新之路的原因,也是我国刑法不将无期徒刑称为终身监禁的原因。

3.无期徒刑是附加剥夺政治权利终身的刑罚方法。根据刑法第57条的规定,被判处无期徒刑的犯罪分子,必须附加剥夺政治权利终身,而对于被判处管制、拘役、有期徒刑的犯罪分子,不是必须附加剥夺政治权利,这也从一个方面说明了无期徒刑的严厉性。

五、死刑

(一)死刑的概念

死刑,也称生命刑,是剥夺犯罪分子生命的刑罚方法,包括立即执行与缓期两年执行两种情况。由于死刑的内容是剥夺犯罪人的生命,而生命具有最宝贵且剥夺后不可恢复的价值,因此死刑是最为严厉的刑罚方法。自18世纪开始,死刑存废问题是西方刑法学界争论的热点。学者围绕人的生命价值、死刑是否具有威慑力、是否违宪、是否人道、是否符合罪刑相适应原则、是否助长人们的残忍心理、是否符合刑罚目的、是否容易错判、是否容易改正、是否符合历史发展趋势等诸多方面展开争论,得出了保留死刑与废除死刑彼此对立的两种结论。我们认为,社会的进步和民主的发展决定了刑罚轻缓化的必然趋势,而刑罚轻缓化的必然趋势决定了死刑的废除是一种必然结果。因此,保留死刑与废除死刑之争实际上是应当何时废除死刑之争。换言之,关于死刑的理论探讨应当由纯粹研究应否废除死刑的问题,转换成废除死刑以什么条件、何种程序、哪些方式、怎样弥补来进行的问题。

我国1997年刑法典规定有68种罪名可以适用死刑。从司法实践看,上述罪名中有些罪名较少适用或基本未适用过死刑,有些罪名适用死刑难以实现社会效益和预防效果,有些罪名适用死刑与国际通例不相符合,因此《刑法修正案(八)》根据我国现阶段经济社会发展实际,适当取消13个经济性非暴力犯罪的死刑。具体是:走私文物罪,走私贵重金属罪,走私珍贵动物、珍贵动物制品罪,走私普通货物、物品罪,票据诈骗罪,金融凭证诈骗罪,信用证诈骗罪,虚开增值税专用发票、用于骗取出口退税、抵扣税款发票罪,伪造、出售伪造的增值税专用发票罪,盗窃罪,传授犯罪方法罪,盗掘古文化遗址、古墓葬罪,盗掘古人类化石、古脊椎动物化石罪。以上取消的13个死刑罪名,占死刑罪名总数的19.1%。

(二)死刑的适用

死刑是在肉体上消灭犯罪人,由于这一刑罚严厉的终极性,所以限制或废除死刑已成为当今国际刑法发展的趋势。但在我国当前以及今后相当一段时期内,废除死刑的社会物质生活条件尚不具备,运用死刑惩罚少数怙恶不悛、罪大恶极的犯罪分子,仍是切实保卫国家安全和人民利益、保障社会主义现代化建设顺利进行的必要手段。所以,我国目前还不能废除死刑,但是对于死刑的适用,应当坚持少杀、慎杀政策,通过总则原则与分则规定相结合、实体规定与程序规定相结合的方式来控制死刑数量,限制死刑适用。

1.从死刑的适用条件上进行限制

我国刑法通过严格规定适用死刑的条件,对死刑适用的范围加以限制。首先,我国刑法总则原则规定了适用死刑的标准,即刑法第48条规定:死刑只适用于罪行极其严重的犯罪分子。而所谓"罪行极其严重",是指犯罪行为危害特别严重,社会危害性特别巨大,犯罪分子的主观恶性特别深。因此,适用死刑时,必须综合评价所有情节,判断犯罪人的罪行是否极其严重。其次,我国刑法分则具体规定了适用死刑的条件。一是在分则条文中对死刑的适用标准进一步具体化,将抽象的罪行极其严重标准具体规定为"对国家和人民危害特别严重,情节特别恶劣"、"情节特别严重"、"危害特别严重"、"造成后果特别严重"或"致人重伤、死亡"、"致使公私财产遭受重大损失"等情形。二是在分则条文中对死刑的规定主要采用了相对、递增的法定刑模式。也即除极个别的例外,死刑一方面作为可选择的法定刑而不是绝对确定的法定刑来规定,另一方面按照从轻到重的法定刑序列来排列,表明了在刑种选择上从严控制的立法趋向。

2.从死刑的适用对象上进行限制

《刑法》第49条规定:"犯罪的时候不满十八周岁的人和审判的时候怀孕的妇女,不适用死刑。审判的时候已满七十五周岁的人,不适用死刑,但以特别残忍手段致人死亡的除外。"刑事诉讼法第211条也规定,执行死刑前,发现罪犯怀孕,应当停止执行,并报请核准死刑的上级人民法院依法改判。这些规定表明,虽然死刑只适用于"罪行极其严重"的犯罪分子,但并非所有"罪行极其严重"的犯罪分子都必须被判处死刑,只要符合法律规定的死刑适用对象的限制情形就不能适用死刑。死刑适用对象的限制规定包括:

(1)犯罪时未满18周岁的犯罪分子不适用死刑。未满18周岁的年龄计算应以公历的年、月、日计算实足年龄。而所谓的"不适用死刑",是绝对不适用死刑,既不能判处死刑,也不能判处"死刑缓期二年执行"。因为死刑缓期执行是死刑的执行制度。

(2)审判的时候怀孕的妇女不适用死刑。"审判时",是包括侦查、审查起诉阶段,而不是仅仅指审判阶段,"审判时怀孕的妇女"是指在侦查、起诉、审判过程中发现怀孕的妇女。对审判时怀孕的妇女不适用死刑,是指不能判处死刑,而不是暂不执行死刑。在侦查、审查起诉和审判阶段,都不允许为了要判处死刑而对怀孕妇女进行人工流产,已经人工流产的,仍应视同审判时怀孕的妇女,而不能适用死刑。另外,对怀孕的妇女不适用死刑,包括不能适用死缓。

(3)审判的时候已满75周岁的人,不适用死刑,但以特别残忍手段致人死亡的除外。75周岁以上的老年人犯罪不适用死刑的主要根据是:老年犯罪人的刑事责任能力相对减弱,对其不适用死刑符合刑罚的人道主义;老年犯罪人的人身危险性相对较轻,对其不适用死刑一般不至于造成不良影响;通过其他刑罚手段足以达到惩罚犯罪人的目的,对老年人适用死刑没有必要;对老年人不适用死刑,符合适用国外立法和国际公约的普遍做法。考虑到社会秩序的维护和法律风险的预防,刑法同时对75周岁以上的老年人不适用死刑作出了例外规定,也即如果某些老年人其体力与心智状况良好,以肢解、残酷折磨等特别残忍的手段致人死亡的,应当被判处死刑。

3. 从死刑的适用程序上进行限制

首先,从死刑案件的管辖程序上进行限制。根据《刑事诉讼法》第20条的规定,死刑案件只能由中级以上人民法院进行一审,即基层法院不得判处被告人死刑。

其次,从死刑案件的复核程序上进行限制。根据《刑事诉讼法》第200条至第202条的规定,中级人民法院判处死刑的第一审案件,被告人不上诉的,应当由高级人民法院复核后,报请最高人民法院核准;高级人民法院判处死刑的第一审案件被告人不上诉的,以及判处死刑的第二审案件,都应当报请最高人民法院核准。死刑缓期执行的,可以由高级人民法院判决或者核准。

最后,从死刑案件的核准程序上进行限制。《刑法》第48条第2款规定:"死刑除依法由最高人民法院判处的以外,都应当报请最高人民法院核准。"根据这一规定,死刑的核准权全部由最高人民法院统一行使,但在实践中一度出现部分死刑核准权下放的现象。例如,1981年6月全国人大常委会《关于死刑案件核准问题的决定》第1条规定,1981年至1983年内因杀人、抢劫、强奸、爆炸、放火等罪行被判处死刑的案件,可由省、自治区、直辖市高级人民法院核准,不必报请最高人民法院核准。1983年全国人大常委会修改《中华人民共和国人民法院组织法》,对死刑核准权作了重大修改,规定"死刑案件除由最高人民法院判决的以外,应当报请最高人民法院核准。杀人、抢劫、强奸、爆炸以及其他严重危害公共安全和社会治安判处死刑的案件的核准权,最高人民法院在必要的时候,得授权省、自治区、直辖市高级人民法院行使"。1983年9月9日最高人民法院《关于授权高级人民法院核准部分死刑案件的通知》

规定,对杀人、抢劫、强奸、爆炸以及其他严重危害公共安全和社会治安判处死刑的案件的核准权,交由省、自治区、直辖市高级人民法院和解放军军事法院行使。1991 年 6 月 6 日和 1993 年 8 月 18 日,最高人民法院还分别发出通知,决定云南省和广东省的毒品犯罪死刑案件的核准权,依法分别授权云南省高级人民法院和广东省高级人民法院行使。1997 年 9 月 26 日最高人民法院《关于授权高级人民法院和解放军军事法院核准部分死刑案件的通知》指出:鉴于目前的治安形势以及及时打击严重刑事犯罪的需要,有必要将部分死刑案件的核准权继续授权由各高级人民法院、解放军军事法院行使。

2006 年 12 月 28 日最高人民法院发布《关于统一行使死刑案件核准权有关问题的决定》,明确废止过去发布的关于下放死刑复核权的通知,自 2007 年 1 月 1 日起,死刑除依法由最高人民法院判决的以外,各高级人民法院和解放军军事法院依法判决和裁定的,应当报请最高人民法院核准;2006 年 12 月 31 日以前,各高级人民法院和解放军军事法院已经核准的死刑立即执行的判决、裁定,依法仍由各高级人民法院、解放军军事法院院长签发执行死刑的命令。最高人民法院统一行使死刑复核权,对于坚持少杀、慎杀的政策具有重要意义。

4. 从死刑的执行制度上进行限制

从死刑的执行制度上限制死刑的适用包括两点:(1)不是必须立即执行死刑的可以适用死刑缓期执行。《刑法》第 48 条规定:"对于应当判处死刑的犯罪分子,如果不是必须立即执行的,可以判处死刑同时宣告缓期两年执行。"这是我国刑法中死刑缓期执行制度的规定。这一制度的实行,大大缩小了判处死刑立即执行的适用范围。(2)不得任意采用执行死刑的方法。《刑事诉讼法》第 212 条第 2 款规定:"死刑采用枪决或者注射等方法执行。"这里的"等"字是"列举后表示煞尾"而非"列举后表示省略"的含义,[①]因此执行死刑只能采用枪决或注射方法。

(三)死刑的执行

死刑的执行包括两种,一种是死刑立即执行,一种是死刑缓期两年执行。

1. 死刑立即执行。所谓死刑立即执行,是指由有核准权的人民法院院长签发执行死刑命令,交付作出死刑判决的人民法院执行。执行的人民法院应当在收到执行死刑命令 7 天内执行。死刑用枪决或者注射方法执行。

---

① 张明楷:《刑法学》,法律出版社 2007 年第 3 版,第 416 页。

2. 死刑缓期执行。

（1）死刑缓期两年执行的条件。根据刑法第 48 条第 1 款的规定，适用死刑缓期执行必须具备以下两个条件：第一，罪该处死。这是宣告死刑缓期执行的前提条件，它要求适用"死缓"首先必须符合适用死刑的条件。凡是刑法分则条文没有设定死刑的，就不能适用"死缓"；而刑法分则条文虽然设有死刑，但所犯罪行不该适用死刑的，也不能适用"死缓"。总之，"死缓"是死刑的执行制度，而不是轻于死刑的刑种，所以它的适用必须以犯罪分子应当判处死刑为前提。第二，不是必须立即执行。这是宣告死刑缓期执行的实质条件。所谓"不是必须立即执行"，就是根据犯罪分子所具备的特定情节，可以不必立即执行，而给犯罪分子一个悔过自新的机会。而这些特定的情节，一般表现为以下几方面：一是犯罪分子的行为客观危害十分严重，但其主观恶性并不大；二是犯罪分子虽然主观恶性较大，但其行为的客观危害性并不是特别严重；三是犯罪分子虽然主观恶性和行为的客观危害都比较大，但其具有从宽处罚的情节；四是根据特定刑事政策需要，不立即执行死刑更有利于与犯罪作斗争。

（2）死刑缓期两年执行的核准。"死缓"虽然没有对犯罪分子立即执行死刑，而且也可能发展为对犯罪分子不适用死刑，但"死缓"毕竟是以适用死刑为前提而存在的死刑执行制度。为了保证"死缓"制度的正确执行，刑法第 48 条第 2 款对死刑缓期执行的判决及其核准作了明确的规定：死刑缓期执行的，由高级人民法院判决或者核准。

（3）死刑缓期执行期满后的处理。根据刑法第 50 条的规定，判处"死缓"的犯罪分子，在死刑缓期执行期满后，有三种处理结果：一是在死刑缓期执行期间，如果没有故意犯罪，2 年期满后，减为无期徒刑。没有故意犯罪，是对被判处死刑缓期执行的犯罪分子裁定减为无期徒刑的实质条件。没有故意犯罪包括两种情况：第一，犯罪分子没有犯罪；第二，犯罪分子没有故意犯罪，即虽然在缓期两年期间有犯罪，但其所犯的是过失犯罪。二是在死刑缓期执行期间，如果确有重大立功表现，2 年期满以后，减为 25 年有期徒刑。被判处"死缓"的犯罪分子减为无期徒刑，所必须具备的前提条件是 2 年期满而没有故意犯罪。在此前提下，如果犯罪分子又有重大立功表现，才可能减为 25 年有期徒刑。所谓"重大立功表现"，指的是以下情况：第一，阻止他人重大犯罪活动的；第二，检举监狱内外重大犯罪活动，经查证属实的；第三，有发明创造或者重大技术革新；第四，在日常生产、生活中舍己救人的；第五，在抗御自然灾害或者排除重大事故中，有突出表现的；第六，对国家和社会有重大贡献的。三是在死刑缓期执行期间，如果故意犯罪，查证属实的，由最高人民法院核准，执行死刑。首先,依法应当执行死刑的期限,不一定需要等到 2 年期满以后,这与对"死缓"裁定减刑必须是 2 年期满以后的规定是不同的。所以,只要犯罪分子在死刑缓期执行期间故意犯罪,无论何时都可以核准执行死刑。其次,在死刑缓期执行期间故意犯罪,查证属实,这是"死缓"核准执行死刑的必要条件。这一条件有两个要点:第一,"死缓"执行期间,犯罪人又犯新罪。第二,所犯新罪必须是故意犯罪,如果犯罪分子所犯新罪是过失犯罪,就不能对其核准执行死刑。

刑法第 50 条第 2 款规定,对被判处死刑缓期执行的累犯以及因故意杀人、强奸、抢劫、绑架、放火、爆炸、投放危险物质或者有组织的暴力性犯罪被判处死刑缓期执行的犯罪分子,人民法院根据犯罪情节等情况可以同时决定对其限制减刑。

(4)死刑缓期执行期间的计算。《刑法》第 51 条规定:"死刑缓期执行的期间,从判决确定之日起计算。死刑缓期执行减为有期徒刑的刑期,从死刑缓期执行期满之日起计算。"可以看出,"死缓"判决确定以前的羁押时间,不计算在死刑缓期执行的 2 年期限内。这是由于羁押与死刑缓期执行具有不同的性质。"死缓"不是一个刑罚方法,而是死刑的执行制度。"死缓"期间具有对犯罪分子进行考察的性质,并根据考察的结果决定对被判处"死缓"的犯罪分子的处理。如果允许判决确定以前的羁押时间折抵死刑缓期执行的期间,势必会缩短对犯罪分子的考察时间,这不利于作出符合犯罪分子实际情况的"死缓"处理决定。所以,"死缓"判决确定之日以前的羁押期限不计算在死刑缓期执行的 2 年期限内。

第三节

附加刑

附加刑是补充主刑适用的刑罚方法,所以又称从刑。附加刑的特点是既能独立适用,又能附加适用。当附加适用时,附加于已决定适用的主刑,而且对于同一犯罪和同一犯罪人可以同时适用两个以上的附加刑。刑法第 34 条规定了罚金、剥夺政治权利、没收财产三种附加刑,刑法第 35 条规定了适用于犯罪的外国人的驱逐出境附加刑。

一、罚金

(一)罚金的概念

罚金是强制犯罪分子向国家缴纳一定金钱的刑罚方法。罚金刑是剥夺犯罪分子的财产权益,因此被判处罚金的犯罪分子缴纳的是其合法财产或者可以合法支配的财产所折算的金钱。罚金与追缴犯罪分子因实施犯罪而非法获取的金钱、直接使用于犯罪的金钱(如贩毒的资金)等是不同的。追缴非法获取的金钱、追缴直接用于犯罪的金钱,不构成对犯罪分子财产权益的剥夺,因而就不是适用罚金刑的表现。罚金属于财产刑,与作为行政处罚手段的罚款在客观上有相同的效果,都是剥夺特定人的财产权益,但两者在处罚性质、处罚依据、适用对象、适用主体等方面具有严格区别。①

罚金的优点相当明显:罚金不剥夺犯罪人的人身自由,犯罪人不被关押,从而避免了狱中交叉感染;罚金使犯罪人仍然过着正常的社会生活,避免了因入狱而与社会隔离导致对社会不适应,也不影响犯罪人的家庭生活,有利于犯罪人的改造;罚金的执行不仅需要费用,而且可以增加国库收入;罚金能适应罪行的轻重程度以及犯罪人的收入、性格、家庭状况等情况,具有一定的特殊预防作用;罚金既给基于营利目的的犯罪人以迎头痛击,还剥夺了他们继续实施经济犯罪的资本,从客观上防止了他们重新犯罪;罚金误判后容易纠正;罚金还可以适用于单位犯罪。

罚金的缺陷也十分明显:罚金的效果因贫富之差而完全不同,对于富者罚金是轻微负担,对于穷者罚金是深重痛苦,这就导致明显的不公正性;罚金是针对与受刑人的人格没有关系的财产进行适用的,而且其执行往往是一时的,犯罪人罚金缴纳完毕后就不再有受刑的观念,同生命刑、自由刑相比,其作为刑罚的效果差、作用少;法律上难以规定罚金数额,规定低了不起作用,规定高了难以执行,即使规定了罚金数额,一旦发生了通货膨胀,就丧失了刑罚效果;罚金可以由本人以外的人支付,犯罪人的亲友可能代替其缴纳罚金,因而容易

---

①　两者的主要区别为:(1)性质不同。罚金是刑罚方法,罚款是行政处罚。(2)依据不同。罚金的依据是刑法,罚款的依据是有关调整行政管理的法律法规。(3)适用对象不同。罚金适用于触犯刑律的犯罪分子和犯罪的单位,罚款适用于一般违法分子和违法的单位。(4)适用机关不同。罚金只能由人民法院依照刑法的规定适用,罚款则由公安机关和海关、税务、工商行政管理等行政主体(行政机关或者法律法规授权组织),依照有关法规适用。

违反刑罚的一身专属性的本质;罚金对营利性犯罪没有威慑力,营利性犯罪人可能把罚金当作税金或其他必要开支,而继续从事该犯罪活动;罚金难以执行,实践中常常出现判决后无法执行的现象。

因此,罚金刑是一种优点与弊端都非常明显的刑罚方法,对罚金刑的适用一定要注意针对犯罪人的经济能力和主观恶性,采取不同的罚金方法和缴纳制度,发挥罚金的积极功能,避免罚金的消极功能。

(二)罚金的适用

1.罚金的适用对象。罚金的适用在刑法分则中有较为广泛的规定,共有150个左右的条文规定了罚金。罚金的适用对象主要是具有非法牟利或非法占有的目的的贪财图利型犯罪。这些犯罪一般集中在刑法分则的破坏社会主义市场秩序罪、侵犯财产罪、妨害社会管理秩序罪、贪污贿赂罪中。

2.罚金的适用原则。首先,判处罚金应当与犯罪情节相适应。刑法第52条规定:"判处罚金,应当根据犯罪情节决定罚金数额。"因此,犯罪情节严重的,罚金数额应当多些;犯罪情节较轻的,罚金数额应当少些,这是罪刑均衡原则在罚金裁量上的具体体现。其次,判处罚金应当与犯罪人缴纳罚金的能力相适应。有关司法解释规定,人民法院应当根据犯罪情节,如违法所得数额、造成损失的大小等,并综合考虑犯罪分子缴纳罚金的能力,依法判处罚金。①因此在罚金裁量的时候应当考虑犯罪分子缴纳罚金的能力,以有利于罚金的顺利执行。

3.罚金的适用方式。在我国刑法中,罚金的规定方式主要有以下四种:(1)选处罚金。即指在罚金与其他刑种相并列时择一适用的情形。例如刑法第341条第2款规定,违反狩猎法规情节严重的,处三年以下有期徒刑、拘役、管制或罚金。(2)单处罚金。单处罚金一般仅针对犯罪单位,即指罚金不能选择也无法附加适用,只能单独适用的情形。例如,刑法第387条规定的单位受贿罪和第393条规定的单位行贿罪,仅对单位单独判处罚金。(3)并处罚金。即指罚金只能附加适用,不能单独适用的情形。例如刑法第213条规定,未经注册商标所有人许可,侵犯商标专用权情节特别严重的,处三年以上七年以下有期徒刑,并处罚金。(4)并处或者单处罚金。即指罚金既可以附加适用,也可以独立适用的情形。例如刑法第225条规定,违反国家规定实施非法经营行为的,处五年以下有期徒刑或者拘役,并处或者单处违法所得一倍以上五倍

① 参见 2000 年 11 月 15 日最高人民法院《关于适用财产刑若干问题的规定》第 2 条。

以下罚金。

根据有关司法解释,刑法规定并处罚金的犯罪,人民法院在对犯罪分子判处主刑的同时,必须依法判处相应的财产刑;刑法规定可以并处罚金的犯罪,人民法院应当根据案件具体情况及犯罪分子的财产状况,决定是否适用财产刑;刑法规定可以单处罚金的,如果犯罪情节较轻,适用单处罚金不致再危害社会并具有下列情形之一的,可以依法单处罚金:(1)偶犯或者初犯;(2)自首或者有立功表现的;(3)犯罪时不满 18 周岁的;(4)犯罪预备、中止或者未遂的;(5)被胁迫参加犯罪的;(6)全部退赃并有悔罪表现的;(7)其他可以依法单处罚金的情形。①

4.罚金的适用数额。我国刑法对罚金数额的规定主要有以下五种情形:(1)无限额罚金制。即指刑法分则仅规定选处、单处或者并处罚金,不规定罚金的具体数额限度,而是由人民法院依据罚金适用的原则,自由裁量罚金的具体数额。根据有关司法解释,刑法没有明确规定罚金数额标准的,罚金的最低数额不能少于 1000 元;未成年人犯罪应当从轻或者减轻判处罚金,但罚金的最低数额不能少于 500 元。(2)限额罚金制。即指刑法分则规定了罚金数额的下限和上限,人民法院只需要在规定的数额幅度内裁量罚金。例如刑法第 170 条规定,伪造货币的,处 3 年以上 10 年以下有期徒刑,并处 5 万元以上 50 万元以下罚金。(3)比例罚金制。即以犯罪金额的百分比决定罚金的数额。例如刑法第 158 条规定,对虚报注册资本罪,处 3 年以下有期徒刑或者拘役,并处或者单处虚报注册资本金额 1% 以上 5% 以下罚金。(4)倍数罚金制。即以犯罪金额的倍数决定罚金的数额。例如刑法第 202 条规定,以暴力、威胁方法拒不缴纳税款的,处 3 年以下有期徒刑或者拘役,并处拒缴税款 1 倍以上 5 倍以下的罚金。根据这一规定,罚金数额取决于犯罪数额,犯罪数额越大,罚金数额也越高;反之,亦然。(5)倍比罚金制。即同时以犯罪金额的比例和倍数决定罚金的数额。例如根据刑法第 141 条的规定,对生产、销售假药罪,处 3 年以下有期徒刑或者拘役,并处或者单处销售金额 50% 以上 2 倍以下罚金。

(三)罚金的执行

刑法第 53 条规定:"罚金在判决指定的期限内一次或者分期缴纳。期满不缴纳的,强制缴纳。对于不能全部缴纳罚金的,人民法院在任何时候发现被执行人有可以执行的财产,应当随时追缴。如果由于遭遇不能抗拒的灾祸缴

---

① 参见 2000 年 11 月 15 日最高人民法院《关于适用财产刑若干问题的规定》第 1 条、第 4 条。

纳确实有困难的,可以酌情减少或者免除。"因此罚金的执行,主要有以下几种方式:

1. 一次缴纳。一次缴纳就是在判决所确定的期限内,强制犯罪分子一次性地将判决所确定的罚金数额全部缴清。对于罚金数额不多,或者罚金数额虽然较多,但犯罪分子经济状况较好,缴纳并不困难的,可以适用这一执行形式。

2. 分期缴纳。分期缴纳是在判决所确定的期限内,分两次或者两次以上的多次强制犯罪分子全部缴清判决所确定的罚金数额。对于罚金数额较多,犯罪分子无力一次缴纳,或者虽然罚金数额不多,但犯罪分子经济能力较差无法一次缴纳的,可以适用这一执行方式。

3. 强制缴纳。根据刑法第53条规定和有关司法解释,对罚金的执行,被执行人在判决、裁定确定的期限内未足额缴纳的,人民法院应当在期满后强制缴纳。[①] 强制缴纳方式适用于犯罪分子在判决确定的期限内有能力缴纳罚金,但在期限届满后仍然拒不缴纳,包括故意隐瞒自己的经济状况、借口无钱而拒不缴纳或者积极转移财产而拒不缴纳等情形。

4. 随时追缴。根据刑法第53条和有关司法解释的规定,对于被执行人没有全部缴纳罚金的,人民法院在任何时候发现被执行人有可供执行的财产,应当随时追缴。人民法院裁定终结执行罚金后,发现被执行人有隐匿、转移财产情形的,应当追缴。[②] 因此,如果犯罪分子在判决确定的期限内经过分期缴纳或者强制缴纳,仍然不能全部缴纳而又不符合减免缴纳的条件,人民法院发现了被执行人有可供执行的财产的,应当随时予以追缴。人民法院依法裁定终结执行罚金后,发现被执行人有隐匿、转移财产情形的,也应当随时予以追缴。这一执行形式对于企图通过犯罪而敛财的犯罪分子,具有强烈的惩罚作用。因为随时追缴不受时间的限制,任何时候只要具备以上适用条件,就可对犯罪分子随时追缴罚金,包括犯罪分子被判处主刑,且主刑已经执行完毕的任何时间。

5. 减免缴纳。由于遭遇不能抗拒的灾祸缴纳确实有困难的,可以酌情减少罚金数额或者免除罚金。根据有关司法解释,这里的"由于遭遇不能抗拒的

---

① 参见2009年11月30日最高人民法院《关于财产刑执行问题的若干规定》第3条。

② 参见2009年11月30日最高人民法院《关于财产刑执行问题的若干规定》第8条、第9条。

灾祸缴纳确实有困难的"主要是指因遭受火灾、水灾、地震等灾祸而丧失财产；罪犯因重病、伤残等而丧失劳动能力，或者需要罪犯扶养的近亲属患有重病，需支付巨额医药费等，确实没有财产可供执行的情形。具有上述"可以酌情减少或者免除"事由的，应当由罪犯本人、亲属或者犯罪单位向负责执行的人民法院提出书面申请，并提供相应的证明材料。人民法院审查以后，根据实际情况，裁定减少或者免除应当缴纳的罚金数额。①

二、剥夺政治权利

（一）剥夺政治权利的概念

剥夺政治权利，是指剥夺犯罪分子参加国家管理与政治活动权利的刑罚方法。剥夺政治权利以剥夺政治权利这种资格为内容，因此属于资格刑。根据刑法第54条的规定，剥夺政治权利是剥夺下列权利：（1）选举权和被选举权；（2）言论、出版、集会、结社、游行、示威自由的权利；（3）担任国家机关职务的权利；（4）担任国有公司、企业、事业单位和人民团体领导职务的权利。

（二）剥夺政治权利的适用对象

剥夺政治权利的适用对象比较广泛，既适用于严重犯罪，也适用于较轻犯罪；既适用于危害国家安全的犯罪，也适用于普通刑事犯罪。剥夺政治权利的适用方式比较多样，既可以附加适用，也可以独立适用；既可以裁量适用，也可以当然适用。根据剥夺政治权利的适用方式，可以将剥夺政治权利的适用对象作以下分类。

1.剥夺政治权利的附加适用

剥夺政治权利的附加适用是指刑法总则所规定的，附加适用于严重犯罪的剥夺政治权利。具体分为：应当附加剥夺政治权利和可以附加剥夺政治权利。

（1）应当附加剥夺政治权利。即指不存在裁量适用的余地，人民法院必须依法附加适用的剥夺政治权利。根据刑法第56条与第57条的规定，对下列两类犯罪人应当附加剥夺政治权利：

第一，对于危害国家安全的犯罪分子，应当附加剥夺政治权利。这是从犯罪性质上确定剥夺政治权利的适用对象，故不论判处的主刑种类如何都应当附加适用剥夺政治权利。由于刑法分则对危害国家安全罪中一些情节较轻的犯罪,规定了可以单处剥夺政治权利,因此如果人民法院独立适用了剥夺政治权利,就不应再附加剥夺政治权利。

第二,对于被判处死刑、无期徒刑的犯罪分子,应当剥夺政治权利终身。这是从主刑种类上确定剥夺政治权利的适用对象,故不论其犯罪性质如何都应当附加适用剥夺政治权利。对这类犯罪人规定应当附加剥夺政治权利,既是对他们政治上的否定评价,又可以防止他们被特赦或假释后利用政治权利再犯罪,还有利于处理与他们有关的某些民事法律关系。

(2)可以附加剥夺政治权利。即指是否附加适用由人民法院具体裁量的剥夺政治权利。刑法第56条规定:"对于故意杀人、强奸、放火、爆炸、投毒、抢劫等严重破坏社会秩序的犯罪分子,可以附加剥夺政治权利。"据此,可以附加剥夺政治权利的适用对象包括两类:一是实施故意杀人、强奸、放火、爆炸、投毒、抢劫行为的犯罪分子;二是上述犯罪人以外的其他严重破坏社会秩序的犯罪人,例如有关司法解释规定,对故意伤害、盗窃等其他严重破坏社会秩序的犯罪,犯罪分子主观恶性较深、犯罪情节恶劣、罪行严重的,也可以依法附加剥夺政治权利。[①]

2.剥夺政治权利的独立适用

剥夺政治权利的独立适用是指刑法分则所规定的,独立适用于罪质较轻之犯罪或罪质严重但情节较轻之犯罪的剥夺政治权利。根据刑法第56条第2款的规定,剥夺政治权利的独立适用,由刑法分则加以规定。刑法分则条文中没有规定独立适用剥夺政治权利的,不得独立适用剥夺政治权利。从刑法分则的规定看,立法主要对危害国家安全罪、侵犯公民人身权利民主权利罪、妨害社会管理秩序罪、危害国防利益罪等几种类型的犯罪,规定了可以选择判处剥夺政治权利。

(三)剥夺政治权利的适用期限

根据刑法第55条、第57条的规定,剥夺政治权利的期限有以下四种情况:(1)独立适用剥夺政治权利或者主刑是有期徒刑、拘役,附加剥夺政治权利的,期限为1年以上5年以下。(2)判处管制附加剥夺政治权利的期限与管制的期限相等。(3)判处死刑、无期徒刑的应当剥夺政治权利终身。(4)死刑缓期执行减为有期徒刑或者无期徒刑减为有期徒刑的时候,应当把附加剥夺政治权利的期限相应地改为3年以上10年以下。

[①] 参见1997年12月31日最高人民法院《关于对故意伤害、盗窃等严重破坏社会秩序的犯罪分子能否附加剥夺政治权利问题的批复》。

剥夺政治权利刑期的计算,根据刑法第 58 条以及第 55 条第 2 款的规定,随主刑的不同而有以下几种情况:(1)判处管制附加剥夺政治权利的,剥夺政治权利的刑期与管制的刑期相等,同时起算。(2)判处拘役附加剥夺政治权利的,剥夺政治权利的刑期从拘役执行完毕之日起计算;在拘役执行期间,当然不享有政治权利。(3)判处有期徒刑附加剥夺政治权利的,剥夺政治权利的刑期从有期徒刑执行完毕之日或者从假释之日起计算;在有期徒刑执行期间,当然不享有政治权利。(4)死刑缓期执行减为有期徒刑或者无期徒刑减为有期徒刑时,原来附加剥夺政治权利终身相应减为 3 年以上 10 年以下,该剥夺政治权利的刑期,应从减刑以后的有期徒刑执行完毕之日或者从假释之日起计算,在主刑执行期间,当然不享有政治权利。

(四)剥夺政治权利的执行

剥夺政治权利由公安机关执行。根据刑法第 58 条第 2 款的规定,被剥夺政治权利的犯罪分子,在执行期间,应当遵守法律、行政法规和国务院公安部门有关监督管理的规定,服从监督,并且不得行使刑法第 54 条规定的各项权利。根据有关规定,剥夺政治权利执行期满,应当由执行机关通知本人,并向有关群众公开宣布恢复政治权利。犯罪人在恢复了政治权利以后,就享有法律赋予公民的政治权利。但是,由于法律法规有特殊规定,曾经被剥夺政治权利的人将仍然有一部分政治权利受到一定的限制,如《中华人民共和国人民法院组织法》规定,被剥夺政治权利的人,不论是否再犯罪,或经过多少年,都不能被选举为法院院长、人民陪审员,或者被任命为副院长、庭长、副庭长、审判员和助理审判员等职务。

被判处有期徒刑、拘役而没有附加剥夺政治权利的犯罪分子,根据 1983 年 3 月全国人大常委会《关于县级以下人民代表大会直接选举的若干规定》,仍然准予行使选举权。而对准予行使选举权的服刑罪犯的选举方式,经选举委员会和监狱共同决定,可以在原户口所在地参加选举,也可以在劳动改造场所参加选举;可以在流动票箱投票,也可以委托有选举权的亲属或者其他选民代为投票。

三、没收财产

(一)没收财产的概念

没收财产,是指将犯罪分子个人所有财产的一部或全部强制无偿地收归国有的刑罚方法。它是我国附加刑中较重的一种。

没收财产与没收犯罪物品具有本质区别。刑法第 64 条规定:"犯罪分子违法所得的一切财物,应当予以追缴或者责令退赔;对被害人的合法财产,应当及时返还;违禁品和供犯罪所用的本人财物,应当予以没收。没收的财物和罚金,一律上缴国库,不得挪用和自行处理。"据此,追缴了犯罪所得的财物,不属于没收财产;没收违禁品和供犯罪所用的本人财物,也不属于没收财产。可见,没收财产事实上是没收犯罪人合法所有并且没有用于犯罪的财产;不得以追缴犯罪所得、没收违禁品与供犯罪所用的本人财物来代替或折抵没收财产。

没收财产与罚金也有区别。第一,罚金刑是剥夺犯罪分子一定数额的金钱,没收财产除了可以没收金钱外,还可以没收其他财物。第二,没收财产是剥夺犯罪分子现有的财产,而罚金要求犯罪分子缴纳的金钱并不一定是犯罪分子现实所有的,根据罚金执行制度看,犯罪分子也可以缴纳被判处罚金这一刑罚以后所取得的金钱。第三,罚金可以分期缴纳,特殊情况下可以减免,而没收财产则是根据犯罪分子所有财产的实际情况,一次没收其一部或全部,不存在减免或分期缴纳的问题。

(二)没收财产的适用

1. 没收财产的适用对象

从刑法分则的规定看,没收财产主要适用于危害国家安全罪、破坏社会主义市场经济秩序罪、侵犯财产罪和贪污贿赂罪。因此,没收财产的适用对象主要包括两类:一是贪利性犯罪和财产性犯罪。如刑法第 240 条规定的拐卖妇女、儿童罪,第 264 条规定的盗窃罪,第 363 条规定的制作、贩卖、传播淫秽物品罪等。二是危害国家安全罪。例如刑法第 113 条规定,犯危害国家安全罪的,可以并处没收财产。

2. 没收财产的适用方式

根据刑法规定和有关司法解释:刑法规定并处没收财产的犯罪,法院在对犯罪分子判处主刑的同时,必须依法判处没收财产;刑法规定可以并处没收财产的犯罪,法院应当根据具体案情和犯罪分子的财产状况,决定是否适用没收财产。因此,没收财产存在两种适用方式:(1)可以并处没收财产。即既可以适用没收财产,也可以适用其他刑罚,由法官酌情选择适用。例如,刑法第 267 条规定抢夺公私财物,数额特别巨大或者有其他特别严重情节的,处 10 年以上有期徒刑或者无期徒刑,并处罚金或者没收财产。在这里,没收财产与罚金可以择其一而判处。(2)并处没收财产。即在对犯罪人科处生命刑或自由刑的同时判处没收财产。刑法分则对没收财产在多数情况下作了并科规定,在判处其他刑罚的同时必须同时并处没收财产。例如,刑法第 383 条规定,对犯贪污罪的,个人贪污数额在 10 万元以上的,情节特别严重的,处死刑,并处没收财产。

3. 没收财产的适用范围

《刑法》第 59 条规定："没收财产是没收犯罪分子个人所有财产的一部或者全部。没收全部财产的，应当对犯罪分子个人及其扶养的家属保留必需的生活费用。在判处没收财产的时候，不得没收属于犯罪分子家属所有的或者应有的财产。"因此，没收财产的范围，应从两个方面加以界定：

首先，合理确定犯罪分子个人所有的财产。犯罪分子个人所有的财产，是指犯罪分子根据民事法律的规定实际所有的一切财产，包括犯罪分子自己个人所有及其在共有财产中应有的份额。确定犯罪分子个人所有的财产，要注意将犯罪分子家庭其他成员所有或者应有的财产与犯罪分子个人所有的财产区分开来。在判处没收财产的时候，不得没收犯罪分子家庭其他成员所有或者应有的财产。

其次，合理确定没收的范围。没收财产既可以是没收犯罪分子所有的全部财产，也可以是没收犯罪分子所有的部分财产，至于是没收全部财产还是没收部分财产，要根据犯罪的危害程度与犯罪人的人身危险程度确定。人民法院决定对犯罪分子没收全部财产的，应当为犯罪分子个人及其扶（抚）养的家庭成员保留必要的生活费用。

（三）没收财产的执行

没收财产无论是附加适用或是独立适用，都应当由人民法院立即执行，在必要的时候，可以会同公安机关执行。根据有关司法解释，实践中要注意以下问题：

1. 被判处数种财产刑的执行。一人犯数罪依法同时并处罚金和没收财产的，应当合并执行，但并处没收全部财产的，只执行没收财产刑。[①]

2. 没收财产与债务偿还。刑法第 60 条规定："没收财产以前犯罪分子所负的正当债务，需要以没收的财产偿还的，经债权人请求，应当偿还。"这里的"没收财产以前犯罪分子所负的正当债务"，应当指犯罪分子在判决生效前所负他人的合法债务。[②] 因此，没收财产的债务偿还需要具备以下条件：(1)必须是没收财产以前犯罪分子所欠债务，包括所负国家、集体和个人的债务。

---

① 参见 2000 年 11 月 15 日最高人民法院《关于适用财产刑若干问题的规定》第 3 条。

② 参见 2000 年 11 月 15 日最高人民法院《关于适用财产刑若干问题的规定》第 7 条。

（2）必须是合法的债务，赌债、高利贷等非法债务不在此列。（3）必须经债权人提出请求。偿还犯罪分子所负债务，仅限于没收财产的范围内，并按我国民事诉讼法规定的清偿顺序偿还。

3.没收财产与赔偿责任。被判处没收财产，同时又承担刑事附带民事诉讼赔偿责任的被执行人，应当先履行对被害人的民事赔偿责任。判处财产刑之前被执行人所负正当债务，应当偿还的，经债权人请求，先行予以偿还。①

四、驱逐出境

（一）驱逐出境的概念

驱逐出境，是指强迫犯罪的外国人离开中国国境的刑罚方法，它是一种专门适用于犯罪的外国人的特殊的附加刑，既可独立适用，又可附加适用。

驱逐出境作为一种刑罚方法，是我国主权及司法自主权的体现。任何在我国境内的外国人都必须遵守我国的法律、法规，不得侵犯我国国家和人民的利益。外国人一旦在我国领域内犯罪，除享有外交特权和豁免权可以通过外交途径解决的以外，一律适用我国刑法。如果犯罪的外国人继续居留在我国境内会损害国家和人民的利益，人民法院可以对其单处或附加判处驱逐出境，以消除其在我国境内的再犯可能性。正是由于上述意义和作用，驱逐出境作为专门对外国人适用的附加刑，具有其存在的根据。

刑法中规定的驱逐出境与《中华人民共和国外国人入境出境管理法》第30条规定的驱逐出境在处罚方式上具有相同的表现，都是强迫外国人离开中国国境，但两者是不同性质的处罚。前者是一种刑事处罚，适用于在我国境内犯罪的外国人；后者是一种行政处罚，适用于违反外国人入境出境管理法的有关规定并且情节严重的外国人。前者由人民法院根据刑法并且依照刑事诉讼法规定的程序进行判决，后者由公安机关决定。前者独立适用时，从判决确定之日起执行；附加适用时，从主刑执行完毕之日起执行。后者在公安机关作出决定后立即执行。

（二）驱逐出境的适用

首先，驱逐出境的适用对象是特定的，即犯罪的外国人。它具有两层含义：第一，驱逐出境只适用于外国人，不适用于中国公民。第二，驱逐出境只适用于犯罪的外国人，未构成犯罪的外国人不能成为驱逐出境的适用对象。其

---

① 参见 2009 年 11 月 30 日最高人民法院《关于财产刑执行问题的若干规定》第 6 条。

次,驱逐出境的适用方式是相对的。根据刑法第 35 条的规定,对于犯罪的外国人,是可以独立适用或者附加适用驱逐出境,而不是必须适用驱逐出境。也即适用时不仅要考察犯罪的性质、情节与犯罪人的具体情况,而且要考虑我国与其所属国之间的关系以及相关国际形势。驱逐出境的执行日期,单独判处驱逐出境的,从判决生效后立即执行;附加判处驱逐出境的,从主刑执行完毕之日起执行。

第四节
非刑罚处理方法

　　非刑罚处理方法就是对犯罪人所适用的刑罚以外的处理方法。

　　对于非刑罚处理方法,必须注意三点:首先,非刑罚处理方法是针对犯罪人的,如果行为人没有构成犯罪而仅有一般违法行为时所给予行政处罚或者行政处分的,或者因为妨害诉讼活动的正常进行而被人民法院所给予的训诫或者罚款甚至司法拘留,或者因为一般的民事侵权行为而被责令民事赔偿等处理,由于这些处理均不针对犯罪人作出,所以不属本文的非刑罚处理方法。必须注意的是,如果行为人的行为虽然已经构成犯罪,但人民检察院根据《刑事诉讼法》第 142 条的规定,在对行为人作出不起诉处理(相对不起诉)的情况下,责令行为人赔偿损失,或者移送行政主管部门进行行政处分、处罚等处理的,由于此时行为人不能被称为犯罪人,因而也不属于本文所涉及的非刑罚处理方法。其次,非刑罚处理方法,是刑罚体系所规定的各种刑罚方法以外的处理形式,在刑罚体系的主刑或者附加刑范围内的任何一种处理形式,均不是非刑罚处理方法。再次,非刑罚处理方法,有的由法院直接作出处理,如训诫、责令具结悔过等,有的由人民法院建议有关部门作出处理。而且非刑罚处理方法,对人民法院而言,并没有专属性。

　　根据刑法第 36 条、第 37 条的规定,我国刑法中的非刑罚处理方法包括以下三类:

一、赔偿损失

(一)赔偿损失的概念

　　赔偿损失,是由于行为人的行为造成他人的经济损失,而由行为人对受损人的损失予以弥补的法律制度。赔偿损失,一般以造成经济损失为事实前提,对于其他损失,如政治损失,一般难以赔偿,而且赔偿损失以经济赔偿为主要形式。

作为非刑罚处理方法的赔偿损失,在刑法的规定中,存在两种情形。一是《刑法》第 36 条规定的"由于犯罪行为而使被害人遭受经济损失的,对犯罪分子除依法给予刑事处罚外,并应根据情况判处赔偿经济损失"的赔偿损失,另一种是《刑法》第 37 条规定的"对于犯罪情节轻微不需要判处刑罚的,可以免予刑事处罚,但是可以根据案件的不同情况,予以训诫或者责令具结悔过、赔礼道歉、赔偿损失,或者由主管部门予以行政处罚或者行政处分"的赔偿损失。

两个条文规定的赔偿损失有共同的地方,但也有明显的不同。《刑法》第 36 条规定的赔偿损失是人民法院在对犯罪人适用刑罚时,并处犯罪分子对被害人的经济损失予以赔偿的处理方法;而《刑法》第 37 条规定的赔偿损失是对犯罪人在没有适用刑罚的前提下责令犯罪人对被害人的经济损失予以赔偿的处理方法。前者我们称为并处赔偿损失,后者称为单处赔偿损失。并处赔偿损失与单处赔偿损失既有相同的适用条件,也有不同的适用条件。

(二)并处赔偿损失的适用

人民法院在对犯罪分子适用刑罚的同时,判处犯罪分子赔偿被害人的经济损失,是基于犯罪行为不仅触犯刑法规定,具有较严重的社会危害性,应当追究刑事责任,而且犯罪行为同时侵犯了公民法人或者其他组织的民事权益,是民事侵权行为,应当承担民事赔偿责任。所以,适用并处赔偿损失需要具备以下条件:(1)适用的对象必须是依法被判处刑罚的犯罪分子。行为人的行为不仅构成犯罪,而且被判处刑罚。如果行为人的行为不构成犯罪,或者虽然构成犯罪,但被免予刑事处罚或对其不需要判处刑罚的,不适用并处赔偿经济损失,而应适用刑法第 37 条规定的单处赔偿损失。(2)被害人遭受了经济损失,这种经济损失是现实的损失,包括已经造成的经济损失和将来必然支付的经济损失,如犯罪行为导致被害人身负重伤,就应当包括被害人已经支付的医疗费用及将来继续治疗的费用。(3)被害人的经济损失是由被告人的犯罪行为造成的,即被害人的经济损失与被告人的犯罪行为之间存在着因果联系。

人民法院在适用并处赔偿经济损失的处理方法时,往往是通过刑事附带民事诉讼程序进行的。由于民事权益当事人可以自由处分,因此人民法院在对犯罪分子判处刑罚时,同时判处犯罪分子赔偿被害人经济损失,应当以被害人提出附带民事诉讼为前提。如果被害人没有提出附带民事诉讼,人民法院不应当在作出刑事判决(适用刑罚的判决)的同时,判处犯罪分子赔偿被害人经济损失。

　　人民法院适用并处犯罪分子赔偿被害人经济损失的处理方法,在执行时,还必须贯彻"优先履行赔偿经济损失"的原则。这一原则就是要求犯罪分子应当先履行赔偿被害人经济损失的责任。而且在犯罪分子被判处赔偿被害人的经济损失,同时又被判处罚金或者没收财产时,就应当在全部赔偿被害人的经济损失以后,再以其剩余的财产缴纳罚金,或者作为没收财产的执行对象。刑法第36条"承担民事赔偿责任的犯罪分子,同时被判处罚金,其财产不足以全部支付的,或者被判处没收财产的,应当先承担对被害人的民事赔偿责任"的规定,就是优先履行赔偿原则的依据。根据该条的规定,适用优先履行赔偿的条件是:(1)犯罪分子对被害人有赔偿经济损失的义务,该赔偿义务得到人民法院的确定;(2)犯罪分子被判处的刑罚中有罚金或者没收财产刑,无论是单独判处还是附加判处;(3)犯罪分子的财产不足以全部支付所判处的罚金与赔偿经济损失,或者同时被判处没收财产与赔偿经济损失。

　　(三)单处赔偿损失的适用

　　单处赔偿损失,是相对于适用刑罚而同时判处赔偿经济损失而言的,不包括诸如与行政处罚、行政处分、赔礼道歉等并用。

　　单处赔偿损失的前提有三:一是行为人的行为已经构成犯罪,但因情节轻微不需要判处刑罚或者可以免予刑事处罚。如果行为人的行为不构成犯罪,不是我们这里所讨论的赔偿损失。二是行为人的行为造成被害人的经济损失。虽然《刑法》第37条规定的赔偿损失没有明确是赔偿经济损失,但根据民法损害赔偿的原理,应当是经济损失。三是被害人要求犯罪人赔偿的。被害人如果没有要求犯罪人赔偿,人民法院也不能直接责令行为人赔偿损失。

二、训诫、责令具结悔过、赔礼道歉

　　《刑法》第37条规定:"对于犯罪情节轻微不需要判处刑罚的,可以免予刑事处罚,但是可以根据案件的不同情况,予以训诫或者责令具结悔过、赔礼道歉、赔偿损失,或者由主管部门予以行政处罚或者行政处分"。这条规定,也是训诫、责令具结悔过、赔礼道歉等非刑罚方法的法律依据。训诫是指人民法院对犯罪分子当庭予以批评或者谴责,责令其改正的一种非刑罚处理方法。责令具结悔过是指人民法院责令犯罪分子用书面方式保证悔过的一种非刑罚处理方法。赔礼道歉是指人民法院责令犯罪分子向被害人承认错误、表示歉意的一种非刑罚处理方法。训诫或者责令具结悔过可以与赔礼道歉并用,也可以与赔偿损失并用。

三、主管部门予以行政处罚或者行政处分

作为非刑罚处理方法的行政处分、行政处罚,是由人民法院建议,有关行政主管部门作出的行政处分或者行政处罚。行政处罚是行政主体依据《行政处罚法》所作出的处理,属于外部行政行为;行政处分是行政机关对所属的工作人员所作出的处理,属于内部行政行为。人民法院不是行政处罚或者行政处分的适用主体,作为非刑罚方法适用的行政处分或者行政处罚的前提是行为人的行为构成犯罪,情节轻微的,不适用刑罚处理,因而人民法院对此具有建议权。相关的行政主管部门应当接受人民法院的司法建议,并将处理结果告知人民法院。

行政处分或者行政处罚在作为非刑罚处理的方法时,必须具备以下条件:首先,行为人必须构成犯罪;其次,犯罪分子被免予刑事处罚;最后,人民法院提出司法建议,而且人民法院的司法建议是经过审理后作出的。如果没有人民法院的建议,或者未经人民法院审理,行政主管部门不能对犯罪人适用行政处罚或者行政处分的方法,以免出现"以罚代刑"的现象。

第17章

刑罚的裁量

第 一 节

刑罚裁量概述

一、刑罚裁量的概念

所谓刑罚裁量,也就是量刑,是指人民法院在定罪的基础上,根据犯罪人的犯罪事实和有关法律的规定,衡量犯罪人应负刑事责任的轻重,从而决定对该犯罪人是否判处刑罚、判处何种刑罚及其程度,并决定对犯罪人所判处的刑罚如何执行的司法审判活动。根据我国法律的规定,刑罚裁量具有以下特征:

首先,刑罚裁量的主体是人民法院。刑罚裁量只能针对犯罪人,而只有人民法院才能确定某个单位或者个人有罪,未经人民法院依法判决,对任何人都不能确定其有罪。并且我国法律把定罪与量刑的权限都赋予人民法院,只有人民法院才拥有刑罚裁量的权限,其他任何单位、团体、个人都不得行使刑罚裁量权。

其次,刑罚裁量的基础是事实清楚、定性准确。换言之,人民法院只有在查明了犯罪事实,认定了犯罪的性质,确定了应当适用的刑法条文以后,才能裁量刑罚,即只能先定罪后量刑,决不能先量刑后定罪。

再次,刑罚裁量的内容是裁量刑罚。即刑罚裁量是依法决定对犯罪分子是否判处刑罚,判处何种刑罚、刑度或所判刑罚是否立即执行的刑事审判活动。刑罚裁量的内容,首先是决定是否对犯罪人判处刑罚,接着是在决定了判处刑罚的前提下,进一步决定判处何种刑罚(选择刑种)、判处多重的刑罚(确定刑度)和是否立即执行(是否缓期执行);在一人犯数罪的情况下,量刑还包括如何并罚的内容。

最后,刑罚裁量的性质是一种刑事审判活动。由于刑罚裁量的法律依据是刑法与刑事诉讼法,刑罚裁量的基础是犯罪事实与犯罪性质,刑罚裁量的对象是实施了犯罪行为的人,故刑罚裁量是人民法院的一种刑事审判活动。量刑是将法定的罪刑关系转变为实在的罪刑关系的必要条件,是行刑的先决条件,是实现刑罚目的的关键,量刑适当与否,是衡量刑事审判质量的一个重要标准,它直接影响刑罚积极功能的发挥与刑罚目的的有效实现,关涉到广大人民对法制的信仰与尊崇。

刑罚裁量在刑事司法活动中具有重要意义。首先,刑罚裁量是实现国家刑罚权的重要环节。"刑罚权是国家基于独立主权对犯罪人实行刑事制裁的权利",刑罚权包括制刑权、求刑权、量刑权、行刑权。[①] 量刑权即刑罚裁量的权力,是刑罚权的重要内容。并且,国家刑罚权的事实基础与法律基础是犯罪人的刑事责任。而刑事责任,是指犯罪人依据刑法规定,根据自己的行为所产生的应承担的法律责任。刑事责任的具体表现形式就是对犯罪人应当判处的刑罚。而对犯罪人所判处的刑罚,只有通过刑罚裁量活动才能确定。所以,刑罚裁量是实现国家刑罚权的重要环节。其次,刑罚裁量是发挥刑罚功能的重要途径。刑罚有许多功能,刑罚的功能也可以在刑罚的设定和执行的过程中发挥。但法律设定的刑罚,如果没有通过司法活动的裁量,难以适用于具体的案件,不能成为有效的具体的现实;而没有刑罚的裁量,执行也就没有依据。所以,刑罚裁量是发挥刑罚功能的重要途径。再次,刑罚裁量是刑罚目的实现的关键。刑罚的目的是特殊预防与一般预防。而特殊预防与一般预防都有赖于刑罚的正确、适当裁量。刑罚裁量不当,有时不仅不能实现刑罚的目的,而且会有消极作用。如刑罚畸重,不仅不能使犯罪人认罪服判,而且会引发犯罪人及其亲友的强烈的反感情绪,形成持久的心理对抗,不能实现特殊预防的目的,也影响一般预防的效果。所以,恰当的刑罚裁量是刑罚目的实现的关键。

二、刑罚裁量的原则

《刑法》第 61 条规定:"对于犯罪分子决定刑罚的时候,应当根据犯罪的事实、犯罪的性质、情节和对于社会的危害程度,依照本法的有关规定判处。"根据该条的精神,结合刑法分则的有关规定,并联系刑罚裁量的司法实践,我们认为刑罚裁量应当遵循以下原则:

---

① 陈兴良著:《刑法适用总论》下卷,法律出版社 1999 年版,第 19、20 页。

（一）量刑均衡性原则

量刑的均衡性原则是指刑罚裁量必须与具体罪行相均衡，根据犯罪的事实、性质、情节及社会危害程度来裁量刑罚。贯彻量刑的均衡性原则，应当达到以下要求：

1.全面查清犯罪事实。犯罪事实可分为广义的犯罪事实和狭义的犯罪事实。所谓广义的犯罪事实，就是与犯罪有关的各种客观存在，包括刑法第61条所说的"犯罪的事实、犯罪的性质、情节和对于社会的危害程度"；而狭义的犯罪事实仅指犯罪构成的基本事实，即犯罪主体、主观方面、客观方面、犯罪客体的各种情况。刑罚裁量不仅要考虑基本犯罪构成事实（选择法定量刑幅度确定起点刑），而且要考虑其他影响犯罪构成的犯罪数额、犯罪次数、犯罪后果等犯罪事实（增加刑罚量确定基准刑），还要考虑各种法定和酌定的量刑情节（调节基准刑确定宣告刑）。[①]

2.正确认定犯罪性质。犯罪性质就是具体犯罪的本质属性，是此罪与彼罪的界限所在。犯罪性质不同，社会危害程度不一，所应当承担的刑事责任也就不一样，具体应该科处的刑罚也就不同。因此，在查清犯罪基本事实的基础上，就应当根据刑法分则规定的具体犯罪的构成要件，正确确定犯罪人的犯罪性质。再根据所确定的犯罪性质，选择适用相应的法定刑及其幅度。所以，准确定性，也是正确适当量刑的基础。如果定性不准，必然出现量刑不当。

3.全面掌握犯罪情节。我国刑法中的不少条文都含有影响定罪或者量刑的情节。其中，影响定罪的情节叫"定罪情节"，影响量刑的情节叫"量刑情节"。影响定罪的情节，属于犯罪构成的要素，属于基本犯罪事实。而"量刑情节"直接影响人民法院对刑法分则的法定刑刑种及其幅度的选择。如《刑法》第232条规定："故意杀人的，处死刑……情节较轻的，处三年以上十年以下有期徒刑。"这里的"情节较轻"客观事实的存在，就决定了人民法院只能对犯罪人在"三年以上十年以下有期徒刑"的幅度内确定具体的刑罚。又如，刑法分则第177条规定："伪造、变造金融票证的，处五年以下有期徒刑或者拘役……情节严重的处五年以上十年以下有期徒刑　情节特别严重的，处十年以上有期徒刑或者无期徒刑……"这里的"情节严重"、"情节特别严重"，直接决定人民法院适用法定刑幅度的选择。因此，全面掌握影响量刑的情节，对正确确定刑罚有特别重要的意义。

4.准确评价犯罪对于社会的危害程度。社会危害程度，是犯罪行为对社

[①]　参见2010年10月1日在全国法院试行的《人民法院量刑指导意见（试行）》。

会秩序、国家、公民、法人或者其他组织的权益的破坏、侵害的程度。根据罪责刑相一致原则,危害程度越大,所应判处的刑罚也越重,刑罚轻重与危害程度应当成正比。因此,客观、准确地评价某一犯罪行为的社会危害性,对于公正地量刑具有至关重要的意义。评价犯罪的社会危害程度,不仅应当考察犯罪行为所造成的直接危害后果,而且应当考察犯罪行为所造成的间接危害后果;不仅要考察犯罪行为所造成的有形危害后果,而且应当考察犯罪行为所造成的无形危害后果。考察社会危害后果,必须结合犯罪的基本事实与犯罪性质、犯罪情节、犯罪人的主观恶性等多种因素进行判定。

(二)量刑个别性原则

量刑的个别性原则是指刑罚裁量必须考虑犯罪人的人身危险性。量刑既要考虑被告人所犯罪行的轻重,又要考虑被告人应负刑事责任的大小,做到罪责刑相适应,实现惩罚和预防犯罪的目的。① 依据司法经验,考察犯罪人的人身危险性主要考虑以下因素:

1.犯罪人的人身情况。犯罪人的人身情况是指犯罪人的年龄、心理特征(含个人性格、气质等)、生理状况、受教育程度、职业状况、生活经历、经济收入、婚姻家庭状况等人身基本情况。尽管这些因素多是表象的,但能够反映出犯罪人一定的人身危险性。例如,未成年犯的再犯可能性较小,流窜作案、无固定收入的财产犯罪者、道德情感欠缺的性犯罪者的人身危险性较大,这些情况对量刑均有影响。

2.罪中情节。罪中情节是指存在于犯罪实施过程中的、该种犯罪构成事实以外的主客观事实,例如,犯罪人的辨认控制能力、违法性认识的程度、犯罪中止与犯罪未遂等。譬如,相对于犯罪未遂而言,因悔悟而犯罪中止反映出犯罪人的人身危险性减小。

3.罪前与罪后情节。罪前与罪后情节是指存在于现实犯罪实施前后,但同犯罪行为没有必然联系的主、客观事实情况。罪前情节主要指犯罪前的一贯表现、累犯、再犯、前科以及犯罪的起因等。罪后情节则包括两类:一类是悔悟表现,包括投案自首、积极揭发、戴罪立功或坦白交代等;另一类是抗拒表现,如犯罪后畏罪潜逃、抗拒逮捕、拒绝认罪或推脱罪责等。它们都反映了犯罪人的人身危险性、再犯可能性的大小。

(三)量刑效益性原则

量刑的效益性原则是指刑罚裁量必须要考虑刑罚的社会效益。量刑活动

---

① 参见 2010 年 10 月 1 日在全国法院试行的《人民法院量刑指导意见(试行)》。

毕竟不是一项孤立的司法活动。在政治、经济及社会等多方利益冲突的大背景下，量刑活动不可能独善其身，必须考虑稳定秩序及保障自由等因素，必须考虑公共政策、刑事政策的影响。具体而言，坚持量刑的效益性原则必须做到：

1. 量刑应当贯彻宽严相济的刑事政策，做到该宽则宽，当严则严，宽严相济，罚当其罪，确保裁判法律效果和社会效果的统一。

2. 量刑要客观、全面地把握不同时期不同地区的经济社会发展和治安形势的变化，确保刑法任务的实现。[①]

(四)量刑公平性原则

刑罚裁量的公平性原则是指刑罚裁量时应当公平合理，而不能畸轻畸重。公平性原则的客观效果就是量刑适当，对于同一地区同一时期，案情相近或相似的案件，所判处的刑罚应当基本均衡。[②] 公平性原则存在的理由有三：第一，公平是人们进行诉讼活动所追求的目标，而刑罚裁量活动，实际上就是诉讼活动的重要组成部分；第二，我国刑法分则所规定的量刑幅度一般较为宽广，人民法院或者法官有较大的自由裁量权，这就使得法官虽然依法裁量刑罚，但仍然可能存在"同罪不同罚"或者"同罚不同罪"等不公平现象；第三，公平是法律的题中应有之义，在法律规定幅度内的不公平，虽然从表面上看没有违法，但其实质上违背了法律的精神，构成实质上的违法。刑罚裁量的公平性原则要求：

1. 坚持法律面前人人平等。法院在裁量刑罚的时候，除法律规定可以考虑的犯罪人的特殊性外，对任何人都应当一视同仁，而不能因出生不同、地位不同等因素而有所差别。

2. 处刑平衡，刑度适当。法院在法律规定的量刑幅度内选择具体的刑度时，应当与犯罪人具体的犯罪事实相适应。如盗窃 3000 元与盗窃 1 万元的犯罪，其量刑幅度都在 3 年有期徒刑以下，但如果都判处 2 年有期徒刑，就存在处刑不平衡、刑度不适当的问题。

3. 合理选择、适用酌定量刑情节。我国法律虽然认可酌定情节的存在，但酌定情节的选择，也应当符合立法的精神和有关刑事政策，并且是在长期的审判实践中总结出来而被司法界所公认的可以在刑罚裁量时参考的有关情节。如果不属于前述情节或者犯罪人的特殊情况，审判人员在刑罚裁量时予以考

---

① 参见 2010 年 10 月 1 日在全国法院试行的《人民法院量刑指导意见(试行)》。

② 参见 2010 年 10 月 1 日在全国法院试行的《人民法院量刑指导意见(试行)》。

虑了,就属于考虑了不相关因素而可能出现量刑失当。

三、刑罚裁量的基准

刑罚裁量的基准是指审判机关在裁量刑罚时应当依据的标准。由于存在"为什么刑罚是正当的根据,何种程度的刑罚是正当的根据"①的疑问,因此,要说明量刑应当依据的标准,就必须从刑罚的正当化根据出发,即必须说明为什么刑罚是正当的、何种程度的刑罚是正当的这一刑罚学的根本问题。量刑问题是刑法理论的缩影,旧派的报应刑论主张以犯罪行为本身的危害程度为基准的量刑就是正当的,新派的目的刑论主张以犯罪人的人身危险程度为基准的量刑就是正当的。并合主义则主张同时以犯罪行为本身的危害程度(包括客观的法益侵犯性与主观罪过性)与犯罪人的人身危险程度为基准的量刑是正当的,或者说,刑罚既要与罪行本身的轻重(行为责任)相适应,又要考虑预防犯罪的目的。

我们同意并合主义的立场,认为在刑罚的裁量上,刑罚首先必须与罪行的轻重相适应(即与行为责任相适应),其次必须与犯罪人的人身危险性相适应(即考虑预防犯罪的需要)。从国外的立法例来看,也大多采用了并合主义的立场。如德国刑法第 46 条第 1 项规定:"犯罪人之责任为量刑之基础。刑罚对犯罪人未来社会生活所可期待发生之影响,并应斟酌之。"第 2 项规定:"法院于量刑时应权衡一切对于犯罪人有利及不利之情况,尤应注意下列各项:犯罪人之动机与目的,由行为所表露之心情及行为时所具意念,违反义务之程度,实行之种类与犯罪之可归责之结果,犯罪人之生活经历,其人身的及经济的关系,以及其犯罪后的态度,尤其补偿损害之努力。"日本改正刑法草案第 48 条第 1 项规定:"刑罚应当根据犯罪的责任量定。"第 2 项规定:"适用刑罚时,应当考虑犯罪人的年龄、性格、经历与环境、犯罪的动机、方法、结果与社会影响、犯罪人在犯罪后的态度以及其他情节,并应当以有利于抑止犯罪和促进犯罪人的改善更生为目的。"

主张并合主义的立场,需要解决的问题是行为责任确定(即与罪行的轻重相适应)与预防犯罪考量(即与犯罪人的人身危险性相适应)的关系为何。也就是,如果从预防的观点所确定的刑量与从责任的观点所确定的刑量不一致时(例如根据责任所科处的刑罚有害于行为人的再社会化或者无益于一般预防时,或者行为人的危险性大以及一般预防的必要性大,但是责任轻微时),应

---

① [日]平野龙一:《刑法总论Ⅰ》,有斐阁 1972 年版,第 27 页。

当如何科处刑罚。国外刑法理论存在幅的理论(Spielraumtheorie)与点的理论(Punktstrafetheroies)之争。

幅的理论认为,与责任相适应的刑罚具有一定的幅度,法官应当在此幅度的范围内考虑预防犯罪的目的,最终决定刑罚。因为刑罚针对犯罪人而言是一种感觉的痛苦,即使刑罚的量有所增减,也仍然是报应、是正当的刑罚。换言之,不会有人认为,如果对犯罪人所科处的刑罚稍微有所增减,其刑罚便不具有正当性。例如,是判处 100 天徒刑还是判处 101 天、102 天徒刑,对于正义的概念与国民的报应意识并不是重要的。但是,报应的量在国民意识中的确是存在的,对于犯罪人科处的刑罚,国民也会说"刑罚判得太重了,不妥当"或者"刑罚判处太轻了,不正当",这表明报应的量具有界限点。上述两方面的事实表现,与责任相适应的刑罚是相对的、具有下限与上限幅度的。概言之,幅的理论的内容如下:(1)不得超出与责任相适应的刑罚;(2)与责任相适应的刑罚不可能明确地确定,但存在由上限与下限所划定的幅度范围;(3)就具体犯罪而言,在上限与下限所划定的幅度范围内,存在与责任相适应的几种或几个刑罚;(4)只有在与责任相适应的幅度范围内选择具体的刑罚才能发挥预防犯罪机能,即只能在与责任相适应的幅度范围内考虑预防犯罪的目的,可以接近甚至达到幅度的上限与下限,但不能超出上限与下限(也有人主张可以超出下限)。

点的理论认为,与责任相适应的刑罚只能是正确确定的某种刑罚(点),而不存在幅度;不能认为在某种幅度内的刑罚都是等价的制裁、正当的报应;与责任相适应的刑罚常常是一种唯一的存在,即使人们不能确定地把握这个点,但也不能否认这个点的存在。根据点的理论,在确定了与责任相适应的具体刑罚(点)之后,为了考虑预防犯罪的需要,可以修正这个点,但不能过于偏离这个点。[①]

在理论上,幅的理论与点的理论在责任刑与预防刑的关系上存在区别:前者是在责任刑的幅度内考虑预防犯罪的目的,后者是在责任刑(点)的周边考虑预防犯罪的目的。在量刑结局上,幅的理论与点的理论并非那么对立,因为都要求在与责任相适应的刑罚接近的范围内确定具体的刑罚。应当说,与责任相适应的刑罚是一种唯一的存在,是一个点;之所以对一个犯罪人多判几天徒刑或者少判几天徒刑,不致产生不公正感,是因为人们难以甚至不可能认识到这个点。因此,即使与责任相适应的刑罚客观上是一个点,但如果人们不能

---

① 〔日〕城下裕二:《量刑基准的研究》,成文堂 1995 年版,第 83 页。

把握这个点,只能认识到一个相对确定的幅度,那么,点的理论的实际意义便减少了。另外,即使确定了一个具体的点,但在考虑预防犯罪的需要时,仍然要以点为核心确定上限与下限,即确定因为预防犯罪而偏离点的程度。

四、刑罚裁量的方法

量刑方法,是审判人员裁量刑罚所使用的手段、方法、步骤的总和。要保证量刑适当,除了遵循以犯罪事实为依据,以刑事法律为准绳的量刑原则外,还要求有正确的量刑方法。我国的刑罚裁量传统上采经验量刑法,由审判人员依据司法经验进行评估,缺乏定量分析和规范化操作,容易造成量刑不公与量刑失衡。[①] 为了规范法官的量刑裁量权、纠正司法过程中的量刑失衡,最高人民法院积极推动量刑规范化改革,决定从 2010 年 10 月 1 日在全国法院试行《人民法院量刑指导意见(试行)》和《人民法院量刑程序指导意见(试行)》。

量刑的规范化包括实体的规范化和程序的规范化。量刑实体的规范化主要是指通过确立一定的量化标准来规范法官的裁量权,使法官量刑具有更加明确、更加具体、操作性更强的依据;量刑程序的规范化主要是指将量刑纳入法庭审理程序,使之具有相对的独立性,并明确控辩双方的量刑建议权。根据《人民法院量刑指导意见(试行)》,规范化量刑的基本步骤是:(1)确定量刑点。根据基本犯罪构成事实在相应的法定刑幅度内确定量刑起点。(2)确定基准刑。根据其他影响犯罪构成的犯罪数额、犯罪次数、犯罪后果等犯罪事实,在量刑起点的基础上增加刑罚量确定基准刑。(3)确定宣告刑。根据量刑情节调节基准刑,并综合考虑全案情况,依法确定宣告刑。

量刑规范化作为我国刑事司法改革中的一项重要举措,具体而言有三个方面的意义:一是在制度层面上,量刑规范化把量刑活动纳入法庭审理程序,有利于防止暗箱操作和制度寻租,增强量刑的透明性和公信力;二是在实践层面上,量刑规范化制定了具体细致的操作标准,有利于规范法官的自由裁量权,增强民众对量刑结果的可预见性;三是在价值层面上,量刑规范化把量刑的依据与方法予以公开,有利于保障公民的合法权利,降低法官判案的道德风险和审理难度。但是,量刑规范化作为一项新生事物,有必要继续加强调查研究,进一步发展完善:一方面在量刑情节的设置上必须服从罪责刑相适应的基本原则,注重实现宽严相济的刑事政策和双面预防的刑罚目的。另一方面要增强量刑规则的条理化和体系性,通过审判实务的判例积累和经验总结,不断

---

① 苏惠渔等编:《量刑方法研究专论》,复旦大学出版社 1991 年版,第 1 页。

修改完善以避免一些个别化情节的遗漏。

第 二 节
量刑情节

一、量刑情节的概念

量刑情节,是指人民法院对犯罪人裁量刑罚时必须考虑的、决定量刑轻重或者免除刑罚处罚的各种情况。量刑情节具有以下特征:

1. 量刑情节是人民法院在裁量刑罚时应当考虑的各种情况。人民法院的刑事审判活动有两大任务:定罪与量刑。定罪是量刑的基础,在确定被告人有罪之后人民法院就应当根据犯罪人的一系列犯罪事实情况来决定是否对其适用刑罚及适用何种刑罚及其程度。而量刑情节是人民法院在决定对犯罪人是否适用刑罚及适用何种刑罚及其程度时应当考虑的各种情况。人民法院在正确确定犯罪人的行为性质及犯罪人应承担的刑罚时,除考虑犯罪构成要件外,还需要考虑涉及具体犯罪案件及犯罪人的相关情况。

2. 量刑情节是选择法定刑与决定宣告刑的依据。在一个犯罪具有几个层次的法定刑时,人民法院应当根据刑法规定的情节选择法定刑。例如,《刑法》第 274 条规定:"敲诈勒索公私财物,数额较大的,处三年以下有期徒刑、拘役或者管制;数额巨大或者有其他严重情节的,处三年以上十年以下有期徒刑。"是否"数额巨大或者有其他严重情节"便成为选择法定刑的标准。既然该情节影响法定刑的选择,当然就影响量刑,从这个意义上说,数额巨大等严重情节,属于敲诈勒索罪的量刑情节。所应注重的是,在刑法对犯罪只规定了一个法定刑的情况下,量刑情节便不是选择法定刑的依据。宣告刑以法定刑为基准,人民法院以法定刑为基准选择具体的刑种与刑度或者免除刑罚处罚时,同样以量刑情节为依据。宣告刑虽以法定刑为基准,但又可能根据刑法总则的规定突破法定刑,如具有减轻、免除刑罚处罚的情节时,可能突破法定刑,低于法定刑判处刑罚或者免除刑罚处罚,故量刑情节也成为突破法定刑的依据。由于法定刑有一定幅度,并且可以在一定条件下突破法定刑,这便使审判人员具有一定的自由裁量权,而审判人员行使自由裁量权的事实根据,就是量刑情节。

3. 量刑情节是在定罪环节后的量刑环节中考虑的各种情况。量刑情节是不具有犯罪构成事实的意义、不能说明犯罪基本性质的事实情况。如果它本身属于犯罪构成要件的内容,则是区分罪与非罪、此罪与彼罪的事实因素,而不是量刑情节。例如"数额较大"或者"情节严重"是行为人行为构成犯罪所必需的情节,因而属于犯罪构成的要件,是定罪情节而非量刑情节。有些事实情况,兼有犯罪构成与量刑情节两种功能,这就要根据刑法的具体规定予以区分。如危害结果,对某些犯罪来说属于构成要件,因而不是量刑情节,但相对于某些不以危害结果为构成要件的犯罪,它则是量刑情节。在司法实践中,应当注意将"定罪情节"与"量刑情节"区分开来,不能将"定罪情节"又作为量刑情节重复使用。

4. 量刑情节能够说明行为人的人身危险性和犯罪的社会危害程度。无论是法定情节还是酌定情节,它们都从不同侧面反映了行为人的人身危险性和犯罪的社会危害程度。例如刑法所规定的自首从轻减轻处罚这一情节,在一定程度上反映了犯罪分子有悔过自新、积极接受改造的心理状态,因而其人身危害性相对较小。相反,累犯这一情节,则表明犯罪分子人身危险性大,应当对其从重判处。

二、量刑情节的分类

量刑情节有多种形式,依据不同标准,可将其分为不同类型。

(一)法定情节与酌定情节

以是否属于刑法明文规定为标准,可将量刑情节分为法定情节与酌定情节。

1. 法定情节

法定情节是指刑法明文规定的、刑罚裁量时应予以考虑的各种事实情况。它包括刑法总则规定的对各种犯罪共同适用的情节和刑法分则规定的对特定犯罪单独适用的情节,也包括某些单行刑法中规定的适用于特定犯罪的情节。

我国刑法刑罚裁量的法定情节可以分为下列类型:(1)应当从重处罚的情节;(2)可以从轻或减轻处罚的情节;(3)应当从轻或减轻处罚的情节;(4)应当减轻处罚的情节;(5)可以从轻、减轻或者免除处罚的情节;(6)应当从轻、减轻或者免除处罚的情节;(7)可以减轻或者免除处罚的情节;(8)应当减轻或者免除处罚的情节;(9)可以免除处罚的情节;(10)应当免除处罚的情节。

而我国刑法总则规定的法定情节有:(1)刑法第 10 条:在外国已经受过刑罚处罚的,可以免除或减轻处罚。(2)第 17 条:已满 14 周岁不满 18 周岁的人犯罪,应当从轻或者减轻处罚。已满 75 周岁的人故意犯罪的,可以从轻或者减轻处罚;过失犯罪的,应当从轻或者减轻处罚。(3)第 18 条:尚未完全丧失辨认或者控制自己行为能力的精神病人犯罪的,可以从轻或者减轻处罚。(4)第 19 条:又聋又哑的人或者盲人犯罪,可以从轻、减轻或者免除处罚。(5)第 20 条:防卫过当的,应当减轻或免除处罚。(6)第 21 条:紧急避险过当的,应当减轻或免除处罚。(7)第 22 条:对预备犯,可以从轻、减轻或者免除处罚。(8)第 23 条:对未遂犯,可以从轻或者减轻处罚。(9)第 24 条:对中止犯,没有造成损害的,应当免除处罚;造成损害的,应当减轻处罚。(10)第 27 条:对于从犯,应当从轻、减轻或免除处罚。(11)第 28 条:对胁从犯,应当按照他的犯罪情节减轻处罚或者免除处罚。(12)第 29 条:教唆不满 18 周岁的人犯罪的,应当从重处罚。如果被教唆的人没有犯被教唆的罪,对于教唆犯,可以从轻或者减轻处罚。(13)第 37 条:对于犯罪情节轻微不需要判处刑罚的,可以免予刑事处罚。(14)第 65 条:对累犯应当从重处罚。(15)第 67 条:对自首者,可以从轻或者减轻处罚;其中,犯罪较轻的,可以免除处罚。(16)第 68 条:对立功者,可以从轻或者减轻处罚;有重大立功表现的,可以减轻或者免除处罚;犯罪后自首又有重大立功表现的,应当减轻或者免除处罚等。

此外,刑法分则在相关条文针对具体犯罪的特定情况规定量刑的法定情节,如刑法第 386 条规定"索贿的从重处罚"。

2. 酌定情节

酌定情节是指不是源于刑法的明文规定而是出自审判实践的经验总结,反映行为的社会危害性和行为人的人身危险性,在刑罚裁量时应当灵活掌握酌情适用的各种情况。酌定情节虽然并不必然影响刑罚的适用,但酌定情节适用恰当,对公正地适用刑罚却具有重大价值。我国刑法刑罚裁量的酌定情节可以分为:(1)酌定从重情节;(2)酌定从轻情节;(3)酌定减轻情节。酌定情节虽然不是刑法明文规定的,但并不意味着适用酌定情节于法无据。刑法第 61 条规定:"对于犯罪分子决定刑罚的时候,应当根据犯罪的事实、犯罪的性质、情节和对社会的危害程度,依照本法的有关规定判处。"该条所称的"情节",既包括法定情节,也包括酌定情节,这是适用酌定情节的基本依据。同时刑法第 37 条(非刑罚处罚措施)、第 52 条(罚金的数额)、第 63 条第 2 款(酌定减轻)以及分则中的加重减轻情节,也均是适用酌定情节的法律依据。

酌定情节主要表现在以下几方面:

(1)犯罪的动机。犯罪动机反映了犯罪人的主观恶性程度。虽然故意犯罪的动机都是不良的,但也有程度上的差异。例如,基于吃喝玩乐而贪污公共财物比因为家庭经济拮据而贪污公共财物的犯罪动机更恶劣,因而对刑罚裁量有一定的影响。

(2)犯罪手段。犯罪手段一般不是犯罪构成要件,但它却可以揭示出犯罪的社会危害性和行为人的主观恶性,因而犯罪手段常常成为刑罚裁量的重要酌定情节。犯罪手段残忍、狡诈、隐蔽,比使用一般手段实施犯罪更具社会危害性,因此应当对该种犯罪人处以较重的刑罚。

(3)犯罪对象。犯罪对象情况如何,也往往反映出犯罪人的主观恶性和犯罪的社会危害性。如盗窃一般财物和盗窃国家抢险、救灾物资,就具有不同的社会危害性;侵害未成年人比侵害成年人危害严重。

(4)犯罪的时间、地点。犯罪的时间、地点,对绝大多数犯罪构成而言没有决定意义。但是,犯罪的时间、地点却有助于认识行为人的主观恶性,以及犯罪的社会危害性,因而对刑罚裁量具有重要意义。如在列车上实施盗窃、抢劫犯罪,就具有更大的社会危害性。

(5)犯罪结果。犯罪结果对于说明行为人犯罪的社会危害性具有关键意义,因此,具体犯罪的实际危害结果怎样,对于人民法院的刑罚裁量具有重要参考意义,如盗窃 2000 元与盗窃 12000 元人民币,都属于数额较大,在 3 年有期徒刑以下处刑,但实际的犯罪后果不同,处刑时也应当有所不同。

(6)犯罪前的一贯表现。犯罪分子犯罪前的一贯表现,是反映该犯罪人的人身危险性的情节,因而对量刑也有一定的影响。例如一个人一贯遵纪守法、表现良好,偶然失足犯罪,应给予从宽处理;相反,犯罪分子一贯表现不好,具有前科劣迹,人身危险性较大,应当给予较重的处罚。

(7)犯罪后的表现。犯罪人犯罪后的态度如何,有助于了解犯罪人的主观恶性和改造难易程度,因而对刑罚裁量具有积极参考价值。犯罪人犯罪后,坦白交代自己的犯罪事实,积极退赃,说明犯罪人已经有悔罪心理,就可以从宽处理。相反,犯罪人犯罪后,拒不认罪,不退出赃款赃物,表明其主观恶性深,应当给予较重的处罚。

(二)从宽情节与从严情节

以是否对犯罪人处刑有利为标准,可将量刑情节分为从宽量刑情节和从严量刑情节。所谓从宽量刑情节,是指对犯罪人处刑较轻的情节;所谓从严量刑情节,是指对犯罪人处刑较重的情节。

根据我国刑法规定,依据其具体影响量刑的幅度,从宽量刑的情节可分为从轻、减轻和免除三个等级。我国刑法中,除了极个别条文规定的从宽量刑情节只有一个从宽等级外,大多数从宽量刑情节都包括了两个或三个从宽幅度。例如刑法第 27 条规定:对于从犯,应当从轻、减轻处罚或者免除处罚。这里,从犯就既是从轻处罚的情节,又是减轻和免除处罚的情节。

在我国刑法中,从严量刑情节只有从重处罚的规定,而没有加重情节。从重处罚的量刑情节,我国刑法有多处规定。例如《刑法》第236条第2款"奸淫不满十四周岁的幼女,以强奸论,从重处罚"的规定等等。

（三）硬性情节和弹性情节

根据拘束力程度的不同,可以将情节区分为硬性情节和弹性情节。所谓硬性情节,是指刑法明文规定的、人民法院在量刑时必须适用的情节。硬性情节又称为"应当型"情节,刑法就其功能和效力都作了硬性规定,法官只能依法适用,没有自由斟酌选择的余地。刑法中通常以"应当……"作为此类情节的标志。弹性情节,是指法律没有就效力和功能作硬性规定的量刑情节,它包括法定情节中的"可以型情节"以及酌定情节。刑法中对某些情节明文作出弹性规定,既反映了立法者的价值导向,又赋予了司法者一定的自由裁量权。

三、量刑情节的适用

（一）法定情节的适用

在我国刑法中,刑罚裁量的法定情节有四种表现形式,即从重、从轻、减轻和免除处罚情节。

1. 从重、从轻处罚情节的适用

《刑法》第62条规定:"犯罪分子具有本法规定的从重处罚、从轻处罚情节的,应当在法定刑的限度内判处刑罚。"这是从重处罚与从轻处罚量刑情节的适用原则。根据该条的规定,从重处罚是指在法定刑幅度内选择比没有这一从重情节的类似犯罪相对重一些的刑种或者刑期;从轻处罚是指在法定刑幅度内选择比没有这一从轻处罚情节的类似犯罪相对轻一些的刑种或者刑期。具体运用应当注意把握以下两点:其一,当一个罪在一个法条中规定了几个轻重不等的主刑时,如果犯罪人具有法定从重或者从轻处罚的情节,则应对其选择适用较重或较轻的主刑。例如,《刑法》第301条对聚众淫乱罪规定了"五年以下有期徒刑、拘役或者管制"3个刑种,如果行为人引诱未成年人参加聚众淫乱活动,便具备了该条款的从重处罚情节。按该条规定就应对行为人选择适用有期徒刑这一刑种。又如,刑法第27条规定,对从犯"应当从轻……处罚",如果某甲作为从犯参与了非法搜查罪,即触犯了刑法第245条的规定,那么对甲就应在该条规定的"三年以下有期徒刑或者拘役"这两个刑种中选择适用"拘役"这一刑种。其二,当一个罪在一个法条中规定了刑期长短不同的量刑幅度时,如果犯罪人具有法定从重或者从轻处罚的情节,则应对其选择适用较长或较短的刑期。例如,按刑法第23条的规定,未遂犯是一个法定从轻或者减轻处罚的情节,如果某乙触犯了刑法第236条第1款规定的强奸罪,但属于未遂,那么某乙就具备了法定从轻处罚的情节,司法机关对乙的量刑就应在3年至10年之间选择较短的刑期。

2. 减轻处罚情节的适用

《刑法》第63条第1款规定:"犯罪分子具有本法规定的减轻处罚情节的,应当在法定刑以下判处刑罚;本法规定有数个量刑幅度的,应当在法定量刑幅度的下一个量刑幅度内判处刑罚。"因此,适用减轻处罚情节应当注意:(1)减轻处罚是指在法定刑最低刑以下判处刑罚,这里的以下不包括本数,否定就无法区分减轻处罚与从轻处罚。(2)存在数个量刑幅度的,应当在与其罪行相适应的法定量刑幅度的下一个量刑幅度内判处刑罚。就具有数个法定刑幅度时如何确定法定最低刑,理论上存在罪名说与幅度说的争论。罪名说认为不论某罪有几个量刑幅度,减轻处罚都是指在整个法定刑的最低限度以下判处刑罚。幅度说认为减轻处罚不是低于整个条文中的最低刑,而是低于与具体罪行相适应的那一量刑幅度的最低刑。理论和实务的通说一般采幅度说。[①] (3)减轻处罚既包括刑期的减轻也包括刑种的减轻,对两者的减轻必须在一定限度内依格减轻。例如法定刑最低刑为10年以上有期徒刑时,减轻处罚不宜低于7年有期徒刑。

3. 免除处罚情节的适用

《刑法》第37条规定:"对于犯罪情节轻微不需要判处刑罚的,可以免予刑事处罚。"免除处罚,亦即免予刑事处罚,是指对犯罪人虽然作出有罪判决,却不对其适用刑罚。免除处罚是不适用刑罚进行处罚,而不是不处理。在不对犯罪人适用刑罚的前提下,可以对其予以非刑罚处理方法进行处理,如予以训诫或者责令具结悔过、赔礼道歉、赔偿损失等。从我国刑法总则规定来看,免除刑事处罚的情况有如下几种:(1)在国外犯罪且已受过外国刑事处罚的;(2)又聋又哑的人或者盲人犯罪;(3)防卫过当;(4)避险过当;(5)犯罪预备;(6)犯罪中止;(7)从犯;(8)胁从犯;(9)犯较轻罪后自首、立功的等。

(二)酌定情节的适用

酌定情节主要出自审判实践的经验总结,在适用中往往缺乏具体明确的法律依据,这也就给酌定情节在刑罚裁量中的运用带来了一定困难。具体而

---

① 参见1990年4月27日最高人民法院研究室《关于如何理解和掌握"在法定刑以下减轻处罚"问题的电话答复》。

言,由于酌定从重情节、酌定从轻情节是在法定刑幅度内酌情适用刑罚,酌定减轻情节是在法定最低刑以下酌情适用刑罚,因此对于酌定从重情节、酌定从轻情节一般从刑事司法的实践经验和刑事政策的预防目的出发酌情适用;而对于酌定减轻情节,立法机关为拘束自由裁量权防止司法不公,于刑法第63条第2款特别规定:"犯罪分子虽然不具有本法规定的减轻处罚情节,但是根据案件的特殊情况,经最高人民法院核准,也可以在法定刑以下判处刑罚",从实体和程序两个方面对酌定减轻处罚情节的适用进行限制。

1.一般酌定情节的适用。对一般酌定情节的适用要注意以下几点:一是要分清酌定情节的性质。酌定情节也可分为从严处罚的酌定情节与从宽处罚的酌定情节。这两种不同性质的情节对于犯罪人来说,具有利害相反的意义——从严处罚的酌定情节将会使犯罪人承受更重的刑罚,从宽处罚的酌定情节将会使犯罪人承受较轻的刑罚。因此,人民法院在进行刑罚裁量时,准确认定某一具体案件的酌定情节及其性质,对于正确处刑具有重大意义。二是要全面地认定酌定情节。虽然并非每一案件都存在酌定情节,但很多案件可能存在酌定情节。人民法院在进行刑罚裁量考虑酌定情节时,既要注意不利于犯罪人的酌定情节,也要注意有利于犯罪人的酌定情节,从而全面地认定酌定情节,为公正量刑提供基础。三是要公正适用酌定情节。由于酌定情节是法律规定以外的影响刑罚裁量的情况,属于法官自由裁量权的范畴,因此,是否公正适用酌定量刑情节,是检测法官自由裁量权行使是否公正的重要依据。

2.特别酌定情节的适用。根据刑法第63条第2款的规定,"犯罪分子虽然不具有本法规定的减轻处罚情节,但是根据案件的特殊情况,经最高人民法院核准,也可以在法定刑以下判处刑罚",特别酌定情节的适用需要注意:(1)特别酌定减轻的形式根据是"案件的特殊情况",实质根据是客观违法性大小、主观有责性大小、预防必要性大小、刑事政策理由。[①] (2)特别酌定减轻须报经最高人民法院核准。由于该程序规定需要法院层层上报,因此容易使法官消极对待,导致该制度在实践中适用率很低。这就需要树立酌定减轻处罚的司法适用意识,当罪行明显轻于最低法定刑对应的程度时,就应当积极启动这一程序以减轻处罚。

(二)禁止重复评价量刑情节

量刑时,对各种情节不能进行重复评价。"情节"有不同的种类:第一类是作为符合犯罪构成要件事实的情节,第二类是作为选择法定刑依据的情节,第

---

① 陈兴良主编:《刑法总论精释》,人民法院出版社2010年版,第812页。

三类是在既定法定刑之下影响具体量刑的情节。前两类情节发挥了各自的作用后，就不能再作为第三类量刑情节予以考虑。

例如，《刑法》第275条规定："故意毁坏公私财物，数额较大或者有其他严重情节的，处三年以下有期徒刑、拘役或者罚金；数额巨大或者有其他特别严重情节的，处三年以上七年以下有期徒刑。"其中的"数额较大或者有其他严重情节"是构成要件，故符合这种构成要件的事实作为认定犯罪的依据起了作用后，不能再作为量刑情节进行重复评价；同样，其中的"数额巨大或者有其他特别严重情节"是作为选择法定刑依据的情节，如果行为人毁坏公私财物的数额巨大，就应选择3年以上7年以下的法定刑，不能将数额巨大再作为既定法定刑之下的量刑情节；只有除此之外的情节，才能在既定法定刑之下影响量刑。

再如，《刑法》第274条规定："敲诈勒索公私财物，数额较大的，处三年以下有期徒刑、拘役或者管制；数额巨大或者有其他严重情节的，处三年以上十年以下有期徒刑。"假如数额较大的起点为1000元，数额巨大的起点为1万元，当行为人敲诈勒索1万元时，该情节便成为法定刑升格的根据；法院根据这一情节选择了3年以上10年以下有期徒刑的法定刑后，不得再以敲诈勒索1万元作为在该法定刑内从重处罚的根据。同样，倘若行为人的敲诈勒索情节严重，法院根据这一情节选择了3年以上10年以下有期徒刑的法定刑后，不得再将该严重情节作为在该法定刑内从重处罚的根据。否则，就会出现同一情节既是法定刑升格的根据，又是在升格的法定刑内从重处罚的根据的重复评价现象。但是，在行为人具有两个严重情节的情况下，则可以将一个严重情节作为法定刑升格的根据，将另一个严重情节作为在升格的法定刑内从重处罚的根据。例如，行为人敲诈勒索公私财物，数额巨大并且具有其他严重情节，在观念上可以将数额巨大作为选择3年以上10年以下有期徒刑的法定刑的根据，再将其他严重情节作为在该法定刑内从重处罚的根据，反之亦然。这并不违反禁止重复评价的原则。

问题出在一个特别严重情节的场合。例如，行为人敲诈勒索公私财物，数额特别巨大或者情节特别严重，将这一情节作为选择3年以上10年以下有期徒刑的法定刑根据后，可否因为情节特别严重而在该法定刑内从重处罚。本书持肯定回答。以数额特别巨大为例。由于1万元便属于数额巨大，应在3年以上10年以下有期徒刑的法定刑内处罚，可是行为人敲诈勒索了20万，远远超出了数额巨大的起点标准，故可以将1万元以外的数额作为从重处罚的根据。但在情节不可能量化与分割的情况下，区分法定刑升格的依据与在升格的法定刑内从重处罚的根据，只能是观念的或者抽象的，但仍然需要牢记禁止重复评价的原则。

第三节
累犯

一、累犯的概念

累犯是指因犯一定之罪而受过一定的刑罚处罚,在刑罚执行完毕或者赦免以后,于法定期限内又犯一定之罪的罪犯。作为量刑情节,累犯是一种特定的再次犯罪的事实(recidivism);作为量刑对象,累犯是特定的累犯人(recidivist)。

累犯不同于惯犯。累犯与惯犯虽然具有某些共同点,如都是多次实施犯罪行为,且主观上都是故意犯罪,但两者存在着明显的差别:首先,累犯一般只能由受过一定的刑罚处罚,并在刑罚执行完毕或者赦免以后的犯罪分子才能构成;而构成惯犯,并无此方面的限制。其次,累犯一般必须是在前罪刑罚执行完毕或者赦免以后的法定期限内又犯一定之罪;而惯犯则是在一定时间内反复多次实施同种犯罪行为,且所犯之罪应是均未经过处理的。再次,累犯是法定的从重处罚情节,由于累犯所犯的前罪已受过一定的刑罚处罚,故对累犯的从重处罚是针对其所犯后罪而言的;对于惯犯应依照刑法分则有关条文规定的法定刑处罚,由于刑法分则有关条文根据惯犯的特征规定了相对较重的法定刑,故对惯犯无须在法定刑幅度内再予以从重处罚。

累犯不同于再犯。再犯是指再次犯罪的人,也即两次或两次以上实施犯罪的人。再犯的后犯之罪实施的时间并无限制,既可以是在前罪刑罚执行期间实施的,也可以是在刑满释放之后实施的。累犯与再犯的相同之处主要在于两者都是两次或两次以上实施犯罪行为。累犯与再犯的差别是:(1)累犯前后实施的犯罪必须是特定的犯罪,特定犯罪的性质是由法律明文规定的;而再犯前后实施的犯罪并无此方面的限制。(2)累犯一般必须以前后两罪被判处一定刑罚为条件,而再犯无此限制。(3)累犯所犯后罪,一般必须是在前罪刑罚执行完毕或赦免以后的法定期限内实施的;而再犯的前后两罪之间并无时间方面的限制。

刑法第356条规定了毒品特殊再犯:"因走私、贩卖、运输、制造、非法持有毒品罪被判过刑,又犯本节规定之罪的,从重处罚",即在犯走私、贩卖、运输、制造毒品罪和非法持有毒品罪的前罪后,不论任何时间又犯刑法第六章第七节中所有毒品犯罪的后罪,成了毒品特殊再犯。关于毒品特殊再犯与累犯的适用区分,最高人民法院 2000 年 4 月 4 日发布的《全国法院审理毒品犯罪案件的工作座谈会纪要》中明确规定:"关于同时构成再犯和累犯的被告人适用法律和量刑的问题。对依法同时构成再犯和累犯的被告人,今后一律适用刑法第三百五十六条规定的再犯条款从重处罚,不再援引刑法关于累犯的条款。"但是,上述规定会造成刑罚上的不公平,例如甲犯较轻的容留他人吸毒罪,刑罚执行完毕后的第二年又犯毒品罪,构成累犯不得适用缓刑和假释;而乙犯较重的走私毒品罪,刑罚执行完毕后的第二年又犯毒品罪,适用再犯制度可以适用缓刑和假释。我们认为,刑法关于某项制度的规定有基本条款和分散条款两种情形,《纪要》所规定的"不再援引刑法关于累犯的条款"是指不再援引刑法关于累犯的基本条款(即刑法第 4 章第 2 节累犯)的规定,不包括关于累犯的分散条款(即刑法第 4 章第 5 节缓刑、刑法第 4 章第 7 节假释)的规定。[①] 因此,犯罪人同时构成累犯和毒品特殊再犯的,应根据《纪要》直接适用刑法第 356 条关于再犯的规定,不再援引刑法第 4 章第 2 节累犯中的条款规定。但犯罪人同时构成累犯和毒品特殊再犯后,应否适用缓刑和假释,仍应适用刑法第 74 条(即对累犯不适用缓刑)、第 82 条第 2 款(即对累犯不得假释)的规定。

二、累犯的种类和构成条件

我国刑法中的累犯,分为一般累犯和特别累犯两种,两者的构成条件是不同的。

(一)一般累犯的构成条件

我国刑法第 65 条规定:"被判处有期徒刑以上刑罚的犯罪分子,刑罚执行完毕或者赦免以后,在五年以内再犯应当判处有期徒刑以上刑罚之罪的,是累犯,应当从重处罚,但是过失犯罪和不满十八周岁的人犯罪的除外。"因此,一般累犯,是指因故意犯罪被判处有期徒刑以上刑罚的犯罪分子,在刑罚执行完毕或者赦免以后,在 5 年内又故意犯应当判处有期徒刑以上刑罚之罪的犯罪分子。一般累犯的构成条件为:

1. 主观条件。前罪与后罪都是故意犯罪,这是构成一般累犯的主观条件。如果行为人实施的前罪与后罪均为过失犯罪,或者前罪与后罪之一是过

---

① 陈兴良主编:《刑法总论精释》,人民法院出版社 2010 年版,第 826 页。

失犯罪,都不能构成累犯。我国刑法之所以将过失犯罪排除在累犯之外,主要是因为故意犯罪与过失犯罪的犯罪人在主观恶性和人身危险性上是不同的,因而应当区别对待;而且我国刑法分则所规定的犯罪绝大多数是故意犯罪,给国家、社会和公民造成重大危害的犯罪,也多是故意犯罪。将累犯限制于故意犯罪,也足以实现刑罚的目的。

2. 刑度条件。前罪与后罪都必须被判处有期徒刑以上刑罚,这是构成累犯的刑度条件。这里的"被判处有期徒刑"是指由人民法院依法判决的宣告刑而非法定刑。详言之,前罪的刑罚是指实际已经"被判处有期徒刑以上刑罚",包括被判处有期徒刑、无期徒刑和死刑缓期执行。后罪的刑罚是指"应当判处有期徒刑以上刑罚",即根据所犯后罪之犯罪事实、情节和法律规定实际上应当判处有期徒刑以上刑罚,包括实际上应当判处有期徒刑、无期徒刑和死刑。考虑后罪是否应当判处有期徒刑以上刑罚时,必须以后罪本身的罪行与人身危险性为根据,而不能将前罪事实作为定罪或量刑情节纳入考虑。

3. 时间条件。后罪发生在前罪的刑罚执行完毕或者赦免以后5年以内,这是构成累犯的时间条件。所谓"刑罚执行完毕",是指主刑执行完毕,不包括附加刑在内。主刑执行完毕5年内又犯罪,即使附加刑未执行完毕,也构成累犯。所谓"赦免",是指只赦免其刑不赦免其罪的特赦,大赦由于既赦免其罪又赦免其刑,因此没有成立累犯的余地。所谓"在五年以内"是指在刑罚执行完毕或赦免以后5年内再犯罪,如果后罪发生在前罪的刑罚执行期间的,不构成累犯,而应适用数罪并罚;如果后罪发生在前罪的刑罚执行完毕或者赦免5年以后,也不构成累犯。值得注意的问题是:(1)刑罚执行完毕是否包括假释考验期满。根据刑法第85条的规定,"假释考验期满,就认为原判刑罚已经执行完毕",因此,被假释的犯罪分子,如果在假释考验期内又犯新罪的,不构成累犯,而应在撤销假释之后对其数罪并罚;如果在假释考验期满5年以内又犯新罪,则构成累犯。(2)刑罚执行完毕是否包括缓刑考验期满。根据刑法第77条的规定,"在缓刑考验期限内犯新罪的应当撤销缓刑实行数罪并罚",刑法第76条规定,"缓刑考验期满,原判的刑罚就不再执行",因此,被判处有期徒刑宣告缓刑的犯罪分子,如果在缓刑考验期内犯罪的,不是累犯而应数罪并罚;如果缓刑考验期满后又犯罪,由于缓刑是附条件的不执行刑罚而非刑罚已经执行完毕,因而也不构成累犯。

4. 主体条件。成立累犯必须年满18周岁,这是构成累犯的主体条件。各国排除未成年人成为累犯大致有两种立法类型:一是以一定年龄作为构成累犯前罪的条件。例如俄罗斯刑法典第18条第4款规定,一个人在年满18岁之前实施犯罪的前科,在认定累犯时不得计算在内。二是以一定年龄作为构成累犯的条件。例如英国刑法规定"不满二十二周岁的人不构成累犯"。我国《刑法修正案(八)》在修正刑法典第 65 条时选择了第一种类型,规定构成累犯时"不满十八周岁的人犯罪的除外",也即犯罪分子在犯前罪和后罪时必须都是 18 周岁以上的人。如果犯前罪时是不满 18 周岁的未成年人,即使犯后罪时年满 18 周岁,也不构成累犯。①

(二)特别累犯的构成条件

刑法第 66 条规定:"危害国家安全犯罪、恐怖活动犯罪、黑社会性质的组织犯罪的犯罪分子,在刑罚执行完毕或者赦免以后,在任何时候再犯上述任一类罪的,都以累犯论处。"因此,特别累犯是指因犯危害国家安全犯罪、恐怖活动犯罪、黑社会性质的组织犯罪受过刑罚处罚,在刑罚执行完毕或者赦免以后,在任何时候再犯上述任一类罪的犯罪分子。特别累犯的构成条件主要包括:

1. 罪质条件。前罪、后罪都是危害国家安全犯罪、恐怖活动犯罪、黑社会性质的组织犯罪。行为人实施的前后两罪不要求同一性质而只要求同类性质,即只需要是危害国家安全犯罪、恐怖活动犯罪、黑社会性质的组织犯罪这三类犯罪的任一类即可。危害国家安全犯罪、恐怖活动犯罪、黑社会性质的组织犯罪不是指具体的罪名,而分别是指我国刑法分则第 1 章危害国家安全罪中的所有罪名、第 2 章第 120 条的所有罪名、第 6 章第 294 条的所有罪名。

2. 刑度条件。前罪被判处的刑罚和后罪应判处的刑罚的种类及其轻重不受限制。即使前后两罪或者其中之一被判处或者应当判处管制、拘役或者单处某种附加刑,也不影响特别累犯的成立。

3. 时间条件。前罪和后罪在时间间隔上没有限制,在前罪的刑罚执行完毕或者赦免后的任何时候,再犯上述三类犯罪之一的都构成累犯。

三、累犯的刑事责任

由于累犯无视曾经的刑罚体验而再次犯罪,其非难可能性和人身危险性较大,因此对累犯从严惩处,是当代世界各国刑罚裁量制度的通例:具体有高于法定刑判处刑罚的加重处罚主义、同时判处刑罚与保安处分的并科主义、使累犯得到改善后才予释放的不定期刑主义、在法定刑限度上限处罚的从重处

---

① 全国人大常委会法制工作委员会刑法室编:《〈中华人民共和国刑法修正案(八)〉条文说明、立法理由及相关规定》,北京大学出版社 2011 年版,第 19 页。

罚主义。[1] 根据我国刑法第 65 条第 1 款、第 74 条、第 81 条第 2 款的规定,对累犯处罚应当遵循以下原则:

1. 累犯应当从重处罚。刑法第 65 条第 1 款规定"累犯应当从重处罚",因此累犯从重处罚首先是法定应当情节,即不管是一般累犯还是特殊累犯都必须从重处罚;其次,累犯从重处罚是在法定刑限度内从重处罚,即以不构成累犯的一般情节为量刑基准来适用相对较重的刑罚;最后,累犯从重处罚要合理确定从重的幅度,也即除了考虑后罪的事实、性质、情节和对社会的危害程度外,还要考虑后罪与刑罚执行完毕或赦免时间的间隔、后罪与前罪的关系、犯后罪的原因等。[2]

2. 累犯不得适用缓刑。刑法第 74 条规定"对于累犯,不适用缓刑",这是因为累犯再次犯罪的事实表明累犯缺乏悔罪向善心理,具有较大非难可能性和人身危险性,因此不符合缓刑的适用条件。

3. 累犯不得适用假释。刑法第 81 条第 2 款规定"对累犯,不得假释",这是因为累犯是无视既往的刑罚体验又犯罪的,具有较大人身危险性和再犯可能性,适用假释难以发挥其预防再犯的制度功能,因此对累犯在刑罚执行过程中一律不得适用假释。

第四节
自首与立功

一、自首

(一)自首与坦白的概念

自首,是行为人犯罪以后自动投案,如实供述自己的罪行,或者在被采取刑事强制措施或服刑期间,如实供述司法机关还未掌握的本人其他罪行的行为。根据刑法第 67 条第 1 款、第 2 款的规定,自首分为一般自首和特别自首。一般自首是指犯罪人在犯罪以后,没有归案之前,自动投案,如实供述自己罪行的行为;特别自首是指行为人已经归案,已经是刑事诉讼的犯罪嫌疑人和被告人,或者是被判处刑罚且正在服刑的罪犯,在被采取刑事强制措施或者服刑

---

[1]　苏彩霞:《累犯制度比较研究》,中国人民公安大学出版社 2002 年版,第 132 页。
[2]　张明楷:《刑法学》,法律出版社 2007 年第 3 版,第 446 页。

期间,如实供述司法机关尚未掌握的本人的其他罪行的行为。

自首制度的设立根据,通常在于犯罪人悔罪自新表明其人身危险性减小的法律理由,或者在于案件及时侦审节约了司法资源的政策理由。自首犯从宽处罚原则对于分化瓦解犯罪势力,感召犯罪分子主动投案,迅速侦破刑事案件,减少刑事诉讼的经济投入,激励犯罪分子悔过自新,实现刑罚预防犯罪的目的,均有积极的作用。

坦白是指被采取强制措施的犯罪嫌疑人,向司法机关如实供述自己罪行的行为。根据刑法第 67 条第 3 款的规定,坦白分为两种情况:一是从轻坦白,是指犯罪嫌疑人虽不具有一般自首和特别自首的情节,但是如实供述自己罪行的,可以从轻处罚的情形;二是减轻坦白,是指犯罪嫌疑人虽不具有一般自首和特别自首的情节,但是因其如实供述自己罪行,避免特别严重后果发生的,可以减轻处罚的情形。

坦白从宽是我国一贯的刑事政策,犯罪嫌疑人到案后能够自愿认罪,表现了犯罪嫌疑人改恶从善的意愿,相对于拒不认罪,甚至故意编造谎言误导侦查、审判工作的犯罪嫌疑人而言,自愿认罪的犯罪嫌疑人人身危险性较少,对其适用较轻的刑罚即可达到刑罚目的。因此,《刑法修正案(八)》增设了第 67 条第 3 款,将不构成一般自首和特别自首的"如实供述自己罪行",作为一种法定的从宽情节予以规定,有利于积极贯彻宽严相济的刑事政策,充分发挥坦白的功效,有效查处犯罪,减少对抗,促进司法公正。因此,坦白的立法根据在于:一是架设了被动归案后的回归金桥。相对于犯罪中的中止回归与归案前的自首回归,坦白回归架设了犯罪人被动归案后第三座回归金桥,全方位促使犯罪人认罪服法、悔过自新。二是有利于提高刑事诉讼的效率。通过坦白从宽这一制度导向,能够使犯罪嫌疑人在被动归案后,基于趋利避害的利益驱动,选择与司法机关合作,如实供述自己的罪行,使案件得以及时侦破与审结。三是提供了预防刑讯逼供的途径。坦白从宽所预设的对合作者褒赏的制度杠杆,为刑事司法人员提供了通过制度褒赏来促使犯罪嫌疑人合作的手段,从而使刑事侦查的重心转移到制度性激励上,客观上减少了刑讯逼供发生的可能。

(二)一般自首的成立条件

一般自首是指犯罪人在犯罪以后自动投案,如实供述自己罪行的行为。根据刑法第 67 条第 1 款的规定、相关司法解释及司法经验,一般自首必须符合以下条件:

1.自动投案

所谓自动投案,是指犯罪人在犯罪之后归案以前,出于本人的意志而向有关机关或个人投案的行为。自动投案应当具备下列要素：

（1）投案时间。自动投案的投案时间是指犯罪之后尚未归案以前，通常表现为三种情形：

一是尚未掌握时投案，是指行为人在司法机关尚未掌握犯罪事实和犯罪人，且没有采取调查措施和强制措施时主动投案的。例如，职务犯罪的犯罪事实或者犯罪分子未被办案机关掌握，或者虽被掌握，但犯罪分子尚未受到调查谈话、讯问，或者未被宣布采取调查措施或者强制措施时，向办案机关投案的，应当认定自动投案。[①] 因特定违法行为被采取劳动教养、行政拘留、司法拘留、强制隔离戒毒等行政、司法强制措施期间，主动向执行机关交代尚未被掌握的犯罪行为的，也应当视为自动投案。[②]

二是通缉追捕时投案，是指行为人在司法机关已经掌握犯罪事实和犯罪人，但尚未采取强制措施或者缉拿归案时主动投案的。至于犯罪后被群众扭送归案的，或被公安机关抓获归案的，或在追捕过程中走投无路当场被捕的，或经司法机关传讯、采取强制措施后归案的，均不能认为是自动投案。例如，犯罪后逃跑，在被通缉、追捕过程中，主动投案的；经查实确已准备去投案，或者正在投案途中，被公安机关捕获的，应当视为自动投案。[③] 对于犯罪嫌疑人实施犯罪后潜逃至异地，其罪行尚未被异地司法机关发觉，仅因形迹可疑，被异地司法机关留置盘问、教育后，主动交代自己的罪行的，应当视为自动投案。[④]

三是形迹可疑时投案，是指行为人在司法机关并未掌握其罪行，而仅因形迹可疑进行盘问、教育时主动投案的。例如，罪行未被有关部门、司法机关发觉，仅因形迹可疑被盘问、教育后，主动交代了犯罪事实的，应当视为自动投案，但有关部门、司法机关在其身上、随身携带的物品、驾乘的交通工具等处发

---

① 参见 2009 年 3 月 20 日最高人民法院、最高人民检察院《关于办理职务犯罪案件认定自首、立功等量刑情节若干问题的意见》。

② 参见 2010 年 12 月 22 日最高人民法院《关于处理自首和立功若干具体问题的意见》。

③ 参见 1998 年 4 月 6 日最高人民法院《关于处理自首和立功具体应用法律若干问题的解释》。

④ 参见 2003 年 8 月 27 日最高人民法院研究室《关于如何理解犯罪嫌疑人自动投案的有关问题的答复》。

现与犯罪有关的物品的,不能认定为自动投案。① 这种"形迹可疑"型的自首在毒品犯罪案件中较为多见,需要把握的重点是主动交代犯罪事实对确定犯罪嫌疑人是否具有实质意义。仅因形迹可疑被盘问、教育后主动交代犯罪事实,若有关部门并未掌握其他证据,则其主动交代对确定犯罪嫌疑人具有决定性的实质意义,应认定为自动投案;若有关部门在其交代时或者交代后即在其身上、随身物品、交通工具等处搜获与犯罪有关的物品,则即便其不交代,有关部门仍可据此掌握犯罪证据,故此类情形下的交代对确定犯罪嫌疑人不具有实质意义,一般不能认定为自动投案。②

(2)投案对象。自动投案的投案对象是指接受投案的有关机关或者个人。这里的有关机关一般是指公安机关、人民检察院、人民法院等司法机关,其他有关单位如纪检监察部门、城乡基层组织、犯罪人所在单位也可以成为投案对象。这里的个人主要指上述单位的负责人,如果犯罪分子只是向被害人、自己亲友、自己聘请的法律顾问交代自己的犯罪事实,一般不构成自动投案。例如,犯罪嫌疑人向其所在单位、城乡基层组织或者其他有关负责人员投案的应当视为自动投案。③职务犯罪的犯罪分子向所在单位等办案机关以外的单位、组织或者有关负责人员投案的,也应当视为自动投案。④

(3)投案方式。自动投案的投案方式是指自动将自己处于司法机关控制之下。常见的投案方式包括:

①亲首,是指犯罪人犯罪后亲自向有关机关或个人投案自首。亲首既可以是主动前往司法机关的行为,也可以是坐等司法机关到来的行为,两者同样属于主动将自己处于司法机关控制之下。对此,司法解释也规定,犯罪后主动报案,虽未表明自己是作案人但没有逃离现场,在司法机关询问时交代自己罪行的;明知他人报案而在现场等待,抓捕时无拒捕行为,供认犯罪事实的;在司法机关未确定犯罪嫌疑人,尚在一般性排查询问时主动交代自己罪行的;交通

---

① 参见 1998 年 4 月 6 日最高人民法院《关于处理自首和立功具体应用法律若干问题的解释》、2010 年 12 月 22 日最高人民法院《关于处理自首和立功若干具体问题的意见》。

② 参见 2010 年 12 月 28 日最高人民法院《关于处理自首和立功若干具体问题的意见》答记者问。

③ 参见 1998 年 4 月 6 日最高人民法院《关于处理自首和立功具体应用法律若干问题的解释》。

④ 参见 2009 年 3 月 20 日最高人民法院、最高人民检察院《关于办理职务犯罪案件认定自首、立功等量刑情节若干问题的意见》。

肇事后保护现场、抢救伤者，并向公安机关报告的，均应认定为自动投案。①

②代首，是指犯罪人犯罪后诚意投案，但由于客观原因不能亲自投案而委托他人代为投案或者以通讯方式投案。例如司法解释规定，犯罪嫌疑人因病、伤或者为了减轻犯罪后果，委托他人先代为投案，或者先以信电投案的应当视为自动投案。②

③送首，是指犯罪嫌疑人的监护人或亲友在接获公安机关通知或主动报案以后，规劝协助其投案的。在这里送首的犯罪人仍然必须具有投案意愿，只是其投案意愿不是自发产生的而是经过亲友规劝产生的，如果犯罪人不予积极配合、强烈反抗，应当认定为不构成自动投案。

④陪首，是指犯罪人犯罪后在他人陪同下投案自首。这里的他人，一般是指朋友、邻居、同学、同事、单位领导等。陪首与亲首区别在于犯罪人不是单独投案，而是在他人的陪同下前去司法机关投案，陪首与送首的区别在于犯罪人的投案意愿是原生意愿，并非在他人规劝下产生的。

（4）投案意愿。自动投案的投案意愿是指投案必须出于犯罪人本人的意志。自动投案必须具有主动性和自愿性，必须出于其本人的意志而投案。把握犯罪分子归案行为的自动性，需要注意以下问题：

一是投案的心理动机不影响投案的自动性。自动投案的动机是多种多样的，有的出于真诚悔罪、有的慑于法律的威严、有的经亲友规劝而醒悟、有的为了争取宽大处理、有的潜逃在外生活无着落、有的是为了保护自身权益等等，但不同的动机并不影响归案行为的自动性。例如司法解释规定，并非出于犯罪嫌疑人主动，而是经亲友规劝、陪同投案的；公安机关通知犯罪嫌疑人的亲友，或者亲友主动报案后，将犯罪嫌疑人送去投案的，应当视为自动投案。③

二是意志的形成过程不影响投案的自动性。犯罪嫌疑人开始并非自愿而是归于亲友规劝，或者起先并非主动而是迫于亲友压力，但只要最终同意归案、能够配合亲友进行投案的，应当认定为自动投案，因为这些归案行为仍是基于犯罪人的同意认可而发生的，离开犯罪人本人的意志是难以实现或根本

---

① 参见 2010 年 12 月 22 日最高人民法院《关于处理自首和立功若干具体问题的意见》。

② 参见 1998 年 4 月 6 日最高人民法院《关于处理自首和立功具体应用法律若干问题的解释》。

③ 参见 1998 年 4 月 6 日最高人民法院《关于处理自首和立功具体应用法律若干问题的解释》。

不可能实现的。例如司法解释规定,犯罪嫌疑人被亲友采用捆绑等手段送到司法机关,或者在亲友带领侦查人员前来抓捕时无拒捕行为,不能认定为自动投案,但可以参照法律对自首的有关规定酌情从轻处罚。①

(5)投案结果。自动投案的投案结果是指将自己置于有关机关或个人的控制之下,听候、接受司法机关的审查和裁判。自动投案并如实供述自己的罪行引起的法律后果就是国家审查和裁判,因此如果犯罪嫌疑人不愿意将自己置于有关机关或个人的控制之下,就不构成自动投案。犯罪嫌疑人将自己的人身置于司法机关的现实控制之下,是其悔罪的具体表现,也是国家对其从宽处理的重要依据。理解自动投案的投案结果,必须注意以下两点:

一是投案必须具有彻底性。犯罪嫌疑人委托他人代为投案而本人拒不到案的,或者通过信函电话等方式投案而本人逃避到案的,不能成立自动投案。例如,有的犯罪人匿名将赃物送回司法机关或原主处,或者用电话、书信等方式向司法机关报案或指出赃物所在的,由于行为人并未将自身置于司法机关的控制之下,因而不能成立自首。但这种主动交出赃物的行为,是悔罪的表现之一,在处理时可以考虑适当从宽处罚。

二是投案必须具有始终性。如果犯罪人在向有关单位或者个人陈述自己的罪行后,又脱离有关单位或者个人的控制的,或者自动投案后又脱离司法机关控制逃避归案的,都不能视为自动投案。司法解释也规定,犯罪嫌疑人自动投案后又逃跑的,不能认定为自首。②

2.如实供述自己的罪行

如实供述自己的罪行,是指犯罪嫌疑人自动投案后,如实交代自己的主要犯罪事实。犯罪嫌疑人自动投案之后,只有如实供述自己的罪行,才足以证明其悔罪服法,也才能为司法机关追诉其所犯罪行提供依据,使刑事诉讼活动得以顺利进行。如实供述自己的罪行,需具备以下要素:

(1)如实供述。如实供述是指犯罪嫌疑人按照自己的记忆进行客观供述,既不夸大也不缩小自己的罪行。具体而言:一是要注意判断供述的真实性。通常情况下犯罪嫌疑人的供述事实和客观事实应该大体一致,但如果确实因为犯罪嫌疑人的认识缺陷等能力限制而导致供述事实与客观事实存在差异

① 参见 2010 年 12 月 22 日？最高人民法院《关于处理自首和立功若干具体问题的意见》。

② 参见 1998 年 4 月 6 日最高人民法院《关于处理自首和立功具体应用法律若干问题的解释》。

的,仍然应当承认供述的真实性,并在供述了主要犯罪事实的情况下成立自首。二是要严格区分供述事实和事实评价,如实供述自己的罪行是指犯罪人应当如实供述客观事实,而非以事实的法律性质和法律责任等评价因素为前提,因此被告人对行为性质的辩解不影响自首的成立,不能因为犯罪人进行了自我辩解而否定其供述的如实性。① 三是要合理认定如实供述的时点,犯罪嫌疑人自动投案时虽然没有交代自己的主要犯罪事实,但在司法机关掌握其主要犯罪事实之前主动交代的,应认定为如实供述自己的罪行。② 四是要正确理解供述的彻底性,犯罪嫌疑人自动投案并如实供述自己的罪行后又翻供的,不能认定为自首,但在一审判决前又能如实供述的,应当认定为自首。③

(2)供述自己的罪行。供述自己的罪行是指犯罪嫌疑人交代自己的主要犯罪事实和身份情况。所谓主要犯罪事实是指对认定犯罪行为性质和刑罚裁量具有决定意义的事实和情节。认定是否供述主要犯罪事实需要注意四种情形:①部分交代的情形。虽然投案后没有交代全部犯罪事实,但如实交代的犯罪情节重于未交代的犯罪情节,或者如实交代的犯罪数额多于未交代的犯罪数额,一般应认定为如实供述自己的主要犯罪事实。无法区分已交代的与未交代的犯罪情节的严重程度,或者已交代的犯罪数额与未交代的犯罪数额相当,一般不认定为如实供述自己的主要犯罪事实。④ ②异种数罪的情形。犯有数罪的犯罪嫌疑人仅如实供述所犯数罪中部分犯罪的,只对如实供述部分犯罪的行为,认定为自首。⑤ ③同种数罪的情形。犯罪嫌疑人多次实施同种罪行的,应当综合考虑已交代的犯罪事实与未交代的犯罪事实的危害程度,决定是否认定为如实供述主要犯罪事实。⑥ ④共同犯罪的情形。共同犯罪案件

---

① 参见 2004 年 3 月 23 日最高人民法院《关于被告人对行为性质的辩解是否影响自首成立问题的批复》。
② 参见 2010 年 12 月 22 日最高人民法院《关于处理自首和立功若干具体问题的意见》。
③ 参见 1998 年 4 月 6 日最高人民法院《关于处理自首和立功具体应用法律若干问题的解释》。
④ 参见 2010 年 12 月 22 日最高人民法院《关于处理自首和立功若干具体问题的意见》。
⑤ 参见 1998 年 4 月 6 日最高人民法院《关于处理自首和立功具体应用法律若干问题的解释》。
⑥ 参见 2010 年 12 月 22 日最高人民法院《关于处理自首和立功若干具体问题的意见》。

中的犯罪嫌疑人,除如实供述自己的罪行,还应当供述所知的同案犯,主犯则应当供述所知其他同案犯的共同犯罪事实,才能认定为自首。① 所谓身份情况是指姓名、年龄、职业、住址、前科等情况。犯罪嫌疑人供述的身份等情况与真实情况虽有差别,但不影响定罪量刑的,应认定为如实供述自己的罪行。犯罪嫌疑人自动投案后隐瞒自己的真实身份等情况,影响对其定罪量刑的,不能认定为如实供述自己的罪行。②

(三)特别自首的成立条件

特别自首,是指被采取强制措施的犯罪嫌疑人、被告人或者正在服刑的罪犯,如实供述司法机关还未掌握的本人其他罪行的行为。根据刑法第 67 条第 2 款的规定、相关司法解释及司法经验,特别自首必须符合以下条件:

1.特别自首的主体是被采取强制措施的犯罪嫌疑人、被告人或者正在服刑的罪犯。具体包括两种情况:一是被采取强制措施的犯罪嫌疑人、被告人。这里的强制措施,是指我国刑事诉讼法规定的拘传、取保候审、监视居住、拘留、逮捕等措施,不包括劳动教养、行政拘留、司法拘留、强制隔离戒毒等行政、司法强制措施,在被采取上述行政、司法强制措施期间主动向执行机关交代尚未被掌握的犯罪行为的成立一般自首。③ 这里的强制措施,不等于犯罪人处于在押状态,犯罪嫌疑人只是被取保候审、监视居住但是没有在押的,仍然属于被采取强制措施。有学者将"被采取强制措施"作剥夺人身自由和限制人身自由的区分,认为在监视居住等限制人身自由的情况下,还存在自动投案的客观可能性,因此在此期间如实供述司法机关还未掌握的本人其他罪行的应视为一般自首。④ 我们认为,一般自首减免其刑是因为行为人在未受有关机关或个人的控制下自动归案而推进刑事诉讼,特别自首减免其刑是因为行为人在已受司法机关控制下如实供述司法机关还未掌握的本人其他罪行而推进刑事诉讼,如果犯罪嫌疑人、报告人被采取强制措施即应认为已经处于司法机关控制之下,不存在以自动投案来减免其刑的根据,因此被采取强制措施应广义地理解为包括所有刑事强制措施。二是正在服刑的罪犯。正在服刑的罪犯,

① 参见 1998 年 4 月 6 日最高人民法院《关于处理自首和立功具体应用法律若干问题的解释》。

② 参见 2010 年 12 月 22 日最高人民法院《关于处理自首和立功若干具体问题的意见》。

③ 参见 2010 年 12 月 22 日最高人民法院《关于处理自首和立功若干具体问题的意见》。

④ 周家海:《自首制度研究》,中国人民公安大学出版社 2004 年版,第 110~111 页。

是指已经人民法院判决、正在执行所判刑罚的罪犯,包括被判处管制、拘役、有期徒刑、无期徒刑、死刑缓期2年执行的主刑,被单处罚金、剥夺政治权利、没收财产等附加刑的罪犯,以及依法被宣告缓刑,依法予以减刑、假释,但是尚处于考验期或者执行余刑的罪犯。[①] 也有学者有不同意见,认为假释和减刑是附条件地提前释放和不执行刑罚,罪犯在假释考验期和缓刑考验期不能认为是在服刑,所以假释和缓刑期间的罪犯,主动交代司法机关尚未掌握的本人其他罪行的,不成立特别自首。[②] 我们认为,假释和减刑仅仅是附条件地提前释放和不执行刑罚,罪犯在假释考验期和缓刑考验期内仍然必须遵守刑法的监督管理规定、接受司法机关的控制和掌握,因此不存在以自动投案置于有关机关的控制下来推进刑事诉讼换取减免刑罚的可能。

2.特别自首的方式是如实供述司法机关还未掌握的本人其他罪行。理解司法机关还未掌握的本人其他罪行,应当注意以下问题:

首先,这里的"司法机关"是指对犯罪人采取强制措施的司法机关或罪犯服刑时所在的司法机关,而非指犯罪地司法机关或者泛指所有的司法机关。也即纵使犯罪地司法机关掌握了犯罪人的犯罪事实,但只要对犯罪人采取强制措施的司法机关尚未掌握该犯罪事实,犯罪人如实供述的仍然成立自首。

其次,这里的"还未掌握"应根据不同情形区别对待。如果该罪行已被通缉,一般应以该司法机关是否在通缉令发布范围内作出判断,不在通缉令发布范围内的,应认定为还未掌握,在通缉令发布范围内的,应视为已掌握。如果该罪行已录入全国公安信息网络在逃人员信息数据库,应视为已掌握。如果该罪行未被通缉、也未录入全国公安信息网络在逃人员信息数据库,应以该司法机关是否已实际掌握该罪行为标准。[③]

最后,这里的"本人其他罪行"必须与司法机关已掌握的或者判决确定的罪行属不同种罪行。如果与司法机关已掌握的或者判决确定的罪行属同种罪行的,不成立自首但可以酌情从轻处罚;如实供述的同种罪行较重的,一般应当从轻处罚。[④] 如实供述本人其他罪行与司法机关已掌握的罪行属同种罪行

---

① 赵秉志主编:《刑法总论要论》,中国法制出版社2010年版,第626页。

② 陈兴良主编:《刑法总论精释》,人民法院出版社2010年版,第844页。

③ 参见2010年12月22日最高人民法院《关于处理自首和立功若干具体问题的意见》。

④ 参见1998年4月6日最高人民法院《关于处理自首和立功具体应用法律若干问题的解释》。

还是不同种罪行,一般应以罪名区分。虽然如实供述的其他罪行的罪名与司法机关已掌握犯罪的罪名不同,但如实供述的其他犯罪与司法机关已掌握的犯罪属选择性罪名或者在法律、事实上密切关联,如因受贿被采取强制措施后,又交代因受贿为他人谋取利益行为,构成滥用职权罪的,应认定为同种罪行。①

(四)坦白的成立条件

根据刑法第 67 条第 3 款的规定,坦白是指犯罪嫌疑人虽不具有前两款规定的自首情节,但是如实供述自己罪行的,可以从轻处罚,或者因其如实供述自己罪行,避免特别严重后果发生的,可以减轻处罚的行为。因此,成立坦白需要具有以下要件:

1.犯罪嫌疑人不具有一般自首与特别自首的情节。由于一般自首是自动投案后如实供述自己罪行,特别自首是被采取强制措施后如实供述司法机关还未掌握的本人其他罪行,因此所谓不具有一般自首与特别自首的情节,是指犯罪嫌疑人既非自动投案也非供述司法机关还未掌握的本人其他罪行,也即被采取强制措施的犯罪嫌疑人自愿认罪。

2.如实供述自己罪行或者因其如实供述自己罪行避免特别严重后果发生。这里的"如实供述自己罪行"是指如实供述自己犯罪的主要事实或者基本事实。这里的"因其如实供述自己罪行避免特别严重后果发生"是指行为人的行为已经实施,但犯罪结果还没有发生或者没有全部发生,由于行为人的供述,使得有关方面能够采取措施避免了特别严重后果发生的情况。

(五)自首与坦白的认定

1.共同犯罪自首的认定

正确认定共同犯罪人的自首,关键在于准确把握共同犯罪人"自己的罪行"的范围。共同犯罪案件中的犯罪嫌疑人自首时所应供述的自己罪行的范围,必须与其在共同犯罪中所起作用和具体分工相适应,除如实供述自己的罪行外,还应当供述所知的同案犯。②

主犯中的首要分子必须供述的罪行范围,包括其组织、策划、指挥作用所及或支配下的全部罪行;其他主犯必须供述的罪行,包括在首要分子支配下单

---

① 参见 2010 年 12 月 22 日最高人民法院《关于处理自首和立功若干具体问题的意见》。

② 参见 1998 年 4 月 6 日最高人民法院《关于处理自首和立功具体应用法律若干问题的解释》。

独实施的共同犯罪行为,以及与其他共同犯罪人共同实施的犯罪行为。从犯中的次要实行犯应供述的罪行,包括犯罪分子自己实施的犯罪,以及与自己共同实施犯罪的主犯和胁从犯的犯罪行为;从犯中的帮助犯应供述的罪行,包括自己实施的帮助行为,以及自己所帮助的实行犯的行为。胁从犯应供述的罪行的范围,包括自己在被胁迫情况下实施的犯罪,以及所知道的胁迫自己犯罪的胁迫人所实施的犯罪行为。教唆犯应供述的罪行的范围,包括自己的教唆行为,以及所了解的被教唆人产生犯罪意图之后实施的犯罪行为。总之,共同犯罪人在自首时供述的罪行,包括自己实施的犯罪,以及自己确实了解的、与自己的罪行密切相关的其他共同犯罪人的罪行。这是由共同犯罪的特性和自首的本质所决定的。如果共同犯罪人仅仅供述自己的罪行,而隐瞒同案犯罪行的,不能认定为自首。

2.数罪自首的认定

数罪自首的认定,应根据犯罪人如实供述的不同情况分别处理。对于一般自首,如果犯罪嫌疑人自动投案后如实供述所犯全部数罪的,应认定为全案自首。如果犯罪嫌疑人自动投案后仅如实供述所犯部分罪行的,应分别予以处理:若所犯数罪为异种数罪的,只对如实供述部分犯罪的行为认定为自首。[①] 若所犯数罪为同种数罪,应当综合考虑已交代的犯罪事实与未交代的犯罪事实的危害程度,决定是否认定为自首。也即虽然投案后没有交代全部犯罪事实,但如实交代的犯罪情节重于未交代的犯罪情节,或者如实交代的犯罪数额多于未交代的犯罪数额,一般应认定为自首。无法区分已交代的与未交代的犯罪情节的严重程度,或者已交代的犯罪数额与未交代的犯罪数额相当,一般不认定为自首。[②]

对于特别自首,被司法机关依法采取强制措施的犯罪嫌疑人和被告人以及正在服刑的罪犯,如实供述司法机关还未掌握的本人的非同种罪行的,认定为自首。被采取强制措施的犯罪嫌疑人和被告人以及正在服刑的罪犯,如实供述司法机关还未掌握的同种罪行,不能认定为自首,但可以酌情从轻处罚,其中如实供述的同种罪行较重的一般应当从轻处罚。犯罪嫌疑人、被告人在被采取强制措施期间如实供述本人其他罪行,该罪行与司法机关已掌握的罪

---

① 参见 1998 年 4 月 6 日最高人民法院《关于处理自首和立功具体应用法律若干问题的解释》。

② 参见 2010 年 12 月 22 日最高人民法院《关于处理自首和立功若干具体问题的意见》。

行属同种罪行还是不同种罪行,一般应以罪名区分。虽然如实供述的其他罪行的罪名与司法机关已掌握犯罪的罪名不同,但如实供述的其他犯罪与司法机关已掌握的犯罪属选择性罪名或者在法律、事实上密切关联,如因受贿被采取强制措施后,又交代因受贿为他人谋取利益行为,构成滥用职权罪的,应认定为同种罪行。①

3. 过失犯罪的自首

对于过失犯罪是否存在自首问题,理论界有不同的看法。但从我国刑法第 67 条的规定看,对可以成立自首的犯罪并没有任何限制,因此行为人在实施过失犯罪之后,只要其行为符合自首成立的条件,就应认定为自首。例如,交通肇事后保护现场、抢救伤者、向公安机关报告的,应当认定为自首。但由于《道路交通安全法》第 70 条规定交通肇事后应当负有保护现场、抢救伤者、向公安机关报告的义务,因此犯罪嫌疑人实施上述行为的同时也是履行法定义务的行为,所以对其是否从宽、从宽的幅度要适当从严掌握。交通肇事逃逸后自动投案,如实供述自己罪行的,应认定为自首,但应依法以较重法定刑为基准,视情决定对其是否从宽处罚和从宽处罚的幅度。②

4. 自首与坦白的区别

坦白是指被采取强制措施的犯罪嫌疑人,向司法机关如实供述自己罪行,接受国家审查和裁判的行为。自首与坦白的相同之处为:(1)均以自己实施了犯罪行为为前提;(2)都必须如实供述自己的罪行;(3)犯罪人都有接受国家审查和裁判的行为;(4)都是法定的从宽处罚情节。自首与坦白的主要区别是:(1)自首是犯罪人自动投案后如实供述自己罪行,或者在被采取强制措施或服刑期间如实供述司法机关尚未掌握的本人其他罪行;而坦白则是犯罪人被动归案之后如实供述司法机关已经掌握的本人罪行。(2)自首犯的人身危险性相对较轻,坦白者的人身危险性相对较重。(3)对自首犯可以从轻或者减轻处罚,其中犯罪较轻的可以免除处罚;而坦白只是可以从轻处罚,其中因如实供述而避免特别严重后果发生的可以减轻处罚。

(六)自首与坦白的刑事责任

根据刑法第 67 条第 1 款的规定,对于自首的犯罪分子,可以从轻或者减

---

① 参见 2010 年 12 月 22 日最高人民法院《关于处理自首和立功若干具体问题的意见》。

② 参见 2010 年 12 月 22 日最高人民法院《关于处理自首和立功若干具体问题的意见》。

轻处罚;对于犯罪较轻的,可以免除处罚。适用这一处罚原则需要注意:

首先,具体确定从轻、减轻还是免除处罚,应当根据犯罪轻重,并考虑自首的具体情节。① 具有自首情节的,一般应依法从轻、减轻处罚;犯罪情节较轻的,可以免除处罚。虽然具有自首情节,但犯罪情节特别恶劣、犯罪后果特别严重、被告人主观恶性深、人身危险性大,或者在犯罪前即为规避法律、逃避处罚而准备自首的,可以不从宽处罚。对于被告人具有自首情节,同时又有累犯、毒品再犯等法定从重处罚情节的,既要考虑自首的具体情节,又要考虑被告人的主观恶性、人身危险性等因素,综合分析判断,确定从宽或者从严处罚。累犯的前罪为非暴力犯罪的,一般可以从宽处罚,前罪为暴力犯罪或者前、后罪为同类犯罪的,可以不从宽处罚。在共同犯罪案件中,对具有自首情节的被告人的处罚,应注意共同犯罪人以及首要分子、主犯、从犯之间的量刑平衡。犯罪集团的首要分子、共同犯罪的主犯检举揭发或者协助司法机关抓捕同案地位、作用较次的犯罪分子的,从宽处罚与否应当从严掌握,如果从轻处罚可能导致全案量刑失衡的,一般不从轻处罚;如果检举揭发或者协助司法机关抓捕是其他案件中罪行同样严重的犯罪分子,一般应依法从宽处罚。对于犯罪集团的一般成员、共同犯罪的从犯立功的,特别是协助抓捕首要分子、主犯的,应当充分体现政策,依法从宽处罚。②

其次,对于从轻、减轻处罚的幅度,应当考虑其犯罪事实、犯罪性质、犯罪情节、危害后果、社会影响、被告人的主观恶性和人身危险性以及投案的主动性、供述的及时性和稳定性等予以确定。③

根据刑法第67条第3款的规定,对于坦白的犯罪嫌疑人,如实供述自己罪行的,可以从轻处罚;因其如实供述自己罪行,避免特别严重后果发生的,可以减轻处罚。适用这一处罚原则需要注意:首先,确定是否从宽处罚应当考虑犯罪的轻重和坦白的具体情节,如果犯罪较轻且主观恶性不大、悔改表现明显的一般要实行从宽处罚,如果犯罪严重且被告人主观恶性深、人身危险性大的一般不从宽处罚。其次,具体确定是从轻还是减轻处罚,应当根据是否因其如

---

① 参见1998年4月6日最高人民法院《关于处理自首和立功具体应用法律若干问题的解释》。
② 参见2010年12月22日最高人民法院《关于处理自首和立功若干具体问题的意见》。
③ 参见2010年12月22日最高人民法院《关于处理自首和立功若干具体问题的意见》。

实供述自己罪行而避免特别严重后果的发生来决定。再次,确定从宽处罚的幅度,应当考虑其犯罪事实、犯罪性质、犯罪情节、危害后果、社会影响、被告人的主观恶性和人身危险性以及供述的及时性和稳定性等予以确定。

二、立功

(一)立功的概念和意义

立功是指犯罪分子犯罪以后为争取宽大处理而主动揭发他人犯罪行为经查证属实的,或者提供重要线索从而得以侦破其他案件的,以及其他对国家和社会有突出贡献的行为。

立功分为一般立功和重大立功。根据刑法第68条的规定和有关司法解释,一般立功主要表现为:(1)犯罪分子到案后有检举、揭发他人犯罪行为,包括共同犯罪案件中的犯罪分子揭发同案犯共同犯罪以外的其他犯罪,经查证属实;(2)提供侦破其他案件的重要线索,经查证属实;(3)阻止他人犯罪活动;(4)协助司法机关抓捕其他犯罪嫌疑人(包括同案犯);(4)具有其他有利于国家和社会的突出表现的。重大立功主要表现为:(1)犯罪分子有检举、揭发他人重大犯罪行为,经查证属实;(2)提供侦破其他重大案件的重要线索,经查证属实;(3)阻止他人重大犯罪活动;(4)协助司法机关抓捕其他重大犯罪嫌疑人(包括同案犯);(5)对国家和社会有其他重大贡献等表现的。这里的"重大犯罪"、"重大案件"、"重大犯罪嫌疑人"的标准,一般是指犯罪嫌疑人、被告人可能被判处无期徒刑以上刑罚或者案件在本省、自治区、直辖市或者全国范围内有较大影响等情形。[①] 而可能被判处无期徒刑以上刑罚,是指根据犯罪行为的事实、情节可能被判处无期徒刑以上刑罚。案件已经判决的,以实际判处的刑罚为准。但是,根据犯罪行为的事实、情节应当判处无期徒刑以上刑罚,因被判刑人有法定情节经依法从轻、减轻处罚后判处有期徒刑的,揭发者也应当被认定为重大立功。[②]

立功制度是我国刑法重要的刑罚裁量制度,它对于激励犯罪分子悔过自新、改过从善;调动犯罪分子以积极的态度协助司法机关工作,提高司法机关办理刑事案件的效率;分化瓦解犯罪势力,促使其他犯罪分子主动投案,减少

[①] 以上参见1998年4月6日最高人民法院《关于处理自首和立功具体应用法律若干问题的解释》。
[②] 参见2009年3月20日最高人民法院、最高人民检察院《关于办理职务犯罪案件认定自首、立功等量刑情节若干问题的意见》。

因犯罪而造成的社会不安定因素,都有积极的作用。因此,刑法设立立功制度的实质根据有二:一是法律根据,即行为人在犯罪后揭发他人犯罪行为或者提供侦破其他案件的重要线索,表明行为人对犯罪行为的痛恨,其再犯可能性会有所减小;二是政策根据,即揭发他人犯罪行为或者提供重要线索有利于司法机关发现、侦破其他犯罪案件,实现了刑法效能的确证。[1]

（二）立功的构成要件

根据刑法第 68 条和最高人民法院《关于处理自首和立功具体应用法律若干问题的解释》,立功分为揭发犯罪型立功、提供线索型立功、阻止犯罪型立功、协助抓捕型立功、其他表现型立功五种情形。

1.揭发犯罪型立功

揭发犯罪型立功是指犯罪人到案后有检举、揭发司法机关并未发现的他人犯罪行为,包括共同犯罪案件中的犯罪分子揭发同案犯共同犯罪以外的其他犯罪,经查证属实的。共同犯罪案件的犯罪分子到案后,揭发同案犯共同犯罪事实的,虽不成立立功但可以酌情予以从轻处罚。

2.提供线索型立功

提供线索型立功是指其他案件已经立案但是没有侦破,犯罪人提供侦破该案件的重要线索,经查证属实的。认定立功线索来源需要注意:犯罪分子通过贿买、暴力、胁迫等非法手段,或者被羁押后与律师、亲友会见过程中违反监管规定,获取他人犯罪线索并"检举揭发"的,不能认定为有立功表现。犯罪分子将本人在以往查办犯罪职务活动中掌握的,或者从负有查办犯罪、监管职责的国家工作人员处获取的他人犯罪线索予以检举揭发的,不能认定为有立功表现。犯罪分子亲友为使犯罪分子"立功",向司法机关提供他人犯罪线索、协助抓捕犯罪嫌疑人的,不能认定为犯罪分子有立功表现。[2]

根据被告人检举揭发破获的他人犯罪案件,如果已有审判结果,应当依据判决确认的事实认定是否查证属实;如果被检举揭发的他人犯罪案件尚未进入审判程序,可以依据侦查机关提供的书面查证情况认定是否查证属实。检举揭发的线索经查确有犯罪发生,或者确定了犯罪嫌疑人,可能构成重大立功,只是未能将犯罪嫌疑人抓获归案的,对可能判处死刑的被告人一般要留有余地,对其他被告人原则上应酌情从轻处罚。被告人检举揭发或者协助抓获

---

[1] 张明楷:《刑法学》,法律出版社 2007 年第 3 版,第 451 页。

[2] 参见 2010 年 12 月 22 日最高人民法院《关于处理自首和立功若干具体问题的意见》。

的人的行为构成犯罪,但因法定事由不追究刑事责任、不起诉、终止审理的,不影响对被告人立功表现的认定;被告人检举揭发或者协助抓获的人的行为应判处无期徒刑以上刑罚,但因具有法定、酌定从宽情节,宣告刑为有期徒刑或者更轻刑罚的,不影响对被告人重大立功表现的认定。[①]

3. 阻止犯罪型立功

阻止犯罪型立功是指犯罪人针对即将发生或正在发生的案件,阻止他人犯罪活动。这里的他人犯罪活动是指事实类型上的犯罪,不具有刑事责任能力的人实施的违反刑法的行为也属于犯罪行为。实践中阻止他人犯罪活动一般表现为:(1)在监所内阻止他人的犯罪活动。例如,甲、乙、丙在监狱服刑。甲阻止乙故意伤害丙。值得注意的是,此时阻止他人犯罪型立功与协助抓捕型立功存在竞合。例如,因犯甲正在越狱时被囚犯乙抓捕。乙的行为既属于阻止他人犯罪型立功,也属于协助抓捕型立功,但只能认定为一次立功。(2)在监所外阻止他人犯罪活动。例如,甲涉嫌抢夺罪被取保候审期间,甲阻止乙的飞车抢劫行为。甲构成立功。

4. 协助抓捕型立功

协助抓捕型立功是指司法机关已经发现其他犯罪嫌疑人但未能抓捕,犯罪人协助司法机关抓捕其他犯罪嫌疑人(包括同案犯)。实践中犯罪分子具有下列行为之一,使司法机关抓获其他犯罪嫌疑人的,属于协助抓捕型立功:(1)按照司法机关的安排,以打电话、发信息等方式将其他犯罪嫌疑人(包括同案犯)约至指定地点的;(2)按照司法机关的安排,当场指认、辨认其他犯罪嫌疑人(包括同案犯)的;(3)带领侦查人员抓获其他犯罪嫌疑人(包括同案犯)的;(4)提供司法机关尚未掌握的其他案件犯罪嫌疑人的联络方式、藏匿地址的,等等。犯罪分子提供同案犯姓名、住址、体貌特征等基本情况,或者提供犯罪前、犯罪中掌握、使用的同案犯联络方式、藏匿地址,司法机关据此抓捕同案犯的,不能认定为协助司法机关抓捕同案犯。[②]

5. 其他表现型立功

其他表现型立功是指具有上述情节以外的其他有利于国家和社会的突出表现的,例如犯罪人在生产、生活或抢险救灾中有突出表现,或在科研中有重

---

① 参见 2010 年 12 月 22 日最高人民法院《关于处理自首和立功若干具体问题的意见》。

② 参见 2010 年 12 月 22 日最高人民法院《关于处理自首和立功若干具体问题的意见》。

大发明创造、技术革新等等。认定其他表现型立功需要注意：一是生产、生活或抢险救灾中的表现要求达到诸如见义勇为或者奋不顾身等表现突出的程度。二是发明创造、技术革新需要达到一定等级才能视为重大发明创造、技术革新。同时，这里的重大发明创造和技术革新必须是犯罪人亲自获得，不能是依靠亲属所得。

（三）立功犯的刑事责任

根据我国刑法第 68 条的规定和有关司法解释①，对于立功犯分别不同情况予以从宽处罚。对于有一般立功表现的，可以从轻或者减轻处罚；对于有重大立功表现的，可以减轻或者免除处罚。

对具有立功情节的被告人是否从宽处罚、从宽处罚的幅度，应当考虑其犯罪事实、犯罪性质、犯罪情节、危害后果、社会影响、被告人的主观恶性和人身危险性以及检举揭发罪行的轻重、被检举揭发的人可能或者已经被判处的刑罚、提供的线索对侦破案件或者协助抓捕其他犯罪嫌疑人所起作用的大小等。

具有立功情节的，一般应依法从轻、减轻处罚；犯罪情节较轻的，可以免除处罚。虽然具有立功情节，但犯罪情节特别恶劣、犯罪后果特别严重、被告人主观恶性深、人身危险性大，或者在犯罪前即为规避法律、逃避处罚而准备立功的，可以不从宽处罚。对于被告人具有立功情节，同时又有累犯、毒品再犯等法定从重处罚情节的，既要考虑立功的具体情节，又要考虑被告人的主观恶性、人身危险性等因素，综合分析判断，确定从宽或者从严处罚。累犯的前罪为非暴力犯罪的，一般可以从宽处罚，前罪为暴力犯罪或者前、后罪为同类犯罪的，可以不从宽处罚。

在共同犯罪案件中，对具有立功情节的被告人的处罚，应注意共同犯罪人以及首要分子、主犯、从犯之间的量刑平衡。犯罪集团的首要分子、共同犯罪的主犯检举揭发或者协助司法机关抓捕同案地位、作用较次的犯罪分子的，从宽处罚与否应当从严掌握，如果从轻处罚可能导致全案量刑失衡的，一般不从轻处罚；如果检举揭发或者协助司法机关抓捕的是其他案件中罪行同样严重的犯罪分子，一般应依法从宽处罚。对于犯罪集团的一般成员、共同犯罪的从犯立功的，特别是协助抓捕首要分子、主犯的，应当充分体现政策，依法从宽处罚。

① 参见 2010 年 12 月 22 日最高人民法院《关于处理自首和立功若干具体问题的意见》。

第五节
数罪并罚

一、数罪并罚的概念与特征

数罪并罚是指人民法院对一人在法定期限内所犯数罪分别定罪量刑后，依照法律所规定的并罚规则决定其应当执行的刑罚的制度。数罪并罚制度对于科学地对犯罪分子判处适当的刑罚，保证法律的准确适用，保障被告人的合法权益，保证减刑或假释的正确运用，都有积极意义。根据刑法第 69 条、第 70 条、第 71 条、第 77 条、第 86 条的规定，数罪并罚具有如下特点：

1.一人犯数罪。一人犯两个或两个以上的数罪是数罪并罚的事实前提，数人共同犯数罪的，由于对数人应分别量刑，仍然属于一人犯数罪。所谓数罪是指实质上的数罪或独立的数罪，其既可以是故意犯罪，也可以是过失犯罪；既可以是单独犯罪，也可以是共同犯罪；既可以是犯罪的完成形态，也可以是犯罪的未完成形态。区分一罪与数罪应当以犯罪构成为标准来确定，因此一行为在刑法上规定为一罪或处理时作为一罪的情形，包括惯犯、结合犯、继续犯、结果加重犯、想象竞合犯等；数行为处理时作为一罪的情形，包括连续犯、牵连犯、吸收犯等，除法律有特别规定的以外一般不属于数罪的范畴。数罪是否包括同种数罪理论上存在争论，但一般认为异种数罪由于指一人犯了数个不同种类的罪行，因此应当实行数罪并罚；同种数罪由于指一人犯了数个属性相同的罪行，因此不应并罚，我国司法实践中对同种数罪也不予并罚。

2.所犯数罪发生在法定期限内。所犯数罪发生在法定期限内，是指只有在刑罚执行完毕以前发现犯罪人犯有数罪的才能适用数罪并罚，这是数罪并罚的时间条件。根据我国刑法规定，发生在法定期限内的数罪并罚包括 5 种情形：判决宣告以前一人犯数罪的并罚；判决宣告以后，刑罚执行完毕以前，发现被判刑的犯罪分子在判决宣告以前还有其他罪行没有判决的并罚（漏罪）；判决宣告以后，刑罚执行完毕以前，被判刑的犯罪分子又犯罪的并罚（新罪）；被宣告缓刑的犯罪分子，在缓刑考验期限内犯新罪或者发现判决宣告以前还有其他罪没有判决的并罚；被假释的犯罪分子，在假释考验期限内犯新罪或者发现判决宣告以前还有其他罪没有判决的并罚。

3.对数罪分别定罪量刑后依照法定并罚原则决定执行的刑罚。依法对数罪分别定罪量刑后根据法定并罚原则决定合并执行的刑罚,这是数罪并罚的操作规则。也即一方面必须对罪犯所犯数罪,依法逐一分别确定罪名并裁量、宣告其刑罚。在此过程中,应当依法确定犯罪行为发生的时间,以及应予并罚的数罪属性。另一方面,应根据适用于不同刑种的并罚原则,即吸收原则、限制加重原则、并科原则,以及不同条件下的并罚规则、刑罚计算方法等将各罪的宣告刑合并,然后决定应执行的刑罚。

二、数罪并罚的原则

(一)数罪并罚的一般原则

数罪并罚的原则是指对一人犯数罪实行并罚所依据的准则。数罪并罚的原则是数罪并罚制度的核心,不仅表明一国刑法所奉行的刑事政策的性质和特征,而且制约着该国数罪并罚制度的具体内容及其适用效果。从世界范围看,各国所采用的数罪并罚原则主要有如下四种:

1.并科原则。并科原则是指将一人犯数罪所判处的刑罚绝对相加、合并执行的并罚原则。并科原则是刑罚报应主义思想的体现,其所包含的犯数罪者要重于犯一罪者的观念具有合理性。但是并科原则实行机械相加数罪数罚,可能使刑罚表面上公正实际上过于苛刻。例如对于有期限的自由刑来说,绝对并科导致刑期远远超过人的生命而毫无意义;对于无期徒刑、死刑来说,不存在合并执行的可能性。

2.吸收原则。吸收原则是指对一人所犯数罪分别定罪量刑以后,采用重刑吸收轻刑的方法,只执行其中最重的刑罚,其余较轻的刑罚不予执行的并罚原则。数罪并罚中的吸收原则,仅指刑的吸收而不包括罪的吸收,罪的吸收是定罪论中的问题而非刑罚裁量的问题。吸收原则虽然对于死刑、无期徒刑等刑种的并罚较为适宜,但对有期徒刑、财产刑等其他刑种则存在弊端:一是导致犯数罪者和犯一重罪者被判处的刑罚相同,有违背罪刑均衡原则而重罪轻罚之嫌;二是导致刑罚的区别对待和威慑功能丧失,不利于刑罚的特殊预防和一般预防效果的实现。

3.限制加重原则。限制加重原则是指以一人所犯数罪中应当判处或已判处的最重刑罚为基础,再在一定限度之内对其予以加重作为执行刑罚的并罚原则。限制加重的方法主要有两种类型:一是以数罪中最重犯罪的法定刑加重处罚,即以法定刑为准来确定数罪中的最重犯罪,再于最重犯罪的法定刑之上加重处罚并作为执行的刑罚。二是以数罪中被判决宣告的最重刑罚加重处罚,即在对数罪分别定罪量刑的基础上,以宣告刑为准来确定其中最重的刑罚,再于宣告的最高刑罚之上加重处罚作为执行的刑罚。这种限制加重方法往往在数刑中最高刑以上,总和刑以下,决定执行的刑罚;同时规定应执行的刑罚不得超过的最高限度。限制加重原则兼采并科原则与吸收原则的优点,能够较公平地对待犯数罪的犯罪分子,但限制加重原则只能适用于有一定期限或者数量的刑种,对死刑、无期徒刑等其他刑种无法适用。

4.混合原则。混合原则也称折中原则,是指对一人犯数罪的并罚不单纯采用某一原则,而是兼采并科原则、吸收原则或限制加重原则以分别适用于不同情况的并罚规则。例如对判处数个死刑、数个无期徒刑或数刑中有一个死刑或无期徒刑的往往采取吸收原则,对其他有刑期和数额限制的刑罚采取限制加重原则,对判处主刑与附加刑一般采用并科原则等等。混合原则因为吸收了各种数罪并罚原则的优点,能够适用于各种不同的情况,因而受到各国的青睐,被广泛采用。

(二)我国的数罪并罚原则

刑法第69条规定:"判决宣告以前一人犯数罪的,除判处死刑和无期徒刑的以外,应当在总和刑期以下、数刑中最高刑期以上,酌情决定执行的刑期,但是管制最高不能超过三年,拘役最高不能超过一年,有期徒刑总和刑期不满三十五年的,最高不能超过二十年,总和刑期在三十五年以上的,最高不能超过二十五年。数罪中有判处附加刑的,附加刑仍须执行,其中附加刑种类相同的,合并执行,种类不同的,分别执行。"根据这一规定,我国刑法在数罪并罚问题上确立了以限制加重为主,以吸收原则和并科原则为补充的混合原则。

1.对于判处死刑和无期徒刑的,采取吸收原则。也即:(1)判决宣告的数个主刑中有数个死刑或最高刑为死刑的,只决定执行一个死刑,而不得决定执行两个以上的死刑或其他主刑。当判决宣告的数个主刑中既有死刑也有其他主刑时,不能先执行无期徒刑或有期自由刑等其他主刑后执行死刑,否则不仅主次倒置、轻重失宜,而且违背对一罪犯只能决定执行一个主刑的刑罚原则。(2)判决宣告的数个主刑中有数个无期徒刑或最高刑为无期徒刑的,只决定执行一个无期徒刑,而不得决定执行多个无期徒刑或者合并执行死刑或者其他主刑。这是因为一方面无期徒刑与死刑是性质截然不同的两个刑种,两个以上无期徒刑即使相加也还是无期徒刑;另一方面刑法对死刑的适用实行严格控制的政策,既然被告人所犯各罪都只应判处无期徒刑,就说明还有改造可能性,将两个以上的无期徒刑合并为死刑就不适当地扩大了死刑的适用范围。

2.对于判处有期徒刑、拘役和管制的,采取加重原则。判决宣告的数个主刑为有期自由刑,即有期徒刑、拘役、管制的,采取限制加重原则合并处罚。具体适用限制加重的方法为:(1)数罪判决均为有期徒刑的,应当在总和刑期以下数刑中最高刑期以上,酌情决定执行的刑期,但是有期徒刑总和刑期不满35年的,最高不能超过20年,总和刑期在35年以上的,最高不能超过25年。(2)数罪判决均为拘役的,应当在总和刑期以下数刑中最高刑期以上,酌情决定执行的刑期,但是最高不能超过1年。(3)判决宣告的数个主刑均为管制的,应当在总和刑期以下数刑中最高刑期以上,酌情决定执行的刑期,但是最高不能超过3年。可见,我国刑法所规定的限制加重原则的特点在于:一是采取双重的限制加重措施,即总和刑期未超过自由刑法定最高期限时,受总和刑期的限制;在总和刑期超过自由刑法定最高期限时,受数罪并罚法定最高刑的限制,即管制最高不能超过3年,拘役最高不能超过1年,有期徒刑总和刑期不满35年的,最高不能超过20年,总和刑期在35年以上的,最高不能超过25年。二是合并处罚时决定执行的刑期或最低执行刑期,必须在所判数罪中的最高刑期以上,而且可以超过各种有期自由刑的法定最高期限,即管制可以超过2年,拘役可以超过6个月,有期徒刑可以超过15年。三是不得将同种有期自由刑合并升格成另一种更重的有期自由刑或者无期徒刑,即不得将数个管制合并升格为拘役或有期徒刑,不得将数个拘役合并升格为有期徒刑或无期徒刑,不得将数个有期徒刑合并升格为无期徒刑等。

同种有期自由刑的合并处罚方法,由于刑法第69条的明确规定,在理论和实践中没有分歧。但是不同种有期自由刑也即管制、拘役、有期徒刑之间如何并罚由于没有刑法的具体规定,在理论和实践中存在较大争议:[①]吸收说主张采用重刑吸收轻刑的规则只执行较重的刑罚;分别执行说主张按照由重到轻的顺序分别执行全部刑罚;折算说主张将不同刑种折算为一种较重刑种或者主要刑种;比例并罚说主张对不同刑种从重到轻分别执行一定比例的部分刑期。目前尚不能就此问题得出统一见解,多数人主张采取折算说,主张将不同刑种折算为一种较重的刑种,即数罪中包含有期徒刑的,应将拘役和管制折算为有期徒刑;数罪中不包含有期徒刑的,应将管制折算为拘役。折算为同一刑种后,再按照限制加重原则实行数罪并罚。我们认为,管制与拘役、有期徒刑在性质上分属限制自由刑和剥夺自由刑,对于管制依法实行社会矫正而不予关押,对于拘役、有期徒刑一般要予以关押,如果将管制折算成拘役或有期

---

① 高铭暄、马克昌主编:《刑法学》,北京大学出版社、高等教育出版社2007年第3版,第319~320页。

徒刑无疑是对犯罪人的加重处罚。因此,我们主张二分说:首先,对拘役和有期徒刑的并罚应当采取折算说,1 日拘役折算 1 日有期徒刑;其次,对管制与拘役、有期徒刑的并罚,应当采取并科原则。例如最高人民法院 1981 年 7 月 27 日《关于管制犯在管制期间又犯新罪被判处拘役或有期徒刑应如何执行的问题的批复》重申了其 1957 年有关复函的意见,即在对新罪所判处的有期徒刑或者拘役执行完毕之后,再执行前罪所没有执行完的管制。

3. 对于判处附加刑的,采取并科原则。刑法第 69 条规定:"数罪中有判处附加刑的,附加刑仍须执行,其中附加刑种类相同的,合并执行,种类不同的,分别执行。"这是由附加刑的属性所决定的,数罪中被判处的附加刑既不能被主刑所吸收,不同种附加刑之间通常也不能相互吸收,否则便会使刑法对某种犯罪专门规定附加刑的意义丧失。具体而言,附加刑适用并科原则包括:(1)主刑与附加刑的并科。即附加刑与主刑不得换算或吸收,而应并科执行。需要研究的是死刑与罚金刑是否并科执行,我们认为只要罪犯有实际经济负担能力,即使被判处死刑,也不影响罚金刑的执行。(2)异种附加刑的并科。即附加刑种类不同的,分别执行。需要研究的是罚金与没收财产如何并科,我们认为如果判处罚金和没收全部财产的,应当就执行罚金后的剩余部分再执行没收财产;如果判处罚金和没收部分财产的,应当同时分别执行。(3)同种附加刑的并罚。即附加刑种类相同的,合并执行。例如对数个罚金的并罚实行相加,执行总和数额。

值得研究的是,在执行附加刑剥夺政治权利期间犯新罪的应如何处理?根据有关司法解释:(1)对判处有期徒刑并处剥夺政治权利的罪犯,主刑已执行完毕,在执行附加刑剥夺政治权利期间又犯新罪,如果所犯新罪无须附加剥夺政治权利的,依照刑法第 71 条的规定数罪并罚。(2)前罪尚未执行完毕的附加刑剥夺政治权利的刑期从新罪的主刑有期徒刑执行之日起停止计算,并依照刑法第 58 条规定从新罪的主刑有期徒刑执行完毕之日或者假释之日起继续计算;附加刑剥夺政治权利的效力适用于新罪的主刑执行期间。(3)对判处有期徒刑的罪犯,主刑已执行完毕,在执行附加刑剥夺政治权利期间又犯新罪,如果所犯新罪也剥夺政治权利的,依照刑法第 55 条、第 57 条、第 71 条的规定并罚。①

---

① 参见 2009 年 3 月 30 日最高人民法院《关于在执行附加刑剥夺政治权利期间犯新罪应如何处理的批复》。

三、数罪并罚的适用

（一）普通数罪的并罚

普通数罪的并罚是指对判决宣告以前发现的数罪进行的并罚。对判决宣告以前发现的数罪进行并罚是数罪并罚的典型形态，我国数罪并罚的原则就是根据这种数罪的形态进行设计的。因此，普通数罪的并罚，直接根据刑法第69条规定的上述数罪并罚的原则进行并罚。

关于判决宣告以前的数罪并罚之性质，认为是异种数罪的并罚没有异议，但是应否包括同种数罪的并罚则存在争论。对此存在三种不同观点：一罚说主张对同种数罪一概不并罚，而应作为一罪的从重情节或法定刑升格的情节处罚即可；并罚说主张对同种数罪一概实行并罚；折中说主张所犯之罪具有两个以上法定刑幅度时不实行并罚，只有一个法定刑幅度时则实行并罚。多数意见赞同折中说的立场，认为对判决宣告以前一人犯同种数罪的，原则上应以一罪论处，将另一罪作为从重处罚情节或者法定刑升格情节处理，但在以一罪论处违反罪刑均衡可能导致轻纵犯罪的情况下，可以有限制地对同种数罪实行并罚。①

对同种数罪原则上以一罪论处，是基于以下理由：一是刑法事实上将许多同种数罪规定为一罪的从重情节或法定刑升格的情节，这意味着同种数罪原则上不并罚。二是刑法分则的大多数条文规定的法定刑都有几个幅度，不实行并罚完全可以做到罪刑相适应，如果均实行并罚反而可能导致罪刑不均衡。三是有些犯罪本身可以包含多次行为，或者说可以包含同种数罪，也没有必要实行并罚。四是将同种数罪以一罪论处，有利于从整体上考虑犯罪人的人身危险性。对同种数罪例外地实行并罚，是出于以下考虑：一是有的犯罪只有一个幅度的法定刑，或者虽有两个以上幅度的法定刑，但不可能将同种数罪作为法定刑升格的情节时，以一罪论处，不符合罪刑相适应原则的要求。二是有的犯罪虽然是同种数罪，但相隔时间很长，将相隔时间过长的同种数罪以一罪论处显然有欠妥当。

（二）发现漏罪的并罚

刑法第70条规定："判决宣告以后，刑罚还没有执行完毕以前，发现被判刑的犯罪分子在判决宣告以前还有其他罪没有判决的，应当对新发现的罪作

---

① 参见高铭暄、马克昌主编：《刑法学》，北京大学出版社、高等教育出版社2007年第3版，第321页；张明楷：《刑法学》，法律出版社2007年第3版，第456页。

出判决,把前后两个判决所判处的刑罚,依照本法第 69 条的规定,决定执行的刑罚。已经执行的刑期,应当计算在新判决决定的刑期以内。"据此,刑法对发现漏罪的并罚,采取的是从已决罪和漏罪的合并刑期中扣除已经执行之刑期的"先并后减"方法。

发现漏罪的并罚具有如下特征:第一,必须在判决宣告以后刑罚还未执行完毕以前,发现被判刑的犯罪分子在判决宣告以前尚未判决的漏罪。也即,漏罪的发生时间是在判决宣告以前的其他罪尚未判决时,漏罪的发现时间必须是在判决宣告以后至刑罚未执行完毕以前的期限内。第二,对于新发现的漏罪,无论其罪数如何也无论是不是同种数罪,都应当单独作出判决。但是如果漏罪与已判决罪属于连续犯,不宜将遗漏的部分作为独立犯罪定罪量刑再数罪并罚,而应撤销前罪的判决,将前罪的行为和漏罪的行为合并共同审理,作一罪处理,决定执行的刑罚。已经执行的刑期,计算在新判决决定的刑期以内。第三,应当把前罪所判处的刑罚与漏罪所判处的刑罚,按照刑法第 69 条规定的数罪并罚原则,决定执行的刑罚。第四,在计算刑期时,应当将已经执行的刑期计算在新判决决定的刑期之内。

发现漏罪的并罚,在司法实践中必须注意如下问题:

1. 数罪并罚以后的漏罪并罚。即指在原判决认定犯罪人犯有数罪且予以合并处罚的情况下,所发现的漏罪与原判之数罪的并罚。对此存在两种观点:执行刑说认为,应当对漏罪所判处的刑罚与原判决决定执行的刑罚,依照数罪并罚原则决定执行的刑罚。宣告刑说认为,应当将对漏罪所判处的刑罚与原判决所认定的数罪的刑罚即数个宣告刑,依据数罪并罚原则决定执行的刑罚。多数学者赞同执行说,理由是刑法第 70 条规定,发现漏罪的并罚,应当把前后两个判决所判处的刑罚依照刑法第 69 条的规定决定执行的刑罚。这里的前罪判决的刑罚,在犯有数罪的情况下,是指数罪各自被判处的刑罚。这里的前罪决定的刑罚,在犯有数罪的情况下,是指对数罪合并处理所最终判处的刑罚。因此应当把前罪(包括数罪)的判决视为一个已经发生法律效力的判决,在数罪并罚的时候并不是撤销原判决,而是将原判决与后判决依照并罚原则进行合并处罚。

2. 漏罪为数罪时的并罚。即指行为人犯有一罪并被判处刑罚,在执行期间又发现其在判决宣告以前犯有数罪的并罚。对此存在两种观点:第一种观点认为,应当先对新发现的数个漏罪分别定罪量刑合并处罚后,再把对前罪所判处的刑罚与对新发现的数个漏罪并罚后的刑罚,依照刑法第 69 条的规定决定执行的刑罚。第二种观点认为,应当对新发现的数个漏罪分别定罪量刑,然后将各自判处的刑罚与前罪所判处的刑罚,依照刑法第69条的规定决定执行的刑罚。多数学者赞同第二种观点,认为漏罪为数罪时的并罚不同于数罪并罚以后的漏罪并罚,后者中数罪的判决是已经发生法律效力的判决,而前者中数罪的判决尚未发生法律效力,因而可以与前罪判决实行数罪并罚,而不是将新发现的数个漏罪并罚以后再与先前的判决实行数罪并罚。

3.缓刑期间发现漏罪的并罚。即指在缓刑考验期限内发现漏判之罪的并罚。根据刑法第77条的规定,被宣告缓刑的犯罪分子,在缓刑考验期限内发现判决宣告以前还有其他罪没有判决的,应当撤销缓刑,对新发现的罪作出判决,把前罪和后罪所判处的刑罚,依照刑法第69条的规定,决定执行刑罚。如果必须判处实刑的,则应撤销对前罪所宣告的缓刑,已经执行的缓刑考验期,不予折抵刑期,但是,判决执行以前先行羁押的时间应当予以折抵刑期;如果仍符合缓刑条件,仍可宣告缓刑,已经执行的缓刑考验期,应当计算在新决定的缓刑考验期内。

4.假释期间发现漏罪的并罚。即指在假释考验期限内发现漏判之罪的并罚。根据刑法第86条的规定,在假释考验期限内,发现被假释的犯罪分子在判决宣告以前还有其他罪没有判决的,应当撤销假释,依照刑法第70条的规定实行数罪并罚。

（三）再犯新罪的并罚

我国刑法第71条规定:"判决宣告以后,刑罚还没有执行完毕以前,被判刑的犯罪分子又犯罪的,应当对新犯的罪作出判决,把前罪没有执行的刑罚和后罪所判处的刑罚,依照本法第69条的规定,决定执行的刑罚。"据此,刑法对再犯新罪的并罚,采取的是把前罪判决所剩余刑与新罪判决所判处的刑罚进行并罚的"先减后并"方法。

再犯新罪的并罚具有如下特征:(1)再犯新罪的时间必须是在判决宣告以后,刑罚还没有执行完毕以前,也即犯罪分子在刑罚执行期间又实施了新的犯罪。(2)犯罪分子又实施的新罪,既包括与前罪性质相同的同种犯罪,也包括与前罪性质不同的异种犯罪。(3)把前罪没有执行的刑罚和后罪所判处的刑罚,依照刑法第69条规定的并罚原则决定执行的刑罚。

犯罪人在服刑期间不思悔改再犯新罪,其人身危险性往往大于发现判决宣告以前的漏罪,因此再犯新罪的先减后并与发现漏罪的先并后减比较,给予犯罪人的处罚更为严厉:一是在后罪所判处的刑期比前罪尚未执行的刑期长的情况下,决定执行刑罚的最低期限,先减后并决定执行刑罚的最低期限比先并后减有所提高。二是在前罪与后罪都被判处的总和刑期,超过数罪并罚法定最高刑期限制的情况下,采用先减后并的方法,犯罪人实际执行的刑罚将会超过数罪并罚法定最高刑期的限制。三是犯罪人在刑罚执行期间所犯新罪的时间距离前罪所判刑罚执行完毕的期限越近,或者犯罪人再犯新罪时前罪所判刑罚的残余刑期越少,数罪并罚决定执行刑罚的最低期限以及实际执行的刑期的最低限度就越高。

再犯新罪的并罚,在司法实践中必须注意以下问题:

1.数个新罪的并罚。即指判决宣告以后,刑罚还没有执行完毕以前,被判刑的犯罪分子又犯数个新罪的并罚。对此有不同的看法[①]:一次并罚说主张应当首先对数个新罪分别定罪量刑,而后将判决所宣告的数个刑罚即数个宣告刑与前罪未执行的刑罚并罚。两次并罚说主张应当首先对数个新罪分别定罪量刑并实行并罚,然后将决定执行的刑罚与前罪未执行的刑罚再进行并罚。多数学者赞同一次并罚说的立场,理由是把新犯数罪的各个宣告刑与前罪未执行的刑罚进行并罚的方法,不仅可以使总和刑期居于相对较高的水平,而且一般也不会使数刑中最高刑期因此而降至低于残余刑期的程度,能更好地体现"先减后并"的方法。

2.既有漏罪又有新罪的并罚。即指判决宣告以后,刑罚还没有执行完毕以前,被判刑的犯罪分子不仅犯有新罪,而且被发现有漏判罪行的并罚。对此正确的做法是,首先对漏判之罪和新犯之罪分别定罪量刑;其次对漏罪所判处的刑罚与前一判决所判处的刑罚,按照先并后减方法进行并罚;最后对新犯之罪所判处的刑罚与前罪(即原判之罪与漏罪)没有执行的刑罚,按照先减后并方法进行并罚,所得结果即为整个数罪并罚的最后结果。

3.缓刑期间又犯新罪的并罚。即指犯罪分子在缓刑考验期限内又犯新罪的合并处罚方法。刑法第77条规定,被宣告缓刑的犯罪分子,在缓刑考验期限内又犯新罪的,应当撤销缓刑,对新犯的罪作出判决,把前罪和后罪所判处的刑罚,依照刑法第69条的规定,决定执行的刑罚。

4.假释期间又犯新罪的并罚。即指犯罪分子在假释考验期限内又犯新罪的合并处罚方法。刑法第86条规定,被假释的犯罪分子,在假释考验期内又犯新罪的,应当撤销假释,依照刑法第71条的规定实行数罪并罚。

5.剥夺政治权利期间又犯新罪的并罚。即指犯罪分子在附加剥夺政治权

① 高铭暄、马克昌主编:《刑法学》,北京大学出版社、高等教育出版社2007年第3版,第323页。

利执行期间又犯新罪的并罚。根据有关司法解释[1]，对被判处有期徒刑的罪犯，主刑已执行完毕，在执行附加剥夺政治权利期间又重新犯罪，如果所犯新罪无须判处附加剥夺政治权利的，应当按照刑法的规定，在对被告人所犯新罪作出判决时，将新罪所判处的刑罚和前罪没有执行完毕的附加剥夺政治权利，按照数罪并罚原则，决定执行的刑罚，即在新罪所判处的刑罚执行完毕以后，继续执行前罪没有执行完毕的附加剥夺政治权利。

第六节
缓刑

一、缓刑的概念和意义

现代意义的缓刑制度，源自英美 19 世纪上半期的保护观察制度（probation），是指不宣告刑罚而仅以单纯有罪判决将被告人予以保护观察，待被告人顺利经过保护观察期限就不再宣告刑罚的制度。英美的保护观察制度在 19 世纪后半期被引入欧洲，形成了以法国为代表的附条件有罪判决制度和以德国为代表的附条件特赦制度，前者是刑罚暂缓执行期限届满便丧失刑之宣告的效力，后者是刑罚暂缓执行期限届满便基于赦免处分免除刑的执行。[2]

由此可以看出，缓刑制度主要包括刑罚宣告犹豫制和刑罚执行犹豫制两种类型，前者是指认定有罪以后附条件地不宣告刑罚，后者是指定罪量刑以后附条件地不执行刑罚。刑罚宣告犹豫制虽然具有即使受到有罪判决也能保护被告人的名誉以促进社会复归的优点，但也存在考验失败时应被宣告的刑罚不明确、并非以行为责任而是以行为后的态度来决定刑罚的缺点。而刑罚执行犹豫制尽管在宣告不予执行的刑罚时对被告人不利，但也具有不会因缓刑期间的态度而加重刑罚的优点。[3] 世界各国大多采刑罚执行犹豫制，我国亦

---

① 参见 1994 年 5 月 16 日最高人民法院《关于在附加剥夺政治权利执行期间重新犯罪的被告人是否适用数罪并罚问题的批复》。

② ［日］大塚仁：《刑法概说（总论）》，冯军译，中国人民大学出版社 2003 年第 3 版，第 486～487 页。

③ ［韩］李在祥：《韩国刑法总论》，韩相敦译，中国人民大学出版社 2005 年版，第 531 页。

不例外。

我国刑法所规定的缓刑是附条件地对所判处刑罚不执行的一种刑罚制度,即判处刑罚同时宣告暂缓执行,但在一定时期内又保持执行所判刑罚的可能性。我国的缓刑制度具体包括一般缓刑与战时缓刑两种情形。所谓一般缓刑,是指人民法院对于被判处拘役或者3年以下有期徒刑,同时符合犯罪情节较轻、有悔罪表现、没有再犯罪的危险、宣告缓刑对所居住社区没有重大不良影响四项条件的犯罪分子,确定一定的考验期限以暂缓其刑罚的执行,如果被判刑的犯罪分子没有在考验期内再犯新罪或者被发现漏罪,也没有违反法律、行政法规或者国务院有关部门关于缓刑的监督管理规定以及人民法院判决中的禁止令、情节严重的行为,原判刑罚就不再执行的制度。所谓战时缓刑,是指在战时,对被判处3年以下有期徒刑、没有现实危险的犯罪军人,暂缓其刑罚执行,允许其戴罪立功,确有立功表现时,可以撤销原判刑罚,不以犯罪论处的制度。

关于缓刑的体系性地位,有的观点认为其属于刑罚裁量制度,有的观点认为其属于刑罚执行制度。我们认为,从裁量是否执行所判刑罚的意义上说,缓刑是量刑制度;从刑罚执行的意义上说,缓刑也可谓刑罚执行制度。缓刑具有以下特征:(1)缓刑以被告人有罪为前提。在被告人定罪以后才存在适用缓刑的问题。在被告人定罪以前的起诉阶段,有些国家的刑事诉讼法规定了起诉犹豫制度,即所谓缓予起诉。缓予起诉是刑事诉讼活动中的一种程序性处分措施,并非对被告人行为的实体性处分,因而其不涉及对行为的定罪问题。(2)缓刑以被告人已经确定刑罚为基础。缓刑不能脱离所判刑罚的基础而独立存在。如果犯罪人未被判处拘役、有期徒刑,就不能判处缓刑。(3)缓刑以附条件地不执行原判刑罚为内容。附条件地不执行是缓刑的本质特征,也是它与实际执行刑罚的区分。

缓刑不同于免予刑事处罚。免予刑事处罚是指人民法院对已经构成犯罪的被告人作出有罪判决,但根据案件的具体情况认为不需要判处刑罚而宣告免予刑事处罚,即只定罪不判刑。被宣告免予刑事处罚的犯罪分子,不存在曾经被判过刑罚和仍有执行刑罚的可能性问题。而缓刑则是在人民法院对犯罪分子作出有罪判决并判处刑罚的基础上,宣告暂缓执行刑罚,但同时保持执行刑罚的可能性。如果犯罪分子在缓刑考验期再犯新罪或者被发现漏罪,或者违反法律、法规或者有关规定,就要撤销缓刑,执行原判刑罚或者数罪并罚;即使犯罪分子在缓刑考验期内未再犯新罪,或者未被发现漏罪或者未违反法律、法规或者有关规定,也属于被判处过刑罚者。

缓刑不同于监外执行。监外执行是指对被判处拘役或有期徒刑的犯罪分子,基于其患有严重疾病需要保外就医,以及怀孕或者正在为自己的婴儿哺乳等不宜收监执行的特殊情形,而决定暂予监外执行的一种刑罚执行制度。监外执行仍然是刑罚执行的形式,是基于特殊原因的特殊执行形式。一旦特殊原因不存在,即便罪犯在监外不再犯新罪等,如果刑期未满,仍应收监执行。

缓刑不同于死刑缓期执行。缓刑与死刑缓期执行的相同之处在于都不是独立的刑种,都是有条件地不执行原判刑罚。但缓刑与死刑缓期执行在适用对象、执行方法、考验期限和法律后果等方面存在本质区别[①]:(1)一般缓刑适用于被判处拘役、3 年以下有期徒刑的犯罪人,死缓适用于应当判处死刑但不必立即执行的犯罪人;(2)对宣告缓刑的犯罪人不予关押,对宣告死缓的犯罪人必须予以监禁,并强迫劳动改造,以观后效;(3)缓刑依所判处的刑种与刑期不同而有不同的法定考验期限,死缓的考验期限为 2 年;(4)缓刑的后果要么是原判刑罚不再执行,要么是执行原判刑罚乃至数罪并罚,死缓的后果根据情况既可能是减为无期徒刑或有期徒刑,也可能是执行死刑。

缓刑作为刑事政策中除刑罚和保安处分之外的第三支柱,[②]集刑罚社会化、个别化、人道化于一身,符合刑罚发展的基本趋势和人类文明进步的潮流。缓刑制度是惩办与宽大相结合、惩罚与教育改造相结合的政策的重要表现,是专门机关与人民群众相结合的与犯罪作斗争的方针在刑罚运用中的具体体现。缓刑对于避免在押犯罪分子互相感染,促使犯罪分子更自觉地检点自己的行为、改恶从善、争取光明的前程,从而最优化地发挥刑罚的功能,实现刑罚的目的,均有重要意义。

二、一般缓刑

(一)一般缓刑的适用条件

根据我国刑法第 72 条、第 74 条的规定,适用一般缓刑必须同时具备以下条件:

1. 对象条件。根据刑法第 72 条的规定,一般缓刑的对象条件分为普通对象和特殊对象,前者是指已满 18 周岁未满 75 周岁且并未怀孕的被判处拘役或 3 年以下有期徒刑的犯罪分子;后者是指不满 18 周岁、已满 75 周岁或者已经怀孕的被判处拘役或 3 年以下有期徒刑的犯罪分子。对于缓刑的普通对

---

① 张明楷:《刑法学》,法律出版社 2007 年第 3 版,第 459 页。
② 林山田著:《刑罚学》,台湾商务印书馆股份有限公司 1992 年版,第 207 页。

象,法官可以依据案件的具体情况自由裁量是否适用缓刑;对于缓刑的特殊对象,只要符合适用缓刑条件的,就应当宣告缓刑。

缓刑是附条件地不执行所判刑罚,这一特点决定了缓刑的适用对象只能是罪行较轻和人身危险性较小而被判较轻刑罚的犯罪分子。这里的 3 年以下有期徒刑是指宣告刑而不是法定刑;即使犯罪分子所犯之罪的法定最低刑是 3 年以上有期徒刑,但若具有减轻处罚的情节,宣告刑是 3 年以下有期徒刑,也可以适用缓刑。犯罪分子犯一罪还是数罪并不是决定缓刑与否的关键,即使其犯有数罪,只要总刑期符合缓刑条件的,就可以适用缓刑。至于罪行相对更轻的被判处管制的犯罪分子,由于管制刑对犯罪人不予关押,仅限制其一定自由,因而没有适用缓刑的必要。

2.实质条件。一般缓刑的实质条件是指必须同时符合犯罪情节较轻、有悔罪表现、没有再犯罪的危险、宣告缓刑对所居住社区没有重大不良影响四项条件。所谓"犯罪情节较轻"是指犯罪人的行为性质不严重、犯罪情节不恶劣,如果犯罪情节恶劣、性质严重,则不能适用缓刑;所谓"有悔罪表现"是指犯罪人对于其犯罪行为能够认识到错误,真诚悔悟并有悔改的意愿和行为,比如积极向被害人道歉、赔偿被害人的损失、获取被害人的谅解等;所谓"没有再犯罪的危险"是指对犯罪人适用缓刑,其不会再次犯罪,如果犯罪人有可能再次侵害被害人,或者是由于生活条件、环境的影响而可能再次犯罪,比如犯罪人为常习犯,则不能对其适用缓刑;所谓"宣告缓刑对所居住社区没有重大不良影响"是指对犯罪人适用缓刑不会对其所居住社区的安全、秩序和稳定带来重大不良影响,这种影响必须是重大的、现实的影响,具体情形由法官根据个案来判断。

3.选择条件。一般缓刑的选择条件是指宣告缓刑时可以根据犯罪情况,同时禁止犯罪分子在缓刑考验期限内从事特定活动、进入特定区域、场所或者接触特定的人。为了维护社会稳定,保护被害人、证人的人身安全,同时为了帮助适用缓刑的犯罪分子改过自新,防止其再次犯罪,《刑法修正案(八)》修改了刑法典第 72 条,规定法官可以根据案件具体情况,决定是否运用禁止令的方式,对于被宣告缓刑的犯罪分子,进行缓刑考验期限内的针对性约束。禁止令的内容体现在判决中,具有强制性的法律效力,犯罪分子必须遵守。这里的"根据犯罪情况",主要是指根据犯罪分子的犯罪情节、生活环境、是否有不良嗜好等来确定禁止令的内容。禁止令限定的"特定活动"、"特定区域、场所"、"特定的人",应当与原犯罪有关联,防止引发被宣告缓刑犯罪分子的再次犯罪,或者是为了确保犯罪分子遵守非监禁刑所要求的相关义务,总之,禁止令的内容应当有正当理由或者是基于合理推断,而不能随意规定。比如"特定的活动"应是与原犯罪相关联的活动;"特定区域、场所"应是原犯罪的区域、场所以及与原犯罪场所相类似的场所、区域等。[①]

4.禁止条件。刑法第74条规定:"对于累犯和犯罪集团的首要分子,不适用缓刑。"因此累犯的禁止条件是指累犯和犯罪集团的首要分子不得适用缓刑。禁止性规定的主要原因是,一方面累犯的屡教不改人身危险性较大,适用缓刑难以防止其再犯;另一方面犯罪集团的首要分子在犯罪集团中起组织领导作用,行为性质恶劣,主观恶性较大,适用缓刑难以体现从严惩处的原则。因此,对于累犯和犯罪集团的首要分子,即使其所判处的刑罚为拘役或者3年以下有期徒刑,也不能适用缓刑。

(二)一般缓刑的考验期限

缓刑考验期限是指对被宣告缓刑的犯罪分子进行考察的一定期间。缓刑是附条件地不执行原判刑罚,为了考验犯罪人是否遵守考验条件,在决定缓刑的同时必须确定一定的考验期限。设立考验期限的目的在于考察被缓刑人是否接受改造、弃旧图新,以使缓刑制度发挥积极的效用,因此确定缓刑考验期长短的基本原则应当是既能鼓励缓刑犯改造的积极性,又能满足对其教育和考察的需要。

我国刑法第73条规定:"拘役的缓刑考验期限为原判刑期以上一年以下,但不能少于二个月。有期徒刑的缓刑考验期限为原判刑期以上五年以下,但是不能少于一年。缓刑考验期限,从判决确定之日起计算。"根据这一规定,刑法的缓刑考验期具有以下特点:(1)缓刑考验期应当等于或适当长于原判刑期,所判刑期较短的缓刑考验期较短,所判刑期较长的缓刑考验期较长。(2)缓刑考验期具有一定的长短限度,拘役的缓刑考验期在2个月至1年之间,有期徒刑的缓刑考验期限在1年至5年之间。(3)缓刑考验期的具体确定存在自由裁量的空间,也即法官可以综合考虑犯罪情节和犯罪分子的个人具体情况,在法律规定的范围内决定适当的考验期。(4)缓刑考验期限从判决确定之日起计算,判决确定以前先行羁押的,不能折抵考验期限。被宣告缓刑的犯罪分子如果被判处附加刑,附加刑仍须执行。这里的判决确定之日,是指判决发生法律效力之日。从接到第一审人民法院判决书的第二日起10日内,被告人没有提出上诉,人民检察院没有提出抗诉的,该判决即从第11日起发生法律

---

① 参见全国人大常委会法制工作委员会刑法室编:《〈中华人民共和国刑法修正案(八)〉条文说明、立法理由及相关规定》,北京大学出版社2011年版,第40页。

效力。对于已提出上诉或抗诉的案件,如果第二审法院维持原判,则应从二审法院的判决或裁定确定之日起计算。

(三)一般缓刑的考察

根据刑法第 75 条、第 76 条、第 77 条和有关司法解释的规定,对被宣告缓刑的犯罪分子在缓刑考验期限内的考察,主要涉及以下内容:

1. 一般缓刑的考察方式

一般缓刑的考察方式是指在缓刑考验期限内依法实行社区矫正。我国刑法第 76 条规定:"对宣告缓刑的犯罪分子,在缓刑考验期限内,依法实行社区矫正,如果没有本法第七十七条规定的情形,缓刑考验期满,原判的刑罚就不再执行,并公开予以宣告。"缓刑作为对符合条件的犯罪分子在一定期限内暂不关押、予以考察的非监禁刑罚执行制度,要取得良好的社会效果离不开对缓刑考验期内的犯罪分子的有效监督管理和教育改造,为此《刑法修正案(八)》修改了刑法典第 76 条,将原来规定的"由公安机关考察,所在单位或者基层组织予以配合"的考察方式改为"依法实行社区矫正",这一修改不仅为通过社区矫正,对被适用缓刑的犯罪分子依法实行教育、管理和监督提供了必要的法律依据,而且考虑了社区矫正试点工作实际与即将出台的社区矫正法的衔接。需要注意的是,刑法关于缓刑考察机关的修改,并非意味着公安机关不再承担对被适用缓刑的犯罪分子的监督管理职责,而是指以社区矫正的方式进行缓刑考验需要各有关部门分工配合,充分动员社会各方面的力量。例如《刑法修正案(八)》修改后的刑法第 38 条第 4 款规定,对于依法实行社区矫正的判处管制的犯罪分子,如果违反法院判决的禁止令的,由公安机关依照《中华人民共和国治安管理处罚法》的规定处罚,表明公安机关在社区矫正中具有一定的监督管理职责。

根据有关司法解释,社区矫正作为非监禁刑罚执行方式,是指将符合法定条件的罪犯置于社区内,由专门的国家机关在相关社会团体、民间组织和社会志愿者的协助下,在判决、裁定或决定确定的期限内,矫正其犯罪心理和行为恶习,促进其顺利回归社会的非监禁刑罚执行活动。[①] 因此,对缓刑考验期内的犯罪分子实施社会矫正应当注意:(1)对被宣告缓刑的犯罪分子进行教育矫正。即对缓刑犯一方面进行法制观念和社会公德教育,组织有劳动能力的缓

---

① 参见 2003 年 7 月 10 日最高人民法院、最高人民检察院、公安部、司法部《关于开展社区矫正试点工作的通知》;2009 年 9 月 2 日最高人民法院、最高人民检察院、公安部、司法部《关于在全国试行社区矫正工作的意见》。

刑犯参加公益劳动,增强其认罪悔罪意识,提高社会责任感;另一方面开展心理矫正工作,对其进行心理健康教育,提供心理咨询和心理矫正,促使其顺利回归和融入社会。(2)对被宣告缓刑的犯罪分子进行监督管理。即根据缓刑犯的不同犯罪类型和风险等级,实施分类矫正方法,依法执行缓刑犯的各项管控措施,避免发生脱管、漏管,防止重新违法犯罪。(3)对被宣告缓刑的犯罪分子进行帮困扶助。即为缓刑犯提供最低生活保障和职业辅导等社会救济扶助,提高就业谋生能力,促进其顺利回归社会。

2.一般缓刑考察的内容

一般缓刑考察的内容,是指考察被宣告缓刑的犯罪分子,在缓刑考验期限内,是否具有刑法第77条规定的情形,即是否再犯新罪或者发现漏罪,以及是否违反法律、行政法规或者国务院有关部门关于缓刑的监督管理规定,或者违反人民法院判决中的禁止令,情节严重的。具体而言,一般缓刑考察的内容包括:

第一,是否在缓刑考验期限内再犯新罪或者发现漏罪。所谓在缓刑考验期限内再犯新罪,是指被宣告缓刑的犯罪分子是否在缓刑考验期限内又实施了新的犯罪。所谓在缓刑考验期限内发现漏罪,是指被宣告缓刑的犯罪分子是否在缓刑考验期限内发现判决宣告以前还有其他罪没有判决的情形。这里的再犯的新罪或者发现的漏罪,无论其罪数如何也无论是否与前(后)罪为同种数罪。

第二,是否在缓刑考验期限内违反法律、行政法规或者国务院有关部门关于缓刑的监督管理规定且情节严重的。根据刑法第75条的规定,被宣告缓刑的犯罪分子应当遵守下列规定:(1)遵守法律、行政法规,服从监督;(2)按照考察机关的规定报告自己的活动情况;(3)遵守考察机关关于会客的规定;(4)离开所居住的市、县或者迁居,应当报经考察机关批准。为严肃缓刑的考察执行,有关司法解释还规定,对被判处徒刑宣告缓刑仍保留原工作单位的罪犯,在缓刑考验期间一般不得调动工作。对缓刑考验期已经过二分之一以上,并有认罪、悔罪态度,工作表现良好,确因工作特殊需要调动的,应当由所在单位报经负责执行的公安机关批准后办理调动手续。[①]

第三,是否在缓刑考验期限内违反人民法院判决中的禁止令且情节严重的。根据刑法第72条的规定,对于宣告缓刑的犯罪分子,人民法院可以根据

---

① 参见1997年1月20日最高人民检察院《关于被判处徒刑宣告缓刑仍留原单位工作的罪犯在缓刑考验期内能否调动工作的批复》。

犯罪情况同时禁止其在缓刑考验期限内从事特定活动,进入特定区域、场所,接触特定的人。

(四)一般缓刑的法律后果

根据被宣告缓刑的犯罪分子在缓刑考验期内的不同表现,刑法第 76 条、第 77 条规定了不同的法律后果:

1.缓刑考验期满。缓刑考验期满是指犯罪人在缓刑考验期内,没有再犯新罪,没有发现判决宣告以前还有其他罪没有判决,没有情节严重的违反有关缓刑的监督管理规定的行为,并且经过了考验期限。根据刑法第 76 条的规定,被宣告缓刑的犯罪人,如果没有上述三种情形,缓刑考验期满,原判的刑罚就不再执行,并公开予以宣告。"原判的刑罚就不再执行"不等同于原判刑罚已经执行完毕,而是指原判决的有罪宣告仍然有效,原判刑罚也没有错误,但由于犯罪人在考验期内符合法定条件,原判所宣告的刑罚不再执行。

2.缓刑予以撤销。缓刑予以撤销是指由于犯罪人在缓刑考验期内,没有遵守法定条件,而将原判决宣告的缓刑予以撤销,使犯罪人执行原判刑罚甚至实行数罪并罚。缓刑的撤销包括三种情况:

一是缓刑犯在考验期内又犯新罪的应当撤销缓刑。被宣告缓刑的犯罪人,在缓刑考验期内犯新罪的,应当撤销缓刑,对新犯的罪作出判决,把前罪和后罪所判处的刑罚,依照刑法第 69 条的规定,决定执行的刑罚。在缓刑考验期内发现新罪的当然应当撤销缓刑,但在缓刑考验期满后才发现新罪的是否应当撤销缓刑就需要研究。对此有关司法解释认为,被宣告缓刑的犯罪分子不执行原判刑罚,是以罪犯在缓刑考验期限内不再犯罪为条件的,如果罪犯在缓刑考验期限内又犯新罪,即便该犯罪是在考验期满后才发现,只要尚未超过追诉时效期限的,就应当撤销缓刑。而且,即使新罪超过了追诉时效,也应撤销缓刑,执行原判刑罚。①

二是缓刑犯在考验期内被发现漏罪的应当撤销缓刑。被宣告缓刑的犯罪人,在缓刑考验期内发现判决宣告以前还有其他罪没有判决的,应当撤销缓刑,对新发现的罪作出判决,把前罪和后罪所判处的刑罚,依照刑法第 69 条的规定,决定执行的刑罚。值得研究的是,在经过了缓刑考验期后才发现判决宣告以前还有其他罪没有判决的,应否撤销缓刑。我们认为,既然刑法第 77 条明确规定在缓刑考验期内发现漏罪的才能撤销缓刑,那么超出考验期的漏罪

①　参见 1985 年 8 月 21 日最高人民法院《关于人民法院审判严重刑事犯罪案件中具体应用法律的若干问题的答案(三)》。

就不应该再影响缓刑的撤销,而只能就新发现的漏罪本身作出判决并执行。

三是缓刑犯在考验期内违反缓刑考察规定的应当撤销缓刑。被宣告缓刑的犯罪分子,在缓刑考验期限内,违反法律、行政法规或者国务院有关部门关于缓刑的监督管理规定,或者违反人民法院判决中的禁止令,情节严重的,应当撤销缓刑,执行原判刑罚。

三、战时缓刑

（一）战时缓刑的适用条件

根据我国刑法第449条的规定,战时缓刑,是指在战时,对被判处3年以下有期徒刑没有现实危险宣告缓刑的犯罪军人,允许其戴罪立功,确有立功表现时,可以撤销原判刑罚,不以犯罪论处的制度。适用战时缓刑应当遵守以下条件:

1.时间条件。战时缓刑适用的时间必须是在战时。在和平时期或非战时条件下,不能适用战时缓刑。所谓战时,依据刑法第451条的规定,是指国家宣布进入战争状态、部队受领作战任务或者遭敌突然袭击时;部队执行戒严任务或者处置突发性暴力事件时,以战时论。

2.对象条件。战时缓刑适用的对象只能是被判处3年以下有期徒刑的犯罪军人。不是犯罪的军人,或者虽是犯罪的军人,但被判处的刑罚为3年以上有期徒刑,均不能适用战时缓刑。至于战时缓刑是否适用于被判处拘役的犯罪军人,从立法精神来看应认为是可以的。构成累犯的犯罪军人能否适用战时缓刑,法律未作明确规定。但是根据刑法第74条对于累犯不适用缓刑的立法精神,应当认为构成累犯的犯罪军人不能适用战时缓刑。

3.实质条件。战时缓刑适用的实质条件是,在战争条件下宣告缓刑没有现实危险,这是战时缓刑的基本根据。即使是被判处3年以下有期徒刑的犯罪军人,如果被判断为适用缓刑具有现实危险,就不能宣告缓刑。至于如何确定是否有现实危险,则应根据犯罪军人所犯罪行的性质、情节、危害程度,以及犯罪军人的悔罪表现和一贯表现,作出综合评价之后加以确认。

（二）一般缓刑与战时缓刑的区别

1.适用对象不同。一般缓刑的适用对象包括除累犯和犯罪集团的首要分子以外的被判处拘役、3年以下有期徒刑的犯罪分子;战时缓刑则适用于除累犯和犯罪集团的首要分子以外的被判处3年以下有期徒刑的犯罪军人。

2.适用时间不同。一般缓刑的适用时间无限制,战时缓刑只能在战时适用。

3.适用根据不同。一般缓刑的适用根据是必须同时符合犯罪情节较轻、有悔罪表现、没有再犯罪的危险、宣告缓刑对所居住社区没有重大不良影响四项条件;战时缓刑的适用根据则是在战时状态下适用缓刑没有现实危险。

4.适用方式不同。一般缓刑的适用方式是在缓刑考验期内依法实行社区矫正,并且考察是否具有刑法第 77 条规定的情形;战时缓刑的适用方式是考察犯罪军人是否具有立功表现。

5.法律后果不同。一般缓刑的法律后果为无论缓刑是否被撤销,所宣告的罪刑仍然成立;而战时缓刑在犯罪军人确有立功表现的条件下,原判刑罚可予以撤销,不以犯罪论处,即罪与刑同时消灭。

第18章 □□□
刑罚的执行

第一节
刑罚执行概述

一、刑罚执行的概念和特点

刑罚执行简称行刑,是指法律规定的刑罚执行机关依法将发生法律效力的刑事裁判所确定的刑罚内容付诸实施的刑事执行活动。行刑关系到刑事司法活动最终目的的实现,是定罪和量刑活动的必要保障和终局目的。只有通过行刑活动将刑事判决所确定的刑罚现实化,使刑罚成为犯罪人不可避免的法律后果,才能使刑罚的报应目的和防卫效果真正实现。只有根据犯罪人在行刑过程中的悔改和立功表现,对刑事判决所确定的刑罚依法加以调整,才能增强刑罚的有效性,实现刑罚的一般预防与个别预防的目的。刑罚执行具有以下特点:

1.刑罚执行的主体是法律规定的刑罚执行机关。刑罚执行权是国家刑罚权的有机组成部分,只能由有关国家机关按照法律的规定或者授权行使。在我国现阶段刑罚执行权由司法行政部门、公安机关和人民法院分别在一定范围内行使。司法行政部门包括监狱机关和社区矫正机关,监狱机关负责执行有期徒刑、无期徒刑、死缓,社区矫正机关负责执行管制、缓刑和假释的考察;公安机关负责执行拘役、余刑在1年以下不便送往监狱执行的有期徒刑和剥夺政治权利;人民法院负责执行死刑立即执行、罚金、没收财产。

2.刑罚执行的依据是人民法院生效的刑事裁判。刑罚执行活动必须以人民法院生效的刑事判决和裁定所确定的刑罚为依据。根据刑事诉讼法第208条和有关法律的规定,生效的刑事判决和裁定包括:(1)已过法定期限没有上诉、投诉的判决和裁定;(2)终审的判决和裁定,包括中级以上人民法院第二审案件、最高人民法院第一审案件的判决和裁定;(3)最高人民法院核准的死刑判决和由高级人民法院核准的死刑缓期二年执行的判决。

3.刑罚执行的对象是被法院依法判处刑罚的人。行刑的对象是被人民法院依法认定有罪并被判处刑罚的人。行刑是定罪、量刑之后的刑事执法活动,刑罚执行机关在任何情况之下都不能在定罪量刑之前对任何人执行刑罚。因此,行为人经由生效刑事裁判的确定成为刑罚执行的对象,对于未决犯以及未犯罪的人不得执行刑罚。

4.刑罚执行的内容是将裁判确定的刑罚付诸实施。刑罚的执行是根据犯罪人服刑期间的具体表现和特殊情况,对犯罪人予以减刑、假释、暂予监外执行和赦免等一系列的惩罚、教育和改造的活动,因此刑罚执行的内容是将生效刑事裁判中确定的刑罚按照法律的规定付诸实施,具体包括刑罚的实现、罪犯的矫正与执行的变更等内容。①

二、刑罚执行的原则

刑罚执行的原则,是指在刑罚执行的过程中应当遵循的基本原则。刑罚执行的原则是从刑法的基本原则和刑罚的预防目的中派生出来,并且受惩罚与改造相结合刑事政策的制约。具体而言,刑罚执行应当遵循以下原则。

(一)教育性原则

刑罚执行的教育性是培养罪犯重新回归社会、适应正常生活的重要原则,是指执行刑罚应当以教育引导而非惩罚威慑为出发点,通过教育感化或者心理辅导等方式,使罪犯的法制观念和规范意识得以强化。教育性原则的基本要求是,将对罪犯的教育融入刑罚固有的惩罚本质和惩罚过程之中,将惩罚和改造、教育和劳动有机结合。根据《监狱法》的规定,教育的基本内容包括思想教育、文化教育和技术教育,教育的方法是因人施教,分类教育,以理服人,集体教育与个别教育相结合,狱内教育与社会教育相结合,组织罪犯进行生产劳动。

(二)人道性原则

刑罚的轻缓化和人道化是历史发展的必然趋势,国际公约已经明确规定人道性原则是刑罚执行的基本原则之一。例如《囚犯待遇最低限度标准规则》、《关于保护面对死刑的人的权利的保障措施》、《禁止酷刑和其他残忍、不

---

① 陈兴良主编:《刑法总论精释》,人民法院出版社 2010 年版,第 899~900 页。

人道或有辱人格的待遇或处罚公约》《联合国少年司法最低限度标准规则》等国际公约均规定了刑罚执行的人道性原则。在我国,行刑人道化包括:保证罪犯的人身安全和尊重罪犯的人格尊严,禁止体罚罪犯;保障罪犯的生活待遇和医疗保健,禁止虐待罪犯;合理分配劳动时间和劳动负荷,禁止超限劳动;满足罪犯的文化生活需求,提供必要的物质扶助等等。

（三）个别化原则

个别化原则又称为区别对待原则,是指根据犯罪人本人的具体情况,给予不同的处遇、采取不同的教育改造方法。个别化原则能够有针对性地帮助罪犯弃恶扬善,从而体现了刑罚的惩戒犯罪、实现正义并且促进罪犯矫正的价值。刑罚的个别化贯穿于刑罚执行的各个阶段和方面,例如根据罪犯的年龄、性别、民族、国籍、刑期长短等因素,实行分类关押,采取不同的管理方式;根据罪犯的犯罪性质、犯罪历史、受教育程度等,采取不同的教育方式;根据罪犯的性别、特长、劳动技能和今后社会化的需要,采取不同的劳动改造方式;根据罪犯表现的好坏依法实行不同的奖励和惩罚,做到奖惩有别赏罚分明。

（四）社会化原则

行刑社会化是世界刑罚改革的潮流和趋势,是指有关司法机关在刑罚执行的过程中,组织和鼓励社会各方面的积极力量参与到对罪犯的改造和矫正之中,从而促进罪犯更好地回归社会。行刑社会化原则包括两方面的内容:（1）调动社会的积极因素影响罪犯,让社会参与到对罪犯的改造之中;（2）培养受刑人再社会化的能力,使之能够适应正常的社会生活。

第二节
减刑

一、减刑的概念

减刑有狭义和广义之分。狭义的减刑即刑法第78条所规定的减刑,是指被判处管制、拘役、有期徒刑、无期徒刑的犯罪人,在刑罚执行期间,认真遵守监规,接受教育改造,确有悔改表现,或者有立功表现的,适当减轻其原判刑罚的制度。狭义的减刑仅限于自由刑的减刑,又被称为一般减刑。广义的减刑,除了上述自由刑的减刑之外,还包括:（1）死缓的减刑。刑法第50条规定,判处死刑缓期执行的,在死刑缓期执行期间,如果没有故意犯罪,2年期满以后,减为无期徒刑;如果确有重大立功表现,2年期满以后,减为 25 年有期徒刑。(2)附加剥夺政治权利的减刑。刑法第 57 条第 2 款规定,在死缓或者无期徒刑减为有期徒刑时,应当把附加剥夺政治权利的期限改为 3 年以上 10 年以下;1997 年 11 月 8 日最高人民法院《关于办理减刑、假释案件具体应用法律若干问题的规定》第 4 条规定,在对有期徒刑的罪犯减刑时,可以对附加剥夺政治权利的刑期酌减,但是最短不得少于 1 年。(3)罚金的减刑。刑法第 53 条规定,如果由于遭遇不能抗拒的灾祸使罚金的缴纳确实有困难的,可以酌情减少或免除。上述三类减刑虽然也产生了事实上的刑罚减轻结果,但是其减刑条件与自由刑的减刑条件存在本质的差异,例如死缓的减刑是死缓制度本身固有的执行方式,附加剥夺政治权利的减刑依附于主刑的减轻而无法独立进行,罚金的减刑是基于人道主义而实施,因此这三类减刑均不属于通常意义上的减刑,而应排除在在此所指的减刑制度之外,这也是我国刑法理论的通说。[①]

从减刑的方法来看,减刑包括可以减刑和应当减刑,前者是指具备一定条件时人民法院可以裁定减刑;后者是指具有重大立功表现时人民法院应当减刑。从减刑的效果来看,减刑包括刑种的减轻和刑期的缩短,前者是指将较重的刑种减轻为较轻的刑种,即将无期徒刑减轻为有期徒刑;后者是指将较长的刑期缩减为较短的刑期,即将管制、拘役、有期徒刑的刑期进行一定的缩短。

减刑不同于减轻处罚。减轻处罚是指在量刑过程中,人民法院根据犯罪分子所具有的法定或者酌定减轻处罚情节,而依法对其在法定刑以下判处刑罚的活动。减轻处罚的适用对象为判决确定前的未决犯,属于刑罚裁量问题。减刑是指在判决确定以后的刑罚执行期间,人民法院对正在服刑的犯罪分子,依法对原判刑罚予以适当减轻的活动。减刑的适用对象是判决确定后的已决犯,属于刑罚执行问题。

减刑不同于改判。改判是对原判决错误的纠正,是指原判决在认定事实或者适用法律上确有错误时,依照二审程序或者审判监督程序,撤销原判决并重新判决。减刑则是在肯定原判决的基础上,根据犯罪分子在刑罚执行期间的表现,按照法定条件和程序,将原判刑罚予以适当减轻。

减刑制度是重要的刑罚执行方法,既是贯彻矫正理论、鼓励犯人复归进步

---

① 参见马克昌主编:《刑罚通论》,武汉大学出版社 1999 年第 2 版,第 603~604 页;高铭暄、马克昌主编:《刑法学》,北京大学出版社、高等教育出版社 2007 年第 3 版,第 335 页。

的手段（行刑手段），也是控制犯人服刑行为、改善监狱管理的重要措施（调控机制）。减刑制度是目的刑刑罚观的具体体现，减刑根据受刑人在行刑期间人身危险性的消长对受刑人作出刑罚执行的褒赏，扬弃了强调罪刑报应的古典报应刑观念，体现了主张矫正预防的现代目的刑观念，有利于鼓励犯罪人增强改造信心、巩固改造效果。减刑制度是宽严相济刑事政策的具体运用，只有认真遵守监规接受教育改造，确有悔改或者立功表现的犯罪人，才可能被减刑；反之则必须不折不扣地执行原判刑罚，不能得到宽大处理。

二、减刑的适用条件

根据刑法第 78 条和有关司法解释的规定，适用减刑必须同时符合以下条件：

（一）对象条件

减刑的对象条件是指减刑只适用于被判处管制、拘役、有期徒刑、无期徒刑的犯罪分子。减刑的适用对象只有刑罚种类的限制，而没有刑期长短和犯罪性质的限制，因此以下三种情形不适用减刑：一是被判处死刑的犯罪人不适用减刑。由于死刑缓期执行罪犯的减刑是与刑法第 78 条规定的减刑不同的特殊性质的减刑，因此无论是立即执行还是缓期执行的犯罪分子都不是减刑的对象。① 二是对判处拘役或者 3 年以下有期徒刑、宣告缓刑的犯罪分子，一般不适用减刑。但是如果在缓刑考验期间有重大立功表现的，可以参照刑法第 78 条的规定，予以减刑，同时相应地缩减其缓刑考验期限。② 三是被假释的罪犯，除有特殊情形，一般不得减刑。③

实践中对于减刑的适用对象要注意以下问题：一是对于未成年犯、老年犯、残疾罪犯、过失犯、中止犯、胁从犯、积极主动缴付财产执行财产刑或履行民事赔偿责任的罪犯、因防卫过当或避险过当而判处徒刑的罪犯以及其他主观恶性不深、人身危险性不大的罪犯，在依法减刑时应当根据悔改表现予以从宽掌握。对认罪服法，遵守监规，积极参加学习、劳动，确有悔改表现的，依法

---

① 参见 1997 年 10 月 29 日最高人民法院印发《关于办理减刑、假释案件具体应用法律若干问题的规定》的通知。
② 参见 1997 年 11 月 8 日最高人民法院《关于办理减刑、假释案件具体应用法律若干问题的规定》第 5 条。
③ 参见 1997 年 11 月 8 日最高人民法院《关于办理减刑、假释案件具体应用法律若干问题的规定》第 16 条。

予以减刑。二是对于危害国家安全犯罪、故意危害公共安全犯罪、严重暴力犯罪、涉众型经济犯罪等严重犯罪；恐怖组织犯罪、邪教组织犯罪、黑恶势力犯罪等有组织犯罪的领导者、组织者和骨干分子；毒品犯罪再犯的严重犯罪者；确有执行能力而拒不依法积极主动缴付财产执行财产刑或确有履行能力而不积极主动履行附带民事赔偿责任的；犯罪集团的首要分子、主犯以及累犯在依法减刑时应当从严掌握。①

（二）实质条件

减刑的实质条件是指受刑人在刑罚执行过程中确有悔改或立功表现。悔改或立功表现是受刑人的人身危险性是否减少的重要标志，将有悔改或立功表现作为减刑的实质条件，体现了激励犯人积极改恶迁善这一减刑制度的立法趣旨。根据刑法第 78 条的规定，减刑可以分为可以减刑与应当减刑，也即相对减刑和绝对减刑。②

1. 可以减刑的实质条件。可以减刑的实质条件是指犯罪分子在刑罚执行期间，认真遵守监规，接受教育改造，确有悔改表现的，或者有立功表现的，可以减刑。可以减刑也即相对减刑，意味着是否提请或者裁定减刑均属于自由裁量的范围。具体而言减刑的实质条件可以包括两种：一是悔改表现。根据有关司法解释，确有悔改表现是指同时具备以下四个方面情形：认罪服法；认真遵守监规，接受教育改造；积极参加政治、文化、技术学习；积极参加劳动，完成生产任务。③ 二是立功表现。这里的立功表现，根据前引司法解释，是指具有下列情形之一的：（1）揭发、检举监内外犯罪活动，或者提供重要的破案线索，经查证属实的；（2）阻止他人犯罪活动的；（3）在生产、科研中进行技术革新，成绩突出的；（4）在抢险救灾或者排除重大事故中表现积极的；（5）有其他有利于国家和社会的突出事迹的。④ 悔改表现和立功表现虽然相近但并不相同。立功有一定的机遇性，犯罪分子有悔改表现未必一定能立功；犯罪分子立功也并非一定以悔罪为前提。因此，适用相对减刑，悔改和立功并不要求同时具备，具备其中之一就可以减刑。

---

① 参见 2010 年 2 月 8 日最高人民法院《关于贯彻宽严相济刑事政策的若干意见》第 34 条。

② 陈兴良：《规范刑法学》（上），中国人民大学出版社 2008 年第 2 版，第 390 页。

③ 参见 1997 年 11 月 8 日最高人民法院《关于办理减刑、假释案件具体应用法律若干问题的规定》第 1 条第 1 项。

④ 参见 1997 年 11 月 8 日最高人民法院《关于办理减刑、假释案件具体应用法律若干问题的规定》第 1 条第 2 项。

2.应当减刑的实质条件。应当减刑的实质条件是指在刑罚执行期间,受刑人具有重大立功表现。应当减刑也即绝对减刑,意味着受刑人符合应当减刑的条件时执行机关必须提请减刑、人民法院必须裁定减刑。根据刑法第78条的规定,重大立功表现主要是指:(1)阻止他人重大犯罪活动的。即受刑人在服刑期间,发现他人正在进行重大犯罪活动而予以制止。(2)检举监狱内外重大犯罪活动,经查证属实的。即受刑人在服刑期间,发现他人在监狱内正在进行重大犯罪活动而予以告发或者获知他人在监狱外有重大犯罪活动的线索而予以揭发。(3)有发明创造或者重大技术革新的。即受刑人学有专长,在服刑期间认真钻研科学技术,有发明创造或者重要技术革新。(4)在日常生产、生活中舍己救人的。即犯罪人在他人的人身遭受严重危险的情况下,奋不顾身,抢救他人。(5)在抗御自然灾害或者排除重大事故中,有突出表现的。即在抗御自然灾害或者排除重大事故的紧要关头,受刑人积极投入救灾抢险,表现突出。(6)对国家和社会有其他重大贡献的,即指与前五项情形相当的其他对国家和社会有重大贡献的情形。

(三)限制条件

减刑的限制条件是指在适用减刑时在起始时间、减刑限度、减刑幅度和减刑频率上的限制。之所以对减刑的适用进行限制,是为了在更好地发挥减刑制度的积极功能的同时,维护法律的严肃性和判决的稳定性。

1.减刑的起始。减刑的起始时间是指在犯罪分子开始服刑多长时间以后可以对其进行首次减刑。为了考察受刑人是否确有悔改或者立功表现,必须经过一定的服刑期限加以考验,因此应当对减刑的起始时间进行限制。根据有关司法解释,减刑的起始时间应当根据不同的刑种和刑期加以确定:被判处无期徒刑的罪犯服刑2年以后可以减刑,但是无期徒刑罪犯在刑罚执行期间又犯罪,被判处有期徒刑以下刑罚的自新罪判决确定之日起一般在两年之内不予减刑,对新罪判处无期徒刑的减刑的起始时间要适当延长。被判处5年以上有期徒刑的罪犯,一般在执行一年半以上方可减刑;被判处不满5年有期徒刑的罪犯,可以比照上述规定,适当缩短起始和间隔时间。被判处有期徒刑的犯罪分子确有重大立功表现的,可以不受减刑起始的限制。[①]

2.减刑的限度。减刑的限度是指罪犯在经过一次或者数次减刑之后,最后应当实际执行的最低刑期。确定减刑的限度,主要是基于维护原判的稳定

---

① 分别参见1997年11月8日最高人民法院《关于办理减刑、假释案件具体应用法律若干问题的规定》第3条、第6条、第7条。

性和权威性、刑罚的报应性和威慑性以及量刑的目的性和均衡性的考虑,①防止因为减刑过多、实际执行的期限较短而起不到对犯罪分子的矫正改造。

根据刑法第 78 条第 2 款的规定,犯罪分子被判处管制、拘役、有期徒刑的,减刑后实际执行的刑期不能少于原判刑期的 1/2;犯罪分子被判处无期徒刑的,减刑后实际执行的刑期不能少于 13 年;人民法院依照本法第 50 条第 2 款的规定限制减刑的死刑缓期执行的犯罪分子,即被判处死刑缓期执行的累犯以及因故意杀人、强奸、抢劫、绑架、放火、爆炸、投放危险物质或者有组织的暴力性犯罪被判处死刑缓期执行的犯罪分子,缓期执行期满后依法减为无期徒刑的,减刑以后实际执行的刑期不能少于 25 年,缓期执行期满后依法减为 25 年有期徒刑的,减刑以后实际执行的刑期不能少于 20 年。

3. 减刑的幅度。减刑的幅度是指每次减刑应当控制在一个合理的范围内,避免一次减刑幅度过大。根据有关司法解释,减刑的幅度应当根据不同的刑种刑期和不同的减刑对象加以确定:(1)有期徒刑的减刑幅度。有期徒刑罪犯在执行期间,如果确有悔改表现或立功表现的,一般一次减刑不超过 1 年有期徒刑;如果确有悔改表现并有立功表现,或者有重大立功表现的,一般一次减刑不超过 2 年有期徒刑。被判处 10 年以上有期徒刑的罪犯,如果悔改表现突出的,或者有立功表现的,一次减刑不得超过 2 年有期徒刑;如果悔改表现突出并有立功表现,或者有重大立功表现的,一次减刑不得超过 3 年有期徒刑。② (2)无期徒刑的减刑幅度。无期徒刑罪犯在执行期间,如果确有悔改表现或立功表现的,一般可以减为 18 年以上 20 年以下有期徒刑;有重大立功表现的,可以减为 13 年以上 18 年以下有期徒刑。③ (3)减刑幅度的从宽情形。对未成年罪犯的减刑,在掌握标准上可以比照成年罪犯依法适度放宽,未成年罪犯能认罪服法,遵守监规,积极参加学习、劳动的,即可视为确有悔改表现予以减刑,减刑幅度可以适当放宽,未成年罪犯在服刑期间内已经成年的,对其减刑仍可适用未成年罪犯的放宽标准。④ 对于老年犯、残疾罪犯、过失犯、中

---

① 陈兴良:《规范刑法学》(上),中国人民大学出版社 2008 年第 2 版,第 389 页。

② 参见 1997 年 11 月 8 日最高人民法院《关于办理减刑、假释案件具体应用法律若干问题的规定》第 2 条。

③ 参见 1997 年 11 月 8 日最高人民法院《关于办理减刑、假释案件具体应用法律若干问题的规定》第 6 条。

④ 参见 1997 年 11 月 8 日最高人民法院《关于办理减刑、假释案件具体应用法律若干问题的规定》第 13 条,2006 年 1 月 11 日最高人民法院《关于审理未成年人刑事案件具体应用法律若干问题的解释》。

止犯、胁从犯、积极主动缴付财产执行财产刑或履行民事赔偿责任的罪犯、因防卫过当或避险过当而判处徒刑的罪犯以及其他主观恶性不深、人身危险性不大的罪犯,如果认罪服法,遵守监规,积极参加学习、劳动,确有悔改表现的,减刑的幅度可以适当放宽。① (4)减刑幅度的从严情形。对于因犯故意杀人、爆炸、抢劫、强奸、绑架等暴力犯罪,致人死亡或严重残疾而被判处死刑缓期二年执行或无期徒刑的罪犯,要严格控制每次减刑的幅度,保证其相对较长的实际服刑期限,维护公平正义,确保改造效果。②

4.减刑的频度。减刑的频度即减刑的间隔,是指同一受刑人前后两次减刑的时间间隔。为了考察受刑人在前次减刑后是否又有悔改或者立功表现,对于同一受刑人前后两次减刑之间应有一定的间隔。根据有关司法解释,减刑的频度应根据不同的刑期和不同对象予以确定:(1)减刑频度的一般规定。被判处5年以上有期徒刑的罪犯,两次减刑之间一般应当间隔1年以上;被判处10年以上有期徒刑的罪犯,一次减2年至3年有期徒刑之后,再减刑时其间隔时间一般不得少于2年;被判处不满5年有期徒刑的罪犯,可以比照上述规定,适当缩短起始和间隔时间。有期徒刑罪犯确有重大立功表现的,可以不受上述减刑间隔时间的限制。(2)减刑频度的从宽情形。对于未成年罪犯来说,减刑的间隔时间可以相应缩短。③ 对于老年犯、残疾罪犯、过失犯、中止犯、胁从犯、积极主动缴付财产执行财产刑或履行民事赔偿责任的罪犯、因防卫过当或避险过当而判处徒刑的罪犯以及其他主观恶性不深、人身危险性不大的罪犯,如果认罪服法,遵守监规,积极参加学习、劳动,确有悔改表现的,减刑的间隔时间可以相应缩短。④ (3)减刑频度的从严情形。对于因犯故意杀人、爆炸、抢劫、强奸、绑架等暴力犯罪,致人死亡或严重残疾而被判处死刑缓期两年执行或无期徒刑的罪犯,要严格控制减刑的频度,保证其相对较长的实

---

① 参见2010年2月8日最高人民法院《关于贯彻宽严相济刑事政策的若干意见》第34条。

② 参见2010年2月8日最高人民法院《关于贯彻宽严相济刑事政策的若干意见》第34条。

③ 分别参见1997年11月8日最高人民法院《关于办理减刑、假释案件具体应用法律若干问题的规定》第3条、第13条。

④ 参见2010年2月8日最高人民法院《关于贯彻宽严相济刑事政策的若干意见》第34条。

际服刑期限,维护公平正义,确保改造效果。①

三、减刑的程序和减刑后的刑期计算

(一)减刑的程序

为了保证减刑的合法性、公正性和严肃性,《刑法》与《刑事诉讼法》、《监狱法》、《监狱提请减刑假释工作程序规定》等规范性文件共同确立了减刑的权限分配以及运作程序。

1.执行机关提出减刑建议。减刑的建议权由刑罚执行机关行使,即由监狱等执行机关向中级以上人民法院提出减刑建议书。减刑的罪犯大多在监狱服刑,因此监狱机关在罪犯符合减刑的条件时,应当根据 2003 年 4 月 2 日司法部颁布的《监狱提请减刑假释工作程序规定》,制作"提请减刑建议书"和准备相关材料,向人民法院提出减刑建议。

2.人民法院审核裁定减刑。减刑的裁量权由审判机关行使,即由中级以上人民法院组成合议庭进行审理。刑法第 79 条规定:对于犯罪分子的减刑,由执行机关向中级以上人民法院提出减刑建议书。人民法院应当组成合议庭进行审理,对确有悔改或者立功事实的,裁定予以减刑。非经法定程序不得减刑。《监狱法》第 30 条规定:减刑建议由监狱向人民法院提出,人民法院应当自收到减刑建议书之日起一个月内予以审核裁定;案情复杂或者情况特殊的,可以延长一个月。减刑裁定的副本应当抄送人民检察院。《监狱提请减刑假释工作程序规定》第 3 条规定:被判处有期徒刑的罪犯的减刑、假释,由监狱提出建议,提请罪犯服刑地的中级人民法院裁定;第 4 条规定:被判处死刑缓期2 年执行的罪犯的减刑,被判处无期徒刑的罪犯的减刑、假释,由监狱提出建议,经省、自治区、直辖市监狱管理局审核同意后,提请罪犯服刑地的高级人民法院裁定。

3.检察机关依法监督减刑。检察机关是我国的法律监督机关,依法行使减刑的监督权。《监狱法》第 30 条规定:人民法院作出的减刑裁定的副本,应当抄送检察机关。《刑事诉讼法》第 222 条规定:人民检察院认为人民法院减刑、假释的裁定不当,应当在收到裁定书副本后二十日以内,向人民法院提出书面纠正意见。人民法院应当在收到纠正意见后一个月以内重新组成合议庭进行审理,作出最终裁定。

---

① 参见 2010 年 2 月 8 日最高人民法院《关于贯彻宽严相济刑事政策的若干意见》第34 条。

（二）减刑后的刑期计算

减刑后的刑期计算,依原判刑种不同而有不同方法:(1)原判刑罚为管制、拘役、有期徒刑的,减刑后的刑期从原判决之日起算,已经执行的部分计算在减刑后的刑期之内。(2)无期徒刑减为有期徒刑的,有期徒刑的刑期从裁定减刑之日起计算,已经执行的刑期和判决前先行羁押的期间不计算在减刑后的刑期之内。(3)无期徒刑减为有期徒刑以后再次减刑的,其刑期的计算,应当从前次裁定减为有期徒刑之日起计算。(4)死缓减为无期徒刑或者有期徒刑的,减刑后的刑期从裁定减刑之日起计算,缓期执行的 2 年不计算在减刑后的刑期之内。(5)依法曾经被减刑后因判决有误经再审后改判的,原来的减刑仍然有效,所减刑期应从改判后的刑期中扣除。

第 三 节
假释

一、假释的概念

所谓假释,是指被判处有期徒刑、无期徒刑的犯罪分子,认真遵守监规,接受教育改造,确有悔改表现,不致再危害社会的,在执行原判刑罚一定期间之后,司法机关将其附条件地予以提前释放的一种刑罚执行制度。

假释制度发源于英国。1790 年英属殖民地澳大利亚新南威尔士州对于流放至该地的罪犯免除其刑而予以附条件释放被认为是假释制度的雏形。[①] 其后该制度回输入英国本土和美国与保护观察制度相结合而得以发展,并于 19 世纪流传至欧洲大陆为各国所仿效,从而使假释制度成为当今普遍施行的一种刑罚执行制度。

假释制度是刑罚目的主义理论的产物,发展到近现代又得到行刑经济性、行刑社会化等刑罚理论的支持。假释的意义在于:一是缩短不必要的刑罚执行期限,有利于促进犯罪人的社会复归,实现刑罚的特殊预防目的。二是通过执行优待鼓励犯罪人悔过自新,有利于弥补刑罚定期刑制度的缺陷,实现刑罚执行的妥当性。三是使受刑人在狱外进行改造,有利于促进受刑人的社会适

---

① 丁道源:《中外假释制度之比较研究》,台湾"中央"文物供应社 2001 年版,第 17 页。

应性,防止受刑人因长期监禁而与社会相隔离。关于假释的本质,国家恩惠说认为假释是国家对具有善行的受刑人的一种奖赏;执行作用说认为假释是国家为犯人的社会回归而放弃刑罚执行的一部分;权利说认为假释是受刑人通过自己的良好表现应当获得的权利。

假释具有以下特征:(1)假释以执行一定期限的刑罚为前提。假释是特定条件下的提前释放,必然以执行一定期限的刑罚为前提。只有在执行了一定期限的刑罚以后,才能根据受刑人在服刑期间的表现决定是否予以假释。(2)假释以受刑人在服刑期间的悔改为根据。受刑人在服刑期间有悔罪表现,表明受刑人的人身危险性已经消除,继续执行剩余的刑罚已经没有必要,可以考虑对其适用假释。(3)假释以受刑人在考验期内的表现为条件。假释是附有一定条件的,即在假释考验期限内未发生撤销假释的法定事由。(4)假释必须经过一定的程序。假释必须由特定的部门按照一定的程序予以批准,即有的属行政措施,应由狱政部门或者假释委员会批准,有的属司法措施,应由审判机关批准,我国的假释制度属于后者。假释不同于缓刑。假释的适用时间是在原判刑罚的执行过程中予以适用,缓刑的适用时间是在判决一定刑罚时同时宣告。假释的根据是犯罪人在刑罚执行过程中的悔改表现等,缓刑的根据是犯罪情节与判决前的悔改表现等。假释适用于原判死缓减刑为或者直接被判处为有期徒刑和无期徒刑的犯罪人,缓刑适用于被判处拘役或者 3 年以下有期徒刑的犯罪人。假释是有条件地不执行余刑,缓刑是有条件地不执行原判全部刑罚。在假释考验期内遵守法定条件的,认为原判刑罚已经执行完毕,在缓刑考验期内遵守法定条件的,原判刑罚就不再执行。

假释不同于减刑。假释适用于被判处有期徒刑或无期徒刑的犯罪人,减刑适用于被判处管制、拘役、有期徒刑和无期徒刑的犯罪人。假释只能适用一次,减刑可以适用多次。假释有考验期,如果再犯罪或有其他法定理由,就撤销假释,减刑没有考验期,减刑后不会被撤销。假释的直接结果是提前释放犯罪人,减刑的直接结果只是减轻原判刑罚。

假释不同于暂予监外执行。假释适用于执行了一定刑期、确有悔改表现、不致再危害社会的犯罪人,而暂予监外执行适用于因法定特殊情况不宜在监内执行的犯罪人。假释后如果没有遵守法定条件,余刑即原判刑罚没有执行完毕的部分仍需执行,所经过的考验期不计入原判刑期之内,而暂予监外执行的期间,均计入原判刑期之内。

二、假释的条件

根据刑法第 81 条的规定，对犯罪分子适用假释，必须符合下列条件：

（一）对象条件

假释的对象条件是指假释只被适用于被判处有期徒刑、无期徒刑或者原判死刑缓期执行被依法减刑的犯罪分子，对累犯以及因故意杀人、强奸、抢劫、绑架、放火、爆炸、投放危险物质或者有组织的暴力性犯罪被判处 10 年以上有期徒刑、无期徒刑的犯罪分子不得假释。

由于假释是对犯罪分子附条件地提前释放，并在一定时期内保持继续执行未执行的部分刑罚的可能性，这决定了假释的适用对象只能包括三种：被判处有期徒刑的犯罪分子、被判处无期徒刑的犯罪分子、原判死刑缓期执行被依法减刑的犯罪分子。其他种类的刑罚，或因性质决定而不存在假释可能（如死刑立即执行），或因执行方式决定而不能直接适用假释（如死刑缓期执行），或因刑期较短决定而不具有适用假释的实际意义（如拘役），或因属于限制人身自由而没有必要适用假释（如管制）。被判处死刑缓期两年执行的，不能直接适用假释，只有将死缓减为无期徒刑或者有期徒刑后，符合适用假释条件的才可以假释。[①]

对累犯不得假释，是由于累犯毫无悔改表现，于受刑后又犯罪，其主观恶性较深、人身危险性较大，适用假释难以预防其再次犯罪。对因故意杀人、强奸、抢劫、绑架、放火、爆炸、投放危险物质或者有组织的暴力性犯罪被判处 10 年以上有期徒刑、无期徒刑的犯罪分子不得假释，是因为这类犯罪犯罪性质严重、社会危害性大、犯罪人人身危险性高，适用假释难以起到预防效果。这里的"有组织的暴力性犯罪"，是指有组织地进行黑社会性质犯罪、恐怖活动犯罪等暴力性犯罪。在数罪并罚的场合，若数罪中只有一罪是上述犯罪且该罪刑罚低于 10 年有期徒刑的，即使总刑期在 10 年以上，也可以对其假释；若数罪中有一罪是上述犯罪且刑期高于 10 年的，不得适用假释；若其中有两罪是上述犯罪，即使单罪刑期在 10 年以下，但并罚刑期在 10 年以上的，也不能假释。[②]

---

① 参见 1997 年 11 月 8 日最高人民法院《关于办理减刑、假释案件具体应用法律若干问题的规定》第 15 条。

② 参见 1997 年 11 月 8 日最高人民法院《关于办理减刑、假释案件具体应用法律若干问题的规定》第 12 条。

（二）实质条件

假释的实质条件是指犯罪人认真遵守监规,接受教育改造,确有悔改表现,没有再犯罪的危险的。根据有关司法解释,所谓"确有悔改表现",是指同时具备以下四个方面情形:认罪服法;认真遵守监规,接受教育改造;积极参加政治、文化、技术学习;积极参加劳动,完成生产任务。① 所谓"没有再犯罪的危险的"是指罪犯在刑罚执行期间一贯表现好,确已具备悔改表现,不致违法、重新犯罪的,或者是老年、身体有残疾（不含自伤致残）,并丧失作案能力的。

适用假释的实质条件需要注意:（1）对未成年罪犯的减刑、假释,在掌握标准上可以比照成年罪犯依法适度放宽。未成年罪犯能认罪服法,遵守监规,积极参加学习、劳动的,即可视为"确有悔改表现"予以减刑,其减刑的幅度可以适当放宽,间隔的时间可以相应缩短。符合刑法第81条第1款规定的,可以假释。未成年罪犯在服刑期间已经成年的,对其假释可以适用上述规定。②（2）对老年和身体残疾（不含自伤致残）罪犯的假释,应当主要注重悔罪的实际表现。对除刑法第81条第2款规定的情形之外,有悔罪表现,丧失作案能力或者生活不能自理,且假释后生活确有着落的老残犯,可以依法予以假释。③（3）对于危害国家安全犯罪、故意危害公共安全犯罪、严重暴力犯罪、涉众型经济犯罪等严重犯罪;恐怖组织犯罪、邪教组织犯罪、黑恶势力犯罪等有组织犯罪的领导者、组织者和骨干分子;毒品犯罪再犯的严重犯罪者;确有执行能力而拒不依法积极主动缴付财产执行财产刑或确有履行能力而不积极主动履行附带民事赔偿责任的,在依法假释时,应当从严掌握。④（4）对于过失犯、中止犯、胁从犯、积极主动缴付财产执行财产刑或履行民事赔偿责任的罪犯、因防卫过当或避险过当而判处徒刑的罪犯以及其他主观恶性不深、人身危险性不大的罪犯,在依法假释时,应当根据悔改表现予以从宽掌握。符合刑法第81

① 参见1997年11月8日最高人民法院《关于办理减刑、假释案件具体应用法律若干问题的规定》第1条。

② 参见2006年1月11日最高人民法院《关于审理未成年人刑事案件具体应用法律若干问题的解释》第18条,1997年11月8日最高人民法院《关于办理减刑、假释案件具体应用法律若干问题的规定》第13条。

③ 参见1997年11月8日最高人民法院《关于办理减刑、假释案件具体应用法律若干问题的规定》第14条。

④ 参见2010年2月8日最高人民法院《关于贯彻宽严相济刑事政策的若干意见》第34条。

条第 1 款规定的假释条件的,应当依法多适用假释。①

（三）限制条件

假释的限制条件是指适用假释时必须遵守的限制性条件,具体包括执行刑期限制、执行方式限制、减刑限制。

1. 执行刑期限制

执行刑期条件是指假释必须在已经执行一定刑期后作出。只有执行一定期间的刑罚,才能准确判断犯罪分子是否确有悔改表现不致再危害社会,才能维护法院判决的稳定性和严肃性。刑法第 81 条及有关司法解释规定了不同的刑期执行条件:(1)原判刑罚为有期徒刑的,执行原判刑期 1/2 以上,可以适用假释。执行原判刑期的起始时间,从判决执行之日起计算,判决执行之前先行羁押的,羁押 1 日折抵刑期 1 日。② (2)原判刑罚为无期徒刑的,实际执行的刑期在 13 年以上的,可以适用假释。实际执行的刑期从判决确定之日起计算,判决前先行羁押的,不得折抵刑期。(3)原判刑罚为死刑缓期执行的,执行期满后依法减为无期徒刑,减刑以后实际执行的刑期在 25 年以上的;执行期满后依法减为 25 年有期徒刑,减刑以后实际执行的刑期在 20 年以上的,可以适用假释。③ (4)刑期执行条件的特殊规定。除了上述原则性规定之外,刑法第 81 条第 1 款还作了刑期执行条件的特殊规定,"如果有特殊情况,经最高人民法院核准,可以不受上述执行刑期的限制"。这里的"特殊情况"根据有关司法解释,是指有国家政治、国防、外交等方面特殊需要的情况。④

2. 执行方式限制

刑法第 85 条规定,对假释的犯罪分子,在假释考验期限内依法实行社区矫正;第 81 条第 3 款规定,对犯罪分子决定假释时,应当考虑其假释后对所居住社区的影响。因此,假释在实施社区矫正时必然会对所居住社区产生影响,在适用假释时应当考虑犯罪分子假释后对所居住社区的影响。假释是对符合一定条件的犯罪分子在执行一定的刑期后附条件地予以提前释放的制度,这

---

① 参见 2010 年 2 月 8 日最高人民法院《关于贯彻宽严相济刑事政策的若干意见》第 34 条。

② 参见 1997 年 11 月 8 日最高人民法院《关于办理减刑、假释案件具体应用法律若干问题的规定》第 18 条。

③ 参见《刑法》第 78 条第 2 款,1997 年 11 月 8 日最高人民法院《关于办理减刑、假释案件具体应用法律若干问题的规定》第 15 条。

④ 参见 1997 年 11 月 8 日最高人民法院《关于办理减刑、假释案件具体应用法律若干问题的规定》第 11 条。

一制度有助于减少长期监禁刑的不利影响,促进受刑人回归社会,但由于被假释的犯罪分子一般回到原来居住的社区生活,基于以前犯罪的影响可能会对原来社区的平稳安宁造成一定的妨碍,如果犯罪分子假释后对所居住社区的平稳安宁造成妨碍,则势必影响其融入社区复归社会,甚至可能会诱发新的犯罪,不利于社会的稳定与安宁。因此,《刑法修正案(八)》对刑法第81条进行修改,增加了对犯罪分子决定假释时应当考虑其假释后对所居住的社区之影响的规定。

3.减刑限制

被假释的罪犯,除有特殊情形外一般不得减刑,但犯罪人获得减刑以后,符合条件的可以适用假释。犯罪人减刑后又假释的间隔时间,一般为1年;对一次减2年或者3年有期徒刑后,又适用假释的,其间隔时间不得少于2年。[①]需要注意的是,减刑之后适用假释时,假释的刑期执行条件仍然应当遵守原判刑种的刑期执行条件,即有期徒刑执行了原判刑期1/2以上,无期徒刑实际执行了13年以上,死缓减为无期徒刑的实际执行了25年以上,死缓减为25年有期徒刑的实际执行了20年以上的才可以适用假释。

三、假释的考验期限与考察

(一)假释的考验期限

假释是附条件地提前释放,在一定的条件下保留执行余刑的可能性。假释的提前释放并不意味着刑罚已经执行完毕,而仅仅是刑罚执行方式的变更。因而假释制度设立了一定的考验期限,对假释罪犯进行考察。根据其在考验期内的表现,决定是否还要收监执行。

1.假释考验期限的长短。假释考验期限在宣告假释时根据原判刑罚的刑种和刑期执行情况进行规定。刑法第83条规定:有期徒刑的假释考验期限,为没有执行完毕的刑期;无期徒刑的假释考验期限为10年。也即,被判处有期徒刑的犯罪分子,其假释的考验期限为宣告假释时原判刑罚的剩余时期;原判刑罚为无期徒刑的犯罪分子,其假释考验期限不论原判刑罚执行多少而一律固定为10年。

2.假释考验期限的起算。刑法第83条第2款规定:假释考验期限,从假释之日起计算。也即假释考验期从人民法院裁定宣告假释之日起算,而非以

---

① 参见1997年11月8日最高人民法院《关于办理减刑、假释案件具体应用法律若干问题的规定》第16条、第17条。

受刑人被附条件提前释放之日起算。有关司法解释规定:"被假释的罪犯,除有特殊情形外一般不得减刑,其假释考验期也不能缩短。"①因此,假释考验期限在宣告假释时一经确定,没有特殊情形一般不得增加或者缩短。

(二)假释的考察

刑法第 85 条规定:对假释的犯罪分子,在假释考验期限内,依法实行社区矫正,如果没有本法第 86 条规定的情形,假释考验期满,就认为原判刑罚已经执行完毕,并公开予以宣告。因此,被假释的犯罪分子在假释考验期限内依法实行社区矫正的过程中,如果没有再犯新罪,没有发现判决宣告以前尚未判决的漏罪,没有违反法律、行政法规或者国务院有关部门关于假释的监督管理规定,假释考验期满就认为原判刑罚已经执行完毕,并公开予以宣告;如果再犯新罪,发现判决宣告以前尚未判决的漏罪,违反法律、行政法规或者国务院有关部门关于假释的监督管理规定,则撤销假释,收监执行未执行完毕的刑罚或者依照数罪并罚的规定实行数罪并罚。犯罪分子被假释后,原判有附加刑的,附加刑仍须继续执行。原判有附加剥夺政治权利的,附加剥夺政治权利的刑期从假释之日起计算。

根据刑法第 84 条的规定,被宣告假释的犯罪分子,应当遵守下列规定:(1)遵守法律、行政法规,服从监督;(2)按照监督机关的规定报告自己的活动情况;(3)遵守监督机关关于会客的规定;(4)离开所居住的市、县或者迁居,应当报经监督机关批准。

四、假释的程序与撤销

(一)假释的程序

非经法定程序不得假释,假释的程序由《刑法》第 82 条和第 79 条、《刑事诉讼法》、《监狱法》、《监狱提请减刑假释工作程序规定》等共同进行规范,与减刑的程序基本相同。假释的建议权由刑罚执行机关行使,执行机关向中级以上人民法院报请"提请假释建议书"。假释的决定权由人民法院行使,人民法院应当组成合议庭进行审理,对符合法定假释条件的裁定予以假释。假释的监督权由人民检察院行使,负责对执行机关和人民法院的假释工作进行监督。对有期徒刑犯的假释,应当由罪犯所在的刑罚执行机构提出"提请假释建议书",提请当地中级人民法院依法裁定。对无期徒刑犯的假释(包括原判死刑

---

① 参见 1997 年 11 月 8 日最高人民法院《关于办理减刑、假释案件具体应用法律若干问题的规定》第 16 条。

缓期执行已经减为无期徒刑的罪犯),应当由罪犯所在的刑罚执行机构提出"提请假释建议书",报请本省、自治区、直辖市的司法厅(局)审查同意后,提请当地高级人民法院依法裁定。

(二)假释的撤销

假释犯在假释考验期限内必须遵守一定的条件,否则就要撤销假释、收监执行。刑法第 86 条规定:被假释的犯罪分子,在假释考验期限内再犯新罪或者发现其在判决宣告以前还有其他罪没有判决的,应当撤销假释,分别依照刑法第 71 条、第 70 条的规定实行数罪并罚。被假释的犯罪分子,在假释考验期限内,有违反法律、行政法规或者国务院有关部门关于假释的监督管理规定的行为,尚未构成新的犯罪的,应当依照法定程序撤销假释,收监执行未执行完毕的刑罚。因此,我国刑法中假释的撤销事由包括以下三种情形:

1.假释犯再犯新罪。假释犯再犯新罪表明"确有悔改表现、没有再犯罪危险"的条件已经消失,犯罪分子具有一定的人身危险性,因此应当撤销假释,按照先减后并的方法实行并罚。假释后经过的考验期,不得计算在新判决确定的刑期之内。只要是在假释考验期内再犯新罪,即使经过了假释考验期限后才发现新罪,也应当撤销假释,按照先减后并的方法实现并罚。

2.假释犯被发现漏罪。在假释考验期间发现假释犯的漏罪,并且这种漏罪是犯罪分子有意隐瞒的,足以说明毫无悔改表现、具有再犯罪危险,因此应当撤销假释,按照先并后减的方法实行并罚。假释后经过的考验期,不得计算在新判决的刑期之内。如果在假释考验期满后,才发现假释犯在判决宣告以前还有其他罪没有判决的,不必再撤销假释,而是对新发现的犯罪另行审判,不再与前罪并罚。

3.假释犯违反监督规定。刑法第 86 条第 3 款规定:被假释的犯罪分子,在假释考验期限内,有违反法律、行政法规或者国务院有关部门关于假释的监督管理规定的行为,尚未构成新的犯罪的,应当依照法定程序撤销假释,收监执行未执行完毕的刑罚。假释期间经过的考验期,不得计算在刑期之内。

第19章　□□□
刑罚的消灭

第 一 节
刑罚消灭概述

一、刑罚消灭的概念

所谓刑罚消灭，是指由于法定的或者事实的原因，致使国家针对特定犯罪人的刑罚权归于消灭。刑罚消灭之后，国家司法机关不能再对犯罪人的该犯罪追究刑事责任，因此刑罚消灭对于国家而言是追诉权、量刑权与行刑权的消灭，对于犯罪分子而言是刑事责任的终结。

刑罚消灭具有重要的立法价值、司法价值和社会价值。从立法价值看，刑罚消灭既是重视人权保障、恪守权力有限的具体体现，也是坚持刑罚谦抑、追求刑罚人道的现实反映。从司法价值看，刑罚消灭既是注重刑罚实效、防止刑罚过剩的必然途径，也是减少司法成本、节约社会资源的有效办法。从社会价值看，刑罚消灭既是承认社会矫正、实行综合治理的重要举措，也是解决社会隐患、实现社会和谐的生动例证。因此，刑罚消灭制度的出现具有一定的历史必然性，它是刑法历史进步之体现，也是立法理性认识与司法手段有限性之间矛盾的产物，更是刑法从本能走向理智的根本反映。[①]

刑罚消灭不同于刑罚免除。所谓刑罚免除，也称免予刑罚处罚，是指法院在对行为人作出有罪判决的同时，宣告免予刑罚处罚，其包括单纯宣告有罪（即仅宣告被告人有罪，但不给予任何处罚）和非刑罚方法处罚（即判决被告人有罪，处以非刑罚方法处罚而免除刑罚处罚）。刑罚消灭和刑罚免除的相同点

---

① 于志刚:《刑罚消灭制度研究》,法律出版社 2002 年版,第 1 页。

在于两者均以行为人构成犯罪为前提，均以行为人没有承受刑罚为结果。刑罚消灭和刑罚免除的不同点在于：(1)本质不同。刑罚免除是国家积极行使求刑权和量刑权的行为，刑罚消灭是因为发生法律或事实的缘由而使司法机关被迫放弃行使刑罚权的行为。(2)后果不同。刑罚免除的结果是行为人不被执行任何刑罚；刑罚消灭的结果既可能是全部刑罚消灭（例如经过追诉时效），也可能是部分刑罚消灭（例如行刑中的赦免），还可能是全部刑罚执行完毕之后的刑罚后遗效果消灭（例如前科消灭）。(3)事由不同。刑罚免除的根本原因是行为人罪责轻微，或者因行为人揭露某些犯罪而不需要判处刑罚；刑罚消灭的原因则是行为人之外的客观的事实原因和法律原因。

二、刑罚消灭的特征

刑罚消灭具有如下特征：

首先，刑罚消灭以特定人构成犯罪为前提。犯罪是负刑事责任的基础，也是国家刑罚权的事实基础。没有犯罪就没有刑罚，没有刑罚就不存在刑罚消灭。因此，特定人构成犯罪乃是刑罚消灭的必要前提，只有特定人构成犯罪国家才对其享有刑罚权，如果特定人的行为不是犯罪，国家就既无刑罚适用权也没有刑罚权丧失的问题。

其次，刑罚消灭以部分刑罚权的消灭为内容。刑罚权包括制刑权、求刑权、量刑权、行刑权，刑罚消灭实际上消灭的是除制刑权以外的求刑权、量刑权、行刑权，不同种类的刑罚消灭事由消灭不同的刑罚适用权。求刑权、量刑权和行刑权之间存在着前后承续的因果关系，前一权能的丧失必然导致其后权能随之丧失。例如求刑权的消灭使得对事实上发生的犯罪不再追究刑事责任，因而量刑权与行刑权同时消灭；量刑权的消灭使得对已经认定的犯罪不再裁量刑罚，因而不存在可执行的刑罚而导致行刑权同时消灭。

最后，刑罚消灭以一定事由的出现为根据。刑罚消灭是由于刑罚消灭事由引起的法律结果，刑罚消灭事由是刑罚消灭的根据和原因。如果不具有特定的事实或法律原因，司法机关就应当积极行使其刑罚权，而不发生刑罚消灭的结果。导致司法机关刑罚权丧失的特定事由包括两种：一是法定事由，即法律明文规定的刑罚消灭原因，例如，时效、赦免等；二是事实事由，即客观上使刑罚自然消灭的原因，例如，犯罪人死亡、刑罚执行完毕等。在出现法定事由的情况下，虽然司法机关事实上可能判处刑罚，但法律规定不得适用刑罚。在出现事实事由的情况下，司法机关事实上不可能再适用或执行刑罚。

三、刑罚消灭的事由

刑罚消灭的事由是指导致原本应当发生或已发生的刑罚权消灭的法定或事实的原因。根据不同标准,可以将刑罚消灭事由划分为不同的种类。例如依据刑罚消灭事由具体内容的不同,可以分为刑罚请求权消灭事由、刑罚裁量权消灭事由、刑罚执行权消灭事由、刑罚后遗效果消灭事由。[①] 根据刑罚消灭事由发生时间的差异,可以分为观念的刑罚权消灭事由和现实的刑罚权消灭事由。现实的刑罚权消灭事由,又可以区别为刑罚执行权消灭事由和刑罚宣告效力丧失事由。[②]

我国刑法没有专门规定刑罚消灭制度,一般认为我国的刑罚消灭事由包括以下几种:(1)刑罚执行完毕。刑罚执行完毕后,因再没有执行的理由,行刑权归于消灭。(2)缓刑考验期满。缓刑是附条件不执行所判刑罚,被宣告缓刑的犯罪分子在缓刑考验期内没有法定撤销缓刑的情形,缓刑考验期限届满后所判刑罚就不再执行,其刑事责任终结且刑罚归于消灭。(3)假释考验期满。假释是对犯罪人附条件提前释放的刑罚执行制度,被假释的犯罪分子在假释期间没有撤销假释的法定情形,假释考验期届满后就认为余刑执行完毕,其刑事责任终结且刑罚归于消灭。(4)减免刑罚执行。例如刑法第53条规定,由于遭遇不能抗拒的灾祸缴纳罚金确实有困难的,可以酌情减少或者免除,此时部分或者全部罚金刑的执行权即告消灭。(5)犯罪人死亡。犯罪人死亡包括犯罪嫌疑人、被告人死亡,作为法人的被告单位被撤销、消灭。[③] 犯罪人在追诉前死亡,求刑权消灭;在审判阶段死亡,量刑权消灭;在刑罚执行过程中死亡,行刑权消灭。(6)超过追诉时效。时效是指经过一定期限,对犯罪不得再行追诉或者对原判刑罚不得再执行的一项制度,包括追诉时效和行刑时效两种。追诉时效一般消灭的是求刑权、量刑权,行刑时效一般消灭的是行刑权,我国刑法只规定了追诉时效而未规定行刑时效。(7)赦免。赦免是对犯罪人免除或者减轻其刑罚的一种制度,具体包括大赦和特赦两种类型。

我国刑法没有规定复权制度。所谓复权制度是指对因实施犯罪而被判处

---

① 马克昌主编:《刑罚通论》,武汉大学出版社1999年第2版,第660页。

② 大塚仁:《刑法概说(总论)》,冯军译,中国人民大学出版社2003年第3版,第499页。

③ 参见2002年7月9日最高人民检察院《关于涉嫌犯罪单位被撤销、注销、吊销营业执照或者宣告破产的应如何进行追诉的批复》。

资格刑的犯罪人,在其具备法律规定的条件时,提前恢复其被剥夺、限制的权利或资格的制度。复权制度源于资格刑的固有弊端,是对资格刑不足的补救,其存在的理论根据在于:(1)消除刑罚过剩和保护受刑人权利的有利制度;(2)鼓励受刑人真诚悔过和积极改造的有效方法;(3)完善刑罚适用、实现刑罚适当的必要手段。①

我国刑法没有规定前科消灭制度。所谓前科即犯罪记录,是指行为人曾经被宣告有罪或者被判处刑罚而获得的一种身份地位。所谓前科消灭制度是指具有前科的人经过法定程序被宣告注销犯罪记录,恢复正常身份地位的一种制度。② 前科消灭是对刑罚后遗效果的消灭,其理论根据是刑满人员的自我更新和社会复归。经《刑法修正案(八)》修改后的刑法第 100 条第 1 款规定,依法受过刑事处罚的人,在入伍、就业的时候,应当如实向有关单位报告自己曾受过刑事处罚,不得隐瞒。第 2 款规定:"犯罪的时候不满十八周岁被判处五年有期徒刑以下刑罚的人,免除前款规定的报告义务。"上述条款不能认为已经在我国确立了前科消灭的规定,而只能认为仅仅设立了前科的应当报告与免除报告规定。首先,前科消灭制度以存在犯罪登记制度为基础,而在我国并不存在这一制度前提。刑法第 100 条第 1 款的规定仅仅是宣示性的表明,依法受过刑事处罚的人在入伍、就业时对招录单位负有前科报告义务,目的是便于用人单位掌握情况以开展帮扶教育,并非是以预防监控和社会防卫为目的的犯罪登记制度。其次,前科消灭制度以前科事实影响的消除为目的,而在我国并不存在这一制度内容。刑法第 100 条第 2 款仅仅是免除了未成年人的前科报告义务,并没有设立有关单位在考察前科记录时的限制规定,也没有建立对犯罪记录予以销毁的消灭制度,③因此不能认为该条款是对前科消灭制度的规定。

从刑罚目的和刑事政策等角度来考量,由于保留前科会导致有犯罪记录的人的某些权益丧失、资格限制(如从业、入伍或者升学)甚至名誉的损害,因而前科制度自身所存在的威慑效应及预防犯罪功效的正面价值不容否定,这正是包括我国在内的诸多国家规定前科制度的原因所在。但是,无条件地终身保留前科不仅严重挫败了有前科者重新做人的信心,延缓他们复归社会的

---

① 赵秉志主编:《刑法总则要论》,中国法制出版社 2010 年版,第 691~692 页。

② 赵秉志主编:《刑罚总论问题探索》,法律出版社 2003 年版,第 637 页以下。

③ 全国人大常委会法制工作委员会刑法室编:《〈中华人民共和国刑法修正案(八)〉条文说明、立法理由及相关规定》,北京大学出版社 2011 年版,第 65 页。

进程,而且还可能因此激发社会矛盾,影响社会的安定和民生的安宁,因此应当确立前科消灭制度在我国刑罚消灭制度中的重要地位,令其在今后的刑事立法和司法实践中进一步完善。

第二节
时效

一、时效概述

时效是指经过一定期限就对犯罪不再追诉或者对原判刑罚不再执行的刑罚制度。时效可以分为追诉时效与行刑时效。追诉时效是指对犯罪人追究刑事责任的法定的有效期限。在法定的有效期限内,司法机关或者有告诉权人有权追究或者要求追究犯罪人的刑事责任。超过法定的追究期限,除法定最高刑为无期徒刑、死刑,并经最高人民法院特别核准必须追诉的以外,都不得再追究犯罪分子的刑事责任;已经追诉的,应当撤销案件,或者不起诉,或者终止审理。行刑时效是指法律规定对被判处刑罚的犯罪人执行刑罚的有效期限,即判处刑罚而未执行,超过法定执行期限刑罚就不得再执行。追诉时效一般消灭的是求刑权和量刑权,行刑时效一般消灭的是行刑权。

关于时效制度的立法根据,理论上存在不同观点:改善推测说认为如果犯罪人在犯罪之后的较长时间内没有再犯罪的话,就可以推测其已经得到了改善,而不必再追究刑事责任。准受刑说认为尽管犯罪人没有受到刑事追究,但是长时期的逃避与恐惧造成的痛苦与承受刑罚没有多大的差异,可以认为刑罚已经被执行。证据湮灭说认为随着时间的推移,犯罪证据会逐步消失或者在很大程度上丧失证明价值,使得案件难以得到正确的处理,为了避免发生错误,最好放弃追诉。权利丧失说认为由于社会的疏忽懈怠,没有在有效的时间内提起公诉,因而丧失了进行惩罚的权利。规范感情缓和说认为随着时间的经过,社会和公众对犯罪的规范感情已经得到了缓和,因而不一定要求给予犯罪人现实的刑罚。尊重事实状态说认为没有追诉犯罪或者没有执行刑罚的状态持续了很长时间后,事实上形成了一种稳定的社会秩序,如果通过进行追诉或者执行刑罚来变更这种事实状态,反而有损刑法维护社会秩序的目的。

上述各说从不同的角度论证了时效制度的合理性和必要性,各有侧重又能够相互补充。因此,应当综合以上学说,从不同角度对追诉时效的立法根据进行说明:从刑罚目的出发,由于犯罪人经过长时间后没有再犯新罪,说明其没有再犯罪的危险性,没有特殊预防的必要,故没有追诉与行刑的必要;从刑罚执行的效益性原则来看,虽然犯罪人没有受刑罚处罚,但事实上经历了一定的痛苦,而且不执行刑罚便达到了预防犯罪的目的,所以不应再追诉或行刑;从刑罚的适用要求考虑,判处刑罚需要确实可靠的证据,时过境迁之后,证人难找、证据难寻,追究刑事责任的活动不仅困难重重,而且会因此妨碍对现行犯罪的惩罚;从刑法目的来说,刑法的目的在于保护法益,包括维护正常的社会秩序,在某种社会秩序遭受破坏后得到了恢复时,适用刑法便失去了目的性。[①]

我国刑法只规定了追诉时效而未规定行刑时效,在理论上存在有无必要增设该制度的争论。反对说认为行刑时效没有现实意义,会起到鼓励罪犯逃跑的作用,可能导致罪刑不均,不利于打击犯罪,不符合我国的治安形势。赞成说认为行刑时效同样能够体现时效制度的价值,符合刑罚的目的,符合刑罚的人道性和正义性,符合世界各国刑法的通例,有助于完善我国的刑法体系。[②] 我们认为,出于刑罚的谦抑性和预防目的的考虑,应当规定刑罚的行刑时效,因此有待于今后的刑事立法对此加以完善。

二、追诉时效的期限

追诉时效的期限是对犯罪人实施刑事追诉的有效期限。根据刑法第78条的规定,犯罪经过下列期限不再追诉:(1)法定最高刑为不满 5 年有期徒刑的,经过 5 年;(2)法定最高刑为 5 年以上不满 10 年有期徒刑的,经过 10 年;(3)法定最高刑为 10 年以上有期徒刑的,经过 15 年;(4)法定最高刑为无期徒刑、死刑的,经过 20 年,如果 20 年以后认为必须追诉的,须报请最高人民检察院核准。此处的"以上"应包括本数在内,"不满"不包括本数在内。理解追诉时效的期限,需要注意如下问题:

第一,确定追诉时效期限的基准是法定最高刑而非实际判处的宣告刑。这里的法定刑是指与行为人所犯罪行相对应的刑法条款和量刑幅度所规定之最高刑。对于只有一个量刑幅度的条文,应以该条的法定最高刑确定追诉时效期限。对于存在多个量刑幅度的条文,应以与其罪行相对应的量刑幅度的法定最高刑来确定追诉期限。对于多个量刑幅度存在于不同条款的,应以其

---

① 张明楷:《刑法学》,法律出版社 2007 年第 3 版,第 482 页。

② 于志刚:《追诉时效制度研究》,中国方正出版社 1999 年版,第 460 页。

罪行应当适用的条款的法定最高刑来确定追诉时效期限。

第二,对无期徒刑或死刑案件的刑事追诉可以适当保留。我国在追诉时效期限之外规定了追诉权的适当保留,即法定最高刑为死刑、无期徒刑的罪犯,在经过 20 年以后认为必须追诉的,应当经过最高人民检察院核准。这一规定在适用时应当严格限制:首先,该特别规定只适用于法定最高刑为死刑、无期徒刑的犯罪,其余犯罪都必须严格遵守追诉时效的规定;其次,认为"必须追诉"的犯罪,仅限于社会危害性极其严重,行为人的人身危险性特别大,所造成的社会影响极坏,经过 20 年仍然没有被社会遗忘的犯罪;最后,必须经过报请最高人民检察院核准的程序,才能进行追诉。

第三,对于赴台人员去台前在大陆犯罪的追诉时效期限规定。为了促进祖国和平统一大业,最高人民法院与最高人民检察院先后联合发布了两个公告,就去台人员(包括犯罪后去台湾或者其他国家和地区的人员)去台前的犯罪追诉问题进行了规定[①]:(1)去台人员在中华人民共和国成立前在大陆犯有罪行的,根据刑法关于追诉时效的规定精神,对其当时所犯罪行,不再追诉;(2)对去台人员在中华人民共和国成立后、犯罪地方人民政权建立前所犯罪行,不再追诉;(3)去台人员在中华人民共和国成立后、犯罪地方人民政权建立前犯有罪行,并连续或继续到当地人民政权建立后的,追诉期限从犯罪行为终了之日起计算。凡超过刑法规定的追诉时效期限的,不再追诉。上述公告虽然是在 1979 年刑法生效期间宣布的,但公告的精神仍然适用于 1997 年刑法施行后。

三、追诉期限的计算

所谓追诉期限的计算,是指追诉期限从何时起算、至何时结束。计算追诉期限受到犯罪行为的行为类型、表现形态的影响,因犯罪行为的不同表现而有不同的计算方法。

(一)追诉期限的起算

1.一般犯罪追诉期限的起算。刑法第 89 条第 1 款前段规定,"追诉期限从犯罪之日起计算"。这是指犯罪行为没有连续或者继续状态的一般犯罪的

---

① 参见 1988 年 3 月 14 日最高人民法院、最高人民检察院《关于不再追诉去台人员在中华人民共和国成立前的犯罪行为的公告》;1989 年 9 月 7 日最高人民法院、最高人民检察院《关于不再追诉去台人员在中华人民共和国成立后当地人民政权建立前的犯罪行为的公告》。

追诉期限起算。

如何理解"犯罪之日"在理论上存在争议,有的认为是"犯罪成立之日",有的认为是"犯罪行为实施之日",有的认为是"犯罪行为发生之日",有的认为是"犯罪行为完成之日",有的认为是"犯罪行为停止之日"。通说认为"犯罪之日"是指"犯罪成立之日",即行为符合犯罪构成之日。① 由于不同犯罪类型其犯罪成立要件不同,因此"犯罪之日"还需要根据不同犯罪类型予以区分:以犯罪行为发生为成立要件的犯罪,犯罪行为实施之日即是犯罪成立之日,例如强奸罪的追诉期限以强奸行为发生之日起算;以危害结果发生为成立要件的犯罪,危害结果出现之日为犯罪成立之日,例如玩忽职守行为造成的重大损失当时没有发生,而是玩忽职守行为之后一定时间发生的,应从危害结果发生之日起计算玩忽职守罪的追诉期限。② 在共同犯罪的场合,以共犯人中的最终行为终了之日为所有共犯人的追诉期限。

2.连续或持续犯罪追诉期限的起算。刑法第 89 条第 1 款后段规定,"犯罪行为有连续或者继续状态的,从犯罪行为终了之日起计算"。这里的"犯罪行为有连续或者继续状态"是指通常所说的连续犯或继续犯。由于连续犯是具有连续性的处断一罪,继续犯是具有持续性的实质一罪,如果以犯罪行为开始实施之日作为追诉期限起算点,就有可能导致整体行为中部分可以追诉部分不可追诉的情形,因此应当从犯罪行为终了之日也就是犯罪行为延续状态终了之时起计算追诉期限。对于集合犯(惯犯、常业犯、营业犯)的追诉期限的计算,由于其行为也具有连续或者继续的情况,因此其追诉期限也应从行为终了之日也就是最后一次犯罪之日起计算。③ 例如有关司法解释规定,挪用公款归个人使用,进行非法活动的,或者挪用公款数额较大、进行营利活动的,犯罪的追诉期限从挪用行为实施完毕之日起计算;挪用公款数额较大、超过三个月未还的,犯罪的追诉期限从挪用公款罪成立之日起计算。挪用公款行为有连续状态的,犯罪的追诉期限应当从最后一次挪用行为实施完毕之日或者犯罪成立之日起计算。④

① 高铭暄、马克昌主编:《刑法学》,北京大学出版社、高等教育出版社 2007 年第 3 版,第 347 页。
② 参见 2003 年 11 月 13 日《全国法院审理经济犯罪案件工作座谈会纪要》。
③ 张莉琼:《集合犯研究》,中国人民公安大学出版社 2011 年版,第 240~241 页。
④ 参见 2003 年 9 月 22 日最高人民法院《关于挪用公款犯罪如何计算追诉期限问题的批复》。

（二）追诉期限的结束

追诉期限的计算，除应确定追诉期限的起算日以外，还应确定追诉期限的结束点。由于刑法没有明确规定追诉期限何时结束，因此确定追诉期限结束的关键就在于对刑法第 87 条的不再"追诉"的理解。有观点认为，"追诉"不只包含起诉的含义，还包括了侦查、起诉、审判的全过程，因此追诉期限应从犯罪之日起计算到审判之日为止。换言之，只有在审判之日还没有超过追诉期限的，才能追诉。① 另一种观点认为，"追诉"是指追查、提起诉讼，只要行为人所犯之罪经过的时间到案件开始进入刑事诉讼程序时尚未超过追诉期限的，对其就可以追诉。② 因此，计算追诉期限的结束点，应当是案件开始进入刑事诉讼程序之时。

我们认为，追诉是指正式启动刑事诉讼程序对犯罪人进行追究，公安机关、检察机关已经对该犯罪人立案、侦查、采取强制措施等就应认为追诉开始。追诉时效的本质在于国家因在一定期限内没有行使刑罚权而导致权力丧失，案件一旦进入刑事诉讼程序，就表明司法机关开始积极行使求刑权，就不会因为侦查、起诉所经过的期间使得时效届满。只要在实施追诉活动之时追诉期限尚未截止的，就应认为没有超过追诉期限。因此，计算追诉期限的终点是刑事诉讼程序启动之日，即只要案件在立案之日没有超过追诉时效期限，就可以追究行为人的刑事责任。

四、追诉时效的中断和延长

（一）追诉时效的中断

追诉时效的中断是指在追诉时效已经开始尚未结束的进行期间，由于发生了法律规定的事由而使以前所经过的时效期间归于无效，待法律规定的事由终了后重新开始计算时效。追诉时效设立本来为犯罪人提供了一个自我更新复归社会的机会，但由于某种法定事由的发生表明犯罪人人身危险性并未消除，因此通过时效中断来延长对犯罪人追究刑事责任的期限，以减少追诉时效制度的负面效应。

刑法第 89 条第 2 款规定："在追诉期限以内又犯罪的，前罪追诉的期限从犯后罪之日起计算。"即在前罪的追诉期限内又犯新罪的，后罪导致前罪的追

---

① 张明楷：《刑法学》，法律出版社 2007 年第 3 版，第 484 页。
② 高铭暄、马克昌主编：《刑法学》，北京大学出版社、高等教育出版社 2007 年第 3 版，第 348 页。

诉时效中断,原先已经经过的期间归于无效,前罪的追诉期限从后罪成立之日起开始计算。在追诉时效中断以后,前罪和后罪的追诉期限应当分别计算,各自遵守刑法关于前罪和后罪适用的追诉时效期限的规定。

(二)追诉时效的延长

追诉时效的延长是指在追诉时效已经开始尚未结束的进行期间,由于发生了法律规定的事由,而使追诉时效停止计算,犯罪追诉不再受时效期限的限制。我国刑法规定的追诉时效延长事由包括两种:

1.刑法第88条第1款规定:"在人民检察院、公安机关、国家安全机关立案侦查或者在人民法院受理案件以后,逃避侦查或者审判的,不受追诉期限的限制。"因此,这种时效延长必须具备两个条件:(1)司法机关已经立案或者受理案件。即人民检察院、公安机关、国家安全机关已立案侦查或者人民法院受理了案件,使案件进入刑事诉讼程序,是追诉时效延长的前提。(2)行为人逃避侦查或者审判。这里的"逃避侦查或者审判",主要是指致使侦查或审判工作无法进行的积极逃跑、藏匿行为,如果犯罪人只是消极地不投案自首,或者只是实施毁灭证据、串供等行为的,不是"逃避侦查或者审判"。

2.刑法第88条第2款规定:"被害人在追诉期限内提出控告,人民法院、人民检察院、公安机关应当立案而不予立案的,不受追诉期限的限制。"也就是说,只要被害人在追诉期限内提出控告,符合立案条件而应当立案的,不论司法机关出于何种原因没有立案,也不论行为人是否逃避侦查或者审判,都不受追诉时效期限的限制,无论经过多长时间都可以进行追诉。

需要注意的是,在前罪时效延长期间又犯后罪的应当如何处理。我们认为,在前罪时效延长期间又犯后罪的,对于前罪,属于追诉时效中断与延长的竞合,应适用追诉时效延长的规定;对于后罪,不存在追诉时效中断与延长的情形,仍然受追诉期限的限制。例如,行为人因犯抢劫罪被公安机关立案侦查后逃避侦查,逃避期间又犯故意伤害罪,对于前罪抢劫罪应适用追诉时效延长的规定,不受追诉时效期限的限制。而对于后罪故意伤害罪,受到追诉时效期限的限制,应当从犯罪之日起计算时效期限。

第三节
赦免

■■■

一、赦免的概念

赦免,是指国家有关机关经由特定程序,以赦免令的形式免除或者减轻犯罪人的罪责或者刑罚的一种制度。赦免制度通常由宪法或者宪法性法律加以规定,是宪法赋予国家元首或最高国家权力机关的一项权力,但由于赦免的适用前提是存在犯罪和刑罚、适用对象是犯罪人、适用后果是罪与刑的消灭或变更、适用机关是司法机关,因此理论上一般将赦免制度作为刑罚消灭制度而纳入刑法范畴。赦免制度的价值在于弥补法律既有功能的不足,维护国家和社会的整体利益,具有其他社会调整手段所无法取代的刑事政策功能。[1]

赦免包括大赦与特赦。大赦通常是指国家对某一时期内犯有一定罪行的不特定犯罪人免予追诉和免除刑罚执行的制度。大赦的对象非常广泛,既可能是全国某一时期的各类罪犯,也可能是某一地区的全体罪犯,还可能是某一类犯罪的全体罪犯。大赦的效力及于罪和刑,即对于获得大赦的人来说,其所实施的行为不再被认为是犯罪,不再被追究刑事责任。特赦通常是指国家对较为特定的犯罪人免除执行全部或者部分刑罚的制度。特赦的对象是特定的犯罪分子,特赦的前提是犯罪人已经被判处刑罚,特赦的效力在于仅赦刑而不赦罪。

大赦和特赦的区别主要表现在以下几点[2]:一是适用对象的范围不同。大赦适用于不特定的犯罪人,适用对象的范围比较广泛;特赦只适用于特定的犯罪人。二是适用的时间不同。大赦既可以在判决确定之后实施,又可以在判决作出之前实施。对于已经受到罪刑宣告的犯罪分子,大赦能够免除其刑和罪,对于正在被追诉的犯罪分子,大赦能够免除刑事追诉。特赦只能在判决确定之后实施,因为适用特赦的前提是犯罪人已经被判处刑罚。三是效力不同。大赦既赦罪又赦刑;特赦只免除刑罚的执行,但是不赦罪。因此,行为人

---

①　陈东升:《赦免制度研究》,中国人民公安大学出版社 2004 年版,第 195 页以下。

②　冯军、肖中华主编:《刑法总论》,中国人民大学出版社 2008 年版,第 613 页。

在大赦之后又犯罪的,不构成累犯;行为人在特赦之后又犯罪的,可能构成累犯。

二、我国的赦免制度

我国 1954 年宪法规定了大赦、特赦制度,但 1982 年宪法也即现行宪法只规定了特赦制度,而没有大赦制度,我国自 1959 年以来先后实行了七次特赦,但没有包括大赦,因此可以认为,刑法第 65 条、第 66 条所规定的"赦免",应当指特赦。根据刑事诉讼法第 15 条的规定,经特赦令免除刑罚的,刑罚消灭。

(一)涉及赦免制度的相关法律规定

1. 宪法第 67 条规定:全国人民代表大会常务委员会可以行使决定特赦的职权。第 80 条规定:中华人民共和国主席根据全国人民代表大会的决定和全国人民代表大会常务委员会的决定,发布特赦令。

2. 刑法第 65 条规定:被判处有期徒刑以上刑罚的犯罪分子,刑罚执行完毕或者赦免以后,在 5 年以内再犯应当判处有期徒刑以上刑罚之罪的,是累犯,应当从重处罚,但是过失犯罪和不满 18 周岁的人犯罪的除外。第 66 条规定:危害国家安全犯罪、恐怖活动犯罪、黑社会性质的组织犯罪的犯罪分子,在刑罚执行完毕或者赦免以后,在任何时候再犯上述任一类罪的,都以累犯论处。

3. 刑事诉讼法第 15 条规定:经特赦令免除刑罚的,不追究刑事责任,已经追究的,应当撤销案件,或者不起诉,或者终止审理,或者宣告无罪。

4. 最高人民法院《关于执行〈中华人民共和国刑事诉讼法〉若干问题的解释》第 176 条规定:经特赦令免除刑罚的,人民法院应当裁定终止审理。

5. 最高人民检察院《关于实行人民监督员制度的规定(试行)》第 13 条规定:人民监督员对人民检察院查办职务犯罪案件的下列情形实施监督,涉及国家秘密或者经特赦令免除刑罚以及犯罪嫌疑人死亡的职务犯罪案件不适用前款规定。

6. 最高人民检察院《人民检察院办理不起诉案件质量标准(试行)》第 1 条第 2 项规定:人民检察院对于犯罪嫌疑人经特赦令免除刑罚的,经检察长决定,应当作出不起诉决定。

(二)我国特赦制度的特点

新中国成立以来我国共实行了七次特赦:第一次是 1959 年在中华人民共和国成立 10 周年庆典前夕,对在押的确已改恶从善的蒋介石集团和伪满洲国战争罪犯、反革命犯和普通刑事犯实行特赦;第二次、第三次特赦分别于 1960

年、1961 年实行,都是对蒋介石集团和伪满洲国罪犯中确有改恶从善表现者进行特赦;第四次、第五次、第六次分别于 1963 年、1964 年、1966 年实行,与前三次相比,只是在特赦对象上增加了伪蒙疆自治政府的战争罪犯,其他内容完全相同;第七次是 1975 年,对全部在押战争罪犯实行特赦释放,给予公民权。从已实行的七次特赦看,我国特赦制度具有以下特点:

1.特赦的对象。特赦的对象基本上只限于战争罪犯。除第一次包括反革命罪犯和普通刑事罪犯外,其他几次特赦的对象都是战争罪犯。

2.特赦的范围。特赦的范围仅限于某类犯罪中的一部分人,而不是针对某类犯罪的全部罪犯,也不是特别针对个别犯罪人。例如我国的七次特赦主要都是针对成批量的战争罪犯,而没有针对特定的个别犯罪人。

3.特赦的条件。特赦的前提是犯罪人在服刑过程中确实有改恶从善的表现。一方面,对尚未宣告刑罚或者没有开始执行刑罚的,不实行特赦;另一方面,也并非对执行过一定刑期的战争罪犯均予以特赦,只是对其中确有改恶从善表现的犯罪人,才予以特赦。

4.特赦的效力。特赦是对赦免对象的余刑进行免除或者减轻原判刑罚,不是免除执行全部刑罚,更不是使宣告刑与有罪宣告无效。对需要特赦的犯罪人,根据其罪行轻重与悔改表现实行区别对待,罪行轻因而所判刑罚轻的,予以释放;罪行重因而所判刑罚重的,只是减轻刑罚。

5.特赦的程序。一般由党中央或国务院提出建议,经全国人大常委会审议决定,由国家主席发布特赦令,并授权最高人民法院和高级人民检察院执行。

图书在版编目(CIP)数据

刑法总论/陈立,陈晓明主编.—7版.—厦门:厦门大学出版社,2011.8(2019.12重印)

(厦门大学法学院刑事法学系列/陈立主编)

ISBN 978-7-5615-1572-3

Ⅰ.①刑…　Ⅱ.①陈…　②陈…　Ⅲ.①刑法-法学-中国-高等学校-教材　Ⅳ.①D924.01

中国版本图书馆 CIP 数据核字(2011)第 165803 号

出 版 人	郑文礼
责任编辑	施高翔

出版发行 厦门大学出版社

社　　址	厦门市软件园二期望海路 39 号
邮政编码	361008
总　　机	0592-2181111　0592-2181406(传真)
营销中心	0592-2184458　0592-2181365
网　　址	http://www.xmupress.com
邮　　箱	xmup@xmupress.com
印　　刷	三明市华光印务有限公司

开本	720 mm×1 000 mm　1/16
印张	29.25
插页	2
字数	505 千字
版次	2011 年 8 月第 7 版
印次	2019 年 12 月第 3 次印刷
定价	42.00 元

本书如有印装质量问题请直接寄承印厂调换

厦门大学出版社
微信二维码

厦门大学出版社
微博二维码